Kinvi D-A. LOGOSSAH

TRAITES DES BLANCS, GENERATRICES DES TRAITES DES NOIRS

Comment a été implanté l'esclavage en Afrique subsaharienne

Essai

© Kinvi D.A. LOGOSSAH, 2024
Édition : BoD - Books on Demand, 31 avenue Saint-Rémy,
57600 Forbach, bod@bod.fr
Impression : Libri Plureos GmbH, Friedensallee 273,
22763 Hamburg (Allemagne)
ISBN : 978-2-3225-5322-8
Mise en page : Auto-édition Karenine
Dépôt légal : Décembre 2024
Tous droits réservés, y compris de reproduction partielle ou totale, sous toutes ses formes.

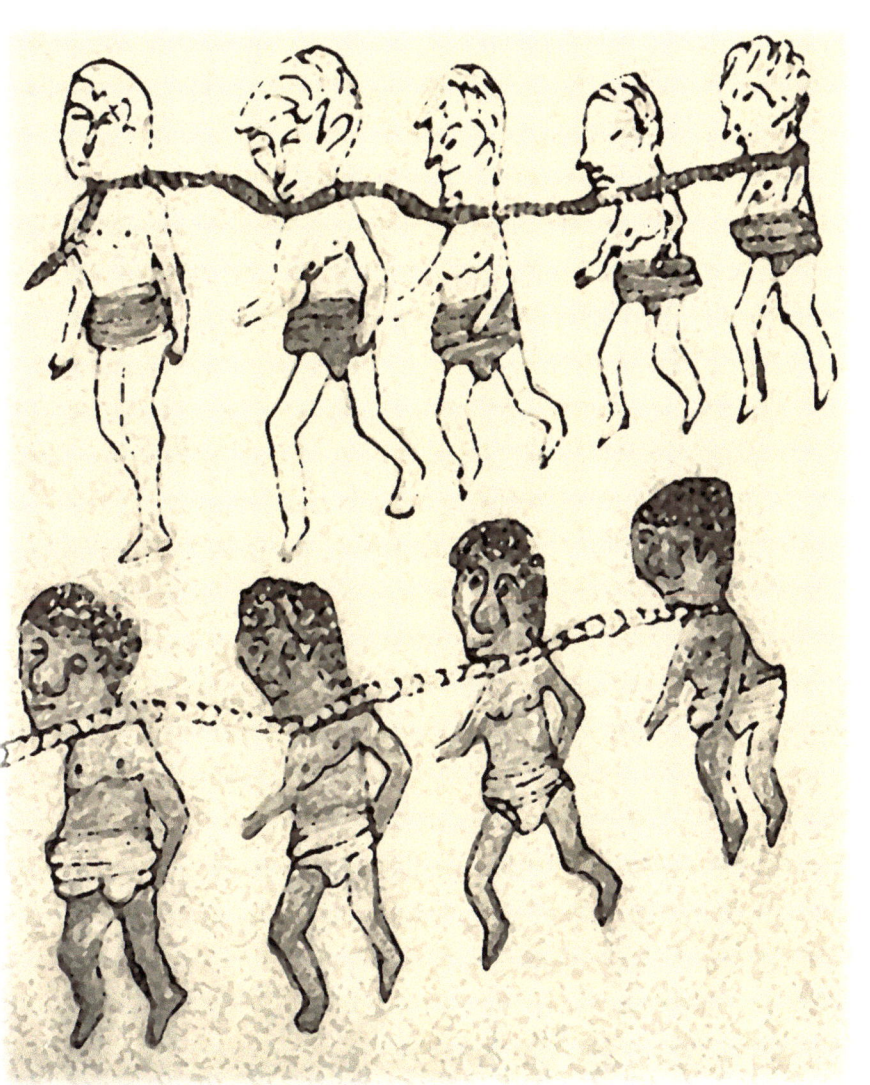

À

Lo-ossa Adjayissa Néglokpé Glicou-lonko

Table des Matières

PARTIE I : LES TRAITES DES BLANCS OU LE MODELE DES TRAITES DES NOIRS 23

Repère : problématique, esclave, esclavagisme 25

Esclave, société à esclaves, société esclavagiste 25

Préoccupations, objet : l'implantation de l'esclavage étranger en Afrique noire 29

Chapitre 1 - L'Orient, berceau de l'esclavage 35

Section 1) Sumer : pays d'origine de l'esclavage 35

§1) L'esclavage primitif et ses caractéristiques 35

§2) L'esclavage à l'origine : un produit du fonctionnement d'une société d'accumulation 37

Section 2) : En Basse Mésopotamie : la Babylonie et l'héritage de l'esclavage sumérien 41

§1) Le code d'Hammourabi et la hiérarchisation sociale . 41

§2) Le Code d'Hammourabi et le fondement de l'esclavage en Babylonie 44

§3) Nature, droits et devoirs de l'esclave babylonien du IIème millénaire AEC 54

A) L'esclave marqué d'un signe distinctif matériel 54

B) L'esclave, un bien meuble, patrimonial et aliénable ... 55

C) Le droit à fonder une famille et le statut des descendants 58

D) Valeur ou prix : l'esclave babylonien, un bien réservé aux riches 61

E) Rachat de liberté, affranchissement 64

Section 3) A Canaan, en « Terre promise » : le dieu Yahweh instituait l'esclavage 66

§1) Les pérégrinations des Hébreux 70

A) De Canaan en Kemet : le récit biblique, un mythe pur 70

B) De Kemet à la terre promise 80

C) Le périple du désert du Sinaï : une historicité inexistante 92

§2) L'esclavage chez les Hébreux : une volonté de Yawveh 95

A) Malédiction, dénuement : les fondements de l'esclavage chez les Hébreux 95

B) L'hébreu esclave et la Loi de Yahweh : un libre contraint au remboursement de sa dette 99

C) Les cananéens non-hébreux : réservoir d'esclaves des Hébreux selon Yahweh 103

Conclusion du chapitre 107

Chapitre 2) Grèce et Rome : esclavagisme et premières traites gigantesques des Blancs 111

Section 1) L'esclavagisme et la traite des Blancs : la première invention fut grecque 111

§1) L'esclavage grec : une traite des Blancs 111

§2) Solon d'Athènes et l'abolition de l'esclavage pour dette 114

§3) L'invention de l'esclavagisme et de la traite des Blancs 115

A) L'esclave comme principal facteur de production .. 116

B) L'esclave grec : un être sans droit et un bien meuble à protéger 118

a) L'esclave privé 118

b) L'esclave public 121

C) L'affranchissement 123

D) Valeur et prix de l'esclave 128

E) La prévention des révoltes des esclaves 129

F) La justification de l'esclavagisme par les Grecs 132

§4) L'esclavagisme : un produit de l'éthique sociale grecque exporté ailleurs 135

A) L'acceptation sociale de la violence comme moyen d'appropriation de l'autre 135

B) La diffusion à l'étranger de l'esclavagisme grec par les conquêtes territoriales 137

Section 2) Rome : l'esclavagisme et la première traite majeure des Blancs 139

§1) L'esclave dans la société romaine : une production des Romains 139

§2) L'esclavage romain : la première traite gigantesque des Blancs 143

§3) L'esclave à l'origine de la richesse et du bien-être des Romains 146

A) L'esclave comme principal facteur de production 146

B) L'esclave : une source notable de revenu de l'Etat romain 150

§4) Marchés, valeur et prix de l'esclave 153

§5) De quel droit disposaient les esclaves à Rome ? 155

A) Des « choses » à dimensions multiples 156

B) Les assouplissements de la période impériale 160

C) La sortie de l'esclavage : la volonté du maître et ses limitations tardives 162

a) L'affranchissement 162

b) La loi et l'affranchissement 165

§6) Le refus de la condition servile 166

A) Le rejet de l'esclavage naturel grec par les penseurs romains 167

B) Le prétendu meilleur bien-être des esclaves 167

C) Les révoltes d'esclaves 171

a) Révoltes à l'échelle individuelle................................... 171

b) Révoltes à l'échelle collective : les Guerres serviles majeures 171

Section 3 : Le Christianisme : une religion « romaine » pro-esclavagisme 178

§1) Le Christianisme initial évincé par le Christianisme de l'empereur romain Constantin 178

§2) Le Christianisme primitif et ancien : pionnier de la pérennisation de l'esclavage 184

A) Jésus de Nazareth : légitimation et emprunt d'un concept païen de l'esclavage 184

B) Pierre et les douze apôtres : la pérennisation de l'esclavage et de l'ordre établi 191

C) Paul de Tarse : l'emprunt aux païens et l'inculcation de l'acceptation de l'esclavage 193

§3) Le Christianisme de Constantin : une institution esclavagiste 200

A) L'adhésion des Pères de l'église à la vision légitimatrice primitive de l'esclavage 201

B) Le retour à la loi de Yahweh : l'esclavage est réservé aux « étrangers » 205

C) L'esclavage des Indiens et Négro-africains : illégitimité et légitimation 210

a) L'illégitimité reconnue de l'esclavage des Indiens par l'Eglise chrétienne 211

b) Traite et esclavage des Négro-africains : la légitimation promotrice chrétienne 214

c) Guerre juste, salut des âmes, malédiction de Noé : les arguments de la Traite des Noirs 230

§4) L'abolition de l'esclavage et de la traite des Noirs : qu'a fait l'Eglise chrétienne ? 241

A) Les pionniers de l'abolition en occident : des individus et non l'Eglise chrétienne 241

B) Quand les papes se terraient, simulaient, sortaient pour tuer un serpent mort 244

C) 1890 : abolition de l'esclavage des Noirs par l'église catholique : quid de l'esclavage ? 252

D) L'engagement précoce des Chrétiens quakers et méthodistes dans l'abolitionnisme..................................258

a) Les Quakers : premiers abolitionnistes de la TNT 258

b) L'abolitionnisme de l'Eglise méthodiste....................262

E) Les doutes persistants de l'abolition de l'esclave par l'Eglise chrétienne 264

a) L'Eglise chrétienne : une esclavagiste, maîtresse d'un grand nombre d'esclaves 264

b) L'esclavage reste toujours légitime dans la doctrine judéo-chrétienne 273

F) Des doutes à propos des fondements humanitaires de l'abolition..274

Section 4) L'Islam et l'esclavage : une légitimité persistante 276

§1) L'Islam porte l'empreinte de la société arabe antéislamique 276

§2) L'Islam conserve, légitime et légalise l'esclavage antéislamique 288

§3) L'idolâtrie : ennemi de l'Islam justifiant esclavage et guerre totale 293

A) L'incroyance et la tradition ancestrale arabe : fondements de l'esclavage islamique 293

B) L'idolâtrie et la justification d'un djihad total contre les non-musulmans.................................297

C) L'asservissement des captifs de guerre non autorisé par le Coran mais pratiqué 307

§4) Le statut juridique de l'esclave musulman 308

A) La Loi islamique recommande la fraternité entre maîtres et esclaves 308

B) L'affranchissement et la tache indélébile de l'esclavage en pays musulman.........................311

§5) Razzia et traite : les sources majeures de l'esclavage dans le monde musulman............................316

§6) Les esclaves dans le monde islamique : des cas de réussite 320

A) Eunuques et mamelouks...............................320

B) Un esclavage consommateur de femme 323

§7) Maltraitance, souffrance, racisme 325

Chapitre 3 : L'esclavage et la traite des Blancs dans l'Europe médiévale.................................. 329

Section 1) L'esclavage interne dans les sociétés médiévales européennes 329

§1) La christianisation et l'extinction progressive de l'esclavage des chrétiens en Europe 329

§2) Les Slaves devenus les principales victimes de la traite des blancs..333

§ 3) Les Barbares Germains : successeurs de l'empire romain d'Occident 336

§4) La pratique de l'esclavage dans les sociétés européennes médiévales 339

A) Comment devenait-on esclave dans l'Europe médiévale ? 339

B) L'esclave en Europe médiévale : un être exclu de l'humanité et classé parmi les bêtes 346

C) L'esclave en Europe médiévale : un être sans droit .. 348

D) L'Europe médiévale : une société esclavagiste ou une société à esclaves ? 352

E) Combien vendait-on les esclaves en usage dans l'Europe médiévale ? 361

F) Marchés d'esclaves en Europe à l'ère médiévale 364

G) La sortie de l'esclavage : l'affranchissement - rachat 369

a) Chez le maître chrétien, l'Eglise : le rachat plutôt que l'affranchissement 369

b) Dans la société civile 385

§5) Révoltes, fuites et résistances antiesclavagistes 389

A) Révoltes et fuites 389

B) Résistance antiesclavagiste en Europe médiévale 392

§6) La fin de l'esclavage interne médiéval en Europe .. 395

Section 2) La traite des Blancs par les Blancs dans l'Europe médiévale 403

§1) L'alimentation de la traite : razzias, guerres, acteurs, et victimes 404

§2) Itinéraires de traite, vendeurs et marchés desservis . 415

§3) Traite des Blancs médiévale : déjà un commerce triangulaire 427

§4) Phases terminales de l'esclavage européen : les traites Afrique-Europe et transatlantique 428

DEUXIEME PARTIE : IMPLANTATION ET PRATIQUE DE L'ESCLAVAGE DANS L'ESPACE SUBSAHARIEN 437

Repères.. *439*

Chapitre 4) L'esclavage n'existait pas dans les sociétés négro-africaines préchrétiennes ***441***

Section 1) Les survivances de sociétés ni esclavagistes, ni à esclaves 441

§1) Survivances de sociétés ne sachant pas utiliser l'esclave 441

§2) Survivances de sociétés ne sachant pas vendre l'esclave 444

§3) Survivances de sociétés ignorant l'institution esclavagiste 446

Section 2) Les résistances subsahariennes à l'esclavage.456

§1) Un indicateur de l'origine externe de l'esclavage et de la traite au Sud-Sahara 456

§2) Résistances face à l'esclavage musulman et première abolition : la charte du Mande 457

§3) L'intensification des résistances avec la naissance de la traite transatlantique...462

A) Résistance armées...462

B) Résistances non armées 469

Section 3) L'impossibilité qu'émerge l'esclavage dans l'espace subsaharien vitaliste...480

§1) La religion autochtone subsaharienne : le Vitalisme et ses principes...480

§2) L'organisation sociale vitaliste : barrière fondamentale à l'émergence de l'esclavage 481

A) L'entraide mutuelle rend impossible l'esclavage des nécessiteux 482

B) Amour/fraternité, égalité ontologique : frein à l'appropriation de l'humain 484

C) L'hospitalité vitaliste : une barrière infranchissable à l'esclavagisme 487

§3) Les sociétés vitalistes nègres antiques n'étaient pas des sociétés d'accumulation 492

§4) L'esclavage interne subsaharien : des empreintes externes fortes 493

§5) Les ajustements locaux des esclavages arabo-musulman et européen médiéval 495

Chapitre 5 : l'endogénéisation de l'esclavage par l'Islam en Afrique Noire 503

Repère 503

Section 1) Les temps possibles d'implantation de l'esclavage dans l'espace subsaharien 504

Section 2) L'implantation de l'esclavage par inculcation de la loi islamique 510

§1) L'inculcation de la légalité de l'esclavage 510

§2) L'inculcation de la prescription de la razzia 513

§3) L'inculcation de la prescription de la guerre sainte .518

§4) L'inculcation via le contrôle des rois nègres par leurs instructeurs arabo-berbères 524

Section 3) L'implantation de l'esclavage par les Nègres islamisés pratiquant les inculcations 534

§1) Les razzias des Nègres islamisés sur leurs « frères » vitalistes 534

§2) Les guerres saintes des Nègres islamisés contre leurs « frères » vitalistes 538

A) La guerre sainte des rois islamisés de Kaoga, Tekrour, Silla, Kulwa … 538

B) La guerre sainte de Mamadou Toure dit Askia Mohammed 540

C) Les guerres saintes aux XVII-XVIIIème siècles 543

D) Les guerres saintes des prédicateurs du XIXème siècle : Dan Fodio, Amadou, Omar 544

E) Les guerres saintes de Diakhou Bâ, Samory Toure ...554

F) L'implantation et l'aggravation de l'esclavage par les guerres saintes..557

§3) L'implantation de l'esclavage par l'arabisation des sociétés subsahariennes islamisées.....................................560

§4) Tribut, monnaie, cadeau… : autres moyens d'implantation de l'esclavage musulman 562

Section 4) VIIème siècle : naissance des traites négrières islamique et interne subsaharienne 565

§1) Traite négrière arabo-musulmane transsaharienne : génitrice de la traite interne 566

A) Une création des Berbères islamisés ibâdites au VIIIème siècle..566

B) Le tournant décisif des XIVème -XVème siècles.......572

C) Voies, acteurs, utilisateurs… : une affaire musulmane 575

D) Prix, utilisation, traitement 582

§2) Esclavage et traite négrière en Afrique de l'Est : une implantation arabo-musulmane 588

A) La colonisation arabo-musulmane de l'Est-Africain : voie d'implantation de l'esclavage 589

B) Implantation de l'esclavage par les razzias organisés par les Arabo-musulmans 600

C) Les Arabo-musulmans aux commandes de la traite négrière en Afrique de l'Est...604

D) L'implantation de l'esclavagisme dans l'Est-africain par les Arabo-musulmans 608

E) Les empreintes anthropologiques de la TAM dans le monde arabo-musulman...611

Chapitre 6 : L'implantation de l'esclavage médiéval européen en Afrique noire : la traite négrière transatlantique *613*

Repère *613*

    Section 1) La traite transatlantique : quelques faits saillants 615

    Section 2) Implantation par la légitimation chrétienne de la mise en esclavage des Noirs 620

    Section 3) Implantation par les rapts et razzias directs des Européens au sud du Sahara 624

    Section 4) Dressage des esclaves et création d'esclavagistes autochtones par les Portugais 644

    Section 5) Installation d'Européens razzieurs au sein de la société négro-africaine 649

    Section 6) L'incitation à produire des captifs comme mode d'implantation de l'esclavage 657

    §1) La création du besoin des produits européens comme voie d'endogénéisation 657

    §2) Les armes pour implanter l'esclavage et la traite en Afrique noire...661

    §3) L'alcool et la drogue pour implanter et doper l'esclavage au sud du Sahara 665

    §4) Les produits de traite : des produits de piètre qualité mais de grande valeur ! 671

    A) La question de la qualité des produits de traite 671

    B) La question de la valeur des produits de traite 677

    Section 7) L'exercice du pouvoir par personne interposée pour implanter l'esclavage 678

    Section 8) L'esclave comme monnaie : un canal majeur d'implantation de l'esclavage 683

Chapitre 7) L'embrasement général des XVIIème-XIXème siècles : folie sociale, drames et dégâts **689**

Repère **689**

Section 1) La société folle négrière : une production des traites étrangères 691

§1) L'émergence d'une société nouvelle à compter du XVIIème siècle 691

§2) La société nouvelle : une société restructurée, d'esclavage et de traite..697

§3) La société nouvelle : une société folle.....................702

Section 2) Les traites négrières : quels effets sur la société subsaharienne ? 713

§1) Effets souvent ignorés par l'historiographie traditionnelle des traites négrières 713

A) Destruction sociale, esclavage et traite internes, société folle, auto-détestation 713

B) Guerres, insécurité, migrations, lignages et langues nouvelles, (re)tribalisation 716

C) L'arrêt du processus d'évolution des sociétés négro-africaines..719

D) Racisme anti-Noir, dédain arabo-musulman pour les Subsahariens 719

§2) L'hécatombe démographique : quantification impossible et dépeuplement certain................................721

Repère général et récapitulatif....................................**739**

Références bibliographiques **747**

ANNEXES..**767**

I) Le code d'Hammourabi (1730 AEC) : l'origine des lois sociales de Yahweh.. **767**

II) Le Vitalisme de la vallée du Nil antique : origine du décalogue de Yahweh 799

III – Esclavages, traites et abolitions : chronologie et faits marquants 811

PARTIE I : LES TRAITES DES BLANCS OU LE MODELE DES TRAITES DES NOIRS

Repère : problématique, esclave, esclavagisme

Esclave, société à esclaves, société esclavagiste

De l'esclave, Meillassoux (1986) proposait une définition devenue incontournable. Nous en retenons que l'esclave est un être, jamais un animal, possédant toutes les caractéristiques physiques humaines, donc un humain, dont pourtant l'humanité est niée et qui est la propriété ou la possession d'un autrui ayant le pouvoir de l'aliéner (le vendre, céder, donner, léguer etc.). Il est en outre un « autre », étranger absolu, venant de loin, extrait de sa société d'origine (traite), étranger par exclusion de la société dans laquelle il vit, étranger par exclusion de la parenté, du lignage. Il est souvent sans droits, dépourvu de toute personnalité et réduit à l'état de chose (Meillassoux 1986, Finley 1984, Bormans 2004), avec le statut juridique de meuble. Son destin est d'être exploité, à savoir que l'objet de son appropriation est d'être une source de profit pour son maître (Testart, 1998). Cette dernière condition est importante et permet de distinguer l'esclave d'autres prisonniers. En effet, tout captif n'est pas un esclave et toute société faisant des captifs n'est pas une société à esclave. Car un captif peut connaître divers sorts : (i) être tué ou destiné à l'être, auquel cas il n'est pas un esclave ; (ii) être un otage destiné à être libéré contre rançon ou destiné à être échangé contre un autre captif, auxquels cas il n'est pas non plus un esclave ; (iii) le captif de guerre peut aussi finir comme otage de la société vainqueur au sein de laquelle il est contraint de vivre désormais : c'était une pratique courante dans l'espace subsaharien vitaliste antique préchrétienne (voir plus loin dans cet ouvrage) ; etc. L'équation captif = esclave que posent certains historiens est donc erronée. Le processus de transformation du captif en esclave peut être schématisé comme suit :

Schéma 1 : Du captif à l'esclave

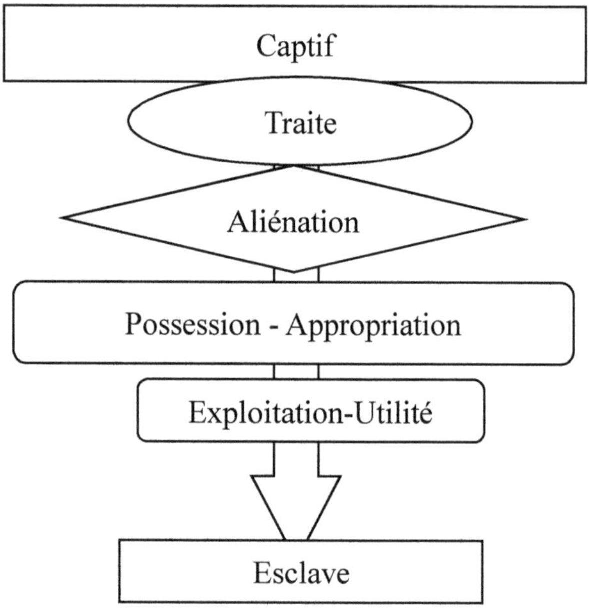

```
┌─────────────────────────────────┐
│            Captif               │
└─────────────────────────────────┘
            ╱  Traite  ╲
           ╱            ╲
          ╱  Aliénation  ╲
           ╲            ╱
            ╲          ╱
┌─────────────────────────────────┐
│   Possession - Appropriation    │
└─────────────────────────────────┘
       ┌──────────────────┐
       │ Exploitation-Utilité │
       └──────────────────┘
              ↓
       ┌──────────────────┐
       │     Esclave      │
       └──────────────────┘
```

Source : K. Logossah

Exclusion (extraction de son milieu de vie, déshumanisation, désocialisation), aliénabilité, appropriation, profitabilité, sont les caractéristiques majeures de l'esclave. Pour Testart (1998), « *l'esclave est un dépendant dont le statut juridique est marqué par l'exclusion d'une dimension considérée comme fondamentale par la société et dont on peut, d'une façon ou d'une autre, tirer profit* ». L'auteur semble donc privilégier l'exclusion et la profitabilité pour caractériser l'esclave : sa définition nous paraît en conséquence quelque peu limitée comme on le verra dans le cas négro-africain. Pour sa part, reprenant la définition de Meillassoux (1986) et en partie de

Testart (1998), Grenouilleau (2014) y substitue le terme « possession » au terme propriété qui lui paraît trop spécifique à la culture occidentale.

Au total, piraterie, rapt, razzia, guerre, ne produisaient pas directement des esclaves, mais d'abord des captifs dont le sort dépendait des objectifs des organisateurs. Les captifs ne se transformaient en esclaves qu'une fois extraits (exclus) de leurs milieux sociaux (traite) et aliénés (vendus, transférés etc.) à autrui dont ils devenaient la possession et dont celui-ci pouvait tirer profit. Il faut donc adjoindre au captif la traite, l'aliénation, l'appropriation et la profitabilité pour en faire un esclave. Mais, on le verra plus loin, qu'il fût un captif ou non, globalement l'esclave était celui auquel on a sauvé la vie, celui qu'on a préservé d'une mort imminente dans le dessein de l'exploiter, d'en tirer profit.

Tel étant l'être qu'on peut nommer esclave, une société est qualifiée d'esclavagiste lorsque son fonctionnement repose principalement sur l'esclave (Finley, 1980). En clair, lorsque l'activité de la société, soit sa production, est assurée principalement par les esclaves. Il convient ici d'être explicite. La production dont il est question ne peut se limiter, comme l'ont cru certains historiens (Williams, 1968 par exemple) à celle des biens matériels c'est-à-dire qui ont un corps et que l'on peut toucher. L'on doit prendre en compte la production des biens dans son ensemble : biens matériels et biens immatériels et donc ce qui est la source du bien-être de l'ensemble d'une société. Par exemple, le prêtre produit en disant la messe ; l'humoriste produit en faisant rire ; l'esclave produit en accompagnant son maître dans une assemblée etc. Il s'agit là de biens dès lors qu'ils apportent satisfaction à leurs utilisateurs et contribuent au bien-être des individus et de la société. Ils sont simplement immatériels. Rappelons en effet que produire ce n'est pas fabriquer un bien matériel, mais c'est « créer une utilité », ce que nous savons depuis l'économiste français du XIXème siècle Jean-Baptiste Say. On doit donc tenir compte de l'ensemble de la production d'une société lorsqu'on cherche à apprécier son caractère esclavagiste ou non. Mais à partir de quelle proportion de l'activité d'ensemble ou de la production d'ensemble, due au travail des esclaves, une société est-elle considérée comme esclavagiste ? Telle est l'interrogation clé. On pourrait y répondre en faisant valoir que si la production du bien-être d'une société repose fondamentalement sur le travail des esclaves, alors cette société est esclavagiste. En effet, la disparition des esclaves remettrait en cause le fonctionnement d'une telle société. Cette situation pourrait survenir si au moins la moitié (50%) de la production globale d'une société est assurée par le travail des esclaves. En revanche, si la participation des esclaves au processus de production global est faible, largement en deçà de la proportion de 50%, on n'aura affaire qu'à une société à esclaves. Car dans un tel contexte, la disparition des esclaves ne peut remettre en cause le fonctionnement de la société. Les exemples classiques de sociétés esclavagistes étaient les sociétés antiques grecques et romaines.

Dans la société romaine antique, l'esclave était nommé *servus* mais en réalité cette désignation était réservée à l'esclave de sexe masculin, l'esclave de sexe féminin étant nommée *ancilla*. A Rome, l'esclave était aussi nommé *mancipium*, un terme neutre qui renverrait à l'état « objet » ou l'état « possession d'autrui » de l'esclave. En Europe médiévale, et au haut Moyen Âge (Vème-Xème siècles) principalement, comme dans l'Europe barbare, germaine, c'était le terme latin *servus* qui servait à désigner l'esclave. Mais au Xème siècle apparut un autre terme latin médiéval désignant l'esclave, à savoir *sclavus*, lequel allait se substituer progressivement à *servus ;* ce terme, *sclavus*, fit son apparition, en Allemagne, dans un diplôme d'Otton Ier pour l'église de Magdebourg daté du 21 septembre 937 ; il apparaissait également dans un autre diplôme à Magdebourg en date du 11 octobre 937; dans ces diplômes, le terme *sclavus* avait le sens d'esclave (Verlinden, 1942). A partir du XIIIème siècle, son équivalent français, « esclave », était entré dans le langage courant pour se substituer définitivement à *servus* et parvenir jusqu'à nous. Cela dit, le terme latin s*clavus* signifiait à l'origine *slave* et était l'appellation ethnique des peuples d'Europe orientale. En effet, durant au moins mille ans, ces peuples furent les principales victimes de l'esclavage médiéval européen et de la traite des Blancs qui en était le cœur. En conséquence, le Slave était devenu le prototype de l'esclave en Europe médiévale. D'où le glissement sémantique slave = esclave.

Préoccupations, objet : l'implantation de l'esclavage étranger en Afrique noire

L'Afrique subsaharienne fut, durant treize siècles (VIIème-XIXème), le théâtre d'une traite des Noirs à plusieurs composantes : d'abord une traite à destination principalement du monde musulman, à savoir, l'Afrique du nord, l'Andalousie et l'Orient arabo-musulman, cette traite s'échelonnant du VIIème au XIXème siècles (Traite Arabo-musulmane : TAM) ; ensuite, une traite négrière à destination de l'Europe du sud, des Amériques et de l'océan Indien, allant du XVème au XIXème siècles : Traite Négrière Transatlantique (TNT) ; enfin, une traite interne subsaharienne (TIS), du VIIème au XIXème siècles.

De nombreux travaux ont été consacrés à ces traites, avec des préoccupations diverses (voir bibliographie en fin d'ouvrage). Demeure toutefois une question insuffisamment abordée, voire pratiquement pas, à savoir celle de l'émergence. En effet, très peu de travaux ont été consacrés à la question de savoir comment l'esclavage et la traite interne (TIS) avaient émergé dans l'espace subsaharien. En particulier, est restée insuffisamment documentée la question de savoir si la TIS se nourrissait d'un esclavage interne propre à l'Afrique subsaharienne préexistant aux traites étrangères arabo-musulmane et transatlantique. Dans la littérature, on trouve au moins deux types de réponse à cette interrogation. La première est que l'esclavage est un phénomène universel ayant existé dans toutes les sociétés de tout temps (Grenouilleau, 2014 par exemple pour une expression récente). Largement reprise dans la littérature, cette affirmation était toutefois contestée par Wallon (1988), lequel la considérait comme un « *dogme faux* » : on sait par exemple que les Aztèques amérindiens tuaient systématiquement leurs prisonniers de guerre et ne mettaient pas en esclavage. Contestant également le poncif de l'universalité de l'esclavage, Delacampagne (2002), estimait que « *l'esclavage n'a pas toujours existé et n'a pas existé partout* », renvoyant son émergence à « *il y a 5000 ans dans le Croissant fertile moyen-oriental* ». Le second type de réponse à notre interrogation ci-dessus soutient que l'esclavage était une institution étrangère à l'espace subsaharien et qu'il y fut imposé de l'extérieur. Représentée par Meillassoux (1975), cette position était partagée par Inikori (1982) qui estimait que la traite interne subsaharienne (TIS) n'était que le produit des traites étrangères arabo-musulmane (TAM) et transatlantique (TNT).

L'opinion que l'esclavage était un phénomène universel qui avait existé dans toutes les sociétés ne repose à vrai dire que sur l'observation naïve qu'il fut pratiqué à un moment donné dans telle ou telle société. S'agissant par exemple de l'espace subsaharien, le poncif reste fondé sur l'observation qu'il y existait une traite interne durant les traites négrières étrangères TAM et TNT. Il est dès lors postulé que cette traite interne préexistait aux traites étrangères, arabo-musulmane et européenne, voire en était à l'origine ! L'idée est que les Négro-africains, surtout musulmans, pratiquaient l'esclavage avant la TNT. Ce qui est exact mais reste largement insuffisant pour autoriser à affirmer que la traite interne subsaharienne préexistait aux traites étrangères y compris arabo-musulmane.

Dans cet ouvrage, nous montrons rigoureusement que l'institution sociale qu'était l'esclavage n'existait pas dans les sociétés vitalistes subsahariennes préchrétiennes et anté-islamiques. Du fonctionnement endogène, propre, de ces dernières sociétés ne pouvait émerger l'institution *esclavage* : l'ouvrage met en évidence ce qui précisément en constituait les garde-fous. Par la suite, l'ouvrage établit que la traite interne subsaharienne (TIS), quoique préexistant à la traite transatlantique, ne résultait que de l'endogénéisation au sud du Sahara, via l'islamisation, de l'esclavage et de la traite que les Arabo-musulmans pratiquaient chez eux en Orient. Ce n'était qu'à compter du VIIème siècle que l'institution sociale *esclavage* avait émergé en Afrique subsaharienne. Elle fut une implantation, via l'islamisation, par les Arabo-musulmans ; nous retraçons le processus précis d'endogénéisation. L'ouvrage montre également le processus précis par lequel les Européens aussi, via la christianisation et la traite transatlantique, avaient transposé et implanté l'esclavage et la traite qu'ils pratiquaient chez eux tout au long du Moyen Âge et même avant, dans l'espace subsaharien.

L'ouvrage adopte une démarche d'histoire globale. La première partie est consacrée à la traite ainsi qu'à l'esclavage hors de l'espace subsaharien depuis l'antiquité, en examinant d'abord les cas du berceau oriental notamment Sumer, la

Mésopotamie, puis Canaan et la loi de Yahweh (chapitre I) ; ensuite, sont abordés l'esclavage et la traite en Grèce et à Rome dans l'antiquité, puis dans le Christianisme et dans l'Islam (chapitre II). Cette première partie établit qu'avant la traite des Noirs à l'époque moderne, avait existé à grande échelle dans l'antiquité, une traite des Blancs largement pratiquée en Grèce, à Rome. Le chapitre III est consacré à l'Europe médiévale et montre qu'elle fut le théâtre d'une traite des Blancs gigantesque, ayant duré du Vème au XVIIIème siècle et ayant été le modèle de la traite négrière transatlantique (TNT) qui en fut la dernière phase.

La seconde partie de l'ouvrage traite en quatre chapitres de l'endogénéisation et de la pratique de l'esclavage dans l'espace subsaharien. Le chapitre IV montre que l'esclavage n'existait pas dans les sociétés négro-africaines préchrétiennes et antéislamiques d'obédience vitaliste. A partir de là, les chapitres V, VI et VII répondent à la question de son émergence dans l'espace subsaharien. Le chapitre V présente le processus par lequel l'Islam, en premier, a servi de canal d'implantation de l'esclavage oriental dans l'espace subsaharien. Le chapitre VI est consacré aux procédés par lesquels via la christianisation ainsi que la traite transatlantique l'esclavage médiéval européen fut implanté dans l'espace subsaharien. Enfin, le chapitre VII présente la conséquence majeure en Afrique noire des techniques d'implantation des esclavages et traites arabo-musulmans et européens, à savoir, la création d'une société nouvelle ayant émergé de façon décisive à compter du XVIIème siècle : il s'agissait d'une société d'esclavage, folle, de chaos, d'insécurité, de haine du Nègre etc. en mesure d'auto-entretenir les traites étrangères arabo-musulmanes et européennes.

Pour la datation des événements historiques, nous avons, dans cet ouvrage, opté pour l'utilisation du système AEC/EC (Avant l'Époque Commune ou Courante/Ère Commune) lequel est équivalent à av. JC/apr. JC (avant Jésus Christ/ après Jésus Christ ») ; toutefois, pour les évènements de l'Ère Commune (après Jésus Christ), les dates ne sont accompagnées d'aucune indication supplémentaire.

Chapitre 1 - L'Orient, berceau de l'esclavage

Section 1) Sumer : pays d'origine de l'esclavage

§1) L'esclavage primitif et ses caractéristiques

Il est aujourd'hui admis que ce fut au Proche-Orient, au sud de la Mésopotamie (Irak contemporain) et au Sumer notamment qu'était apparu l'esclavage au IIIème millénaire AEC. L'espace sumérien, la Mésopotamie méridionale, était alors occupé par plusieurs cités-États, notamment celles d'Adab, de Girsu, Lagash, Larsa, Nippur, Shuruppak, Umma, Ur, Uruk. Hiérarchisée, la société était composée des élites ayant à leur tête le souverain et sa famille (reines, princes et princesses), des hauts dignitaires dans l'administration des royaumes et des temples, de riches familles dirigeant les affaires privées de leur groupe, puis les employés des institutions administratives, religieuses, privées, enfin des « personnes » se trouvant être la propriété d'autres personnes ou de diverses institutions.

Si l'on se fonde sur l'accès à la propriété terrienne, il apparaît que la société sumérienne regroupait deux grandes catégories sociales, à savoir, ceux qui avaient la capacité de posséder la terre et ceux qui en étaient dépourvus. Trois catégories sociales disposaient du droit d'accès à la propriété de la terre, notamment les Nobles, les Roturiers et les Clients. Les Nobles étaient les grands propriétaires terriens, disposant de grands domaines et contrôlant ceux des temples. Les Roturiers détenaient des domaines d'étendues limitées tandis que les Clients, quoique régulièrement employés dans les temples et autres institutions publiques comme privées avaient aussi la capacité de posséder la terre.

A côté de ces catégories sociales, se trouvaient ceux qui étaient dépourvus du droit de possession de la terre : c'étaient les « esclaves ». Leur rôle social consistait à travailler la terre dans les domaines des propriétaires, à effectuer les tâches pénibles dans les temples et les centres urbains. Ces « esclaves » appartenaient à des personnes privées ou à des institutions.

Dans la société sumérienne, on devenait « esclave » par plusieurs voies. Ainsi, une personne pouvait, pour éteindre sa dette envers une autre, livrer à celle-ci son enfant, sa femme, sa sœur pour une période donnée. Des parents dans le besoin pouvaient aussi vendre leurs enfants ou les abandonner dans l'espace public comme le souligne Delacampagne (2002) : dans la cité d'Ur par exemple, des contrats de vente d'enfants datant du 3ème millénaire avaient été découverts (Delacampagne, 2002). Mais outre l'endettement, le besoin, la punition pour crime conduisait également une personne libre à la condition servile. Toutefois, au Sumer, la plus grande part des esclaves était constituée de prisonniers de guerres. Des victimes de rapt alimentaient aussi le groupe des esclaves et les enfants en furent des cibles privilégiées.

Il convient de souligner que du point de vue de sa condition, « l'esclave » sumérien restait la propriété de son maître. Celui-ci avait le pouvoir de le léguer, le louer, en faire donation, le mettre en gage, le vendre : le prix de l'esclave était l'équivalent de celui de l'âne. Le maître pouvait le fouetter, le marquer au fer rouge, à condition que cela fût justifié par une faute. La tentative de fuite était sévèrement réprimée. Quiconque favorisait la fuite d'un esclave royal encourait la peine de mort.

Dans la société sumérienne, toutefois, l'esclave avait des droits. Ainsi, le maître n'était pas autorisé à exercer sur lui, gratuitement, des violences. L'esclave pouvait, devant le tribunal, s'opposer à sa vente ; il était autorisé à faire du commerce, à emprunter de l'argent, à posséder des biens, quels qu'ils fussent. Néanmoins, toute possession de l'esclave demeurait en dernier ressort la propriété du maître. L'esclave sumérien avait aussi le droit de se marier, même avec des libres. Dans cette éventualité, la servitude était codifiée de façon précise. Au cas où une femme libre épousait un esclave, les enfants issus de l'union étaient des libres et héritaient, au décès du père, de la moitié des biens de celui-ci, tandis que l'autre moitié revenait au maître. Lorsqu'un homme libre épousait une esclave, celle-ci et la progéniture héritaient de ses biens à son décès s'il les avait formellement adoptées. Dans le cas contraire, au moment du décès, l'épouse et les enfants étaient illico presto affranchis. Enfin, l'esclave sumérien avait le droit d'acheter sa liberté s'il en avait les moyens et pouvait être affranchi (Delacampagne, 2002 ; Lafont et Westbrook, 2003 ; Wilcke, 2003). L'affranchissement, lorsqu'il survenait, était public et irrévocable.

§2) L'esclavage à l'origine : un produit du fonctionnement d'une société d'accumulation

Tel se présentait l'esclavage dans la société sumérienne antique. Si l'on admet, comme cela est le cas, que ce fut l'esclavage originel, cela exclut qu'il fût introduit de l'extérieur dans la société sumérienne. L'esclavage n'était ici que le produit d'une évolution endogène, d'une évolution propre à la société, résultant de son propre fonctionnement. D'où la question de savoir de quel dispositif précis de cette société il fut le produit. Quoique la question reste complexe, l'examen des voies par lesquelles on devenait esclave à Sumer offre quelques pistes. Le chef de famille se trouvant dans le besoin pouvait solliciter un plus fortuné et obtenir les moyens qui lui manquaient en lui livrant en contrepartie un ou plusieurs membres de sa famille : enfants, femme, membre de la fratrie. « L'esclave » ainsi né devait travailler pour le maître, jusqu'à ce que le chef de famille rassemblât les moyens de son rachat pour le récupérer. « L'esclave » était donc la garantie de remboursement de l'avance consentie par le plus fortuné. A l'origine donc, « L'esclavage » ne serait que la concrétisation d'un système de prêt/avance - garantie - remboursement dans une société où chaque individu ou unité familiale étaient tenus de faire face à ses besoins par ses propres moyens, en l'absence d'un dispositif social de prise en charge des nécessiteux, de prise en charge de celui qui tombait dans l'indigence et n'avait plus de quoi vivre. La force de travail dont disposait chaque individu lui permettaient de résoudre l'équation de ses moyens de subsistance : toute personne pouvait la proposer à une autre pour une période donnée, en cas de besoin, en contrepartie des moyens immédiats que cette dernière accepterait de mettre à sa disposition. En cas d'endettement vis-à-vis d'une personne, le débiteur pouvait : soit proposer sa propre force de travail, auquel cas il se mettait lui-même au service du créancier et devenait son esclave ; soit proposer la force de travail d'une personne tierce (progéniture, femme, membre de sa fratrie) qui devenait alors « esclave ». C'était donc la responsabilité qui pesait sur chaque individu, sur chaque unité familiale, pour sa survie, dans un système social dépourvu de mécanisme de prise en charge du nécessiteux, qui justifiait l'émergence de la condition sociale qui allait progressivement devenir l'esclavage : l'esclavage originel.

Il convient d'y insister : initialement, lorsque l'individu ou le chef de famille sumérien, endetté ou confronté au besoin, prenait ses responsabilités et se vendait ou vendait un membre de sa famille à son créancier, il ne faisait aucunement don de sa personne à ce dernier ; il n'offrait aucunement sa personne, mais uniquement sa force de travail. Et ce n'était que sur cette force de travail que le créancier détenait un droit, comme dans tout contrat de travail contemporain. Cependant, l'individu endetté ou confronté au besoin se trouvait toujours en position de faiblesse vis-à-vis du créancier avec comme implication que seule une codification stricte était à même d'empêcher les dérives. En l'absence de cette dernière, les intérêts égoïstes de tout créancier l'invitaient à en profiter et à s'approprier toute la personnalité du débiteur. C'est dans ce glissement qu'il convient de rechercher les fondements de l'appropriation progressive puis totale de la personnalité de l'esclave, de sa possession, de son appropriation par son maître.

« L'esclavage » originel avait ainsi été sujet à une corruption progressive ayant fini par le pervertir profondément avec le temps : d'abord à Sumer même, puis dans les autres espaces où il était introduit notamment les autres territoires de Mésopotamie, de la péninsule Arabique, du golfe persique, de la Méditerranée, de l'Extrême-Orient, de l'Occident etc. Dans le processus de corruption, le souci de tirer le plus d'avantages possibles de la force de travail servile, lequel souci n'était en réalité qu'un simple réflexe d'accumulation, aurait été à l'origine de mauvais traitements, de dispositifs antifuites, de codifications plus ou moins sévères. In fine, les conditions d'exploitation de la force de travail servile, les conditions de vie de l'esclave, finissaient par dépendre, dans chaque espace, du substratum de l'organisation sociale autochtone en vigueur avant l'introduction de l'esclavage.

Au total, initialement, pour éviter de crever par déficit de subsistances, l'individu nécessiteux se mettait sous la propriété d'autrui ou mettait quelqu'un des siens sous cette propriété. Son propriétaire, qui lui sauvait la vie en lui fournissant de quoi survivre, faisait figure d'un système de sécurisation de la vie matérielle des individus. Si la mise en esclavage était ainsi un dispositif de protection des plus démunis dans une société dépourvue de mécanisme collectif de prise en charge des nécessiteux (société individualiste), elle ne pouvait émerger et perdurer qu'en offrant un avantage certain au propriétaire de ces derniers. La mise en esclavage correspondait ainsi, originellement, à une situation d'avantage mutuel : elle permettait de sauver la vie de la victime au moyen de sa possession et de son exploitation par autrui. De cette façon, et fondamentalement, ce fut le réflexe d'accumulation, des individus et de la société, qui produisait l'esclavage originel : d'une part, en sauvant d'une mort certaine l'indigent dépourvu de tout moyen de subsistances et condamné à mourir, il évitait à la société une réduction démographique ; d'autre part, ce maintien en vie de l'indigent en faisait en même temps, par l'exploitation dont il était l'objet, un moyen d'accroissement de la richesse produite, un moyen d'accumulation de richesse.

Mais outre de la pauvreté, l'esclave était aussi originellement issu de la guerre : il était alors un captif dont on sauvait aussi la vie. Car au lieu de le tuer on le gardait en vie en l'exploitant. Il était alors comme le nécessiteux auquel on évitait de crever en l'exploitant. Dans tous les cas, la mise en esclavage correspondait à un réflexe ou à un comportement d'accumulation : on conservait en vie quelqu'un qui était sur le point de disparaître (en crevant par déficit de subsistances ou en étant tué à la guerre) en l'utilisant pour en tirer un profit additionnel. De ce fait, l'esclavage est fondamentalement le produit du fonctionnement endogène d'une société d'accumulation. Aussi, quand bien même historiquement ce fut en Arabie que la mise en esclavage apparut pour se propager au reste de l'Orient et de l'Occident, elle pouvait en réalité émerger de manière endogène dans tous ces derniers espaces où prévalaient des sociétés d'accumulation.

Section 2) : En Basse Mésopotamie : la Babylonie et l'héritage de l'esclavage sumérien

Au IIème millénaire AEC s'affirmait en Basse Mésopotamie le royaume de Babylonie, prolongeant et supplantant ceux plus anciens de Sumer et d'Akkad. Sur le territoire de Babylonie, encore nommé « pays de Sumer et d'Akkad », avait régné de 1792 à 1750 AEC le roi Hammurabi, considéré comme le souverain le plus puissant de la première dynastie babylonienne. Il rédigea vers 1730 AEC un traité juridique, le « Code d'Hammourabi ». Avec pas moins de 282 articles, le Code posait le cadre juridique de fonctionnement de la société babylonienne en cette moitié du IIème millénaire AEC. Il existe plusieurs traductions du Code d'Hammourabi. Celle sur laquelle nous nous appuyons dans cet ouvrage est de Finet (2004).

§1) Le code d'Hammourabi et la hiérarchisation sociale

Le Code scinde la société babylonienne, au IIème millénaire AEC, en deux grandes catégories : d'une part les esclaves et, d'autre part, les non-esclaves. Nommés *wardum* en akkadien, les esclaves constituaient la couche inférieure de la société. Dans la couche supérieure, celle des non-esclaves, le Code distingue entre une élite, principalement urbaine, au service du roi, vivant dans l'entourage royal et dont le roi était généralement issu, regroupant les grands propriétaires terriens, les marchands, les propriétaires immobiliers urbains, les soldats de la Couronne, les dignitaires politiques et religieux etc. C'étaient les *awilum,* terme akkadien souvent rendu en français par « homme libre ». Un tel rendu est cependant impropre dès lors que les *avilum* ne constituaient pas la seule catégorie sociale de libres (opposés aux esclaves) babyloniens. En effet, au rang des libres il y avait aussi les *muskenum,* une catégorie populaire, plutôt considérée comme socialement subalterne, regroupant des gens de condition modeste mais aussi des riches, divers artisans, petits propriétaires fonciers, travailleurs agricoles etc. Ces personnes avaient pour caractéristique principale qu'elles ne travaillaient pas à titre permanent pour la Couronne. En Babylonie, comme au Sumer auparavant, le *muskenum* serait celui qui, socialement, « se courbait » ou « se prosternait », c'est-à-dire celui qui « cédait le pas » à *l'awilum*, parce qu'étant le moins fort, économiquement comme politiquement. Certaines exégèses, en particulier dans la traduction du Code d'Hammourabi, rendent *muskenum* par « affranchi » : ce qui, au sens de libre, est exact. Toutefois, un tel rendu, lorsqu'il est question de l'esclavage, introduit une confusion avec « l'affranchi » désignant l'esclave dont les liens serviles avec son maître sont rompus et qui recouvre sa liberté. Car tel n'était aucunement le cas du *muskenum* babylonien : il n'était pas un ancien esclave ayant recouvré sa liberté. De surcroît, traduire *muskenum* par « affranchi » en l'opposant à *awilum* rendu par « homme libre » est impropre : le *muskenum* était aussi un homme libre au même titre que l'*awilum,* les deux couches sociales pouvant d'ailleurs compter en leur sein des esclaves affranchis. Peut-être qu'il aurait été plus judicieux de parler d'élite lorsqu'il est question d'*awilum* et de personne ordinaire pour désigner le *muskenum*.

Le Code d'Hammourabi concrétise la hiérarchisation de la société par diverses dispositions. Ainsi, en cas de meurtre commis sur chacun d'eux, la compensation financière était moindre pour le *muskenum* (commun des mortels libre) au regard de celle de *l'awilum* (homme libre de l'élite) comme le spécifient les articles 206 à 208 du Code, à savoir *1/3 de mana d'argent* contre *1/2 de mana d'argent* :

« *206. Si un homme libre a frappé un homme libre dans une rixe et (s') il lui a infligé une blessure, cet homme libre jurera "je l'ai frappé sans le vouloir" ; alors il désintéressera le médecin.*
207. S'il est mort à la suite du coup qu'il a reçu, il jurera (de même) et, s'il [la victime] s'agit de quelque homme libre, il [l'auteur du coup] pèsera une demi-mana d'argent.
208. S'il s'agit de quelque muskenum, il pèsera un tiers de mana d'argent. »

On observe la même différence de traitement à propos de la rémunération à verser à un médecin ayant guéri un patient : cette rémunération, lorsque le patient était un commun des mortels libre (*muskenum*), était de moitié inférieure à celle obtenue pour le soin d'un libre de l'élite sociale (*awilum*). La rémunération du médecin était encore plus faible, en cas de soin d'un esclave ; de surcroît, cette rémunération traduit une distance hiérarchique plus grande entre le commun des mortels libres et le libre de l'élite qu'entre ce commun des mortels libre et l'esclave : le Code d'Hammourabi voyait donc le *muskenum*, commun des mortels libre, plus proche de l'esclave que du libre de l'élite (*awilum*). Toutes choses qui transparaissent des articles 215 à 217 d'une part et, d'autre part, 221 à 223 :

« *215. Si un médecin a pratiqué une grave incision sur un homme libre au moyen de la lancette de bronze et (s') il a sauvé la vie de l'homme libre ou (s') il a ouvert l'arcade sourcilière d'un homme libre au moyen de la lancette de bronze et (s') il a sauvé l'œil de l'homme libre, il prendra 10 síqil d'argent.*
216. S'il s'agit de quelque muskenum, il prendra 5 síqil d'argent.
217. S'il s'agit d'un esclave de particulier, le propriétaire de l'esclave remettra 2 síqil d'argent au médecin.
221. Si un médecin a rétabli l'os brisé d'un homme libre ou lui a revigoré un muscle malade, le patient remettra au médecin 5 síqil d'argent.
222. S'il s'agit de quelque muskenum, il remettra 3 síqil d'argent.

223. S'il s'agit d'un esclave de particulier, le propriétaire remettra au médecin 2 síqil d'argent.

Enfin, on peut souligner comme une des marques majeures de la hiérarchisation de la société babylonienne du IIème millénaire AEC, le fait que la loi du Talion, qui constituait le fondement de la justice selon le roi Hammourabi ne s'appliquait strictement qu'à l'élite sociale (*awilum*) : même le commun des mortels, le *muskenum*, pourtant libre, en était exclu comme l'esclave. En effet, alors qu'arracher l'œil d'une personne de l'élite (*awilum*) requérait que celui du fautif fût aussi arraché, tel n'était pas le cas lorsque cette mutilation frappait le commun des mortels libre (*muskenum*) ou l'esclave. Ici, une simple compensation financière suffisait. Encore une fois, le Code d'Hammourabi voyait le commun des mortels libre plus proche de l'esclave que du libre de l'élite. Ce qu'expriment les articles 196 à 201 :

« 196. Si quelqu'un a crevé l'œil d'un homme libre, on lui crèvera l'œil.
197. S'il a brisé l'os d'un homme libre, on lui brisera l'os.
198. S'il a crevé l'œil d'un muskenum ou brisé l'os d'un muskenum, il pèsera une mana d'argent.
199. S'il a crevé l'œil de l'esclave d'un particulier, ou brisé l'os de l'esclave d'un particulier, il pèsera la moitié de son prix.
200. Si un homme libre a cassé la dent d'un homme libre, son égal, on lui cassera la dent.
201. S'il a cassé la dent d'un muskenum, il pèsera un tiers de mana d'argent. »

§2) Le Code d'Hammourabi et le fondement de l'esclavage en Babylonie

De nombreux articles du Code ont trait à l'esclavage, lequel était une institution solide de la Babylonie du IIème millénaire AEC. Ce qui n'est guère surprenant dès lors que le royaume de Babylonie était l'héritière de celui de Sumer où naquit l'esclavage au IIIème millénaire AEC. En filigrane et s'agissant de l'esclavage, transparaissent du Code son origine, le statut de l'esclave, ses droits, devoirs etc.

L'examen du Code d'Hammourabi fait ressortir qu'il y avait deux types d'esclaves dans la Babylonie au IIème millénaire AEC : d'une part les esclaves de la Couronne et d'autre part les esclaves appartenant à des particuliers. Cette distinction transparaît par exemple des articles 15 et 16 qui évoquent « *l'esclave du palais* » par opposition à « *l'esclave d'un muskenum* » :
« 15. Si quelqu'un a fait sortir de la grande porte (de la ville) ou bien un esclave du palais, ou bien une esclave du palais, ou bien esclave de muskenum ou bien une esclave de muskenum, il sera tué.
16. Si quelqu'un a abrité dans sa maison ou bien un esclave, ou bien une esclave, fugitifs, appartenant au palais ou bien à un muskenum, et s'il ne l'a pas fait sortir à l'appel du crieur, ce maître de maison sera tué. »

S'agissant des motifs de la mise en esclavage, il apparaît que, comme à Sumer à l'origine, en Babylonie du IIème millénaire AEC, l'humain libre pouvait devenir esclave à la suite d'un endettement. Les articles 117 à 119 disposent :
«117. Si un homme a été contraint par une obligation et (s') il a dû vendre son épouse, son fils ou sa fille, ou bien (s') ils ont été livrés en sujétion, pendant 3 ans ils travailleront dans la maison de leur acheteur ou de leur assujettissant ; la quatrième année leur libération interviendra.
118. Si (c'est) un esclave ou une esclave (qui) a été livré en sujétion, (s') il laisse le marchand dépasser (le délai, ce dernier) pourra vendre (l'esclave) ; il ne pourra pas être revendiqué.
119. Si un homme a été contraint par une obligation et (s') il a dû vendre une sienne esclave qui lui avait mis au monde des enfants, (si) le propriétaire de l'esclave pèse l'argent que le marchand avait pesé, il pourra racheter son esclave. »

Le processus est clair. En Babylonie, la loi ou la société permettait de rembourser une dette en vendant un humain libre (article 117). Mais En Babylonie, la loi permettait aussi de rembourser une dette en contraignant un humain libre au travail forcé chez le créancier (article 117). La loi autorisait également que l'humain libre ainsi livré pour liquider une dette fût un membre de la famille du débiteur : femme, enfant (article 117). Toutefois, qu'il s'agît d'une vente ou d'une contrainte au travail forcé, l'aliénation de l'humain libre n'était pas définitive (article 117). En effet, le Code d'Hammourabi limite la durée de l'esclavage auquel l'humain libre était assujetti pour dette à trois ans. A la quatrième année donc, cet humain retrouvait son statut antérieur de libre. Cette restriction de durée serait vraisemblablement pour limiter les abus et protéger le débiteur. Mais il signifie aussi que le roi Hammourabi admettait l'idée que d'une part le travail de l'humain libre remboursait la dette et, d'autre part, qu'il la soldait au terme de trois années. L'acheteur devait donc tout mettre en œuvre pour tirer du travail de l'esclave, sur les 3 ans, au minimum l'équivalent du prix qu'il avait payé.

Il ressort des articles 118 à 119 ci-dessus mentionnés que tout débiteur disposant d'un esclave était aussi autorisé soit à le vendre pour rembourser sa dette, soit l'assujettir au travail forcé chez le créancier. Dans ce dernier cas cependant le propriétaire débiteur devait pendant le temps que l'esclave travaillait continuer à rembourser progressivement sa dette et la solder avant la fin de la troisième année. Passé ce délai, si la dette n'était pas soldée, le propriétaire perdait tout droit sur l'esclave qui devenait la propriété du marchand (créancier) : son ancien propriétaire ne pouvait plus le réclamer et le marchand avait le droit de le vendre (article 118). Une exception était celle de la femme esclave ayant donné des enfants à son propriétaire : ce délai de trois ans ne s'appliquait pas, l'esclave pouvait à n'importe quel moment être racheté par son maître (article 119).

Si la mise en esclavage pouvait être à l'initiative du débiteur lui-même (vendre ou assujettir au travail forcé quelqu'un de sa famille ou un esclave) comme cela transparaît des articles 117 à 119, elle pouvait aussi relever d'une démarche du créancier. Celui-ci avait la possibilité de saisir, pour garantir le paiement de sa créance, tout ce qu'il pouvait : un enfant, une épouse ou un époux, un esclave, un âne etc. Et c'était vraisemblablement le processus le plus courant au cas où le débiteur n'honorait pas sa dette comme suggéré par les articles 115 et 151 par exemple. Ainsi, une fois passée l'échéance fixée, toute personne dont la créance n'est pas remboursée par l'emprunteur agirait contre ses propres intérêts en temporisant. Elle n'avait aucune raison d'attendre :

« 115. Si quelqu'un doit recouvrer d'un homme de l'orge ou de l'argent et (s') il a pris sa garantie, et (si) la garantie, dans la maison de son preneur, est morte de mort naturelle, cette affaire n'entraîne pas réparation.
151. Si une femme qui demeure dans la maison d'un homme a obligé son mari à (lui) délivrer une tablette pour qu'un créancier de son mari ne puisse pas la saisir, si cet homme avait une dette avant qu'il ne prenne cette femme (en mariage), son créancier ne pourra en aucune manière saisir son épouse ; en revanche, si cette femme avait une dette avant qu'elle n'entre dans la maison de l'homme, son créancier ne pourra en aucune manière saisir son époux. »

Certains biens ne pouvaient être mis en garantie d'une dette : il s'agissait le plus souvent de biens de la Couronne dont l'usufruit était accordé au personnel travaillant pour le palais : soldats, administratifs, comme semblent l'indiquer les articles 38 et 39 :

« 38. Un soldat, un chasseur ou un "porteur de charge" ne peut (rien) assigner par écrit à son épouse ni à sa fille du terrain, du verger ou de la maison liés à son service ; il ne peut pas (en) livrer pour (se libérer d') une obligation.
39. Du terrain, du verger, ou de la maison qu'il achète et dont il est propriétaire, il peut assigner (quelque chose) par écrit à son épouse ou à sa fille ; il peut aussi (en) livrer pour (se libérer d') une obligation.»

Le Code livre certains des motifs pour lesquels les gens s'endettaient et pouvaient se retrouver en esclavage. Il insiste particulièrement, via les articles 42 à 52 par exemple, sur les emprunts en vue d'engager les activités agricoles. Alors, lorsque les récoltes s'avéraient insuffisantes et ne permettaient pas de rembourser les intérêts et le capital, l'emprunteur se trouvait endetté. Concrètement, plusieurs facteurs étant susceptibles de causer une récolte insuffisante, le Code spécifie que l'emprunteur ne pouvait être tenu pour débiteur et endetté qu'au cas où la mauvaise récolte relevait de sa responsabilité personnelle (insuffisance de travail etc.). Aussi le Code effaçait-il d'emblée, par son article 48, toute dette générée par de mauvaises récoltes provoquées par les catastrophes naturelles : orage, sécheresse etc. (article 48). Ces principes sont posés par exemple dans les articles 42 à 52 :

« 42. Si quelqu'un a pris en location un terrain pour le mettre en culture et (s') il n'a pas fait pousser d'orge sur le terrain, on le convaincra de ne pas avoir travaillé convenablement le terrain, et il livrera au propriétaire du terrain de l'orge dans la même proportion que son voisin.
43. S'il n'a pas cultivé le terrain et (l') a laissé à l'abandon, il livrera de l'orge au propriétaire du terrain dans la même proportion que son voisin ; en outre le terrain qu'il a laissé à l'abandon, il le défrichera au soc, le houera et le restituera au propriétaire du terrain.

44. Si quelqu'un a pris en location pour 3 ans un terrain en friche pour le mettre en valeur et (s') il a laissé tomber le bras et n'a pas mis en valeur le terrain, la quatrième année, il défrichera le terrain au soc ; il (le) bêchera, puis (le) houera et (le) restituera au propriétaire du terrain. En outre, il mesurera 10 kur d'orge par bur.
45. Si quelqu'un a livré son terrain contre rapport à un laboureur et (s') il a reçu le rapport de ce terrain, (si) ensuite le dieu Adad a noyé le terrain ou (si) une crue (l') a emporté, le dommage est à la charge du laboureur seul.
46. S'il n'a pas reçu le rapport de son terrain - soit qu'il ait livré le terrain pour la moitié (de la récolte), soit qu'il l'ait livré pour un tiers - l'orge qui aura été produite (néanmoins) sur le terrain, le laboureur et le propriétaire du terrain la partageront suivant la proportion fixée.
47. Si le laboureur, parce qu'il n'a pas été payé de ses peines l'année précédente, a dit : "je veux (encore) cultiver le terrain", le propriétaire du terrain ne pourra pas s'(y) opposer ; c'est uniquement son laboureur (de l'année précédente) qui pourra cultiver son terrain, et, à la moisson, il prendra de l'orge suivant son contrat.
48. Si quelqu'un a une dette et (si) le dieu Adad a noyé son terrain, ou bien (si) une crue l'a emporté, ou bien (si), faute d'eau, de l'orge n'a pas été produite sur le terrain, en cette année-là il ne rendra pas d'orge à son créancier : il mouillera sa tablette et donc ne livrera pas l'intérêt dû pour cette année-là.
49. Si quelqu'un a reçu de l'argent d'un marchand et (s') il a livré (en garantie) au marchand un terrain prêt à l'ensemencement d'orge ou de sésame, (s') il lui a dit "cultive le terrain, puis rassemble et emporte l'orge ou le sésame qui seront produits" ; si un laboureur a fait pousser sur le terrain de l'orge ou du sésame, à la moisson, c'est le propriétaire du terrain seul qui prendra l'orge ou le sésame qui auront été produits sur le terrain, puis il livrera au marchand l'orge représentant l'argent qu'il a reçu du marchand ainsi que son intérêt ; en outre, il indemnisera le marchand des frais de la culture.
50. S'il a livré (en garantie) un terrain ensemencé (d'orge) ou un terrain ensemencé de sésame, c'est le propriétaire du terrain seul

qui prendra l'orge ou le sésame qui auront été produits sur le terrain, puis il rendra au marchand l'argent et son intérêt.
51. S'il n'a pas d'argent pour rendre, il livrera au marchand (de l'orge ou) du sésame en contre-valeur de l'argent qu'il a reçu du marchand et de son intérêt, suivant la teneur des ordonnances du roi.
52. Si un laboureur n'a pas fait pousser sur le terrain de l'orge ou du sésame, (le créancier) ne pourra pas modifier son contrat.

Dans tous les cas, en Babylonie au IIème millénaire AEC, l'endettement apparaissait de loin comme la cause majeure de la mise en esclavage des individus. Et l'intérêt que les individus devaient payer sur le prêt principal occupait une partie importante du poids de l'endettement. Aussi, le roi Hammourabi, convaincu que seul l'interventionnisme étatique était en mesure d'imposer l'ordre social juste, et voulant à tout prix mettre en place un tel ordre social, s'était résolu à limiter toute forme d'abus. Ainsi, le roi avait imposé que le prêt reposât sur un contrat écrit devant témoins, prohibé le système de prêt à intérêts composés (dans lequel les intérêts s'ajoutent au capital prêté pour porter intérêts), administrait les taux de l'intérêt, obligeait les prêteurs à accepter toute forme de remboursement etc. Ce qu'il fit via les articles 89 à 95 :

« *89. Si un marchand a livré de l'orge en prêt, par kur il prendra [100] qa d'orge comme intérêt. S'il a livré de l'argent en prêt, par siqil d'argent il prendra 1/6e de siqil et 6 Se comme intérêt.*
90, 91. Si un homme qui [a] une dette n'a pas d'argent pour rembourser, mais (s') il a de l'orge, [le marchand] prendra pour son intérêt [tout ce qu'il faut d'orge] suivant les ordonnances du roi. Si le marchand a poussé son intérêt [au-delà] de [100 qa] pour 1 kur d'orge, [ou] au-delà d'1/6 de Siqil et 6 Se pour [1 siqil] d'argent et (s')il (l')a pris, il perdra chaque chose qu'il a livrée.
93. Si un marchand a livré en prêt de l'orge ou de l'argent et s'il a reçu l'intérêt de l'orge ou de l'argent [mais] (s') il n'a pas défalqué tout ce qu'[il a reçu] d'orge [ou d'argent] et n'a pas rédigé une

nouvelle tablette, ou bien (s') il a ajouté l'intérêt au capital, ce marchand rendra au double tout l'orge qu'il a pris.
95. Si [un marchand] a livré en prêt [de l'orge ou de l'argent] sans [témoins ni contrat], il perdra chaque chose [qu'il a] livrée.
96. Si quelqu'un a reçu de l'orge ou de l'argent d'un marchand et (s') il n'a pas d'orge ou d'argent pour rembourser, (s') il a du bien, chaque chose qui existe entre ses mains il pourra (la) livrer à son marchand, devant témoins chaque fois qu'il (en) apporte ; le marchand ne peut pas s'y opposer, il doit accepter. »

Outre la dette, le Code d'Hammourabi suggère d'autres fondements à la mise en esclavage en Babylonie du IIème millénaire AEC. On pouvait en effet, pour avoir commis certaines fautes, être mis en esclavage : dans ce cas, la mise en esclavage servait à réparer la faute. Les articles 53 et 54 en donnent des précisions :

« *53. Si quelqu'un a été paresseux pour renforcer [la digue de] son [terrain] et (s') il n'a pas renforcé sa digue, (si) dans [sa] digue une brèche s'est ouverte et (si), de ce fait, il a laissé les eaux emporter la terre à limon, l'homme dans la digue duquel une brèche s'est ouverte compensera l'orge qu'il a fait perdre.*
54. S'il est incapable de compenser l'orge, on le vendra lui-même ainsi que ses biens, et les occupants de la terre à limon, dont les eaux ont emporté l'orge, partageront. »

Comme jadis au Sumer du IIIème millénaire AEC, on devenait aussi esclave en Babylonie par la naissance dès lors qu'on était né d'une mère esclave, la mère étant la personne du couple dont la descendance héritait son statut. Les esclaves étaient donc aussi issues de leur propre reproduction. Ce qu'indique en filigrane l'article 175 du Code :
« *175. Si un esclave du palais ou un esclave de muskenum a pris (en mariage) une fille d'homme libre et (si) elle a mis au monde des enfants, le propriétaire de l'esclave ne pourra pas revendiquer pour l'esclavage les enfants de la fille d'homme libre.»*

Enfin, le Code suggère qu'un soldat combattant pour le compte de la Couronne et fait prisonnier pouvait devenir, en Babylonie, l'esclave de toute personne qui l'aurait acheté et ramené chez lui. Toutefois cet esclavage ne peut durer et en dernier ressort, la cour royale le supprimera en rachetant la liberté de l'esclave pour la lui rendre (article 32) :

« *32. Si un marchand a racheté un soldat ou un chasseur qui avait été fait prisonnier dans une mission du roi et (s') il lui a fait regagner sa ville, s'il y a dans sa maison de quoi (le) racheter, c'est lui qui se rachètera lui-même ; s'il n'y a pas dans sa maison de quoi le racheter, il sera racheté par le temple du dieu de sa ville ; s'il n'y a pas dans le temple du dieu de sa ville de quoi le racheter, le palais le rachètera. Son terrain, son verger et sa maison ne peuvent pas être livrés pour son rachat.* »

Cet article apparaît en réalité comme une incitation aux citoyens babyloniens à racheter les personnes en mission pour le roi (mission militaire, mission commerciale), faits prisonniers ailleurs afin que les citoyens babyloniens ne rechignent à s'engager au service de la Couronne.

Toutefois, l'article 32 laisse la porte ouverte à tout citoyen babylonien qui aurait le désir et les moyens, d'acheter, comme esclave à son service, à l'étranger, un prisonnier de guerre étranger ou tout esclave étranger. De fait, de tels captifs étrangers constituaient une partie des esclaves privés de la Babylonie du IIème millénaire AEC. Ce que confirment les articles 280 et 281 :

« *280. Si quelqu'un a acheté, en pays ennemi, un esclave (ou) une esclave de particulier, (si) au moment même où il est revenu au Pays, l'(ancien) propriétaire de l'esclave - homme ou femme - , a identifié son (ancien) esclave - homme ou femme - , si ces esclaves - homme ou femme - , sont originaires du Pays, leur libération interviendra sans le moindre argent.*

281. S'ils sont originaires d'un pays étranger, l'acheteur dira, en présence du dieu, l'argent qu'il a pesé et l'(ancien) propriétaire de l'esclave - homme ou femme - remettra au marchand l'argent qu'il avait pesé ; ainsi il rachètera son esclave - homme ou femme.

Si une partie des esclaves babyloniens était d'origine étrangère, ce n'était pas une masse s'agissant particulièrement des esclaves détenus par les privés. La majorité des transactions sur les esclaves (achats, ventes) effectués par les marchands babyloniens au sein de la société portait sur des autochtones babyloniens. Par ailleurs, dans la société babylonienne, c'étaient les personnes aisées qui possédaient les esclaves et les besoins du pays en esclave, limités à la demande des plus aisés se trouvaient largement satisfaits par les esclaves locaux. Il n'y avait donc pas une grande nécessité à aller s'en procurer à l'étranger. De surcroît, les prisonniers de guerre ramenés de l'étranger par les rois babyloniens dans leur pays n'étaient pas vendus aux privés : ils rejoignaient les rangs des esclaves de la Couronne tandis qu'une partie pouvait faire l'objet de donation aux temples, auquel cas ils devenaient des oblats. Comme ce fut le cas dans nombre de pays dans l'antiquité, en effet, les rois babyloniens avaient la charge de faire vivre les temples en leur attribuant un ou des domaines, en les construisant et reconstruisant, en leur affectant du personnel etc. Ainsi, à l'ère néo-babylonienne, au Ier millénaire AEC, le roi Sargon II (règne : 721 à 705 AEC) fit dont de nombreux prisonniers faits parmi les Araméens au temple d'Uruk ; le roi Nabonide (règne de 556-539 AEC) fit don de nombreux captifs au temple de Sin à Ur ; les campagnes du roi Nabuchodosor II (règne : 605-562 AEC) avec la destruction de Jérusalem (598 AEC), la prise totale de la Judée (586 AEC), s'étaient soldées par des déportations en masse des Hébreux en Babylonie, dont une partie a été faite don aux temples, comme des captifs faits en Kemet (Egypte antique) lors de quelques campagnes etc.

A propos de la génération de l'esclavage, il convient de souligner ce qui peut apparaître comme un progrès dans la Babylonie du IIème millénaire. Le Code d'Hammourabi avait supprimé l'une des sources nourricières de l'esclavage au

Sumer au IIIème millénaire AEC, à savoir le rapt des enfants. Le Code dispose en effet dans son article 14 que « *Quiconque enlève le fils mineur d'un autre, est mis à mort.* »

Même si le Code d'Hammourabi n'y insiste pas, il convient de souligner qu'à l'origine, notamment au Sumer au IIIème millénaire AEC, ce fut le déficit de moyens de subsistance face à la nécessité de survie qui avait produit l'esclavage primitif dans une société où chaque individu devait faire face à ses besoins. Les individus démunis et dépourvus de vivres se trouvaient contraints, pour survivre, de s'endetter en mettant en gage un bien patrimonial ou à défaut d'un tel bien de se mettre en « travail forcé » auprès des possédants, ou de se vendre à ceux-ci ou de leur vendre des enfants. Dans la Babylonie au deuxième millénaire AEC, ce fondement de l'esclavage persistait, aggravé de façon épisodique durant les périodes de famine (sécheresse, guerre etc.). A l'époque néo-babylonienne, au Ier millénaire AEC, cette voie de l'esclavage persistait également : ont été en effet retrouvés des contrats de vente d'enfants par leurs parents ne disposant plus de vivres (Dromart, 2017). Et dans ces situations de détresse, la mise en esclavage d'un proche ou de soi-même (vente, travail forcé) restait l'ultime solution des individus.

§3) Nature, droits et devoirs de l'esclave babylonien du IIème millénaire AEC

A) L'esclave marqué d'un signe distinctif matériel

Comme jadis au Sumer, la société babylonienne était caractérisée par une distinction nette entre « esclaves » et « libres ». Les esclaves portaient un signe distinctif matériel comme en attestent par exemple les articles 226 et 227 du Code d'Hammourabi :

« 226. Si un barbier, sans l'autorisation du propriétaire de l'esclave, a rasé la mèche d'un esclave qui n'est pas à lui, on coupera le poignet de ce barbier.
227. Si quelqu'un a dupé un barbier et (s') il a rasé la mèche d'un esclave qui n'est pas à lui, cet homme on le tuera et à sa porte on l'exposera. Quant au barbier, il jurera "je l'ai rasé sans savoir", et il sera tenu quitte. »

Dans la société babylonienne du IIème millénaire, ce signe distinctif était une mèche de cheveux caractéristique, tressée en forme de chaine, que portait en permanence l'esclave. Son port signifiait que l'esclave était incessible. La tresse était rasée lorsque l'esclave recouvrait sa liberté ou lorsqu'il était à vendre. Dans la société néo-babylonienne, au Ier millénaire AEC, c'était le nom même du maître ou de la maîtresse qui était directement inscrit sur le corps de l'esclave, notamment sur sa paume.

B) L'esclave, un bien meuble, patrimonial et aliénable

Il convient de le rappeler, juridiquement « l'esclave » babylonien était, comme celui originel sumérien, la propriété de son maître ou de sa maîtresse. Bien meuble, il était aliénable et son propriétaire pouvait le vendre, en faire une donation, le léguer. Il en usait de façon discrétionnaire et pouvait le gager, le louer, le prêter, le mettre au travail forcé etc. L'article 118 du Code d'Hammourabi dispose par exemple que :

« 118. Si (c'est) un esclave ou une esclave (qui) a été livré en sujétion, (s') il laisse le marchand dépasser (le délai, ce dernier) pourra vendre (l'esclave) ; il ne pourra pas être revendiqué. »

En Babylonie au IIème millénaire AEC comme en Néo-Babylonie (Ier millénaire AEC) les parents ayant les moyens incluaient dans les biens composant la dot de leur fille (argent, ustensiles de maison etc.) l'esclave. Cette opération transférait la propriété de l'esclave du père de l'épouse à l'époux.

L'esclave étant un composant du patrimoine, l'aider à fuir, le voler, étaient passibles de la peine de mort, tandis que lutter contre l'évasion en ramenant tout esclave en fuite à son propriétaire était récompensé. Les articles 15 à 20 par exemple du Code d'Hammourabi stipulent en effet :

« 15. Si quelqu'un a fait sortir de la grande porte (de la ville) ou bien un esclave du palais, ou bien une esclave du palais, ou bien un esclave de muskenum ou bien une esclave de mukenum, il sera tué.
16. Si quelqu'un a abrité dans sa maison ou bien un esclave, ou bien une esclave, fugitifs, appartenant au palais ou bien à un muskenum, et s'il ne l'a pas fait sortir à l'appel du crieur, ce maître de maison sera tué.
17. Si quelqu'un a saisi dans la campagne ou bien un esclave ou bien une esclave, fugitifs et (s') il l'a reconduit à son propriétaire, le propriétaire de l'esclave lui donnera 2 siqil d'argent.
18. Si cet esclave n'a pas voulu nommer son propriétaire, il le conduira au palais ; il fera l'objet d'une enquête et on le restituera à son propriétaire.
19. Si cet esclave, il l'a retenu dans sa maison (et si) ensuite l'esclave a été (sur)pris entre ses mains, cet homme sera tué.
20. Si l'esclave a disparu d'entre les mains de celui qui l'a saisi, cet homme, pour le propriétaire de l'esclave, prononcera le serment par le dieu et il sera tenu quitte. »

Toujours dans l'optique de protéger le patrimoine du propriétaire, tout dommage causé à un esclave nécessitait réparation au maître selon plusieurs articles du Code d'Hammourabi, par exemple, 116, 199, 219, 220, 229, 230, 231, 251, 252, lesquels disposent :

« 116. Si une garantie, dans la maison de son preneur, est morte à la suite de coups ou de mauvais traitements, le propriétaire de la garantie (en) convaincra son marchand ; s'il s'agit d'un enfant de l'homme (endetté), on tuera son enfant ; s'il s'agit d'un esclave de l'homme (endetté), il pèsera un tiers de mana d'argent. En outre, il perdra tout ce qu'il a livré, quoi que ce soit.

199. S'il a crevé l'œil de l'esclave d'un particulier, ou brisé l'os de l'esclave d'un particulier, il pèsera la moitié de son prix.
219. Si un médecin a pratiqué une grave incision sur un esclave de muskenum au moyen de la lancette de bronze et (s') il (l') a fait mourir, il rendra un esclave équivalent.
220. S'il a ouvert son arcade sourcilière au moyen de la lancette de bronze et (s') il a crevé son œil, il pèsera la moitié de son prix.»
229. Si un maçon a construit une maison pour quelqu'un, mais (s') il n'a pas renforcé son ouvrage et (si) la maison qu'il a construite s'est effondrée et (s') il a fait mourir le propriétaire de la maison, ce maçon sera tué.
230. Si c'est un enfant du propriétaire de la maison qu'il a fait mourir, on tuera un esclave de ce maçon.
231. Si c'est un esclave du propriétaire de la maison qu'il a fait mourir, il remettra au propriétaire de la maison un esclave équivalent.
251. Si le bœuf d'un homme a l'habitude de donner de la corne et (si) son quartier lui a [fait] savoir qu'il avait l'habitude de donner de la corne, (si) pourtant il n'a pas couvert sa corne ni surveillé de près son bœuf, et (si) ce bœuf a encorné quelqu'homme libre et (l') a fait mourir, il remettra une demi-mana d'argent.
252. S'il s'agit d'un esclave de particulier, il remettra 1/3 de mana d'argent. »

En vertu de ce principe de dédommagement, tout vendeur d'esclave devait garantir son produit contre les vices cachés. Ceux-ci pouvaient être de natures diverses : maladie, esclave d'autrui, etc. Ainsi, les articles 278 et 279 par exemple disposent :
« *278. Si quelqu'un a acheté un esclave (ou) une esclave et (si) son mois n'a pas été achevé sans que l'épilepsie se soit abattue sur lui, il (le) retournera à son vendeur et l'acheteur (re)prendra l'argent qu'il avait pesé.*
279. Si quelqu'un a acheté un esclave (ou) une esclave et (s') il a donné lieu à revendication, son vendeur devra faire face à la revendication. »

C) Le droit à fonder une famille et le statut des descendants

Elément patrimonial, l'esclave babylonien était tenu d'être à la disposition de son propriétaire. Il n'avait pas le droit de s'absenter, de partir à sa guise ; cela équivaut à une évasion à laquelle toute contribution d'autrui était passible de la peine de mort de celui-ci. Renier son maître était aussi prohibé et l'esclave contrevenant avait l'oreille coupée (article 282) ; l'esclave encourait la même peine s'il frappait une personne qui n'est pas un esclave (article 205) :

« *205. Si un esclave de particulier a frappé la joue de quelque homme libre, on lui coupera l'oreille.*
282. Si un esclave a dit à son propriétaire "tu n'es pas mon propriétaire", son propriétaire prouvera qu'il s'agit bien de son esclave et lui coupera l'oreille. »

L'esclave babylonien avait le droit de se marier, même avec des personnes de condition libre, et de fonder une famille ; l'incidence de l'union sur la nature juridique à la fois de chaque membre du couple et des descendants était codifiée par Hammourabi. Ainsi, c'était la femme qui transmettait aux descendants son statut juridique : si elle était libre, alors les enfants l'étaient aussi, précise l'article 175 :

« *175. Si un esclave du palais ou un esclave de muskenum a pris (en mariage) une fille d'homme libre et (si) elle a mis au monde des enfants, le propriétaire de l'esclave ne pourra pas revendiquer pour l'esclavage les enfants de la fille d'homme libre.* »

A coup sûr, les esclaves se reproduisaient par mariage entre eux : si une femme esclave épousait un homme esclave, il n'y a pas d'ambiguïté : les descendants étaient esclaves. En revanche, si la femme esclave épousait un homme libre, ou était la concubine d'un homme libre, que devenaient les enfants et leur mère? Pas automatiquement des esclaves :

enfants et mère recouvraient la liberté dès que le mari (ou père) décédait ou même avant (article 171). Les articles 170, 171 apportent les précisions :

«

170. Soit un homme à qui son épouse initiale a mis au monde des enfants et son esclave a mis au monde des enfants ; (si) le père a dit de son vivant aux enfants que l'esclave lui a mis au monde "vous êtes mes enfants" (et s') il les a comptés avec les enfants de l'épouse initiale, après que le père sera allé au destin, des biens de la maison paternelle, les enfants de l'épouse initiale et les enfants de l'esclave feront le partage à égalité, (mais) c'est l'héritier, enfant de l'épouse initiale, qui choisit dans le partage ce qu'il veut prendre. »

171. Mais si le père n'a pas dit de son vivant aux enfants que l'esclave lui a mis au monde "vous êtes mes enfants", après que le père sera allé au destin, des biens de la maison paternelle les enfants de l'esclave ne feront pas le partage avec les enfants de l'épouse initiale. La libération de l'esclave et de ses enfants interviendra ; les enfants de l'épouse initiale ne revendiqueront pas les enfants de l'esclave pour la servitude. L'épouse initiale (re)prendra sa dot ainsi que le douaire que son mari lui a accordé (et) inscrit pour elle sur une tablette, et, dans la demeure de son mari elle résidera ; sa vie durant elle (en) jouira ; elle ne pourra pas (les) vendre ; sa succession reviendra à ses enfants exclusivement.»

D) Le droit d'avoir des biens et des activités indépendantes

Comme à l'origine, au IIIème millénaire AEC au Sumer, en Babylonie au IIème millénaire AEC, l'esclave pouvait posséder des biens et avoir des activités propres indépendantes de celles de son propriétaire. Cependant en dernier ressort, son patrimoine appartenait à son maître, qui pouvait le récupérer à son décès. Cela transparaît de l'article 176 du Code d'Hammourabi :

« 176. En outre, si un esclave du palais ou un esclave de mukenum a pris (en mariage) une fille d'homme libre, et (si), lorsqu'il l'a prise, elle est entrée dans la maison de l'esclave du palais ou un esclave

de muskenum avec une dot de la maison de son père, et (si), depuis qu'ils se sont unis, ils ont fondé une maison (et) acquis des biens meubles, (si) dans la suite, l'esclave du palais ou l'esclave de muškēnum est allé au destin, la fille de l'homme libre (re)prendra sa dot ; d'autre part, chaque chose que son mari et elle ont acquise depuis qu'ils se sont unis, on partagera en deux, et, une moitié c'est le propriétaire de l'esclave qui (la) prendra, l'autre moitié c'est la fille de l'homme libre qui (la) prendra pour ses enfants.»

Dans le patrimoine de l'esclave babylonien entrait une grande variété de biens dont il pouvait disposer et user, des biens de première nécessité jusqu'aux biens de luxe. Ainsi, si traditionnellement c'était le propriétaire qui fournissait à l'esclave nourriture, vêtement, logement, à l'époque néo-babylonienne (Ier millénaire AEC) par exemple, certains esclaves étaient largement en mesure de s'en passer. Ils possédaient jusqu'à leur maison où ils vivaient séparés, loin du domicile du maître ou de la maîtresse, disposaient de ressources financières conséquentes, possédaient d'autres esclaves, revêtaient des parures de luxe etc. (Dromart, 2017). C'était que l'esclave exerçait toute activité, depuis les activités artisanales jusqu'à celles de gestionnaire, d'entrepreneur : agent commercial du maître, gestionnaire de patrimoine agricole du maître, ouverture de commerces propres, location auprès de leurs maîtres de terres agricoles, semences, animaux de trait, organisation de leurs propres activités productrices, engagement des travailleurs, versement des rémunérations à ceux-ci puis des loyers aux maîtres et appropriation des profits. Des esclaves avaient ainsi pu, via leur ingéniosité, accumuler des richesses et étaient devenus des prêteurs d'argent. Dans la société babylonienne, il convient de le souligner, les activités productrices n'étaient pas le fait des seuls esclaves. D'ailleurs la société ne comportait pas une masse d'esclaves et ceux-ci n'étaient pas en nombre suffisant pour tout produire. Dans les unités de production, esclaves et personnes nées libres travaillaient souvent côte à côte. Par ailleurs, les esclaves entrepreneurs engageaient aussi des libres qui travaillaient dans leurs structures et étaient rémunérés par eux.

D) Valeur ou prix : l'esclave babylonien, un bien réservé aux riches

En Babylonie, au IIème millénaire AEC, le statut juridique de l'esclave, bien meuble et composant du patrimoine de son propriétaire, en faisait un bien aliénable et une marchandise. Le code d'Hammourabi n'en spécifiait toutefois pas le prix. Cependant via les diverses compensations qu'il ordonnait, le code permet d'en avoir une idée. Les articles 209, 213, 214, 251, 252 posent en effet :

« 209. Si quelqu'un a frappé quelque femme libre et (s') il lui a fait expulser le fruit de son sein, il pèsera 10 siqil d'argent pour le fruit de son sein.
213. Si c'est une esclave de particulier qu'il a frappé et à qui il a fait expulser le fruit de son sein, il pèsera deux siqil d'argent.
214. Si cette esclave est morte, il pèsera un tiers de mana d'argent.
251. Si le bœuf d'un homme a l'habitude de donner de la corne et (si) son quartier lui a [fait] savoir qu'il avait l'habitude de donner de la corne, (si) pourtant il n'a pas couvert sa corne ni surveillé de près son bœuf, et (si) ce bœuf a encorné quelqu'homme libre et (l') a fait mourir, il remettra une demi-mana d'argent.
252. S'il s'agit d'un esclave de particulier, il remettra 1/3 de mana d'argent. »

Ces compensations établissaient la valeur que le Code d'Hammourabi attribuait aux diverses catégories d'humains. Ainsi, causer la mort d'une esclave (article 214) ou d'un esclave (article 252) obligeaient à payer une compensation de 1/3 de mana d'argent. Telle était ce que valait l'esclave d'un particulier ou d'un privé. C'était naturellement que la valeur de l'esclave était inférieure à celle de l'homme né libre, fixée à 1/2 de mana d'argent (article 251 ci-dessus et 207 ci-

dessous) : la valeur de l'humain libre étant de 50% supérieure à celle de l'esclave :
« *206. Si un homme libre a frappé un homme libre dans une rixe et (s') il lui a infligé une blessure, cet homme libre jurera "je l'ai frappé sans le vouloir" ; alors il désintéressera le médecin.*
207. S'il est mort à la suite du coup qu'il a reçu, il jurera (de même) et, s'il [la victime] s'agit de quelque homme libre, il [l'auteur du coup] pèsera une demi-mana d'argent. »

Mais à quoi correspondait exactement la valeur de l'esclave c'est-à-dire quel en était le pouvoir d'achat ? Au temps d'Hammourabi, un siqil (ou shekel) valait 8 grammes et une mana d'argent valait environ 60 siqil. La valeur de compensation pour la perte de l'esclave s'élevait ainsi à 20 siqil et représentait deux ans de rémunérations d'un artisan, une mana d'argent étant ce que gagnait un artisan pendant six ans. Par ailleurs, comme l'indique l'article 228, la construction d'une maison de 35 m^2 était rémunérée de 2 siqil, soit environ deux mois et demi de salaire d'un artisan ; la construction d'un bateau de 18 000 litres de tonnage valait aussi 2 siqil ou deux mois et demi de salaire d'un artisan :
« *228. Si un maçon a construit une maison pour quelqu'un et (la) lui a parfaite, pour 1 sar de bâti[35 m^2] il lui remettra pour sa gratification 2 siqil d'argent.*
234. Si un batelier a calfaté pour quelqu'un un bateau de 60 kur[18 000 litres], il lui remettra pour sa gratification 2 sicles d'argent.»

Ainsi, le prix d'un esclave permettait d'acquérir 10 bateaux de 18 000 litres ou 10 maisons de 35 m^2. L'esclave babylonien n'était donc pas l'équivalent d'une pacotille et ne pouvait être accessible qu'aux couches sociales aisées.

Il convient toutefois de souligner que la valeur de compensation d'un esclave n'était en réalité qu'un « prix de justice » établi par le roi Hammourabi. Sur le marché de l'esclave, le prix était fonction de divers facteurs dont les plus saillants, aux yeux de l'acquéreur, étaient l'âge, le genre, l'état de santé, la qualification professionnelle. Il convient de rappeler qu'en Babylonie, si l'esclave était un composant du patrimoine de l'acquéreur, il représentait aussi et surtout pour celui-ci un investissement dont il espérait tirer des revenus futurs. La force de travail que représentait l'esclave était alors l'un des éléments les plus recherchés. Dans cette perspective, deux éléments jouaient un rôle clé : d'abord l'état de santé de l'esclave, celui-ci ne pouvant travailler qu'en étant en bonne santé, ensuite la qualification professionnelle ou la possession d'un savoir-faire particulier lié à un métier (bâtiment, menuiserie, forge, tissage, production de bière, boulangerie, tannage, agent commercial etc.). Le plus souvent, le propriétaire de l'esclave exploitait les compétences de ce dernier en le louant. En Babylonie, c'étaient les personnes de genre masculin qui exerçaient ces métiers liés à l'artisanat et possédaient les compétences requises, aussi étaient-elles les plus recherchées par les acquéreurs. Les femmes en revanche exerçaient principalement dans les tâches domestiques (entretien de la maison, cuisine, nettoyage, service à la personne etc.). Cette catégorie de qualification était moins recherchée et moins demandée. Les femmes devenaient le plus souvent, en tant qu'esclave, des concubines, ce qui n'était néanmoins pas de peu d'intérêt en Babylonie. Toutefois, le supplément de richesse que devait générer l'esclave étant l'objectif majeur des maîtres et maîtresses, les esclaves de genre masculin étaient les plus demandés et leur prix était en conséquence le plus élevé. Ce prix était d'autant plus élevé que l'esclave était jeune, et supposé de ce fait porteur d'une force de travail pouvant être exploitée plus longtemps. Ainsi, en Néo-Babylonie entre 600 et 560 AEC, le prix moyen d'une femme esclave s'élevait à 40 siqil (shekel) d'argent et celui d'un homme esclave à 50 siqil (shekel) d'argent (Dromart 2017) tandis que sur la période de la domination achéménide (540-330 AEC), ces prix avaient doublé. Ces niveaux de prix, très élevés, faisaient des esclaves babyloniens un produit de luxe accessible uniquement aux couches sociales aisées. L'esclavage en Babylonie n'était pas un esclavage de masse.

E) Rachat de liberté, affranchissement

Une des caractéristiques de l'esclavage originel au Sumer, au IIIème millénaire, était que l'esclave avait la possibilité de racheter sa liberté et d'obtenir son affranchissement. Ce qui n'était qu'une question de bon sens dès lors que ce fut de l'indigence, de la pauvreté, de l'absence de moyens à même de permettre de faire face à ses besoins, de l'endettement qui en avait résulté et de l'incapacité à rembourser, qu'avait émergé historiquement l'esclavage. En Babylonie, au IIème millénaire AEC, le rachat de la liberté et l'affranchissement étaient aussi effectifs. Par exemple, dans son article 32 (précédemment exposé), le Code d'Hammourabi pose la nécessité de rachat de la liberté des personnes au service de la Couronne faites esclaves. De même, l'article 117 du Code, déjà mentionné, fait injonction d'affranchir au terme de 3 ans, tout libre mis en esclavage pour endettement. Ces rachats de la liberté, et donc l'affranchissement, intervenaient en contrepartie d'un paiement : le libre vendu pour dette payait par son travail durant 3 ans tandis que le missionnaire du roi (soldat etc.) pouvait user d'un bien propre à lui pour se racheter ou à défaut de tels biens était racheté par la Couronne en dernier ressort. Un cas intrigue cependant, celui de l'esclave vendu pour endettement ou mis en travail forcé pour ce motif. Bien entendu, l'esclave pouvait être racheté dès lors que son propriétaire remboursait sa dette avant l'échéance des trois ans (article 118) ou à n'importe quel moment si l'esclave était une femme avec laquelle le propriétaire avait eu des enfants. Toutefois, lorsque ce rachat intervenait, il ne signifiait pas un affranchissement de l'esclave : celui-ci retrouvait sa condition d'esclave chez son maître. Pour se libérer donc, l'esclave devait payer lui-même, « *peser ce que le maître avait pesé* ». L'esclave pouvait utiliser à cette fin les biens dont il disposait : terrain, maison, verger, etc. comme le précise l'article 39 :

« *39. Du terrain, du verger, ou de la maison qu'il achète et dont il est propriétaire, il peut assigner (quelque chose) par écrit à son épouse ou à sa fille ; il peut aussi (en) livrer pour (se libérer d') une obligation.* »

Dans la société néo-babylonienne (Ier millénaire AEC), le processus de rachat de sa liberté par l'esclave paraissait avoir, dans les faits, marqué le pas tout comme l'affranchissement (Dromart, 2017) quand bien même le principe demeurait juridiquement. L'affranchissement était le plus souvent à l'initiative des propriétaires d'esclave et prenait tantôt la forme d'une modification du lien maître-esclave via l'adoption de l'ancien esclave par le maître ou la maîtresse ; tantôt, il se matérialisait par une contractualisation prévoyant que l'esclave continuât à subvenir aux besoins des propriétaires jusqu'à leur décès, ce dernier mettant fin au statut d'esclave : il n'y avait alors plus, à la mort du propriétaire, transmission aux héritiers et l'esclave se trouvait effectivement affranchi ; d'autres contrats spécifiaient qu'au décès du propriétaire l'esclave devait devenir serviteur d'un dieu dans un temple désigné : par ce processus l'esclave était aussi effectivement affranchi, passant alors au statut juridique d'oblat etc. A propos des oblats, il convient de souligner qu'ils n'étaient pas des esclaves du temple mais des dépendants. L'oblat ne pouvait être vendu comme esclave par le temple et ne l'était pas. Il était sous la responsabilité du temple et se trouvait au service de celui-ci. Il était logé, nourri et vêtu par le temple pour lequel il travaillait en contrepartie, pouvant faire tous types de travaux.

L'oblat pouvait prêter et emprunter de l'argent, louer ou faire louer une maison, un champ que le temple lui avait fournis, être partie juridique dans un procès, être témoin dans un contrat de reconnaissance de dette, témoigner en justice, fonder une famille etc. Le temple disposait toutefois d'un pouvoir juridique sur ses oblats, pouvait restreindre leur déplacement, pouvait les mettre en prison en son sein ; l'oblat ayant fui et rattrapé pouvait écoper d'un avertissement par marquage sur le corps.

Section 3) A Canaan, en « Terre promise » : le dieu Yahweh instituait l'esclavage

§1) Canaan avant l'immigration des Hébreux

« Terre promise » au patriarche Abraham et sa descendance par le dieu ancestral hébreu Yahvé, le territoire antique de Canaan correspond aujourd'hui à la région englobant Israël, la Palestine, l'ouest de la Jordanie, le Liban et l'ouest de la Syrie. Il ne s'agissait toutefois pas d'une région désertique, sans peuplement. Avant l'arrivée des Hébreux en effet, Canaan était occupé par diverses populations. Il s'agissait de populations nomades qui y étaient attestées depuis au moins 10 000 AEC. A la sédentarisation, outre l'élevage et l'agriculture, les Cananéens s'affirmaient dans les activités commerciales d'abord alimentées par la céramique et des poteries variées. Des centres urbains dont le plus ancien serait Jéricho s'étaient développés et le territoire était organisé en cités-Etats. Le commerce avait pris une importance particulière. A partir de 4000 AEC, on notait des échanges de plus en plus croissants entre ces cités-Etats cananéens et la vallée du Nil, notamment le territoire de Kemet (nommé Egypte après 330 AEC et sa conquête par Alexandre le Grand), qui fut le partenaire commercial le plus important de Canaan. Ces échanges furent une source d'enrichissement notable de ces cités-Etats cananéens, notamment Byblos, Sidon et Tyr : Byblos était célèbre par ses exportations de cèdre, de papyrus etc. ; Tyr par ses vêtements teintés par le violet du mollusque Murex ; Sidon également par sa production textile. Mais au-delà, les Cananéens étaient d'excellents artisans ; ils s'étaient montrés habiles dans le travail du cuivre, la fonte du bronze, la construction navale etc. Durant l'Âge du Bronze moyen (2000-1550 AEC) particulièrement, Canaan avait intensifié ses échanges commerciaux avec la Mésopotamie.

Culturellement et politiquement, Canaan fut sous l'influence à la fois de vallée du Nil, Kemet notamment, et de la Mésopotamie. A l'Âge du Bronze moyen (2000-1550 AEC) par exemple, les tombes des élites des cités-Etats cananéens étaient dotées en objets usuels élaborés (pratique de Kemet) tandis que les enfants étaient enterrés dans la maison (pratique mésopotamienne). Mais il convient de le souligner, au IIème millénaire AEC, Kemet avait étendu sa domination politique sur Canaan, lequel était devenu sa province. Durant la deuxième Période Intermédiaire de Kemet, 1780-1550 AEC, profitant de l'affaiblissement du pouvoir central, des populations nomades ou semi-nomades en provenance d'Orient et de Canaan, les Hyksos (Héka khasout en Medou Netjer, langue de Kemet), s'infiltraient progressivement en Kemet, dans la région du delta du Nil au nord-est et en prenait finalement le contrôle. Ils faisaient de la ville de Hout-Ouaret (Avaris selon les Grecs) leur capitale et fondaient deux dynasties parallèles (XVème et XVIème) qui régnaient sur la région du delta avec des souverains prenant des noms autochtones de Kemet. Ils avaient été finalement chassés en 1570 AEC par le roi de Kemet, Ahmose Ier. Les Hyksos s'étaient réfugiés à Canaan mais y furent poursuivis par les rois de Kemet qui étendaient leur domination politique sur Canaan et la Syrie alors devenus une dépendance au Levant. Sous le règne d'Akhenaton (1353-1336 AEC), Kemet disposait ainsi de trois provinces orientales, à savoir, Canaan au sud, Amurru au nord-ouest et Apu à l'est. Chacune de ces provinces était dotée d'une garnison et avait sa capitale où siégeait un gouverneur. Ainsi, les rois vassaux se trouvaient effectivement sous le contrôle de l'administration de Kemet. En Canaan, le roi Ramessou III (Ramses pour les Grecs) de Kemet, dont le règne s'étendait de 1184 à 1153 AEC, avait lancé la construction d'un temple dédié au dieu Amon à Gaza ; temple dénommé « *château de Ramessou régent d'Iounou [Héliopolis] en terre de Canaan* » et dont la construction fut achevée par son successeur Ramessou IV (1153 -1146 AEC). Cependant, après le règne de Ramessou III, le pouvoir politique de Kemet était lui-même entré dans une phase d'affaiblissement interne progressif de telle sorte que son emprise sur ses possessions territoriales du Levant s'effritait continûment pour disparaître totalement sous le règne de Ramessou XI (1098 -1069 AEC), à la fin de la XXème dynastie. Le territoire de Canaan échappait alors définitivement à la domination des souverains de Kemet.

La fin de la domination de Kemet sur Canaan en ce XIème siècle AEC coïncidait avec celle de nombreux pouvoirs du Levant, notamment l'empire hittite, le royaume d'Ugarit etc. Dans cette région, on assistait parallèlement à la montée en puissance des « Peuples de la Mer », des Araméens en Syrie et Haute Mésopotamie etc., tentant d'évincer les royaumes locaux. Canaan faisait particulièrement face à l'intrusion d'éléments externes notamment les Philistins sur la côte sud et les Israélites à l'intérieur des terres. Les Phéniciens qui émergeaient sur la côte nord, apparaissaient comme des descendants des cananéens de la période du Bronze. C'était déjà sous le règne du roi Ramessou V (1147 -1143 AEC) de

Kemet, qu'avaient fait jour les rivalités entre ces éléments jusque-là externes tentant de s'approprier Canaan.

Mais qui étaient les Cananéens eux-mêmes ? Selon la Bible, il s'agissait de sept groupes, notamment « *les Héthiens, les Guirgasiens, les Amoréens, les Cananéens, les Phéréziens, les Héviens et les Jébusiens* » (Deutéronome 7 : 1).

Toutefois, il convient de souligner que l'origine des populations cananéennes est controversée. Plusieurs hypothèses sont avancées : descendants des populations locales installées avant le IIème millénaire AEC, descendants de populations ayant migré dans la région, à savoir les Amorrites, populations issues du croisement de ces deux groupes etc. Il importe de le souligner, Canaan était un territoire situé juste à l'issue de la deuxième voie majeure de sortie de l'homo sapiens négro-africain du continent africain, à savoir la voie dite du nord, reliant le territoire de Kemet au nord-est africain à l'Asie proche-orientale via le mont Sinaï. Dès lors, il était un lieu d'installation des populations sortant d'Afrique vers l'Asie. Les Cananéens du IIème millénaire AEC étaient donc aussi les descendants de ces premiers habitants de Canaan.

En matière de croyance, les Cananéens avaient un dieu suprême nommé El, doté de nombreuses hypostases notamment la déesse Ashera et son époux Baal, dieux de la fécondité, Yahweh, dieu de la Métallurgie etc. Des dieux sumériens étaient aussi attestés en Canaan comme Utu-Shamash, Enlil, Ninlil, Enki, Ninhursag etc. Particulièrement intéressant à noter est la présence en Canaan pré-hébreu d'un dieu de la Métallurgie portant la même dénomination que le dieu ancestral hébreu, soit Yahweh.

§1) Les pérégrinations des Hébreux

A) De Canaan en Kemet : le récit biblique, un mythe pur

Selon la Bible, les Hébreux représentent la famille ou plutôt les descendants d'Abraham, originaire de Mésopotamie. Vers 1760 AEC, le père d'Abraham (ou Abram), avec sa famille élargie, quittait la ville sumérienne d'Ur pour Canaan. Toutefois, sur le chemin, le groupe s'était arrêté à Charan où il était demeuré jusqu'à la mort du père d'Abraham, avant de rejoindre la terre promise Canaan :

« *Voici la postérité de Térach. Térach engendra Abram, Nachor et Haran. -Haran engendra Lot. Et Haran mourut en présence de Térach, son père, au pays de sa naissance, à Ur en Chaldée. - Abram et Nachor prirent des femmes : le nom de la femme d'Abram était Saraï, et le nom de la femme de Nachor était Milca, fille d'Haran, père de Milca et père de Jisca. Saraï était stérile : elle n'avait point d'enfants.*
Térach prit Abram, son fils, et Lot, fils d'Haran, fils de son fils, et Saraï, sa belle-fille, femme d'Abram, son fils. Ils sortirent ensemble d'Ur en Chaldée, pour aller au pays de Canaan. Ils vinrent jusqu'à Charan, et ils y habitèrent. Les jours de Térach furent de deux cent cinq ans ; et Térach mourut à Charan. » (Genèse 11 : 27 -32).
« Abram *partit, comme l'Éternel le lui avait dit, et Lot partit avec lui. Abram était âgé de soixante-quinze ans, lorsqu'il sortit de Charan. Abram prit Saraï, sa femme, et Lot, fils de son frère, avec tous les biens qu'ils possédaient et les serviteurs qu'ils avaient acquis à Charan. Ils partirent pour aller dans le pays de Canaan, et ils arrivèrent au pays de Canaan.* » (Genèse 12 : 4-5).

A Canaan, tandis que Lot s'était fixé dans la plaine du Jourdain à Sodome, Abraham parcourait sans cesse le pays de Canaan, prenant connaissance de sa beauté, de sa richesse et bâtissant dans chaque ville un autel pour son dieu : Sichem, Béthel, Gérar (Gen. 20 : 1), Beer-Schéba (Gen. 21 : 33) etc.

« *Abram parcourut le pays jusqu'au lieu nommé Sichem, jusqu'aux chênes de Moré. Les Cananéens étaient alors dans le pays. L'Eternel apparut à Abram, et dit: Je donnerai ce pays à ta postérité. Et Abram bâtit là un autel à l'Eternel, qui lui était apparu. Il se transporta de là vers la montagne, à l'orient de Béthel, et il dressa ses tentes, ayant Béthel à l'occident et Aï à l'orient. Il bâtit encore là un autel à l'Eternel, et il invoqua le nom de l'Eternel. Abram continua ses marches, en s'avançant vers le midi.* » (Genèse 12 : 6-9).
« *Abram habita dans le pays de Canaan ; et Lot habita dans les villes de la plaine, et dressa ses tentes jusqu'à Sodome.*» (Genèse 13 : 12).

Sans enfant à son arrivée à Canaan en raison de la stérilité de sa femme, Saraï, Abraham obtint de cette dernière une concubine qui était sa servante, une jeune fille originaire de Kemet (Egypte des Grecs) et nommée Agar. Il convient de souligner qu'il s'agit là d'une pratique très courante en Mésopotamie, lieu d'origine d'Abram, pratique révélé d'ailleurs par plusieurs articles du Code d'Hammourabi. Agar donna un fils à Abraham, alors âgé de 86 ans, fils nommé Ismaël. Ce fils, à l'évidence, ne convenait pas au dieu d'Abraham. Au chapitre 17 de la Genèse, le dieu annonçait à Abraham qu'il allait lui donner un fils par son épouse Saraï, laquelle désormais devait d'ailleurs s'appeler Sara ; le dieu requérait d'Abraham qu'il nommât ce fils à naitre Isaac ; il annonçait en outre au patriarche hébreu que c'était avec ce fils Isaac qu'il allait établir une alliance perpétuelle, pour sa postérité ; qu'Isaac allait avoir une postérité faite des nations ainsi que des rois de peuples. Aussi Abraham interpela-t-il son dieu à propos de son fils aîné Ismaël (Gen. 17 : 15-16 ; 18-21) :

« *15Dieu dit à Abraham : Tu ne donneras plus à Saraï, ta femme, le nom de Saraï; mais son nom sera Sara. 16 Je la bénirai, et je te donnerai d'elle un fils ; je la bénirai, et elle deviendra des nations ; des rois de peuples sortiront d'elle. 18 Et Abraham dit à Dieu : Oh !*

qu'Ismaël vive devant ta face ! 19Dieu dit : Certainement Sara, ta femme, t'enfantera un fils ; et tu l'appelleras du nom d'Isaac. J'établirai mon alliance avec lui comme une alliance perpétuelle pour sa postérité après lui. 20 A l'égard d'Ismaël, je t'ai exaucé. Voici, je le bénirai, je le rendrai fécond, et je le multiplierai à l'infini ; il engendrera douze princes, et je ferai de lui une grande nation. 21 J'établirai mon alliance avec Isaac, que Sara t'enfantera à cette époque-ci de l'année prochaine. »

Le dieu d'Abraham choisit le signe de l'alliance qu'il entendait établir avec celui-ci et sa postérité : il s'agissait de la circoncision. Il annonçait alors au patriarche hébreu que c'était par l'effet de cette alliance qu'il était son dieu et le dieu de sa postérité. Aussi, faisait-il de la circoncision une obligation, non seulement pour tout Hébreu mais encore pour toute personne acquise contre argent par ce dernier (Gen. 17 : 5-14) :

« 5 On ne t'appellera plus Abram ; mais ton nom sera Abraham, car je te rends père d'une multitude de nations. 6 Je te rendrai fécond à l'infini, je ferai de toi des nations ; et des rois sortiront de toi. 7 J'établirai mon alliance entre moi et toi, et tes descendants après toi, selon leurs générations : ce sera une alliance perpétuelle, en vertu de laquelle je serai ton Dieu et celui de ta postérité après toi. 8 Je te donnerai, et à tes descendants après toi, le pays que tu habites comme étranger, tout le pays de Canaan, en possession perpétuelle, et je serai leur Dieu. 9 Dieu dit à Abraham : Toi, tu garderas mon alliance, toi et tes descendants après toi, selon leurs générations. 10 C'est ici mon alliance, que vous garderez entre moi et vous, et ta postérité après toi: tout mâle parmi vous sera circoncis. 11 Vous vous circoncirez ; et ce sera un signe d'alliance entre moi et vous. 12 A l'âge de huit jours, tout mâle parmi vous sera circoncis, selon vos générations, qu'il soit né dans la maison, ou qu'il soit acquis à prix d'argent de tout fils d'étranger, sans appartenir à ta race. 13 On devra circoncire celui qui est né dans la maison et celui qui est acquis à prix d'argent ; et mon alliance sera dans votre chair une alliance perpétuelle. 14 Un mâle incirconcis, qui n'aura pas été

circoncis dans sa chair, sera exterminé du milieu de son peuple : il aura violé mon alliance. »

Séance tenante et alors qu'Abraham était âgé de 99 ans, il s'était fait circoncire et avait fait circoncire son fils Ismaël ainsi que tous les siens :

« *23 Abraham prit Ismaël, son fils, tous ceux qui étaient nés dans sa maison et tous ceux qu'il avait acquis à prix d'argent, tous les mâles parmi les gens de la maison d'Abraham ; et il les circoncit ce même jour, selon l'ordre que Dieu lui avait donné. 24 Abraham était âgé de quatre-vingt-dix-neuf ans, lorsqu'il fut circoncis. 25 Ismaël, son fils, était âgé de treize ans lorsqu'il fut circoncis. 26 Ce même jour, Abraham fut circoncis, ainsi qu'Ismaël, son fils.* » (Gen. 17 : 23-26).

Remarquons qu'en choisissant la circoncision comme signe de son alliance avec son peuple, et en la rendant impérative, le dieu d'Abraham optait pour une institution négro-subsaharienne vieille de plusieurs dizaines de milliers d'années et en vigueur dans la vallée du Nil. S'agissait-il d'un héritage du séjour des Hébreux en Kemet ou des marques de plusieurs siècles de colonisation de Canaan par les Kemetiwou ?

En dehors d'Agar, la fille de Kemet qui lui avait donné Ismaël, Abraham avait eu une autre concubine, nommée Ketura, laquelle lui avait mis au monde 6 enfants et au total, Abraham eut 8 enfants :
« *1Abraham prit encore une femme, nommée Ketura. 2Elle lui enfanta Zimran, Jokschan, Medan, Madian, Jischbak et Schuach.* » *(*Gen. 25 : 1-6) :

Toutefois, la préférence d'Abraham pour Isaac ne faisait l'ombre d'aucun doute, car à la fin de sa vie, qui aura duré 175 ans (Gen. 25 :7), il donna à ce dernier tous ses biens, se contentant de faire quelques dons aux fils des autres concubines tout en les renvoyant loin d'Isaac, dans le pays d'Orient : Abraham réserva donc la « terre promise », le pays de Canaan, à Isaac et sa postérité. Cette préférence, apparaît cependant in fine comme une application stricte de celle du dieu d'Abraham lui-même :

« *5Abraham donna tous ses biens à Isaac. 6Il fit des dons aux fils de ses concubines ; et, tandis qu'il vivait encore, il les envoya loin de son fils Isaac du côté de l'orient, dans le pays d'Orient.* » (Gen. 25 : 5-6).

Plus précisément, la postérité d'Ismaël, connue pour être l'ancêtre des Arabes (les douze fils d'Ismaël), occupait, selon la Bible, les territoires allant de Havila, soit la Colchide, pays jouxtant la mer Noire, jusqu'à Schur, soit le désert de Paran situé dans la péninsule du Sinaï à l'est de Kemet :

« *17 Et voici les années de la vie d'Ismaël : cent trente-sept ans. Il expira et mourut, et il fut recueilli auprès de son peuple. 18 Ses fils habitèrent depuis Havila jusqu'à Schur, qui est en face de l'Égypte, en allant vers l'Assyrie. Il s'établit en présence de tous ses frères.* » (Gen. 25 : 17-18).

Quant à la descendance d'Isaac, elle est constituée des deux jumeaux Esaü et Jacob, issus de son union avec Rebecca.

Jacob est le troisième et dernier composant des trois principaux Patriarches des Hébreux : Abraham, Isaac, Jacob. Toutefois, la particularité de Jacob est que c'était de lui qu'étaient issues les douze tribus d'Israël, formant le peuple que Moïse avait conduit hors de Kemet vers la « Terre promise », Canaan.

Jacob avait eu quatre femmes : deux sœurs, Lea et Rachel (Gen. 29 : 16-31), chacune de celles-ci lui ayant donné une servante comme concubine, respectivement Zilpa et Bilha (Gen. 30 : 4 et 9). Des quatre femmes, Jacob eut 12 fils, à savoir 6 de Lea et 2 de chacune des trois autres (Gen. 29 : 32-35 ; 30 : 1-24 ; 35 : 23-26). C'était la postérité de ces 12 fils qui constituait les Hébreux que le dieu d'Abraham, d'Isaac et de Jacob avait sorti de Kemet.

Des 12 fils de Jacob, le plus doué fut Joseph, fils aîné de Rachel. Ses demi-frères le tenaient en haine, d'abord en raison de la préférence que lui témoignait leur père : la preuve, celui-ci lui offrit une tunique multicolore vraisemblablement de luxe. Plus grave à leurs yeux, Joseph leur racontait ses songes tendant à insinuer qu'eux tous seraient un jour amenés à se prosterner devant lui (Gen. 37 : 4-11). Alors un jour, tandis que ses frères étaient partis faire paître le troupeau paternel et qu'il tardait à rentrer, Jacob envoya Joseph sur leurs traces afin de s'enquérir d'eux. Le voyant poindre de loin, ses frères se mirent à comploter contre lui. Parvenu près d'eux, ils se saisirent de lui, lui ôtèrent sa tunique multicolore puis le jetèrent dans une citerne vide. Au passage des marchands ismaélites, ils le tirèrent de la citerne et le leur vendirent pour 20 sicles d'argent. Ces derniers, les marchands ismaélites, l'emmenèrent en Kemet (Egypte antique) (Gen. 37 : 18-28) où ils le vendirent à leur tour à un dénommé Potiphar, chef des gardes du roi du pays (Gen. 37 : 36).

Au service de son maître, Joseph était chargé d'administrer les biens de celui-ci. Ce qu'il fit brillamment, faisant prospérer le patrimoine du maître au-delà des espérances de celui-ci (Gen. 39 : 4-5). Convoité avec insistance par la femme de son maître, Joseph refusa toutes les avances de celle-ci. Un jour, elle finit par se jeter sur lui pour l'obliger à coucher avec elle. Joseph réussit à s'enfuir mais sa tunique resta entre les mains de sa maîtresse. Pour se venger, celle-ci s'en servit comme preuve, racontant l'histoire à l'envers à son mari et dénonçant les avances de Joseph ainsi que sa tentative de viol sur elle (Gen. 39 : 7-18). Là-dessus, le maître jeta Joseph en prison (Gen. 39 : 10-20). Dans la même prison, le roi de Kemet envoya deux de ses officiers fautifs, à savoir, le chef des échansons et le chef des panetiers. Un jour chacun de ces deux officiers fit un songe que Joseph, grâce à ses compétences en oniromancie, interpréta. Au chef des échansons, Joseph prédit qu'il allait être innocenté, libéré pour reprendre ses fonctions auprès du roi dans 3 jours (Gen. 40 : 9-13). En contrepartie de ce travail, Joseph demandait au chef-échanson de ne pas l'oublier lorsqu'il retrouvera ses fonctions et d'intercéder en sa faveur auprès du roi afin de le faire sortir de prison (Gen. 40 : 14). Interprétant le songe du chef des panetiers, Joseph lui prédit qu'il allait être pendu et dévoré par les oiseaux (Gen. 40 : 16-19). Ces prophéties se réalisèrent (Gen. 40 : 20-22).

Deux ans plus tard, le roi de Kemet fit deux songes, voyant alterner dans le premier sept vaches grasses et sept vaches maigres, ces dernières finissant par dévorer les premières ; dans le second se furent sept épis montés sur une même tige qui alternent, les seconds, maigres, finissant par engloutir les premiers gras (Gen. 41 : 1–7). Personne parmi les autochtones n'ayant pu expliquer ces rêves, le chef des échansons se rappela de Joseph que le roi fit venir. Il interpréta les songes, prédisant sept années d'abondance et sept années de disette pour le pays (Gn. 41 : 25-32). Pour résoudre le problème, Joseph conseilla au roi de faire des réserves (Gen. 41 : 33-36). Emerveillé, le roi de Kemet chargea Joseph de l'organisation des réserves et l'éleva au rang de personnage le plus important dans le pays après lui-même (Gen. 41 : 37-45). Joseph avait effectivement constitué les réserves durant les années d'abondance (Gen. 41 : 47-49). Et c'était aussi lui qui gérait les réserves lorsque était survenue la famine, vendant des produits aux autochtones mais également aux étrangers qui accouraient de tous les pays étrangers (Gen. 41 : 54-57 ; 47 : 14).

A Canaan également, la famine faisait rage et Jacob, le père de Joseph, envoya ses enfants acheter du blé en Kemet. Joseph les reconnut et finit par leur pardonner leur faute (Gen. 42, 43, 44, 45). Puis il demanda à sa famille et aux fils d'Israël de le rejoindre et de venir vivre en Kemet, indiquant la région de Gosen dans le delta du Nil comme le lieu où il allait les installer (Gen. 45 : 9-11). Le roi de Kemet approuva le projet de Joseph, autorisa que les fils d'Israël vinssent s'installer en Kemet et mit à leur disposition ses moyens de transport (Gen. 45 : 17-20).

Le projet d'émigration vers Kemet fut également approuvé par le dieu d'Isaac (Gen. 46 : 2-4). Alors Jacob et ses descendants quittèrent Canaan pour Kemet, avec tous leurs biens : ils étaient en tout 70 personnes (Gen. 46 : 5-7 ; 26-27) à s'installer dans le delta du Nil (Gen. 47 : 1 ; 11). En Kemet, les fils d'Israël allaient devenir riches et se multiplier de façon impressionnante en quelques générations (Gen. 47 : 27) :

« *5 Jacob quitta Beer Schéba; et les fils d'Israël mirent Jacob, leur père, avec leurs enfants et leurs femmes, sur les chars que Pharaon avait envoyés pour les transporter. 6 Ils prirent aussi leurs troupeaux et les biens qu'ils avaient acquis dans le pays de Canaan. Et Jacob se rendit en Égypte, avec toute sa famille. 7 Il emmena avec lui en Égypte ses fils et les fils de ses fils, ses filles et les filles de ses fils, et toute sa famille.* » (Gen. 46 : 5-7).
« *26 Les personnes qui vinrent avec Jacob en Égypte, et qui étaient issues de lui, étaient au nombre de soixante-six en tout, sans compter les femmes des fils de Jacob. 27 Et Joseph avait deux fils qui lui étaient nés en Égypte. Le total des personnes de la famille de Jacob qui vinrent en Égypte était de soixante-dix* ». (Gen. 46 : 26-27)

« *27 Israël habita dans le pays d'Égypte, dans le pays de Gosen. Ils eurent des possessions, ils furent féconds et multiplièrent beaucoup.* » (Gen. 47 : 27).

Quel crédit accorder au récit biblique ci-dessus rappelé ? Exprime-t-il des faits historiques ou ne s'agit-il que de légendes, de mythes ? Une chose est certaine : nous faisons face à des affirmations religieuses qui n'ont pas nécessairement besoin de preuves historiques. Les constructions relèvent plus du monde mythique qu'historique. Toutefois, qu'il s'agisse de légendes ou de mythes, ceux-ci s'appuient souvent sur des faits historiques et restent aussi une autre forme d'expression de l'histoire des sociétés humaines. Il est donc possible d'interroger les faits historiques sous-jacents aux récits religieux.

On peut ce faisant s'étonner en premier lieu de ce que l'être omniscient et omnipotent qu'était le dieu d'Abraham, d'Isaac et de Jacob, n'ait pas été en mesure d'anticiper et de conjurer de simples événements naturels comme des périodes de sécheresse plus ou moins longues pouvant générer des famines afin d'éviter que « son peuple » ne se trouvât contraint de quitter la « terre qu'il lui avait promise ». Autrement dit, dans l'hypothèse de l'omniscience et de l'omnipotence du dieu d'Abraham, la fuite des Hébreux vers Kemet avait-elle été effective ? En second lieu, et dans la mesure où le récit biblique lui-même s'appuie sur des lieux historiques, par exemple le territoire de Kemet, sa région nord (territoire de Gosen) etc., il invite à en vérifier l'historicité. Or, il reste curieux que le récit biblique n'ait jamais mentionné le nom du roi de Kemet sous lequel Joseph fit toutes les grandes réalisations qui lui étaient attribuées alors que fut cité celui du chef des gardes de ce roi qui aurait acheté Joseph en tant qu'esclave (Potiphar). Il est tout aussi curieux qu'aucune source historique de Kemet n'ait mentionné le personnage de

Joseph, présenté dans le récit biblique comme l'homme le plus puissant de Kemet après le roi, personnage qui aurait joué un rôle de premier plan pendant au moins 14 ans, en organisant durant sept ans les réserves de vivres puis en gérant ces réserves durant sept années d'une famine redoutable ; Joseph grâce à qui les rois de Kemet auraient eu la propriété de toutes les terres du pays, excepté les domaines religieux (Gen. 47 : 20, 22), Joseph qui de surcroît aurait institué un impôt sur la production des agriculteurs (Gen. 47 : 24, 26). Très curieux également est le fait qu'aucune source historique de Kemet n'ait fait mention de l'accueil des Hébreux que le roi de Kemet aurait envoyé des chars du pays chercher jusqu'en Canaan etc. Il devient dans ces conditions, difficile de contredire les chercheurs qui voient dans le récit biblique relatif à Joseph, à l'organisation de l'installation officielle des Hébreux en Kemet, l'orchestration d'un mythe sur des faits réels. Au nombre de ces faits historiques, il convient de mentionner en premier lieu ce qui était l'une des caractéristiques sociales majeures en Kemet : l'ouverture aux étrangers. Quelle que fût son origine, non seulement tout étranger était accueilli, mais encore il pouvait exercer toute fonction sans exception, jusqu'à celle de vice-roi, comme la Bible le prétend pour Joseph. Et l'histoire témoigne que nombre d'étrangers sémites avaient été intégrés en Kemet et avaient occupé de hautes fonctions. De nombreuses communautés étrangères étaient ainsi accueillies et installées en Kemet durant les plus de trois mille ans d'histoire du pays.

La région du delta du Nil au nord-est fut celle où les rois de Kemet avaient le plus installé les populations en provenance du Proche-Orient, sémites ou non. Les grands travaux que conduisaient les rois de Kemet attiraient en effet et en continu une main-d'œuvre immigrée asiatique toujours accrue ; main d'œuvre que ces rois voyaient toujours d'un bon œil et installaient eux-mêmes officiellement dans le delta du Nil. A ces migrants légaux, s'ajoutaient toutefois d'autres, toujours en provenance du Proche-Orient, arrivant clandestinement dans la région du delta. L'équilibre démographique de la région du delta avait ainsi fini par être inversé : les étrangers, les migrants d'origine asiatique, étaient devenus la majorité de la population du delta du Nil. Progressivement, ils constituaient des chefferies locales, devenant héréditaires, que les rois autochtones eux-mêmes toléraient. Telle fut la source première de la naissance dans le delta du Nil, d'un pouvoir tenu par des descendants de migrants asiatiques. C'étaient ces populations constituées de migrants et de descendants de migrants asiatiques, sémites ou non, installées dans le delta du Nil depuis de longues années, et contrôlant la région, qui furent nommées Hyksos. Profitant de la période d'affaiblissement du pouvoir central autochtone (1780-1550 AEC) dite Deuxième Période Intermédiaire, les Hyksos s'érigeaient en dynasties parallèles. Il faut souligner que sur la Deuxième Période Intermédiaire, la région du delta du Nil enregistrait, comme depuis longtemps d'ailleurs, une nouvelle vague d'immigration de populations sémites provenant du désert du Sinaï, de Canaan, de Mésopotamie etc. Avec ce renfort, les Hyksos avaient même tenté de contrôler le pouvoir central et de dominer tout le pays de Kemet. Ils n'en furent chassés qu'en 1570 AEC par le roi Ahmose Ier. C'était vraisemblablement sur ce fait historique que la Bible orchestrait son mythe autour de Joseph et de la fixation des Hébreux en Kemet.

B) De Kemet à la terre promise

Triomphalement accueillis et installés en Kemet, à l'est du delta du Nil, si l'on en croit la Bible, les descendants d'Abraham, d'Isaac et de Jacob y poursuivaient leurs activités pastorales ancestrales, lesquelles prospéraient rapidement. A l'abri de tout souci d'ordre matériel et ayant accès au système de soin de Kemet alors considéré comme la plus performante au monde, les douze tribus d'Israël connaissaient une croissance démographique rapide leur conférant une puissance sociale de plus en plus affirmée : l'Exode (1 : 7) souligne :

«7 Les enfants d'Israël furent féconds et multiplièrent, ils s'accrurent et devinrent de plus en plus puissants. Et le pays en fut rempli. »

Ce qui, selon la Bible attisait la jalousie et la haine des autochtones Kemtiou (Exode 1 : 8-10) :

« 8 Il s'éleva sur l'Égypte un nouveau roi, qui n'avait point connu Joseph. 9 Il dit à son peuple : Voilà les enfants d'Israël qui forment un peuple plus nombreux et plus puissant que nous. 10 Allons ! Montrons-nous habiles à son égard ; empêchons qu'il ne s'accroisse, et que, s'il survient une guerre, il ne se joigne à nos ennemis, pour nous combattre et sortir ensuite du pays. »

Aussi le roi de Kemet décidait-il d'asservir les fils d'Israël auxquels il imposait dès lors des corvées, des travaux pénibles, notamment dans l'agriculture, dans la construction, les ayant ainsi forcés à bâtir les villes de Pithom (appellation autochtone : *Tjekou* ou *Per-Atoum)* et Ramses (appellation autochtone : Pi-Ramessou ou Per-Ramessou) si l'on en croit la Bible (Exode 1 : 11, 13, 14) :

« 11 Et l'on établit sur lui des chefs de corvées, afin de l'accabler de travaux pénibles. C'est ainsi qu'il bâtit les villes de Pithom et de Ramsès, pour servir de magasins à Pharaon. 13 Alors les Égyptiens réduisirent les enfants d'Israël à une dure servitude. 14 Ils leur rendirent la vie amère par de rudes travaux en argile et en briques, et par tous les ouvrages des champs : et c'était avec cruauté qu'ils leur imposaient toutes ces charges. »

Toutefois, si l'on en croit la Bible, rien n'y fit : la communauté d'Israël poursuivait sa croissance. Aussi le roi de Kemet tenta-t-il l'élimination physique des nouveau-nés mâles hébreux (Exode 1 : 12, 15, 16, 22) :

« 12 Mais plus on l'accablait, plus il multipliait et s'accroissait ; et l'on prit en aversion les enfants d'Israël. 15 Le roi d'Égypte parla aussi aux sages-femmes des Hébreux, nommées l'une Schiphra, et l'autre Pua. 16 Il leur dit : Quand vous accoucherez les femmes des Hébreux et que vous les verrez sur les sièges, si c'est un garçon, faites-le mourir ; si c'est une fille, laissez-la vivre. 17 Mais les sages-femmes craignirent Dieu, et ne firent point ce que leur avait dit le roi d'Égypte ; elles laissèrent vivre les enfants. 22 Alors Pharaon donna cet ordre à tout son peuple : Vous jetterez dans le fleuve tout garçon qui naîtra, et vous laisserez vivre toutes les filles. »

Des doutes, le récit biblique soulève fortement. En voici quelques-uns. Les recherches sur l'histoire de Kemet se caractérisent aujourd'hui par un consensus notable sur le fait que ce pays n'avait jamais pratiqué l'esclavage durant les plus de trois mille ans d'existence de sa civilisation (Testart, 1998). Ce n'était qu'à partir du déclin de Kemet et de la fin de sa civilisation, marqués par une conquête et une domination étrangères ininterrompues à ce jour, depuis le VIème siècle AEC, notamment par les Assyriens, les Perses, les Grecs, les Romains, les Arabes, que ces envahisseurs y avaient introduit l'esclavage qu'ils pratiquaient chez eux traditionnellement. Il est hautement probable que la mise en esclavage des Hébreux en Kemet, que le récit biblique évoque ne soit qu'un fait tardif qui s'était produit sous ces envahisseurs étrangers. D'une part, le pays de Kemet n'avait commencé à porter la dénomination Egypte que sous les envahisseurs grecs, à partir du IVème siècle AEC ; d'autre part, l'histoire atteste que sous l'administration romaine du pays (30 AEC-640 EC), les Romains y avaient déporté et asservi une population juive. En effet l'historien Flavius Josephus affirme qu'à l'issue de la première guerre judéo-romaine de 70 EC, remportée par les Romains, ceux-ci avaient déporté une partie des juifs faits prisonniers vers l'Egypte et les avaient alors faits travailler sur les grands chantiers de ce pays (Robert, 2014). Ces juifs étaient donc des esclaves publics du pouvoir romain, contraints de travailler en Egypte.

Avant ces cas récents, et lorsque la civilisation de Kemet n'avait pas encore connu la décadence, on n'y pratiquait pas l'esclavage. Les fils d'Israël qui y étaient, notamment les Hyksos du IIème millénaire AEC, n'étaient pas vendus, n'étaient pas acquis contre l'argent, n'étaient pas séquestrés ; ils étaient rémunérés pour leur travail comme toutes les autres communautés étrangères du pays. De surcroit, la Bible avance comme preuves de réduction des fils d'Israël en esclavage, les corvées, la pénibilité des tâches qu'ils avaient à accomplir. Or, l'on peut être soumis à des corvées ou à des tâches pénibles sans être esclave ! Par ailleurs, comment une société pratiquant l'esclavage et qui aurait tout intérêt à ce que le nombre d'esclave crût afin d'en tirer bénéfice, puisse se mettre à vouloir supprimer les nouveau-nés des esclaves ? Le prétendu mot d'ordre du roi de Kemet demandant à son peuple de jeter à la rivière tout nouveau-né mâle hébreu est d'autant plus douteux et imaginaire qu'il n'était pas observé par la fille même du roi et qu'il était contredit par le récit biblique du sauvetage du bébé Moïse, jeté au bord du fleuve par sa mère et sauvé par cette fille du roi bien qu'elle l'eût parfaitement identifié comme un jeune hébreu (Exode 2 : 1-10) :

« 1 Un homme de la maison de Lévi avait pris pour femme une fille de Lévi. 2 Cette femme devint enceinte et enfanta un fils. Elle vit qu'il était beau, et elle le cacha pendant trois mois. 3 Ne pouvant plus le cacher, elle prit une caisse de jonc, qu'elle enduisit de bitume et de poix ; elle y mit l'enfant, et le déposa parmi les roseaux, sur le bord du fleuve. 4 La sœur de l'enfant se tint à quelque distance, pour savoir ce qui lui arriverait. 5 La fille de Pharaon descendit au fleuve pour se baigner, et ses compagnes se promenèrent le long du fleuve. Elle aperçut la caisse au milieu des roseaux, et elle envoya sa servante pour la prendre. 6 Elle l'ouvrit, et vit l'enfant : c'était un petit garçon qui pleurait. Elle en eut pitié, et elle dit : C'est un enfant

des Hébreux ! 7 Alors la sœur de l'enfant dit à la fille de Pharaon : Veux-tu que j'aille te chercher une nourrice parmi les femmes des Hébreux, pour allaiter cet enfant ? 8 Va, lui répondit la fille de Pharaon. Et la jeune fille alla chercher la mère de l'enfant. 9 La fille de Pharaon lui dit : Emporte cet enfant, et allaite-le-moi ; je te donnerai ton salaire. La femme prit l'enfant, et l'allaita. 10 Quand il eut grandi, elle l'amena à la fille de Pharaon, et il fut pour elle comme un fils. Elle lui donna le nom de Moïse, car, dit-elle, je l'ai retiré des eaux. »

Outre le fait que le nom « Moïse », typiquement subsaharien et particulièrement de Kemet, ne signifie aucunement « sauvé des eaux » comme le prétend la Bible, mais dérive plutôt du Medou netjer (langue de Kemet) « *Mes, Mesese, Mesi, Mesa, Mesou, Mo*se, *Mas, Masese etc.* » signifiant « né de ; engendré par» (exemple : Ramessou = né de Ra ; Djehoutymes = né de Djehouty ; Ahmose = né de Ah etc.), l'on doit souligner que la légende du bébé Moïse jeté au bord du fleuve dans une caisse de jonc enduite de bitume et poix, est pratiquement la même que celle du roi mésopotamien Sargon d'Akkad (règne : 2334 à 2279 AEC) : le bébé Sargon, conçu et enfanté en secret par une prêtresse fut jeté par celle-ci dans le fleuve Euphrate, enveloppé dans un panier de joncs avec du bitume ; puis, il fut ramassé par un puiseur d'eau qui l'a pris pour son fils et élevé. Il est intéressant de noter que si le bitume était un matériau courant en Mésopotamie, il fut en revanche inconnu en Kemet : ce détail semble indiquer que ce fut le rédacteur de la Genèse qui avait emprunté le récit mésopotamien. Rappelons en outre que les Hébreux, par leur ancêtre Abraham, étaient originaires de Mésopotamie. Par railleurs, au VIIIème siècle AEC, le royaume d'Israël (royaume du nord) fut vaincu par le roi assyrien Sargon II, lequel déporta l'élite de la population israélite en Assyrie à Ninive en 722 AEC et la remplaça localement par des colons mésopotamiens. D'autres déportations des Hébreux eurent lieu, touchant cette fois-ci le royaume de Juda (royaume du sud), à la suite des conquêtes du roi Nabuchodonosor II (règne : 604-562 AEC) de néo-Babylonie en 598, 587 et 581 AEC : les dirigeants et leurs familles, l'élite israélite, la population de Jérusalem, furent déportés en Babylonie. C'étaient les réflexions ainsi que les écrits de l'élite israélite durant cet exil qui constituaient la source du texte biblique. Ces réflexions et ces écrits avaient donc largement puisé dans les sources mésopotamiennes. D'où la similitude entre l'histoire du bébé Moïse et celle du bébé Sargon d'Akkad.

D'origine extraordinaire, Moïse était promis à un grand destin. C'était en effet à lui que fit appel le dieu d'Abraham, d'Isaac et de Jacob pour libérer son peuple qui croupirait sous la servitude en Kemet (Exode 3 : 1, 2, 4-7, 10) :
« *1 Moïse faisait paître le troupeau de Jéthro, son beau-père, sacrificateur de Madian ; et il mena le troupeau derrière le désert, et vint à la montagne de Dieu, à Horeb. 2 L'ange de l'Éternel lui apparut dans une flamme de feu, au milieu d'un buisson. Moïse regarda ; et voici, le buisson était tout en feu, et le buisson ne se consumait point. 4 L'Éternel vit qu'il se détournait pour voir ; et Dieu l'appela du milieu du buisson, et dit : Moïse ! Moïse ! Et il répondit : Me voici ! 5 Dieu dit : N'approche pas d'ici, ôte tes souliers de tes pieds, car le lieu sur lequel tu te tiens est une terre sainte. 6 Et il ajouta : Je suis le Dieu de ton père, le Dieu d'Abraham, le Dieu d'Isaac et le Dieu de Jacob. Moïse se cacha le visage, car il craignait de regarder Dieu. 7 L'Éternel dit : J'ai vu la souffrance de mon peuple qui est en Égypte, et j'ai entendu les cris que lui font pousser ses oppresseurs, car je connais ses douleurs. 10 Maintenant, va, je t'enverrai auprès de Pharaon, et tu feras sortir d'Égypte mon peuple, les enfants d'Israël.* »
La mission que le dieu d'Abraham confiait à Moïse était triple : (i) convaincre les enfants d'Israël que le dieu de leurs pères lui était apparu et avait demandé qu'ils quittassent Kemet pour la terre promise, le pays qu'habitaient « *les Cananéens, les Héthiens, les Amoréens, les Phéréziens, les Héviens et les*

Jébusiens » ; (ii) se rendre auprès du le roi de Kemet et lui demander la permission de laisser sortir du pays, pour trois jours, les enfants d'Israël afin que ceux-ci fissent des sacrifices au dieu de leurs ancêtres dans le désert ; (iii) faire sortir les enfants d'Israël de Kemet et les conduire à la terre promise (Exode 3 : 8, 16-18). Malgré les réticences de Moïse, le dieu d'Abraham réussit à le convaincre d'assurer la mission et adjoignait à Moïse, pour conduire cette mission, son frère aîné Aaron (Exode 3 : 11, 12, 20 ; Exode 4 : 1-17 ; Exode 6 : 29-30 ; Exode 7 : 1-2). L'Eternel assurait à Moïse qu'il effectuerait lui-même tout le travail, surtout lorsqu'il se trouverait auprès du roi de Kemet et qu'il frapperait son pays de plusieurs plaies pour le faire céder. Pour démontrer sa puissance et sa supériorité au regard du dieu de Kemet, le dieu d'Abraham endurcissait lui-même le cœur du roi de Kemet afin que ce dernier s'obstinât dans le refus de laisser sortir les enfants d'Israël et lui permettre de frapper son pays de divers fléaux (Exode 3 : 19-20 ; Exode 7 : 3-5, 13 ; Exode 10 : 20 ; 27 ; Exode 11 : 9).

Les choses se passèrent comme prévues par le dieu d'Abraham qui frappait successivement Kemet de dix fléaux, notamment : le fléau du sang transformant tous les cours d'eaux du pays en sang (Exode 7 : 20, 21) ; le fléau des grenouilles : celles-ci couvrirent tout le pays de Kemet (Exode 8 : 5 , 6) ; le fléau des poux, transformant toute la poussière de la terre en poux dont humains et animaux furent tous couverts dans Kemet (Exode 8 : 12) ; le fléau des mouches venimeuses ayant envahi et dévasté tout Kemet (Exode 8 : 20-24) ; le fléau de la mortalité des troupeaux par lequel le dieu d'Abraham détruisit tous les troupeaux des autochtones de Kemet, ne laissant survive que ceux des enfants d'Israël dans le nord-est du pays (Exode 9 : 1-6) ; le fléau de la poussière : le dieu d'Isaac et de Jacob transforma quelques poignées de cendre en une poussière gigantesque ayant couvert tout Kemet et provoqué « *sur les hommes et sur les animaux, des ulcères formés par une éruption de pustules.* » (Exode 9 : 8-10) ; le fléau de la grêle : le dieu d'Abraham fit tomber une grêle terrible frappant humains, animaux, herbes et brisant tous les arbres, dans tout Kemet sauf la région de Gosen où vivaient les enfants d'Israël (Exode 9 : 22-26) ; le fléau des sauterelles : le dieu de Jacob fit celles-ci envahir tout Kemet et dévorer tout ce que la grêle avait laissé, herbes, fruits, feuilles (Exode 10 : 12-15) ; le fléau des ténèbres : l'Eternel de Moïse plongeait tout le pays de Kemet, excepté le nord-est du delta du Nil où vivaient les enfants d'Israël, dans des ténèbres puissantes empêchant quiconque de voir quoi que ce soit et immobilisant tout le monde durant trois jours (Exode 10 : 21-23) ; le fléau de la mort des premiers-nés : l'Eternel de Moïse extermina en l'espace d'une nuit, tous les premiers-nés de tous les humains et tous les animaux de Kemet, exceptés ceux des enfants d'Israël y vivant dans le nord-est du delta du Nil(Exode 12 : 29-30).

Si saisissants que sont ces fléaux, il convient de les replacer toutefois dans leur contexte historique. Soulignons d'abord que le fléau du sang par exemple existait bien dans une tablette sumérienne en Mésopotamie : la déesse Inanna avait lancé trois fléaux sur Sumer dont le premier transformait les eaux des puits du pays en sang et le deuxième a soulevé des vents et des ouragans qui avaient dévasté le pays. S'agissant de l'extermination des premiers-nés de Kemet par l'Eternel de Moïse, tout porte à croire qu'il ne s'agit que de la reprise d'une ancienne tradition sémitique, les Sémites ayant l'habitude de sacrifier leurs premiers-nés humains au dieu Baal. Par ailleurs à Canaan, on sacrifiait les enfants par le feu au dieu Moloc. Les autres plaies n'expriment en réalité que des phénomènes naturels connus en Kemet : il existait des saisons où les mouches étaient plus nombreuses, tout comme les grenouilles,

les poux etc. ; des irruptions de sauterelles envahissant le pays et détruisant les récoltes se produisaient ; par moments, des maladies ravageaient les troupeaux, la basse-cour ; les tempêtes de poussières s'élevant du désert du Sahara avec des brumes de sable remplissant l'atmosphère étaient reçues en Kemet et au-delà ; des éclipses totales de soleil se produisaient avec l'obscurité envahissant la terre en pleine journée etc. Le plus souvent, nombres de ces plaies naturelles pouvaient affecter certaines régions du territoire et épargner d'autres. Si bien qu'historiquement, l'Eternel de Moïse n'avaient rien inventé de nouveau par ces fléaux lancés sur Kemet. D'ailleurs en tant que puissance omnipotente, il avait les moyens de faire sortir son peuple de Kemet et lui révéler toute sa puissance sans que de tels fléaux fussent nécessaires.

Selon le récit biblique, par suite du dernier fléau ayant frappé Kemet, la mort des premiers-nés, son roi avait chassé les fils d'Israël du pays (Exode 12 : 29-33) :
« *31 Dans la nuit même, Pharaon appela Moïse et Aaron, et leur dit : Levez-vous, sortez du milieu de mon peuple, vous et les enfants d'Israël. Allez, servez l'Éternel, comme vous l'avez dit. 32 Prenez vos brebis et vos bœufs, comme vous l'avez dit ; allez, et bénissez-moi.* »

Dans la foulée de cette injonction royale, les enfants d'Israël quittèrent Kemet pour Succot, partant de la ville de Pi-Ramessou, au nord-est, dans le delta du Nil et en emportant tout ce qui leur appartenait. Ils étaient nombreux à en croire la Bible : de 70 personnes arrivées au départ, ils sortaient 430 ans plus tard au nombre de 600 mille, sans compter les enfants : (Exode 13 : 37, 38, 40) :
« *37 Les enfants d'Israël partirent de Ramsès pour Succoth au nombre d'environ six cent mille hommes de pied, sans les enfants. 38 Une multitude de gens de toute espèce montèrent avec eux ; ils avaient aussi des troupeaux considérables de brebis et de*

bœufs. 40 Le séjour des enfants d'Israël en Égypte fut de quatre cent trente ans. »

L'Eternel de Moïse conduisait lui-même les fuyards dont il se trouvait physiquement à la tête sous la forme d'une colonne de nuée le jour et d'une colonne de feu la nuit (Exode 13 : 21). Chemin faisant, alors qu'ils campaient près de la mer, avant le passage de la mer Rouge, le roi de Kemet se serait lancé à leur poursuite, avec une armée regroupant six cents chars d'élite et tous les chars du pays (Exode 13 : 5-7, 9-10). Rattrapés, les fuyards s'engageaient dans la mer Rouge que leur dieu asséchait devant eux tout en la laissant engloutir l'armée de Kemet qui les poursuivait (Exode 14 : 16, 22, 23, 27) :

« *16 Toi, lève ta verge, étends ta main sur la mer, et fends-la; et les enfants d'Israël entreront au milieu de la mer à sec. 22 Les enfants d'Israël entrèrent au milieu de la mer à sec, et les eaux formaient comme une muraille à leur droite et à leur gauche. 23 Les Égyptiens les poursuivirent ; et tous les chevaux de Pharaon, ses chars et ses cavaliers, entrèrent après eux au milieu de la mer. 28 Les eaux revinrent, et couvrirent les chars, les cavaliers et toute l'armée de Pharaon, qui étaient entrés dans la mer après les enfants d'Israël ; et il n'en échappa pas un seul.* »

Ce fut la victoire des enfants d'Israël qui traversaient ainsi la mer Rouge sous la conduite du dieu d'Abraham en personne, lequel les avaient guidés jusque dans le désert du Sinaï, où ils parvinrent au terme de trois mois de traversée ; ils campaient alors face à la montagne (Exode 19 : 1-2).

Tandis que les enfants d'Israël campaient au pied du mont Sinaï, Moïse fut le seul autorisé à aller au sommet de la montagne auprès de l'Eternel : il y avait séjourné 40 jours et 40 nuits, à deux reprises. Ce fut là que le dieu d'Abraham lui avait enseigné toutes ses lois, un ensemble de prescriptions religieuses, sociales, alimentaires. Ce fut là également que ce dieu avait lui-même écrit ses lois sur deux tables du témoignage qu'il avait remises à Moïse (Exode 31 : 18 ; Exode 32 : 15-16) :

« *18 Lorsque l'Éternel eut achevé de parler à Moïse sur la montagne de Sinaï, il lui donna les deux tables du témoignage, tables de pierre, écrites du doigt de Dieu.* » (Exode 31 : 18) ;

« *15 Moïse retourna et descendit de la montagne, les deux tables du témoignage dans sa main; les tables étaient écrites des deux côtés, elles étaient écrites de l'un et de l'autre côté. 16 Les tables étaient l'ouvrage de Dieu, et l'écriture était l'écriture de Dieu, gravée sur les tables.* » (Exode 32 : 15, 16).

Les lois de l'Eternel de Moïse sont égrenées dans les chapitres 20 à 23 de l'Exode.

Lorsque les tâches à accomplir dans le désert lui paraissaient terminées, le dieu d'Abraham avait ordonné à Moïse de conduire les enfants d'Israël en Terre promise, au pays de Canaan (Exode 33 : 1-3) :

« *1 L'Éternel dit à Moïse : Va, pars d'ici, toi et le peuple que tu as fait sortir du pays d'Égypte ; monte vers le pays que j'ai juré de donner à Abraham, à Isaac et à Jacob, en disant : Je le donnerai à ta postérité. 2 J'enverrai devant toi un ange, et je chasserai les Cananéens, les Amoréens, les Héthiens, les Phéréziens, les Héviens et les Jébusiens. 3 Monte vers ce pays où coulent le lait et le miel. Mais je ne monterai point au milieu de toi, de peur que je ne te consume en chemin, car tu es un peuple au cou roide.* ».

Toutefois, parvenus aux portes de la Terre promise, les enfants d'Israël, par couardise, avaient refusé d'attaquer les Cananéens ; ils déclenchèrent alors la colère de l'Eternel de Moïse qui décida en conséquence qu'ils devaient demeurer dans le désert encore 40 ans, jusqu'à ce qu'ils y mourussent (Nombres 14 : 26-35) ; Moïse et Aaron furent également punis par le Dieu d'Israël et interdits d'entrer en Terre promise pour n'avoir pas cru en l'Eternel (Nombres 20 : 12). Moïse mourut alors dans le désert, sur le mont Nébo (Jordanie contemporaine) à l'âge de 120 ans. Auparavant, il prit soin de désigner comme successeur, chargé de conduire les enfants d'Israël en Terre promise, Josué, par ailleurs lavé de tout soupçon par le Dieu d'Abraham (Nombres 14 : 30). C'était Josué qui avait finalement conquis Canaan et y avait installé les douze tribus d'Israël. Après Josué, on compte parmi les rois majeurs d'Israël, David (règne : 1010- 970 AEC), unificateur du royaume hébreu, son fils et successeur Salomon (règne : 970-931 AEC), bâtisseur du temple de Jérusalem (de 969 à 962 AEC). A la mort de Salomon, son royaume se scinda en deux : d'un côté le royaume de Juda (ou royaume du sud) gouverné par son fils Roboam (règne : 931-913 AEC) et ayant pour capitale Jérusalem ; de l'autre côté, le royaume d'Israël ou royaume du nord, ayant pour capitale d'abord Tirsa puis Samarie, et dirigé par Jéroboam (règne : 931-910 AEC), un ancien officier du roi Salomon.

En 722 AEC, le roi Sargon II d'Assyrie (règne : 722-705 AEC) conquit Samarie et déporta en Assyrie, à Ninive, l'élite de la population, laquelle élite fut remplacée par des colons mésopotamiens : c'était la fin du royaume d'Israël. En 598 AEC, l'empereur néo-babylonien, Nabuchodonosor II (règne : 605-562 AEC) s'empara de Jérusalem et déporta le roi de Juda ainsi que l'élite politico-religieuse (dont le futur prophète Jérémie, alors très jeune) et des artisans à Babylone. Une résistance locale s'éleva et durait une décennie au terme de laquelle Jérusalem, longtemps assiégée, fut prise à nouveau par Nabuchodonosor II en 587 AEC : le temple est détruit, la ville est pillée, et l'élite ainsi qu'une part notable de la population de Jérusalem était déportée à Babylone. La résistance locale n'était pourtant pas éteinte. Elle continuait de se manifester, obligeant le roi néo-babylonien à intervenir de nouveau en 582 AEC : la rébellion était matée, et il s'en était suivie une nouvelle déportation des rebelles et de la population de Juda. C'était aussi la fin du royaume de Juda, dès lors mis sous administration babylonienne directe.

C) Le périple du désert du Sinaï : une historicité inexistante

Présenté comme absolument historique, le récit biblique du périple du désert et des faits majeurs marquants notamment les évènements du mont Sinaï, avec la descente du dieu d'Abraham, les séjours de Moïse sur la montagne aux côtés de l'Eternel, la communication verbale par ce dernier de ses lois, religieuses, sociales etc., à Moïse, la transmission par l'Eternel, à celui-ci, des deux Tables de témoignage sur lesquelles il avait lui-même écrit ses lois etc., soulève des doutes sérieux.

En effet et de prime abord, on doit souligner qu'il n'existe nulle part la moindre trace historique de l'existence de Moïse ; le récit de l'enfance de ce dernier, prétextant qu'il aurait été « sauvé des eaux » s'est révélé une simple construction mythique, reprise de surcroît d'un autre récit mythique antérieur, celui de la naissance du roi mésopotamien Sargon d'Akkad du IIIème millénaire AEC. Mais plus éclairant : alors que la Bible affirme que c'était le dieu d'Abraham lui-même qui avait composé ses lois, religieuses, sociales, et les avait en personne écrites sur deux Tablettes qu'il avait remises à Moïse sur la montagne, que ce fut l'Eternel lui-même qui avait appris ses lois à Moïse, les documents historiques montrent au contraire que les lois de Yahweh n'étaient en partie qu'une copie des lois instaurées antérieurement en Babylonie, en Mésopotamie, au IIème millénaire AEC, vers 1750 AEC, par le roi de ce pays, Hammourabi. C'est le cas principalement des lois sociales qui régissent la vie quotidienne des individus, à savoir, la réglementation de l'esclavage qui avait alors cours dans la société en Babylonie et chez les Hébreux, le droit de propriété et particulièrement la réglementation relative à l'aliénation, à la transmission des biens, à la réparation des dommages causés à autrui, au prêt à intérêt, à l'administration des prix etc. Par exemple, la législation de Yahweh est fondée, comme le code d'Hammourabi auparavant, sur la loi du Talion pour tenter d'instaurer l'ordre social juste… Pour en attester, nous proposons dans un tableau synoptique, en annexe 1, une comparaison entre lois de Moïse, exposées dans les chapitres 20 à 23 de l'Exode, et celles d'Hammourabi (voir annexe 1).

La reprise des éléments du code d'Hammourabi dans les textes et récits bibliques, n'est guère surprenante. On sait en effet, que c'était en exil, durant la déportation des élites hébraïques en Babylonie au VIème siècle AEC que ces récits auraient été, en partie, rédigés. Les rédacteurs disposaient du code d'Hammourabi qu'ils ont recopié et adapté à leur propre histoire.

Or, la vie à l'étranger des Hébreux ne s'était pas déroulée qu'en Babylonie ou en Assyrie aux VIIIème et VIème siècles AEC. La plus longue peut-être eut lieu en Kemet, dans la vallée du Nil, où les Hyksos, une population sémite, avait longtemps vécu avant d'être chassée au XVIème siècle AEC. L'éducation reçue par cette population dans son pays d'immigration ne pouvait s'évaporer entièrement sans laisser de trace. Les illustrations sont nombreuses. D'abord, le rite par lequel le dieu Yahweh scellait son alliance avec son peuple, les enfants d'Israël, à savoir la circoncision, était un rite de Kemet : ici la circoncision était déjà pratiquée durant plusieurs milliers d'années avant la naissance d'Abraham auquel son dieu l'imposait pour la première fois. En outre, en examinant les Lois que l'Eternel de Moïse avait remises à celui-ci sur le mont Sinaï, on s'aperçoit que c'est pratiquement tout le décalogue qui est puisé dans les institutions et pratiques religieuses de

Kemet. Nous le montrons dans l'annexe 2 de cet ouvrage, dans un tableau synoptique de comparaison entre les 10 commandements de Yahweh et les lois du Démiurge vitaliste de Kemet que l'on trouve largement exposées dans le « *Livre de la Sortie à la Lumière du Jour* », improprement dénommé « *Livre des morts* ». Il y est montré par exemple (voir annexe 2) que même le monothéisme exclusif, que Moïse et son dieu avaient instauré, n'était aucunement inédit : ce n'était qu'une reprise du monothéisme exclusif institué vers les années 1350 AEC en Kemet, par le roi et prophète du dieu Aton, Hor Amenhotep IV. Celui-ci avait décrété Aton « Dieu unique », qu'il nommait « l'Eternel » et dont les Lois étaient gravées sur une table. Puis il avait banni tous les autres dieux et interdit leur culte. Vers 1346 AEC, le prophète d'Aton, Hor Amenhotep IV, qui s'était fait rebaptiser Akhenaton entre temps, ordonnait la destruction presque partout en Kemet des images de culte des anciens dieux excepté Ra qui n'était autre qu'Aton. Les noms des autres dieux étaient de surcroît martelés et détruits. Alors, Aton, encore nommé « Ra-Horakhty » était devenu le dieu universel, l'Unique « *qui n'a pas son pareil* ». On voit donc ici à l'œuvre, longtemps avant sa naissance, Moïse, descendu du Mont Sinaï avec les tables de témoignage reçues de son « Eternel », constatant qu'au pied même de la montagne où il avait installé les enfants d'Israël, sous la conduite de son frère Aaron, ceux-ci s'étaient mis à adorer un veau d'or ; puis piquant une colère bleue l'amenant à fracasser les tables de l'Eternel sur un rocher, Moïse ordonnait le massacre des Hébreux adorateurs du veau d'or : environ trois mille enfants d'Israël furent ainsi tués dans le désert par d'autres enfants d'Israël (Ex. 32 : 19-20 ; 26-28).

Au total, que l'on considère ses lois régissant la vie socio-économique quotidienne des Hébreux, ou ses prescriptions purement religieuses, le Dieu d'Abraham, d'Isaac, de Jacob, l'Eternel Yahweh paraît avoir débarqué dans un monde trop vieux. La quasi-totalité de ses injonctions existait déjà et recevait déjà application sur la terre, dans d'autres régions : le code d'Hammourabi en Mésopotamie ainsi que le « *Livre de la Sortie à la Lumière du Jour* » dit Livre des morts en Kemet, dans la vallée du Nil, en attestent.

§2) L'esclavage chez les Hébreux : une volonté de Yawveh

Chez les Hébreux, au royaume d'Israël et de Judée, l'esclavage était un fait marquant. On se souvient en effet, que ce seraient les cris et gémissements des fils d'Israël, lesquels auraient été réduits à cette condition, qui auraient décidé le dieu d'Abraham, d'Isaac et de jacob, l'Eternel de Moïse, Yahvé, à sévir contre Kemet et à faire sortir du pays les Israélites.

A) Malédiction, dénuement : les fondements de l'esclavage chez les Hébreux

Chez les Hébreux, l'émergence de l'esclavage serait une malédiction ancestrale. En effet, selon la Genèse (9 : 22-27), Canaan, fils de Cham, fut maudit par son grand-père Noé, ivre, et condamné à être esclave parce que son père avait vu la nudité de celui-ci :

« 20 Noé commença à cultiver la terre, et planta de la vigne. 21 Il but du vin, s'enivra, et se découvrit au milieu de sa tente. 22 Cham, père de Canaan, vit la nudité de son père, et il le rapporta dehors à ses deux frères. 23 Alors Sem et Japhet prirent le manteau, le mirent sur leurs épaules, marchèrent à reculons, et couvrirent la nudité de leur père ; comme leur visage était détourné, ils ne virent point la nudité de leur père. 24 Lorsque Noé se réveilla de son vin, il apprit ce que lui avait fait son fils cadet.
25 Et il dit : Maudit soit Canaan ! qu'il soit l'esclave des esclaves de ses frères ! 26 Il dit encore : Béni soit l'Éternel, Dieu de Sem, et que

Canaan soit leur esclave ! 27 Que Dieu étende les possessions de Japhet, qu'il habite dans les tentes de Sem, et que Canaan soit leur esclave ! »

L'esclavage apparait ainsi comme un châtiment sanctionnant une faute grave commise dès l'origine et marquant comme une tache indélébile. Cela transparaît, à la fois, de la triple répétition de la malédiction par Noé (versets 25 à 27) et surtout de sa profondeur *(qu'il soit l'esclave des esclaves de ses frères !)* ainsi que de la bénédiction implorée sur Sem et Japhet dont Dieu est appelé à étendre les richesses et chez qui il est convié à demeurer : Canaan semble condamné à être éternellement l'esclave des autres. Rien ne paraît en mesure de le sauver !

L'épisode soulève cependant un certain nombre d'interrogations : pourquoi Noé choisit-il de maudire Canaan, lequel n'avait jamais vu sa nudité, au lieu de son père, Cham, qui était le coupable ? La faute de Cham ne serait-il qu'un prétexte ? Aurait-il quelque contentieux avec Canaan, qui serait la raison authentique de la malédiction ? Il est possible que le rédacteur de la Genèse n'ait orchestré via cet épisode qu'une simple justification à postériori d'une réalité qu'il avait sous les yeux, à savoir, l'acquisition et l'usage d'esclaves cananéens par les Hébreux. Mais le récit biblique pourrait aussi être le révélateur d'une aspiration profonde des Hébreux, notamment la soumission des Cananéens ou leur réduction en esclavage. L'on ne doit en effet pas perdre de vue que Canaan était pour les Hébreux une « Terre promise » par leur dieu, Terre allant du « *fleuve d'Égypte jusqu'au grand fleuve, au fleuve d'Euphrate* » (Gen. 15 : 18) ; or à l'arrivée dans la région de leur patriarche Abraham, en provenance de Mésopotamie, Canaan était habité ; dès lors, pour que cette « Terre » devînt exclusivement celle des Hébreux immigrés, il fallait soit exterminer les autochtones résidents, soit les soumettre et les reléguer à la condition d'inférieurs. L'esclavage répondait à la dernière alternative. D'ailleurs c'était dans ces peuples environnants, Canaéens, Kéniens, Keniziens, Kadmoniens, Guirgasiens, Phéréziens, Rephaïm, Amoréens, Héthiens, Jébusiens (Gen. 15 : 18-21) et autres, que le dieu d'Abraham recommandait aux enfants d'Israël de puiser leurs esclaves destinés à être éternellement leur propriété (Lév. 25 : 44-46).

Si théologiquement la malédiction peut être admise comme explication de l'esclavage, il est patent qu'historiquement elle n'a à ce jour été le fondement de l'esclavage nulle part. Y compris en Judée. Chez les Hébreux, l'esclavage historique avait principalement été, comme au Sumer initialement, le résultat du dénuement de l'individu ne pouvant compter que sur lui-même pour faire face à ses besoins. Telle était sa cause première et fondamentale. C'était le produit de l'organisation sociale individualiste stricte : « *chacun pour soi et Dieu pour tous* » en l'absence de tout recours non onéreux possible. Une personne ne disposant plus d'aucun moyen de subsistance devait s'endetter, emprunter. Le défaut de remboursement (intérêts et prêt principal) conduisait à la saisie du débiteur ou de quelqu'un de sa famille (enfant, femme, membre de la fratrie) : c'était la mise en esclavage. Ce n'était pas l'endettement en tant que tel qui causait la mise en esclavage. C'était l'insolvabilité du débiteur résultant de sa pauvreté, de son dénuement dans un contexte social où il ne pouvait compter que sur lui-même. La mise en esclavage était in fine un mécanisme permettant de sauver la vie à ceux qui autrement pourraient mourir par indigence. C'était un mécanisme de sécurisation de la vie. La mise en esclavage jouait le même rôle lorsque l'individu était un captif de guerre : au lieu de le tuer, on le conservait, on lui sauvait la vie par un mécanisme de mise en exploitation qu'était l'esclavage.

La société instituée par la Loi de Yahweh admettait que l'individu en situation de dénuement se vendît à un autre plus fortuné ou vendît son conjoint/sa conjointe, sa progéniture, ou fût vendu (Lév. 25 : 39 ; Ex. 21 : 7 ; Ex. 22 : 2-3). C'était l'éthique du dieu d'Abraham et de son peuple.

Ainsi, chez les Hébreux, comme ce fut le cas initialement au Sumer, en Babylonie, longtemps avant l'apparition de Moïse et de son Eternel, c'était la situation économique, à savoir le dénuement, la pauvreté, l'insolvabilité qui causait la mise en esclavage d'un individu et non la malédiction.

Certes, la Bible indique que l'esclavage pouvait aussi survenir pour faute, notamment en cas de vol, l'Exode, chapitre 22 verset 3, précisant, s'agissant notamment du voleur que : « *3 mais si le soleil est levé, on sera coupable de meurtre envers lui. Il fera restitution ; s'il n'a rien, il sera vendu pour son vol;* ». La prescription était donc que le voleur dont la culpabilité était reconnue, était tenu de restituer le bien dérobé. Mais au cas où cela s'avérait impossible et s'il ne disposait pas non plus de quoi payer le montant du bien volé, le coupable était vendu par le tribunal qui le contraignait de la sorte à rembourser par son travail. Dans ces conditions, il est clair que ce n'était pas le vol en tant que tel qui conduisait le coupable à l'esclavage. Car s'il restituait le bien volé ou s'il avait les moyens de rembourser sa valeur, il échapperait à la captivité, malgré le vol. Ce n'était donc que son insolvabilité, dû à son dénuement, à sa pauvreté et in fine sa situation économique, qui le conduisait à l'esclavage. Ainsi, le vol était également appréhendé comme une dette du coupable envers le propriétaire du bien dérobé.

Certains vols toutefois échappaient à cette lecture : ils étaient sanctionnés par la mort du voleur : c'était par exemple le cas du rapt d'une personne pour être vendue ou détenu par soi-même comme esclave (Ex. 21 : 16) : l'esclavage d'un Hébreu par le rapt était ainsi interdit.

B) L'hébreu esclave et la Loi de Yahweh : un libre contraint au remboursement de sa dette

Rappelons que Yahweh avait conclu une alliance avec son peuple, la descendance d'Abraham, d'Isaac et de de Jacob, formant les douze tribus d'Israël, alliance par l'effet de laquelle il était le dieu unique de cette descendance, alliance matérialisée par l'obligation de circoncision (Gen. 17 : 5-14). Cette alliance distinguait de facto le peuple de Yahvé des peuples que ce dieu ne reconnaissait pas comme faisant partie des siens : c'étaient les peuples étrangers.

Sur le fondement de cette distinction, l'Eternel de Moïse avait institué un esclavage exclusif pour les ressortissants de son peuple. La première caractéristique cet esclavage était qu'il était temporaire. Le dieu d'Abraham prescrivait en effet que si un Hébreu mettait en esclavage un autre Hébreu, cette servitude ne pouvait en règle générale durer que six ans, la 7ème année, l'esclave et sa famille devaient être libérés : (Exode 21 : 2-3 ; Deutéronome 15 : 12) :
« 12 Si l'un de tes frères hébreux, homme ou femme, se vend à toi, il te servira six années ; mais la septième année, tu le renverras libre de chez toi.» (Deut. 15 : 12). Ce n'était qu'au cas où l'esclave refusait lui-même la liberté que l'esclavage pouvait aller au-delà de six ans. Dans cette éventualité, l'asservi devait être marqué par perçage à l'oreille (Ex. 21 : 6). Toutefois, même dans ce cas, l'esclavage de l'Hébreu restait temporaire. Car il ne pouvait demeurer esclave que jusqu'à l'année jubilaire pendant laquelle, tous les cinquante ans, on rétablissait la liberté et la propriété pour tous. Le Lévitique (15 : 10) précise

notamment : « *10 Et vous sanctifierez la cinquantième année, vous publierez la liberté dans le pays pour tous ses habitants : ce sera pour vous le jubilé ; chacun de vous retournera dans sa propriété, et chacun de vous retournera dans sa famille.* » A la libération, l'esclave ne pouvait être renvoyé les mains vides : il devait partir avec des présents octroyés par le maître (Deut. 15 : 13-14) : « *13 Et lorsque tu le renverras libre de chez toi, tu ne le renverras point à vide ; 14 tu lui feras des présents de ton menu bétail, de ton aire, de ton pressoir, de ce que tu auras par la bénédiction de l'Éternel, ton Dieu.* ».

Outre la libération automatique à la 7ème année ou à l'année jubilaire, d'autres circonstances pouvaient également entraîner la libération de l'esclave hébreu. En l'occurrence, et cela est la conséquence directe du fondement même de sa mise en esclavage, l'esclave pouvait à tout moment racheter sa liberté ou être racheté par quelqu'un des siens (Lév. 15 : 49) : « *49 Son oncle, ou le fils de son oncle, ou l'un de ses proches parents, pourra le racheter ; ou bien, s'il en a les ressources, il se rachètera lui-même.* ». Il disposait donc du droit de rachat. Par ailleurs, si le maître se rendait coupable d'une brutalité sur lui qui lui faisait perdre un œil ou une dent, il devait le libérer comme le prix de cette partie physique perdue (Ex. 21 : 26-27). L'Eternel de Moïse avait essayé de limiter les droits du maître sur l'esclave hébreu. Ainsi, le maître ne disposait pas sur ce dernier du droit de vie et de mort : la punition du maître était prescrite s'il se rendait coupable de violences entraînant la mort de l'esclave (Ex. 21 : 20). On ignore toutefois en quoi consistait cette punition. En revanche, le châtiment de l'esclave par le maître était autorisé (Ex. 21 : 21). Selon la Loi de Yahweh, l'esclave hébreu n'était pas un bien dont le maître avait la propriété et n'était de ce fait, pas transmissible par héritage ; de ce fait également, un maître ne pouvait autoritairement le transmettre à un autre maître. L'esclave hébreux n'était pas une marchandise : il ne pouvait faire l'objet de transaction sur les marchés comme les marchands en avaient l'habitude (Lév. 25 : 42). C'était sa force de travail qu'il mettait au service du maître en contrepartie de la dette qu'il avait envers lui (Lév. 25 : 39, 30). Il était interdit de lui imposer un travail qui ne relevait pas de ses compétences, c'est-à-dire de son métier, ou de ce qu'il faisait habituellement. Le maître ne pouvait en conséquence pas lui faire faire des tâches considérées comme avilissantes ; il avait l'obligation de ne pas lui imposer « *le travail d'un esclave* » (Lév. 25 : 39), de ne pas le « *traiter avec dureté* » (Lév. 25 : 43, 53). Car le dieu d'Abraham, d'Isaac et de Jacob considérait que les enfants d'Israël étaient ses propres esclaves et ne pouvaient en conséquence pas devenir l'esclave d'un humain (Lév. 25 : 55) : « *Car c'est de moi que les enfants d'Israël sont esclaves ; ce sont mes esclaves, que j'ai fait sortir du pays d'Egypte. Je suis l'Eternel, votre Dieu.* »

Outre le souci de protection, la loi de Yahweh accordait des droits à l'esclave hébreu. Il pouvait se marier et avoir des enfants ; il disposait du droit de propriété. Mais si c'était le maître qui lui avait donné une épouse étrangère, la progéniture appartenait au maître : à sa libération, il ne pouvait partir ni avec la conjointe, ni avec la progéniture (Ex. 21 : 4). Toutefois, l'esclave hébreu n'était tenu d'accepter cette union, généralement passagère, destinée à la procréation d'esclaves pour le maître, qu'au cas où il serait déjà marié à une femme libre avec laquelle il aurait des enfants. Si l'Hébreu nécessiteux se vendait à un étranger résidant chez les Hébreux, il disposait du « *droit de rachat* » (Lév. 25 : 47-48) : aussitôt, un frère ou un proche parent pouvait le racheter. Il pouvait le faire également, lui-même, dès qu'il en avait les moyens. Si personne n'était en mesure d'effectuer le rachat, il sortirait l'année jubilaire (Lév. 25 : 48, 49, 54). En cas de rachat, le prix à payer devait être proportionnel à la durée, en nombre d'années, allant du jour où il s'était vendu à l'année du jubilé (Lév. 25 : 50-53). Par ses caractéristiques, la loi instituée par Yahweh supprimait en fait la mise en esclavage d'un Hébreu par un autre Hébreu : « l'esclave » hébreu d'un Hébreu n'est en définitive pas un esclave au sens classique du terme.

Il est cependant paradoxal qu'un dieu qui se serait élevé contre la mise en esclavage de son peuple en Kemet et aurait en conséquence pris l'initiative de le faire sortir de ce pays, choisît lui-même d'imposer l'esclavage à ce même peuple au lieu de l'en éradiquer purement et simplement : qu'est-ce qui pouvait empêcher un dieu censé être omnipotent d'interdire qu'au sein de son peuple un individu se vendît à un autre ? Autre paradoxe : alors que Yahweh avait autoritairement contraint tous les enfants d'Israël à quitter Kemet au motif qu'ils y étaient asservis, ne laissant aucune possibilité de choix aux concernés, il autorisait par contre dans ses prescriptions, l'esclave hébreu du maître hébreu à choisir entre la liberté et demeurer en esclavage ; dans le désert du Sinaï, c'était pourtant de façon récurrente que les enfants d'Israël murmuraient qu'ils préféraient leur vie de serviteur en Kemet à celle qu'il y menaient, reprochant à l'Eternel de Moïse de les avoir « libérés » sans avoir sollicité leur avis. Ces faits interrogent. Existerait-il une différence entre la même souffrance, celle résultant de la mise en esclavage, selon qu'elle est infligée par l'Hébreu ou par l'Etranger ? Par ailleurs, le souci de protection de l'esclave hébreu que manifeste Yahvé en limitant les droits du maître, accordant des droits à l'asservi, en limitant la durée même de l'asservissement etc., n'était aucunement une invention du dieu d'Abraham ; cela avait été institué avant lui par le roi Hammourabi de Babylonie depuis le IIème millénaire AEC, et les prescriptions du dieu d'Israël apparaissent sous leur réalité saillante, à savoir qu'elles n'étaient qu'une reprise, à peine altérée, du droit établi par l'ancien roi babylonien Hammourabi. En effet, dans son « code », ce roi faisait même mieux que Yahweh, limitant la durée de l'esclavage pour dette à trois ans, l'esclave devant être libéré la quatrième année. Finalement via sa Loi, l'Eternel de Moïse s'était montré impuissant à aller à l'encontre de l'ordre social régnant au moment de son émergence, (re)instituant l'esclavage qui se pratiquait alors au Proche-Orient, en Mésopotamie, à Canaan etc. et qui se pratiquait par son propre peuple. On ne doit pas perdre de vue que le patriarche Abraham possédait lui-même des esclaves et était originaire de Mésopotamie.

C) Les cananéens non-hébreux : réservoir d'esclaves des Hébreux selon Yahweh

La Bible (Lév. 25 : 1-2, 44-46) l'assure : « 1 *L'Éternel parla à Moïse sur la montagne de Sinaï, et dit : 2 Parle aux enfants d'Israël, et tu leur diras : (...) 44 C'est des nations qui vous entourent que tu prendras ton esclave et ta servante qui t'appartiendront, c'est d'elles que vous achèterez l'esclave et la servante. 45 Vous pourrez aussi en acheter des enfants des étrangers qui demeureront chez toi, et de leurs familles qu'ils engendreront dans votre pays ; et ils seront votre propriété. 46 Vous les laisserez en héritage à vos enfants après vous, comme une propriété ; vous les garderez comme esclaves à perpétuité. Mais à l'égard de vos frères, les enfants d'Israël, aucun de vous ne dominera avec dureté sur son frère.* » Ces « nations » entourant les enfants d'Israël étaient prioritairement celles dont le dieu d'Abraham promettait le pays de façon récurrente à son peuple, les Hébreux : c'étaient les autochtones occupant la « Terre promise » à l'arrivée du patriarche Abraham ou au retour des enfants d'Israël sortant du désert, notamment, les Canaéens, Kéniens, Keniziens, Kadmoniens, Héthiens, Phéréziens, Rephaïm, Amoréens, Guirgasiens, Jébusiens (Gen. 15 : 18-21 ; Deut. 7 : 1 etc.). Quant aux « *étrangers demeurant chez les enfants d'Israël* », il s'agirait principalement de la « *multitude de gens de toute espèce* » qui se seraient joints aux Hébreux pour fuir Kemet lors de l'Exode (Ex.12 : 37-38), passant ainsi avec eux et parmi eux les 40 ans de vie dans le désert du Sinaï. Dans sa Loi, non seulement Yahweh réduisait ces nations à un réservoir d'esclaves à la disposition des Israélites, mais encore son message prolongeait la malédiction de Noé faisant de Canaan un esclave perpétuel. Yahweh créait de la sorte une des premières sociétés esclavagistes de l'histoire. Ce qui marquait une régression par rapport à l'humanisation et au souci de justice fondant les réglementations des sociétés proche-orientales et notamment du roi Hammourabi limitant la durée de l'esclavage pour dette à trois ans : même s'agissant de son propre peuple, les enfants d'Israël, Yahweh n'avait pu limiter la durée de sa servitude qu'à six.

En outre, L'Eternel de Moïse faisait de l'esclave étranger de l'Hébreu un être quasiment sans droit, devant occuper le plancher social. En effet, selon la Loi (Lév. 25 : 44-46), l'esclave étranger de l'Hébreu devait demeurer perpétuellement en servitude. Propriété du maître, celui-ci avait le droit de le transmettre à ses héritiers. Il faisait partie de son patrimoine comme tout autre bien. Cet esclave étranger avait une valeur de base évaluée à 30 sicles (Ex. 21 : 32) correspondant à la compensation à verser à son maître par le propriétaire d'un bœuf qui l'aurait tué (Ex. 21 : 29, 32) : « *29 Mais si le bœuf était auparavant sujet à frapper, et qu'on en ait averti le maître, qui ne l'a point surveillé, le bœuf sera lapidé, dans le cas où il tuerait un homme ou une femme, et son maître sera puni de mort. 32 mais si le bœuf frappe un esclave, homme ou femme, on donnera trente sicles d'argent au maître de l'esclave, et le bœuf sera lapidé.* » Il ne s'agissait là toutefois que d'un prix de compensation ; ce que coûtait effectivement l'esclave sur le marché en « Terre promise » dépendait, comme en Babylonie, de son âge, de son genre, de ses compétences professionnelles etc. En règle générale, à l'esclave étranger de l'Hébreu étaient réservées les tâches manuelles. Et surtout les tâches jugées avilissantes dans la société et que l'esclave hébreu n'accomplissait pas, notamment transporter le maître, lui laver les pieds, lui mettre les sandales, délacer ses chaussures etc., cette dernière tâche étant vue dans la société hébraïque comme la plus abaissante. L'esclave étranger de l'Hébreu était donc au plancher de la société. Certes, par reconnaissance vraisemblablement pour les nombreux étrangers qui auraient rejoints les Hébreux et fui Kemet avec eux lors de l'Exode (Ex.12 : 37-38), le dieu d'Abraham multipliait dans sa Loi les prescriptions de respect, de tolérance et d'amour pour l'étranger (Ex. 22 : 21 ; Deut. 10 : 19 ; Deut. 24 : 17 ; Lév. 33-34) ; toutefois, il ne s'agissait là que de prescriptions relatives aux étrangers et non aux esclaves acquis chez les étrangers auxquels ces recommandations ne s'appliquaient pas stricto sensu. Bien entendu il est possible, malgré tout, qu'elles aient eu un effet positif sur le traitement des esclaves étrangers ne serait-ce que par la crainte que les maîtres témoignaient à leur dieu. On peut aussi relever que l'Eternel de Moïse n'avait pas totalement oublié les esclaves étrangers puisqu'il prescrivait aux maîtres israélites de les faire reposer, tout autant que leurs bêtes, durant le sabbat (Ex. 20 : 10 ; Deut. 5 : 14).

Nonobstant, l'esclave étranger de l'Israélite était frappé de plusieurs incapacités. Ainsi et contrairement au cas babylonien, il ne disposait pas de droit de propriété : tout ce qu'il possédait appartenait à son maître. Toujours, contrairement au cas de la Babylonie et de la Mésopotamie, il ne pouvait légalement contracter mariage et fonder une famille ; idem, l'esclave étranger de l'Hébreu ne pouvait, ni ester en justice ni témoigner en justice etc. Cependant, s'il était circoncis, ce que recommandait le dieu d'Abraham (Ex. 12 : 44), l'esclave étranger de l'Hébreu était intégré à la communauté des enfants d'Israël. Et s'il adhérait au Judaïsme, le maître pouvait le racheter ou le libérer. Néanmoins, en raison de sa double origine, étrangère et servile, l'esclave étranger restait à jamais exclu de certaines prérogatives des Israélites, à savoir, l'accès à la royauté (Deut. 17 : 15) et l'accès à la fonction de juge par exemple, bien qu'il existât quelques rares exceptions confirmant cette règle générale.

La hiérarchisation entre esclave hébreu et esclave étranger établie par le dieu d'Abraham fonctionnait parfaitement tant que la Judée s'administrait. Elle avait été foulée au pied à la faveur des dominations étrangères que le pays avait connues, notamment grecque et romaine.

En 333 AEC, le Grec Alexandre le Grand conquit la Perse et s'empara de Canaan. A son décès, 10 ans plus tard, ses généraux s'étaient réparti son empire lors des accords de Babylone (323 AEC) et Ptolémée Sôtêr, fils de Lagos, devint satrape de Kemet (devenu Egypte), fondant alors la dynastie des Lagides. Canaan passa alors sous le contrôle des Lagides. Plus tard, en 63 AEC, la Judée tombait sous domination romaine et devint un protectorat romain. Sous dominations étrangères, grecque puis romaine, l'esclavage en « Terre promise » glissait vers le modèle gréco-romain. Esclaves hébreux et étrangers étaient vendus sur des marchés locaux aux mains des Grecs et Romains, notamment les marchés de Gaza, Acco, Botna, Tyr etc. Des dizaines de milliers d'Israélites libres étaient réduits en esclavage, une servitude culminant sous la domination romaine en conséquence de leurs révoltes récurrentes contre Rome. Trois de ces révoltes firent date. Il s'agissait d'abord de la Grande Révolte (63-73 EC) au cours de laquelle Jérusalem était détruit y compris son temple pour la seconde fois (70 EC) ; puis ce fut la guerre de Kitos ou révolte des exilés (115-117 EC) et enfin la révolte de Bar Kokhba ou la seconde guerre judéo-romaine (132-135 EC). Ces révoltes furent à chaque fois écrasées par les Romains qui firent des dizaines de milliers de prisonniers Juifs. Ceux-ci étaient asservis et vendus pour partie sur les marchés locaux d'esclave de Judée et pour partie déportés et vendus à l'étranger, soit à Rome, soit dans d'autres provinces romaines loin de la Judée. Parmi eux, des femmes juives auraient été utilisées comme génitrices, pour la reproduction des esclaves. On était donc, sous les dominations étrangères, loin de l'esclavage protégé concocté par le dieu d'Abraham pour son peuple.

Conclusion du chapitre

Né à Sumer, dans le sud de la Mésopotamie au IIIème millénaire AEC, l'esclavage s'était propagé à quasiment tout le Proche-Orient et fut largement pratiqué depuis au moins le IIème millénaire AEC par le reste de la Mésopotamie et l'Assyrie, les territoires de Canaan, de la péninsule arabique etc. Son origine résidait dans le dénuement individuel au sein d'une organisation sociale dans laquelle chacun ne pouvait compter que sur soi pour faire face à ses besoins. La société admettait que l'individu plongé dans l'indigence, dépourvu de moyens de subsistance, afin de survivre se vendît, ou vendît sa progéniture, sa conjointe, à un autre. L'individu pouvait aussi s'endetter auprès d'un autre, pour faire face à ses besoins. Le défaut de paiement (principal plus intérêt) conduisait le créancier à saisir le débiteur qui devenait son esclave. Des marchés d'esclaves naquirent avec des marchands spécialisés dans les transactions. Si l'endettement fut le fait fondamental qui conduisait à l'esclavage, celui-ci fut également alimenté par des rapts de personnes (enfants, adultes), la pratique de l'abandon de leurs enfants dans la rue par des parents ne disposant pas de moyens de subvenir à leurs besoins. Dans ce dernier cas, ce furent le dénuement ou un interdit social qui causaient l'abandon. On note également que les marchés d'esclaves avaient été nourris par des captifs faits lors de guerres etc. Dans ce cas comme dans le cas de l'indigence, de l'exposition (abandon) des enfants etc., la mise en esclavage était in fine un mécanisme permettant de sauver la vie à ceux qui autrement pourraient mourir (mort par défaut de vivres, mort par massacre pendant ou à l'issue d'une guerre etc.). Il s'agissait fondamentalement d'un mécanisme de sécurisation de la vie. Mais progressivement, la faiblesse même des individus en situation d'indigence, en situation de captif etc. les exposait aux abus de ceux qui leur sauvaient la vie. Les esclaves devenaient ainsi la propriété des maîtres ou créanciers, lesquels se croyaient fondés à disposer du droit de vie et de mort sur eux ; les esclaves étaient vendus, légués par héritage, leurs biens, leur progéniture étaient appropriés par les maîtres etc. En réaction à ces abus, les sociétés proche-orientales avaient mis en place des réglementations, limitant le pouvoir des maîtres, concédant des droits aux esclaves, réduisant la durée même de l'esclavage etc. Les esclaves obtenaient ainsi le droit de fonder une famille, de posséder des biens, de racheter leur liberté etc. En la matière, le souverain babylonien du IIème millénaire AEC, Hammourabi, s'était particulièrement illustré avec son traité juridique nommé « code d'Hammourabi ». Sa réglementation, tant en ce qui concerne l'esclave que la société dans son ensemble, fut reprise, avec quelques adaptations, par le dieu d'Abraham dans les prescriptions que celui-ci avait édictées et proclamées sur le mont Sinaï, puis remises à Moïse. Toutefois le décalogue, tout comme le symbole de l'alliance (la circoncision), apparaissaient comme hérités d'ailleurs, et principalement des lois vitalistes de Kemet, pays où, si l'on en croit la Bible, les enfants d'Israël avaient vécu plus de 400 ans et s'étaient constitués en nation, eux qui y étaient entrés en l'état de quelques tribus comptant en tout 70 personnes. En matière d'esclavage toutefois, Yahweh innovait par la création d'une catégorie d'esclave perpétuel qu'était « *l'esclave étranger* » de l'Hébreu, créant ainsi l'une des premières sociétés esclavagistes. En outre, est palpable la régression par rapport à l'humanisation de l'esclavage opérée par les sociétés proche-orientales et notamment le roi Hammourabi qui limitait la durée de l'esclavage à trois ans, alors que, pour son propre peuple, Yahweh portait cette durée à six ans.

Il est possible que ce fut de l'aire proche-orientale que l'esclavage se fût propagé au reste du monde. Cependant, dès lors que l'individualisme social en fut le facteur fondamental, il n'était pas exclu que l'esclavage émergeât dans d'autres espaces où prévalait le même type d'organisation sociale, comme le produit d'une évolution endogène.

Chapitre 2) Grèce et Rome : esclavagisme et premières traites gigantesques des Blancs

Alors que dans les sociétés proche-orientales où avait émergé l'esclavage au IIIème millénaire AEC, l'essentiel de l'activité économique, le système de production et d'échange des biens et services, ne reposait pas sur la main-d'œuvre servile, tel avait été le cas dans les sociétés occidentales gréco-romaines antiques. Ces sociétés étaient pour cela des sociétés esclavagistes. Et historiquement, la Grèce et Rome antiques étaient le berceau de ce nouveau mode de production.

Section 1) L'esclavagisme et la traite des Blancs : la première invention fut grecque

§1) L'esclavage grec : une traite des Blancs

Dans l'antiquité, dans l'espace sud de la Grèce continentale, notamment à Mycènes et dans les cités environnantes, était attesté l'esclavage depuis au moins le IIème millénaire AEC (1650 -1100 AEC). A cette époque, l'esclavage pratiqué en Grèce restait similaire à celui originel de Mésopotamie, et particulièrement de Sumer. L'indigence et l'insolvabilité étaient l'une des causes majeures de la mise en esclavage. Mais celle-ci s'appuyait également sur les rapts de personnes : l'insécurité était grande sur les voies terrestres et voyager en Grèce était dangereux. Dans les régions défavorisées, le rapt constituait une des activités les plus lucratives auxquelles s'adonnaient largement les individus. Des brigands enlevaient ainsi des voyageurs qu'ils cherchaient en priorité à rançonner ; leurs victimes qui ne pouvaient l'être parce que trop pauvres ou ne pouvaient pas payer étaient vendues aux trafiquants. Sur les mers grecques, l'insécurité était tout aussi élevée : elles étaient sillonnées par des pirates trouvant facilement refuge dans les nombreuses îles de la mer Egée. Tout libre pouvait ainsi à tout moment perdre sa liberté et finir esclave. Ce fut plus tard le cas de Platon (428-348 AEC), capturé et vendu comme esclave sur l'île d'Egine. En Grèce antique, certaines régions étaient même spécialisées en piraterie et brigandage : l'Acarnanie, la Crète, l'Etolie etc.

Outre le rapt, l'exposition des enfants nourrissait substantiellement l'esclavage en Grèce antique où c'était une pratique des plus répandues. En effet, dans la société grecque, il était admis qu'un père ne désirant pas reconnaitre son nouveau-né, ou une mère, considérant qu'elle n'avait pas les moyens de l'élever seule, l'exposât. En clair, l'enfant était abandonné ou déposé dans la rue. Ramassés, ces enfants pouvaient devenir esclaves ; ils faisaient aussi le bonheur des marchands qui s'en saisissaient et les vendaient.

Comme au Sumer, l'esclave de l'époque mycénienne pouvait posséder la terre, se marier à un autre esclave ou libre, avoir des activités indépendantes etc. A côté de ces esclaves proprement dits, on trouvait des personnes assujetties à un dieu, le dieu Poséidon en l'occurrence, dont le statut restait similaire à celui des oblats de Babylonie, attachés à un dieu comme serviteurs de celui-ci et dépendant alors d'un temple. Quoique dénommés « esclaves du dieu » (*teojodoero*) par les Mycéniens, les dépendants du dieu n'étaient à proprement parlé pas des esclaves. Ils étaient juridiquement traités comme des affranchis. Cependant on ignore les conditions exactes présidant à leur genèse : s'agissait-ils, comme cela se faisait à Babylone, d'anciens esclaves ayant fait l'objet de donation au temple, ou au dieu, par leurs maîtres ? Ou étaient-ils des libres faits don au dieu par des parents dévots ? Ou étaient-ils des personnes s'étant de leur libre arbitre consacrés au dieu ?

Quoiqu'à l'ère mycénienne, des guerres eussent également nourri l'esclavage, c'était plutôt à l'époque suivante, dite archaïque (X - VIIIème siècle AEC), que les guerres constituaient principalement un des moyens majeurs de production du captif. En effet, selon la tradition guerrière grecque, le vaincu et ses biens étaient la propriété absolue du vainqueur. Le prisonnier de guerre en Grèce était alors, selon ce qui paraissait le plus intéressant pour son propriétaire, le vainqueur, soit tué, soit rançonné, soit réduit en esclavage et vendu. Mais l'esclavage permettait de sauver la vie aux prisonniers insolvables, ne pouvant payer une rançon. Les marchands côtoyaient toujours pour cela les guerriers et la vente s'avérait l'opération la plus rentable. C'était initialement la multitude de guerres entre cités-Etats grecques elles-mêmes qui nourrissaient l'esclavage. L'Illiade d'Homère Le Poète (VIIIème siècle AEC) en donnait des illustrations. La guerre incluait aussi les razzias de personnes, de biens, les attaques des pirates, demandes de rançon, échanges contre rançon etc. Entre cités-Etats grecques, la guerre obéissait à des règles précises. Il était ainsi interdit de tuer des prisonniers qui s'étaient rendus : leur sort principal était la mise en esclavage. Les populations vaincues étaient alors mises en esclavage. Les vaincus de guerre ou les victimes de rapt, vendus aux marchands étaient emmenés loin de leurs lieux de résidence et vendus aux utilisateurs finaux. Ainsi, dès l'origine, la traite était une composante de l'esclavage grec et fournissait diverses localités en esclaves. Et il s'agissait d'une traite des Blancs : les habitants des cités-Etats grecques.

Mais progressivement les guerres contre des territoires étrangers (barbares) allaient également fournir des esclaves aux Grecs. Au IIIème siècle AEC, les guerres contre les Thraces, peuples vivant dans les péninsules du sud-est de l'Europe, et les Scythes, populations occupant l'est européen, dans la steppe entre l'Altaï et le nord de la mer Noire, fournissaient l'essentiel de la masse des asservis étrangers. Il s'agissait aussi de peuples blancs : l'esclavage grec était ainsi jusqu'à la fin une traite des Blancs.

§2) Solon d'Athènes et l'abolition de l'esclavage pour dette

Au fil des siècles, Athènes connaissait un processus progressif de concentration des moyens de production, la terre, entre les mains de la minorité Eupatride (Aristocrate), lequel processus de concentration allait culminer au VIème siècle AEC. Les meilleures terres se retrouvaient alors en possession des Eupatrides qui contrôlaient de surcroît l'Etat, tandis que les faibles rendements des terres les moins bonnes poussaient de plus en plus de producteurs pauvres dans l'endettement. Ne pouvant rembourser, ceux-ci se retrouvaient continûment esclaves. La masse des libres s'amenuisait constamment, exacerbant les conflits sociaux. La cité d'Athènes était alors confrontée à une crise sociale. Elu archonte (dirigeant en charge de l'administration civile et de la juridiction publique) pour 594-593 AEC, le législateur Solon d'Athènes institua le *seisachtheia*, abolissant l'esclavage pour dettes ; il procéda à l'affranchissement des esclaves pour dettes, décréta une réduction des dettes privées et publiques tout en exonérant de redevances les terres des *hektémores*. Ceux-ci étaient des paysans peu fortunés louant la terre à exploiter auprès de riches propriétaires en mettant leur propre personne en gage. A l'issue de la production, ils devaient verser comme loyer ou rente aux propriétaires les 5/6 de leur récolte (Zurbach, 2017). Cette rente était assimilée à une dette et tout défaut de paiement conduisait les *hektémores* en esclavage. A l'évidence, la rente était excessive pour permettre aux paysans de survivre. Les conditions étaient donc réunies pour que ceux-ci s'endettassent plus, courant un risque supplémentaire de se retrouver eux-mêmes ou leur famille en servitude. Alors que Solon interdit la vente de tout Athénien libre, y compris soi-même, sa loi laissait toutefois, par deux exceptions, la porte ouverte à cette pratique, à savoir que : (i) le tuteur d'une femme non mariée ayant perdu la virginité pouvait la vendre comme esclave ; (ii) tout citoyen peut abandonner un nouveau-né non désiré.

§3) L'invention de l'esclavagisme et de la traite des Blancs

Avec la réforme de Solon et la perte par la société d'une des premières voies d'acquisition d'esclave, les Grecs allaient désormais privilégier la main d'œuvre servile étrangère à laquelle ils avaient, il faut le souligner, déjà recours occasionnellement depuis un certain temps. Emergeait ainsi ce que l'on a appelé l'âge d'or de l'esclave marchandise, lequel coïncidait avec les débuts du VIème siècle AEC. Désormais, la société grecque opérait une démarcation nette entre libres et esclaves et recourait principalement et massivement à l'esclave en tant qu'outil de production. L'âge classique (VI-IVème siècle) marquait ainsi une mutation sociale majeure en Grèce : la naissance d'une société esclavagiste fondée sur l'importation et l'usage de captifs étrangers constitués de peuples leucodermes (blancs) principalement. A la demande locale toujours accrue répondaient les marchands d'esclaves grecs. Ceux-ci acquéraient leurs marchandises auprès des professionnels internationaux s'approvisionnant sur les marchés de Délos, d'Éphèse, de Byzance, de Tanaïs (Russie contemporaine) etc. Les esclaves étaient d'ethnies diverses : Thraces, Scythes, Cappadociens, Paphlagoniens etc., en somme des indo-européens et européens.

A) L'esclave comme principal facteur de production

Le tournant de l'organisation sociale grecque des VI et Vème siècles AEC s'était d'abord concrétisé dans la démographie des esclaves. Athènes comptait ainsi à cette époque au moins trois à quatre esclaves par ménage de libres avec au total entre 20 et 80 mille esclaves. Au Vème siècle AEC, et notamment aux débuts de la guerre du Péloponnèse (431 AEC), la population de l'Attique (territoire d'Athènes) compterait 45 mille citoyens (libres), 15 mille métèques et 110 mille esclaves (Ehrenberg, 1976). Au IVème siècle AEC, le recensement général organisé par Démétrios de Phalère, entre 317 et 307 AEC, dans le territoire de la cité-Etat d'Athènes (l'Attique), comptabilisait 21 mille citoyens (libres), 10 mille métèques (étrangers, non nés, du territoire d'Athènes), 400 mille esclaves. Soit 13 fois plus d'esclaves que de libres et métèques réunis. Ces données avaient été critiquées et mises en doute en ce qui concerne leur fiabilité. Toutefois, elles seraient hautement plausibles. En effet, à Athènes seuls les très pauvres n'avaient pas d'esclaves et dans les zones rurales, même les paysans de condition modeste en possédaient. Par ailleurs, le père de l'orateur attique Lysias (458-380 AEC) employait dans sa fabrique d'armes jusqu'à 120 esclaves ; la fabrique d'armes (couteaux, épées etc.) du père de Démosthène (384-322) employait une cinquantaine d'esclaves ; quant à l'homme politique, militaire et homme d'affaires athénien Nicias (470-413 AEC), loueur d'esclaves aux entrepreneurs, il possédait un millier d'esclaves ; en 338 AEC, on estimait que 150 mille esclaves travaillaient dans les mines d'argent du Laurion, sur le territoire d'Athènes (Garlan 1999) etc. A cette époque, même les paysans pauvres possédaient au moins un esclave. Platon, à la fin de sa vie (348 AEC), possédait 5 esclaves tandis que son disciple Aristote (384-322 AEC) en avait affranchi jusqu'à 13. Au-delà des chiffres, dont l'exactitude pourra toujours être contestée, un double fait s'avérait certain, à savoir, l'explosion démographique des esclaves d'une part et, d'autre part, leur proportion plus élevée, comparés aux libres et métèques réunis.

Cette explosion démographique des esclaves s'expliquait par l'émergence en Grèce, à l'âge classique (VI-IVème siècle), d'une nouvelle organisation sociale dans laquelle l'essentiel de la production des biens et services des cités-Etats était assuré par les esclaves quand bien même une main d'œuvre libre, largement minoritaire, y contribuait. Il en était ainsi de l'agriculture, base de l'économie grecque, y compris à Athènes et son territoire. L'esclavage rural était développé dans le monde grec où même les paysans modestes disposaient de, et utilisaient, la main d'œuvre servile. Dans les grands domaines, les esclaves se chiffraient par dizaines comprenant les travailleurs de base et les intendants. Ils appartenaient à l'exploitant ou étaient loués. Dans les mines et carrières, autres poumons de l'économie grecque, notamment les mines d'argent du Laurion, la main d'œuvre servile était également largement majoritaire, comme dans l'artisanat (fabriques de matériels et autres), dans la production domestique (services à la personne du maître et des membres de sa famille, tissage, mouture et autres transformations de produits agricoles, entretien de la maison, préparation des mets, accompagnement du maître dans ses sorties etc.), le commerce, grand comme petit, entre autres, les activités maritimes, portuaires, bancaires etc. Dans ce dernier registre, il faut signaler que le secteur bancaire était quasi-complètement aux mains des esclaves qui semblaient y avoir détenu un véritable monopole (Garlan, 1999). Les esclaves ayant régné sur ce secteur d'activité avaient été affranchis et parfois même promus à la citoyenneté grecque. Un autre secteur régi par un quasi-monopole du travail servile était l'administration de la cité-Etat. Ici les esclaves étaient cantonnés aux tâches administratives subalternes : employé de bureau, huissier, gardien de prison, vérification des monnaies sur les marchés, police lors des réunions des organes de l'administration, maintien de l'ordre public etc. Les archers scythes, bourreaux, employés de la voirie, les personnes au service des temples et exécutant diverses tâches etc. en étaient aussi des illustrations. Si hommes et femmes pouvaient exercer toutes les activités, les femmes étaient plutôt affectées aux tâches domestiques en tant que servantes ; elles étaient aussi souvent courtisanes, musiciennes, danseuses etc.

Au total, seul un nombre restreint de secteurs d'activité était quasiment interdit aux esclaves : la justice, la politique et, en règle générale, la sécurité publique (armée). Dans pratiquement toutes les autres et toutes les cité-Etats, notamment Athènes, Chios, Sparte etc., aussi bien dans les espaces ruraux qu'urbains, la force de travail servile était majoritaire dans la production des biens et services. Le bien-être des Grecs anciens ne pouvait donc se concevoir sans le travail de l'esclave qui était le principe actif de la richesse l'ayant nourri. C'était peut-être là le fondement historique de ce qu'aucun des penseurs grecs, y compris ceux réputés les plus brillants, à l'instar de Platon, Aristote etc., ayant tenté de concevoir une cité idéale, n'eût imaginé celle-ci sans l'esclavage.

B) L'esclave grec : un être sans droit et un bien meuble à protéger

a) L'esclave privé

En Grèce antique, l'esclave athénien n'avait juridiquement aucun droit. Il était la propriété de son maître : un bien meuble, un bien patrimonial au même titre que tous les autres biens du maître. Le maître pouvait le vendre, le gager, le louer, le léguer. L'esclave était à son service et était tenu d'accomplir toute sorte de tâche que celui-ci lui demandait. Le maître disposait de tous les droits sur lui, sauf le tuer impunément, pour une raison simple : l'esclave était un bien meuble, faisant partie du patrimoine du maître au même titre que tous les autres biens ; à ce titre, il devait être protégé. Comme c'était d'ailleurs le cas en Mésopotamie, dans le code d'Hammourabi notamment où tout dommage porté à l'esclave méritait dédommagement de son propriétaire. En Grèce, le maître avait le droit de le fouetter : ce n'était là qu'un moyen, ou le moyen approprié, de l'inciter ou le motiver au travail si l'on en croit Xénophon. Toutefois, le maître ne pouvait le maltraiter avec excès : si cela se produisait, tout citoyen pouvait le poursuivre, car toute forme d'excès était prohibé dans la société athénienne ; la punition maximale à infliger à l'esclave devrait être de 50 coups de fouet. L'homicide (mort) commis sur l'esclave, quel qu'en fût l'auteur, était sanctionné par l'exil du coupable comme dans le cas de tout homicide involontaire.

L'esclave en Grèce antique était si fondamental pour la société, pour son bien-être, voire sa survie, qu'il était nécessaire de le protéger. Outre que l'on ne peut le tuer ou lui causer des dommages physiques, sans sanction ou sans dédommagement du maître, l'esclave privé était, dans la cité-Etat d'Athènes, intégré à la cellule familiale du maître (l'oikos). Cela se faisait par une cérémonie rituelle au cours de laquelle un nouveau nom lui était attribué, pour marquer son appropriation par le maître : on reviendra plus loin sur cette cérémonie et son pouvoir aliénant comme outil de prévention des révoltes. Toutefois, comme en Babylonie, il pouvait vivre loin du domicile du maître, et travailler indépendamment si son activité l'exigeait, auquel cas il était tenu de verser une redevance fixe au maître. Il pouvait ainsi constituer son pécule en vue de racheter sa liberté. En effet, l'esclave avait la possibilité de racheter sa liberté s'il en disposait des moyens. Lorsqu'un maître se laissait aller à des excès de maltraitance contre lui, il pouvait se réfugier dans un sanctuaire et demander à être vendu à un autre maître. Dans la cité-Etat d'Athènes, l'esclave ne pouvait légalement se marier, fonder une famille. Les Grecs ne pratiquaient pas l'élevage d'esclaves. Les esclaves hommes et femmes étaient séparés, les unions de fait qui pouvaient exister n'étaient pas reconnues et la procréation n'était pas encouragée. Plusieurs raisons à cela : la plus importante était qu'il était plus couteux d'élever un enfant esclave que d'acheter un esclave adulte ; l'élevage d'esclave était de surcroît une opération risquée pour le maître, car la mère pouvait décéder à l'accouchement et occasionner une perte sèche ; par ailleurs, l'élevage pourrait renforcer les liens entre les esclaves et constituer un terreau de l'insoumission et de la révolte. Toutefois, les enfants naissant des unions de fait appartenaient au maître : l'esclave n'avait pas le droit de posséder des biens, sauf le pécule accordé par le maître. A l'opposée du cas mésopotamien, l'esclave « athénien » ne pouvait ni ester en justice, ni y témoigner, sauf s'il était soumis à la torture. En revanche, il pouvait dénoncer quiconque, maître ou non, se rendait coupable de complot contre l'Etat, d'impiété, de détournements de deniers publics. L'esclave ne pouvait porter d'arme, ni intégrer l'armée, ni avoir des activités politiques, ni être juge, ni pratiquer la gymnastique. La pratique de la pédérastie, l'homosexualité initiatique entre adulte et enfant-élève, institutionnalisée en Grèce antique, était interdite à l'esclave. Les délits commis par l'esclave étaient sanctionnés de coups de fouet là où pour le libre c'était une amende qui s'appliquait etc.

b) L'esclave public

Dans les cités-Etats grecques antiques, comme ce fut le cas en Mésopotamie, on trouvait des esclaves publics. Beaucoup moins nombreux, ceux-ci dépendaient de la cité ou de l'Etat. Ils ne faisaient pas l'objet de transactions sur les marchés. Ils exerçaient des fonctions administratives (greffier, secrétaire, archiviste etc.), de police (cas des archers scythes d'Athènes), voirie etc. On comptabilise également au titre d'esclaves publics ceux offerts aux temples et sanctuaires et se trouvant à leur service comme auparavant en Babylonie.

A côté de ces dépendants de la cité pouvant provenir de l'étranger comme les archers scythes originaires des comptoirs grecs de la mer Noire, il existait d'autres aux caractéristiques proches, mais se distinguant par leur origine locale. Dénommés « esclaves collectifs » ou « asservis communautaires » (Garlan, 1999), ils appartenaient à une cité-Etat ou à une communauté. Une illustration de ces « asservis collectifs » était représentée par les Hilotes de Sparte, les Kylliriens de Syracuse, les Mariandyniens d'Héraclée du Pont, les Pénestes de Thessalie. Ils n'étaient véritablement pas des esclaves au sens de ceux qui appartenaient à des maîtres privés. Ces groupes de dépendants étaient constitués de locaux, et non de gens extraits d'ailleurs, vivaient en famille chez eux et se regroupaient en hameaux divers. Seulement ils étaient ensemble contraints et soumis à d'autres groupes d'autochtones, les citoyens (libres) ; ils pouvaient être des guerriers ou des gens au service de l'Etat. Ils étaient contraints de travailler pour faire vivre ces citoyens. Ainsi, à Sparte, l'Hilote était un individu affecté à un citoyen (libre) par l'Etat : l'Hilote était alors chargé de cultiver le lot de terre attribué à ce citoyen (libre) ou d'effectuer des tâches domestiques à son profit. Une fois la production réalisée par l'Hilote cultivant la terre, il devait, afin de faire vivre le citoyen détenteur de la parcelle, lui verser une partie et garder le reste pour lui-même et sa famille. Malgré la dépendance de l'Hilote, le partage n'était pas réputé léonin et celui-ci disposait généralement de quoi vivre correctement voire accumuler un surplus. Des Hilotes avaient ainsi pu constituer des moyens d'acheter leur liberté.

Il convient de le souligner, l'Hilote n'était pas la propriété du citoyen détenteur de la terre qu'il cultivait. Il n'était certes pas un libre et ne disposait pas du droit politique que celui-ci avait. Il avait bien perdu sa liberté, mais seulement au profit de l'Etat. Dès lors, seul l'Etat pouvait décider de la lui rendre ou non en procédant ou non à sa libération (affranchissement). Le citoyen détenteur de la terre qu'il cultivait ne pouvait ni le faire, ni le vendre, quand bien même il avait la possibilité de le prêter à un autre libre. Les Hilotes disposaient du droit de s'unir entre eux et de fonder une famille : ils se reproduisaient de la sorte. A Sparte, les citoyens n'étaient, sur le plan démographique, qu'une poignée, comparés à eux. Hérodote (Histoire, Livre IX) estimait ainsi qu'au Vème siècle, en 479 AEC, les Hilotes seraient sept fois plus nombreux que les Spartiates. On peut imaginer pour cela, entre autres, qu'ils suscitassent une certaine crainte chez les citoyens dont ils étaient victimes de maltraitances. Ainsi les citoyens mettaient tout en œuvre pour empêcher que les Hilotes devinssent riches. Le rite voulait en outre que chaque année, les Hilotes fussent fouettés juste pour leur rappeler leur condition servile. Par ailleurs, les Spartiates se servaient de leurs femmes pour produire des « bâtards », nés du croisement père spartiate - mère hilote, bâtards destinés à pourvoir l'armée civile et répondre aux besoins en ressources humaines de l'Etat. De surcroît, une politique d'élimination physique des Hilotes était orchestrée à travers l'institution d'une formation pratique, la kryptie, destinée à sélectionner les élites supérieures de la société et de l'armée spartiates.

L'épreuve se déroulait ainsi, si l'on en croit Plutarque : chaque année, à sa prise de fonction, un directoire de cinq magistrats (les éphores) déclarait la guerre aux Hilotes, ouvrant ainsi une période d'élimination physique « légale », sans sanction. La nuit, de jeunes gens spartiates participant à l'épreuve, armés de couteau et ayant de quoi se nourrir mais sans vêtements chauds, pieds nus, étaient lancés à l'assaut des hameaux des Hilotes avec comme instruction de tuer les plus vigoureux, les plus puissants, les meilleurs d'entre eux, de s'emparer de la nourriture dont ils avaient besoin... Selon Thucydide (1990), deux mille Hilotes furent, de la sorte, attirés dans un guet-à-pents et anéantis, en 425 AEC. Outre la réduction immédiate de la population hilote à laquelle elle aboutissait, la kryptie visait un objectif à moyen terme : la reproduction des plus faibles laissés en vie afin de constituer une population servile docile… Enfin, comme déjà souligné, les Hilotes pouvaient être affranchis : étaient susceptibles de bénéficier de cette libération ceux d'entre eux qui disposaient des moyens de racheter leur liberté, mais aussi ceux qui avaient rendu service à l'Etat.

C) L'affranchissement

L'esclave des cités-Etats grecques, qu'il fut public ou privé, pouvait être affranchi comme cela se faisait en Mésopotamie. C'était dans la cité-Etat de Chios, l'une des premières à pratiquer l'esclavage en Grèce, que furent attestés les premiers affranchissements de la période de l'esclavagisme en Grèce, vers la fin du VIème siècle AEC. Mais ce fut à partir du IV ème siècle AEC que la pratique de l'affranchissement s'était étendue. Comme déjà souligné, il existait en gros deux types d'esclaves dans les cités-Etats grecques antiques : l'esclave public et l'esclave privé, celui-ci étant souvent qualifié d'esclave marchandise.

Dans le cas de l'esclave public, c'était la cité-Etat, faisant office de maître, qui décidait de l'affranchissement. Celui-ci était généralement accordé en contrepartie d'un service rendu à la cité : participation à des entreprises de défense de l'Etat pendant les guerres, dénonciation de complot, d'impiété, de détournements de deniers publics etc. Ainsi, et à titre illustratif, durant la guerre du Péloponnèse, et notamment lors de la bataille de Sphactérie en 425 AEC, alors que 420 hoplites de leur armée étaient encerclés et assiégés sur l'îlot de Sphactérie, les Lacédémoniens avaient lancé un appel aux volontaires pour ravitailler en vivres leurs combattants assiégés si l'on croit Thucydide (1990). Ils avaient promis en contrepartie des gratifications en argent et la liberté aux Hilotes qui s'engageraient à soutenir le siège. Selon Thucydide, des Hilotes répondirent effectivement à l'appel et réussirent à ravitailler en nourriture l'îlot assiégé. On ignore toutefois si les volontaires Hilotes avaient été libérés en contrepartie de leur engagement, Thucydide n'ayant donné aucune précision sur la question. Néanmoins, un fait était attesté : la promesse d'affranchissement « d'esclaves » publics pour service rendu à l'Etat. Autre illustration : Xénophon (2018) rapporte que pendant l'invasion de la région sud du territoire de Sparte (la Laconie) par les Thébains en 370 AEC, l'Etat avait promis l'affranchissement aux Hilotes qui s'engageraient dans l'armée. Six mille d'entre eux avait répondu à l'appel et furent ainsi affranchis.

Dans le cas des esclaves privés, c'étaient leurs propriétaires, les maîtres/maîtresses qui prenaient la décision de l'affranchissement. Initialement, ce dernier se faisait sans acte écrit officiel mais devant témoins. Pour en attester l'authenticité et éviter tout litige ultérieur, l'affranchissement était proclamé publiquement lors d'une représentation théâtrale, ou au cours d'une fête religieuse, ou encore pendant une séance du tribunal. L'affranchissement public fut interdit vers le milieu du VI ème siècle AEC pour trouble à l'ordre public. Deux modes d'affranchissement en avaient pris le relais : religieux ou civil. Dans les deux cas, c'était toujours le bon vouloir du maître qui conditionnait l'affranchissement. Sauf s'il était un cadeau du propriétaire, l'affranchissement requérait le paiement en général par l'esclave d'un prix de rachat correspondant à sa valeur marchande. L'esclave usait pour cela de son pécule, ou d'un prêt accordé par le maître ou par une association de particuliers ou par un autre tiers.

En cas d'affranchissement religieux, c'était au sanctuaire d'un dieu, souvent Delphes, que se déroulait toute la procédure, de même que les négociations économiques entre maître et esclave, puis l'enregistrement de l'acte. L'affranchi pouvait être mis au service d'un dieu : c'était la consécration à un dieu et l'ex-esclave entrait alors dans la catégorie du sacré. Le sanctuaire percevait une partie du prix de rachat et était en conséquence tenu de garantir l'acte d'affranchissement et de défendre les droits de l'affranchi. A partir du début du IIème siècle AEC, l'affranchissement religieux prenait aussi la forme d'une vente de l'esclave à un dieu : celui-ci échappait de cette façon à sa condition servile. Ce procédé s'apparente aux donations d'esclaves aux temples que faisaient les maîtres en Mésopotamie (Néo-Babylonie) au Ier millénaire AEC.

Lorsque l'affranchissement était civil, il se faisait, par contrat devant des magistrats auxquels était versé une partie du prix de rachat (taxe). Il appartenait alors à l'Etat de garantir la validité de l'affranchissement et de défendre les droits de l'affranchi (sa liberté) notamment en le protégeant contre toute velléité ultérieure de le réduire en esclavage, surtout de la part des héritiers de l'ex-propriétaire. Certains contrats d'affranchissement étaient assortis d'une clause de *paramonê*, à savoir que l'affranchi devait encore demeurer au service de son ancien maître pour une durée spécifiée, ou jusqu'au décès de celui-ci. C'était un affranchissement différé, comme cela se faisait couramment en Néo-Babylonie, surtout lors des donations d'esclaves aux temples. Dans ce cas, et avant que l'affranchissement ne devînt définitif, le semi-affranchi pouvait être contraint de résider chez le maître ou de se présenter chez lui plusieurs fois par mois. Il était en réalité encore pratiquement esclave. En cas de faute, lorsqu'il résidait chez le maître, celui-ci pouvait le punir, toutefois moins durement que l'esclave proprement dit ; il pouvait d'ailleurs retourner en esclavage en cas de récidive. S'il souhaitait néanmoins se libérer avant le terme fixé, il devait payer un prix de rachat plus élevé ou fournir un remplaçant devant être rémunéré par lui-même.

A propos des affranchis, une question que l'on peut se poser est celle de savoir quel était leur statut réel dans la société grecque : devenaient-ils des libres, des citoyens ? Ou conservaient-ils des séquelles de l'esclavage ? A partir de l'époque classique (VI-IVème siècle AEC), la situation paraissait sans ambiguïté. L'esclave, qui était en règle générale un étranger, et très rarement un citoyen grec, un Athénien si l'on considère la cité-Etat d'Athènes, ne pouvait devenir citoyen, libre. A Athènes, en effet, la citoyenneté était biologique, transmissible de père à descendance et ne pouvait s'acquérir par d'autres voies. De rares exceptions existaient dans lesquelles la citoyenneté fut accordée à des affranchis, chose que Xénophon avait vivement critiquée. En règle générale, le statut de l'affranchi était proche de celui du métèque. L'affranchi était exclu de la participation à la vie politique, l'accès aux organes politiques comme l'assemblée, la magistrature, les tribunaux lui étant interdit. Les affranchis, comme les métèques, n'avaient pas le droit de posséder la terre, ni une maison. Lorsqu'il est victime d'un meurtre, le coupable était condamné à une peine moins forte que s'il s'agissait d'un citoyen. L'impôt payé par l'affranchi comporte un supplément spécial. Avant le milieu du Vème siècle, un métèque et une affranchie pouvaient se marier avec un Athénien, auquel cas les enfants étaient athéniens et libres ; en revanche, un affranchi ou un métèque ne pouvaient se marier à une Athénienne. En 450 AEC, un décret de Périclès restreignait la citoyenneté athénienne aux seuls enfants nés d'un père et d'une mère athénienne. Plus tard, la loi se trouvait durcie puisqu'au IVème siècle AEC une nouvelle loi interdisait le mariage entre citoyen et non-citoyen, en clair excluait l'union entre affranchis (homme et femmes) et citoyen : les contrevenants s'exposaient à des peines pouvant aller jusqu'au retour à l'esclavage pour l'affranchi. L'affranchi, comme le métèque, était tenu d'avoir un citoyen protecteur lui servant de garant, un tuteur, et avait pour obligation de choisir son ancien maître, là où le métèque était libre de faire son choix. De même, l'affranchi était tenu de se mettre au service de son ancien maître de temps en temps, soit de « ne pas l'abandonner » totalement. Pour Platon, cogitant sur sa cité idéale, cela impliquait que l'affranchi se mît au service de son ancien maître trois fois par mois et fît ce que celui-ci requérait. De fait les actes d'affranchissement de la période hellénistique (IVème siècle-31 AEC) spécifiaient comme obligation que l'affranchi se rendît chez son ancien maître pour lui rendre tout service qu'il pouvait ordonner. En cas de non-respect de ces obligations (choix d'un autre tuteur, abandon), l'ancien maître pouvait intenter une action en justice contre l'affranchi. D'autres obligations pesaient sur l'affranchi. Il convient de le rappeler : l'affranchissement n'était pas une liberté que l'esclave conquérait et prenait par son initiative ; c'était une liberté que le maître décidait seul de lui donner. Ce don volontaire se faisait donc beaucoup plus aux conditions du maître, consignées dans l'acte d'affranchissement sous la forme des obligations de l'affranchi : le maître avait donc la possibilité d'éterniser la dépendance. A l'époque hellénistique, l'affranchissement était réputé nul si l'esclave ne respectait pas ses obligations. Et l'obligation de demeurer auprès du maître et de le servir tant qu'il était vivant ou pour une durée déterminée était l'une des principales clauses dont le non-respect entraînait la nullité de l'affranchissement.

D) Valeur et prix de l'esclave

Au moment de l'affranchissement, en règle générale, l'esclave payait sa liberté au maître en lui versant un prix de rachat correspondant à la valeur marchande de l'esclave. En Grèce antique à partir de l'époque classique, la valeur marchande de l'esclave, que traduisait son prix de vente/achat, dépendait, comme en Babylonie auparavant, de plusieurs facteurs dont sa qualification/compétence professionnelle (savoir-faire), son genre, et le nombre d'esclaves en vente : cette dernière variable jouait un rôle notable car à partir de l'ère classique, l'esclave provenait principalement du commerce, aussi la loi de l'offre et de la demande pesait-elle dès lors fortement dans l'établissement du prix de vente. La forte démocratisation de l'usage de l'esclave en Grèce antique à partir de cette ère s'expliquait par l'abondance du produit et un prix de vente conséquemment faible : c'était particulièrement le cas au IVème siècle AEC.

Au temps d'Homère le Poète, soit le VIIIème siècle AEC, le prix de l'esclave était évalué en numéraire, la femme esclave « experte en maints travaux » valant trois bœufs alors qu'un trépied en valait 12. Plus tard, avec la création de la monnaie d'argent, vers fin VIème siècle AEC, les prix s'exprimaient en cette monnaie. Ainsi, au Vème siècle AEC, l'esclave adulte était vendu en moyenne 178 drachmes (en 414 AEC). Au Vème siècle AEC, l'esclave thrace valait 115 – 195 drachmes, l'esclave syrien entre 240-300 drachmes, la servante domestique entre 135-220 drachmes etc. Comme nous l'avions souligné, plus l'esclave était qualifié professionnellement, plus son prix était élevé. Ainsi, la valeur des artisans couteliers de la fabrique du père de Démosthène (Vème siècle AEC) était estimée à entre 500 et 600 drachmes. Une courtisane, pour sa part, se négociait à un prix minimal de 1000 drachmes ; pour superviser ses activités dans les mines d'argent du Laurion, Nicias avait acquis un esclave pour le prix d'un talent, soit 6000 drachmes etc. Pour mesurer le pouvoir d'achat de la valeur de l'esclave, on peut voir qu'au Vème siècle AEC, un ouvrier qualifié gagnait une drachme par jour, tandis qu'à l'époque hellénistique (333 – 31 AEC) un mercenaire était rémunéré une drachme par jour en moyenne.

E) La prévention des révoltes des esclaves

Alors que la Grèce antique fut une société esclavagiste, dont la production des biens et services était largement réalisée par l'exploitation de la main d'œuvre servile, il était un fait attesté : il n'y avait pas eu de grandes révoltes d'esclaves comme ce fut le cas à Rome dans l'antiquité ou dans les Amériques aux XVIII-XIX èmes siècles. C'était que les Grecs avaient mis en place divers dispositifs de prévention des révoltes, empêchant toute germination ou éclosion. On mentionnera d'abord l'intégration rituelle de l'esclave dans la cellule familiale (oikos) du maître : lorsque l'esclave acquis était ramené dans la maison du maître, on l'installait près du foyer face aux dieux domestiques ; on lui versait de l'eau purificatrice sur la tête puis la famille partageait avec lui un petit repas fait de gâteaux et fruits. Par la même occasion, on lui donnait un nouveau nom

(Coulanges, 1864). L'esclave adoptait par conséquent la religion du maître et la pratiquait comme le reste de sa nouvelle famille ; il se trouvait alors définitivement aliéné comme le proclame un adage oriental : « *quiconque abandonne sa spiritualité pour suivre celle de son agresseur devient à jamais l'esclave de ce dernier* ». L'esclave ne se sentait plus vraiment étranger, isolé, perdu et acceptait d'autant mieux sa nouvelle condition. Ce à quoi contribuaient la prescription aux propriétaires de ne pas maltraiter outre mesure leurs esclaves et de les protéger autant que possible comme tout bien de leur patrimoine, ainsi que l'affranchissement que le maître faisait miroiter aux yeux de l'esclave, celui-ci croyant alors qu'il pourrait à terme retrouver une liberté totale : la perspective de cette liberté pourrait annihiler toute velléité de révolte. Un autre dispositif anti-révolte majeur qu'il convient de pointer était le « cloisonnement des esclaves » que pratiquaient les maîtres, et que Platon recommandait également dans ses réflexions sur la cité idéale, à savoir, le fait d'éviter autant que possible d'avoir des esclaves de même origine et/ou parlant la même langue : cela empêchait les rapprochements, concertations etc. entre esclaves ; il leur était en conséquence difficile de concevoir, d'organiser et d'exécuter des projets de révolte d'envergure. En conséquence, l'opposition des esclaves à leur condition servile se limitait en temps normal à des actes beaucoup plus isolés, individuels, matérialisés par le sabotage du rendement au travail via la paresse, via un travail sciemment bâclé, et rarement par l'assassinat du maître etc. La fuite était en revanche beaucoup plus fréquente avec le risque pour l'esclave d'être repris et marqué au fer rouge. Les fuyards trouvaient toutefois refuge dans quelques sanctuaires ou villes, s'ils y parvenaient. Ainsi, les esclaves fuyant leurs maîtres athéniens se réfugiaient à Mégare qui leur accordait l'asile : c'était là l'un des motifs de la guerre entre Athènes et Mégare au Vème siècle et du déclenchement de la guerre du Péloponnèse, les Athéniens reprochant aux Mégariens d'abriter leurs esclaves fugitifs.

Les rares fuites et soulèvements massifs d'esclaves survenus en Grèce antique s'étaient produits en période de troubles et étaient suscités. C'était le cas lors des révolutions populaires et démocratiques contre l'aristocratie foncière, conduites par les tyrans aux VII-VIème siècles AEC principalement, dans diverses cités : Corinthe, Sycione, Mégare, Argos, Milet, Samos, Mytilène, Naxos, Lesbos, Athènes etc. A l'occasion de ces révolutions, les tyrans et les masses populaires y participant incitaient les esclaves à les rejoindre en leur promettant la liberté : ces derniers se révoltaient alors contre leurs maîtres. Ces révoltes étaient également suscitées lors des guerres. Tel fut le cas de la révolte et de la fuite des esclaves des mines d'argent du Laurion. En effet, durant la guerre du Péloponnèse, en 413 AEC, les Spartiates, tentant de désorganiser la production des mines du Laurion, investissaient l'Attique, s'installaient durablement en Décélie ; de là ils lançaient des raids dévastant les campagnes. Alors, plus de 20 mille esclaves travaillant dans les mines de plomb et d'argent du Laurion, d'ailleurs incités à se révolter par les Spartiates, s'étaient enfuis ; l'activité des mines étaient fortement désorganisée, la production fut interrompue durant un temps, et beaucoup de maîtres furent ruinés. Il était aussi arrivé que des esclaves fugitifs trouvassent refuge dans des zones montagneuses difficiles d'accès et s'y établissent de façon durable, formant une « cité hors-la-loi ». Dans le maquis, ils se dotaient d'une organisation militaire, résistant aux traques des maîtres puis lançaient régulièrement des raids contre eux ainsi que leurs propriétés ; ils réussissaient ainsi à forcer les maîtres à conclure avec eux un pacte de non-agression. Ce cas se serait produit à Chios au début du IIIème siècle AEC avec un esclave nommé Drimacos, devenu le chef des fugitifs installées dans les bois montagnards.

F) La justification de l'esclavagisme par les Grecs

Pour les Grecs anciens, une société sans esclave était inimaginable. Ainsi, que ce fussent les Quatre, Sept ou Dix-sept sages des VII-Vème siècles AEC ou les philosophes, législateurs, hommes politiques, orateurs etc. postérieurs, aucun des grands penseurs grecs de l'antiquité n'avait clairement condamné l'esclavage et appelé à son éradication, ne serait-ce que de la société grecque elle-même. On note de la sorte que même les cités idéales que ces penseurs, y compris ceux réputés les plus brillants à l'instar de Platon ou son disciple Aristote, dessinaient par leur imagination n'étaient jamais conçues comme en mesure de fonctionner sans esclave. Garlan (1999) observe que l'esclavage n'était « *absent que dans les utopies proprement dites, qui se situent en dehors du temps et de l'espace de la cité, dans un en-deçà historique ou un au-delà géographique : tantôt il s'agit, notamment aux origines de l'humanité, de sociétés de pénurie, où les besoins sont extrêmement faibles ; tantôt il s'agit au contraire de sociétés d'abondance, de l'Âge d'Or, l'Âge de Kronos, ou d'un pays de Cocagne, où la Nature pourvoit spontanément à tous les besoins des hommes (...) De telles fantaisies burlesques se rencontrent surtout dans les comédies attiques (...)* ».

Les seuls registres dans lesquels les penseurs grecs antiques avaient excellé étaient ceux de la justification de l'esclavage et de l'esclavagisme. La justification qui fit autorité fut celle proposée par Aristote dans le Livre I de son ouvrage « *Politique* », laissant entendre que l'esclavage relevait de l'ordre naturel. Car, selon Aristote, il existerait dans la société deux catégories d'individus : d'une part, ceux qui étaient prédisposés à subir la domination et d'autre part ceux qui étaient prédisposés à dominer. Les premiers, prédisposés à la domination, seraient des individus dépourvus de raison et ne disposant que de leur force corporelle, des individus qui, par conséquent, ne pouvaient vivre sans que quelqu'un les guidât, en clair sans maître. C'étaient donc des esclaves naturels. Evidemment la catégorie d'humains possédant la raison était celle dotée des facultés de conduire les premières : c'étaient naturellement les dominants, les maîtres. Ainsi la nature avait-elle fait les choses : la société ne pouvait pas fonctionner, voire exister, sans esclave. Mais Aristote constatait que dans la société qu'il avait sous les yeux, tous les esclaves ne répondaient pas à sa définition d'esclaves générés par l'ordre naturel. Par exemple, son maître Platon lui-même fut esclave et n'avait été racheté que par un de ses admirateurs. Aristote résolvait ce paradoxe en distinguant dans la société deux catégories d'esclaves : d'une part les esclaves naturels et, d'autre part, les esclaves en vertu de la « loi », les « nomos ». Ceux-ci étaient, selon Aristote, des humains qui, quoique non prédisposés à être esclaves, étaient victimes du consensus social voulant qu'une victoire à la guerre fît du vaincu et de ses biens la propriété du vainqueur. Les « esclaves par la loi » au sens d'Aristote étaient donc des prisonniers de guerre.

En faisant de l'esclavage une résultante de l'ordre naturel, Aristote dissimulait mal son malaise : il ne proposait en réalité pas d'explication au phénomène. Il se contentait de le justifier. Cette posture justificatrice était plutôt celle de l'esclavagiste et non du penseur : il faut le rappeler, Aristote, comme la plupart des citoyens grecs, était un maître esclavagiste qui avait affranchi jusqu'à treize esclaves. Tout maître s'imaginait supérieur à son esclave ! Or ce sentiment de supériorité, pratiquement normal chez tout maître, ne signifiait aucunement que l'esclave était déficient en matière de raison. Les esclaves en Grèce antique n'ayant pas été des trisomiques,

Aristote n'avait donc pas expliqué pourquoi, bien que constitués de matière et d'esprit comme lui, ils seraient pourtant dépourvus de raison. En particulier, comment émergeraient les esclaves naturels ? Qu'est-ce qui les priverait de la raison ? Etc. La propre incapacité d'Aristote à aller au-delà des faits bruts présents sous ses yeux (la présence massive d'esclaves étrangers dans la société) pour accéder à leur essence en faisant ressortir les autres causes sociales de l'esclavage en dehors du consensus social relatif aux victimes de guerre, conduit à s'interroger sur la réalité de la raison dont il se croyait, en tant que maître, unique détenteur.

Toutefois la théorie aristotélicienne de l'esclavage naturel formalisait, il convient de le souligner, une idée générale qui se développait dans la Grèce antique classique (VI-IVème siècle AEC), selon laquelle l'esclavage relèverait de la nature même de certains peuples. Parce que les esclaves des Grecs étaient en ces temps-là quasi-intégralement des étrangers, les Grecs se croyaient dotés d'une supériorité naturelle tandis que les Barbares (étrangers) seraient dotés d'une infériorité naturelle. Ainsi, l'Asie Mineure étant un réservoir d'esclaves pour les Grecs, Hippocrate de Cos (460-477 AEC) reliait cette situation à l'effet du climat tempéré y régnant, estimant que ce climat produirait des humains calmes, dociles et soumis, en clair, faits pour être dominés, faits pour être esclaves. Reprenant Hippocrate, la théorie de l'esclavage naturel d'Aristote fut cependant contestée par des penseurs grecs au rang desquels les Sophistes, les Stoïciens, les Epicuriens. Les Sophistes rétorquaient ainsi que tous les humains, qu'ils fussent Grecs ou Barbares (étrangers) étaient issus de la même essence : aucune différence ne les caractérisait à ce niveau alors que certains se retrouvaient esclaves. Aussi selon les Sophismes, le véritable esclavage était celui de l'esprit : un esclave libre d'esprit n'est plus un esclave, affirmait Ménandre au IVème siècle AEC. En accord avec cette pensée sophiste, l'école de pensée fondée par Zenon de Kition en 301 AEC, le Stoïcisme, avait développé un autre concept de servitude, à savoir le concept d'esclave des passions. Selon les Stoïciens, presque tous les humains sont esclaves de leurs passions. Il résulte de cette conception que le maître, quoique se considérant comme libre, demeurait aussi un esclave. Distinguant le bien et le mal, Zenon soutenait que le seul mal était le vice et le seul bien, qui n'était toutefois qu'un idéal inaccessible, était la vertu. Quant à la passion, elle serait un « mouvement de l'âme irrationnel et contraire à la nature » ou une « impulsion trop véhémente » et toute passion, exceptées trois, notamment la joie, la volonté et la « crainte précautionneuse », serait un mal. L'humain serait ainsi en permanence soumise au mal dont il serait esclave.

§4) L'esclavagisme : un produit de l'éthique sociale grecque exporté ailleurs

A) L'acceptation sociale de la violence comme moyen d'appropriation de l'autre

La Grèce antique fut la première société esclavagiste connue de l'histoire, une société utilisant largement l'esclave pour produire les biens et services dont elle avait besoin. Bien que l'esclavage pour dette y fût pratiqué, celui-ci fut supprimée au VIème siècle AEC par le législateur Solon d'Athènes. Quoique le rapt, l'exposition des enfants (abandon dans les rues), les condamnations judiciaires conduisissent à l'esclavage, la guerre fut, en plus du commerce, l'un des principaux moyens de production de l'esclave dans les cités-Etats grecques antiques. C'était d'abord par les guerres récurrentes et innombrables entre ces cités-Etats que les Grecs produisaient les captifs, les prisonniers de guerre. Ceux-ci ne devenaient esclaves qu'en vertu d'un des principes moraux constituant la base de la conduite humaine dans les cités-Etats grecques, à savoir, le consensus social selon lequel « le vaincu dans une guerre ainsi que ses biens étaient la propriété du vainqueur ». Toute victime de guerre devenait ipso facto esclave en vertu de cette disposition philosophique sociale. C'était cette pensée sociale, cette disposition mentale grecque, qui constituait le terreau de l'esclavagisme. Elle contenait le germe de tous les autres types d'esclaves puisqu'elle entérinait en réalité la violence, la loi du plus fort, comme fondement de l'appropriation de l'autre, de l'humain. Ainsi dans la lutte quotidienne pour la vie, le pauvre dépourvu de moyens de subsistance faisait figure de « vaincu » qui pouvait dès lors devenir la propriété du possédant prêteur auquel il ne pouvait pas rembourser sa dette. De même, l'enfant exposé par ses parents n'ayant pas les moyens de subvenir à ses besoins faisait figure de « vaincu » et devenait la propriété de son ramasseur. Idem, la victime d'un rapt étant vaincue par un plus fort qui l'a razziée devenait de ce fait sa propriété etc. Enfin, l'acquisition d'esclaves d'origine étrangère sur les marchés qui fut aussi l'un des canaux majeurs de production de l'esclave dans les cité-Etats grecques surtout à partir de l'époque classique participait de la même vision.

Dans les cités-Etats grecques, l'intégration rituelle de l'esclave, assujetti au dieu domestique du maître, baptisé et renommé, offrait un modèle innovant de gestion prévenant les révoltes, complétée par d'autres dispositifs dont le cloisonnement et l'isolement des asservis vis-à-vis des membres de leur communauté d'origine. Il en avait résulté un assèchement effectif des révoltes d'esclaves qui furent ténues dans la Grèce antique.

B) La diffusion à l'étranger de l'esclavagisme grec par les conquêtes territoriales

Il convient de le souligner, au travers des innombrables et récurrentes luttes armées ayant opposé les cités-Etats grecques entre elles durant des siècles, celles-ci avaient acquis et accumulé une solide expérience ainsi que des compétences redoutables en matière de guerre. Cela leur avait permis de mener avec succès une politique expansionniste d'extension de leur empire.

Cette expansion débuta d'ailleurs assez tôt, depuis les âges dits obscurs, et avait conduit des colonies grecques à s'installer à Chypre au XIème siècle AEC, ou en Asie Mineure (Anatolie). Le phénomène était encore plus marqué à l'époque dite archaïque, notamment entre les VIIIème et VIème siècles, avec des colonies grecques fondant diverses cités dans la région de la Méditerranée (Sicile, Sud de l'Italie etc.) et de la mer Noire. A l'époque classique (Vème - IVème siècle) la colonisation grecque avait franchi un nouveau palier avec jusqu'à 40% des Grecs vivant dans des cités coloniales. L'impérialisme militaire de la période hellénistique (323-31 AEC), sous la conduite des souverains macédoniens accentuait l'expansionnisme des siècles passés. Ainsi, en 334 AEC, le roi macédonien Alexandre le Grand (356-323 AEC) conquit, en Asie Mineure, les cités de Sardes (capitale de la Phrygie), Célènes, Dascylion, Sagalassos, les régions de Lycie, Pamphylie, Pisidie etc. Ayant défait le rois perse Darius III à la bataille d'Issos en 333 AEC, Alexandre le Grand s'empara du vaste empire achéménide perse ; toujours en cette année 333 AEC, le roi macédonien s'empara de la Phénicie (et sa capitale Sidon), de la Judée et de la Samarie (la terre promise des Hébreux); en 332 AEC, il prit Tyr dont la population paya très cher sa résistance : à l'issue de la bataille Alexandre le

Grand fit crucifier 2000 hommes et réduisit 30 000 personnes en esclavage ; en 332 AEC, le souverain macédonien prit Gaza et vendit la population en esclavage ; puis pénétra dans la vallée du Nil en Afrique, conquit Kemet (qui deviendra Egypte sous la colonisation grecque) et se fit couronner pharaon en 331 AEC ; il conquit la Babylone en 331 AEC etc. Le souverain macédonien avait poursuivi ses conquêtes jusqu'en Inde où il prit le Pendjab (une partie du Pakistan et de l'Inde contemporains) en 327 AEC, la vallée de l'Indus aux confins de l'Inde en 326 AEC etc.

Dans leurs colonies, constituées par la guerre ou non, les Grecs avaient exporté leur culture et en particulier l'esclavagisme caractéristique de leur société. Certes, la quasi-totalité de ces colonies pratiquaient déjà l'esclavage, à l'instar des sociétés du Proche-Orient ; mais celles-ci n'étaient pas esclavagistes, comme les cités-Etats grecques. Une des colonies faisait toutefois exception, à savoir la vallée du Nil en Afrique : Kemet. Les historiens sont aujourd'hui unanimes à reconnaître que ce pays, au cours des quatre mille ans qu'a duré sa civilisation, n'avait pas pratiqué l'esclavage. Ce n'était qu'au déclin de sa civilisation et à la faveur de sa conquête par les puissances étrangères que l'esclavage y fut introduit. La première conquête étrangère eut lieu en 525 AEC et fut l'œuvre des perses achéménides. C'était à partir de cette époque que l'esclavage commençait à être introduit en Kemet. Toutefois, le tournant décisif fut la conquête grecque : l'instauration en Kemet d'une colonie de peuplement ayant duré trois cents ans (331-31 AEC) avait conduit à implanter ici le mode de vie esclavagiste grec. On le sait, les Grecs anciens ne concevaient pas l'existence sociale sans esclavage : c'était le modèle social grec. Dans ces conditions, lorsque la Bible affirme que les Hébreux furent esclaves en Egypte, il est quasiment certain que ce fait ne s'était pas produit en Kemet, mais en Egypte, dénomination que portait le pays sous la domination grecque ; les faits évoqués par la Bible seraient donc récents, remontant au plus tôt au IV siècle AEC et dont les auteurs pouvaient être soit les Grecs, soit les Romains qui avaient succédé à ces derniers de l'an 30 AEC à 639). Bien entendu, en Egypte, l'esclavage fut exacerbé par la conquête arabo-musulmane, à compter de 639.

Section 2) Rome : l'esclavagisme et la première traite majeure des Blancs

§1) L'esclave dans la société romaine : une production des Romains

La société romaine constituait avec celle de la Grèce les deux grandes sociétés esclavagistes de l'antiquité. A Rome, des temps archaïques (753-509 AEC) à l'ère républicaine (509-27 AEC) puis impériale (27 AEC-476), la société fut esclavagiste et l'esclave utilisé était une production romaine. Et si diverses causes pouvaient mener un individu à l'esclavage, la guerre fut la principale.

Comme en Mésopotamie et en Grèce auparavant, on devenait esclave à Rome par suite d'un endettement que l'on était incapable de rembourser. Le débiteur insolvable était condamné et attribué au créancier pour lequel il devait désormais travailler. Il perdait ainsi définitivement sa liberté. Cependant, il demeurait un citoyen et n'était pas un « esclave-marchandise ». Il ne pouvait en effet pas être vendu sur le marché. Comme déjà souligné dans les cas de la Mésopotamie ou de la Grèce, si l'on s'interroge sur le fondement de l'esclavage pour dette, c'était dans la disposition sociale romaine voulant que chaque individu fît face à ses besoins par ses propres moyens, qu'il faudrait le rechercher. Mais à Rome, un autre dispositif social majeur ayant nourri cet esclavage fut la tradition du « pouvoir paternel » (patria potestas) qui conférait au père de famille le droit de « vie ou de mort » sur sa femme et sa progéniture. En vertu de cette tradition, finalement codifiée dans la loi des Douze Tables rédigée entre 451 et 449 AEC, le père de famille vendait son enfant pour payer ses dettes lorsqu'il devenait insolvable. L'esclavage pour dettes avait été à l'origine de nombreux troubles sociaux ; aussi fut-il aboli par une loi de 326 AEC.

Une autre disposition sociale qui avait constitué le terreau de l'esclavage à Rome était, comme en Grèce ou en Mésopotamie, l'exposition des enfants. En effet, dans la société romaine, il était admis qu'un père qui ne souhaitait pas reconnaître son nouveau-né ou une mère qui ne désirait pas le garder ou n'avait pas les moyens de l'élever seule, avaient le droit de l'exposer, c'est-à-dire l'abandonner dans l'espace public. Et chaque fois qu'il en fut ainsi, soit ces enfants mouraient, soit ils étaient ramassés par des « sauveurs ». Parmi ceux-ci, il y avait des couples désireux d'avoir des enfants mais qui n'en avaient pas : les enfants exposés étaient adoptés dans cette éventualité. Mais les ramasseurs étaient aussi des proxénètes, auquel cas les enfants étaient utilisés à l'âge adulte comme prostituées. Enfin les enfants abandonnés dans l'espace public étaient aussi ramassés par des marchands d'esclaves. Dans ce cas, comme dans celui des proxénètes, les enfants étaient réduits en esclavage une fois devenus grands et vendus. Certains étaient castrés et vendus à prix d'or à des riches demandeurs d'eunuques. Le droit d'exposition fut aboli par l'empereur romain d'occident, Valentinien en 374. Toutefois, la pratique a perduré, en Italie comme dans le reste de l'empire romain en Europe jusqu'au Moyen Âge. Quant à la castration, elle fut interdite par le dictateur Sulla en 81 AEC.

Outre l'exposition, à Rome, on devenait esclave par condamnation judiciaire : condamnation en cas de désertion, condamnation pour quiconque se dérobait au cens (dénombrement, tous les 5 ans, des citoyens et de leur fortune, servant à la répartition des tâches politiques, des impôts, au recrutement dans l'armée) … Selon le sénatus-consulte Claudien (an 52), une femme libre qui s'unissait à un esclave, sans le consentement du maître de celui-ci, devenait esclave de ce dernier etc.

A Rome, une autre source notable de l'esclavage fut la naissance : était esclave celui qui naissait de mère esclave. Les enfants de la femme esclave étaient la propriété du maître de cette dernière et il en disposait avec toutes les libertés : il pouvait vendre l'enfant séparément du père et de la mère, esclaves. La situation du père ne comptait guère étant donné qu'un mariage avec une femme esclave n'était juridiquement pas reconnu. Comme en Mésopotamie auparavant, un enfant né d'un homme libre et d'une femme esclave était esclave tandis que l'enfant né d'un homme esclave et d'une femme libre était libre.

Jusqu'en 67 AEC, la piraterie fut aussi un des principaux canaux de fourniture d'esclaves aux Romains. En effet avant cette date, la Méditerranée se trouvait aux mains d'un grand nombre de pirates originaires d'Asie Mineure (Cilicie, Isaurie, Pamphylie etc.) qui pillaient les navires et se livraient aussi à la vente d'esclaves sur les grands marchés de Délos, Chypre, Cilicie, Pamphylie etc. Mais en l'an 67 AEC, ces pirates furent éliminés au cours d'une guerre que leur avait livrée le général romain Pompée.

Enfin, à Rome, la population d'esclaves était principalement constituée de victimes de guerres. Il s'agissait des guerres que menaient l'Etat romain lui-même contre les territoires étrangers. Sous l'ère républicaine (509-27 AEC) en effet, et durant cinq siècles, les Romains avaient passé le plus clair de leur temps à guerroyer pour constituer et étendre leurs possessions territoriales. L'ardeur conquérante de Rome fut tempérée avec l'avènement de l'ère impériale (-27 AEC-476), mais s'était néanmoins poursuivie pour prendre fin en 117 à partir du règne de Hadrien.

En droit romain, la guerre transformait quiconque était fait prisonnier ainsi que ses biens en « *res nullius* », c'est-à-dire en une « *chose n'appartenant à personne* », soit en quelque chose qui n'a pas de propriétaire. Le captif et ses biens devenaient ainsi appropriables et donc la propriété du vainqueur. Le prisonnier de guerre se transformait de la sorte en esclave de l'État romain, un esclave public donc. Toutefois les armées romaines ne gardaient en général pas leurs captifs. Une très infime partie était rachetée par les vaincus selon le système de la rançon, tandis que la très grande majorité était vendue aux marchands. Comme les Grecs auparavant, la vente se faisait au camp, aussitôt la victoire acquise.

C'étaient les questeurs qui se chargeaient de l'opération. Chaque armée romaine opérant à l'extérieur en comportait toujours un : le questeur faisait office de trésorier-payeur général, veillait à l'approvisionnement de l'armée, à la perception des contributions de guerre… et assurait la vente du butin aux marchands (mercator). Ceux-ci suivaient toujours les armées. Au camp, c'étaient des ventes en gros et aux enchères publiques qui leur étaient faites. A leur tour, les marchands grossistes vendaient à des détaillants ou intermédiaires, les *mango* ou *leno*, lesquels approvisionnaient les marchés locaux romains et italiens. Tous les captifs faits par les armées romaines à l'extérieur n'étaient pas vendus à

Rome et en Italie. Les marchands vendaient aussi une partie de leurs marchandises sur de grandes places spécialisées de la Méditerranée, le marché de Délos, une des îles des Cyclades en Grèce, étant le plus attractif : ce marché pouvait recevoir et expédier jusqu'à dix mille esclaves par jour selon Strabon. Toutefois, l'afflux d'esclaves, prisonniers de guerres romaines, en Italie et à Rome fut immense. Sur plus de six siècles, des débuts de la république en 509 AEC à la fin du règne de l'empereur Trajan en 117, ce furent plusieurs millions d'esclaves qui furent déversés à Rome et en Italie. Ces esclaves furent la production des armées romaines.

§2) L'esclavage romain : la première traite gigantesque des Blancs

Comme déjà mentionné, c'était principalement sous l'ère républicaine (509-27 AEC) et accessoirement sous l'ère impériale, jusqu'à la fin du règne de Trajan que Rome avait engagé les guerres ayant produit les esclaves qu'elle consommait. En plus de six siècles, ces guerres avaient permis à l'Etat romain de bâtir un empire immense qui parvint à sa taille maximale sous le règne de Trajan (98 à 117 EC). A cette époque, l'empire romain couvrait toute l'Europe, l'Asie Mineure, le Proche-Orient, le Nord-Est de l'Afrique, s'étendant sur la Britannia (Grande bretagne, pays bretons), la Germanie, la Gaule, l'Hispanie, la Maurétanie (Maroc), l'Egypte antique, la Numidie (nord algérien, est-sud tunisien, nord-ouest libyen...), la Judée, la Syrie, l'Arabie, la Mésopotamie, la Parthie, l'Asie Mineure, la Macédoine, la Grèce, la Moésie (Serbie, Bulgarie), la Dacie (Roumanie, Moldavie et autres), la Corse, la Sardaigne, la Sicile...

Durant plus de six siècles, c'était principalement contre des peuples blancs et assimilés que les Romains guerroyaient et c'étaient des captifs blancs qui étaient extraits de leurs milieux et massivement convoyés vers Rome, l'Italie, l'Asie Mineure, l'Orient etc. pour y être asservis. Ces siècles de l'esclavage romain étaient la première grande période de traite massive de l'histoire, au cours de laquelle plusieurs millions de captifs blancs furent vendus et déportés en tant qu'esclaves. Les marchés où les captifs étaient vendus se situaient loin des champs de guerre où ils étaient produits. C'étaient les grands marchés d'esclaves de la Méditerranée. Les esclaves vendus en Italie avaient pour origine, l'Asie Mineure, la Syrie, la Germanie, la Gaule, Carthage etc. Il arrivait même que les Romains imposassent la traite. Ainsi, en l'an 12 AEC, était inscrit dans le contrat de vente des captifs faits par l'empereur Tibère en Europe centrale, les Pannoniens (habitants d'une partie des pays contemporains d'Autriche, Hongrie, Slovénie, Croatie, nord-ouest de la Serbie, nord de la Bosnie-Herzégovine), l'obligation de les céder loin de leur pays d'origine etc.

Bien que nous ne disposions de relevés précis du nombre de captifs ayant nourri la traite romaine durant les plus de six siècles qu'elle avait duré, rappelons quelques cas bien connus. Lorsque les Romains s'étaient emparés de la cité de Tarente en Lucanie au sud de l'Italie en 209 AEC, ils avaient vendu 30 mille personnes selon Tite-Live; ils vendirent 150 mille captifs en 167 AEC en investissant Epire (région grecque) ; à la fin de la IIIème guerre punique en 146 AEC, 50 mille captifs carthaginois furent vendus à Rome ; la même année, à l'issue de la bataille de Corinthe, les Romains procédaient exactement comme contre Carthage : la ville était détruite et 50 mille captifs furent vendus. En 102-101 AEC, les guerres romaines contre les tribus germaniques (Cimbres, Teutons) s'étaient soldées par 150 mille captifs ; En 66-62 AEC, les guerres de Pompée en Asie avaient produit 100 mille captifs. En Gaule, sur une décennie, 58-50 AEC, les guerres de César s'étaient soldées par un million de captifs tandis qu'autant d'individus furent massacrés. En 25 AEC, sous l'empereur Auguste, les Romains avaient asservi 36 mille Salasses. Les guerres de l'empire romain du Ier siècle auraient produit au bas mot 687 mille prisonniers principalement Gètes, Pannoniens, Juifs, Daces (Robert, 2014). Lors des guerres menées en Judée en 67-69 par Titus et son père Vespasien 36 400 individus avaient été raflés à Tibériade ; le même sort fu réservé aux habitants de Garaba en Galilée, aux femmes et enfants de Jaffa, d'Idumée (Robert, 2014). Selon Flavius Josephus, lors de la première guerre judéo-romaine, lorsque Titus et ses troupes prirent Jérusalem en 70, ils y avaient fait 97 mille captifs et massacré plus d'un million : pour le triomphe de Titus, 700 captifs étaient emmenés à Rome. La deuxième guerre judéo-romaine de 132-135 vit aussi la victoire des Romains : 580 mille Judéens y auraient péri au combat (Mimouni, 2012) ; après la guerre, l'empereur romain Hadrien fit raser Jérusalem, expulser les Juifs de la ville et les fit interdire de droit de cité etc.

Après l'an 117 marquée par la mort de l'empereur Trajan, Rome mettra progressivement fin à sa politique expansionniste. Le tournant fut amorcé sous le règne (117-138) de l'empereur Hadrien. Celui-ci et ses successeurs axaient leur politique sur la consolidation, et non plus l'extension, de l'empire, sa gestion, la défense de ses frontières etc. Il en avait résulté une réduction progressive de l'offre des esclaves et des transformations de l'esclavagisme romain.

Le 24 août 410, les Wisigoths, ayant à leur tête leur roi Alaric, prirent Rome et pillaient la ville durant trois jours, massacrant une partie de la population et réduisant un grand nombre en esclavage. Quarante mille esclaves révoltés auraient pris le parti des conquérants (Skirda, 2010). Durant le sac, Alaric érigea en asile les basiliques de Saint-Paul et de Saint-Pierre où de nombreux Romains trouvaient refuge. Rome fut toutefois en partie incendiée : les archives impériales furent détruites, les bibliothèques furent incendiées, les enseignants assassinés. Beaucoup de Romains se réfugièrent en Egypte et en Palestine. L'évènement marquait le début de la fin de l'empire romain. En 455, les troupes berbères ayant à leur tête le Vandale Genséric investissaient et razziaient Rome : un grand nombre de captifs furent faits et ramenés à Carthage. Mais l'empire romain ne chuta définitivement qu'en 476 lorsque Odoacre se proclama roi, supprima l'empire romain d'Occident. Toutefois, l'esclavage ne prit pas fin mais régressait progressivement pour finir par être remplacé par le servage médiéval. Il s'était néanmoins poursuivi dans d'autres espaces de l'ancien empire romain, en Europe notamment.

§3) L'esclave à l'origine de la richesse et du bien-être des Romains

A) L'esclave comme principal facteur de production

A Rome, comme ce fut le cas en Grèce, dans l'organisation sociale, l'essentiel de la production des biens et services était assuré par les esclaves. La production agricole, minière, domestique, artisanale, les professions qualifiées de haut niveau (médecins, enseignants etc.) étaient assurées par les esclaves.

La majorité des esclaves vivaient et travaillaient dans les mines et dans les milieux ruraux, notamment dans les zones agricoles de Sicile et du sud de l'Italie. Dans les zones rurales, l'agriculture était l'activité principale. Des grands domaines, les latifundia avaient émergé au IIème siècle AEC. Y travaillaient des équipes d'esclaves sous la direction d'un autre esclave, l'intendant. Ces esclaves travaillaient souvent enchaînés, avec des entraves de fer au pied. Dans les mines, les conditions de travail étaient aussi réputées des plus pénibles ; était d'ailleurs une sanction pénale, la condamnation au travail dans les mines : enchaînés, les condamnés aux mines étaient jetés dans des prisons creusées dans les mines, où ils résidaient à même le sol, pratiquement sans éclairage, dans une atmosphère décrite comme irrespirable et invivable ; les condamnés résidaient donc dans les mines et y travaillaient à perpétuité, la condamnation aux mines étant à Rome une peine capitale, comme la condamnation à mort, la condamnation à la perte de la liberté ou du droit de cité. Au plus bas de l'échelle dans l'esclavage, se trouvaient les esclaves travaillant dans les mines, les champs, les moulins.

Dans les maisons, les esclaves bénéficiaient de conditions plus favorables. Ils exerçaient une multitude d'activités et étaient au service de la famille du maître. Quasiment chaque famille en possédait au moins un, surtout sous l'ère républicaine durant laquelle l'offre d'esclaves était très abondante. La femme mariée en avait un à sa disposition. Les esclaves domestiques effectuaient les tâches ordinaires de la maison (nettoyage, entretien, cuisine, lessive etc.), la tâche de nourrice etc. Ils pouvaient travailler dans les ateliers des maîtres en fonction de leurs compétences : tailleurs, cordonniers etc. Dans les grandes maisons on trouvait des esclaves secrétaires, comptables, pédagogues chargés d'éduquer les enfants du maître, médecins etc. Les esclaves artisans, commerçants, tenant une boutique etc. pouvaient habiter en dehors du domicile du maître et lui verser une redevance fixe. Bien entendu, comme ce fut le cas en Grèce également, la main d'œuvre servile pouvait dans tous les domaines être associée, en cas de besoin, à la main d'œuvre salariée libre. A Rome, les esclaves étaient aussi présents dans l'industrie du spectacle. Ils formaient la plus grande proportion des troupes de gladiateurs et étaient les producteurs du divertissement que ceux-ci offraient aux Romains. Une autre prestation d'une haute importance sociale que produisaient les esclaves, mais qui était peu mise en évidence par les chercheurs, était le prestige : la possession d'esclaves conférait à tout maître un degré de statut social et plus on en disposait, plus le statut était élevé et plus on avait de l'importance sociale : les riches s'exhibaient ainsi en société en compagnie de leurs esclaves en nombre le plus élevé possible.

Comme en Mésopotamie, l'esclave romain pouvait également exercer comme agent du maître. Celui-ci lui confiait une activité qu'il gérait pour son compte : il pouvait ainsi être agent commercial du maître, gestionnaire de patrimoine, gestionnaires dans des entreprises de types divers, où il occupait souvent des fonctions de très grande responsabilité, au détriment des affranchis et des libres. Mais l'esclave pouvait aussi engager de manière indépendante des activités à son propre initiative ou compte, en usant par exemple du pécule. La finance (la banque), fut un des domaines dans lesquels les esclaves les plus talentueux avaient eu des carrières brillantes. Un exemple que l'on cite souvent ici, mais il y en avait eu une multitude, fut celui de l'esclave Calliste, devenu le XVIème évêque de Rome en 217, une fonction que, de façon anachronique, certains qualifient de fonction de pape, alors que le premier évêque à avoir porté localement le titre de pape ne fut que Heraclas, l'évêque d'Alexandrie (232-238) tandis que le titre de pape ne fut exclusivement réservé au seul évêque de Rome qu'à partir du XI ème siècle. L'évêque romain Calliste ou Calixte Ier, ayant exercé sa charge de 217 à 222, fut l'esclave d'un affranchi impérial chrétien, Carpophore. Il exerçait vraisemblablement en tant qu'agent de son maître, la fonction de gestionnaire financier à Rome. Des Veuves et autres chrétiens ayant confiance dans Carpophore lui avaient confié leur argent à faire fructifier. Calliste, si l'on en croit Hyppolite de Rome, un prêtre chrétien qui fut aussi évêque à Rome (217-235), aurait détourné l'argent à son profit et fait faillite. Il aurait alors tenté de s'enfuir à bord d'un navire en partance de Porto Romano ; cependant reconnu, Calliste aurait tenté de se suicider en se jetant à l'eau ; repêché par l'équipage, il fut remis à son maître qui, alors, l'envoya au moulin en guise de punition. Les clients de Calliste, notamment les chrétiens, ayant cru pouvoir être remboursés à partir de fonds cachés, avaient poussé le maître à l'indulgence et au pardon vis-à-vis de l'esclave. L'esclave ne s'était pas pour autant assagi. Il déclencha une meute en allant provoquer les juifs un jour de sabbat : ces derniers saisirent alors le préfet de Rome, Seius Fuscianus, dont le tribunal condamna Calliste à des coups de fouet ainsi qu'à la déportation dans les mines de Sardaigne où il avait travaillé comme forçat durant trois ans. La liberté ne lui était venue que de la maîtresse chrétienne de l'empereur Commode, laquelle obtient également son affranchissement en 190. S'étant mis au service de l'évêque Victor Ier, le successeur de celui-ci, l'évêque Zéphirin, dès son élection en 199, fit de lui son secrétaire et le désigna archidiacre de Rome. C'était ainsi que Calliste fut élu XVIème évêque de Rome, en 217, par suite du décès de Zéphirin. Il mourut défenestré et jeté dans un puits puis lapidé par des émeutiers antichrétiens en 222. On notera que selon Hyppolite de Rome, élu évêque de Rome (217-235) concurremment à Calixte Ier (217-222), celui-ci était un homme « *cupide, taré, ambitieux* ». Une question se pose : Hyppolyte était-il menteur ou Calixte fut-il un malhonnête ? Il ne nous est pas possible de trancher. En revanche, un constat s'impose : les deux évêques, Hippolyte de Rome comme Calixte Ier, furent canonisés et déclarés saints par l'Église catholique : Hippolyte étant le « saint » célébré le 13 août et Calixte celui célébré le 14 octobre.

Outre la production privée, à Rome, la production publique des biens et services était également assurée en grande partie par des esclaves. Dans le domaine public, les esclaves assuraient les tâches administratives : employé de bureau, huissier, gardien de prison, employés au service des eaux, de la voirie, des incendies, des postes, des bibliothèques, dans la construction de bâtiment, route etc., dans les bains publics ; dans l'armée ils étaient des subalternes, porteurs de bagages, assistants de camp : ce n'étaient qu'exceptionnellement, en cas de nécessité que les esclaves pouvaient servir comme soldats ; dans certains temples etc. En général, les esclaves publics exerçaient des tâches d'intérêt général. Au service des dirigeants politiques se trouvaient des esclaves comme propriété personnelle. Il en était ainsi de l'empereur romain. Mais ces esclaves privés travaillaient également dans l'administration publique.

B) L'esclave : une source notable de revenu de l'Etat romain

Dans la société romaine antique, la contribution de l'esclavage à la richesse sociale et au bien-être social ne transitait pas seulement par la production directe de biens et services privés comme publics. L'esclavage fut une source vitale de richesse publique : l'Etat romain en tirait des ressources immenses via la vente des captifs au camp. Et sur plus de six siècles de guerres nourries et de production de millions de captifs, c'était l'une des sources majeures de richesses de l'Etat. En outre, l'Etat romain prélevait deux taxes sur la vente des esclaves : d'une part une taxe d'importation payable sur tout esclave entrant dans le pays : elle valait 1/8 pour un eunuque et 1/40 pour les autres esclaves ; d'autre part une taxe sur la vente, mise en place à partir de l'ère impériale et valant 1/25 : d'abord payé par l'acheteur, la taxe fut ensuite mise à la charge du vendeur.

Le travail servile étant le principal facteur de production de la richesse dans la société romaine, les Romains avaient mis en place des mécanismes incitatifs pour en tirer le meilleur rendement. Outre les traditionnels coups de fouet, l'un des mécanismes les plus ingénieux fut le pécule (*peculium*) : il s'agissait de l'épargne que constituait l'esclave et qu'il tirait de ses activités artisanales ou commerciales. Ce *peculium* qui appartenait juridiquement au maître, était néanmoins à la disposition de l'esclave qui pouvait s'en servir pour racheter sa liberté. La perspective de rachat de sa liberté incitait l'esclave à fournir le meilleur rendement au travail.

S'agissant des conditions d'exploitation de la main-d'œuvre servile, il convient de souligner que les esclaves n'étaient en réalité que des outils de production qu'il fallait rentabiliser. Selon Caton l'ancien (234-149 AEC), homme politique et écrivain romain, « *l'esclave doit travailler ou dormir* ». De fait, à Rome, les esclaves travaillaient tous les jours sauf lors de deux fêtes. La première était les Saturnales qui se déroulaient durant la semaine du solstice d'hiver, du 17 au 23 décembre. Non seulement les esclaves prenaient part aux festivités mais encore durant celles-ci, la tradition inversait l'ordre sociale en leur faveur : les esclaves se mettaient à table et c'étaient les maîtres qui les servaient ; les maîtres n'avaient plus d'autorité sur eux ; chaque esclave pouvait parler et agir sans contrainte : il pouvait critiquer le maître, pointer ses défauts.
La deuxième fête à laquelle les esclaves romains prenaient part était les *Compitalia*. Cette fête qui célébrait la fin de l'année

agricole se déroulait à une date variable que l'on annonçait au début du mois de janvier. Durant les festivités, la hiérarchie sociale était suspendue : les esclaves devenaient les équivalents des hommes libres.

L'importance de l'esclave dans la société romaine avait naturellement conduit les chercheurs à s'interroger sur leur nombre ou à défaut leur proportion. Combien d'esclaves il y avait-il dans la société romaine et quelle part de la population d'ensemble ils représentaient ? A défaut d'informations pouvant permettre de répondre avec précision à ces interrogations, les chercheurs se laissaient aller à des conjectures. En réalité, le nombre et la proportion d'esclaves dans la société romaine variaient parfois fortement au cours du temps, au rythme des guerres menées à l'extérieur et des victoires engrangées par les armées romaines. Ainsi, à l'ère impériale durant laquelle les guerres étaient moins soutenues, le nombre et la proportion d'esclaves dans la société romaine étaient plus faibles qu'à l'ère républicaine. Ces données devaient encore être plus faibles à partir de l'an 117 avec la fin de la période expansionniste romaine. On estime ainsi que sous l'empereur Auguste (27 AEC-14), les esclaves faisaient à peu près le tiers de la population en Italie, cette population étant alors évaluée à 7-8 millions de personnes. A la même époque, la population servile dans l'ensemble de l'empire romain était estimée à dix millions sur un total de soixante millions d'habitants (Skirda, 2010). En revanche, à l'ère républicaine, où l'expansionnisme romain était en phase ascendante et soutenue, la proportion d'esclaves à Rome était des plus élevées. On comptait ainsi à Rome, vers la fin du IIème siècle AEC (100 AEC), jusqu'à cent esclaves pour un citoyen (Skirda, 2010). Ce qui n'était aucunement exagéré au regard de la production de captifs par les armées romaines.

§4) Marchés, valeur et prix de l'esclave

Comme déjà souligné, les millions de captifs produits par les Romains au cours de la multitude de guerres d'expansion qu'ils avaient menées de façon systématique sur sept siècles (509 AEC-117) étaient écoulés sur les marchés d'esclaves méditerranéens et romains. L'île de Délos dans les Cyclades restait un des plus grands marchés d'esclaves tandis que les ports de Rhodes, de Pergame, d'Éphèse, de Byzance, d'Antioche, de Tyr, de Pouzzoles etc. étaient également dotés d'importants marchés aux esclaves. A Rome, le principal marché aux esclaves était localisé à l'angle sud du Forum, près du temple de Castor et Pollux. Sur le Forum, était affiché l'Édit des édiles curules ou Édit édilicien (*edictum de mancipiis vendundis*), dont la création remontait aux IIIème-IIème siècles AEC : relatif à la vente des esclaves ayant lieu sur le marché, l'édit était destiné à prendre en charge la garantie contre les vices cachés pouvant entacher la marchandise vendue (l'esclave), à savoir, les défauts non apparents susceptibles de se révéler après la conclusion du contrat de vente et en mesure de diminuer la valeur de l'esclave acquis ou de rendre ce dernier impropre à l'usage voulu par l'acheteur. L'Edit stipulait alors que l'acheteur devait savoir si l'esclave en vente avait une maladie ou un « défaut », s'il était fugitif, vagabond, s'il avait à s'acquitter d'une peine etc. Sur le marché, les marchands, les mangon ou lebo, exposaient les esclaves nus, juchés sur des estrades ; ceux-ci étaient soit totalement accessibles, soit enfermés dans des cages. Certains esclaves étaient coiffés d'une couronne pour signifier qu'ils étaient des prisonniers de guerre, d'autres portaient un bonnet, ce qui signifiait qu'ils n'étaient pas garantis par le vendeur. Les esclaves pouvaient porter au cou une pancarte mentionnant leur origine, ethnie, qualités, aptitudes, compétences etc. Le vendeur était tenu d'annoncer sans ambiguïté les défauts moraux de son esclave (vol, tentative de suicide, addiction au jeu, à la boisson etc.). Le contrat de vente devait aussi impérativement mentionner l'origine géographique et ethnique de l'esclave. Le marchand devait également signaler si son esclave venait de tomber dans l'esclavage ou non. L'acheteur examinait de son côté la marchandise, tentait de déceler des vices, des défauts etc. Afin de le décider à l'achat, le mangon pouvait faire son esclave se laisser à quelques démonstrations : exercices physiques, danse, chant, récitation de vers, conversations en Grec etc.

Le prix de vente était donc sous l'influence de plusieurs facteurs notamment : le genre ; l'âge ; la santé ; l'origine ethnique et/ou géographique ainsi que la réputation qui lui est liée, à savoir, docilité, assiduité au travail, esprit d'indépendance etc. ; qualification, compétence, savoir-faire ; niveau d'éducation ; autres aptitudes ; vétéran ou novice ; qualité : esclave ordinaire ou de luxe etc.; défauts ; la distance du lieu de vente au lieu d'approvisionnement ; la quantité totale d'esclaves en vente etc. Cette dernière variable, l'offre, était fondamentale pour l'établissement du prix ; bien entendu comme sur tout marché, la demande jouait aussi et c'était toujours le côté court qui imposait le prix : une offre inférieure à la demande faisait grimper le prix et inversement. Dans une société esclavagiste comme celle de Rome, où l'esclave était le principal facteur de production des biens et services, sa demande était naturellement forte. C'était pourquoi l'offre fut un déterminant clé du prix. Il y eut donc trois grandes périodes, s'agissant de la valeur marchande de l'esclave. D'abord, la période républicaine (509-27 AEC) marquée par les guerres croissantes, des captures massives, une offre d'esclaves croissante et abondante, avec des prix de vente/achat plutôt faibles ; la période impériale jusqu'à la fin du règne de Trajan

(27 AEC-117) caractérisée par des guerres expansionnistes moins soutenues que durant l'ère républicaine sur laquelle les prix étaient plus élevés qu'auparavant; puis la période de gestion de l'empire (117- 476) marquée par l'arrêt de l'expansionnisme et des guerres de conquêtes territoriales : l'esclave était plus coûteux. Ainsi, à l'ère républicaine, le prix jugé correct par Caton l'Ancien pour un laboureur était de 300 drachmes (ou deniers) tandis qu'il considérait comme produit de luxe tout esclave âgé de plus de 20 ans dont le prix de vente était supérieur à 625 drachmes. En moyenne, au IIème siècle AEC, un esclave agricole se vendait environ 500 drachmes tandis qu'un esclave domestique de luxe pouvait atteindre jusqu'à 24 000 drachmes. Au Ier siècle AEC, Cicéron avait acquis un esclave jeune, intelligent, doué, possédant les aptitudes d'un bon acteur pour 1000 drachmes tandis que Caius Antonius, frère de Marc Antoine, acheta une jeune esclave ordinaire pour 150 drachmes (en 66 AEC).

Durant l'ère impériale, les prix étaient en général plus élevés. Sous l'empereur Auguste (règne : 27 AEC-14), un esclave très bon marché se vendait en moyenne 500 drachmes ; le prix pouvait être de 2000 drachmes pour un esclave jeune, ayant les compétences de secrétaire et parlant le Grec. Un vigneron qualifié était vendu entre 1500 et 2000 drachmes. Au Ier siècle EC, le prix moyen d'un esclave masculin était de 1300 drachmes environ et une prostituée fut bradée à 600 drachmes. Sabinus acquis un esclave de Pline l'Ancien disposant d'une grande expérience en dépouillement et compilation d'archives pour 25 000 drachmes. Ainsi, les esclaves ayant des compétences rares étaient vendus très chers, à des dizaines de milliers de drachmes : histrions, grammairiens grecs etc.

§5) De quel droit disposaient les esclaves à Rome ?

A) Des « choses » à dimensions multiples

Juridiquement, l'esclave romain, « *servus* », était la propriété du maître auquel il était sans réserve assujetti. Le maître avait tout pouvoir sur lui. Ce pouvoir du maître (*dominica potestas*), reconnu en droit, l'autorisait non seulement à en user, mais encore à en abuser. Le pouvoir du maître était absolu : il disposait du droit de vie et de mort sur l'esclave. Ce droit fut effectif et total durant toute l'ère républicaine (509-27 AEC).

L'esclave romain était un « *res* », c'est-à-dire une « chose », mais une chose ayant plusieurs dimensions : à la fois « chose inanimée » à l'instar d'une chaussure ou d'un meuble ; « chose animée » comme l'animal ; « chose marchandise » ; « chose à facultés ». En tant que « chose inanimée », on pouvait en disposer par prise (ramassage de l'enfant exposé, rapt, capture), par achat, par parturition ; le propriétaire pouvait le vendre, le transmettre par héritage, le léguer, en faire donation, le gager, le prêter, le louer, le placer en dépôt, l'abandonner ; on pouvait le dérober, lui causer des dommages, le marquer (tatouage, marquage, scarification), lui apporter des modifications physiques (mutilation, amputation, castration) etc. Le maître avait le droit de fouetter l'esclave : au-delà de la simple punition, le coup de fouet était un moyen à la disposition du maître pour inciter l'esclave à fournir le rendement le meilleur. Mais le maître pouvait infliger tout châtiment à son esclave, même jusqu'à la cruauté. Des esclaves furent ainsi jetés aux bêtes (murènes) et dévorés pour des fautes légères ; la crucifixion romaine était une punition réservée aux esclaves, attestée à partir de 217 AEC : elle était par la suite étendue aux brigands et pirates ; les esclaves étaient souvent enfermés dans des prisons privées, *les ergastules,* par leurs maîtres ; lorsqu'un maître était supposé être assassiné, tous ses esclaves étaient tués y compris des affranchis qui continuaient à vivre sous son toit. Ainsi, en l'an 61, l'assassinat, par ses esclaves, du préfet de Rome, Lucius Pedanius Secondus, entraîna l'exécution de tous ses 400 esclaves ; idem, en l'an 101, l'assassinat du sénateur romain Larcius Macedo, connu pour être cruel avec ses esclaves, s'était traduit par la mise à mort de ses esclaves. Les châtiments disproportionnés, arbitraires, voire des mutilations étaient monnaie courante : Caligula rapportait ainsi que lors d'un repas public, un maître avait fait couper les mains d'un esclave puis les avait fait suspendre au cou de celui-ci, devant les convives, au motif qu'il avait détaché d'un lit une lame d'argent ; des esclaves étaient envoyés dans l'arène combattre contre des animaux féroces et on faisait de leur supplice et agonie un spectacle consommé par les libres ; en cas de fuite, l'esclave repris était marqué d'un tatouage ou au fer rouge etc. Ce ne fut qu'à l'ère impériale (27 AEC-476) que le pouvoir absolu du maître sur l'esclave avait connu des limitations. « *Res* » ou chose du maître, l'esclave devait, comme tout élément patrimonial du maître être protégé. Celui-ci était tenu de le loger, nourrir, vêtir et tout dommage causé à l'esclave méritait dédommagement de son propriétaire.

En tant que « chose animée », l'esclave romain pouvait, à l'instar du bœuf dans le code d'Hammourabi, causer des dommages à autrui : son maître en était alors tenu responsable. Pour dédommager le tiers lésé, le maître avait le droit de pratiquer l'abandon noxal en lui livrant l'esclave. Codifié dans la Loi des Douze Tables (451-450 AEC), l'abandon noxal était une tradition romaine ancienne que le père pouvait appliquer à ses enfants en vertu du pouvoir paternel (*patria potestas*). Chose, l'esclave romain ne disposait pas du droit de propriété : il ne pouvait rien acquérir ou posséder en propre. Il ne pouvait non plus posséder de nom : il avait un prénom, mais pas de nom. Il ne pouvait avoir de descendance et il n'y avait pas de parenté servile : l'union entre un esclave et une esclave n'était pas reconnue légalement et n'était juridiquement pas différente de celle entre deux animaux. L'enfant issu de cette union demeurait la propriété du maître. Enfin, était esclave celui qui naissait d'une mère esclave.

En sa qualité de « chose marchandise », l'esclave romain était, comme déjà souligné, une marchandise que l'on exposait et vendait au marché. Mais comme toute chose en vente, l'esclave pouvait comporter des défauts invisibles pour l'acquéreur au moment où il effectuait l'achat. Le droit romain, via l'Édit des édiles curules ou Édit édilicien, protégeait l'acheteur contre ces défauts invisibles ou « vices cachés » : le vendeur devait signaler les vices cachés de sa marchandise.

Les dimensions de la chose (*res*) qu'était l'esclave romain excédaient largement celles des objets inanimés et animés comme l'animal : l'esclave possédait nombre de facultés humaines reconnues dans les faits et en droit. Il était donc une « chose à facultés », ayant des capacités que le maître exploitait. Il suppléait ainsi le maître dans certaines de ses fonctions ou compétences. Il était alors intendant, surveillant d'autres esclaves et essayant d'obtenir d'eux le rendement le meilleur au travail ; comme en Mésopotamie auparavant, l'esclave romain avait également été agent du maître, gérant pour celui-ci une activité, occupant des postes à grandes responsabilités en gestion : par exemple en tant que prêteur, banquier etc. Mais l'esclave pouvait aussi exercer de façon plus autonome : par exemple, en travaillant et résidant hors du domaine du maître auquel il versait une redevance fixe en contrepartie. La gestion du pécule (*peculium*) faisait aussi appel à l'ingéniosité de l'esclave. Constitué par le maître et par sa seule volonté, le pécule était un ensemble de biens dont le maître laissait la gestion à l'esclave : celui-ci était chargé de le faire fructifier. Et l'esclave qui accomplissait cette mission implicite du maître était récompensé par l'utilisation du pécule pour racheter sa liberté. Le pécule était donc avant tout un dispositif incitatif, destiné à pousser l'esclave à fournir le meilleur rendement, à demeurer fidèle au maître. Bien que l'esclave disposât du pécule et avait toute latitude à le gérer comme il l'entendait, à prendre toutes les initiatives en vue de le faire fructifier, ce pécule restait juridiquement la propriété du maître. Toutefois, celui-ci ne le reprenait que rarement, en cas de faute grave ou de mauvaise gestion de l'esclave par exemple. Cependant, le maître le gardait en cas de cession, de legs, de décès de l'esclave sauf s'il en décidait autrement. Dans quelques circonstances rares, l'esclave pouvait garder le pécule, à savoir, par exemple, lorsque le maître était atteint de folie ou lorsque son héritier était impubère. En vertu du droit de propriété du maître, ses créanciers avaient droit sur le pécule. Matériellement, le pécule pouvait inclure tout type de biens, meubles, immeubles, droits, créances, esclaves dits vicarii dans ce cas : il s'agissait comme déjà souligné, de biens donnés par le maître (terre, bétail, argent, vêtement etc.) et de moyens ou biens acquis grâce à l'investissement personnel de l'esclave (économies sur sa nourriture, gains issus du louage de ses services à des tiers moyennant paiement d'une redevance au maître, culture de terres données par ce dernier et versement d'une part du produit en contrepartie etc.) L'esclave avait le droit, reconnu par le magistrat romain, d'user du pécule et de l'administrer librement, sans pouvoir l'aliéner.

D'autres capacités étaient aussi reconnues à l'esclave romain : en justice, il pouvait être délateur, accusé, témoin ; dans ce dernier cas, il était soumis à la torture afin que le témoignage fût recevable. Cependant, en règle générale, il était un être sans personnalité juridique : il ne pouvait ester en justice. Aussi, dès lors que la liberté d'un individu était en cause devant le tribunal, cet individu n'était plus en mesure, judiciairement, de l'établir lui-même. Il fallait l'intervention d'un tiers, *l'adsertor* pour le défendre. Par ailleurs, durant tout le procès, l'esclave demeurait en liberté provisoire sous la garantie de *l'adsertor.* L'esclave romain ne pouvait non plus intervenir dans un acte juridique en son nom propre. Il ne pouvait de surcroît être poursuivi en justice pour des actes dolosifs, dommageables qu'il aurait causés à un tiers : c'était le principe de l'abandon noxal qui s'appliquait, à savoir que dans cette circonstance, le maître devait abandonner l'esclave à la victime ou à défaut payer à cette dernière une compensation financière.

Enfin, l'esclave romain ne pouvait exercer de fonctions politiques. Il ne pouvait non plus bénéficier de la formation militaire et se voir confié des armes. La conséquence immédiate était que l'esclave romain ne pouvait servir dans l'armée comme combattant. On dérogeait toutefois à cette dernière interdiction en cas de nécessité absolue lorsque la patrie se trouvait en danger. Ce fut le cas lors de la deuxième guerre punique avec l'enrôlement de huit mille esclaves, lesquels furent affranchis à la fin de la guerre (Delacampagne, 2002).

B) Les assouplissements de la période impériale

Être pratiquement sans droit durant huit siècles (753-27 AEC), de la fondation de Rome à la fin de l'ère républicaine, l'esclave romain avait vu sa condition juridique s'assouplir quelque peu à partir de l'ère impériale, après les grandes révoltes serviles qui avaient secoué la république. Notamment après les révoltes des années 73 à 71 AEC qui furent à l'origine de la troisième guerre servile romaine.

Ainsi, sous le règne de Tibère, en l'an 19, il était interdit à tout maître de livrer un esclave aux murènes sans décision de justice ; Domitien (81-96) prohibait la castration des esclaves à des fins mercantiles. Durant son règne (117-138), l'empereur Hadrien jetait les bases de plusieurs réformes relatives à la condition servile : interdiction au maître de tuer un esclave sans décision judiciaire, abolition des prisons privées serviles, les ergastules ; répression des châtiments disproportionnés et excessifs infligés aux esclaves pour des fautes légères ; prohibition des ventes sans motif d'esclaves pour alimenter les combats de gladiateurs ; abolition de la torture des esclaves en cas de témoignage devant la justice sans disposer d'éléments ou d'indices probants de sa culpabilité. Sous Antonin le Pieux (138-161), la constitution punissait pour homicide le maître qui osait tuer son esclave sans motif légitime : le droit de vie et de mort du maître sur l'esclave connaissait une limitation notable. Et lorsque l'esclave estimait être victime de mauvais traitements il lui était octroyé le droit de se mettre sous la protection des dieux ou de la statue de l'empereur pour être entendu par le préfet de la ville, lequel préfet était investi du pouvoir de décider ou non de sa vente à un autre maître. Au IVème siècle, une des sources endémiques de l'esclavage romain, à savoir l'exposition des enfants, fut supprimée par l'empereur Constantin Ier (règne : 310-337), le créateur effectif du Christianisme expansionniste, lequel prohibait désormais le droit à abandonner les enfants non désirés dans l'espace public. Toutefois, les cas précédents attestent bien qu'il est totalement erroné d'affirmer que ce fut l'avènement du Christianisme qui avait révolutionné les conditions de vie des esclaves à Rome, comme on a souvent tendance à le faire, car le Christianisme n'avait jamais été anti-esclavagiste.

C) La sortie de l'esclavage : la volonté du maître et ses limitations tardives

a) L'affranchissement

Comme en Mésopotamie et en Grèce, l'esclave romain pouvait sortir de la condition servile par la voie de l'affranchissement (manumission). Ce fut le principal et quasi unique mode de recouvrement de la liberté pour l'esclave jusqu'à a fin de l'ère républicaine. Dans la société romaine, l'affranchissement était régi par la *dominica potestas* (pouvoir du maître) : il était le résultat de la volonté du maître ou de la maîtresse. Dans l'ancien droit romain, pour conférer la liberté, la manumission devait être solennelle. Elle s'effectuait alors selon trois modes clés : la vindicte (*manumissio vindicta*), le cens (*manumissio censu*) et le testament (*manumissio testamento*). Par la vindicte, l'affranchissement s'accomplissait par comparution devant le magistrat qui rendait une décision déclarant l'esclave libre : devant le magistrat, se présentait le maître avec l'esclave et un tiers, l'*adsertor*, ce dernier requérait la liberté de l'esclave en le touchant par une verge nommée vindicte ; le magistrat interrogeait le maître qui acquiesçait soit verbalement, soit par silence, après quoi il rendait la décision de l'affranchissement. Par le cens, la manumission se faisait par l'inscription de l'esclave, avec l'autorisation du maître, comme citoyen romain sur les tables du cens. Enfin, par testament le maître léguait la liberté à l'esclave. Ce dernier mode de manumission avait été utilisé surtout à l'ère impériale. Si l'affranchissement ne s'était effectué selon aucun des trois modes solennels, l'affranchi demeurait esclave en droit, mais libre dans les faits parce que protégé par le magistrat en pareille circonstance. Mais s'il mourait dans ces conditions, il mourait esclave et ses biens étaient alors récupérés par le maître. Cependant, même au cas où la manumission était effectuée par l'un des trois modes solennels, elle ne conférait la liberté à l'esclave que si le maître avait sur celui-ci le domaine quiritaire : quiconque n'était pas propriétaire de droit quiritaire, un domaine réservé aux Romains, n'était pas considéré comme propriétaire. S'il ne possédait sur l'esclave que le mode de propriété accessible à tous, le maître n'avait qu'une propriété in bonis insuffisante pour conférer la liberté par l'affranchissement. Dans la période impériale, et sous Tibère en l'an 19, la législation fut amendée pour accorder la liberté à ces esclaves, mais avec le statut social du Latin.

Bien qu'en règle générale la manumission conférât la liberté, elle confrontait également brutalement l'esclave à la dure réalité de la vie, notamment à celle de la prise en charge de soi-même. Cette perspective effrayait certains affranchis pauvres qui redoutaient d'avoir à connaître une vie matérielle pire après l'affranchissement. Ce qui, historiquement, fut le cas de certains esclaves pauvres. Aussi nombre d'entre eux négociaient-ils avec leurs maîtres pour continuer à demeurer à leur charge après la manumission surtout lorsqu'ils étaient chez des maîtres riches. Toutefois, on doit voir qu'une telle volonté de pérenniser un acquis de la servitude n'était en définitive qu'un refus de la liberté totale par certains esclaves, témoignant de ce que l'humain ne semble pas exister en dehors de son conditionnement ou de son éducation. Mais peut-être que ce comportement n'était que la conséquence d'un constat que faisaient les esclaves romains, à savoir que dans leur société, l'affranchissement ne débouchait de toutes façons pas sur une liberté totale.

En effet, même lorsque la manumission s'effectuait conformément à l'un des trois modes solennels, l'esclave affranchi devenait citoyen romain, mais ne jouissait pas pour autant de tous les droits réservés aux libres de naissance. Par exemple, bien que devenu citoyen et possédant le droit de vote, l'affranchi restait exclu du droit de se faire élire magistrat ou sénateur. De même, épouser une personne de la classe sénatoriale lui était interdit par la législation d'Auguste ; l'affranchi par ailleurs ne pouvait servir dans l'armée, n'étant autorisé, en temps normal, à intégrer que le corps des vigiles urbains, chargé de la police nocturne et de la lutte contre les incendies. Etc. L'affranchi n'était pas l'égal du citoyen libre. Seuls ses enfants le devenaient. Pour sa part, il portait ainsi une tare indélébile de l'esclavage qui faisait de lui, dans la société, un client : l'affranchi devenait en effet le client de son ancien maître.

Le clientélisme fut une marque très ancienne de l'organisation des sociétés grecques, romaines, gauloises mais particulièrement développée à Rome. Fondement du fonctionnement social et tardivement codifié dans la Loi des Douze Tables en 449 AEC, le clientélisme se matérialisait à Rome par une relation explicite de services mutuels que les individus nouaient entre eux, relation liant un « plus puissant », nommé patron et un « plus faible » dit « client ». Le patron protégeait le client qui, en retour, lui apportait son soutien dans ses projets. A Rome, les patrons étaient généralement les aristocrates, notamment les personnes issues de la classe supérieure ancienne (patriciens), les sénateurs, les magistrats (édiles curules, consuls, préteurs) et leurs descendants etc., tandis qu'au rang des clients on trouvait les paysans, les affranchis, les personnes endettées etc. Bien entendu, plus le nombre de clients d'un patron était élevé, mieux cela valait. Car, ceux-ci passaient du temps à son service, allaient le saluer chaque matin en signe d'allégeance, l'accompagnaient dans les lieux publics, votaient et battaient campagne pour lui lors des élections, contribuaient à la prospérité de ses affaires ; en contrepartie, le patron les gratifiait chaque jour d'un don, la sportule, d'abord en nature (aliment) puis progressivement en monnaie, ainsi que de divers cadeaux pouvant aller jusqu'à une donation sur testament.

Client de son ancien maître, l'affranchi se voyait intégré par ce dernier dans sa famille élargie : il portait le nom de son maître ou une anagramme de ce nom. En procès, le maître devenait son avocat. L'affranchi n'avait d'ailleurs pas le droit d'attaquer son ancien maître devant la justice. En sa qualité de client de son maître, il demeurait à la disposition de celui-ci, devant lui rendre visite quotidiennement, l'accompagner dans les lieux publics etc. S'il ne possédait pas de parents proches, son patron, l'ancien maître, devenait son héritier légitime. Par ailleurs, les activités financières étant interdites aux sénateurs, ces derniers passaient par leurs clients affranchis pour les exercer. Les clients devenaient alors des « riches » comme leurs patrons sénateurs. Aussi, les affranchissements s'étaient multiples et avaient pris une proportion telle que l'empereur Auguste s'était vu contraint de légiférer pour en limiter l'ampleur. Cela n'empêcha pas les empereurs successeurs d'Auguste de commencer à s'entourer de leurs affranchis, leur confiant ainsi des rôles politiques majeurs, comme ceux qui entouraient l'empereur Claude (41-54). A titre illustratif, Claude fit de l'affranchi Marcus Antonius Felix le procurateur de Judée en l'an 52.

b) La loi et l'affranchissement

Quoique la sortie de l'esclavage se fît essentiellement par l'affranchissement et fût régie par la volonté du maître, la loi avait posé quelques limites à cette volonté et organisé des fins de servitude indépendantes. C'était principalement à l'ère impériale. Ainsi, Auguste (27 AEC-14), le premier empereur de cette ère, libéra un jeune esclave que son maître s'apprêtait à livrer aux murènes ; l'empereur Claude (41-54) avait décrété libre et de droit latin tout esclave vieux ou malade abandonné par son maître ; par ailleurs, sous l'ère impériale(27 AEC-476), tout nouveau-né esclave abandonné devenait libre ; lorsqu'un un maître mettait dehors un esclave celui-ci ne lui appartenait plus, tandis que l'esclavage s'éteint pour tout esclave ayant vécu durant trente ans en état d'homme libre ; l'esclave recruté dans l'armée ou dans les ordres supérieurs de l'Eglise chrétienne devenait libre. Les réformes de l'empereur Justinien (527-565) introduisaient deux motifs de libération de l'esclave fortement influencés par la Loi de Yahweh (Exode 21 : 26) et le code d'Hammourabi (article 199), selon lesquels tout esclave castré ou circoncis sur ordre de son maître devenait libre (voir Annexe 1).

§6) Le refus de la condition servile

« *De toutes les formes d'esclavage que nous donnent à voir les peuples anciens, celle de Rome nous apparaît comme une des pires.* » affirmait Testart (1998). L'opinion n'est certainement pas exagérée au regard des conditions de vie des esclaves : être sans droit, simple propriété d'un maître ayant sur lui un pouvoir total de vie et de mort, être auquel était réservé des châtiments spéciaux comme la crucifixion, être dont des fautes même légères étaient sanctionnées par des mutilations, par la livraison aux murènes, être pouvant mourir martyrisé par les bêtes sauvages dans les arènes, pour le plaisir des libres etc. ; travail sans repos, travail enchaîné dans les champs ; forte concentration dans les activités rurales, les mines, le moulin etc. ; l'oppression était au comble sous la république : le désir d'échapper à la condition servile était très fort et occasionnait en conséquence une multitude de révoltes.

A) Le rejet de l'esclavage naturel grec par les penseurs romains

Les philosophes romains (les Stoïciens), n'avaient pas adhéré à l'idée aristotélicienne selon laquelle l'esclavage relèverait de l'ordre naturel. Ainsi, pour Cicéron (106-43 AEC), la nature humaine ne comporte pas de différenciations innées qui prédestineraient certains à l'esclavage. Sénèque (4 AEC – 65 EC) estime pour sa part que tout esclave est aussi un humain, que tout humain est susceptible d'être réduit en esclavage : en conséquence, il n'y a pas un esclavage de nature mais seulement de condition. Pour l'anecdote, tout humain étant esclave de ses passions et donc esclave en définitive selon les Stoïciens, Epictète (50-125) nommait souvent ses disciples « esclaves ». Enfin, mentionnons que Caton l'Ancien (234-149 AEC), bien qu'il ne développât en réalité pas de réflexions sur l'essence de l'esclavage, avait une position méritant attention : Caton estimait en effet que l'esclave n'était qu'un outil à rentabiliser. Il n'y avait donc pas d'autres considérations à avoir.

B) Le prétendu meilleur bien-être des esclaves

Historiquement, il est connu que des esclaves s'opposaient à leur affranchissement par peur de se retrouver dans la pauvreté après leur libération. En outre, des anciens esclaves avaient développé l'idée que l'humain soumis à l'esclavage serait plus heureux que le libre soumis à la pauvreté (Esope, Epictète etc.). Ce qui dit-on, expliquerait que les esclaves romains fussent très fidèles à leurs maîtres etc. La supériorité ainsi postulée du bonheur tirée de la servitude résulterait de la protection fournie par le maître qui serait évaluée comme plus importante que la liberté, dans la production du bonheur. Prolongeant l'idée, il a été de surcroît argué que l'esclave serait moralement plus libre que son maître, parce que vivant de peu et se contentant de peu en raison de sa condition servile : l'argument fut abondamment servi par les chrétiens. Des philosophes, stoïciens principalement, avaient par ailleurs soutenu que le véritable esclavage était celui qu'imposait à l'humain ses propres passions (Cicéron, Pline le Jeune, Sénèque). L'humain ne serait ainsi réellement esclave que de ses ambitions, de ses vices etc. Aussi, savoir maîtriser ses passions conférerait la liberté réelle. L'esclave pouvait donc en conséquence être plus libre que son maître sujet à ses passions. Etc. Que dire de ces diverses positions ?

Chez les esclaves ayant refusé leur affranchissement, leur position peut se comprendre très simplement. En effet, il est possible d'estimer que tout a un prix et que la condition d'esclave n'est que le prix à payer pour obtenir la protection du maître et en tirer les avantages qui lui sont inhérents notamment la sécurisation de sa vie matérielle. De même, la liberté a un prix qui consisterait dans l'effort à fournir par le libre pour subvenir à ses propres besoins dans une société individualiste où chacun doit se prendre en charge. Au regard de l'affranchissement, l'esclave le refusant représenterait donc le coût de la liberté comme excédant celui de la perte de cette liberté, à savoir celui de l'absence du libre arbitre sur sa vie, ou de la condition servile. L'esclave se livrerait ainsi à une arithmétique comparée des plaisirs et des peines qui lui permettrait finalement d'opter pour l'esclavage : le solde plaisirs moins peines de la servitude lui apparaîtrait comme supérieur à celui de la liberté. Ce solde (plaisirs moins peines), qui n'est finalement qu'une évaluation par l'esclave de son bonheur, demeure hautement subjectif ne valant que pour chaque esclave. En effet, l'appréciation des plaisirs et des peines reste purement subjective et dépendante du conditionnement auquel l'individu évaluateur est soumis, de l'éducation qui est la sienne, des réflexes qu'il a acquis dans ce cadre etc. Il est dès lors impossible de tirer un enseignement général du refus de la liberté par certains esclaves : il s'agit de préférences individuelles qui ne peuvent ni être agrégées ni faire l'objet de comparaisons interpersonnelles. Cela est largement connu et mis en évidence par les économistes. Dans des circonstances particulières, la servitude avait pu apparaître à certains esclaves comme un facteur de promotion personnelle et ils choisissaient en conséquence, volontairement, l'asservissement. Les affranchissements étaient alors différés ou renvoyés aux calendes grecques. De nombreux cas avaient été attestés à Rome. Ce fut particulièrement la situation d'esclaves talentueux, travaillant comme agents de leurs maîtres, gérant les affaires et occupant des postes à grande responsabilité comme en matière de finance.

Si l'on peut comprendre l'arithmétique des plaisirs et des peines d'esclaves raisonnant dans le contexte d'une société organisée sur la base de l'esclavage, il est en revanche inacceptable que des penseurs puissent s'appuyer sur ces constats pour faire croire à un « meilleur bien-être des esclaves », car en quoi a-t-on besoin de l'esclavage pour que les individus travaillent à des postes à responsabilité, même les plus élevés ? L'esclavage n'est ni nécessaire ni utile.

S'agissant des affranchis soutenant la supériorité du bonheur tiré de la servitude, le paradoxe est saisissant : pas un seul parmi eux n'était retourné en esclavage. Or, leur rationalité devrait les conduire à se remettre en esclavage s'ils croyaient effectivement en leur argument. C'était donc de simples défenseurs de l'esclavage dont ils devenaient des pratiquants zélés ainsi que des profiteurs après l'affranchissement. Ce qu'illustre parfaitement le fait qu'à Rome, la règle chez les esclaves était l'aspiration à la liberté.

L'argument principalement chrétien que l'esclave serait moralement plus libre que le maître sonnait aussi comme une simple posture de défense de sa position. En effet, dès lors que dans ses lois, le dieu des Chrétiens, Dieu le père, Yahweh, ne s'était lui-même pas opposé à l'esclavage comme nous l'avons montré, l'instituant même solidement pour les étrangers vivant chez ses sujets, l'on ne peut s'attendre à ce que les Chrétiens le condamnassent. La seule chose qui leur reste dans ces conditions est de défendre l'esclavage et de tenter de montrer qu'il a des vertus qui justifieraient que leur dieu ne l'eût point condamné. Les chrétiens n'auraient-ils pas mieux convaincu s'ils se mettaient eux-mêmes en esclavage pour « être moralement plus libres » que les maîtres ? Or, le constat est qu'ils ne l'eurent point fait : l'esclavage était donc bien pour les autres mais pas pour eux !

Enfin, la posture justificatrice paraît aussi être celle des philosophes (les Stoïciens par exemple) qui arguaient que le véritable esclavage était celui que l'humain s'imposait par ses passions. Rappelons d'abord que ces philosophes étaient des maîtres esclavagistes et que leur exégèse aboutissait in fine à banaliser l'institution esclavagiste de leur société. Observons ensuite que considérer qu'un individu est esclave dès lors qu'il a une ambition, une utopie, une passion à laquelle il tient, paraît douteux, tant cela remet en cause les fondements mêmes des grandes réalisations, ou simplement des progrès, que l'univers a jusque-là connus. Ensuite, l'exégèse des philosophes romains revenait à faire accroire que tout humain pouvant être, ou étant, sujet à ses passions, toute personne était in fine réellement en esclavage et pas seulement les asservis de la société. Ainsi, à l'asservissement il ne serait plus nécessaire de s'opposer. Il ne serait non plus nécessaire de chercher à éradiquer l'esclavage de la société romaine : cette institution sociale n'aurait finalement rien de répréhensible et pourrait donc demeurer. La notion d'esclave des passions pour banaliser l'esclavage historique nous paraît futile et inadmissible. Car, il est un fait : si toutes les élucubrations relatives au prétendu meilleur bien-être des esclaves tenaient, la société romaine n'auraient point connu des révoltes d'esclaves et des guerres serviles.

C) Les révoltes d'esclaves

Contrairement à la société grecque, la société romaine fut secouée par de violentes révoltes d'esclaves. D'abord individuelles, elles s'étaient ensuite matérialisées par des mouvements collectifs de grande envergure.

a) Révoltes à l'échelle individuelle

A l'échelle individuelle, l'opposition des esclaves à leur condition servile s'exprimait via des actes de sabotage du rendement au travail par la paresse, par un travail sciemment bâclé. Les assassinats des maîtres participaient également de ces révoltes individuelles. A Rome, ils furent si fréquents qu'ils donnaient lieu à une répression radicale : l'exécution de tous les esclaves présents dans la maison du maître dès lors que celui-ci décédait d'une manière pouvant laisser suspecter le meurtre. Les fuites étaient aussi très fréquentes et étaient une manifestation de refus de la condition servile au niveau individuel.

b) Révoltes à l'échelle collective : les Guerres serviles majeures

A l'échelle collective, la république romaine fut secouée par trois révoltes majeures d'esclaves qui ont été à l'origine des trois guerres serviles : en 140 -132 AEC ; 104-100 AEC ; 73-71 AEC. Ces révoltes serviles majeures furent précédées et suivies de plusieurs autres, plutôt d'ampleurs moindres. Mentionnons : le soulèvement d'esclaves tentant d'occuper le capitole à Rome en 501 AEC, rapidement maîtrisé ; l'occupation du capitole et de la citadelle en 460 AEC par environ 2 500 esclaves et exilés conduits par le Sabin Appius Herdonius : les insurgés furent vaincus par le consul Publius Valerius Publicola qui trouva cependant la mort durant l'assaut ; la tentative d'occupation du capitole par des esclaves insurgés en 419 AEC ; en 185 AEC, la révolte, en Apulie, des esclaves bergers avait secoué la république romaine qui mit plus de deux ans à la mater ; vers 35 AEC, la région de l'Etna connut une insurrection d'esclaves qui fut réprimée : le meneur, l'esclave Sélurus, était livré aux fauves dans l'arène à Rome ; en l'an 24, une révolte d'esclaves était organisée dans la région des pâturages de Brindes, qui connut le même sort que les précédentes etc.

La première révolte d'esclaves d'envergure fut celle de 140/139 à 132 AEC, qualifiée de Première Guerre servile qui avait pour champ la région d'Henna en Sicile. Sous la direction d'un esclave syrien originaire d'Apamée, Eunus, 400 esclaves s'emparèrent de la cité d'Henna en 140/139 AEC, se livrant à des massacres, viols, pillages. Un couple de maître fut traîné dans un théâtre de la ville puis tué. Les hommes libres valides capturés étaient réduits en esclavage et employés à fabriquer des armes. Les insurgés obtenaient les ralliements des esclaves des alentours ; un autre groupe d'esclaves révoltés s'emparait d'Agrigente puis se ralliait aux insurgés d'Henna, portant bientôt l'effectif des insurgés à quinze mille hommes. Les esclaves révoltés fondèrent un royaume dit des Syriens, sur le modèle hellénistique, à la tête duquel Eunus était porté roi sous le nom d'Antiochus ; le nouveau royaume s'était doté d'une organisation administrative, politique et financière ; une monnaie était frappée, à l'effigie de Déméter, divinité d'Henna ; le nouveau royaume obtenait le soutien de la dynastie syrienne des Séleucides. La riposte romaine fut lancée au début de l'année 139 AEC, mais les troupes romaines furent régulièrement défaites par les insurgés jusqu'en l'an 133 AEC. Les esclaves révoltés prient d'autres villes : Taormine, Morgantiné et leur armée atteint jusqu'à 200 mille hommes. La première victoire romaine fut obtenue en 133 AEC, avec la conquête de Morgantiné. En 132 AEC, Rome envoya le consul Publius Rupilius à la tête des troupes de retour d'Espagne. Le siège était alors mis devant Taormine : affamés, les insurgés furent trahis. Les rescapés du siège étaient jetés dans un ravin ; les Romains assiégeaient ensuite Henna : le roi Eunus, avec un millier d'esclaves, s'était réfugié dans les montagnes où il fut capturé après le suicide collectif de sa troupe : il mourut en prison à Morgantiné.

C'était encore en Sicile, alors province romaine, qu'eut lieu la Deuxième Guerre servile (104-100 AEC). L'insurrection d'esclaves qui en fut à l'origine était conduite par un asservi oriental répondant au nom de Salvius Tryphon. Huit cents esclaves de Sicile réclamaient la liberté à Licinius Nerva, propréteur gouvernant l'île, lequel accéda d'abord à leur requête mais fit volte-face quelque temps après sous la pression des grands propriétaires terriens et des chevaliers : puis Nerva renvoya les esclaves à leurs maîtres, provoquant alors plusieurs foyers de révoltes d'esclaves indépendantes : les esclaves déboutés de leur requête de mise en liberté par Nerva s'étaient rassemblés dans le sanctuaire des dieux Paliques, près de Léontinoi tandis que dans la région d'Halicyae 200 esclaves assassinaient leurs maîtres, qu'une autre révolte éclatait dans la région d'Héraclée avec à sa tête Salvius, qu'une autre éclatait également dans la région des pâturages situés entre Lilybée et Ségeste, avec à sa tête l'esclave cilicien Athénion etc. A la tête d'une troupe de trente esclaves, Salvius rejoignait les insurgés rassemblés dans le sanctuaire des dieux Paliques, où il fut proclamé roi sous le nom de Tryphon, puis reçut l'allégeance d'Athénion. Regroupés alors sous un commandement unique, celui de Salvius, les insurgés choisissaient Triocala comme capitale du nouveau royaume, qu'ils décidaient également d'organiser sur le modèle hellénistique. La riposte romaine fut défaite par les troupes serviles durant les années 103 et 102 AEC. Mort de maladie, Salvius était remplacé par Athénion qui devait faire face à une nouvelle attaque romaine en 100 AEC, sous le commandement du consul Manius Aquillius. Ce dernier réussit à tuer Athénion en combat singulier puis captura un millier d'esclaves qu'il envoya mourir à Rome en tant que gladiateurs. Ceux-ci s'étaient toutefois suicidés avant leur premier combat dans l'arène, pour ne pas donner un dernier plaisir aux Romains. Cette Deuxième Guerre servile aurait fait au total vingt mille morts. La fin de la Deuxième Guerre servile ne marqua pas pour autant celle des insurrections serviles en Sicile : celles-ci s'étaient encore poursuivies pendant longtemps, toutefois à une échelle moindre.

Quoiqu'ayant nécessité la mobilisation d'importants moyens armés de la république durant plusieurs années pour en venir à bout, les deux premières Guerres serviles ne furent pas une menace notable pour la sécurité de l'Etat romain ou de la ville de Rome. C'était la Troisième Guerre servile qui réussit à faire vaciller la république romaine.

S'étendant sur les années 73 à 71 AEC, la Troisième Guerre servile avait débuté par l'action de quelques esclaves : en 73 AEC, alors que trois cents esclaves de l'école des gladiateurs de Capoue appartenant à Lentulus Batiatus complotaient pour fuir et furent dénoncés, une poignée d'entre eux, 70 à 78, s'échappèrent néanmoins sans arme ni nourriture. Ayant mis la main sur un petit stock d'armes destiné à une autre école de Capoue, ils défirent la milice de cette dernière cité puis gagnèrent la baie de Naples. Là, de nombreux esclaves agricoles évadés des latifundia les rejoignaient et ensemble ils se réfugièrent sur le mont Vésuve. Là les insurgés désignaient trois chefs, notamment le Thrace Spartacus, le Gaulois Crixus et le Galate Œnomaüs. De là, des bandes partaient régulièrement razzier les exploitations agricoles de Campanie. Ils n'eurent aucun mal à vaincre des gardes de la ville de Capoue lancés à leur trousse. Rome dépêcha alors contre Spartacus, en cette année 73 AEC, une milice de 3 mille hommes placée sous les ordres du préteur Caius Claudius Glaber, qui fut vaincue. Une seconde expédition romaine sous le commandement du préteur Publius Varinius fut également vaincue par les troupes de Spartacus qui perdirent néanmoins le chef Œnomaüs. Le succès se soldait toutefois par des ralliements croissants d'esclaves au point que Spartacus pût bientôt compter sur 70 mille hommes. Sérieusement inquiet de l'ampleur de la révolte comme des déroutes romaines, le Sénat romain lançait à l'assaut des esclaves insurgés, en 72 AEC, deux légions consulaires de soldats aguerris au combat sous les ordres de Lucius Gellius Publicola et de Cnaeus Cornelius Lentulus Clodianus. Le succès ne tarda pas à arriver : la bataille engagée par Publicola contre 30 mille esclaves commandés par Crixus, près du mont Gargano se solda par sa victoire : les deux tiers des esclaves, dont Crixus, furent massacrés. Quant aux troupes de Spartacus, elles auraient selon Appien, tour à tour attaqué et vaincu la légion de Clodianus comme celle de Crassus, qui, alors battirent en retraite vers Rome. A l'occasion, Spartacus aurait, pour venger Crixus, fait mourir 300 soldats romains faits prisonniers par ses hommes en les contraignant à s'entretuer en combattant à mort les uns contre les autres comme des gladiateurs. Après sa victoire, toujours selon Appien, Spartacus aurait poursuivi vers le nord avec ses 120 mille hommes, mais une nouvelle bataille aurait opposé ses troupes aux troupes des deux consuls romains (Clodianus et Publicola) dans la région du Picenum au terme de laquelle les Romains furent à nouveau battus.

Sur les combats de Spartacus après la mort de Crixus, toutefois le récit diverge entre Appien et Plutarque. Une chose était cependant sûre : Spartacus et ses troupes se trouvaient dans le sud de l'Italie en 71 AEC où ils allaient livrer des batailles décisives contre les Romains revenus à la charge.

En effet, toujours plus inquiet de la tournure des évènements et des défaites successives des troupes romaines contre Spartacus, le Sénat confia à Marcus Licinius Crassus, en 71 AEC, la mission de réprimer la révolte des esclaves en lui attribuant huit légions (six nouvelles plus les deux précédentes), soit un total de 40 à 50 mille soldats aguerris. Mais la première confrontation entre les légions de Crassus et les troupes de Spartacus se solda par la victoire des esclaves. Crassius mit alors en œuvre le châtiment collectif de la décimation (exécution par tirage au sort d'un soldat sur 10 d'une unité défaite) et fait exécuter 50 des légionnaires mis à sa disposition selon Plutarque. La crainte qu'inspirait ce châtiment dans l'armée devenait un autre moyen d'incitation à la victoire pour les soldats.

En cette année 71 AEC, le Sénat romain dépêcha deux renforts supplémentaires dans le sud de l'Italie pour épauler Crassius, l'un sous le commandement de Pompée et l'autres sous les ordres de Marcus Terentius Varro Lucullus. Toutefois, avec la nouvelle des renforts en route, Crassius désireux de vaincre avec ses seules légions, accélérait les attaques contre les esclaves et les confrontations s'intensifiaient. Une partie des rebelles, détachée de l'armée principale de Spartacus et conduite par Gannicus et Castus fut attaquée par les légions de Crassius qui en massacrèrent 12 300 tout en subissant elles-mêmes de lourdes pertes. Spartacus lançait alors toutes ses forces contre les légions de Crassus ; des corps-à-corps eurent lieu. Soixante mille esclaves périrent. Spartacus disparut et ne fut jamais retrouvé, les historiens estimant qu'il aurait péri avec la majorité de ses troupes. Avançant, Pompée rencontra des fuyards dont il massacra cinq mille. Crassus, lui, fit crucifier six mille captifs tout au long des 195 kilomètres de la route reliant Capoue à Rome.

La Troisième Guerre servile s'acheva ainsi par la victoire de la république romaine. Mais ni celle-ci, ni la société n'en sortirent indemnes : elles furent sérieusement secouées. Les libres avaient compris la nécessité de traiter moins durement leurs esclaves surtout dans les zones rurales où d'ailleurs les propriétaires terriens avaient commencé à réduire la proportion de travailleurs esclaves au profit de celle de libres. La république réduisait elle-même son expansionnisme territorial à partir de la fin de la guerre des gaules (51 ou 50 AEC) et donc le déversement de flux continus d'esclaves bon marché à Rome. Par la loi, les gouvernants, et principalement les empereurs, à partir du premier Auguste, vont essayer « d'adoucir » l'esclavage sur bien des aspects, notamment en limitant le pouvoir absolu que détenait le maître comme nous l'avions déjà relevé. S'il est toutefois possible d'arguer que de tels changements étaient trop éloignés dans le temps de la fin de la troisième Guerre servile pour apparaître comme une de ses conséquences directes, il serait néanmoins erroné de croire qu'ils en étaient totalement indépendants, tant le traumatisme qu'elle avait produit fut profond.

Enfin, un constat général s'impose : à Rome, les révoltes collectives d'ampleur, qu'illustrent les trois Guerres serviles, étaient toutes le fait des esclaves ruraux. Ni les esclaves domestiques, ni les esclaves publics n'avaient été acteurs de ces révoltes.

Section 3 : Le Christianisme : une religion « romaine » pro-esclavagisme

§1) Le Christianisme initial évincé par le Christianisme de l'empereur romain Constantin

Ce fut dans l'empire romain que naquit le Christianisme au Ier siècle de l'ère commune. Mais où précisément ? Était-ce à Canaan en Judée et Samarie, à Rome, à Éphèse en Asie Mineure (Turquie contemporaine), à Antioche (Turquie contemporaine), à Alexandrie, à Damas, ou ailleurs ? L'on ne saurait le dire avec exactitude. Le Christianisme primitif était apparu dans une ou plusieurs villes de la diaspora juive, localisées en Orient et/ou en Occident. Au premier siècle, les communautés juives les plus importantes vivaient à Rome où furent expédiés un grand nombre de captifs juifs après la prise de Jérusalem par Pompée en 63 AEC. Mais en dehors de la Judée et de la Samarie, les communautés juives les plus importantes se trouvaient aussi à Babylone, en Egypte avec une forte concentration à Alexandrie, à Antioche, Ephèse, Damas, Chypre, en Cyrénaïque etc. Cela dit, deux temps majeurs ont marqué l'évolution du Christianisme : d'abord un Christianisme primitif et ancien qui a fonctionné du Ier au IVème siècle, auquel a succédé ensuite un Christianisme institutionnel issu du concile de Nicée en l'an 325 et mis sur pied par l'empereur romain Constantin Ier (272-337).

Le Christianisme initial et ancien fut une secte abrahamique, considérée comme hérétique par le Judaïsme dont il n'était pourtant qu'une des trajectoires possibles à l'instar d'autres courants qui existaient au Ier siècle, notamment les Pharisiens, les Esséniens, les Saducéens, les Zélotes etc. Il serait issu des enseignements dispensés initialement en Judée par un juif, Jésus de Nazareth, dont pourtant on ignore s'il avait jamais existé historiquement : outre que l'on ne dispose d'aucune preuve de l'existence historique de Jésus, tout ce qui caractérisait le personnage, jusqu'à son nom, n'était qu'emprunt aux religions dites païennes ayant précédé le Christianisme, notamment le Vitalisme de la vallée du Nil et du reste de l'espace subsaharien antique. Comme le montre le théologien et prêtre anglican Tom Harpur (2005), tous les miracles attribués à Jésus de Nazareth furent réalisés, plusieurs milliers d'années avant sa naissance supposée au Ier siècle, par le dieu Ioussou (ou Hor, Horus) de Kemet (Egypte antique) : l'appellation Jésus (Iêsoûs en grec) était issue du nom Ioussou de ce dieu vitaliste négro-africain tandis que des faits comme l'immaculé-conception, le projet d'assassinat de l'enfant-dieu, la passion, la résurrection des morts, la croix, la trinité, le message centré sur la Vérité-Justice-Amour-fraternité universelle etc., étaient tirés du terroir spirituel de la religion vitaliste négro-africaine de Kemet (Harpur, 2005 ; Dakilo et Phari, 2021). Autre illustration du doute entourant l'historicité de Iêsous : ce fut en Kemet, pourtant pays où Yahweh fut contraint d'aller lui-même sortir les Hébreux alors prétendument soumis à l'esclavage des autochtones, que le même dieu recommandait aux parents du petit Jésus de se réfugier avec l'enfant pour échapper à son assassinat projeté par le roi Hérode de Jérusalem.

Initialement persécutée par le Judaïsme, la secte chrétienne primitive fit l'objet à Rome aussi d'une interdiction par un sénatus-consulte de l'an 35. Les premières écritures des éléments de doctrine (Epitres, Evangiles) de la secte, lesquels éléments circulaient d'abord oralement, dataient des années 40-50 avec les Epitres de Paul et s'étalaient sur une période allant jusqu'aux débuts du IIème siècle, dans les années 110.

Sur le plan idéologique, la doctrine chrétienne des premiers siècles mettait l'accent sur l'amour et la fraternité, la vie éternelle grâce à la foi en un Christ, fils de Dieu, crucifié, ressuscité des morts, sauveur des humains, sur l'imminence de la fin du monde etc. La méthode de diffusion du message chrétien était le prêche, la persuasion. Le symbole du Christianisme primitif et ancien fut le poisson et l'acrostiche ou acronyme orthographié en Grec *IXΘΥΣ (*Ichtus), signifiant « *Jésus-Christ fils de Dieu, sauveur* ». Un grand nombre d'évangiles étaient en circulation et utilisés dont les Evangiles de Judas, Barnabé, Marie, Nicodème, la femme de Jésus, Barthélemy, Pierre, Philippe, Thomas de Didyme etc. Enfin, au cours des premiers siècles, les Chrétiens n'étaient pas une communauté unifiée. Il y avait dans les diverses localités des groupes de fidèles se réunissant chacun de son côté, sous la direction d'un responsable (devenu l'évêque) et pratiquant des rites divers avec des croyances diverses. Par exemple, les Chrétiens de Corinthe niaient la résurrection de Jésus ; à Alexandrie en Egypte, c'était l'Arianisme qui prévalait avec la croyance que Jésus était un dieu mais distinct de Dieu le Père qui l'a engendré et auquel il était subordonné ; à Constantinople prévalait le nestorianisme, doctrine affirmant la coexistence de deux hypostases, l'une divine, l'autre humaine, en Jésus-Christ ; dans d'autres localités c'était le dogme de la trinité, avec un Dieu unique en trois personnes (la Trinité) dont Jésus conçu du Saint-Esprit et non du Dieu le Père ; en Mésopotamie, se développait le marcionisme, doctrine fondée sur la croyance que Jésus n'était pas né de la

Vierge Marie, qu'il n'était pas le messie espéré des Juifs, qu'il avait émergé sans naissance et sans croissance, sous le règne (14-37) de Tibère, empereur romain du Ier siècle, pour sauver l'humain par sa mort, etc.

Au IV ème siècle, en 325, l'empereur romain Constantin Ier mit fin à ces Christianismes différenciés et créa un Christianisme unitaire. Il convoqua pour cela un concile qu'il réunit en Bithynie (Asie Mineure : Turquie contemporaine) du 20 mai au 25 juillet 325, concile auquel avaient pris part entre 250 et 318 évêques de pratiquement toutes les régions chrétiennes de l'empire romain (d'Occident, d'Orient, d'Afrique : Egypte, Carthage) ; Constantin Ier fixa lui-même l'ordre du jour puis présida les travaux. Durant ceux-ci, l'empereur exerçait une pression constante sur les évêques et réussissait à imposer ses vues jusqu'à la formulation dogmatique. A une écrasante majorité, les évêques signèrent un accord dénommé « symbole de Nicée », une confession de foi instituant le Credo chrétien bien connu « *Je crois en un seul Dieu, le Père tout puissant, créateur de toutes les choses visibles et invisibles, et en un seul Seigneur Jésus Christ, le Fils unique (...) né du Père comme Fils unique (...) engendré, non pas créé, consubstantiel au Père, par qui tout a été fait (...) qui, pour nous les hommes, et pour notre salut, est descendu et a pris chair, s'est fait homme, a souffert et est ressuscité le troisième jour, est remonté aux cieux, d'où il viendra juger les vivants et les morts, et dans le Saint-Esprit. ...* ». Le dogme de la trinité était affirmé : l'Arianisme était éliminé. Une date fixe était arrêtée pour la fête de Pâques commémorant la résurrection de Jésus, à savoir le premier dimanche après la pleine lune de printemps. La sanction de l'excommunication était également adoptée. Le « *symbole de Nicée* », promulgué lors du concile (et plus tard complété lors du concile de Constantinople en 381), résumait les éléments fondamentaux de la confession de foi chrétienne. Il constitue la théologie de l'Eglise apostolique et romaine ou Eglise catholique. Mais l'essentiel des assertions, affirmations posées dans le « symbole » fut adopté par les confessions chrétiennes majeures notamment l'Orthodoxie, les courants issues du protestantisme.

Au sortir du concile de Nicée, naquit un nouveau Christianisme dit « Christianisme Nicéen ». C'était le Christianisme « créé » par l'empereur romain Constantin Ier. Celui-ci exerçait une réelle autorité sur la communauté chrétienne désormais unifiée. Ce Christianisme était rattaché au pouvoir impérial et était devenu une religion inféodée au pouvoir romain, dont il allait servir d'instrument. L'empereur Constantin entreprit la construction d'églises et de grandes basiliques, à l'instar de la basilique Saint-Jean-de-Latran de Rome, de la basilique Saint-Pierre du Vatican, de la basilique Sainte-Sophie de Constantinople, de l'église du Saint-Sépulcre à Jérusalem. Rome était devenu le centre religieux majeur du Christianisme.

De sa position hégémonique, Constantin Ier avait profité pour introduire d'autres institutions dans le Christianisme. Ainsi, l'empereur imposa la croix comme symbole du Christianisme ainsi qu'un chrisme propre à lui, contenant la lettre grecque *rho* (ρ) : ces symboles avaient supplanté le poisson et l'Ichtus du Christianisme primitif et ancien ; Constantin Ier fit de dimanche, jour païen du soleil, un jour de repos légal aussitôt adopté par les Chrétiens; vers 336, l'empereur fixa au 25 décembre, jour de la fête païenne romaine de la naissance des dieux « Soleil invaincu » et Mithra, la date de la fête de Noël ; c'était cette date que l'évêque Libère de Rome choisissait en 354 pour la fête marquant le début de l'année liturgique et la naissance de Jésus dit « Soleil de justice » ; en soutien à l'introduction de la croix, l'empereur Constantin avait pris le soin de diffuser largement la légende que sa mère, fervente chrétienne, aurait découvert le reste de la « vraie croix » sur laquelle Jésus fut crucifié ; il se diffusait aussi, au IVème siècle, la légende que ce fut la mère de Constantin qui aurait identifié l'emplacement réel du mont Golgotha sur lequel Jésus fut crucifié etc. La christianisation de l'empire romain lancée par Constantin allait s'accélérer.

En effet, le 28 février 380, par l'édit de Thessalonique, Les empereurs romains, Théodose Ier et Gratien, respectivement de l'Empire romain d'Orient et d'Occident, firent de la religion chrétienne catholique trinitaire l'unique religion officielle et obligatoire de l'État romain. La proclamation sonnait comme un avertissement tant aux non-chrétiens dit païens qu'aux chrétiens arianiens. Le 24 février 391, une loi de Theodose Ier interdit, sous peine de mort, à toute personne d'entrer dans un temple, d'adorer les statuts des dieux et d'effectuer des sacrifices en leur honneur.

Le 17 juin 391, Théodose adressa l'édit dans une version plus dure au préfet d'Égypte, lequel chargea l'évêque Théophile d'Alexandrie de son application locale. L'évêque exécuta cette mission avec un fanatisme jamais égalé : il détruisit, à la tête d'une foule de partisans, temples et monuments de la religion autochtone d'Egypte, le Vitalisme, décrétée païenne à l'occasion; l'évêque et ses partisans avaient brisé les statues se trouvant dans les temples puis déporté une partie à Constantinople ; les temples non détruits étaient transformés en églises chrétiennes ; l'évêque et ses partisans détruisirent en outre le Serapeum d'Alexandrie et brûlèrent la bibliothèque de la ville, coupable à leurs yeux de contenir des ouvrages attestant que la religion chrétienne naissante et triomphante n'était qu'un plagiat, en nombre de domaines (trinité, nom

Jésus du héros du nouveau testament, miracles de Jésus, croix, passion du christ, résurrection, jugement dernier etc.) de la religion autochtone de Kemet, le Vitalisme. En 392, l'interdiction des cultes autochtones dits païens, s'étendait aux adorations et sacrifices domestiques, aux fleurs devant les pénates familiaux, aux bandelettes attachées aux arbres sacrés etc.

§2) Le Christianisme primitif et ancien : pionnier de la pérennisation de l'esclavage

A) Jésus de Nazareth : légitimation et emprunt d'un concept païen de l'esclavage

Bien que les Evangiles soient peu focalisés sur l'esclavage, Jésus de Nazareth avait abordé, à plusieurs reprises, le sujet dans ses paraboles et enseignements. Ainsi, dans l'évangile selon Mathieu (Math 20 : 25-27), il est écrit : « *25. Jésus les appela, et dit : Vous savez que les chefs des nations les tyrannisent, et que les grands les asservissent. 26. Il n'en sera pas de même au milieu de vous. Mais quiconque veut être grand parmi vous, qu'il soit votre serviteur ; 27. et quiconque veut être le premier parmi vous, qu'il soit votre esclave* ». L'évangile atteste d'abord que Jésus n'ignorait pas l'existence de l'esclavage dans la société judéenne de son époque. Il suggère ensuite que Jésus ne semblait pas désapprouver particulièrement l'esclavage. L'impression est que pour lui l'esclavage était une donnée s'imposant à la société et contre laquelle il ne pouvait rien. Ce qui est paradoxal pour une personne en mesure d'accomplir toutes sortes de miracles, par exemple guérir des aveugles au simple toucher comme le précise Mathieu (Math 20 : 32-34). Jésus traitait alors l'esclavage comme une situation normale, qui ne le dérangeait aucunement et sur laquelle il s'appuyait pour construire ses paraboles et enseignements. Ainsi, l'esclave ayant bien géré le pécule mis à sa disposition par son maître en le faisant fructifier lui offrait un exemple de mérite qu'il mit en avant dans Mathieu (25 : 14-28). Ailleurs, Jésus ne manifesta aucune gêne à fonder ses enseignements sur les cas de vente de débiteurs par leur créancier comme dans Mathieu (18 : 23-34) par exemple.

A aucun moment, Jésus de Nazareth n'avait remis en cause l'institution esclavagiste, ce mode d'organisation sociale reposant sur le fait que certains individus étaient la propriété d'autres auxquels ils étaient soumis. Au contraire, dans ses enseignements, il recommandait à plusieurs reprises de se comporter comme les esclaves, affirmant par exemple dans l'évangile selon Luc (12 : 36-38) : « *36 Et vous, soyez semblables à des hommes qui attendent que leur maître revienne des noces, afin de lui ouvrir dès qu'il arrivera et frappera. 37 Heureux ces serviteurs que le maître, à son arrivée, trouvera veillant ! Je vous le dis en vérité, il se ceindra, les fera mettre à table, et s'approchera pour les servir. 38 Qu'il arrive à la deuxième ou à la troisième veille, heureux ces serviteurs, s'il les trouve veillant !* ». Cet enseignement révèle en outre que Jésus considérait que le comportement idéal de l'esclave était d'être soumis au maître, de lui obéir, d'être prêt à le servir en toute circonstance et à toute heure comme il le désirerait et même au-delà. Le Christ assurait qu'en se comportant ainsi, l'esclave agirait en faveur de ses propres intérêts car ce faisant il en tirerait le plus grand bonheur. En effet, selon Jésus, le maître heureux d'être idéalement servi se mettrait à son tour au service de l'esclave. Il y aurait ainsi harmonie des intérêts : l'esclave sert idéalement le maître ; heureux, celui-ci servirait à son tour l'esclave qui se trouverait aussi heureux. Ainsi, qu'il s'agisse de l'esclave ou du maître chacun a intérêt à servir idéalement l'autre. Comment dès lors remettre en cause une organisation sociale esclavagiste qui était susceptible de rendre heureux chacun des protagonistes ? L'esclavage était légitimé par ce biais et Jésus de Nazareth ne pouvait qu'opter pour le statu quo social. Dans Luc (17 : 7-10), Jésus réitérait la légitimation de l'esclavage en disant à ses apôtres : « *7 Qui de vous, ayant un serviteur qui laboure ou paît les troupeaux, lui dira, quand il revient des champs : Approche vite, et mets-toi à table ? 8 Ne lui dira-t-il pas au contraire : Prépare-moi à souper, ceins-toi, et sers-moi, jusqu'à ce que j'aie mangé et bu ; après cela, toi, tu mangeras et boiras ? 9 Doit-il de la reconnaissance à ce serviteur parce qu'il a fait ce qui lui était ordonné ? 10 Vous de même, quand vous avez fait tout ce qui vous a été ordonné, dites : Nous sommes des serviteurs inutiles, nous avons fait ce que nous devions faire.* »

Toutefois, Jésus semblait considérer l'esclavage comme une déchéance, puisque dans Mathieu (20 : 27) il déclarait à ses disciples : « *quiconque veut être le premier parmi vous, qu'il soit votre esclave* », à la manière de Noé ivre maudissant Canaan (Gen 9 : 25) : « *25 qu'il soit l'esclave des esclaves de ses frères !* ». Comme Noé, Jésus concevait ainsi l'esclavage comme un châtiment. Des enseignements qu'il dispensait aux Juifs dans le temple, on relève des précisions sur cette pensée, notamment dans l'évangile selon Jean (8 : 34-36) où Jésus déclarait : « *34 En vérité, en vérité, je vous le dis, leur répliqua Jésus, quiconque se livre au péché est esclave du péché. 35 Or, l'esclave ne demeure pas toujours dans la maison ; le fils y demeure toujours. 36 Si donc le Fils vous affranchit, vous serez réellement libres.* » Outre qu'il semblait suggérer que tout pécheur restait soumis aux effets de son péché et en demeurait comptable, la liaison esclave-péché que Jésus établissait ici ouvrait la porte à toutes les spéculations possibles et imaginables surtout lorsque le Christ avait lui-même par ailleurs suggéré que l'esclavage était un châtiment. Elle offrait en effet une double brèche dans laquelle théologiens et dignitaires chrétiens, aimant s'attacher à la lettre des textes (Harpur, 2005), s'engouffreront après le Christ. Il résulte en effet de cet enseignement que pour Jésus l'esclavage serait la sanction du péché : dès lors, tant qu'il y aura le péché, il y aura esclavage.

En conséquence il serait impossible d'abolir l'esclavage sur terre, car tout le monde serait esclave sur terre : en effet selon Jésus tout humain sur terre serait pécheur, ce qu'il démontrait dans Jean (8 : 3-7) : « *3 Alors les scribes et les pharisiens amenèrent une femme surprise en adultère ; 4 et, la plaçant au milieu du peuple, ils dirent à Jésus: Maître, cette femme a été surprise en flagrant délit d'adultère. 5 Moïse, dans la loi, nous a ordonné de lapider de telles femmes : toi donc, que dis-tu? 7 Comme ils continuaient à l'interroger, il se releva et leur dit : Que celui de vous qui est sans péché jette le premier la pierre contre elle.* » Là-dessus, le vide s'était fait autour de la femme adultère : tous ses accusateurs avaient déserté le temple et aucun ne lui jeta la moindre pierre. Jésus démontrait ainsi que tout humain demeurait pécheur, et par conséquent esclave.

Le concept « d'esclave du péché », faisant du péché l'origine de l'esclavage, fut un concept païen qu'avait repris Jésus de Nazareth. Il s'agissait en effet du concept « d'esclave des passions » élaboré par les philosophes païens stoïciens gréco-romains qui l'avait précédé, de cinq siècles pour certains. Ce concept stoïcien « d'esclave des passions », rappelons-le, faisait de tout humain un esclave et était synonyme « d'esclave du mal », la passion étant pour les Stoïciens, un mal. Ayant repris ce concept, Jésus substituait aux termes passions et mal, le terme péché. Or, le mal est-il autre chose qu'un péché ? Ainsi, comme les philosophes païens avant lui, Jésus de Nazareth assurait que tout le monde était esclave, banalisant de la sorte l'esclavage et la souffrance réelle des esclaves dans la société historique. Jésus étant Dieu, réuni dans la même entité que le Saint-Esprit, si l'on peut admettre que son raisonnement était guidé par l'Esprit-saint et était celui de l'Esprit-saint, le fait que ce raisonnement aboutît à celui émis par les païens, au moins cinq siècles avant, est la preuve éclatante que le dieu païen qui éclairait l'esprit des païens était au moins aussi parfait, irréprochable et merveilleux que l'Esprit-saint chrétien. Il en résulte alors l'inutilité du combat par lequel le Christianisme avait couvert d'opprobres puis éliminé le « paganisme ». Ce combat ne relevait que du prosélytisme et de la seule volonté chrétienne de se substituer au « paganisme », de prendre le contrôle spirituel du monde afin de le régenter.

Dans l'évangile selon Jean, Jésus professait aussi être la seule autorité disposant du pouvoir de mettre fin à la souffrance des esclaves. Il affirmait notamment que (Jean 8 : 36) : « *36 Si donc le Fils vous affranchit, vous serez réellement libres.* » Jésus assurait ainsi être seul en mesure « d'affranchir » l'esclave en le rendant « *réellement libre* ». En clair, la liberté réelle ne s'acquiert que par la grâce ou la volonté de Dieu. Jésus introduisait ici un autre concept d'esclave : s'il était le seul à même de pouvoir affranchir réellement, c'était que tout humain n'était réellement que son esclave. Tout humain était donc un esclave de Dieu avec lequel Jésus formait la même entité. Et cette situation d'esclavage, celle d'esclave de Dieu, était plus importante que celle de l'esclavage historique, terrestre, puisque l'on n'acquérait la liberté réelle que lorsqu'on était libéré de l'esclavage de Dieu. Une nouvelle banalisation, voire minimisation, d'envergure de l'esclavage historique était ainsi opérée. Cet esclavage, par lequel certains humains croupissaient sous le joug d'autres était ramené à quelque chose d'insignifiant. En sortir ne conduisait pas à la liberté réelle, celle que l'humain devrait rechercher. Du coup il ne vaudrait pas la peine de rechercher, recommander, se battre pour, l'affranchissement historique, pour mettre un terme à l'esclavage historique. Que les choses demeurent en l'état ! Que la société demeure esclavagiste ! Que les maîtres demeurent maîtres ! Que les esclaves demeurent esclaves ! Certes, Jésus reprit à son compte l'enseignement du prophète Esaïe, selon lequel (Esaïe 61 :1) **«** *L'esprit du Seigneur, l'Éternel,* *est sur moi, Car l'Éternel m'a oint pour porter de bonnes nouvelles aux malheureux ; Il m'a envoyé pour guérir ceux qui ont le cœur brisé, Pour proclamer aux captifs la liberté, Et aux prisonniers la délivrance ; »*. C'était dans l'évangile selon Luc (4 : 17-21) où il est écrit : « *17 et on lui [Jésus] remit le livre du prophète Ésaïe. L'ayant déroulé, il [Jésus] trouva l'endroit où il était écrit : 18 L'Esprit du Seigneur est sur moi, Parce qu'il m'a oint pour annoncer une bonne nouvelle aux pauvres (…)19 <u>Pour proclamer aux captifs la délivrance</u> (…), <u>Pour renvoyer libres les opprimés</u>, (…) 20 Ensuite, il roula le livre, le remit au serviteur, et s'assit. Tous ceux qui se trouvaient dans la synagogue avaient les regards fixés sur lui. 21 Alors il commença à leur dire : Aujourd'hui cette parole de l'Écriture, que vous venez d'entendre, est accomplie.* » Naturellement, dans cet Evangile, Jésus ne parlait aucunement de l'esclavage historique puisqu'il ne proposait rien pour délivrer les captifs historiques, pour les libérer : il ne proposait même pas le minimum qui serait de recommander aux maîtres de libérer leurs esclaves ne serait-ce qu'en signe d'amour, de fraternité etc. La délivrance à laquelle il faisait allusion ne pouvait être que la liberté réelle posthume qu'il évoquait dans Jean (8 : 36), à savoir l'affranchissement qu'il réserverait dans l'au-delà à ceux qui le suivraient.

L'enseignement de Jésus était en définitive défavorable à l'affranchissement historique des esclaves, à leur libération historique, à la modification de l'ordre social historique régnant, à la suppression de l'esclavage social etc., positions défavorables qui auront été celles des institutions chrétiennes durant deux millénaires (du Ier au XIXème siècle). Jésus avait d'ailleurs prévenu à maintes reprises qu'il n'était pas venu changer la loi, l'ordre social (Mathieu 5 : 17-19) : « *17 Ne croyez pas que je sois venu pour abolir la loi ou les prophètes ; je suis venu non pour abolir, mais pour accomplir. 18 Car, je vous le dis en vérité, tant que le ciel et la terre ne passeront point, il ne disparaîtra pas de la loi un seul iota ou un seul trait de lettre, jusqu'à ce que tout soit arrivé. 19 Celui donc qui supprimera l'un de ces plus petits commandements, et qui enseignera aux hommes à faire de même, sera appelé le plus petit dans le royaume des cieux ; mais celui qui les observera, et qui enseignera à les observer, celui-là sera appelé grand dans le royaume des cieux.* » Jésus ne prônait donc pas la révolution sociale. Et pour ce qui est de l'esclavage en particulier, il est possible d'imaginer que l'option pour le statu quo serait la suite logique de la croyance en l'imminence de la fin du monde qui caractérisait le Christianisme primitif et ancien. Jésus avait en effet lui-même, et de façon récurrente, insisté sur cette imminence, ne cessant de recommander à chacun d'être, à chaque instant, prêt, nul ne pouvant connaître le jour. La préoccupation du Christ ne pouvait dans ces conditions être de changer une société historique appelée à disparaître incessamment, ou de réorganiser une telle société, en ne fondant plus la production sociale sur l'utilisation de l'esclave. Le point faible de cette argumentation était l'exemple des sectes abrahamiques contemporaines du Christianisme primitif, à savoir la secte des Esséniens en Judée et celle des Thérapeutes en Egypte, qui bien qu'adeptes de l'imminence de la fin du monde, avaient aboli l'esclavage au sein de leur communauté.

Cependant, même en dehors de toute perspective de parousie, aurait-il été possible que Jésus de Nazareth, et après lui les dignitaires et institutions chrétiens, optât pour un démantèlement du système esclavagiste ? Jésus étant Dieu omnipotent, on peut toujours estimer que rien ne lui était impossible et qu'il pouvait à tout moment changer tout ce qu'il voulait, y compris l'organisation sociale esclavagiste. Cependant, le Christ ne le pouvait et pour cause. Yahweh ayant lui-même institué l'esclavage en terre promise comme nous l'avons vu, et Jésus formant la même entité que son père Yahweh dans la trinité, pouvait-il dès lors s'opposer à l'esclavage qu'il avait lui-même créé ? Ne touchons-nous pas là du doigt l'un des fondements de l'attitude tendant largement à légitimer l'esclavage que les institutions chrétiennes, historiquement, avaient eue ?

B) Pierre et les douze apôtres : la pérennisation de l'esclavage et de l'ordre établi

Emboîtant le pas à son maître Jésus de Nazareth, l'apôtre Pierre répétant sans doute ce qu'il avait appris de lui, enseignait dans sa Première épitre (I Pier. 2 : 18-22) : « *18. Serviteurs, soyez soumis en toute crainte à vos maîtres, non seulement à ceux qui sont bons et doux, mais aussi à ceux qui sont d'un caractère difficile. 19. Car c'est une grâce que de supporter des afflictions par motif de conscience envers Dieu, quand on souffre injustement. 20. En effet, quelle gloire y a-t-il à supporter de mauvais traitements pour avoir commis des fautes ? Mais si vous supportez la souffrance lorsque vous faites ce qui est bien, c'est une grâce devant Dieu. 21. Et c'est à cela que vous avez été appelés, parce que Christ aussi a souffert pour vous, vous laissant un exemple, afin que vous suiviez ses traces,* ». Outre la soumission, Pierre recommandait aux esclaves de témoigner de la crainte pour leurs maîtres quand bien-même ils seraient cruels et les maltraiteraient injustement. Il persuadait les esclaves qu'accepter et supporter la souffrance qui leur était imposée relevait de la grâce divine : Jésus aurait montré l'exemple de cette souffrance pour autrui et il leur fallait suivre son exemple.

Cette vision était aussi celle que les douze apôtres de Jésus avaient transmise à la postérité chrétienne via la *Didachè* ou *Doctrine des Douze Apôtres*, document du christianisme primitif et ancien inclus dans les écrits des Pères Apostoliques par l'Église apostolique romaine, et dont les premiers textes furent rédigés dans les années 90, vers la fin du Ier siècle. Dans le chapitre IV du document (Didachè 4 : 7-8), les douze apôtres firent les recommandations suivantes au maître et à l'esclave : « *7 Ne donne pas tes ordres avec aigreur à ton esclave ou à ta servante qui espèrent dans le même Dieu, de peur qu'ils ne cessent de craindre le Dieu qui règne sur toi comme sur eux, car Il ne vient pas appeler les hommes selon l'apparence, mais ceux que l'Esprit a rendus prêts. 8 Quant à vous, serviteurs, vous serez soumis à vos maîtres avec respect et crainte comme à l'image de Dieu. »* Voilà qui est clair ! Mais il convient de le souligner : à propos de la conduite idéale à avoir s'agissant des maîtres, les Douze apôtres rejoignaient les païens Stoïciens, lesquels recommandaient plusieurs siècles avant la naissance de Jésus, un traitement plus humain des esclaves. Il s'ensuit que l'esprit qui éclairait les Douze apôtres et guidait leurs enseignements, depuis le jour de pentecôte ayant suivi l'ascension de Jésus, le Saint-Esprit, n'était en rien supérieur à celui païen qui éclairait les philosophes stoïciens.

Ainsi, non seulement l'esclavage était justifié pour le Christianisme primitif et ancien (l'humain étant esclave du péché et de Dieu), mais encore il était inculqué comme conforme à la volonté divine. En outre, le Christianisme introduisait dans l'esprit des esclaves une chaîne anti-révolte des plus pures, à savoir la soumission au, et le respect ainsi que la crainte du, maître comme de l'image de dieu. Le maître était donc enseigné comme l'image de Dieu dans la société. Le Christianisme conférait en conséquence à l'esclavage une assise spirituelle de roc et donc les ressorts adéquats pour sa pérennisation. Mais au-delà de l'esclavage, c'était tout l'ordre social régnant que le Christianisme primitif recommandait de respecter et de maintenir tel quel. Ainsi, Pierre prêchait la soumission à l'ordre et à l'autorité établis par les Hommes, notamment la soumission au roi, aux gouverneurs, aux souverains (I Pier. 2 : 13-14) : « *13. Soyez soumis, à cause du Seigneur, à toute autorité établie parmi les hommes, soit au roi comme souverain, 14. soit aux gouverneurs comme envoyés par lui pour punir les malfaiteurs et pour approuver les gens de bien.* » L'esclavage et l'ordre établi par les Puissants sur terre pouvaient donc se pérenniser ! On touche ici du doigt, le fondement du soutien et de la protection que les empereurs romains avaient accordés au Christianisme, faisant de cette nouvelle religion l'instrument de leur pouvoir et de leur domination sur leur société comme sur le reste du monde. On touche également du doigt ici, le fondement de pourquoi le Christianisme s'était toujours historiquement rangé du côté du pouvoir temporel des humains dont il s'était servi pour assurer son expansion dans le monde.

C) Paul de Tarse : l'emprunt aux païens et l'inculcation de l'acceptation de l'esclavage

Paul de Tarse ou Saint Paul fut l'un des fondateurs majeurs du Christianisme primitif et ancien, sinon le fondateur réel. Décédé vers l'an 70 à Rome, Paul naquit à Tarse en Cilicie, en Asie Mineure (ou Anatolie), au début du Ier siècle, un territoire conquis et devenu province romaine depuis l'an 100 AEC. Juif, Paul fut citoyen romain et avait donc vécu et été élevé dans une société esclavagiste. Dès lors, se pose la question de savoir quelle pouvait être sa position vis-à-vis de l'esclavage. Dans ses Lettres, fondamentales pour la doctrine chrétienne, Paul n'avait nullement esquivé la question. Il semblait ainsi la trancher par exemple dans ses Epitres aux Galates, lorsqu'il écrivait au chapitre 3 (Gal. 3 : 26-28) : « *26. Car vous êtes tous fils de Dieu par la foi en Jésus Christ ; 27. Vous tous, qui avez été baptisés en Christ, vous avez revêtu Christ. 28. Il n'y a plus ni Juif ni Grec, il n'y a plus ni esclave ni libre, il n'y a plus ni homme ni femme ; car tous vous êtes un en Jésus-Christ.* » Paul semblait ainsi affirmer que le baptême chrétien gommait la distinction sociale libre - esclave caractéristique de la société romaine du premier siècle. L'esclave baptisé devenait indistinct de l'humain libre : ils formaient tous « un ». L'esclave devenait-il pour autant l'égal du libre par l'effet du baptême ? C'est ce que l'on est tenté de croire. Dès lors, la conception chrétienne signifiait que l'humain baptisé ne devrait plus être esclave, qu'un Chrétien ne devrait être esclave. Et si les Chrétiens croyaient en l'enseignement de Paul, ils ne devraient en toute logique plus détenir d'esclaves chrétiens. Par ailleurs, le Christianisme se prétendant « *religion de l'amour et de la fraternité* », comme le fût le Vitalisme négro-subsaharien antique (Dakilo et Phari, 2021), l'esclavage aurait dû être aboli au sein de la communauté chrétienne : les Chrétiens ne devraient le pratiquer sur aucun humain quelle que fût la confession de celui-ci, à l'instar de ce que faisaient les Vitalistes négro-subsahariens antiques. Sauf si la fraternité et l'amour chrétiens n'étaient réservés qu'aux chrétiens et excluaient les autres êtres humains. Paul, croyant en la fraternité, devrait en toute logique réclamer que la société mît un terme à l'esclavage, ou à minima que la chrétienté en fît ainsi en son propre sein. Paradoxalement tel n'était pas la position qu'il défendait.

Une première illustration fut l'Epitre de Paul à Philémon, un de ses amis chrétiens auquel il renvoyait son esclave fugitif Onésime : « *8. C'est pourquoi, bien que j'aie en Christ toute liberté de te prescrire ce qui est convenable, 9. C'est de préférence au nom de la charité que je t'adresse une prière, étant ce que je suis, Paul, vieillard, et de plus maintenant prisonnier de Jésus Christ. 10. Je te prie pour mon enfant, que j'ai engendré étant dans les chaînes, Onésime, 11. qui autrefois t'a été inutile, mais qui maintenant est utile, et à toi et à moi. 12. Je te le renvoie lui, mes propres entrailles. 13. J'aurais désiré le retenir auprès de moi, pour qu'il me servît à ta place, pendant que je suis dans les chaînes pour l'Évangile. 14. Toutefois, je n'ai rien voulu faire sans ton avis, afin que ton bienfait ne soit pas comme forcé, mais qu'il soit volontaire. 15. Peut-être a-t-il été séparé de toi pour un temps, afin que tu le recouvres pour l'éternité. 16. non plus comme un esclave, mais comme supérieur à un esclave, comme un frère bien-aimé, de moi particulièrement, et de toi à plus forte raison, soit dans la chair, soit dans le Seigneur. 17. Si donc tu me tiens pour ton ami, reçois-le comme moi-même.*

18. Et s'il t'a fait quelque tort, ou s'il te doit quelque chose, mets-le sur mon compte. 19. Moi Paul, je l'écris de ma propre main, -je paierai, pour ne pas te dire que tu te dois toi-même à moi. 20. Oui, frère, que j'obtienne de toi cet avantage, dans le Seigneur ; tranquillise mon cœur en Christ. 21. C'est en comptant sur ton obéissance que je t'écris, sachant que tu feras même au-delà de ce que je dis. » (Philem. 8-21).

Récapitulons. Philémon était un habitant de la ville de Colosses en Asie Mineure, converti au Christianisme par Paul de Tarse puis devenu disciple et ami de ce dernier. Maître propriétaire de plusieurs esclaves, Philémon était responsable d'une communauté chrétienne domestique, fondée par lui-même, en plus d'être un membre éminent de la communauté chrétienne de Colosses. Un de ses esclaves nommé Onésime, nom signifiant « celui qui est utile » et que portait fréquemment les esclaves, s'était enfui. L'esclave fugitif avait fini par retrouver, à Ephèse, les traces de Paul, l'ami de son maître, incarcéré dans cette ville, pour ses activités religieuses. Après avoir baptisé Onésime, Paul le renvoya à son maître avec un courrier dans lequel il demandait à son ami de considérer que l'esclave était devenu un frère chrétien, un ami, comme lui-même, et de le traiter comme tel : Paul faisait comprendre à Philémon, qu'Onésime, dès lors qu'il l'avait baptisé, n'était plus, et pour l'éternité, un esclave. En outre, Paul souhaitait s'attacher les services de l'esclave et demandait implicitement à son ami de le lui donner. Il se proposait aussi de rembourser à Philémon les dettes dues par Onésime en raison des heures de travail non effectuées par suite de sa fuite qu'il qualifiait d'éloignement.

On retrouve dans l'épitre à Philémon, le principe posé par Paul dans son Epitre aux Galates, (Gal. 3 : 27-28), à savoir que le baptême chrétien gommait la distinction sociale libre - esclave et faisait de l'esclave baptisé l'égal du libre. Cependant Paul de Tarse n'explicitait pas, dans l'Epitre à Philémon, ce que cela impliquait concrètement : Onésime cessait-il d'être la propriété de Philémon dès lors qu'il était baptisé ? Ne devait-il plus travailler pour Philémon sans être payé comme auparavant ? Philémon n'avait-il plus le droit de le vendre, le léguer, le prêter, le louer, en faire donation etc. ? Le constat est que Paul n'avait jamais réclamé à son disciple Philémon la libération de l'esclave Onésime. Au-delà, il n'avait même pas condamné l'esclavage. Qu'est-ce qui l'empêchait de le faire ? Qu'est-ce qui l'empêchait d'enseigner, à son disciple et ami Philémon, l'impossibilité qu'un Chrétien pratiquât l'esclavage, à fortiori sur un autre chrétien, et de réclamer qu'il mît en liberté Onésime ? A l'évidence, Paul avait admis l'esclavage historique comme une donnée sociale, comme une normalité à l'instar de Jésus de Nazareth et des païens. Et remettre en cause cette normalité ne faisait aucunement partie de ses préoccupations comme c'était le cas pour le Christ lui-même ainsi que les païens gréco-romains avant eux. Parce qu'à son époque, le système d'organisation sociale en place était l'esclavagisme : pour créer la richesse, le bonheur, en produisant, réalisant des tâches, quelle qu'en fût la nature, la société ne savait faire rien d'autre que d'utiliser la force de travail de l'esclave. L'esclavage était ainsi vital pour la société. Et le remettre en cause ne venait à l'esprit de quiconque. Cela ne pouvait dès lors pas rentrer dans les préoccupations chrétiennes.

Ainsi, dans le verset 13 de son Epitre à Philémon, en exprimant son souhait qu'Onésime le « *servît à la place* » de Philémon, Paul reconnaissait la permanence du lien esclave-maître qui unissait les deux malgré leur christianisation. C'était que dans son esprit, le baptême ne supprimait pas l'institution sociale de l'esclavage qui régissait le fonctionnement de la société.

Si la position de Paul vis-à-vis de l'esclavage dans l'Epitre à Philémon fut ambiguë, elle se révélait beaucoup plus claire dans ses Epitres aux Colossiens, à Tite ou à Thimothé. En effet, dans l'Epitre aux Colossiens, Paul affirmait aux chapitres 3 (22-23) et 4 (1) :

(Col. 3 : 22-23) : « *22. Serviteurs, obéissez en toutes choses à vos maîtres selon la chair, non pas seulement sous leurs yeux, comme pour plaire aux hommes, mais avec simplicité de cœur, dans la crainte du Seigneur. 23. Tout ce que vous faites, faites-le de bon cœur, comme pour le Seigneur et non pour des hommes* » ; (Col. 4 : 1) : «*1. Maîtres, accordez à vos serviteurs ce qui est juste et équitable, sachant que vous aussi vous avez un maître dans le ciel.* ».

Dans l'Epitre à Tite (Tite 2 : 9-10), Paul « *9. Exhorte les serviteurs à être soumis à leurs maîtres, à leur plaire en toutes choses, à n'être point contredisants, 10. à ne rien dérober, mais à montrer toujours une parfaite fidélité, afin de faire honorer en tout la doctrine de Dieu notre Sauveur.* ».

Au chapitre VI de sa Première Epitre à Timothée, Paul écrivait (1Timot. 6 : 1-2) : « *1. Que tous ceux qui sont sous le joug de la servitude regardent leurs maîtres comme dignes de tout honneur, afin que le nom de Dieu et la doctrine ne soient pas blasphémés. 2. Et que ceux qui ont des fidèles pour maîtres ne les méprisent pas, sous prétexte qu'ils sont frères ; mais qu'ils les servent d'autant mieux que ce sont des fidèles et des bien-aimés qui s'attachent à leur faire du bien. Enseigne ces choses et recommande-les.* »

Dans ses Epitres aux Éphésiens (6 : 5-9), Paul réitérait ces messages, insistant fortement sur l'attitude d'assujettissement que l'esclave devait avoir vis-à-vis de son maître : « *5. Serviteurs, obéissez à vos maîtres selon la chair, avec crainte et tremblement, dans la simplicité de votre cœur, comme à Christ, 6. non pas seulement sous leurs yeux, comme pour plaire aux hommes, mais comme des serviteurs de Christ, qui font de bon cœur la volonté de Dieu. 7. Servez-les avec empressement, comme servant le Seigneur et non des hommes, 8. sachant que chacun, soit esclave, soit libre, recevra du Seigneur selon ce qu'il aura fait de bien. 9. Et vous, maîtres, agissez de même à leur égard, et abstenez-vous de menaces, sachant que leur maître et le vôtre est dans les cieux, et que devant lui il n'y a point d'acception de personnes. »*

De ces Epitres, il ressort d'abord que Paul restait, à propos de l'esclavage, fidèle tant à l'esprit de l'enseignement du Christ que de Pierre et des douze apôtres. Il ne s'opposait aucunement à l'esclavage ; mieux, c'était l'autorisation divine ainsi que la légitimité de l'esclavage qu'il enseignait ; l'apôtre concevait même que les Chrétiens pouvaient posséder des esclaves et de surcroît des esclaves chrétiens. Il distinguait bien au sein des Chrétiens entre esclaves et maîtres, contredisant apparemment l'indistinction qu'il enseignait dans son Epitre aux Galates. Plus notable, Paul recommandait aux maîtres d'agir avec justice envers leurs esclaves, cette justice étant laissée à leur discrétion, reprenant ainsi les recommandations que faisaient le philosophe païen grec Platon ou les païens Stoïciens gréco-romains aux maîtres cinq siècles plus tôt pour certains : encore une fois, Paul étant censé professer sous l'éclairage du Saint-Esprit, la preuve est faite que l'Esprit-saint chrétien est au plus aussi bon que l'Esprit païen qui guidait les réflexions des païens. Le Christianisme n'apparaît aucunement supérieur au paganisme qu'il dénigre continûment. A l'adresse des esclaves, Paul était beaucoup plus précis, leur inculquant l'obéissance, la soumission, la fidélité à leurs maîtres ainsi que l'amour pour ceux-ci. A l'instar des douze apôtres, Paul inculquait aux esclaves de vivre dans la crainte de leur maître, de trembler face à eux et même en leur absence etc. Il persuadait ainsi les esclaves d'accepter leur condition et de ne point chercher à en sortir. Comme les douze apôtres dans le *Didachè*, Paul plaçait les maîtres pratiquement au niveau de Dieu, exhortant les esclaves à les servir comme ils serviraient Dieu : « *Servez-les avec empressement, comme servant le Seigneur et non des hommes.* » L'esclavage était en outre inculqué comme relevant de l'ordre divin : « *1. Que tous ceux qui sont sous le joug de la servitude regardent leurs maîtres comme dignes de tout honneur, afin que le nom de Dieu et la doctrine ne soient pas blasphémés.* » Paul enseignait donc à l'esclave qu'en respectant cet ordre divin (l'esclavage) par sa soumission, par son obéissance à son maître comme il ferait devant Dieu, il aurait en récompense la vie éternelle par la grâce de Dieu : l'esclavage conduirait ainsi au salut posthume. Il n'est donc nullement un mal, mais un bien pour celui qui le subit, l'esclave. Quiconque voudrait voir en l'esclavage un mal, devait se résoudre à l'appréhender comme un mal utile ou nécessaire. Enfin, en insistant sur ce que l'esclave devait « *montrer toujours une parfaite fidélité, afin de faire honorer en tout la doctrine de Dieu notre Sauveur.* » (Tite 2 : 9-10), Paul rappelle que c'était Dieu le Père, Yahweh lui-même qui avait institué l'esclavage et que celui-ci correspondait à sa volonté : la légitimation de l'esclavage était ainsi totale et nul chrétien ne pouvait songer y mettre un terme, pour sa génération comme pour les générations ultérieures.

Dans l'Epitre aux Romains (6 : 6-7 ; 16-23), Paul remet en avant le concept « d'esclave du péché » que Jésus avait emprunté aux philosophes païens stoïciens gréco-romains, écrivant : « *6 sachant que notre vieil homme a été crucifié avec lui, afin que le corps du péché fût détruit, pour que nous ne soyons plus esclaves du péché ; 7 car celui qui est mort est libre du péché. 16 Ne savez-vous pas qu'en vous livrant à quelqu'un comme esclaves pour lui obéir, vous êtes esclaves de celui à qui vous obéissez, soit du péché qui conduit à la mort, soit de l'obéissance qui conduit à la justice ? 17 Mais grâces soient rendues à Dieu de ce que, après avoir été esclaves du péché, vous avez obéi de cœur à la règle de doctrine dans laquelle vous avez été instruits. 18 Ayant été affranchis du péché, vous êtes devenus esclaves de la justice. 19 Je parle à la manière des hommes, à cause de la faiblesse de votre chair. De même donc que vous avez livré vos membres comme esclaves à l'impureté et à l'iniquité, pour arriver à l'iniquité, ainsi maintenant livrez vos membres comme esclaves à la justice, pour arriver à la sainteté. 20 Car, lorsque vous étiez esclaves du péché, vous étiez libres à l'égard de la justice. 21 Quels fruits portiez-vous alors ? Des fruits dont vous rougissez aujourd'hui. Car la fin de ces choses, c'est la mort. 22 Mais maintenant, étant affranchis du péché et devenus esclaves de Dieu, vous avez pour fruit la sainteté et pour fin la vie éternelle. 23 Car le salaire du péché, c'est la mort ; mais le don gratuit de Dieu, c'est la vie éternelle en Jésus-Christ notre Seigneur. »* En plus du concept « d'esclave du péché » de Jésus et des philosophes païens gréco-romains, Paul de Tarse reprenait ici celui « d'esclave de Dieu » de Jésus. De ces deux concepts et de leur enseignement, il ressort que l'humain est éternellement esclave : soit en tant qu'esclave du péché parce que tout humain est pécheur par définition (démonstration de Jésus dans le temple), soit en tant qu'esclave de Dieu que devient aussitôt cet humain lorsqu'il est affranchi du péché par la grâce de Dieu. On comprend dès lors que vouloir abolir l'esclavage historique, affranchir les esclaves sur terre s'avère inutile, sans intérêt. C'est au prix de cette banalisation extrême, via des concepts métaphoriques, qu'advenait la position de Paul pour le statu quo de la société esclavagiste. C'est également au prix de tels concepts que le Christianisme primitif et ancien avait réussi à légitimer l'institution esclavagiste historique.

§3) Le Christianisme de Constantin : une institution esclavagiste

Le Christianisme issu du concile de Nicée de 325 se débarrassera progressivement de la pensée, de l'espérance et de l'attente d'une fin du monde imminente qui caractérisait le Christianisme primitif et ancien. Désormais, les préoccupations chrétiennes se concentreront sur la vie terrestre quand bien même celle-ci devra se dérouler en conformité avec le plan divin afin que chacun assure sa béatitude post mortem. Pour autant l'institution chrétienne changera-t-elle de position vis-à-vis de l'esclavage dès lors qu'elle abandonnait sa vision d'une existence terrestre éphémère ? Oui sur certains points. Non fondamentalement.

C'était que trois temps ont marqué l'attitude du Christianisme vis-à-vis de l'esclavage, du concile de Nicée à l'abolition de la traite des Noirs et de l'esclavage au XIXème siècle : une première période (IV-VIème siècle) où prévalait la vision ancienne et primitive des Pères fondateurs du Christianisme : Jésus, les Douze apôtres, Saint Paul ; un second temps durant lequel on assiste au retour progressif et définitif de la loi de Yahweh-Moïse renforcée avec l'abolition de la mise en esclavage du coreligionnaire chrétien dans l'espace européen (VI-XVème siècle); puis une troisième période caractérisée par la traite négrière transatlantique (TNT), sa légitimation, son développement et son abolition (XV-XIXème siècle).

A) L'adhésion des Pères de l'église à la vision légitimatrice primitive de l'esclavage

Durant les premiers siècles du Christianisme de Nicée, la pensée chrétienne institutionnelle à propos de l'esclavage fut l'œuvre des Pères de l'église. Parmi ceux-ci, dont la liste est assez fournie bien que non établie de manière exhaustive par le Christianisme institutionnelle, certains avaient contribué de façon décisive, au moyen de leurs écrits, exégèses, etc. à établir, consolider, clarifier, défendre nombres d'aspects de la doctrine chrétienne, entre autres, Athanase d'Alexandrie (296-373), Hilaire de Poitiers (315-367), Grégoire de Nazianze

(329-390), Basile de Césarée (330-379), Grégoire de Nysse (335- 394), Ambroise de Milan (339- 394), Jérôme de Stridon (347-720), Augustin d'Hippone (354-430), Grégoire le Grand (540-604), Isidore de Séville (560- 636) etc.

S'agissant de l'esclavage et en règle générale, les Pères de l'Eglise s'étaient rangés à l'opinion des fondateurs antenicéens, notamment Jésus de Nazareth, les Douze apôtres, Paul. A savoir que l'esclavage faisait partie intégrante d'un plan divin que nul ne pouvait ou devait bouleverser, qu'il avait pour origine le péché, qu'il était le chemin d'affranchissement réel des humains, un affranchissement qui ne pouvait toutefois survenir que par la grâce de Dieu parce que tout humain était esclave de Dieu; que l'esclavage était légitime et qu'en conséquence, les esclaves devaient demeurer soumis à leur maître et les servir idéalement, que les maîtres devaient traiter leurs esclaves comme des « frères », avec justice, bienveillance etc. L'évêque d'Hippone en Numidie (territoire réunissant une partie de l'Algérie et de la Tunisie actuelles), Saint Augustin était très représentatif de cette idéologie. Après analyse, il rejetait la théorie de l'esclavage naturel d'Aristote, reprenait à son compte celle de l'esclave des passions des Stoïciens ainsi que le principe d'égalité entre tous les hommes, posé par ces derniers et, estimant que l'origine première de la captivité était la guerre, il établissait que l'esclavage avait pour fondement le péché ; ce dernier étant lui-même dû à la passion, ce qui en faisait une invention humaine, une œuvre humaine et non divine. Sanction juste du péché, l'esclavage était en conséquence juste. Dans la « Cité de Dieu », Augustin soutenait que toute victoire à la guerre, même celle des méchants, était un produit des jugements justes de Dieu. Dès lors, l'esclavage ne pouvait que perdurer. Et l'humain ne pouvait s'en sortir que par la « grâce de Dieu en Jésus-Christ » à la fin des temps : Augustin reprenait ainsi à son compte l'affirmation de Jésus de Nazareth. L'esclave devait rester soumis au maître et espérer être sauvé. Les maîtres quant à eux devaient vivre dans la foi, et traiter leurs esclaves dans la foi afin que l'ordre naturel ne fût point troublé.

De rares voix discordantes s'étaient toutefois élevées contre la légitimation de l'esclavage par les Pères de l'Eglise. L'évêque cappadocien Grégoire de Nysse (335-395) en était l'illustration parfaite. Estimant que Dieu avait volontairement créé l'humain libre et à son image, l'évêque soutenait qu'aucun humain n'avait dès lors le pouvoir de vendre un autre humain, de l'acheter, de le posséder ; selon lui seul, le créateur disposait de ce pouvoir. Cependant, ayant créé l'humain libre, à son image, même Dieu ne pouvait l'asservir car il ne pouvait lui reprendre la liberté qu'il lui avait octroyée, soutenait l'évêque de Nysse. A ses yeux, l'esclavagiste, le maître, transgressait de ce fait l'ordre naturel, le plan divin.

L'évêque de Nysse mettait ici le doigt sur une contradiction chrétienne majeure. Car comment professer que l'humain est créé par Dieu comme sa propre image et admettre en même temps qu'il puisse faire l'objet de transaction sur les marchés, qu'il soit la propriété d'un autre humain, assujetti à celui-ci auquel il doit toute obéissance et crainte ? Comment admettre que l'image de Dieu, et donc Dieu lui-même, soit soumise à un maître, soit la propriété d'un maître ? A quel prix Dieu peut-il être vendu sur un marché, demandait avec raison Grégoire de Nysse qui condamnait de cette façon l'esclavage terrestre. Il reste cependant regrettable que Grégoire de Nysse n'eût pas en conséquence de son cri appelé les chrétiens à abolir l'esclavage, ne serait-ce qu'au sein de leur propre communauté. Car, des sectes abrahamiques préchrétiennes l'avaient fait, à savoir, la secte judéenne des Esséniens existant encore au premier siècle de notre ère tout comme la secte des

Thérapeutes vivant autour du lac Moeris en Egypte. Mais pourquoi ce que pouvaient des groupuscules, le Christianisme devenu institution, devenu puissance ne le pourrait-il pas ? Pourquoi choisissait-il de légitimer plutôt l'esclavage ? Était-ce en raison de l'appétit de la richesse, de la puissance, en raison de la passion de l'orgueil etc., toutes choses que Grégoire de Nysse dénonçait ? Il est difficile de le nier totalement.

En effet, l'Eglise chrétienne faisait partie des maîtres esclavagistes auxquels elle conseillait les esclaves de se soumettre. Ses responsables n'étaient pas en reste. Les Pères de l'Eglise, les évêques et autres ecclésiastiques possédaient à titre individuel des esclaves, et étaient aussi au nombre des maîtres auxquels eux-mêmes appelaient les esclaves à se soumettre dans leurs écrits, homélies, enseignements. Ils étaient exactement comme les philosophes païens, Platon, Aristote, Sénèque etc., lesquels étaient des maîtres esclavagistes qui réfléchissaient sur l'institution esclavagiste, émettaient des avis, proclamant pour certains que l'esclave était naturellement fait pour être commandé parce que dépourvu de raison (Aristote), déclarant pour d'autres (Stoïciens) que tout humain serait esclave parce que soumis à ses passions, celles-ci étant des maux. Comme ces philosophes païens, l'Eglise chrétienne institutionnelle et ses responsables ne pouvaient songer à l'abolition d'un système qui les avantageait, avec le prétexte bien trouvé que cela remettrait en cause l'ordre établi, l'ordre naturel, le plan divin.

Naturellement lorsqu'on a le beau rôle de maître, il n'est pas très difficile de trouver que c'est Dieu qui en a décidé ainsi et de tenter de convaincre les assujettis de croire que c'est ainsi. Aussi les évêques réunis au concile de Gangres (tenu au milieu du IVème siècle, en 340 ou 355 selon les auteurs), frappaientils d'anathème par le canon 3, « *ceux qui sous prétexte de christianisme incitaient les esclaves à mépriser leurs maîtres et à quitter leur service, au lieu de les servir avec révérence et respect* » (Churruca, 1982). Etaient, ici, particulièrement visés des courants chrétiens suspectés d'inciter les esclaves à ne pas se soumettre à leurs maîtres. Notamment les Eustathiens d'Antioche en Syrie professant que les esclaves pouvaient quitter leurs maîtres pour se faire moines, et les Agonistici ou Circoncellions de Numidie, accusés de soulever les esclaves contre leurs maîtres chrétiens, de les inciter à piller leurs domaines, à les agresser, à fuir (Pottier, 2008). Considérée comme la plus ancienne disposition ecclésiastique sur l'esclavage, l'interdiction énoncée par le canon 3 du concile de Gangres était reconnue par le concile in Trullo réuni à Constantinople en 691-692 et fut par la suite incorporée au droit général de l'Eglise. C'était qu'au concile de Grangres, la doctrine sur l'esclavage que proclamaient les évêques s'en tenait strictement aux principes déjà énoncés par Paul dans ses épîtres : soumission des esclaves aux maîtres, respect et traitement juste des esclaves par les maîtres, soumission de tous à l'ordre naturel. En particulier, Paul n'avait jamais requis l'affranchissement, même de son disciple et ami esclavagiste Philémon. Il en fut ainsi des douze apôtres et de leur maître Jésus de Nazareth, ce dernier professant même que seul lui pouvait affranchir à la fin des temps et incitait en conséquence les esclaves historiques à accepter leur condition.

B) Le retour à la loi de Yahweh : l'esclavage est réservé aux « étrangers »

Ne pouvant, ou ne voulant pas, abolir l'esclavage, l'Eglise chrétienne allait progressivement revenir au système d'esclavage institué par Yahweh. Rappelons que selon sa loi (Lév. 25 : 1-2, 44-46), le dieu d'Abraham prescrivait aux Israélites de faire des « étrangers », les non-pratiquants du Judaïsme, leurs esclaves perpétuels tout en interdisant qu'ils se réduisissent en esclavage : « *Mais à l'égard de vos frères, les enfants d'Israël, aucun de vous ne dominera avec dureté sur son frère.* ». Toutefois, si l'esclave étranger se convertissait au Judaïsme, le maître pouvait le racheter ou le libérer. Les Chrétiens s'orienteront progressivement vers ce système esclavagiste : les « étrangers » seront leurs « païens, idolâtres, infidèles », et ils finiront par s'abstenir de se réduire en esclavage entre eux. Et à mesure que l'Europe devenait chrétienne, la réduction en esclavage d'Européens par d'autres Européens en Europe s'amenuisait jusqu'à s'éteindre totalement. L'indistinction entre Chrétiens devenus frères en Christ par le baptême que prônait Paul devenait le fil conducteur. Les rois et princes devenus chrétiens, les Etats jouaient un rôle non négligeable dans le processus, se faisant un devoir de protéger leurs frères en Christ, par ailleurs leurs sujets. Ainsi, le concile de Clichy de 626-627, tenu sous le contrôle étroit du roi des Francs Clotaire II dit Le Jeune, prohibait la vente de chrétiens à des Juifs ou païens. Vers 647, le concile de Chalon, tenu sous le règne de Clovis II, réitérait la prohibition de la vente d'esclaves chrétiens à des étrangers ou à des Juifs. L'interdiction était souvent réitérée et au synode de Koblenz en 922, quiconque vendait un Chrétien était assimilé à un meurtrier. La réflexion s'était aussi jointe aux injonctions des assemblées des évêques.

Au synode de Chelsea (816), il avait été décrété qu'au décès d'un évêque tous ses esclaves anglais devaient être libérés. A partir du Xème siècle, dans l'espace ibérique, la mise en esclavage d'un chrétien par un autre chrétien se réduisait également de façon significative. En Europe occidentale, centrale et méridionale et au XIème siècle, l'empereur germanique du Saint-Empire, Henri II, ordonnait la fermeture du dernier marché d'esclaves de l'empire à Mecklembourg en

1006. En 1158, le concile irlandais d'Armagh proclamait libres les esclaves anglais en Irlande ; en 1199, le concile de Dioclée (Europe de l'est) ordonnait la libération des esclaves chrétiens latins. Au total, en Europe (occidentale principalement), l'esclavage des Chrétiens, déclinait sérieusement entre les Xème et XIIème siècles. Dans l'empire chrétien d'Orient également, la tendance était la même. A partir de début Xème siècle, les esclaves étaient de plus en plus des non-chrétiens. En 1095 par exemple, l'empereur byzantin Léon VI dit Le Sage (866-912) interdit la vente de soi. En vertu de ce retour à la loi de Moise, les Chrétiens ne devraient plus être esclaves, ni de coreligionnaires, ni de non-coreligionnaires, notamment des Juifs, Sarrasins et Païens. Ainsi, le concile de Clichy (626-627) avait décrété la prohibition totale de la vente de Chrétiens à des Juifs ou à des Païens, mesure reprise par plusieurs conciles en l'occurrence Estinnes (741), Lérida (1229), Lyon (1245) etc. Ces interdictions et le principe selon lequel un Chrétien ne devrait plus être esclave avaient entraîné les rachats des esclaves chrétiens chez les Musulmans, notamment en Barbarie (Maghreb actuel) à la fin du Moyen-âge (Davis, 2006). Ces rachats portaient sur les chrétiens européens victimes de la traite des Blancs pratiquée dans la Méditerranée durant trois siècles environ (XII-XIV) par les musulmans Arabo-Berbères de la Barbarie (Maghreb actuel).

En matière de réflexion, ecclésiastiques, théologiens et dignitaires de l'Eglise chrétienne épousaient en règle générale la tendance et recommandaient la fin de la mise en esclavage des chrétiens par d'autres chrétiens. Un exemple fut celui du moine bénédictin et abbé de l'abbaye Saint-Michel dans la Meuse, Smaragde (750-830), qui, dans son miroir carolingien la *Voie Royale (Via Regia),* s'appuyant sur la Loi de Yahweh, recommandait à la puissance publique de favoriser l'affranchissement des esclaves ainsi que d'interdire la captivité au sein de l'empire carolingien s'étendant de l'Europe occidentale à l'Europe centrale. Toutefois, et il importe de le souligner, dans cette Europe médiévale, l'Eglise chrétienne institutionnelle ne confondait pas tout. Sa position était de supprimer la mise en esclavage de coreligionnaires chrétiens : il ne s'agissait aucunement d'interdire l'esclavage en tant qu'institution sociale. Et l'Eglise chrétienne n'avait jamais appelée à la suppression de cette institution sociale qui lui paraissait toujours parfaitement légitime à l'époque médiévale.

Une des voix les plus autorisés en matière de théologie chrétienne au Moyen Âge, le religieux de l'ordre des Prêcheurs ou ordre des Dominicains, Thomas d'Aquin (1225-1275), le rappelait dans des écrits qui eurent un impact considérable. D'Aquin fut en conséquence proclamé docteur de l'Église par le pape Pie V en 1567 et déclaré patron des universités, des écoles et académies catholiques par le pape Léon XIII en 1880. En 1879, ce dernier, le pape Léon XIII proclama que les écrits de Thomas d'Aquin exprimaient parfaitement la doctrine religieuse de l'Église chrétienne, tandis que le concile Vatican II tenu de 1962 à 1965, requit que la formation théologique des prêtres se fît « avec Thomas d'Aquin pour maître ». L'ouvrage clé du religieux d'Aquin fut la « Somme théologique » (1266-1273).

A propos de l'esclavage, la doctrine de Thomas d'Aquin fit autorité. S'appuyant sur un esprit païen antérieur, Aristote, il concevait l'esclavage comme naturel, certaines personnes étant plus aptes naturellement que d'autres à commander. D'Aquin admettait qu'initialement l'esclavage résultait du péché reprenant là Jésus de Nazaeth et avant lui les païens Stoïciens. Mais d'Aquin estimait que l'esclave était ordonné au maître et placé sous sa domination, à la manière de tout outil (ou bien) au service de l'utilité du maître ; et en tant qu'outil ou bien, l'humain en avait forcément besoin : la société historique ne pouvait fonctionner sans l'esclave. D'Aquin expliquait qu'il y avait harmonie d'intérêt entre le maître et l'esclave : l'esclavage qui assignait le rôle de maître à l'un et d'esclave à l'autre créait une situation mutuellement avantageuse pour chacun d'eux et sans aucun doute meilleure pour les deux. Au sein d'une telle pensée, il n'y avait aucune place pour l'abolition de l'esclavage et d'Aquin ne s'était, naturellement, pas hasardé à la proposer.

L'esclavage continuait ainsi à être légitimé par l'Eglise chrétienne au XIIIème siècle. Et en la matière, un concept ancien revenait avec force : il s'agissait du concept de guerre juste. Emprunté aux païens, notamment Cicéron (106-43 AEC), par l'évêque Augustin d'Hippone entre autres, le concept fut remis à jour par Thomas d'Aquin. Pour celui-ci, une guerre juste devait être entreprise par la puissance publique, être motivée par une cause juste et viser le bien commun. Pour d'Aquin en effet, l'autorité publique, le prince, représentait le ministre de Dieu qui exécutait sa répression contre le malfaiteur ; quant à la cause qui devait motiver une guerre, elle était juste dès lors que la partie attaquée avait commis une faute méritant une attaque : c'était le cas lorsqu'il s'agissait de défendre le bien commun ou public, le pays, reprendre des biens d'appropriation injuste, châtier la non-observation de la loi, venger les injures etc. Tout cela était au nombre des motifs justes d'attaque ou de guerre ; enfin, la rectitude devait caractériser l'intention de la guerre à savoir que celle-ci devait viser, pour être juste, à faire le bien et éviter le mal. La cupidité, le désir de domination, d'enrichissement, la cruauté, la convoitise des biens des autres, les fausses promesses, les attitudes trompeuses etc. étaient proscrites.

Était en conséquence juste, toute guerre consistant à défendre l'Église chrétienne, ses fidèles ainsi que la patrie. Le prototype de la guerre juste, celle faisant l'unanimité chez les Chrétiens, était la guerre contre les infidèles, à savoir les Mahométans ou musulmans encore nommés Sarrasins ou Maures. La guerre était juste lorsque les infidèles occupaient un territoire anciennement chrétien ou faisaient obstacle à la diffusion de l'Evangile, ou persécutaient les chrétiens. La guerre étant un des facteurs majeurs de production d'esclaves, il résulte de ce concept que toute mise en esclavage découlant d'une guerre juste devait être vue comme légitime. La mise en esclavage des infidèles était donc juste.

S'agissant de la mise en esclavage des Barbares (païens, idolâtres), les Chrétiens, à partir du XVème siècle, peinaient à la justifier, la notion de guerre juste étant controversée les concernant. Ceux qui la défendaient s'appuyaient sur des arguments variés, notamment la théorie de l'esclavage naturel qui concluait qu'au besoin par la force, les peuples pourvus de raison devaient dominer ceux qui en étaient dépourvus afin de les sortir de leur état d'infériorité ; mais était principalement utilisé, l'argument que les Barbares, plongés dans les ténèbres, nécessitaient d'être asservis pour être évangélisés afin de « sauver leur âme » : le salut des âmes serait l'intention clé de la mise en esclavage des Barbares, laquelle aurait donc pour dessein le « bonheur posthume » des esclaves.

C) L'esclavage des Indiens et Négro-africains : illégitimité et légitimation

Vers la fin des temps médiévaux, et à partir du XIVème siècle ainsi que de l'ère des « grandes découvertes », l'idée de guerre juste de Thomas d'Aquin était reprise pour légitimer ou délégitimer l'esclavage des infidèles et païens extra-européens, notamment ceux d'Amérique et d'Afrique.

a) L'illégitimité reconnue de l'esclavage des Indiens par l'Eglise chrétienne

S'agissant d'abord des Indiens d'Amérique, dès les débuts du XVIème siècle, s'ouvrait un débat relatif à la légitimité de leur réduction en esclavage par les colons chrétiens originaires d'Espagne. Ce débat culminait avec la controverse de Valladolid (1550-1551). Son principal organisateur fut Charles Quint (1500-1558), souverain le plus puissant d'Europe dans la première moitié du XVIème siècle qui se trouvait à la tête de l'Espagne et de son empire colonial. La papauté, par les papes Paul III (pontificat : 1535-1549) et Jule III (1550-1555), était coorganisatrice du débat, qui s'était tenu sous le pontificat de ce dernier. Julles III y envoyait un légat, le cardinal Roncieri, présider le débat qui réunissait quinze participants : juristes, administrateurs, dignitaires de l'Eglise catholique, d'août 1550 à mai 1551. Toutefois le débat opposait à titre principal deux prêtres catholiques, à savoir le jésuite Juan Ginés de Sepulveda (1490-1573) et l'évêque dominicain de Chiapas, Bartolomé de Las Casas (1474 ou 1484-1566) par ailleurs ancien colon lui-même. La thèse de Sepulveda était celle qu'il soutenait dans ses écrits antérieurs. Il prenait la défense des colons espagnols et soutenait la licéïté de l'esclavage des Indiens tandis que las Casas prenait le parti des Indiens et soutenait l'illégitimité de leur mise en esclavage.

Comme généralement chez les religieux chrétiens, l'Esprit-Saint guidant les réflexions de Sepulveda l'avait envoyé chercher la lumière chez les païens, Aristote ici. S'appuyant sur la théorie de l'esclavage naturel de celui-ci, Sepulveda soutenait que les Indiens étaient des esclaves naturels, parce qu'inférieurs aux Espagnols, une infériorité ressortant du faible ou de l'absence de, développement de leur société ainsi que des pratiques anormales et indignes auxquelles ils s'adonnaient, en l'occurrence, l'idolâtrie, l'inceste royal, le cannibalisme, les sacrifices humains. Dans ces conditions, la nécessité de sortir ces peuples de leur barbarie donnait droit aux Espagnols, de civilisation supérieure, de les soumettre pour leur enseigner un mode de vie juste et humain. La primauté du salut de l'âme justifiait donc leur conversion forcée en les colonisant et en les mettant en esclavage. On retrouve de cette façon les notions de conversion forcée si besoin déjà présente chez Augustin ainsi que d'esclavage rédempteur déjà présente chez Paul. En conséquence, les guerres de conquête des Espagnols dans les Amériques étaient justes aux yeux de Sepulveda qui considérait d'ailleurs qu'une guerre juste était celle ordonnée par l'autorité légitime et mue par une juste cause ou une intention pure. Les positions de Sepulveda exprimées dans ses écrits antérieurs avaient reçu l'approbation de ses amis les souverains pontifes Clément VII (papauté : 1523-1534) et Adrien VI (papauté : 1522-1523), de l'archevêque de Séville, de Charles Quint (1500-1558 etc.

Aux thèses de Sepulveda s'opposait Las Casas qui soutenait le principe de l'égalité de tous les humains puisque de même espèce. Dès lors, les Indiens étaient des humains aptes à recevoir la foi chrétienne et devaient être convertis pacifiquement. Las Casas pointait l'injustice des guerres de conquête espagnoles dès lors qu'elles aboutissaient à opprimer les peuples indigènes. En conséquence, les victimes, les esclaves indiens devaient être libérés. Il réclamait alors la fin des travaux forcés imposés aux Indiens, la réglementation du travail, la fin du système de l'encomienda. Celui-ci consistait pour les colons Espagnols dans le « Nouveau Monde », à regrouper sur un territoire des centaines d'indigènes qu'ils forçaient à travailler sans rémunération, dans des mines, des champs ou pour construire des projets. Malgré ses principes, en bon dignitaire de l'Eglise chrétienne, las Casas ne prônait aucunement la suppression de l'esclavage, puisqu'il recommandait dans le même temps de mettre en esclavage des Noirs afin de combler le déficit en main d'œuvre créé par la mortalité des Indiens. Plus tard cependant, las Casas regrettera cette position lorsqu'il prendra connaissance de la nature des guerres menées en Afrique pour produire les captifs.

Si au terme de la controverse, l'assemblée ne proclamait vainqueur aucun des protagonistes du débat, chacune des parties en étant d'ailleurs sortie avec le sentiment de l'avoir emporté, par la suite, la réduction au travail forcé ainsi qu'en esclavage des Indiens d'Amérique fut toutefois abandonnée. Les organisateurs du débat de Valladolid, l'empereur Quint d'Espagne et le souverain pontife, admettaient l'illégitimité de la mise en esclavage des Indiens d'Amérique qui prit alors fin. Ils s'en tenaient à l'abolition de l'esclavage des Indiens décrétée dans les « *Lois nouvelles* » en 1542, lesquelles prévoyaient la suppression progressive de l'encomienda, l'affranchissement progressif des esclaves. Ils s'en tenaient également à l'abolition de l'esclavage des Indiens prononcée par le pape Paul III le 02 juin 1537, via sa bulle *Veritas Ipsa* qui proclamait : « *Nous (...) considérons cependant que les Indiens sont vraiment des hommes et qu'ils sont non seulement capables de comprendre la Foi Catholique mais, d'après nos informations, qu'ils désirent ardemment la recevoir (...) nonobstant tout ce qui a pu être ou peut être dit à l'effet contraire, lesdits Indiens et tous autres peuples qui pourront plus tard être découverts par des chrétiens, ne doivent en aucun cas être privés de leur liberté ou de la possession de leurs biens, même s'ils sont en dehors de la foi de Jésus-Christ ; et qu'ils peuvent et doivent, librement et légitimement, jouir de leur liberté et de la possession de leurs biens ; ils ne doivent en aucun cas être réduits en esclavage ; dans le cas contraire, elle sera nulle et sans effet.* »

Ainsi, l'abolition de l'esclavage des Indiens par la papauté était bien prononcée avant la controverse de Valladolid qui n'avait servi en définitive qu'à spécifier les modalités de leur évangélisation. Et constamment, à la moindre anomalie, les autorités chrétiennes rappelaient l'interdiction de l'esclavage des Indiens. Ainsi, le pape Grégoire XIV requérait, par sa lettre *Cum sicuti* du 18 avril 1591, la libération, sous peine d'excommunication, de tous les Indiens encore esclaves des Espagnols dans les Philippines. En 1639, le pape Urbain III réitérait, sous peine d'excommunication, la prohibition de la mise en esclavage des Indiens ; en 1741, dans sa lette *Immensa pastorum*, le pape Benoît XIV dénonçait l'attitude des Chrétiens qui se croyaient encore fondés, en ce milieu du XVIIIème siècle, à réduire en esclavage « *les malheureux Indiens, les peuples des côtes méridionales et occidentales du Brésil et des autres régions.* » Etc. Il s'ensuit donc que pour une fois, l'Eglise chrétienne admettait que fût mis fin à l'esclavage de non-chrétiens, à savoir les Indiens d'Amérique, par les Chrétiens. Abolissait-elle définitivement par-là la pratique de l'esclavage ne serait-ce qu'en son sein ? Aucunement.

b) Traite et esclavage des Négro-africains : la légitimation promotrice chrétienne

L'Eglise chrétienne n'a pas étendu sa position vis-à-vis des Indiens aux Négro-subsahariens. Dans les Amériques, la mise en esclavage de ces derniers et leur traite avaient pris le relais dés la prohibition de l'esclavage des Indiens aux débuts du XVIème pour se poursuivre jusqu'au XIXème. Les autorités chrétiennes contribuaient largement à la légitimation, au lancement et à la consolidation de cet esclavage. Les bulles papales ainsi que les traités pontificaux de la première moitié du XVème siècle créaient un contexte plus que favorable ainsi que les prémices de la légitimation. Il convient toutefois de souligner que les bulles papales et les décisions pontificales en question ne relevaient que du magistère ordinaire des souverains pontifes, soit des actes, enseignements, décisions dans le cadre de leur ministère ordinaire. La doctrine catholique veut que dans ce cadre, le pape ne bénéficie pas d'une assistante totale de l'Esprit-Saint et qu'il subsiste chez lui une faiblesse humaine justifiant que ses actes, réflexions etc. soient par la suite révisés. La vérité qui ressort du magistère ordinaire n'est donc pas absolue. C'est le contraire lorsque les actes résultent du magistère suprême. Ce dernier est détenu conjointement par le concile et le souverain pontife et aborde les préoccupations relatives au dogme de la foi et des mœurs. Ses décisions exprimeraient alors mieux la position officielle définitive de l'Eglise catholique.

Notons que s'agissant de la question de l'esclavage des Noirs dans le « Nouveau Monde », c'était le silence qui prévalait du côté du concile. De ce mutisme, qu'elles étaient alors la raison et la signification ? Valait-il approbation totale des décisions, opinions, et actes papaux relevant du ministère ordinaire pontifical ? Telles sont en effet l'impression et la conviction qui s'en dégageaient. En effet, si l'Eglise catholique n'avait pas jugé utile d'examiner en concile la question de la mise en esclavage des Noirs dans les Amériques alors que de nombreux ecclésiastiques opérant sur le terrain en Afrique exposaient à leurs autorités que les guerres qui produisaient les captifs n'étaient pas justes au sens chrétien, le plus souvent fomentées par des Européens, n'était-ce pas que cet esclavage n'apparaissait à l'Eglise pas contraire à sa doctrine ? N'était-ce pas que l'Eglise ne décelait pas de faille dans les décisions du ministère ordinaire des papes successifs concernant l'esclavage des Noirs et que ces décisions lui convenaient ? Examinons dans les détails.

Les premiers rapts d'humains en Afrique, initiateurs de ce qui allait devenir la traite négrière transatlantique aux débuts du XVIème siècle, furent effectués à partir de 1441 par des chrétiens portugais, des chevaliers de l'Ordre du Christ (Zurara, 1453). L'organisateur des expéditions vers l'Afrique auxquelles prenaient part ces chevaliers n'était autre que le prince portugais Dom Henrique dit Henri le Navigateur. Chrétien dévot, Dom Henrique était totalement versé dans le combat contre les infidèles, pour l'expansion du Christianisme. En la matière, il s'était illustré lors de la prise de Ceuta aux Maures (musulmans) survenue le 21 août 1415, en tant qu'organisateur et acteur majeur. En récompense, mais également en reconnaissance de son engagement au service de la cause chrétienne, Henri le Navigateur fut placé à la tête du très puissant Ordre du Christ le 25 mai 1420 par le pape Martin V. Il faut le souligner, cet Ordre du Christ fut créé par le pape Jean XXII le 14 mars 1319 en lieu et place de l'ancien et premier ordre chrétien, Les Templiers. Institués par l'Eglise chrétienne au Moyen Âge, afin de répondre au défi militaire de l'Islam conquérant prêt à engloutir tous les espaces chrétiens et prêt à anéantir le Christianisme, notamment dans la péninsule Ibérique (invasion maure en 711 et conquête quasi totale en moins de cinq ans) et en Orient, les ordres militaires alliaient vie religieuse et militaire. Les membres, chevaliers pour la plupart, se consacraient à la défense de la chrétienté, aux plans spirituels comme militaires tandis que les responsables suprêmes traitaient directement avec l'autorité pontificale.

Dans le contexte idéologique de croisade de l'époque, pour les chevaliers de l'Ordre du Christ, mais également pour tout

Chrétien, la capture d'un musulman ou d'un non-chrétien et sa réduction en esclavage apparaissaient comme une action sainte répondant à la volonté de Yahweh et du Christ et qui, par la christianisation des victimes, devait conduire à sauver leurs âmes, lesquelles, autrement, seraient à jamais perdues. La mise en esclavage rendrait ainsi la vie éternelle aux asservis. Et c'était en dernier ressort, seule cette sainte intention de salut des âmes qui animait l'Infant dom Henrique et ses marins chevaliers de l'Ordre du Christ.

On pourra rétorquer que ce n'était pas l'Eglise chrétienne institutionnelle qui pratiquait la production-vente de captifs négro-africains et qu'elle ne pouvait en conséquence pas être tenue pour responsable. Examinons alors en détail ses actes.

D'abord le pape Martin V avait autorisé les expéditions portugaises vers l'Afrique et le prince Henrique soutenait qu'en 1420, ce pape avait émis une bulle l'autorisant à réduire en esclavage toutes les populations des terres qu'il pouvait conquérir lors de ses expéditions. Or, ni aucun pape, ni l'Eglise institutionnelle n'avaient démenti ce fait. Ensuite, ni le pape Eugène IV (papauté : 1431-1447), ni Nicholas V (papauté : 1447-1455), ni Calixte III (papauté : 1455-1458) etc., sous les pontificats desquels les membres de l'Eglise Chrétienne, notamment les Portugais chevaliers de l'Ordre du Christ procédaient initialement aux rapts des Négro-africains qu'ils déportaient et mettaient en esclavage en Europe, n'ignoraient aucun de ces faits : cependant ils ne les avaient pas dénoncés, ni interdits. Ils l'autorisaient en conséquence par silence ou indirectement.

En effet, le pape Eugène IV par exemple, par sa bulle *Sicut Dudum* du 13/01/1435 interdisait le rapt et la mise en esclavage par des chrétiens, des Guanche, autochtones païens d'origine berbère des Îles Canaries. Sous peine d'excommunication, Eugène IV adressait aux coupables de ces rapts une injonction les sommant de libérer leurs victimes sous quinze jours : « *Sous peine d'excommunication, tout maître d'esclave a quinze jours à compter de la réception de la bulle pour rendre leur liberté antérieure à toutes et chacune des personnes de l'un ou l'autre sexe qui étaient jusque-là résidentes desdites îles Canaries [...] Ces personnes devaient être totalement et à jamais libres et devaient être relâchées sans exaction ni perception d'aucune somme d'argent.* » Pourquoi le même Eugène IV ne fit-il pas pareillement lorsque les Chrétiens chevaliers de l'Ordre du Christ reproduisaient par la suite sur les côtes d'Afrique subsaharienne les mêmes rapts en enlevant les Vitalistes négro-africains qu'ils convoyaient et mettaient en esclavage dans la péninsule ibérique ? Il en était bien au courant, ces razzias retentissaient jusqu'à Rome, une partie des captifs africains ayant été offerte à la papauté. Était-il convaincu que les chevaliers de l'Ordre du Christ menaient une guerre parfaitement juste ? Oui. D'une part, le 15 septembre 1436, il avait lui-même émis une bulle de croisade autorisant le roi du Portugal à conquérir les îles Canaries, à en convertir les habitants au Christianisme puis les soumettre à son autorité. D'autre part, dans les années 1440, Eugène IV prenait lui-même part aux préparatifs ainsi qu'à la direction des opérations militaires d'une guerre de croisade menée contre l'empire ottoman par une coalition de forces grecques, albanaises, serbes, hongroises. A l'occasion, outre le soutien financier à la guerre, le pape dépêchait sur le terrain deux légats, l'un, son propre neveu, pour diriger la flotte pontificale et l'autre, l'armée de terre qu'il avait organisée. Dans sa posture de chef suprême et général opérationnelle des armées, le pape Eugène IV était totalement convaincu que la guerre qu'il menait contre l'Islam était juste. C'était aussi la même conviction qui l'animait au regard des expéditions organisées par Dom Henrique sur les côtes africaines.

Des observations similaires peuvent être faites s'agissant de son successeur, le pape Nicholas V. En effet, le 18 juin 1452, celui-ci publiait la bulle *Dum Diversas* qui autorisait le roi Alphonse V du Portugal à mettre en esclavage musulmans et païens indéfiniment, la bulle précisant notamment : *«Par les présentes Nous vous[rois d'Espagne et du Portugal] accordons, de par Notre autorité apostolique, permission complète et libre d'envahir, de rechercher, de <u>capturer</u> et de soumettre les Sarrasins et les païens et tous les autres incroyants et ennemis du Christ où qu'ils puissent être, ainsi que leurs royaumes, duchés, comtés, principautés et autres biens [...] et de <u>réduire leurs personnes en servitude perpétuelle</u>.»* Le texte distinguait bien les *Sarrasins* qui étaient alors synonymes de Maures, Mahométans, Musulmans : ceux-ci étaient les adeptes de l'Islam, les ennemis N°1 des Chrétiens. La bulle ne les confondait pas avec les *païens* à l'instar des animistes autochtones des îles Canaries, les Guanche, que les chevaliers de l'Ordre du Christ avaient déjà réduits en esclavage en conquérant leur territoire. Dans la catégorie des *païens*, les Chrétiens rangeaient aussi depuis l'antiquité, avant la naissance de l'Islam, les Vitalistes, proches des animistes : c'était le Vitalisme que le code de Théodose interdisait de pratiquer dans la vallée du Nil, en Kemet notamment, par application de la loi du 24 février 391. Or, le Vitalisme, préexistant au Judaïsme, au Christianisme, à l'Islam, demeurait depuis les temps immémoriaux la religion autochtone négro-subsaharienne : depuis la pénétration de l'Islam en Afrique au VIIème siècle, toute population non musulmane et non chrétienne dans l'espace négro-subsaharien était vitaliste. Nicholas V, comme aucun autre pape, ne l'ignorait.

L'on a voulu se réfugier derrière le terme « servitude » utilisé dans *Dum Diversas* pour faire croire que Nicholas V n'autorisait pas l'esclavage mais seulement la servitude. Il ne s'agit là cependant que d'un attachement à la lettre, puéril et ignorant totalement le fait que les papes, comme évêques ou autres théologiens et ecclésiastiques chrétiens utilisaient souvent depuis l'antiquité le terme servitude en lieu et place de l'esclavage, pour désigner la même réalité, celle de l'esclavage. A titre illustratif, il suffit de lire les initiateurs de la Réforme Protestante, Luther et Calvin entre autres; nous renvoyons également à l'encyclique *In plurimis* adressée aux évêques du Brésil à la suite de l'abolition par ce pays de l'esclavage le 13 mai 1888, encyclique dans laquelle le pape Léon XIII déclarait que « *la liberté a été légalement rendue à un grand nombre de ceux qui, dans le vaste territoire de cet empire, gémissaient sous le joug de la servitude* » : serait-il sensé de soutenir que parce que Léon XIII utilisait le terme servitude, il n'y avait pas eu esclavage au Brésil mais seulement servitude ?

A propos de la bulle *Dum Diversas*, l'argument est d'autant plus insensé que le pape déclarait : « *accordons, de par Notre autorité apostolique, permission complète et libre d'envahir, de rechercher, de capturer et de soumettre les Sarrasins et les païens et tous les autres incroyants et ennemis du Christ où qu'ils puissent être ...* » Le pape autorisait et encourageait les chrétiens Portugais à « capturer des personnes », au rang desquelles les païens négro-subsahariens : il autorisait donc à faire des captifs, à produire des captifs par le rapt que les Portugais pratiquaient sur les côtes africaines depuis une décennie déjà. Or, le rapt demeurait depuis l'antiquité gréco-romaine un des principaux moyens (avec la guerre) de production des esclaves. Par ailleurs, selon la doctrine chrétienne, la mise en esclavage des captifs faits lors d'une guerre juste est légitime. La « guerre » que Nicholas V incitait les Portugais à mener en Afrique étant juste par essence, les captifs faits à l'occasion étaient des esclaves légitimes. Aussi, en autorisant le rapt, la production de captifs, le pape Nicholas V autorisait la mise en esclavage tant des sarrasins (musulmans) que des Négro-subsahariens païens (vitalistes). Les Portugais chevaliers de l'Ordre du Christ pratiquant le rapt et la traite (déportation vers le Portugal) sur les populations négro-subsahariennes depuis au moins 1446, la bulle *Dum Diversas* de 1452, parce qu'elle exhortait à la capture, sonnait comme un encouragement papal et une autorisation directe de ces actes.

Toutefois, si l'on en croit Vignaux (2009), le pape Nicholas V rectifiait les termes de cette bulle *Dum Diversas* l'année d'après, soit 1453. Or, la rectification n'excluait de la mise en esclavage que les Noirs baptisés. Cette rectification renforce donc notre exégèse ci-dessus : le pape autorisait la mise en esclavage « *perpétuelle* », outre des musulmans, des Noirs « *païens* », soit des pratiquants de la religion autochtone négro-africaine, les Vitalistes. Faut-il le préciser, dans l'espace subsaharien lui-même, ceux qui étaient en esclavage à la même époque et étaient déportés à travers le Sahara depuis le VIIIème siècle étaient les Vitalistes, les auteurs de l'asservissement et de la déportation étant les Sarrasins (musulmans). Ce ne sera qu'avec la généralisation de la traite transatlantique et l'embrassement complet de la société à partir du XVIIème - XVIIIème siècle que les musulmans seront aussi capturés et vendus aux négriers européens. Ajoutons qu'au moment où le pape Nicholas V rédigeait la bulle *Dum Diversas* en 1452, il n'ignorait aucunement que depuis une décennie environ déjà, soit à partir de 1444, les Portugais, chevaliers de l'Ordre du Christ, opérant sous le commandement de l'infant Henri le Navigateur capturaient en Afrique des Noirs païens et musulmans qu'ils déportaient au Portugal et vendaient dans le sud de l'Europe comme esclaves mais qui étaient aussi baptisés. Dès lors, autorisant de nouveau « la capture des païens », Nicholas V ne faisait qu'encourager la production de captifs africains que les chrétiens Portugais réalisaient déjà.

D'ailleurs le 8 janvier 1455, le pape Nicholas V réitérait en publiant une autre bulle, *Romanus Pontifex*, qui était à la fois une bulle de donation, d'autorisation de commercer et de mener des guerres justes, de faire des captifs.

D'abord la bulle confirmait au roi Alphonse V du Portugal son droit le plus absolu à s'emparer des terres dans les régions d'Afrique et à y réduire en esclavage indéfiniment Sarrasins et païens : « *Nous, pesant toutes choses avec la réflexion appropriée, et notant que depuis que nous avions autrefois, par des lettres précédentes de notre part, concédé au Roi Alphonse et à ses successeurs, entre autres choses, la pleine et entière faculté d'attaquer, de rechercher, de <u>capturer</u>, de vaincre, de soumettre tous les Sarrasins et les Païens et les autres ennemis (du Christ) où qu'ils se trouvent [...] de réduire leurs personnes en servitude perpétuelle et de s'attribuer, pour lui-même et ses successeurs, les Royaumes, Duchés, Comtés, Principautés, Domaines, possessions et biens, et de les convertir à leur usage et à leur profit et que, ayant sécurisé cette faculté, le dit Roi Alphonse, ou par son autorité, l'Infante susnommé, ont acquis justement et légalement et possèdent et ont fait l'acquisition de ces îles, terres, ports et mers et que ceux-ci appartiennent de plein droit au dit Roi Alphonse, à ses héritiers et successeurs.*» (version anglaise complète de la bulle sur https://www.papalencyclicals.net/nichol05/romanus-pontifex.htm). Les successeurs de Nicholas V avaient confirmé ses bulles, notamment le pape Calixte III (1455-1458) par sa bulle *Inter* cætera du 13 mars 1456, le pape Sixte IV (1471-1484) par sa bulle *Aeterni regis* de 1481 etc.

Relevons d'abord que ces bulles, *Dum Diversas, Romanus pontifex, Inter* cætera, *Aeterni regis etc.* se présentaient aussi comme des bulles de concessions territoriales ou de droits sur certains territoires. Ainsi, avec *Aeterni regis*, Sixte IV confirmait que les îles Canaries étaient une possession de Castille (Espagne) tandis qu'au Portugal revenaient toutes les terres que ce royaume avait conquises jusqu'aux Indes, à condition de les évangéliser. Avec *Inter cætera* émise le 13 mars 1456, le pape Calixte III accordait à l'Ordre du Christ de l'infant Henri Le Navigateur le droit de patronat (Padroado) sur les territoires conquis ou à conquérir lors de ses expéditions : il revenait ainsi au Portugal de se substituer au Saint-Siège pour évangéliser ces territoires conquis, à la manière d'un « patron », en les plaçant sous sa propre juridiction. Dans les années 1490, le pape Alexandre VI émettait trois bulles dites bulles de donation afin de régler la question des possessions, notamment *Eximiae devotionis* le 3 mai 1493, *Inter* cætera le 4 mai 1493 et *Dudum siquidem* le 26 septembre 1493. Par la bulle *Inter cætera*, le pape procédait au partage des terres à découvrir entre les puissances ibériques. A la Couronne de Castille, il attribuait les terres situées à l'ouest et au sud d'un méridien à 100 lieues (418 km) à l'ouest ou au sud de toutes les îles des Açores et du Cap-Vert (soit à 36°8'W). Le partage effectué par Alexandre VI via *Dudum siquidem* étant déséquilibré en faveur de l'Espagne, il entraînait une renégociation qui conduisit au traité de Tordesillas. Conclu le 7 juin 1494 en Castille à Tordesillas sous l'égide du pape Alexandre VI, le traité partagea le « Nouveau Monde » entre le Portugal et l'Espagne. La ligne de démarcation était un méridien localisé à 370 lieues (1770 km) à l'ouest des îles du Cap-Vert (aujourd'hui à 46° 37' ouest). Le traité donnait droit au Portugal de coloniser les terres jusqu'à 2 000 km à l'ouest des îles du Cap-Vert, le reste des Amériques revenant à l'Espagne. Le Brésil tombait dans la délimitation, aussi le Portugal l'avait-il réclamé et obtenu. Le Portugal héritait donc par ce partage de l'Afrique et du Brésil. Ce traité renforçait *Dum Diversas* ainsi que *Romanus Pontifex* de Nicholas V en consolidant le monopole du Portugal en Afrique où sur les côtes ce pays avait lancé, organisé et dominé la traite négrière transatlantique durant un siècle et demi avant que son monopole ne fût sérieusement remis en cause par les autres nations européennes.

Outre les questions de possession territoriale, la bulle *Dum Diversas* de Nicholas V, nous l'avons déjà souligné, autorisait directement la mise en esclavage des Noirs, musulmans comme vitalistes. L'analyse vaut également pour *Romanus pontifex* du même pape Nicholas V qui reprenait quasi-complètement *Dum Diversas*. En outre, le pape précisait maintenant ce que recouvraient les *païens* déjà mentionnés dans *Dum Diversas* en les identifiant à des « *peuples gentils* », à des païens non-mahométans. Il s'agissait en clair des Vitalistes négro-subsahariens dont l'une des caractéristiques majeures demeurait leur tolérance sans borne de toute religion étrangère et de tout étranger, ce qui en faisait sans conteste des peuples plus que gentils. En outre, comme le relève judicieusement Grenouilleau (2021), dans Romanus pontifex, le pape Nicholas V louait le roi du Portugal pour avoir extrait de la Guinée et convoyé vers le Portugal des esclaves dont beaucoup avaient été convertis au Christianisme : comme nous le soulignions ci-dessus, le pape n'ignorait aucunement les rapts que les chevaliers de l'Ordre du Christ opéraient depuis les années 1440 en Afrique subsaharienne sur des populations vitalistes qui ne s'en prenaient aucunement à eux, mais qui bien au contraire se montraient très hospitalières envers eux. Qu'importe, le pape choisissait de fermer les yeux là-dessus et de continuer à inscrire ses mots d'ordre dans le contexte de la guerre juste, de la guerre contre les infidèles Maures. Dans tous les cas cependant, il n'est plus possible de soutenir que le pape Nicholas V n'avait pas autorisé la capture et la traite hors d'Afrique en tant qu'esclaves, des Négro-subsahariens non musulmans. Car, c'était par les captures (rapts) effectuées sur les côtes africaines par les Portugais chevaliers de l'Ordre du Christ en 1441 lors des expéditions organisées par Henri le navigateur, qu'avait débuté ce qui allait devenir la traite négrière transatlantique.

Si par l'exhortation aux captures, par les louanges pour les captures et la traite des captifs au Portugal, au motif que beaucoup parmi eux furent baptisés, le pape Nicholas V légitimait et autorisait directement l'esclavage et la traite des Noirs, il le faisait aussi indirectement en accordant le monopole du commerce avec l'Afrique aux Portugais dans sa bulle *Romanus Pontifex* du 8 janvier 1455. En effet, par cette bulle, le pape accordait aussi « *aux Portugais un monopole perpétuel dans le commerce avec l'Afrique* ». Dès lors, puisque ce faisant le pape n'avait aucunement prohibé que ce commerce inclût le captif nègre, il autorisait indirectement son acquisition ainsi que sa déportation (traite) par les Portugais pour en faire des esclaves en Europe ou dans leurs possessions coloniales insulaires (Canaries, Madère, Açores). Toute demande stimulant toujours l'offre, le pape Nicholas V incitait ainsi, par sa bulle *Romanus Pontifex*, indirectement à une recrudescence de la production de captif par l'activité de razzias, de rapts, de guerres etc. D'autant que le pape n'ignorait pas que depuis le VII ème siècle, un esclavage et une traite musulmane existaient en Afrique, conduisant même depuis le XIIème-XIIIème siècle des captifs Négro-subsahariens jusque dans l'Europe chrétienne. Le pape n'ignorait en outre pas que ces captifs, initialement comme au XVème siècle, étaient issus de razzias orchestrées par les musulmans ou des guerres de propagation de l'Islam en Afrique et avaient pour principales victimes les Vitalistes (*peuples païens gentils*). Et qu'il n'y avait par suite aucune garantie que ces captifs fussent issus de guerres justes afin que leur mise en esclavage fût légitime au sens chrétien.

Toutefois, en matière de légitimation de l'esclavage ainsi que de la traite négrière, d'autres bulles papales étaient venues renforcer celles de Nicholas V. Mentionnons la bulle *Romanus pontifex* du 21 janvier 1481 du pape Sixte IV qui autorisait les Portugais à offrir, comme présents, des armes aux chefs musulmans avec lesquels ils avaient le désir de nouer des contacts. Le subterfuge ne trompe guère. Les armes constituaient en effet le moyen essentiel par lequel les chefs musulmans produisaient les captifs Noirs (guerre, razzias) en Afrique en armant des rabatteurs. En leur fournissant ce moyen, qui plus était gratuitement, et en se tenant en même temps prêt à acheter les esclaves qu'ils pouvaient vendre, il s'agissait de les inciter à organiser guerres, razzias sur les populations afin d'alimenter la vente de captifs aux Chrétiens. C'est une fomentation de guerre. La bulle de Sixte IV nourrissait ainsi l'esclavage des Noirs : elle ne s'opposait aucunement à cet esclavage. Nous rejoignons ici Grenouilleau (2021) pour considérer qu'il y avait ici une autorisation papale indirecte de l'esclavage et de la traite des Noirs. Allait dans le même sens, la bulle *Eximiae devotionis* du pape Alexandre VI en date du 3 mai 1493 : elle autorisait également l'exportation d'armes en Guinée alors qu'une telle exportation était traditionnellement prohibée pour ne pas fournir des moyens militaires aux Sarrasins, moyens susceptibles de les renforcer contre les Chrétiens. En effet, sous peine de réduction en esclavage ou d'excommunication, plusieurs conciles avaient édicté cette interdiction de vente d'armes aux Sarrasins, notamment les conciles de Latran (1215), Lérida (1229), Lyon (1245) etc. Ce principe tombait donc à l'eau. C'était que l'on voulait stimuler l'offre de captifs : les armes étaient bien connues comme étant l'un des produits phares de la traite transatlantique. Il s'agissait donc d'une autorisation indirecte de l'esclavage et de la traite. Mais outre les armes, un autre produit ayant joué un rôle extrêmement important dans la production de captifs pour la vente en Afrique fut l'alcool. Son commerce n'était pas prohibé par les papes ; mieux, tout comme le fusil, les Portugais l'offraient en présent aux chefs, qui les acquéraient aussi en quantité voulue auprès d'eux. Les chefs abreuvaient les rabatteurs qui, enivrés, se livraient sans état d'âme aux razzias, guerres de captures, rapts jusqu'aux membres de leurs propres familles, élevant par-là l'offre de captifs au niveau de la demande et nourrissant d'autant l'esclavage puis la traite. Le commerce était ainsi par ce canal également un vecteur indirect de la traite.

Certaines bulles ou écrits papaux sont souvent évoqués aujourd'hui pour suggérer que les autorités pontificales s'étaient opposées à la mise en esclavage ainsi qu'à la traite des Noirs. Il en est ainsi de la lettre *Rubicensem* que le pape Pie II adressait à l'évêque de Guinée, le 7 octobre 1462 et dans laquelle le souverain pontife condamnait *« les scélérats qui enlèvent les néophytes pour les faire esclaves »* (Vignaux, 2009 ; Grenouilleau 2021). Il est cependant impossible de voir dans un tel courrier une condamnation générale de la traite négrière comme le suggère Vignaux ou une opposition à l'esclavage des Noirs. En effet, le pape restait ici dans l'orthodoxie doctrinale chrétienne qui s'était établie depuis le Moyen Âge en Europe et qui voulait que des Chrétiens ne fussent plus mis en esclavage par d'autres Chrétiens. Pie II ne condamnait stricto sensu que la mise en esclavage des Noirs nouvellement convertis au Christianisme (néophytes) comme d'ailleurs cela avait été fait auparavant pour les Guanche convertis au Christianisme mais asservis par des Chrétiens. Ni les Musulmans, ni les Vitalistes négro-africains n'étaient concernés par cette condamnation qui ne visait ni l'esclavage en soi, ni la traite négrière. Celle-ci, comme nous l'avions souligné, était initialement alimentée par des captifs vitalistes, victimes des razzias des musulmans : c'étaient ces captifs

vitalistes qui alimentaient, à leurs débuts, la traite musulmane dite transsaharienne, puis la traite chrétienne transatlantique que ce fut celle primitive en direction de l'Europe ou celle datant des débuts du XVIème siècle et s'opérant vers les Amériques. Sont aussi souvent interprétées comme interdisant la mise en esclavage des Noirs, les bulles de 1537 du pape Paul III, notamment *Veritas Ipsa* rendue le 2 juin et *Sublimus Dei* signée le 29 mai (la date du 29 mai 1537 que nous retenons ici est celle mentionnée sur la version de la bulle que nous avons consultée en ligne.
(https://www.papalencyclicals.net/Paul03/p3subli.htm)
Alors que pour Quenum (2008) ces bulles ne concernaient pas les Négro-subsahariens, Vignaux (2009) rejette cette exégèse et soutient qu'il suffit de se référer au texte des deux bulles pour constater qu'elles étaient de portée générale et interdisaient la mise en esclavage des Noirs. Examinons donc ce que disaient exactement chacune des deux bulles :

Veritas Ipsa (2 juin 1537) : « *à cet effet, nous qui, bien qu'indignes, sommes le vicaire de notre Seigneur sur terre et qui recherchons de tous nos efforts les brebis de son troupeau qui nous a été confié, qui sont en dehors de son sillage, afin de les ramener à son sillage, pensons que ces Indiens, comme de vrais hommes, ne sont pas seulement aptes à la foi chrétienne mais également, comme on nous l'a fait connaître, qu'ils peuvent embrasser la foi avec la plus grande promptitude, et désirant leur fournir les remèdes adéquats, décrétons et déclarons par l'Autorité Apostolique, que les Indiens susmentionnés et toutes les autres nations qui peuvent à l'avenir parvenir à la connaissance des chrétiens, bien qu'elles soient en dehors de la foi du Christ, peuvent librement et légalement user, posséder et jouir de leur liberté et de leur autorité dans ce domaine, et qu'ils ne peuvent pas être réduits en esclavage, et que tout autre chose qui ait été faite soit nulle et non avenue.* »

Sublimus Dei (29 mai 1537) : « *Nous qui, bien qu'indignes, exerçons sur terre le pouvoir de notre Seigneur et cherchons de* *toutes nos forces à amener ces brebis de son troupeau qui sont à l'extérieur dans la bergerie confiée à notre charge, <u>considérons cependant que les Indiens sont vraiment des hommes</u> et qu'ils sont non seulement capables de comprendre la Foi Catholique mais, d'après nos informations, qu'ils désirent ardemment la recevoir. Désireux de fournir un ample remède à ces maux, <u>Nous définissons et déclarons par les présentes Nos lettres</u>, ou par toute traduction de celles-ci signées par tout notaire public et scellées du sceau de tout dignitaire ecclésiastique, auxquelles le même crédit sera accordé qu'aux originaux , <u>que</u>, nonobstant tout ce qui a pu être ou peut être dit à l'effet contraire, <u>lesdits Indiens et tous autres peuples qui pourront plus tard être découverts par des chrétiens</u>, ne doivent en aucun cas être privés de leur liberté ou de la possession de leurs biens, même s'ils sont en dehors de la foi de Jésus-Christ ; et qu'ils peuvent et doivent, librement et légitimement, jouir de leur liberté et de la possession de leurs biens ; <u>ils ne doivent en aucun cas être réduits en esclavage ; dans le cas contraire, elle sera nulle et sans effet</u>.* »

A l'examen, il nous apparaît sans ambiguïté que les deux bulles ne traitent aucunement des Négro-africains : nous sommes plutôt en accord tant avec Quenum (2008) que Grenouilleau (2021). D'abord, *Sublimus Dei* est sous-titré « *De l'asservissement et de l'évangélisation des Indiens* ». Ensuite, aucune mention de « Noir » ou « Africain » n'apparaît dans les deux textes tout comme aucune référence aux habitants de l'Afrique. En plus des Indiens, les peuples dont les deux textes interdisent la mise en esclavage sont « *tous autres peuples qui pourront plus tard être découverts par des chrétiens* » (*Sublimus Dei*) ou « *toutes les autres nations qui peuvent à l'avenir parvenir à la connaissance des chrétiens* » (*Veritas Ipsa*). Les Négro-subsahariens pouvaient-ils faire partie de ces « *peuples* » ou « *nations* » ? Aucunement. En effet, et Grenouilleau le souligne à juste titre, on était en 1537 et cela faisait presque qu'un siècle que les contacts de la fin du Moyen Âge entre Chrétiens européens et Vitalistes négro-africains étaient établis, soit depuis 1444, avec les expéditions des chevaliers de l'Ordre du Christ et la colonisation portugaise de l'Angola, la forte présence portugaise au Kongo depuis les années 1490, la colonisation portugaise de Sao Tomé et Principe remontant aux années 1470 etc. De telle sorte qu'en 1537, les Négro-subsahariens ne faisaient pas partie des « *autres peuples qui pourront plus tard être découverts par des chrétiens* ». Le pape Paul III n'avait aucunement interdit la mise en esclavage des Noirs, mais seulement celle des Indiens : ne pas interdire ce que l'on n'ignorait pas revenait à l'autoriser, au moins indirectement.

Au total, c'était directement comme indirectement que les autorités chrétiennes, les papes, avaient autorisé l'esclavage et la traite des Négro-subsahariens, que ce fût d'abord en direction de l'Europe ou des colonies insulaires ibériques et ultérieurement vers les Amériques.

c) Guerre juste, salut des âmes, malédiction de Noé : les arguments de la Traite des Noirs

Nous l'avons déjà souligné, du côté conciliaire et s'agissant de la mise en esclavage ainsi que de la traite des Noirs par les Chrétiens, d'abord vers l'Europe ou les îles colonies ibériques, ensuite vers les Amériques, c'était le silence. Relégués dans le champ du ministère ordinaire papal, ces faits étaient initialement justifiés par les souverains pontifes qui se fondaient sur la doctrine thomiste d'origine païenne de la guerre juste. Durant les phases d'essor, d'apogée voire de déclin de la traite négrière transatlantique, la papauté allait généralement s'en tenir à cette justification. Toutefois, soumis à des critiques de plus en plus acerbes, l'argument de la guerre juste se verra adjoindre, sur le terrain religieux, au moins deux autres, à savoir, celui du « salut de l'âme » et celui de la « malédiction de Canaan ».

Aux débuts de la traite négrière transatlantique (TNT) et dans le sillage des papes, ecclésiastiques et théologiens considéraient aussi que la mise en esclavage des Nègres et leur déportation étaient légitimes parce que les captifs étaient le produit d'une guerre juste. Toutefois, à mesure que la traite se poursuivait et à la lumière des faits, s'étalait l'inconsistance de cette justification : des rapports, témoignages et éléments probants rassemblés par des ecclésiastiques sur le terrain en Afrique convergeaient continûment pour mettre en doute la légitimité du processus de production des captifs au Sud du Sahara. Les théologiens, au XVIème siècle par exemple, notamment ceux de la fameuse école de Salamanque en Castille pointaient les mobiles des rapts (captures) qui s'avéraient loin de ceux d'une guerre juste, car ne relevant que de la cupidité, de l'esprit de vengeance, lesquels poussaient les puissants à enlever les faibles pour les livrer aux Portugais ; de même les captifs étaient faits à la suite de razzias ou guerres déclenchées conformément à des contrats passés avec les Portugais (guerres fomentées par ceux-ci), lesquels orchestraient en outre eux-mêmes directement des stratagèmes divers pour s'emparer des populations locales. Ainsi, le dominicain Domingo de Soto (1494-1560) condamnait comme injuste toute mise en esclavage à la suite de captures faites par la ruse, la fraude. Après enquêtes auprès des missionnaires chrétiens, des capitaines de bateaux et des marchands d'esclaves, le jésuite Luis de Molina (1535-1600) invalidait la légitimité de la mise en esclavage des Négro-subsahariens. Selon lui, exceptés l'Angola et la Cafrerie (une partie de l'Afrique australe) où il était possible d'admettre que des injures des autochtones envers les Portugais justifiassent que ceux-ci leur fissent la guerre, nulle part les Portugais ne pouvaient mener de guerres justes et les captifs qu'ils produisaient s'avéraient par conséquent illégitimes ; en outre, les guerres inter-subsahariennes qui pourvoyaient les Portugais en captifs n'étaient aucunement justes, s'exacerbant à l'arrivée ou l'approche des navires ; par ailleurs, les lois des pays seraient détournées au service de la cupidité avec la mise en esclavage des individus à la suite de délits mineurs tels que le vol d'une poule etc. De surcroît, les marchands Portugais capturaient les autochtones par la ruse, les attirant auprès de leurs navires avec des objets précieux puis s'emparaient d'eux et les emportaient en les jetant dans leurs bateaux. Les captures effectuées dans ces conditions étaient injustes et exceptées ceux qui achetaient sur place les esclaves déportés dans les Amériques, et qui ne pouvaient en général pas connaître les conditions de leur production, les organisateurs des razzias en Afrique, les rabatteurs, les marchands, capitaines de navires portugais etc. se rendaient coupables de péchés mortels. Au XVIIème siècle, le prêtre jésuite Alonso de Sandoval (1576-1652), s'appuyant sur des témoignages et confidences de missionnaires, marchands négriers, capitaines de navire etc. opérant en Afrique, invalidait l'argument de la guerre juste au motif que les procédés de production des captifs en Afrique excluaient une telle justification de l'esclavage et de la traite négrière. Par de nombreux exemples, il montrait que les captures des Négro-subsahariens étaient illicites : elles relevaient d'actes de banditisme ; les missionnaires, sous l'autorité de la Couronne portugaise, étaient pratiquement contraints au silence au regard des pratiques illicites de celle-ci sur le terrain ; les Portugais s'alliaient aux chefs locaux pour enlever les individus et les livrer aux marchands négriers ; ils commanditaient des meurtres d'autres marchands européens afin de garder le monopole de la traite sur les côtes africaines, fomentaient des guerres interafricaines pour produire des captifs, lesquelles guerres n'avaient d'autres mobiles que de répondre à la demande de captifs des négriers européens etc.

Ces critiques mettaient à mal l'argument justificateur de la traite et de l'esclavage des Nègres fondé sur la guerre juste. Discréditée, la motivation tombait en désuétude et cédait la place à une autre, pas du tout nouvelle néanmoins celle du « salut des âmes » notamment. Sandoval (1576-1652) accréditait avec force cette justification. Dans le sillage de Paul de Tarse, il ne réclamait aucunement la prohibition de l'esclavage. Non ! Au contraire, il prônait l'obéissance aux maîtres pour les esclaves et la protection de ces derniers pour ceux-là. Puis Sandoval reprenait le concept d'esclave de Dieu que serait toute personne selon Jésus de Nazareth lui-même et dont il découlait que seule la foi en Jésus Christ pourrait réellement libérer l'humain, comme ce dernier l'avait lui-même affirmé. En conséquence, Sandoval insistait pour que fût enseigné aux esclaves que leur mise en esclavage n'était que le tremplin devant leur permettre d'accéder au ciel, à la vie éternelle, au salut de leur âme ; que par cette mise en esclavage en effet, c'était Dieu lui-même qui les avait choisis pour les sauver, ce qui n'était pas le cas des leurs demeurés en Afrique. En conséquence, Sandoval proposait d'intensifier l'évangélisation des esclaves afin de leur assurer le salut des âmes, le bonheur dans l'au-delà : l'esclavage n'était donc que le moyen de sauver les âmes des Nègres qui, autrement seraient à jamais perdues. Cette justification de l'esclavage et de la traite négrière transatlantique (TNT) s'avérait plus facile à manier que celle de la guerre juste : très utilisée, elle constituait le socle idéologique et dogmatique clé chrétien qui avait propulsé et nourri la traite jusqu'à son extinction au XIXème siècle. Toutes obédiences chrétiennes confondues. Tel fut le cas des pères de la Réforme protestante. En effet, Martin

Luther (1483-1546), s'inscrivant dans le paulinisme, ne trouvait aucune incompatibilité entre Christianisme et esclavage qu'il nommait souvent servitude : l'esclavage, pour lui, relevait de l'ordre naturel, divin que les humains se devaient de respecter totalement. Aussi l'esclave était-il tenu de se soumettre entièrement au maître qui en retour lui devait protection. La libération de l'esclavage apparaît dès lors comme une question posthume : seule la foi en Christ pouvait libérer de l'esclavage et sauver l'âme du croyant. Jean Calvin (1509-1564), autre père de la Réforme protestante ne pensait pas d'une autre façon véritablement. Il trouvait légitime l'esclavage dont il situait l'origine dans la malédiction de Canaan par Noé et qu'il entrevoyait comme une charge que Dieu lui-même avait placé sur l'épaule des esclaves. Aussi ceux-ci devaient-ils soumission à leurs maîtres ; ce faisant ils honoraient Dieu : Calvin rejoignait ici totalement Paul de Tarse. La seule chose que l'on pouvait peut-être faire dans la société historique serait de borner cet esclavage à l'image de ce que Dieu lui-même avait fait dans l'ancien testament.

Au total, pour les pères de la Réforme et les Eglises réformées, l'esclavage et la traite des Noirs étaient légitimes. Il fallait se limiter à baptiser les esclaves afin de les préparer au salut de leurs âmes tandis que les maîtres devaient s'efforcer de ne pas les maltraiter. Le discours dominant chez les Protestants était ainsi formé : le Chrétien pouvait être esclavagiste et esclave. Dans les pays protestants (l'Angleterre, les Pays-Bas et leurs colonies des Amériques, pays riverains de la Baltique etc.), les voix dissonantes allaient pour longtemps s'avérer inaudibles et rares, tant chez les religieux que chez les colons. Dans les colonies, les pasteurs possédaient des esclaves comme faisaient les ecclésiastiques, les Ordres, les évêchés ainsi que l'Eglise catholiques. En matière de trafic négrier, les pays protestants s'étaient engagés à fond dans la TNT au point qu'ils finissaient par rattraper puis dominer l'espace initiateur catholique ibérique (Portugal, Espagne) à partir du XVIIIème siècle. C'était l'effet du discours légitimateur généralisé de la TNT chez les Protestants. On le trouvait chez George Fox (1624-1691), fondateur de la Société religieuse des Amis, une dissidence de l'Eglise anglicane, dont les adhérents étaient nommés quakers. On le trouvait également chez Richard Baxter (1615-1691), théologien presbytérien anglais qui s'inscrivait dans le paulinisme. Pour lui un Chrétien pouvait détenir des esclaves et être esclave. Esclave et maîtres chrétiens étaient des frères : le maître devait traiter l'esclave avec amour et se comporter envers lui de façon à éviter de le détourner du Christianisme, car le salut des âmes était une fin suprême; l'esclave, enchaîné au maître en raison de ses péchés, devait obéir à celui-ci et tous étaient tenus de respecter l'ordre naturel ; l'esclave que le maître chrétien était autorisé à posséder devait soit provenir de l'auto-vente, soit être condamnés à l'esclavage, soit être capturé lors d'une guerre juste. Dès lors on doit conclure que les esclaves historiques qui se trouvaient dans les colonies anglaises des Amériques, notamment à la Barbade où s'était rendu Baxter, faisaient l'objet d'une possession légitime dès lors qu'ils se trouvaient dans l'un des trois cas ; cependant, l'objectif de salut des âmes devait primer. A ces positions souvent empreintes de Paulinisme, s'était opposé un peu plus tôt le pasteur néerlandais Godefridus Cornelisz Udemans (1581-1649), par ailleurs considéré comme le fondateur de l'éthique protestante du travail qui aurait généré le capitalisme selon Max Weber. Udemans estimait en effet licites les profits tirés de la traite négrière transatlantique (TNT) ; ces profits devaient toutefois selon lui être consacrés à Dieu. Suivant les pères réformateurs, Udemans proposait de borner l'esclavage à la manière de ce que Yahweh avait institué pour les esclaves hébreux dans l'ancien testament : au terme de sept ans de service sous son maître, l'esclave devait être libéré. Cependant, contrairement aux pères réformateurs, il s'opposait à la mise en esclavage d'un Chrétien et selon lui l'esclavage devait être réservé aux païens. Néanmoins, estimait-il, pour réduire ceux-ci en esclavage, il fallait qu'ils fussent capturés lors d'une guerre juste ; puis esclaves, ils devaient être baptisés et libérés après sept ans de service.

Côté catholique, le père jésuite Antonio Vieira (1608-1697) tout en s'opposant farouchement à la mise en esclavage des Indiens, avait préconisé que des captifs Négro-subsahariens fussent importés d'Angola en substitution, justifiant que leur mise en esclavage correspondait à un plan divin, nécessaire à leur évangélisation et donc au salut de leurs âmes. Aux esclaves négro-africains convoyés au Brésil il prêchait la soumission à leurs maîtres, l'acceptation de la souffrance, même la plus terrible, à la manière du Christ, comme le moyen le plus sûr de gagner leur salut (Saraiva, 1967). Pour comprendre l'attitude paradoxale de ce prêtre, il faut se remémorer qu'en Afrique, en ce XVIIème siècle, sa congrégation, la Compagnie de Jésus, exploitait une centaine de plantations de canne à sucre principalement en Angola et au Congo grâce au travail des esclaves Noirs ; elle restait aussi très impliquée dans le trafic négrier entre l'Angola et le Brésil. Le père Vieira était donc très lié, tant au Brésil qu'en Angola, aux propriétaires d'esclaves négro-subsahariens. Sa position doctrinale sur l'esclavage des Noirs, différente de celle qu'il avait vis-à-vis des esclaves Indiens, n'était qu'au service d'intérêts inavoués : elle n'avait rien à voir avec le salut des âmes autrement il faudrait comprendre qu'il souhaitait la perdition des âmes des Indiens qu'il délivrait de l'esclavage historique. Côté catholique et au plan institutionnel, le combat pour le salut des âmes conduisait à une innovation : le 22 juin 1622, le pape Grégoire XV, par la bulle *Inscrutabili divinae providentiae,* fondait la *Congrégation pour la Propagation de la Foi,* aujourd'hui nommée Congrégation pour l'évangélisation des peuples. Instrument du Saint-Siège, la Congrégation était désormais appelée à coordonner et guider l'activité missionnaire de l'Eglise, jusque-là sous la conduite des souverains catholiques d'Espagne et du Portugal. La Congrégation avait pour mission de propager la foi dans le monde entier, notamment en Afrique, en Asie etc. en convertissant les païens, les sarrasins, en ramenant dans le giron catholique les hérétiques et schismatiques. Elle devait également œuvrer à un meilleur rapport avec les communautés chrétiennes orientales, assister spirituellement les minorités catholiques dans les pays infidèles et hérétiques.

Outre la guerre juste et le salut des âmes, la troisième justification chrétienne phare de la TNT durant son essor, entre le XVIème et le XVIIIème siècle, fut la malédiction de Noé (Genèse 9 :18-27). S'agissant de la TNT, l'argument venait souvent en soutien aux deux précédents ou carrément les suppléer. Comme le souligne Hervieux (2008), il était une justification passe-partout : avant de servir à légitimer la TNT, il fut largement utilisé pour justifier la mise en esclavage des Indiens. Mais l'Eglise chrétienne institutionnelle n'en était pas à vrai dire l'utilisateur. C'étaient plutôt, s'agissant de la TNT, des chrétiens négriers, colons etc. qui l'instrumentalisaient au service de leurs intérêts. L'argument était que Noé, l'ancêtre des humains ayant survécu au déluge, aurait maudit son fils cadet Cham et sa descendance en les condamnant à demeurer perpétuellement esclaves de ses autres fils Sem et Japhet ainsi que leur descendance. Les utilisateurs de la malédiction identifiaient Cham à l'ancêtre des Négro-subsahariens. Et la boucle était bouclée : ces derniers seraient condamnés à demeurer éternellement les esclaves des autres habitants de la terre. Leur mise en esclavage via la traite négrière transatlantique relèverait ainsi de l'ordre divin et serait atavique : nul ne pouvait rien contre. Dieu en aurait décidé ainsi. Aussi la traite transatlantique était-elle totalement légitime.

A l'examen toutefois, la justification s'avère incontestablement une arnaque. Pour s'en convaincre, reprenons le texte biblique (Genèse 9 : 178-27) : « *18 Les fils de Noé, qui sortirent de l'arche, étaient Sem, Cham et Japhet. Cham fut le père de Canaan. 19 Ce sont là les trois fils de Noé, et c'est leur postérité qui peupla toute la terre. 20 Noé commença à cultiver la terre, et planta de la vigne. 21 Il but du vin, s'enivra, et se découvrit au milieu de sa tente. 22 Cham, père de Canaan, vit la nudité de son père, et il le rapporta dehors à ses deux frères. 23 Alors Sem et Japhet prirent le manteau, le mirent sur leurs épaules, marchèrent à reculons, et couvrirent la nudité de leur père ; comme leur visage était détourné, ils ne virent point la nudité de leur père. 24 Lorsque Noé se réveilla de son vin, il apprit ce que lui avait fait son fils cadet. 25 Et il dit : Maudit soit Canaan ! qu'il soit l'esclave des esclaves de ses frères ! 26 Il dit encore : Béni soit l'Éternel, Dieu de Sem, et que Canaan soit leur esclave ! 27 Que Dieu étende les possessions de Japhet, qu'il habite dans les tentes de Sem, et que Canaan soit leur esclave !* ».

La première escroquerie manifeste fut le détournement du texte biblique par la substitution de Cham à Canaan : la Genèse (9 : 25-27) indique bien que celui qui fut maudit n'était pas Cham, mais bien Canaan, son fils. En outre si l'on voulait identifier les descendants de Noé à des territoires et leurs habitants, Canaan ne pouvait aucunement désigner l'espace subsaharien et sa population. En effet, dans la bible elle-même, Canaan désignait la terre que Yahweh avait promise au patriarche Hébreu Abraham et ses descendants, notamment la Palestine antique. Yahweh précisait en effet (Gen. 15 : 18-21) : « *18 En ce jour-là, l'Éternel fit alliance avec Abram, et dit: Je donne ce pays à ta postérité, depuis le fleuve d'Égypte jusqu'au grand fleuve, au fleuve d'Euphrate, 19 le pays des Kéniens, des Keniziens,* *des Kadmoniens, 20 des Héthiens, des Phéréziens, des Rephaïm, 21 des Amoréens, <u>des Cananéens</u>, des Guirgasiens et des Jébusiens.* »

Et c'étaient les peuples mentionnés ici par Yahweh lui-même (Ge 15 : 18-21), lesquels occupaient la terre promise Canaan à l'arrivée du patriarche Abraham en provenance de Mésopotamie, que le Dieu des chrétiens désignait aux fils d'Israël comme devant être le réservoir éternel de leurs esclaves, la bible précisant notamment (Lév. 25 : 1-2, 44-46) : « *1 L'Éternel parla à Moïse sur la montagne de Sinaï, et dit : 2 Parle aux enfants d'Israël, et tu leur diras : (…) 44 C'est des nations qui vous entourent que tu prendras ton esclave et ta servante qui t'appartiendront, c'est d'elles que vous achèterez l'esclave et la servante. 45 Vous pourrez aussi en acheter des enfants des étrangers qui demeureront chez toi, et de leurs familles qu'ils engendreront dans votre pays ; et ils seront votre propriété. 46 Vous les laisserez en héritage à vos enfants après vous, comme une propriété ; vous les garderez comme esclaves à perpétuité. Mais à l'égard de vos frères, les enfants d'Israël, aucun de vous ne dominera avec dureté sur son frère.* » Comme nous le soulignions déjà à la section III de cet ouvrage, la donation par Yahweh de la terre de Canaan aux Hébreux ainsi que la transformation par le Dieu des Chrétiens des occupants autochtones de cette terre en un réservoir d'esclaves perpétuel à la disposition des enfants d'Israël serait la clé du paradoxe de la malédiction par Noé de Canaan, lequel n'avait nullement vu la nudité, en lieu et place de son père Cham qui en était le coupable. Noé n'avait donc maudit et condamné à l'esclavage que des gens déjà condamnés à demeurer éternellement esclaves par l'Eternel des Hébreux lui-même.

De l'examen des textes bibliques, il ressort que les peuples que le Dieu des Chrétiens destinaient à l'esclavage perpétuel n'étaient pas les Négro-subsahariens ; en outre, l'Eglise chrétienne institutionnelle, ni par ses Pères, ni par ses docteurs, ni par les conciles, ni par la papauté, n'avait jamais identifié Cham ou Canaan aux Négro-subsahariens, jamais établi que la malédiction prononcée par Noé tombait sur ces derniers (Hervieux, 2008) dont la mise en esclavage via la TNT serait autrement ainsi légitimée. Chez les pères du Protestantisme, jean Calvin estimait même que Noé était en partie responsable de la faute qui amena l'esclavage, s'étant lui-même enivré ; cette exégèse est loin d'être insensée : en quoi en effet, Cham qui vit son père nu sans savoir préalablement qu'il s'était saoulé et qu'il se trouvait nu, serait-il plus coupable que ce dernier qui s'était dénudé, complètement sous l'effet de sa passion pour l'alcool ? Qui était ici l'esclave de sa passion, de son vice, de son péché ? N'était-ce pas Noé lui-même ? Comment pouvait-il dans ces conditions, oser maudire quelqu'un d'autre, Canaan qui de surcroit n'avait même pas vu sa nudité ? A propos de l'exégèse du texte biblique, une ambiguïté subsistait toutefois chez l'autre père du Protestantisme, Martin Luther. Outre que celui-ci associait à Canaan la laideur, la couleur noire, il estimait que les populations d'Afrique, d'Arabie, de Babylonie, d'Assyrie descendraient de Cham, qui serait par ailleurs bâtisseur de la tour de Babel, roi d'Asie, idolâtre et propagateur du paganisme. Quand bien-même Luther pointait le caractère imagé du texte biblique, le mal était fait : il ouvrait ici une brèche dans laquelle s'engouffraient tous ceux qui étaient en quête du moindre trou de souris justificateur de la TNT à même de servir leurs intérêts ; brèche rendue béante par un amplificateur insoupçonné que soulignait à juste titre Grenouilleau (2021), à savoir, l'absence d'une doctrine clarificatrice officielle de l'Église chrétienne sur la malédiction de Noé : dès lors que l'Eglise s'était aperçue que durant les trois siècles majeurs de la traite négrière l'argument de la malédiction de Noé était abondamment utilisé par les chrétiens pour légitimer leurs activités négrières, une telle doctrine s'imposait. A défaut, on se retrouvait dans le cas d'une approbation tacite. Ainsi, comme naguère lors du lancement de la mise en esclavage et de la traite des Négro-subsahariens au XVème siècle par les Chrétiens chevaliers de l'Ordre du Christ, l'absence d'une expression clarificatrice ouverte se transformait en incitation et autorisation tacites.

§4) L'abolition de l'esclavage et de la traite des Noirs : qu'a fait l'Eglise chrétienne ?

A) Les pionniers de l'abolition en occident : des individus et non l'Eglise chrétienne

Enfermées dans le dogmatisme de l'ordre divin à respecter à tout prix que serait l'esclavage, les Eglises chrétiennes, catholique romaine et protestantes traditionnelles, étaient demeurées conservatrices et incapables d'initiatives en matière d'abolition de l'esclavage et de la traite des Noirs. Les actions pionnières étaient le fait d'individus (naturellement chrétiens dans un univers européen où ceux-ci constituaient la quasi-totalité de la population depuis le Moyen Âge), agissant à titre individuel et par conviction personnelle.

Ainsi, bien que peu nombreuses, des voix de chrétiens, n'engageant aucunement l'Eglise, s'étaient élevées à titre personnel contre l'esclavage et la traite des Noirs, depuis le XVIème siècle : on peut mentionner en 1555 le père portugais Fernao (Fernando) de Olivera (1507-1581), en 1560 l'archevêque de México Alonso de Montufar, en 1573 Bartolomé de Albornoz (1519 - 1573), en 1614 le jésuite Luis de Frias (1568 -1620), en 1667 le père Jean-Baptiste Du Tertre (1610- 1687) etc. Leurs critiques du système de traite allaient jusqu'à s'opposer à la doctrine établie, à savoir, guerre juste, salut des âmes, ordre divin etc., doctrine qu'ils jugeaient inapte à fonder ou justifier la mise en esclavage et la traite des Noirs ; certains d'entre eux avaient en conséquence vu la lecture et la réimpression de leurs écrits interdites par le Saint-Office (Albornoz), ou furent eux-mêmes poursuivis par le tribunal de l'Inquisition (de Frías) etc. Toutefois, quelque peu réservées et craintives, ces voix manquaient en général de radicalisme et ne réclamaient pas la fin de l'esclavagisme. Sans doute restaient-elles aussi prisonnières de la loi de Yahweh ayant institué l'esclavage dans la Genèse. Aussi, malgré leur désapprobation de l'esclavage et de la traite des Noirs, ces voix, soit se limitaient à dénoncer les exactions, les violences, les abus, ou à réclamer leur correction, soit allaient jusqu'à admettre l'esclavage comme un mal nécessaire pour « sauver les âmes », « sortir les Nègres » de la barbarie, préserver les intérêts des nations négrières, les faire vivre etc.

S'opposaient à ces postures craintives, de rares religieux, ostracisés, bâillonnés, agissant toujours en leur nom propre, avaient réclamé ni plus ni moins la fin de la mise en esclavage des Noirs, la fin du système socio-économique esclavagiste alors en plein essor, longtemps avant le lancement du mouvement abolitionniste stricto sensu du XIXème siècle. Etaient représentatifs de cette tendance les prêtres catholiques membres de l'Ordre des capucins, Francisco José de Jaca (1645-1690) et Epifanio de Moirans (1644-1689). Allant plus loin que leur illustre prédécesseur du IVème siècle, l'évêque cappadocien Grégoire de Nysse (335-395), ils se posaient en abolitionnistes avant l'heure : ils en étaient de véritables pionniers.

Dans les Amériques, sur l'île de Cuba, à la Havane notamment, où s'ils s'étaient retrouvés, les deux prêtres capucins prenaient position contre l'esclavage des Noirs qu'ils expérimentaient concrètement. Dans leurs sermons, leurs écrits (Vigneaux, 2009 ; Grenouilleau, 2021), les deux prêtres s'en prenaient directement au système esclavagiste dont ils s'étaient attachés à réfuter tous les arguments religieux de légitimation : droit naturel, ordre divin, droit des gens. Ils soutenaient que tous les humains, y compris les Noirs, païens ou chrétiens, étaient libres et égaux, que l'esclavage était illégitime, que les maîtres n'avaient aucun droit sur les esclaves ; ils ordonnaient en conséquence aux maîtres de libérer sans tarder leurs esclaves en leur restituant la valeur du travail qu'ils avaient effectué. Des prêtres, ils requéraient de ne donner l'absolution qu'aux maîtres qui auraient rempli ces conditions. Les colons ne pouvaient admettre de tels discours et c'était sans doute sous leur pression que le vicaire général requérait la réclusion des deux pères capucins dans leur couvent, ce que ces derniers refusaient. S'engageait alors un bras de fer : excommuniés par le vicaire, en 1681, les prêtres excommuniaient à leur tour ce dernier, au motif de la violation de leur droit. Ils finirent par être reclus dans le couvent des capucins puis expulsés vers Séville en 1682 ; les deux capucins exposaient leurs récriminations contre la traite des Noirs à la Congrégation de la Propagation de la Foi. En 1683, Jaca fut transféré à Valladolid et Moirans à Ségovie : ils reprenaient du service en tant que prêcheurs et confesseurs. Ils étaient toutefois définitivement interdits de séjour dans les Amériques.

Au chapitre des pionniers abolitionnistes issus du milieu chrétien, il convient de mentionner la Société religieuse des Amis (Quakers) qui avait lancé une pétition contre l'esclavage en 1688 à Germantown en Pennsylvanie. Il s'agissait ici non d'une initiative individuelle mais plutôt collective et institutionnelle. Titrée « *The resolution of the Germantown mennonite* », la Protestation de Germantown, œuvre initialement de quatre Quakers de Germantown, fut soumise à l'assemblée des Quakers réunie le 18 février 1688. Fondée sur le message biblique (Matthieu 7:12) proclamant que « *Tout ce que vous voulez que les hommes fassent pour vous, faites-le de même pour eux, car c'est la loi et les prophètes* », et destinée aux Chrétiens dans leur ensemble, la Protestation affirmait l'égalité naturelle entre Blancs et Noirs et incitait à s'opposer à l'esclavage des Noirs, déclarant notamment : « *Voici les raisons pour lesquelles nous sommes contre le trafic d'hommes. Y a-t-il quelqu'un qui voudrait qu'on lui fît cela ou être traité de cette façon ? C'est-à-dire : être vendu ou réduit en esclavage pour toute sa vie ? (...) parce qu'ils sont Noirs, nous ne pouvons concevoir qu'il y ait plus de liberté à les détenir comme esclaves qu'il y en aurait à posséder des Blancs. Il y a une maxime qui dit que nous devons faire à tout homme ce que nous voulons qui nous soit fait, nous-mêmes ; sans considération de génération, d'origine ou de couleur.* » Pionnière et sans grand succès instantané, la pétition tombait dans l'oubli. Comme une bombe à retardement, elle n'était certainement pas totalement étrangère au réveil abolitionniste qui s'était fait jour chez les Quakers soixante-dix ans plus tard. En dehors de cette initiative des Quakers, du côté des Eglises chrétiennes institutionnelles, c'était durant cette période d'essor de la TNT et jusqu'à l'ère abolitionniste proprement dite, le silence : l'ordre régnait.

B) Quand les papes se terraient, simulaient, sortaient pour tuer un serpent mort

C'était aux XVIIIème et XIXème siècles que le coup de grâce fut porté à l'esclavage et à la TNT. Mais l'initiative et l'engagement furent le fait d'individus agissant à titre personnel et selon leur conviction propre, religieuses ou non. Pendant ce temps, au fond de son puits dogmatique, l'Eglise institutionnelle traditionnelle, catholique romaine comme protestante traditionnelle, luthérienne et calviniste, manquait à l'appel, réagissant presque toujours après coup.

Vis-à-vis du mouvement abolitionniste de la TNT qui secouait l'Europe chrétienne aux XVIIIème et XIXème siècles, l'Eglise apostolique romaine se tenait en retrait, terrée dans un attentiste dont elle ne sortait qu'une fois les choses faites et simulant après coup l'abolition, qu'il s'agît de la traite ou de l'esclavage. En effet, muette sur la question de l'abolition de la traite, elle ne se manifesta que par la lettre du 20 septembre 1814 du pape Pie VII à l'attention du roi de France. Dans cette lettre, le pape prohibait la traite des Noirs, interdisant, souligne Quenum (2008), « *à tout ecclésiastique ou laïc d'oser soutenir comme permis, sous quelque prétexte que ce soit, ce commerce des Noirs* ». Cette déclaration était une simulation comme nous allons l'établir ci-dessous.

Un premier constat s'impose : cette abolition de la traite, prononcée au nom de l'Eglise catholique, intervenait sept ans après celle décrétée par l'Angleterre en 1807. Le second constat qui s'impose est que l'abolition papale de la traite était prononcée pendant que les grandes puissances européennes de l'époque tenaient un congrès à Vienne, du 18 septembre 1814 au 9 juin 1815, lequel congrès devait, entre autres, décider que chacune d'elle s'engageât à abolir chez elle, assez rapidement, la traite des Noirs. Ainsi, la traite des Noirs était condamnée avec certitude à disparaître : la première puissance mondiale de l'époque, l'Angleterre, l'avait abolie depuis 1807 et toutes les grandes puissances européennes s'apprêtaient désormais à le faire. L'Eglise catholique « choisissait » alors d'ouvrir la porte au moment où elle était largement entrouverte, ou de tuer le serpent au moment où sa mort était certaine : c'était avantageux car le tuer à ce moment-là ne coûtait rien et ne pouvait qu'être bénéfique. Le troisième constat, le plus important, s'agissant de l'abolition papale de la traite en 1814 est que l'opération ressemblait fort à du donnant-donnant politique. En effet, souligne Renault (1995), en vue d'« *obtenir des garanties sur la restitution des Etats pontificaux dans le remodelage de l'Europe préparé par les diplomates* », le cardinal Ercole Consalvi, secrétaire d'État du pape Pie VII avait entrepris une tournée des capitales européennes en 1814. Au cours de ce déplacement, et à Londres, le secrétaire au Foreign Office réclamait au Saint-Siège, en contrepartie du soutien de l'Angleterre, l'appui de celui-ci aux efforts anglais en vue de mettre un terme à la traite des Noirs. En effet, en raison des réticences des puissances catholiques esclavagistes coloniales (France, Espagne, Portugal) à abolir la traite, le secrétaire au Foreign Office formula la requête d'un concours du Saint-Siège durant le congrès de Vienne, en vue d'une interdiction internationale immédiate de la traite des Noirs. Cette requête fut exaucée par le pape Pie VII qui adressa peu après une lettre personnelle aux rois de France, d'Espagne et du Portugal, les exhortant à œuvrer à une abolition urgente de la traite. Si « *la restitution des Etats pontificaux* » était la contrepartie immédiate espérée par le pape de cette abolition en plein congrès de Vienne, il en existait d'autres. En effet, sortant d'une confrontation avec Napoléon qui lui avait imposé la résidence surveillée en 1813-1814, le pape Pie VII avait besoin du soutien des autres grandes puissances européennes et en particulier de la première, l'Angleterre, dont il connaissait la volonté farouche d'amener les autres grandes nations européennes à se joindre à elle en s'engageant à abolir chacune chez elle la traite. Cette volonté de l'Angleterre s'était d'ailleurs concrétisée dans la déclaration du congrès de Vienne en date du 8 février 1815 faisant état de l'engagement des puissances européennes opposées à l'empire napoléonien à abolir la traite des Noirs.

Tel était le cas de la traite, à savoir que l'abolition papale prononcée en 1814 était une requête de l'Angleterre et relevait d'un marchandage politique.

S'agissant de l'esclavage qui n'était toujours pas aboli, ni en 1807, ni en 1814-1815, comment les choses s'étaient-elles passées ? En règle générale, on avance que les « *Lettres apostoliques pour détourner du commerce des Nègres* » en date du 3 décembre 1839 du pape Grégoire XVI (Grégoire XVI, 1839) constituaient l'acte d'abolition de l'esclavage des Noirs de l'Eglise catholique. Ces lettres restent néanmoins entachées de gros doutes et à l'examen, il en ressort qu'elles n'avaient aucunement aboli l'esclavage. Voyons tout cela en détail.

Premier constat : comme dans le cas de la traite, les « *Lettres apostoliques* » du 3 décembre 1839 n'étaient écrites par le chef suprême des Catholiques que six ans après que la première puissance mondiale, l'Angleterre, eut aboli l'esclavage en 1833 et que nombre d'autres pays étaient engagés dans la voie devant conduire à sa liquidation, ou l'avaient déjà aboli : entraient dans ce dernier cas Haïti (1804), le Chili (1823), le Mexique (1829) etc. Encore une fois, l'Eglise catholique choisissait un timing qui ne pouvait qu'interpeller, à savoir, n'ouvrir la porte qu'au moment où elle était largement entrouverte, ou tuer le serpent au moment où sa mort était certaine. Second constat : « l'abolition » décrétée par le pape Grégoire XVI n'était pas le produit d'une réflexion interne, autonome, propre à l'Eglise catholique. En effet, les « *Lettres apostoliques* » du 3 décembre 1839 résultaient d'une demande de l'Angleterre, formulée par courrier officiel du 13 juillet 1839, courrier adressé au Secrétaire d'Etat du pape par le représentant officieux de l'Angleterre à Rome, comme le montre Renault (1995). Le courrier sollicitait « *une déclaration du pape* » dans le dessein de convaincre certains Etats ayant à leur tête des gouvernants catholiques encore très réticents, de coopérer plus franchement avec l'Angleterre dans la répression du trafic négrier. Examinée par la commission des cardinaux de la Congrégation des Affaires Ecclésiastiques Extraordinaires, la requête obtenait un avis favorable et la commission recommandait au pape Grégoire XVI de répondre positivement. Renault (1995) insiste sur ce que la commission des cardinaux recommandait en outre au pape, par deux fois, de formuler sa réponse de telle sorte qu'elle gardât la forme d'un acte spontané : en clair, la lettre papale ne devait rien laisser transparaître de la requête anglaise, et devait dissimuler l'appel externe qui l'avait provoquée tout en simulant une production autonome qui serait le fruit d'une réflexion propre à l'autorité chrétienne. En conséquence, les « *Lettres apostoliques* » du 3 décembre 1839 prirent la forme d'une déclaration publique d'ordre général comme le suggérait le gouvernement anglais tout en étant présentée comme le produit d'une mûre réflexion autonome papale. Ce que faisait le pape dès les premières lignes de ses « *Lettres apostoliques* », écrivant : « *Placé au sommet de l'apostolat, et tenant sans aucun mérite la place de Jésus-Christ, Fils de Dieu, qui, fait homme par son extrême charité, a voulu même mourir pour la rédemption du monde, nous avons cru qu'il appartenait à notre sollicitude pastorale de nous appliquer à détourner tout à fait les fidèles du commerce inhumain des Nègres ou de toute autre espèce d'hommes.*» ; il y insistait ailleurs dans le texte, écrivant : « *après avoir mûrement examiné la chose avec quelques-uns de nos vénérables frères les cardinaux de la sainte Église romaine appelés en conseil, marchant sur les traces de nos prédécesseurs(...)* » etc. Troisième constat : l'absence d'abolition. Les huitième et neuvième alinéas des « *Lettres apostoliques* » étaient ceux souvent montrés comme abolissant l'esclavage. Le pape y écrivait en effet : « *Aussi, voulant éloigner un si grand opprobre de tous les pays chrétiens, après avoir mûrement examiné la chose avec quelques-uns de nos vénérables frères les cardinaux de la sainte Église romaine appelés en conseil, marchant sur les traces de nos prédécesseurs, nous avertissons par l'autorité apostolique et nous conjurons instamment dans le Seigneur tous les fidèles, de quelque condition que ce soit, qu'aucun d'eux n'ose à l'avenir tourmenter injustement les Indiens, les Nègres ou autres semblables, ou les dépouiller de leurs biens, ou les réduire en servitude, ou assister ou favoriser ceux qui se permettent ces violences à leur égard, ou exercer ce commerce inhumain par lequel les Nègres, comme si ce n'étaient pas des hommes, mais de simples animaux, réduits en servitude de quelque manière que ce soit, sont, sans aucune distinction et contre les droits de la justice et de l'humanité, achetés, vendus et voués quelquefois aux travaux les plus durs, et de plus, par l'appât du gain offert par ce même commerce aux premiers qui enlèvent les Nègres, des querelles et des guerres perpétuelles sont excitées dans leur pays.*

De l'autorité apostolique, nous réprouvons tout cela comme indigne du nom chrétien, et par la même autorité, nous défendons sévèrement qu'aucun ecclésiastique ou laïque ose soutenir ce commerce des Nègres, sous quelque prétexte ou couleur que ce soit, ou prêcher ou enseigner en public et en particulier contre les avis que nous donnons dans ces lettres apostoliques. »

Il ressort d'abord de ces paragraphes que l'objet des « *Lettres apostoliques* » restait conforme à la demande anglaise, à savoir amener les gouvernants catholiques encore réticents à collaborer plus sincèrement avec l'Angleterre dans la répression du trafic négrier : ce qui était d'emblée spécifié dans le titre même des « *Lettres apostoliques* » (*pour détourner du commerce des Nègres*) et affirmé plus nettement dans l'alinéa neuf stipulant : « *nous défendons sévèrement qu'aucun ecclésiastique ou laïque ose soutenir ce commerce des Nègres, sous quelque prétexte ou couleur que ce soit, ou prêcher ou enseigner en public et en particulier contre les avis que nous donnons dans ces lettres apostoliques* ». Le pape se limitait ici à interdire la collaboration, ou la facilitation ou même la pratique du commerce négrier. Cette interdiction était plus en rapport avec la traite qu'avec l'esclavage lui-même. Ensuite, c'était l'alinéa huit des « *Lettres apostoliques* » qui semblait abolir l'esclavage. Or, le pape y spécifiait : « *nous avertissons par l'autorité apostolique et nous conjurons instamment dans le Seigneur tous les fidèles, de quelque condition que ce soit, <u>qu'aucun d'eux n'ose</u> à l'avenir <u>tourmenter injustement</u> les Indiens, les Nègres ou autres semblables, ou les dépouiller de leurs biens, ou <u>les réduire en servitude</u>, ou assister ou favoriser ceux qui se permettent ces violences à leur égard, ou exercer ce commerce inhumain (...)* ». Le passage est pourtant clair : le pape interdisait de « *tourmenter injustement* », d'injustement « *réduire en servitude* ». Il usait d'une notion classique de la doctrine chrétienne, celle de la mise en esclavage juste résultant d'une guerre juste dont nous avions largement traité. Autrement dit le pape considérait que la mise en esclavage des « *Indiens, Nègres ou autres semblables* » serait légitime et tolérable si elle résultait d'une cause juste. Et ce qu'il proscrivait et interdisait aux Chrétiens, c'était la mise en esclavage injuste. Grégoire XVI s'en tenait donc à la doctrine chrétienne qui considérait comme légitime l'esclavage dès lors qu'il était institué par Yahweh lui-même : il correspondrait à l'ordre divin et serait en conséquence intouchable. Les « *Lettres apostoliques* » ne condamnaient et ne prohibaient aucunement l'esclavage dans son principe, et n'interdisait pas la possession d'esclave en soi. Les « *Lettres apostoliques* » s'étaient donc complètement désintéressées du sort des Nègres croupissant sous le joug esclavagiste au moment où écrivait Grégoire XVI comme le relève à juste titre Prudhomme (1999). Le pape précisait en effet : « *(...) nous conjurons instamment dans le Seigneur tous les fidèles (...) qu'aucun d'eux n'ose <u>à l'avenir</u> tourmenter injustement les Indiens, les Nègres ou autres semblables (...)* » : le pape ne se préoccupait stricto sensu que de la situation future, d'une mise en esclavage injuste <u>à l'avenir</u>, du commerce négrier injuste <u>à l'avenir</u>, choses qu'il interdisait aux Chrétiens. Quid alors de l'immense quantité des Nègres effectivement réduits en esclavage sous ses yeux, dans les colonies américaines, dans les plantations tenues par les Chrétiens, dont les Jésuites par exemple en Afrique subsaharienne ? Stricto sensu, le pape Grégoire XVI n'avait pas condamné cette possession d'esclaves. Était-ce à dire que les maîtres chrétiens devaient les considérer comme définitivement acquis, comme impossibles à affranchir ou comme à affranchir à leur seul bon vouloir ? Etaient-ce là les limites d'un texte qui n'était pas le produit d'une réflexion interne propre des autorités catholiques mais plutôt d'une demande externe et d'un marchandage politique ? Ou comme d'aucuns le pensent, Grégoire XVI avait-il agit à dessein ou encore sa position n'était-elle que le reflet de l'enfermement dogmatique chrétien ? Dans tous les cas, une chose est sûre : dans ses « *Lettres apostoliques pour détourner du commerce des Nègres* » en date du 3 décembre 1839, le pape Grégoire XVI n'avait aboli l'esclavage ni des Noirs, ni en général : le pape n'était aucunement dans le processus abolitionniste qui secouait l'Europe depuis le début du XIXème siècle. C'était d'ailleurs exactement ce qu'avait compris son successeur le pape Pie IX qui avait signé l'Instruction du Saint-Office en date du 20 juin 1866 déclarant que "*L'esclavage en lui-même n'est dans sa nature essentielle pas du tout contraire au droit naturel et divin, et il peut y avoir plusieurs raisons justes d'esclavage.*" (Castel, 2016). L'Eglise catholique pouvait-elle continuer à tenir cette position au moment où la plupart des pays avaient déjà aboli l'esclavage des Noirs ou étaient engagés dans le processus devant y conduire incessamment (voir Annexe III dans cet ouvrage : *Esclavages, traites et abolitions : chronologie et faits marquants*) ?

C) 1890 : abolition de l'esclavage des Noirs par l'église catholique : quid de l'esclavage ?

On estime en général que ce fut avec l'encyclique *In plurimis* du pape Léon XIII daté du 5 mai 1888, que l'Eglise catholique avait rompu avec l'esclavage en tant qu'institution sociale en l'abolissant. L'histoire de cette encyclique indique cependant qu'il n'était pas une déclaration générale sur l'esclavage s'inscrivant dans le processus abolitionniste mondial toujours en cours, mais une lettre que le pape adressait aux évêques du Brésil à l'occasion de l'abolition de l'esclavage par ce pays en 1888.

Dans sa longue lettre, en effet, le pape abordait la question de l'esclavage avec une volonté très forte de convaincre le lecteur que l'Eglise chrétienne s'était de tout temps opposée à cette institution sociale et était le chef de file de ceux qui s'étaient donné comme mission de l'éradiquer. Il avait choisi pour cela de ne réfuter aucune des positions antérieures de l'église chrétienne même légitimatrices de l'esclavage, mais plutôt de les justifier en les inscrivant toutes dans le dessein final de la suppression de l'institution. Qu'il s'agît des exhortations à la soumission aux esclaves formulées par les disciples de Jésus comme Paul de Tarse, des positions pro-esclavagistes des Pères de l'Eglise, des papes etc., Léon XIII en faisait des procédés d'abolition pédagogique progressive de l'esclavage requis par les conditions de chaque période afin de parvenir à éradiquer l'esclavage sans provoquer de troubles sociaux, de désordre et sans causer des dommages plus accrus aux esclaves eux-mêmes. Le pape réécrivit complètement l'histoire du Christianisme et de l'esclavage, triant les faits à même d'offrir l'opportunité d'une apologie de l'action de l'Eglise, occultant carrément tout ce qui pouvait le gêner dans sa démonstration comme la doctrine légitimant la mise en esclavage dès lors que celle-ci était jugée consécutive à une guerre juste, surinterprétant à outrance et même à l'extrême, faisant dire à nombre de faits ce qu'il était évident qu'ils ne disaient pas. Le pape n'avait ainsi pas hésité à écrire que les païens étaient très cruels et méchants envers leurs esclaves tandis que les chrétiens étaient très doux et humains envers les leurs, oubliant visiblement que dans les Amériques, les maîtres qui marquaient leurs esclaves au fer rouge, leur coupaient le pied etc. au motif qu'ils avaient fui étaient tous des chrétiens ! Autre illustration : le pape affirmait que l'esclavage était une institution contraire à ce que Dieu avait autorisé, celui-ci n'ayant pas permis à l'humain de dominer un autre humain, feignant alors d'ignorer que ce fut Yahweh lui-même qui avait institué l'esclavage en terre promise, enseignant aux Hébreux que les étrangers non juifs constituaient le réservoir d'esclaves dans lequel ils pouvaient puiser éternellement (Lév. 25 : 1-2, 44-46) ; le pape feignait d'ignorer que l'Eglise chrétienne institutionnelle, catholique en l'occurrence, fut elle-même esclavagiste, ayant possédé et utilisé des milliers d'esclaves, avant et durant la traite des Noirs etc. Les contrevérités historiques accumulées par le pape étaient telles que l'on ne peut qu'être d'accord avec Prudhomme (2009) qui estime qu'à la lecture de l'encyclique *in Plurimis*, « *l'historien est mal à l'aise devant une relecture du passé qui multiplie les anachronismes, surévalue à des fins apologétiques le rôle du catholicisme et occulte des épisodes peu glorieux.* » Le pape était-il de mauvaise foi ou croyait-il lui-même fermement en ce qu'il écrivait ? Pourquoi ne pouvait-il pas assumer que, durant deux millénaires, l'Eglise chrétienne s'était trompée en soutenant la légitimité de l'esclavage, en pratiquant elle-même l'esclavage, et que parce qu'il valait mieux tard que jamais, il procédait désormais à la rectification adéquate par son encyclique *In plurimis* ? On ne saurait le dire avec exactitude.

Mais ayant condamné l'esclavage et appelé à y mettre un terme dans *In Plurimis*, on est plutôt tenté de saluer sa position et de considérer qu'elle marquait une rupture dogmatique au niveau institutionnel chrétien par rapport à la doctrine en vigueur jusque-là, à savoir la légitimité de l'esclavage, voulu par Yahweh, dès lors que certaines conditions sont réunies. L'on est cependant envahi par le doute au constat que dans son encyclique, le pape Léon XIII soutenait que :

« *Through your means let it be brought to pass that masters and slaves may mutually agree with the highest goodwill and best good faith, nor let there be any transgression of clemency or justice, but, whatever things have to be carried out, let all be done lawfully, temperately, and in a Christian manner. It is, however, chiefly to be wished that this may be prosperously accomplished, which all desire, that slavery may be banished and blotted out without any injury to divine or human rights, with no political agitation, and so with the solid benefit of the slaves themselves, for whose sake it is undertaken.* » (Léon XIII, 1888).

Ce que nous rendons par : « *Dans la mesure de vos moyens, faites en sorte que les maîtres et les esclaves s'accordent mutuellement par le plus de bonne volonté et de bonne foi possibles et qu'il n'y ait aucun péché en matière de clémence ou de justice, mais, quel que soit ce qui doit être fait, que ce le soit légalement, avec mesure et de manière chrétienne. Cependant, il est surtout à souhaiter que ce que tous désirent puisse être accompli avec succès, que l'esclavage puisse être interdit et aboli sans aucune atteinte aux droits divins ou de l'Homme, sans trouble politique, et donc de manière pleinement à l'avantage des esclaves eux-mêmes, pour le bien desquels il est entrepris.* » (Léon XIII, 1888).

En souhaitant que l'esclavage fût aboli « *sans aucune atteinte au droit divin* », le pape Léon XIII semblait faire une rechute et ramener au vieux principe chrétien de respect de l'ordre divin dont relevait l'esclavage, celui-ci ayant été institué par Yahweh lui-même. Et c'est ici qu'émergent des doutes quant à ses convictions profondes : condamnait-il réellement dans son principe l'esclavage ? Ou bien, s'agissait-il simplement de feindre de le faire, comme son prédécesseur Grégoire XVI ? S'agissait-il simplement d'être dans l'ère du temps, de ne plus rater le train de l'abolition généralisée qui traversait le monde des années 1800, monde dans lequel l'esclavage devenait irréversiblement impossible à justifier ? L'on ne saurait le dire avec exactitude, cependant au moins deux faits interpellent. D'abord, comme le souligne Renault (1971), le contenu de l'encyclique et notamment ce qui concerne l'esclavage fut influencé par un anti-esclavagiste proche du pape, à savoir, Charles Lavigerie (1825-1892), archevêque d'Alger par ailleurs créé cardinal et nommé primat d'Afrique par Léon XIII lui-même. Ensuite, alors que Léon XIII faisait figure d'anti-esclavagiste dans l'encyclique *In Plurimis*, il avait imposé « *le thomisme comme théologie officielle et unique dans l'enseignement des séminaires et des universités* » catholiques (Prudhomme, 2009). Or, l'ouvrage de référence de Thomas d'Aquin devant servir de base à l'éducation des catholiques, à l'enseignement catholique, était la *Somme théologique*, ouvrage dans lequel Thomas d'Aquin exposait la légitimité de l'esclavage dès lors que certaines conditions étaient réunies. Cette contradiction ne faisait qu'accroître le doute sur les convictions profondes du souverain pontife. Et il n'est donc pas certain, contrairement à ce que croit Prudhomme (2009) que par l'encyclique *In Plurimis*, le pape Léon XIII ait clos dans l'Eglise chrétienne le débat sur la légitimité de l'esclavage.

Cependant, deux ans plus tard, notamment dans l'encyclique *Catholicae Ecclesiae* du 20 novembre 1890 (Léon XIII, 1890), le pape Léon XIII semblait gommer les incertitudes et doutes entachant sa position vis-à-vis de l'esclavage et de la traite des Noirs dans l'encyclique *In Plurimis* de 1888. Sous-titré « *l'esclavage dans les missions* », l'encyclique fut une lettre que le souverain pontife avait adressée aux « missionnaires catholiques d'Afrique ». Cette lettre portait sur l'esclavage et la propagation du Christianisme en Afrique.

A propos de l'esclavage, Léon XIII soutenait d'abord, comme il le fit dans *In Plurimis*, que depuis l'origine, l'Eglise chrétienne avait toujours cherché à éradiquer l'institution sociale de l'esclavage et qu'elle n'avait jamais faibli dans la réalisation de ce dessein. Il citait à l'appui plusieurs de ses prédécesseurs qu'il disait avoir déployé tous les efforts pour éradiquer l'esclavage partout où il existait, nommant à cet effet les papes Grégoire le Grand (540-604), Hadrien Ier (700-795), Alexandre III (1105-1181), Urbain III (1120-1187), Innocent III (1160-1216), Grégoire IX (1170-1241), Pie II (1405-1464), Léon X (1475-1521), Paul III (1468-1549), Benoît XIV (1675-1758), Pie VII (1742-1823), Grégoire XVI (1765-1846). La vérité historique n'est cependant pas cela ainsi que nous l'avions relevé mais qu'importe. Léon XIII n'avait pas manqué de s'inclure dans cette lignée d'illustres adversaires présumés de l'esclavage et acteurs supposés de son élimination, indiquant qu'il l'avait ouvertement condamné. En effet, les termes et qualificatifs qu'il employait dans l'encyclique *Catholicae Ecclesiae* ne laissaient cette fois-ci aucun doute sur cette condamnation. Il qualifiait ainsi dans cet encyclique l'esclavage de mauvaise institution, de fléau, de scandale et soutenait qu'il s'opposait tant à la religion qu'à la dignité humaine. A propos du cas particulier de la traite des Noirs, le pape Léon XIII exposait que c'était une horreur et une honte que de voir que chaque année, environ 400 mille Africains de tout âge et tout sexe étaient arrachés à leurs contrées, ligotés, battus, exportés à l'étranger, exposés et vendus comme du bétail. La situation lui paraissant insupportable, le pape dit avoir missionné le cardinal Lavigerie auprès des gouvernants et citoyens européens afin d'y trouver une solution définitive.

Pour lui, il était impératif que l'Eglise catholique œuvrât à l'éradication de l'esclavage en Afrique. Le pape lançait en conséquence un appel à une action commune et instituait une contribution financière chrétienne pour la cause.

Par-delà sa réécriture apologétique de l'histoire de la position du Christianisme vis-à-vis de l'esclavage, réécriture emprunte d'une dose de malhonnêteté intellectuelle indigne qui ne pouvait que révulser, le pape ne semblait plus feindre cette fois-ci de condamner l'esclavage. L'encyclique *Catholicae Ecclesiae* était sans équivoque. Toutefois, la révolte que sonnait le pape Léon XIII contre l'esclavage en Afrique n'était pas désintéressée : elle était au service de l'extension ou de la propagation du Christianisme sur le continent noir : cela était la seconde mission que l'encyclique confiait aux missionnaires chrétiens opérant en Afrique. On notera toutefois le renversement du procédé : jusque-là, pour l'Eglise chrétienne, la mise en esclavage était au service de la christianisation des populations, c'était la justification de l'esclavage par le salut des âmes ; désormais, c'était la suppression de l'esclavage qui était devenu le fer de lance de l'évangélisation. En cela, au moins, le pape Léon XIII et son encyclique *Catholicae Ecclesiae* du 20 novembre 1890 innovaient et marquaient une rupture dans le dogme chrétien de l'esclavage. Désormais, au passé semblait appartenir la légitimation doctrinale chrétienne de l'esclavage. Toutefois, appeler à l'arrêt de la traite des Noirs, et de la mise en esclavage des Noirs, longtemps après son abolition par les autorités politiques, est une chose et une autre chose est d'éradiquer le principe même de l'esclavage de la doctrine religieuse. Sur ce dernier point, l'Eglise chrétienne, tout comme les autres religions judéo-chrétiennes qui enseignaient ouvertement la légitimité religieuse de l'esclavage, n'ont pas encore convaincu (voir plus loin).

D) L'engagement précoce des Chrétiens quakers et méthodistes dans l'abolitionnisme

Quoique les Eglises chrétiennes, catholique romaine et protestantes traditionnelles, fussent restées incapables d'initiatives en matière d'abolition de l'esclavage et de la traite des Noirs et se fussent terrées jusqu'à longtemps après les abolitions décidées par les pouvoirs politiques, certaines de leurs franges s'étaient manifestées assez tôt et avaient joué un rôle non négligeable dans le processus abolitionniste. Il s'agit notamment des Quakers et des Méthodistes.

a) Les Quakers : premiers abolitionnistes de la TNT

Dissidence religieuse de l'Eglise anglicane née en Angleterre en 1648, le Quakerisme, dont l'un des fondateurs fut George Fox (1624-1691), appartenait au courant de rénovation visant à retourner au Christianisme primitif. Se dénommant initialement *Enfants de la Lumière* (*Children of the Light*) » ou *Amis de la Vérité* (*Friends of the Truth*), ces appellations cédaient la place à celle de *Quakers* (Trembleurs) à partir de 1650 puis de *Religious Society of Friends* (*Société religieuse des Amis* ou simplement *Société des Amis*) au XVIIIè siècle. Prônant le retour au Christianisme primitif, les Quakers appréhendaient la croyance religieuse comme d'ordre strictement personnelle et rejetait en conséquence structures hiérarchiques, crédo, sacrements. Comme les Vitalistes négro-subsahariens, ils prônaient la vérité, la rectitude, le pacifisme, la simplicité (limitation des possessions matérielles, des biens à ce qui s'avérait nécessaire), l'égalité parfaite entre tous les êtres humains. Cette dernière reposait sur une autre croyance fondamentale, encore d'essence vitaliste, chez les Quakers, à savoir l'existence en chaque être humain d'une part du démiurge.

C'est dans ces positions spirituelles qu'il convient de rechercher les fondements de l'aversion précoce des quakers pour l'esclavage : tous les humains contenant en eux une part du Dieu créateur, ils étaient nécessairement créés égaux par le démiurge qui les considéraient comme tels. Il était dès lors impossible que l'un fût asservi par l'autre. Partant de ce principe, et s'appuyant également sur l'évangile selon Matthieu (7 : 12) : « *Tout ce que vous voulez que les hommes fassent pour vous, faites-le de même pour eux, car c'est la loi et les prophètes* », les Quakers prenaient position collectivement contre l'esclavage des Noirs en 1688. C'était via une pétition titrée *The resolution of the Germantown mennonite*, généralement connue sous la dénomination *Protestation de Germantown*. Rédigé par un quaker mennonite Francis daniell Pastorius dans la Pennsylvanie naissante, le texte de la pétition fut adressé à la réunion mensuelle des Quakers à Germantown le 18 février 1688, réunion lors de laquelle il fut adopté et signé comme la Protestation de Germantown. Cependant, présentée à la réunion annuelle des Quakers de Burlington tenue le 5 juillet 1688, la déclaration ne fut pas adoptée et la pétition ne connut pas de succès. Néanmoins elle dénonçait, outre le prêt usurier, l'esclavage des Noirs. Assimilant la mise en esclavage à un vol consistant à dépouiller un individu de son bien fondamental, son corps, la Protestation dénonçait la traite des Noirs et l'esclavage, proclamant : « *Voici pourquoi nous nous opposons au trafic des humains. Y a-t-il quelqu'un qui voudrait qu'on lui fît ou qu'on le traitât de cette manière ? C'est-à-dire : être vendu ou réduit en esclavage pour toute sa vie ? (...) Nous apprenons que la plupart de ces Nègres sont amenés ici contre leur volonté et leur consentement, et beaucoup d'entre eux sont volés (...) Mais au motif qu'ils sont noirs, nous ne pouvons concevoir qu'il y ait plus de liberté à les détenir comme esclaves qu'il y en aurait à posséder des blancs. Il y a un dicton qui stipule que nous devons faire à tout homme ce que nous voulons qu'il nous soit fait ; sans considération de génération, d'origine ou de couleur. (...) Mais nous nous élevons contre le fait d'amener des humains ici, ou de les voler et de les vendre contre leur volonté (...) Prions, qu'est-ce qui peut nous être fait de pire dans ce monde que si des humains devaient nous voler et nous vendre comme esclaves dans des pays étrangers ; séparant les maris de leurs femmes et enfants. Nous nous opposons à ce trafic humain qui est en contradiction avec notre façon de faire. Et nous qui professons qu'il n'est pas légal de voler, devons de même éviter d'acheter des choses volées et plutôt aider à arrêter le vol. Ces esclaves devraient être délivrés des mains des voleurs et mis en liberté comme en Europe (...) »* (Library of Congress, 1688).

Bien que cette pétition de 1688 échouât, l'idée de l'élimination de la traite négrière et de l'esclavage des Noirs était lancée. Les Quakers peinaient toutefois à s'accorder sur la position à tenir vis-à-vis de l'esclavage et des membres de la *Société des Amis* continuaient d'acheter et posséder des esclaves noirs. Néanmoins, la traite négrière et l'esclavage étaient combattus sans relâche par une frange de la communauté des Quakers. Des pamphlets anti-esclavagistes étaient ainsi régulièrement publiés notamment par George Keith (1693), Benjamin Lay etc. Des pétitions anti-esclavagistes récurrentes étaient aussi soumises aux assemblées des Quakers sans pouvoir être adoptées. Il fallait attendre la moitié du XVIIIème siècle pour voir la majorité des Quakers s'engager à éradiquer l'esclavage. A l'Assemblée annuelle des Quakers en 1754, un leader, John Woolman (1720 -1772) exposait que l'esclavage était une pratique anti-chrétienne tandis qu'en 1758 l'Assemblée annuelle des Quakers de Philadelphie condamnait la traite négrière et l'esclavage et interdisait sa pratique aux membres de la communauté sous peine d'exclusion. En 1775, les Quakers créaient l'une des premières sociétés anti-esclavagistes en Amérique du Nord, la *Pennsylvania Abolition Society*. Par suite en 1776, ils annonçaient l'exclusion de leur communauté des membres qui continuaient à détenir des esclaves. En 1778, cette exclusion était mise en application à Philadelphie etc.

Certains leaders quakers s'étaient particulièrement illustrés dans le combat anti-esclavagiste de la *Société des Amis*. C'était particulièrement le cas de Benjamin Lay (1682-1759), John Woolman (1720-1772) et Antony Bénezet (1713-1784). Celui-ci fut incontestablement le plus actif. C'était à sa demande récurrente qu'en 1780 l'Assemblée générale de Pennsylvanie promulguait sa *Loi d'Abolition Progressive de l'Esclavage* (*Act for the Gradual Abolition of Slavery*) instituant l'extinction par étape de l'esclavage dans l'État de la Pennsylvanie : ce fut la première loi abolitionniste étatique de l'esclavage dans le cadre de la traite négrière transatlantique. Mais l'influence de Bénezet sur le processus abolitionniste mondial enclenché par les Quakers était très loin de s'arrêter là. Dans ses écrits, Bénezet réfutait tous les arguments religieux, chrétiens ou non, légitimant la traite négrière, montrait la cruauté du trafic négrier, la barbarie des méthodes d'obtention des captifs, la corruption orchestrée par les Européens à cette fin en Afrique etc. Afin de toucher largement tant l'opinion publique que les décideurs politiques dans les Amériques et en Europe, Bénezet diffusait massivement ses écrits, avec le concours des quakers, en Grande Bretagne, dans la presse, auprès des parlementaires, des associations ; dans les colonies britanniques des Amériques etc. Ses écrits, en particulier son ouvrage majeur publié en 1771 à Philadelphie, « *Some Historical Account of Guinea. Its Situation, Produce, and the General Disposition of its Inhabitants, With an Inquiry into the Rise and Progress of the Slave Trade, its Nature, and Lamentable Effects* », allaient en conséquence avoir un impact considérable. En Amérique, l'activisme de Bénezet ralliait à la cause abolitionniste Benjamin Franklin (1706-1790), le VIème président du Conseil exécutif suprême de Pennsylvanie, Patrick Henry (1736-1799), le Ier et VIème gouverneur de

Virginie etc. En Grande bretagne, Bénezet contribuait grandement à introduire la cause abolitionniste ; les grands acteurs et militants de l'abolition tant de la traite que l'esclavage s'étaient investis dans cette cause après lecture de ses travaux, notamment Granville Sharp (1735-1813), Olaudah Equiano (1745-1797), Ottobah Cugoano (1757-18031), William Wilberforce (1759-1833), Thomas Clarkson (1760-1846) etc. ; en France, on peut mentionner comme abolitionnistes influencés par Bénezet L'abbé Guillaume-Thomas Raynal (1713-1796), Marie Jean Antoine Nicolas de Caritat, marquis de Condorcet (1743-1794).

b) L'abolitionnisme de l'Eglise méthodiste

Courant religieux issu d'un schisme d'avec l'Eglise anglicane au XVIIIème siècle, le Méthodisme eut pour principal organisateur le britannique John Wesley (1703-1791) qui en fit une Eglise indépendante dans les années 1780. Principal propagateur du Grand réveil religieux, mouvement social de renouvellement spirituel du Christianisme, ayant pris naissance dans les années 1720 en Grande-Bretagne et dans ses colonies des Amériques, le Méthodisme s'était inscrit d'emblée, dès sa naissance, dans le processus abolitionniste.

En effet, contrairement aux pères fondateurs de la Réforme protestante, notamment Jean Calvin (1509-1564) et Martin Luther (1483-1546) qui légitimaient l'esclavage, John Wesley s'était fermement engagé dans le processus d'éradication de ce dernier. Il condamnait la traite négrière et l'esclavage dont il exposait les excès et qu'il indexait comme « la somme de toutes les ignominies ». Influencé par Bénezet avec lequel il était en contact, il publiait son *Thoughts Upon Slavery* en 1774, ouvrage dans lequel il soutenait que tout humain naissait avec la liberté qui faisait dès lors figure de droit basique et dont aucune loi ne pouvait le déposséder. S'appuyant sur le témoignage d'Européens ayant séjourné au Sud du Sahara, Wesley décrivait les Négro-subsahariens comme des peuples hospitaliers, pacifiques, tranquilles, pratiquant la justice et la vérité d'une manière inégalée en Europe.

Décrivant ce qui ressemble au processus d'endogénéisation de l'esclavage dans l'espace subsaharien par les Européens, et comme d'autres l'avaient fait avant lui, il rappelait les razzias directes initiales pratiquées par les Européens sur les populations locales avant de recourir à des techniques consistant à fomenter des guerres intergroupes, à abreuver d'alcool les Négro-subsahariens, à leur apprendre la rapacité, afin de les inciter à produire des captifs pour la vente. Les souverains, selon Wesley se transformaient ainsi en razzieurs de leurs propres sujets, les parents vendaient leurs enfants etc.

Les Anglais extrayaient ainsi annuellement de l'espace subsaharien, écrivait-il, 100 mille Nègres dont 10 mille décédaient au cours de la traversée de l'océan et 20 mille durant l'acclimatation, reprenant Benezet. Pour Wesley, ces décès n'étaient rien d'autres que des assassinats gratuits que rien ne justifiait, car aucun des arguments avancés traditionnellement pour fonder la mise en esclavage des Nègres ne tenait. Il réfutait en effet tous ces justificatifs, qu'il s'agît de la guerre juste, du salut des âmes, de l'auto-vente, de la prétendue impossibilité pour les Européens de travailler sous les tropiques, de l'utilité pour l'Angleterre etc., puis il estimait que les Chrétiens pratiquant la traite, notamment les capitaines de navires, les marchands, les planteurs, étaient coupables de péchés dont ils devraient se repentir. En conséquence, Wesley militait pour éradiquer l'esclavage et appelait les Anglais, les acteurs européens de la traite négrière à agir en ce sens.

Suivant Wesley, l'Eglise méthodiste de sa tendance, était d'emblée versée dans le combat abolitionniste et restait fortement engagée dans le combat. Ainsi, en Grande Bretagne, au temps des pressions pétitionnaires destinées à obtenir une abolition immédiate, « *en 1832-1833, plus de 95 % des méthodistes wesleyens sont pétitionnaires* » (Grenouilleau, 2021). L'évolution n'était toutefois pas linéaire.

Après la mort de Wesley, et aux USA notamment, les Méthodistes rompaient avec le courant anglais en 1787 et fondaient l'Eglise épiscopale méthodiste. C'était avec Francis Asbury (1745-1816), l'un des pionniers du Méthodisme aux USA. Déjà en 1780, sous l'influence de ce dernier, la conférence méthodiste de Baltimore adoptait le principe qu'il fallait christianiser les esclaves et obtenir leur libération en faisant pression sur les maîtres. Toutefois, l'objectif d'évangélisation avait progressivement pris le pas sur l'opposition à l'esclavage stricto sensu chez les Méthodistes américains qui reculaient dans le combat pour l'abolition.

E) Les doutes persistants de l'abolition de l'esclave par l'Eglise chrétienne

a) L'Eglise chrétienne : une esclavagiste, maîtresse d'un grand nombre d'esclaves

Depuis l'empereur romain Constantin Ier, l'Eglise chrétienne bénéficiait de financements des pouvoirs temporels. Elle recevait en don des biens meubles et immeubles, notamment : bâtiments, domaines fonciers, esclaves etc. Comme le soulignait Bonnassie (1985), au Moyen Âge, en Europe, « *l'Église apparaît comme le plus important des propriétaires d'esclaves. Il n'est guère d'églises paroissiales qui n'en possèdent : en Espagne, p. ex., le XVIe concile de Tolède considère qu'une église rurale ne peut entretenir de prêtre à temps complet que si elle a au moins dix mancipia [esclaves]à son service (si, d'ailleurs, elle n'en a que dix, elle est dite pauperrima)* [pauvre]. *Dans les testaments des abbés et des évêques, ils se comptent par dizaines, voire par centaines : 32 pour saint Yrieix (auxquels il faut ajouter 45 affranchis), 175 pour saint Cybard. Sur les domaines monastiques, les chiffres sont encore plus importants : lorsque saint Éloi dote le monastère de Solignac, il affranchit « seulement » 100 des esclaves qu'il installe à son service ; à l'époque carolingienne, aux dires d'Élipand de Tolède, les quatre abbayes que régit Alcuin (Saint-Martin de Tours, Ferrières, Saint-Loup de Troyes, Saint-Josse) emploient au total plus de 20.000 mancipia* [esclaves]. *Enfin, l'esclavage est pratiqué par la papauté elle-même : la correspondance de Grégoire le Grand contient des ordres d'achat d'esclaves (que ses émissaires doivent se procurer sur les marchés de Gaule et de Sardaigne).* » C'étaient donc plusieurs dizaines, voire centaines, de milliers d'esclaves qui appartenaient à l'Eglise en Europe aux temps médiévaux. Ils étaient au service des clercs, entretenaient les églises, les monastères, travaillaient sur les domaines fonciers de l'Eglise, constituaient la masse des galériens sur les flottes pontificales etc. Plusieurs milliers de ces esclaves travaillaient par exemple sur les domaines fonciers de l'Eglise en Sicile, sous le pape Grégoire Ier (590-604). Tout au long de son histoire, et jusqu'à l'abolition de la traite des Noirs au XIXème, l'Eglise en tant qu'institution disposait d'esclaves en grand nombre (Pontal, 1989) : le patrimoine du dieu des chrétiens en la matière ne fut pas mince ! Et la prospérité matérielle de l'Eglise chrétienne apparaissait directement fondé sur l'esclavage.

Outre la donation et les achats effectués en propre par l'Eglise, celle-ci obtenait une partie de ses esclaves par les lois qu'elle créait elle-même. Ainsi, on devenait esclave de l'Eglise à la suite d'une condamnation (Grenouilleau, 2021) conformément à la législation conciliaire (conciles d'Orléans en 511, de Szabolcs 1092). Le mariage pouvait aussi conduire à cet esclavage, comme le précisait le canon 10 du concile tenu à Neuching en 772 (Grenouilleau, 2021) : « *En Bavière, une libre épousant un esclave d'Église doit accepter de travailler comme esclave ou quitter son mari. Elle a trois ans pour se décider (étant entendu que leurs enfants seront esclaves). Après quoi, elle devra « rester à perpétuité dans l'esclavage »* ; tandis que les canons 3 et 4 du concile de Pavie de 1018 disposaient : « *Tous les fils et filles des clercs, nés de personnes libres ou de serfs et d'esclaves, d'épouses ou de concubines, sont la propriété de l'Église et ne doivent jamais être affranchis. Si quelqu'un affranchit les fils de ces clercs, qui sont en réalité les serfs de l'Église, sous prétexte qu'ils sont nés de femmes libres, qu'il soit anathème, car il dépouille l'Église.* » (Grenouilleau, 2021). En outre, citant les canons 21 à 23 du concile de Paderborn de 785 ainsi que l'action de Charlemagne, le chercheur souligne que « *Toute personne suspecte de paganisme (faire vœu aux sources, arbres et bois sacrés...) doit régler une amende ou travailler comme esclave au service d'une église jusqu'à acquittement de la dette. Sorciers et devins sont directement donnés comme esclaves aux églises et aux prêtres ».* Par ailleurs, au concile de Tolède de 655, le canon 10 décrétait : « *nous ordonnons ceci : lorsqu'un clerc, depuis l'évêque jusqu'au sous-diacre, aura eu des enfants, soit d'une esclave soit d'une femme libre [... ils] seront à tout jamais esclaves de l'église que desservait le père* ».

Tandis qu'une opinion répandue argue que les esclaves d'Eglise et de maîtres chrétiens bénéficieraient d'un meilleur traitement (Allard, 1876), Grenouilleau (2021) estime « *qu'il est difficile de savoir ce qu'il en fut réellement* » et que « *Ce qui est sûr est que l'on s'inquiète des mauvais traitements, infligés par certains évêques, à leurs subordonnés et esclaves* ». Les inquiétudes étant exprimées par les conciles, soit les évêques réunis en assemblée et non des anti-chrétiens, cela attestait de la réalité des faits incriminés auxquels ces conciles tentaient de mettre fin par des injonctions aux clercs. Ainsi, le concile de Merida en 666, par son canon 1, défendait aux évêques de

« *faire mutiler les esclaves de l'Église pour quelque crime que ce soit* », puis aux « *prêtres tombés malades et pensant que des esclaves ont attiré le mal sur eux* » de les « *persécuter* » (Grenouilleau 2021). Le XIème concile de Tolède (675) réitérait la prohibition (Bonnassie, 1985), interdisant aux ecclésiastiques de couper les membres des esclaves en guise de punition, ce qui prouve, on ne peut plus, que non seulement la pratique existait mais encore qu'elle ne cessait guère malgré les interdictions antérieures. Parfois, l'Eglise était totalement hypocrite. Ainsi, alors que les conciles soulignaient la nécessité de respecter le repos dominical le dimanche, ou pascal durant les six jours de Pâques, ou durant les trois jours de jeûne précédant l'Ascension (concile d'Orléans en 511, canon 27 ; concile de Mâcon en 585, canon 2), les évêques réunis au concile de Macon de 585 stipulaient par le canon 1 que le paysan ou l'esclave contrevenant à ces prohibitions « *sera fustigé de rudes coups de bâton* » souligne Grenouilleau qui ajoute : « *on ne dit rien du maître ayant pu commander ce travail.* » Au concile de Berghamsted (697, canon 10) poursuit le chercheur, il était dit que « *l'esclave travaillant de son propre chef du samedi soir au dimanche soir devra payer une amende à son maître ou sera battu ; sinon, c'est au maître de payer une amende. Mais la parole de qui retiendra-t-on ?* » puisque selon le concile de Clichy (626-627, canon 17) « *les esclaves et les gens de basse condition* » ne sont « *pas admis à porter des accusations* ». Par ailleurs, le concile de Tolède de 633 (canon 51) regrettait que des évêques fissent « *travailler les moines comme des esclaves* » et émettait l'injonction qu'il n'en fût plus ainsi. Cette opinion signifie que de l'avis même des évêques réunis en assemblée, les esclaves chrétiens étaient maltraités, autrement ils n'auraient pas désapprouvé l'application de leur traitement aux clercs. Le concile de Tolède de 675 (canon 5) faisait état d'évêques « *coupables de brutalités ou d'homicides* », tandis que celui tenu à Aix-la-Chapelle en 817 (canon 6) recommandait : « *Celui qui a en possession des biens et des esclaves de l'Église ne doit pas les traiter avec dureté* » (Grenouilleau, 2021). Quant au concile de Tolède tenu en 681, il stipulait que tout esclave s'adonnant à l'idolâtrie fût battu et mis au fer et que tout maître s'abstenant de le châtier fût excommunié etc.

Il a souvent été brandi comme facteurs positifs ayant adouci l'esclavage, le fait que les églises servaient de lieu de refuge pour les esclaves maltraités fuyant leurs maîtres, le fait que des chrétiens avaient affranchi leurs esclaves comme acte de foi etc. Il n'est nullement besoin de s'étendre sur ces aspects. Le Christianisme ne dispose d'aucune exclusivité en la matière et n'avait rien inventé en la matière. Elle ne faisait, comme à son habitude, que reprendre une institution sociale païenne, existant avant sa naissance. En effet, avant son émergence et après celle-ci, et comme nous l'avons déjà mis en évidence chez ceux que les Chrétiens dénommaient les païens, les Romains par exemple, des temples des Dieux païens servaient de lieu de refuge pour les esclaves fuyant la brutalité de leurs maîtres ; les statues d'empereur ou de roi jouaient également le rôle de lieu de refuge pour les esclaves. Par ailleurs, dans tous les pays ayant connu l'esclavage avant la naissance du Christianisme, les maîtres païens affranchissaient leurs esclaves etc.

S'agissant de l'affranchissement, il convient de le souligner, il ne fut jamais un mot d'ordre de l'Eglise chrétienne institutionnelle. C'étaient des chrétiens, à titre privé, individuel, qui affranchissaient. L'Eglise chrétienne institutionnelle, pour sa part, était caractérisée par une réticence marquée en la matière. Cette réticence, outre qu'elle pouvait avoir des fondements religieux relevait aussi d'une question d'intérêt. En effet, l'Eglise possédait des esclaves, des domaines fonciers, des immeubles, des animaux ainsi que divers autres biens qui faisaient partie intégrante de son patrimoine, de sa richesse, possessions qu'elle qualifiait de « biens des pauvres ». L'institution n'entendait alors aucunement perdre ses biens qu'avait pour effet de réduire l'affranchissement. Ainsi le concile de Carthage (401) interdit d'aliéner les biens de l'Eglise sans autorisation préalable de l'évêque. Plusieurs autres conciles interdisaient ou émettaient des conditions plus ou moins sévères à l'affranchissement des esclaves de l'Eglise. Ainsi au concile tenu à Agde en 506, le canon 7 interdisait aux évêques de vendre esclaves et autres biens de l'Eglise sauf nécessité, auquel cas plusieurs évêques devaient se prononcer par accord écrit. Dans tous les cas l'affranchi était tenu de demeurer sur le domaine de l'Eglise et être à sa disposition. Le concile d'Epaone en 517, par son canon 12, puis celui de Clichy en 626-627 réitéraient l'interdiction de vente des esclaves et autres biens de l'Eglise. A Clichy (627), le canon 15 était formel, stipulant : « *Que les évêques, comme l'a prescrit l'ancienne autorité des canons, ne se permettent ni de vendre des maisons ou des esclaves de l'église, ou quoi que ce soit qui appartient à l'église, ni de disposer, par n'importe quel contrat, pour après leur mort, de ce dont vivent les pauvres.* » Au quatrième concile de Tolède tenu en 633 (canons 67, 68, 69), il est stipulé qu'un évêque ne peut affranchir un esclave qu'en contrepartie d'un dédommagement pris sur sa fortune personnelle et qu'aussi bien l'affranchi, son pécule ainsi que sa postérité devaient demeurer au service de l'Eglise, sinon l'évêque devait donner en contrepartie de chaque esclave affranchi, deux esclaves de valeur équivalente. En outre, sous peine de redevenir esclave, le concile interdit à l'affranchi de porter plainte contre l'Eglise. La condition de l'affranchi était ici quelque peu alignée sur celle de l'esclave auquel les évêques réunis au concile de Clichy (627) interdisaient, tout comme aux « *gens de basse condition* » (canon 17), de porter des accusations. Ainsi comme les païens romains avant sa naissance, l'Eglise chrétienne institutionnelle transformait ses anciens esclaves en clients et les maintenait sous sa dépendance. Le concile de Mérida tenu en 666 stipulait ainsi (canon 20) que les esclaves « *qui ont été affranchis légalement resteront les clients de l'Église* » …Durant le pontificat du pape Grégoire le Grand (590-604), l'Eglise chrétienne possédait des milliers d'esclaves travaillant sur ses terres en Sicile et ailleurs dans les monastères. Le pape en avait acquis des quantités lui-même mais avait toutefois affranchi ses propres esclaves et libérés ceux qu'il avait achetés. En 848-852, c'était par les esclaves que le pape Léon IV (847-855) fit construire son fameux mur destiné à protéger la basilique Saint-Pierre contre les attaques des Sarrasins etc. Durant tout le Moyen Âge, précise Delacampagne (2002), c'étaient des milliers d'esclaves qui travaillaient sur les domaines agricoles pontificaux autour de Rome ou dans les grands monastères chrétiens européens. Le monastère de Saint-Germain-des-Prés, à Paris, poursuivait Delacampagne, disposait, au début du VIIIème siècle, de plus de 8000 esclaves. C'était ainsi en continu que l'Eglise chrétienne possédait et utilisait des esclaves.

Il ressort par exemple des registres de catéchuménat qu'au XVIIIème siècle, l'Eglise catholique disposait d'au moins 292 esclaves, dont 84 esclaves d'État. Et du XVIème au XVIIIème siècles, on estime qu'elle utilisait 2 000 esclaves sur les galères pontificales par siècle (Prudhomme, 2009). La marine pontificale achetait des esclaves musulmans, notamment turcs (Bono, 1985) là où elle pouvait se fournir, entre autres, à Malte, chez l'ordre chrétien des Chevaliers de Saint-Jean de Jérusalem qui avait pris le contrôle de l'île en 1530 et était devenu une puissance maritime souveraine. Dans les siècles antérieurs, où les guerres de croisade faisaient rage, la main d'œuvre esclave dont usait l'Eglise catholique était sans commune mesure. Il convient de le rappeler, cette Eglise fut aussi une institution ayant eu des activités militaires et les souverains pontifes furent également des chefs militaires, organisant et pilotant des guerres. C'était principalement le cas lors des guerres de croisade menées par l'Eglise depuis le XIème siècle avec une pointe au XIVème et surtout au XVème siècle. Sur ces périodes en particulier, le pacifisme angélique des premiers siècles du Christianisme et l'enseignement de Jésus Christ voulant que « *Si quelqu'un te frappe sur une joue, présente-lui aussi l'autre* » (Luc 6 :29) n'avait plus droit de cité face aux attaques islamiques. C'était plutôt la loi païenne mésopotamienne du Talion empruntée par Yahweh dans l'Exode (21 : 24) « *œil pour œil, dent pour dent, main pour main, pied pour pied* » qui prévalait. L'Eglise chrétienne entendait répliquer « œil pour œil » aux attaques des Musulmans. Elle s'était alors convaincue que son Dieu autorisait certaines guerres et était disposé à l'aider à les gagner : c'étaient les guerres justes dans lesquelles entraient les croisades. Les papes mettaient donc au point et dirigeaient des opérations militaires en Orient comme en Occident, enrôlant des combattants, levant des fonds, organisant des armées terrestres et navales. Il en fut ainsi des papes Eugène IV contre les Turcs en 1439, Nicholas V (1447-1455) contre les mêmes Turcs, Calixte III (1455-1458), Pie II (1458-1464) (Weber, 2014), Sixte IV (1471-1484) etc. Les flottes pontificales utilisaient des galériens esclaves principalement. Le parc d'esclaves en possession de l'Eglise chrétienne s'étendait largement en conséquence. Et l'envergure des batailles qu'engageaient les papes contre les forces islamiques turques laissaient deviner la masse d'esclaves utilisée : par exemple, le pape Pie II avait armé une flotte de plus de vingt bâtiments (Weber, 2014). La flotte pontificale ne disparut qu'au XVIIIème siècle, et avec elle, la main d'œuvre servile des galériens ; cependant l'Eglise chrétienne demeurait esclavagiste : elle continuait à posséder et utiliser comme toujours des esclaves pour la mise en valeur de sa multitude de domaines fonciers, pour ses services domestiques etc. Les ecclésiastiques (curé, évêques, pasteurs etc.) continuaient également à en disposer à titre personnel comme toujours. Ainsi, dès les débuts de la traite transatlantique, au XVème siècle et surtout à compter du XVIème siècle, les missions chrétiennes opérant en Afrique étaient l'un des fers de lance de l'esclavagisme sur le continent. Par exemple au XVIIème siècle, les Jésuites exploitaient une centaine de plantations agricoles au Kongo et en Angola, grâce au travail de leurs esclaves noirs. Ils produisaient de la canne à sucre et utilisaient des milliers d'esclaves. Ces Jésuites faisaient de même dans les Amériques jusqu'à l'abolition de l'esclavage et de la traite des Noirs au XIXème siècle.

De la sorte, lorsque l'Eglise chrétienne, par ses Pères, docteurs, théologiens, chefs suprêmes, autres ecclésiastiques etc. recommandaient aux esclaves l'obéissance totale à leurs maîtres comme à Dieu, ce Dieu apparaissait de prime abord comme étant elle-même et ses clercs, car c'était bien à eux que les esclaves devaient témoigner l'obéissance prêchée. C'était dans cet intérêt que résidait l'une des causes majeures de la justification dogmatique de l'esclavage par l'Eglise chrétienne ainsi que de son opposition à l'abolition de cette institution durant deux mille ans environ. Car l'humain est ainsi fait : il finit toujours par créer lui-même ce dont il a besoin. Ayant eu besoin des esclaves pour son confort, l'Eglise chrétienne avait alors mis au point les instruments dogmatiques à même d'amener ces derniers à admettre leur condition, à se soumettre à leurs maîtres, donc à elle-même, en leur inculquant que, pour eux, la liberté était un bien posthume, la liberté historique, terrestre, étant, elle, futile.

b) L'esclavage reste toujours légitime dans la doctrine judéo-chrétienne

En ce XXIème siècle, lorsqu'on interroge un judéo-chrétien à propos de l'esclavage, il exprime sa réprobation. Tel est également le cas des dignitaires religieux judéo-chrétiens. Toutefois, dans leurs livres sacrés (Bible, Coran par exemple), censés concentrer les paroles de leur dieu suprême, et donc constituant le cœur de leur enseignement religieux, rien n'a bougé à propos de l'esclavage. Ainsi, la Bible, aussi bien dans l'ancien que le nouveau testament, continue d'enseigner que :

(i) (Lév. 25 : 1-2, 44-46) : « *1 L'Éternel parla à Moïse sur la montagne de Sinaï, et dit : 2 Parle aux enfants d'Israël, et tu leur diras* : (…) *44 C'est des nations qui vous entourent que tu prendras ton esclave et ta servante qui t'appartiendront, c'est d'elles que vous achèterez l'esclave et la servante. 45 Vous pourrez aussi en acheter des enfants des étrangers qui demeureront chez toi, et de leurs familles qu'ils engendreront dans votre pays ; et ils seront votre propriété. 46 Vous les laisserez en héritage à vos enfants après vous, comme une propriété ; vous les garderez comme esclaves à perpétuité. Mais à l'égard de vos frères, les enfants d'Israël, aucun de vous ne dominera avec dureté sur son frère.* » ;

(ii) (Math 20 : 25-27) : *25. Jésus les appela, et dit : Vous savez que les chefs des nations les tyrannisent, et que les grands les asservissent. 26. Il n'en sera pas de même au milieu de vous. Mais quiconque veut être grand parmi vous, qu'il soit votre serviteur ;27. et quiconque veut être le premier parmi vous, qu'il soit votre esclave* » ;

(iii) (Epitres de Saint Paul aux Éphésiens 6 : 5-9) : « *5. Serviteurs, obéissez à vos maîtres selon la chair, avec crainte et tremblement, dans la simplicité de votre cœur, comme à Christ, 6. non pas seulement sous leurs yeux, comme pour plaire aux hommes, mais comme des serviteurs de Christ, qui font de bon cœur la volonté de Dieu. 7. Servez-les avec empressement, comme servant le Seigneur et non des hommes, 8. sachant que chacun, soit esclave, soit libre, recevra du Seigneur selon ce qu'il aura fait de bien. 9. Et vous, maîtres, agissez de même à leur égard, et abstenez-vous de menaces, sachant que leur maître et le vôtre est dans les cieux, et que devant lui il n'y a point d'acception de personnes. »* ;

etc.

Ainsi donc, l'ouvrage religieux fondamental du Christianisme, la Bible, continue d'enseigner, au XXIème siècle, que l'esclavage est institué par le démiurge chrétien Yahweh, que son fils Jésus de Nazareth l'a admis et justifié, tout comme Saint Paul, l'apôtre Pierre (I Pier. 2 : 18-22), les Douze apôtre (Didachè 4 : 7-8) etc. Quiconque s'initie à cette religion par son ouvrage fondamental, la Bible, y apprend donc la légitimité de l'esclavage. Qui peut, dans ces conditions, affirmer que l'Eglise chrétienne a aboli l'esclavage ? Tel est aussi le cas du Judaïsme et de l'Islam.

F) Des doutes à propos des fondements humanitaires de l'abolition

Le discours abolitionniste officiel avait largement fondé la nécessité de mettre fin à la traite et à l'esclavage des Noirs sur les motivations humanitaires : mettre fin à la souffrance des Noirs, à leur bestialisation, préserver et respecter la dignité humaine etc. Dans cette perspective, la proposition phare des abolitionnistes européens était de substituer à la traite et au trafic humain la colonisation de l'Afrique noire.

Il apparaît donc d'emblée que pour les tenants européens de l'abolition de la traite, il n'était aucunement question que les négriers fussent, ni ruinés, ni lésés : ce qu'ils perdraient en renonçant à la traite devait être récupéré en s'accaparant des territoires négro-africains et de leurs richesses. Il y aurait néanmoins selon les abolitionnistes, un avantage net pour les Négro-africains, lesquels échapperaient à la captivité et serait enrôlés dans un système socio-économique présumé plus humain. Toutefois, si la colonisation avait effectivement préservé et même accru les intérêts des États européens naguère négriers, il reste cependant difficile d'attester qu'elle avait réellement eu les effets postulés pour les Négro-africains notamment en matière de préservation et de respect de la dignité humaine. Bien au contraire, comme l'illustre parfaitement Hochschild (1998) s'appuyant sur le cas de la colonisation du Congo par le roi belge Léopold II dans les années 1880. Au cours de cette colonisation en effet, la population congolaise fut réduite en esclavage, soumise aux travaux forcés, aux tortures, aux mutilations, avec un bilan global avoisinant les dix millions de morts en quelques décennies. Ce fut un désastre, d'ampleur au moins égale à celle de la traite négrière voire pire.

Des doutes sérieux peuvent donc être émis quant aux préoccupations purement humanitaires des mouvements abolitionnistes des nations européennes se trouvant aux premières loges du combat pour l'abolition de la traite notamment la Grande Bretagne etc. En effet, la montée en puissance des mouvements abolitionnistes coïncidait en Europe avec un nouvel essor du capitalisme matérialisé par la révolution industrielle et le machinisme triomphant. Or, la persistance de la traite avec le recours toujours plus accru à la main d'œuvre servile dans les plantations des Amériques freinait la demande des machines susceptibles de remplacer cette main-d'œuvre et d'autant les profits potentiels des capitalistes industriels. Dans ces conditions, afin que les machines se vendissent, il fallait donc mettre un terme au système de traite négrière. Tel fut aussi l'une des motivations fondamentales des mouvements abolitionnistes. En outre, la mainmise sur les ressources du sous-sol négro-africain de réputation mondiale et faisant l'objet de convoitises, de l'Orient à l'Occident, depuis l'antiquité, constituait le dessein de premier plan de l'entreprise coloniale européenne, quoique soigneusement masquée par des chants de sirène officiels mettant en avant « l'humanisation de la traite », « la préservation de la dignité humaine », « la mission civilisatrice », « la christianisation » etc. L'abolition de la traite et de l'esclavage des Noirs ne fut pas un simple cadeau de l'Europe aux Négro-africains. Par ailleurs, et s'agissant de la liquidation de la traite et de l'esclavage des Noirs, il faut s'interroger sur le rôle et l'impact des résistances, tant dans l'espace subsaharien que sur les lieux de déportation, dans les Amériques notamment. Quel impact par exemple avait eu sur le combat abolitionniste en Europe, sur la prise de conscience et la progression des idées abolitionnistes dans l'opinion publique européenne, sur les décideurs politiques européens etc. de la révolution victorieuse des esclaves de Saint-Domingue qui avait mis fin à l'esclavage sur l'île en cette fin du XVIIIème siècle ? Le système de traite négrière n'était-il dès lors pas condamné à évoluer ?

Section 4) L'Islam et l'esclavage : une légitimité persistante

§1) L'Islam porte l'empreinte de la société arabe antéislamique

C'était au VIIème dans la Péninsule arabique couvrant les territoires contemporains d'Arabie saoudite, des Émirats arabes unis, du Koweït, d'Oman, du Qatar, du Yémen, que naquit l'Islam en 622, lorsque Mahomet et plusieurs de ses compagnons étaient partis de la Mecque pour l'oasis de *Yathrib*, ancienne dénomination de Médine. Quels étaient les caractéristiques de la société arabe d'avant ce VIIème siècle, l'Arabie préislamique ?

La tradition musulmane présente généralement l'ère de l'Arabie préislamique comme étant un temps d'obscurantisme, d'ignorance, de paganisme, d'anarchie avec des tribus nomades incapables d'entente et d'unité, bref une période de déchéance qualifiée de *jâhilîya*, ayant précédé la lumière apportée par l'Islam. Toutefois, les recherches historiques récentes infirment largement cette vision et établissent sa nature purement apologétique (Robin, 2019).

Notons d'abord que dans l'Arabie antéislamique, l'écriture était répandue. L'identité arabe avait émergé dès le IIème siècle, fondée alors sur la langue. Les investigations ont fait état de villes prospères. Il en était ainsi par exemple de la ville de Madain Salih (*Al Hijr*) dans le nord de la péninsule arabique, qui fut une cité très prospère jusqu'au IVème siècle. La cité de Qaryat al-Faw, datant des premiers siècles de notre ère fut tout aussi prospère, entretenant des relations culturelles et commerciales avec le monde hellénistique. Outre les cités, l'Arabie préislamique disposait de royaumes prospères. On peut mentionner, dans la région sud de la péninsule, les royaumes de *Saba, Qataban, Maïn, Ḥaḍramaout, Aswan, Ḥimyar*. Ce dernier atteignait son apogée entre 350 et 550 et fut alors le royaume principal d'Arabie, contrôlant la majeure partie de la péninsule. La puissance et la richesse du royaume de Himyar engendraient au VIème siècle la convoitise des deux grands empires orientaux de l'époque, l'Empire byzantin et l'Empire perse sassanide.

La société préislamique arabe était constituée de nomades, les Bédouins, mais également de sédentaires, ceux-ci étant majoritaires. L'unité sociale de base était la famille élargie, les familles issues d'un ancêtre commun formant un clan tandis que des clans apparentés constituaient une tribu. Par exemple, au VIIème siècle, la tribu des Quraychites était celle de Mahomet, le clan de celui-ci était les Hachémites tandis que le clan du IIIème calife, Othman, appartenant à la même tribu était les Omeyyades. Comme en Mésopotamie auparavant, la justice pénale préislamique reposait sur la loi du talion. La société était patriarcale, la polygamie de règle, pratiquée en fonction des moyens de chacun : un homme pouvait avoir jusqu'à 10 femmes ; le père avait autorité absolue sur ses descendants et dépendants ainsi que sur sa femme. L'endogamie était de règle, avec une préférence pour le mariage entre cousins et cousines afin de conserver les biens de la famille. Les divorces et répudiations étaient fréquentes. Dans la société préislamique, la place de la femme était totalement subalterne : elle n'avait aucune voix au chapitre. Quant au mariage, la coutume arabe préislamique le concevait largement, selon plusieurs modalités. Retenons : (i) le *tahlil* : le mariage était contracté par contrat écrit en présence de témoins après que le futur mari eut versé une dot en contrepartie à sa future femme ; (ii) l'*istibza* : destiné à obtenir une progéniture noble, le procédé consistait pour le mari à réserver sa femme à un autre homme jugé plus noble jusqu'à ce qu'elle tombât enceinte de celui-ci. Le mari s'abstenait lui-même de tout rapport avec sa femme jusqu'à la conception de l'enfant qui devenait le sien. L'initiative pouvait aussi venir de la femme. (iii) le *badal* : c'était l'échange d'épouses par deux hommes après avoir divorcé chacun de la sienne. (iv) le *râba'* : c'était une sorte de polyandrie : la femme installait un drapeau devant sa porte et recevait sexuellement les hommes jusqu'à tomber enceinte et accoucher. Alors tous les hommes qui avaient été en relation avec elles se rassemblaient et un kaif déterminait le père : (v) le *Mukhadanah* : c'était une sorte de *râba'* : au maximum dix hommes entraient en relation sexuelle avec une femme jusqu'à ce qu'elle tombât enceinte ; alors elle choisit parmi ses prétendants celui qu'elle désirait, lequel ne pouvait se dérober ; (vi) le *dhawaq* était aussi une autre variante de *râba'*, consistant pour une femme ne voulant pas se lier de façon fixe à se marier avec les hommes les uns après les autres ; (vii) le *shighar* : le mariage se contractait par échange, sans dot : un homme donnait sa fille ou sa sœur en mariage contre la fille ou la sœur d'un autre ; (viii) : le *mut'a* : c'était un mode de mariage réservé à la femme esclave ; l'homme convenait avec sa future épouse d'une durée pour le mariage ; (ix) le *mudamadah* : durant les temps de famines, les pauvres incitaient leurs femmes à se lier à des hommes riches lors de marchés publics afin d'acquérir des moyens de subsistances et des biens qu'elles ramenaient chez le mari par la suite ; (x) le *al-maqt* : au décès du père, son fils le plus âgé héritait en mariage de la femme du défunt qui n'était pas sa mère. Si ce fils désistait ou renonçait ultérieurement à poursuivre le mariage, la veuve revenait en mariage à un autre enfant du défunt, toujours le plus âgé. Toutefois la veuve pouvait payer pour se libérer de cette charge. Toutes ces modalités de mariage coutumier arabe préislamique ne semblaient pas, à l'évidence, défavorables à la femme.

En matière religieuse, la *jâhilîya* ne fut pas une période durant laquelle ne se pratiquait que le paganisme. Et à vrai dire, les religions païennes furent même en recul au profit des cultes judéo-chrétiens dits monothéistes. Dans la société arabe préislamique, le paganisme se manifestait d'abord dans le fait que les individus croyaient en l'influence sur eux et leur famille des Djinns (être surnaturels), du mauvais œil, des esprits des morts et tentaient de s'en préserver au moyen d'amulettes et talismans divers. Malgré des variantes locales, la théogonie païenne arabe antéislamique présentait des constantes : quand bien même les dieux étaient nombreux, il s'en dégageait presque toujours un qui paraissait au-dessus, paraissait être la divinité principale, ou ils semblaient former un groupe, à la manière de la trinité chrétienne.

Ainsi, en Arabie du nord, le dieu principal de la tribu des Lihyanites était Dhou Ghâba ; en Arabie centrale, Houbal était le dieu principal tandis que c'était Athtar en Arabie méridionale ; ailleurs et presque partout, le couple astral formait presqu'une entité divine composée d'un mal (Sin, la lune) et d'une femelle, le soleil etc. en conséquence, le terme polythéisme par lequel les auteurs désignent la religion antéislamique arabe s'avère peu pertinent et verse quelque peu dans le prosélytisme feutré orchestré par les religions judéo-chrétiennes se réservant le monopole du qualificatif monothéisme. Pourtant le Christianisme par exemple comporte trois dieux, Yahvé, Jésus, l'Esprit-saint, d'innombrables entités vénérées comme les Anges, les saints, la vierge Marie etc. sans qu'il ne vienne à l'esprit de quiconque de qualifier cette religion de polythéiste !

L'Arabie du sud offre une vue quasi-complète de la religion traditionnelle arabe antéislamique. On y distingue, d'une part, les trois dieux majeurs : le dieu lunaire (Sin à Hadramaout, Almaqah à Saba, Wadd à Maïn, 'Amm ou 'Amman, à Qatabân), le dieu stellaire Vénus (Athar) et la déesse solaire (Shams à Qataban et Hadramaout, Dhât Himyam à Saba) ; puis d'autre part, les dieux secondaires notamment les divinités tutélaires protectrices des tribus, des Etats, des domaines, des maisons, des familles, des individus etc. Certains de ces dieux tutélaires possédaient un nom propre tandis que d'autres restaient des dieux anonymes, sans nom. Les dieux secondaires étaient en nombre infini : on avait ainsi les divinités de la mer, de la terre, de l'orient, de l'occident. On avait le dieu de la moisson, de la cueillette, de l'irrigation, de l'humidité etc. La religion traditionnelle arabe préislamique était un code social : elle était intégrée à la société et régissait la vie quotidienne des individus. Les dieux étaient pères, mères, frères, sœurs, oncles etc. et l'humain était leur descendant, compagnon, client, serviteur, esclave, bien, possession etc. Par exemple, les gens du royaume de Qatâban se qualifiaient de fils ou tribu de 'Amm. L'humain vivait avec les dieux et grâce aux dieux et semblait convaincu de leur tout devoir.

Concrètement, les dieux étaient incarnés, supposés résider dans leur temple. A l'occasion d'un vœu, ou en remerciement d'une grâce obtenue, les gens déposaient dans le temple un objet symbolique, une pierre revêtue d'inscriptions etc. La personne ayant obtenu satisfaction se faisait représenter par sa statue d'or ou d'argent. Des statues de bêtes mises sous protection du dieu étaient aussi déposées dans le temple (Dhorme, 1947). Des enfants, des familles entières pouvaient être dédiés aux dieux. Des maîtres vouaient aux temples des esclaves femmes, souvent originaires d'Arabie, d'Egypte, de Syrie. Du personnel masculin était aussi consacré au service des temples tandis que les clients de ceux-ci leur faisaient des offrandes diverses. Le prêtre (afkal) administrait les biens du temple. En matière de culte, les dieux rendaient l'oracle ; on leur immolait des moutons, des taureaux etc, on brûlait l'encens et autres aromates. Le rituel comportait un pèlerinage (hajj) au lieu de résidence du dieu, au cours duquel les relations sexuelles étaient interdites. Dans le temple, la prosternation, avec le menton touchant le sol était de règle. Le rituel comportait aussi la confession publique, avec repentance et réparation par paiement d'une amende ; la repentance était souvent gravée sur des tablettes de bronze déposées dans les temples. La confession était individuelle ou collective. Un voleur pouvait ainsi dénoncer lui-même son méfait et restituer le bien dérobé. Par les confessions, il est possible de cerner les interdits divins. Ainsi, un pécheur du nom de Harim confessait « *s'être approché d'une femme en temps interdit, d'avoir caressé une femme qui avait ses règles et d'avoir eu des rapports avec une accouchée ; il a pénétré (sans doute dans le sanctuaire) en état d'impureté ; il a touché des femmes ayant leurs règles et ne s'est pas lavé ; il a souillé ses vêtements par une pollution. Pour tous ces actes peccamineux, il s'est soumis, il s'est humilié, il a payé l'amende (?)* » (Dhorme, 1947)

Aux morts était rendu un culte : sur l'épitaphe, outre des imprécations contre les pilleurs de sépulture, étaient écrits le nom et la filiation du défunt, lequel pouvait aussi être représenté sous forme de statue sur la tombe. Y avait-il la croyance en une vie post mortem ? C'était possible. La religion traditionnelle préislamique incluait des éléments de zoolâtrie avec des animaux sacrés (faucon, taureau, cheval etc.) pouvant aussi être une divinité : par exemple, dans le royaume de Maïn (Yémen contemporain), le dieu Nahas-lâb était un serpent. Les dieux avaient des symboles (foudre, massue etc.) : le croissant avec disque était le « *symbole du dieu lunaire, considéré dans ses rapports avec sa parèdre solaire* » (Dhorme, 1947).

L'Arabie centrale préislamique était un territoire de tribus nomades mais c'était aussi la région de villes illustres comme Oukâz, La Mecque. Cette dernière fut une cité commerçante, peut-être pas de très grande envergure comme le soulignent des travaux récents, mais surtout un centre religieux. Elle abritait en effet la Kaaba, un lieu sacré préislamique de la religion arabe traditionnelle dite polythéiste. La Kaaba était un bâtiment cubique contenant une pierre noire. Cette pierre faisait-elle l'objet d'un culte ? Certainement, car la religion antéislamique des tribus arabes avait aussi cette caractéristique : dans le désert ou ailleurs, on vouait un culte aux pierres, météorites, arbres, sources qui étaient sinon des divinités, au moins des objets sacrés. Chacun de ces objets de culte était entouré d'un haram (lieu de culte) qui était aussi un lieu sacré. La Kaaba était aussi un lieu sacré, autour de la pierre noire. Mais à la Kaaba préislamique, étaient également adorés quatre dieux, à savoir, celui qui paraissait le plus important, Houbal, représenté par une idole en cornaline, et trois déesses notamment al-Lât, en forme de roche carrée, al-Ouzzâ, en forme d'arbre sacré et Manât, en forme de grande pierre. Plusieurs hypothèses existent à propos de ces quatre dieux : certaines considèrent les trois déesses comme les parèdres du dieu Houbal, d'autres comme les filles de celui-ci. Il est toutefois possible que les quatre dieux formassent la même entité divine comme la trinité chrétienne ou que les trois déesses ne fussent que des hypostases de Houbal. En tout cas la Kaaba préislamique de La Mecque illustrait de façon éclatante le culte de la pierre, mais également de l'arbre, que connaissait l'Arabie antéislamique. Al-Ouzzâ symbolisait la puissance, la force, la fertilité. A elle, et à Houbal, se confiaient les Arabes pour les protéger et garantir leur victoire avant toute guerre. Manat pour sa part était la déesse du destin, parfois vue comme la plus ancienne des trois.

En matière de culte, les offrandes étaient suspendues parfois aux arbres ou aux pierres. Outre les offrandes, le rituel du culte incluait à la période antéislamique le pèlerinage (hajj) à la Kaaba, la procession en cercle (tawâf) autour de ce sanctuaire, la pierre noire, le jeûne, les offrandes, la tête rasée, l'aumône etc. En cette période préislamique, il existait d'ailleurs en Arabie au moins une vingtaine d'autres Kaaba où étaient vénérées diverses divinités (Al Karjousli, 2010), notamment en Arabie du Sud (Yemen contemporain).

Cependant, plusieurs siècles déjà avant la naissance de l'Islam, le religion traditionnelle arabe préislamique n'était plus la seule pratiquée en Arabie. Le judaïsme s'était implanté très tôt dans l'Arabie méridionale dès sa naissance. Il avait par la suite gagné presque toutes les régions notamment les villes de La Mecque et Yattrib (Médine). Des rois de Himyar s'étaient convertis au judaïsme suivis par une grande masse populaire. Pareillement, l'Arabie avait connu très tôt l'implantation du Christianisme. Et au VIème siècle, le royaume de Himyar était dirigé par des rois chrétiens, chalcédoniens, ou proche de Byzance. Dans les années 520, le roi himyarite Ma'dikarib était chrétien. Dans les années 550, le christianisme était même devenu la religion officielle du royaume de Himyar : le roi Abraha, chrétien d'obédience orientale, proche de Byzance, bâtissait une église majestueuse dans la nouvelle capitale Sanaa. Le royaume chrétien de Himyar dominait en cette moitié du VIème siècle, outre l'Arabie du sud, celle du centre, du nord, et en partie de l'est. Dans cette dernière région, était déjà implanté le christianisme d'obédience nestorienne et l'évêque de Haggar et Pît Ardashîr était invité au synode réuni par le catholicos Ézéchiel en 576. Vers 500, l'ancêtre à la sixième génération du prophète Mahomet de la tribu de Quraysh avait conquis La Mecque avec l'aide du royaume chrétien de Byzance (Robin et Tayran, 2012) ; le chef de la grande confédération tribale *Mudar* du *Hijâz* à laquelle appartenait la tribu des parents du prophète Mahomet (Quraysh) était chrétien environ sept décennies avant l'Islam et cette tribu elle-même (*Quraysh*) entretenait des liens étroits avec l'empire chrétien de Byzance.

Au total, durant deux siècles environ, le royaume de Himyar, juif puis chrétien, dominait largement l'Arabie centrale et orientale, puis l'Arabie occidentale au milieu du VIe siècle (Robin et Tayran, 2012). Durant ce temps, la religion arabe traditionnelle, dite polythéiste était en recul, en déclin, quand bien même elle constituait le substratum sur lequel s'étaient greffés les monothéismes. Aussi, « *la culture religieuse de Muhammad et celle de ses auditeurs n'est pas le résultat d'une quête individuelle qui aurait commencé avec leur génération. Elle plonge ses racines dans la présence déjà ancienne de communautés juives et chrétiennes dans de nombreuses régions d'Arabie* » (Robin et Tayran, 2012). Ce qui éclaire grandement pourquoi le Coran partage autant de thèmes et de prescriptions avec le judaïsme et le Christianisme.

Cependant l'Islam naissant était une réaction contre ces monothéismes par son projet d'une modernisation des rites anciens. Au temps de Mahomet, environ cinq ou six prophètes prêchaient une voie spirituelle nouvelle, celle d'un dieu unique. Au nombre de ceux-ci, *Musaylama ibn Habib al-Hanafi*, originaire d'*Al-Yamâma* (Arabie saoudite contemporaine) et chef de la tribu des *Banu Hanifa* ; *al-Rahman* qui avait reçu une révélation nommée « Coran » par la voix de l'ange Gabriel etc. De tous ces prophètes triomphait Mahomet qui vit son projet religieux et social donner naissance à l'Islam.

D'abord parti de La Mecque s'établir dans l'oasis de *Yathrib* (Médine) en 622 (Hégire), Mahomet et ses compagnons revenaient conquérir La Mecque en 630. A l'occasion, ils avaient choisi de ne pas détruire l'ancien sanctuaire préislamique polythéiste, la pierre noire (*Kaaba),* et s'étaient contentés de vider les lieux des statues des dieux anciens. Depuis lors, la Kaaba avait continué à jouer son rôle de centre spirituel, mais ce rôle s'avérait désormais plus accru avec la nouvelle religion. C'est en effet vers la *Kaaba* que les musulmans du monde entier regardent pour effectuer leurs prières quotidiennes ; c'est en ce lieu que s'effectue le pèlerinage musulman (*hajj*) depuis le VIIème siècle et c'est autour de la Kaaba qu'a lieu la circumambulation, les sept tours du rite du *tawaf*. C'est incontestablement le site le plus sacré de l'Islam. La religion ancienne, le « polythéisme » était donc rénovée sous la forme de l'Islam, pour fonder une nouvelle société avec, sur le plan religieux, un dieu unique nommé Allah, appellation issue de Ilah, terme commun aux Sémites pour rendre « dieu » et que l'on trouvait déjà sous diverses formes à la période préislamique : *'ilal* (déesse) chez les *Lihyanites*, *'il*, *'ilah* et *lahay* chez les *Thamoudéens* (Dhorme, 1947).

Outre sur le plan religieux, la nouvelle société arabe islamique issue de la révolution du VIIème siècle, restera finalement très marquée par les survivances de la période antérieure, notamment en ce qui concerne l'institution esclavagiste.

En effet, dans l'Arabie préislamique comme en Orient et en Occident antiques, l'esclavage était une production endogène du fonctionnement de la société arabe et il était largement pratiqué. Tout Arabe, dans cette période antéislamique, se considérait comme esclave car la croyance était que tout individu était un esclave des dieux. C'était le fameux concept d'esclave de dieu qu'on trouvait déjà chez les juifs, puis les chrétiens et dont on avait vu que l'origine remonterait aux penseurs païens stoïciens. L'esclavage était consubstantiel à la société arabe antéislamique. C'était une institution si normale qu'il ne viendrait à l'esprit de personne de songer à y mettre un terme. Comme chez les Mésopotamiens, les Grecs anciens, les Romains etc. tout se passait comme si la société ne pouvait exister sans esclavage : celui-ci relèverait de l'ordre divin.

L'Arabie était l'un des lieux originels, l'un des berceaux de l'esclavage. C'était en premier lieu la misère qui y générait les esclaves : les nécessiteux se vendaient ou vendaient leur progéniture pour avoir de quoi survivre. Un type particulier de mariage était même inventé pour échapper à l'esclavage dû à la misère : c'était le *mudamadah*, une sorte de prostitution conventionnelle pour avoir des vivres. La misère contraignait même des tribus à pratiquer la razzia : celle-ci était une institution codifiée par le droit coutumier dans cette Arabie préislamique. L'endettement générait aussi beaucoup d'esclaves : les humains libres vendaient leur progéniture ou se vendaient pour effacer leur dette. Devenaient également esclaves, des enfants exposés et ramassés par autrui comme c'était le cas depuis l'antiquité en Mésopotamie, en Occident. Les délits, par suite d'une condamnation, précipitaient aussi des libres dans l'esclavage. Les rapts, guerres étaient d'autres sources de production de captifs.

Dans cette Arabie préislamique, l'esclave fut donc un bien parmi tant d'autres, normalement commercialisé. La traite, le commerce étaient alors pourvoyeurs d'esclaves. Par exemple, La Mecque préislamique était autant une cité religieuse qu'un grand marché, entre autres, d'esclaves. En fait les marchés d'esclaves étaient nombreux dans cette Arabie antéislamique. Partout l'esclave était un produit parmi tant d'autres vendu sur le marché. Presque chaque chef de famille, nomade ou non, en possédait. A propos de la ville de *Dûmat al-Jandal*, située en Arabie saoudite contemporaine, ibn Habib al Baghdâdî (735-804) mentionnait dans son ouvrage « Al-Muhabbar » (publication de 1942) : « *la tribu de Qalb, elle, y apportait beaucoup d'esclaves femmes, présentées sous des tentes de laine ; la tribu les contraignant à la prostitution (...)* ». L'esclavage sexuel connaissait un développement si abusif en Arabie préislamique que Mahomet tentât de « l'humaniser » à l'avènement de l'Islam.

Les esclaves, bien entendu se reproduisaient et l'institution perdurait, entre autres, par cette voie : un individu né d'une mère esclave était de plein droit la possession du maître. Sous la coupe de leurs maîtres, lesquels pouvaient détenir sur eux des droits illimités, les esclaves étaient source de profit et ceux dont ils étaient la possession pouvaient exploiter directement leur force de travail, les louer à des tiers etc. Détestant les travaux manuels, les Arabes antéislamiques aimaient les confier aux esclaves, notamment dans l'agriculture. Les maîtres se livraient à l'exploitation sexuelle des esclaves féminins en leur imposant la prostitution en vue d'en tirer des ressources etc. Outre les tâches domestiques, cette exploitation sexuelle était l'un des motifs majeurs de l'esclavage des femmes dans l'Arabie antéislamique, à savoir leur utilisation comme concubine ; les maîtres étaient autorisés selon la coutume à contracter union avec les femmes esclaves etc.

Au total, et en matière d'esclavage, telle était la situation dont allait hériter la nouvelle société islamique au VIIème siècle : l'Islam naissant n'avait pas opté pour y mettre immédiatement un terme, mais plutôt composer avec. Ce choix était général aux regards de nombre d'autres institutions de l'Arabie antéislamique, conservées et peu ou prou réformées. En matière religieuse, on notera la conservation de la Kaaba, du pèlerinage etc. Le réformisme avait pris le pas sur la révolution.

§2) L'Islam conserve, légitime et légalise l'esclavage antéislamique

D'après la Loi islamique, la mise en esclavage d'un humain reste légale, légitime. Nombre de Sourates en attestent. Sans être exhaustif, mentionnons :

Sourate 16, verset 71 : « *Allah a favorisé les uns d'entre vous par rapport aux autres dans [la répartition] de Ses dons. Ceux qui ont été favorisés ne sont nullement disposés à donner leur portion à ceux qu'ils possèdent de plein droit [esclaves] au point qu'ils y deviennent associés à part égale. Nieront-ils les bienfaits d'Allah ? »*

Sourate 4, verset 24 : « *et, parmi les femmes, les dames (qui ont un mari), sauf **si elles sont vos esclaves en toute propriété**. Prescription d'Allah sur vous ! A part cela, il vous est permis de les rechercher, en vous servant de vos biens et en concluant mariage, non en débauchés. Puis, de même que vous jouissez d'elles, donnez-leur leur mahr comme une chose due. Il n'y a aucun péché contre vous à ce que vous concluez un accord quelconque entre vous après la fixation du mahr Car Allah est, certes, Omniscient et Sage.* »

Sourate 33, verset 50 : « *O Prophète ! Nous t'avons rendu licites tes épouses à qui tu as donné leur mahr (dot), **ce que tu as possédé légalement parmi les captives [ou esclaves] qu'Allah t'a destinées**, les filles de ton oncle paternel, les filles de tes tantes paternelles, les filles de ton oncle maternel, et les filles de tes tantes maternelles, - celles qui avaient émigré en ta compagnie -, ainsi que toute femme croyante si elle fait don de sa personne au Prophète, pourvu que le Prophète consente à se marier avec elle: c'est là un privilège pour toi, à l'exclusion des autres croyants. Nous savons certes, ce que Nous leur avons imposé au sujet de leurs épouses et **des esclaves qu'ils possèdent**, afin qu'il n'y eût donc point de blâme contre toi. Allah est Pardonneur[pardonne] et Miséricordieux.* »

Ces sourates insistent donc sur ce que, au regard de la loi islamique, l'esclave peut être « *possédé de plein droit* », peut être la « *propriété* » de quelqu'un, peut être « *possédé légalement* » etc. Même le Prophète en « *avait possédé légalement* » (S33 :50). Cette légalisation justifie sa pratique et constitue de ce fait même la légitimation de l'esclavage par l'Islam.

Toutefois bien qu'ayant ainsi conservé, légalisé et légitimé l'esclavage qui se pratiquait en Arabie avant sa naissance, la nouvelle religion, l'Islam, s'était quelque peu écartée des pratiques traditionnelles ancestrales en tentant de les réformer et de les rendre moins inhumaines. Des Sourates recommandent et requièrent ainsi un traitement plus humain des esclaves. A titre illustratif, mentionnons :

Sourate 4, verset 36 : « *Adorez Allah et ne Lui donnez aucun associé.* ***Agissez avec bonté envers*** *(vos) père et mère, les proches, les orphelins, les pauvres, le proche voisin, le voisin lointain, le collègue et le voyageur, et* ***les esclaves en votre possession****, car Allah n'aime pas, en vérité, le présomptueux, l'arrogant,* »

Sourate 24, verset 33 : « *Et que ceux qui n'ont pas de quoi se marier, cherchent à rester chastes jusqu'à ce qu'Allah les enrichisse par Sa grâce.* ***Ceux de vos esclaves qui cherchent un contrat d'affranchissement, concluez ce contrat avec eux si vous reconnaissez du bien en eux ; et donnez-leur des biens d'Allah qu'Il vous a accordés.*** *Et dans votre recherche des profits passagers de la vie présente,* ***ne contraignez pas vos femmes esclaves à la prostitution****, si elles veulent rester chastes. Si on les y contraint, Allah leur accorde après qu'elles aient été contraintes, Son pardon et Sa miséricorde.* »

Sourate 24, verset 32 : « ***Mariez*** *les célibataires d'entre vous et* ***les gens de bien parmi vos esclaves****, hommes et femmes. S'ils sont besogneux, Allah les rendra riches par Sa grâce. Car (la grâce d') Allah est immense et Il est Omniscient.* ».

Sourate 4, verset 25 : « ***Et quiconque parmi vous n'a pas les moyens pour épouser des femmes libres*** *(non-esclaves) croyantes, eh bien* ***(il peut épouser) une femme*** *parmi celles de vos* ***esclaves croyantes****. Allah connaît mieux votre foi, car vous êtes les uns des autres (de la même religion). Et épousez-les avec l'autorisation de leurs maîtres (Waliy) et* ***donnez-leur un mahr convenable ;*** *(épousez-les) étant vertueuses et non pas livrées à la débauche ni ayant des amants clandestins.* ***Si****, une fois engagées dans le mariage,*

elles commettent l'adultère, elles reçoivent la moitié du châtiment qui revient aux femmes libres *(non-esclaves) mariées. Ceci est autorisé à celui d'entre vous qui craint la débauche ; mais ce serait mieux pour vous d'être endurant. Et Allah est Pardonneur et Miséricordieux.* » Etc.

Enfin, outre les Sourates, les hadiths ont été convoqués pour recommander le « bon traitement des esclaves », une recommandation qui apparaît comme une autre source de légitimation de l'esclavage dans la loi islamique. Il est ainsi rapporté que le Prophète affranchissait les esclaves qui enseignaient la lecture et l'écriture à dix Musulmans, qu'il incitait les Musulmans à libérer des esclaves pour expier leurs fautes ; tandis qu'un hadith, rapporté par Al-Bukhari et Al-Tirmidhî, dont la science en la matière n'est plus à démontrer, proclamait : « *Vos esclaves sont vos frères. Quiconque dispose de l'un de ses frères doit le nourrir de ce dont il se nourrit lui-même et le vêtir de ce dont il se vêtit lui-même. Ne leur demandez pas ce qui dépasse leur capacité. Et si vous le faîtes, alors aidez-les* » ; Muslim, autre maître célèbre en matière de collection des hadiths, rapporte qu'ils recommandent en outre : « *Nourrissez vos esclaves de ce que vous vous nourrissez, et vêtissez-les de ce dont vous vous vêtissez* » ou « *Celui qui gifle son esclave n'a d'autre expiation que de l'affranchir* » etc.

Ainsi, la Loi islamique prohibe la maltraitance des esclaves, la prostitution des femmes esclaves pour gagner de l'argent, pour gagner des vivres comme au temps antéislamique. Elle incite à la fraternisation entre maîtres et esclaves, à l'union sexuelle entre libres, maîtres ou non, et esclaves, à l'affranchissement des esclaves etc. A partir de là des Musulmans ont soutenu que l'Islam est une religion antiesclavagiste, opposée à la mise en esclavage, et ayant programmé la disparition à long terme de l'esclavage en permettant aux esclaves de réclamer eux-mêmes leur liberté et en recommandant aux maîtres d'accorder cette liberté dans ces conditions (S 24 : 33). L'Islam, soutiennent-ils, a asséché pratiquement toutes les sources de l'esclavage du temps préislamique, notamment la capture d'enfants abandonnés, l'auto-vente et la vente de ses descendants, la mise en esclavage pour endettement, pour crime commis. Par ailleurs, s'appuyant sur la sourate 47, verset 4, qui proclame : « *Lorsque vous rencontrez (au combat) ceux qui ont mécru frappez-en les cous. Puis, quand vous les avez dominés, enchaînez-les solidement. Ensuite, c'est soit la libération gratuite, soit la rançon, jusqu'à ce que la guerre dépose ses fardeaux. Il en est ainsi, car si Allah voulait, Il se vengerait Lui-même contre eux, mais c'est pour vous éprouver les uns par les autres. Et ceux qui seront tués dans le chemin d'Allah, Il ne rendra jamais vaines leurs actions.* », il est souvent argué que l'Islam n'a jamais autorisé explicitement la mise en esclavage, dès lors qu'il n'a pas préconisé l'asservissement des captifs de guerre. Il ne réserve aux captifs, par cette sourate qu'une issue, à savoir la libération, soit gratuitement, soit contre rançon. Tel est effectivement le cas. D'ailleurs, le prisonnier de guerre devrait être protégé comme l'indique la sourate 9, verset 6 : « *Si quelque idolâtre te demande un asile, accorde-le-lui, afin qu'il puisse entendre la parole de Dieu, puis fais-le reconduire à un lieu sûr. Ceci t'est prescrit, parce que ce sont des gens qui ne savent pas.* » En conséquence, des chercheurs ont soutenu que l'Islam a théoriquement aboli l'esclavage.

Cependant il est un fait : on ne trouve dans le Coran aucune sourate sur les 114 qu'il contient, condamnant et interdisant l'esclavage, ni aucun *hadtih* prohibant la mise en esclavage. Et Chebel (2007) avait parfaitement raison lorsqu'il affirmait que le Coran évoque l'esclavage dans pas moins de 25 versets sans le condamner : ce qui n'est pas interdit, n'est-il pas autorisé ? En effet, c'est tacitement que le Coran et les hadiths autorisent l'esclavage, car lorsqu'ils demandent aux musulmans de bien traiter les esclaves, de les affranchir pour expier leurs fautes etc. c'est bien qu'ils reconnaissent et admettent leur existence ! Ils autorisent que des humains soient mis en esclavage dans la société islamique : telle est la réalité. Dès lors arguer d'une « abolition théorique » ne relève que d'élucubrations ne méritant pas un grand intérêt.

§3) L'idolâtrie : ennemi de l'Islam justifiant esclavage et guerre totale

A) L'incroyance et la tradition ancestrale arabe : fondements de l'esclavage islamique

Insistons sur ce que dans aucune des 114 sourates du Coran, l'Islam ne s'oppose au principe même de la mise en esclavage d'un humain. Certes, toutes les 114 sourates n'abordent pas la question de l'esclavage, mais c'est patent : aucune de celles qui le font n'en désapprouve le principe. C'est que l'Islam admet le principe de l'esclavage, ce qui reste cohérent avec le fait qu'il a admis l'existence des esclaves dans la société musulmane. Ce constat fait, il convient d'éclairer une énigme : quel est selon la Loi islamique le fondement de l'esclavage ? Qu'est-ce qui justifie qu'un humain soit mis en esclave ?

Il est patent, à l'examen tant des sourates que des hadiths, que le « bon traitement de l'esclave » que préconise l'Islam est réservé à l'esclave musulman. Et si l'Islam interdit bien la mise en esclavage, cette loi ne concerne que le Musulman libre ainsi que le non-musulman adepte des religions dites de l'Ecriture bénéficiant du statut de *dhimmi* en pays musulman, notamment le Judaïsme, le Christianisme auxquels s'ajoutent le Zoroastrisme, le Bouddhisme, l'Indouisme. Donc le principe même de l'esclavage demeure pour les non-musulmans et les non-dhimmis.

Comprenons : la société musulmane, d'abord arabe, on l'a vu, admet l'existence en son sein d'esclaves et en est une grosse consommatrice. D'où proviennent ces esclaves ? Ce sont : (i) toute personne qui se convertit à l'Islam postérieurement à sa mise en esclavage : elle ne bénéficie d'aucun droit automatique à la libération et demeure esclave ; (ii) toute personne née de parents esclaves en pays musulman ; (iii) tout captif (non-musulman) acheté ou reçu en don : l'achat (le commerce, l'importation, la traite) est une source importante pour se procurer des esclaves ; (iv) toute personne non-musulmane capturée au cours d'une guerre sainte. Parmi ces esclaves, ceux qui ne sont pas musulmans sont exclus des « bons traitements » préconisés aux maîtres, exclus du mariage possible avec les maîtres ou libres musulmans, exclus d'un possible affranchissement comme acte d'expiation suggérée aux maîtres, exclus de la fraternité suggérée entre ceux-ci et esclaves etc. L'esclave non-musulman se trouve donc en pays musulman en dehors de tout droit, exclu de la communauté islamique, l'Oumma, exclu en conséquence de la société et de l'humanité. Il est inexistant, en état de mort, contraint de se convertir à l'Islam pour exister.

Le prototype de l'être humain, dont l'esclavage est justifié dans ses principes mêmes en pays musulman demeure le non-musulman décrété « idolâtre » par l'Islam, celui que l'on nomme encore le mécréant, le païen, l'infidèle, l'associateur, l'injuste, l'incroyant, l'infidèle dans le jargon islamique etc. Il est donc de ceux que l'Islam qualifie de « polythéistes », à savoir initialement l'Arabe s'adonnant au culte antéislamique et ultérieurement, partout ailleurs, tout pratiquant d'une religion non reconnue comme pouvant bénéficier du statut de dhimmi, notamment le Vitaliste dans l'espace subsaharien etc. Cet idolâtre est identifié comme l'ennemi irréductible de l'Islam par les islamisés. Son « idolâtrie », soit son incroyance, sa non-soumission à Allah, semble être le fondement de sa mise en esclavage et la justification de celle-ci. Est-ce vraiment le cas ? Le célèbre jurisconsulte soudanais de Tombouctou, Ahmed Baba, abordait la question en 1615 dans un opuscule intitulé *« Echelle pour s'élever à la condition juridique des Soudaniens réduits en esclavage »* (Mbongo, 2000). Faisant l'exégèse de la Loi islamique, Baba spécifiait d'abord la procédure « légale » de mise en esclavage des non-musulmans. Selon lui, toute mise en esclavage d'un non-musulman devrait respecter les trois étapes suivantes : (i) commencer par sommer le païen d'embrasser la religion musulmane ; (ii) s'il refuse, lui ordonner de se soumettre à la capitation pour conserver sa religion ; (iii) s'il refuse, on peut le réduire en esclavage.

Quoique la procédure ait le mérite d'être claire, elle expose cependant que l'Islam est une religion d'une intolérance absolue et d'un totalitarisme extrême. Totalitarisme au sens où face à elle, aucune autre alternative que la soumission n'est laissée à une personne non musulmane : soit la soumission en embrassant l'Islam, soit la soumission en payant l'impôt de capitation pour avoir le droit de pratiquer une autre religion que l'Islam (statut de dhimmi), soit la soumission par la réduction en esclavage. Il faut d'ailleurs souligner qu'à propos de l'impôt de capitation, Baba adoptait une position purement *malékiste* en estimant que ce droit pouvait être étendu à tous les non-musulmans, y compris les païens. Certes, cette position *malékiste* semble plus fidèle au verset coranique de référence, à savoir la Sourate 9, verset 29 qui suggère que tous les non-musulmans peuvent être soumis à l'impôt de capitation, disposant : *« Combattez ceux qui ne croient ni en Allah ni au Jour dernier, qui n'interdisent pas ce qu'Allah et Son messager ont interdit et qui ne professent pas la religion de la vérité, parmi ceux qui ont reçu le Livre, jusqu'à ce qu'ils versent la capitation par leurs propres mains, après s'être humiliés.* »

Dans son exégèse de la Loi islamique à propos du fondement de l'esclavage, le jurisconsulte soudanais rejetait la thèse raciste de la malédiction de Canaan dont usaient abusivement les intellectuels arabo-musulmans : ceux-ci se fondaient de surcroît sur un verset du Coran qu'ils prétextaient en être l'expression, notamment la Sourate 11, verset 4, arguant alors que la mise en esclavage des Subsahariens serait une décision divine. Les Arabo-musulmans rejoignaient ce faisant les chrétiens ! Mais selon Baba, dans la loi islamique, ce serait l'absence de la foi en Allah, l'incrédulité, qui justifierait la mise en esclavage d'une personne. On peut toutefois douter de cette exégèse pour plusieurs raisons. D'abord, comme nous l'avons déjà montré, l'esclavage était une pratique ancrée dans les sociétés orientales arabes préislamiques où nul ne croyait en Allah. Aussi cet esclavage-là ne trouvait-il pas son fondement dans une quelconque incrédulité et ne pouvait pas non plus s'expliquer par une non-adhésion à la religion islamique qui n'existait pas. L'exégèse de Baba nous paraît également douteuse parce qu'il précisait lui-même, comme d'ailleurs de nombreux autres juristes musulmans, qu'une adhésion à l'Islam ne suffisait pas à empêcher la mise en esclavage d'une personne : tout dépendait des conditions dans lesquelles cette conversion intervenait. Ainsi, si un individu se convertissait à l'Islam après sa capture alors qu'il avait refusé de le faire spontanément lorsqu'il était sommé, cette conversion-là ne lui garantissait pas le droit à recouvrer sa liberté. Il demeurait esclave malgré son adhésion à l'Islam. Ce dont il ressort immédiatement que l'objectif des attaques des musulmans contre les « mécréants » n'est pas seulement de contraindre ceux-ci à embrasser l'Islam et que l'incrédulité n'est pas l'unique fondement de la mise en esclavage chez les musulmans. Autrement, toute conversion devrait épargner à toute personne cette condition. Il en résulte que la mise en esclavage des « infidèles » ne serait en réalité, pour les musulmans arabes initialement, qu'un moyen commode de continuer à disposer d'esclaves, comme avant l'émergence de l'Islam, mais en prélevant désormais ces esclaves en dehors de l'oumma (communauté musulmane).

B) L'idolâtrie et la justification d'un djihad total contre les non-musulmans

Généralement rendu par « guerre sainte », le terme arabe djihad signifie plutôt littéralement « effort » ou « combat ». Il exprime donc « l'effort », le « combat », au service de l'Islam et donc de la volonté de « *Allah le Très Haut* ». Les exégètes musulmans distinguent entre deux types de djihad, à savoir, un « djihad mineur » et un « djihad majeur » en s'appuyant sur le célèbre hadith voulant qu'au retour d'une expédition militaire, le Prophète ait dit à ses Compagnons : « *Nous voici revenus du plus petit djihad (al-jihad al-Asghar) pour nous livrer au plus grand djihad (al-jihad al-Akbar)* ». S'il transparaissait très clairement de cette Parole, pour les Compagnons, que le djihad mineur était le combat contre les incroyants, impliquant jusqu'à la lutte armée, en revanche, et à ce stade, le sens du « *djihad majeur* » restait hermétique. Aussi les Compagnons sollicitèrent-ils le Prophète qui répondit : « *Celui du cœur !* » (ou « *la lutte de l'homme contre ses passions* »). Le Prophète entendait ainsi par djihad majeur, la lutte contre soi-même, dans son cœur, sa pensée, pour se maîtriser, pour combattre le mal et demeurer pieux. A vrai dire, un tel combat est « majeur », car il est premier, étant celui qui détermine un humain à s'inscrire dans le chemin d'Allah, en devenant un croyant ou en demeurant « *dans le chemin d'Allah* », à vaincre la tentation de l'apostasie etc. Le « *djihad majeur* » précède ainsi le « *djihad mineur* » car sans lui, il ne serait pas possible de rester auprès d'Allah et de faire le choix de combattre les infidèles. Il ne serait pas non plus possible de discerner entre « bien » et « mal » et de combattre ceux qui dans l'*Oumma*, soit la communauté musulmane, s'adonnent au mal, ne se conforment pas au message divin. Il ne serait simplement pas possible d'être pieux. Or, ce sont les pieux qu'Allah préfère, comme il l'affirme lui-même :

Sourate 49, verset 13 : « *O hommes ! Nous vous avons créés d'un mâle et d'une femelle. Nous vous avons divisés en races et en tribus avec des caractères distinctifs.* **Le plus méritant aux yeux d'Allah est le plus pieux.** *Allah est savant et bien informé.* »

La nécessité du combat contre soi-même que constitue le djihad majeur est implicitement posée dans la *Sourate 2, verset 116*, laquelle stipule :

« *Le combat vous a été prescrit alors qu'il vous est désagréable. Or, il se peut que vous ayez de l'aversion pour une chose alors qu'elle vous est un bien. Et il se peut que vous aimiez une chose alors qu'elle vous est mauvaise. C'est Allah qui sait, alors que vous ne savez pas.* »

Cependant, la prescription de cette Sourate va au-delà du djihad majeur pour englober tout type de djihad lorsqu'elle proclame que « *Le combat vous a été prescrit* ». De nombreuses autres Sourates la complètent pour appeler plus spécifiquement au « djihad mineur » (guerre sainte).

On peut mentionner :

Sourate 8 ; verset 65 : « *O Prophète, incite les croyants au combat. S'il se trouve parmi vous vingt endurants, ils vaincront deux cents ; et s'il s'en trouve cent, ils vaincront mille mécréants, car ce sont vraiment des gens qui ne comprennent pas.* »

- Sourate 8, verset 60 : « *Et préparez [pour lutter] contre eux [idolâtres] tout ce que vous pouvez comme force et comme cavalerie équipée, afin d'effrayer l'ennemi d'Allah et le vôtre, et d'autres encore que vous ne connaissez pas en dehors de ceux-ci mais qu'Allah connaît. Et tout ce que vous dépensez dans le sentier d'Allah vous sera remboursé pleinement et vous ne serez point lésés.* »

Sourate 9, verset 5 : « *Lorsque les mois sacrés seront passés, tuez les idolâtres partout où vous les trouverez. Saisissez-les, assiégez-les, mettez-vous en embuscade pour les prendre. Mais, s'ils se repentent, accomplissent la Salât et acquittent la Zakât, alors laissez-leur la voie libre, car Allah pardonne et est miséricordieux.*»

Sourate 9 verset 29 : « *Faites la guerre à [combattez] ceux qui ne croient ni en Allah ni au Jour dernier, qui n'interdisent pas ce qu'Allah et Son messager ont interdit et qui ne professent pas la religion de la vérité, parmi ceux qui ont reçu le Livre, jusqu'à ce qu'ils versent la capitation par leurs propres mains, après s'être humiliés.* »

Sourate 9, verset 123 : « *O vous qui croyez ! Faites la guerre à [combattez] ceux des mécréants qui sont près de vous ; et qu'ils trouvent de la dureté en vous. Et sachez qu'Allah est avec les pieux.* »

Sourate 5, verset 33 : « *La récompense de ceux qui font la guerre contre Allah et Son messager, et qui s'efforcent de semer la corruption sur la terre, c'est qu'ils soient tués, ou crucifiés, ou que soient coupées leur main et leur jambe opposées, ou qu'ils soient expulsés du pays. Ce sera pour eux l'ignominie ici-bas ; et dans l'au-delà, il y aura pour eux un énorme châtiment.* »

Sourate 47, verset 4 : « *Lorsque vous rencontrez (au combat) ceux qui ont mécru frappez-en les cous. Puis, quand vous les avez dominés, enchaînez-les solidement. Ensuite, c'est soit la libération gratuite, soit la rançon, jusqu'à ce que la guerre dépose ses fardeaux. Il en est ainsi, car si Allah voulait, Il se vengerait Lui-même contre eux, mais c'est pour vous éprouver les uns par les autres. Et ceux qui seront tués dans le chemin d'Allah, Il ne rendra jamais vaines leurs actions.* »

Sourate 4, verset 76 : « *Les croyants combattent dans le sentier d'Allah, et ceux qui ne croient pas combattent dans le sentier du Tâghût. Eh bien, combattez les alliés du Diable, car la ruse du Diable est, certes, faible.* »

Sourate 4, verset 89 : « *Ils aimeraient vous voir mécréants comme ils ont mécru : alors vous seriez tous égaux ! Ne prenez donc pas d'alliés parmi eux, jusqu'à ce qu'ils émigrent dans le sentier d'Allah. Mais s'ils tournent le dos, saisissez-les alors, et tuez-les où que vous les trouviez ; et ne prenez parmi eux ni allié ni secoureur.* »

Sourate 2 verset 190 : « *Combattez dans le sentier d'Allah ceux qui vous combattent, et ne transgressez pas. Certes, Allah n'aime pas les transgresseurs !* »

Sourate 2 verset 191 : « *Et tuez-les, où que vous les rencontriez ; et chassez-les d'où ils vous ont chassés : l'association est plus grave que le meurtre. Mais ne les combattez pas près de la Mosquée sacrée avant qu'ils ne vous y aient combattus. S'ils vous y combattent, tuez-les donc. Telle est la rétribution des mécréants.* »

Sourate 2 verset 193 : « *Et combattez-les jusqu'à ce qu'il n'y ait plus d'association et que la religion soit entièrement à Allah seul. S'ils cessent, donc plus d'hostilités, sauf contre les injustes.* »

Sourate 2, verset 194 : « *Le Mois sacré pour le mois sacré ! - Le talion s'applique à toutes choses sacrées -. Donc, quiconque transgresse contre vous, transgressez contre lui, à transgression égale. Et craignez Allah. Et sachez qu'Allah est avec les pieux.* »

Etc.

La guerre sainte prescrite par Allah via ces versets apparaît d'abord comme un devoir du « musulman pieux », qui s'impose à tous les croyants ainsi que le souligne la Sourate 9, verset 41 : « *Légers ou lourds, lancez-vous au combat, et luttez avec vos biens et vos personnes dans le sentier d'Allah. Cela est meilleur pour vous, si vous saviez.* » Toutefois, tous les croyants ne sont pas tenus de prendre l'épée et d'être sur le champ de bataille. La Sourate 9, verset 122 énonce en effet que : « *Les croyants n'ont pas à quitter tous leurs foyers. Pourquoi de chaque clan quelques hommes ne viendraient-ils pas s'instruire dans la religion, pour pouvoir à leur retour, avertir leur peuple afin qu'ils soient sur leur garde.* » Ceux qui ne sont pas sur le front de guerre doivent assister les guerriers de leurs biens (Sourate 9, verset 41) ou mener d'autres combats comme l'apostolat (Sourate 9, verset 122) etc. Dans tous les cas, Allah considère que ceux qui prennent part au djihad sont les plus méritants et il leur réserve la meilleure récompense : « *Ne sont pas égaux ceux des croyants qui restent chez eux - sauf ceux qui ont quelque infirmité - et ceux qui luttent corps et biens dans le sentier d'Allah. Allah donne à ceux qui luttent corps et biens un grade d'excellence sur ceux qui restent chez eux. Et à chacun Allah a promis la meilleure récompense ; et Allah a mis les combattants au-dessus des non-combattants en leur accordant une rétribution immense.* » (Sourate 4, verset 95) ou bien : « *Qu'ils combattent donc dans le sentier d'Allah, ceux qui troquent la vie présente contre la vie future. Et quiconque combat dans le sentier d'Allah, tué ou vainqueur, Nous lui donnerons bientôt une énorme récompense.* » (Sourate 4, verset 74).

Quant à ceux qui meurent au djihad, ce sont des martyrs (chuhadâ') qu'Allah a pris l'engagement de faire entrer au Paradis (Sourate 9, verset 111). En réalité, le Paradis est le prix qu'Allah a payé pour acquérir la personne ainsi que les biens de chaque martyr, lequel dès lors est non seulement assuré du Paradis mais encore d'y jouir de privilèges puisque Allah place les combattants au-dessus des non-combattants (**Sourate 4, verset 95**) : La Sourate 9, verset 111 précise : « *Certes, Allah a acheté des croyants, leurs personnes et leurs biens en échange du Paradis. Ils combattent dans le sentier d'Allah : ils tuent, et ils se font tuer. C'est une promesse authentique qu'Il a prise sur Lui-même dans la Thora, l'Évangile et le Coran. Et qui est plus fidèle qu'Allah à son engagement ? Réjouissez-vous donc de l'échange que vous avez fait : Et c'est là le très grand succès* ». **Ce verset apparaît comme le fondement islamique des actions kamikazes.**

Nombre de hadîths ont fait du jihâd un devoir religieux, classé même avant le pèlerinage ou la prière. Toutefois, puisque le jihâd ne fait pas partie des cinq obligations des musulmans, il apparaît comme un devoir qui incombe à la communauté des croyants (Oumma). Pour mémoire, au rang des principaux courants de l'Islam, mentionnons : (i) le Sunnisme qui concentre la majorité des musulmans (jusqu'à 80-85%) ; il considère que le successeur (calife) du Prophète, simple homme politique, doit être choisi parmi les Compagnons de ce dernier ; ce courant est favorable au maintien de l'ordre établi ; (ii) Le chiisme, courant minoritaire des partisans d'Ali (un peu plus de 10% des musulmans) considère que le successeur du Prophète doit être un imam (guide), issu de la lignée de ce dernier ; en outre, les chiites attendent le retour du douzième imam qui a disparu en 874 de la vue des hommes pour revenir à la fin des temps et restaurer la justice et la vérité (imam caché) ; le Sunnisme n'adhère pas à cette vision messianique ; (iii) le kharidjisme, courant contestataire devenu résiduel, est en général adepte d'un islam très rigoriste, intransigeant, puritain, refusant tout compromis politique, prônant le djihad, qu'il considère comme le 6ème pilier de l'islam et faisant partie des obligations individuelles du croyant ; le djihad doit être mené jusque contre les dirigeants musulmans corrompus ;

selon ce courant, le croyant doit avoir un comportement exemplaire et le péché est sévèrement puni ; le kharidjisme prône en outre l'égalitarisme au sein de la communauté musulmane et tout croyant peut être élu calife peu importe son origine sociale, même esclave ; implanté au Maghreb dès le VIIIème siècle, le kharidjisme y subsiste encore de nos jours ainsi qu'en Libye, au Zanzibar, à Oman etc. ; (iv) le Malékisme est l'une des quatre grandes écoles juridiques de l'islam sunnite. Il place le djihad tout de suite après le culte comme une obligation individuelle du croyant. Il est majoritaire au Maghreb et par conséquent en Afrique de l'Ouest ; on le retrouve aussi dans la vallée du Nil (Égypte, Soudan), dans certains pays du golfe Persique (Koweït, Émirats arabes unis, Qatar, Bahreïn). Les trois autres écoles juridiques sunnites sont : le Hanafisme, la plus importante, majoritaire au Proche-Orient, en Asie centrale et en Inde ; le Chaféisme, majoritaire en Afrique de l'Est, au Yémen et en Asie du Sud-Est ; le Hanbalisme, majoritaire en Arabie saoudite et dans les pays du Golfe.

Les djihadistes arabo-aznègues ayant assuré la conversion, la formation (conseil, instruction) et joué le rôle de guide spirituel, des souverains négro-subsahariens islamisés au moyen âge étaient issus du Malékisme sunnite comme du courant kharidjite à l'instar du Berbère algérien Al Maghili. De ce fait, nombre de souverains négro-subsahariens islamisés avaient fait de la guerre sainte une obligation individuelle. D'où l'autodestruction de grande ampleur par le Jihad qu'a connue l'espace au sud du Sahara (voir plus loin).

La guerre sainte musulmane, le « djihad mineur », est dirigée contre ceux que les Musulmans considèrent comme les ennemis irréductibles, déclarés, de l'islam, à savoir les « idolâtres » (Sourate 9, verset 5 ; Sourate 8, verset 39), les

« mécréants » (Sourate 9, verset 123 ; Sourate 2, verset 191), les « infidèles » (Sourate 8, verset 17 ; Sourate 76, verset 4), les « injustes » (Sourate 2, verset 193) etc. La sourate 4, verset 101 stipule par exemple : « *Et quand vous parcourez la terre, ce n'est pas un péché pour vous de raccourcir la Salât, si vous craignez que les mécréants ne vous mettent à l'épreuve, car **les mécréants demeurent pour vous un ennemi déclaré**.* »

Les mécréants, c'étaient, historiquement, les populations d'Arabie avant la naissance de l'Islam. C'étaient aussi les pratiquants du Vitalisme dans l'espace subsaharien depuis l'entrée de l'Islam dans la région au VIIème siècle.

Aux ennemis irréductibles de la foi musulmane, les idolâtres ou païens, notamment les vitalistes négro-subsahariens, Allah réserve des châtiments d'une extrême dureté, qu'il ordonne ou énonce dans diverses Sourates, dont :

Sourate 76, verset 4 : « *Nous avons préparé **pour les infidèles des chaînes, des carcans et une fournaise ardente**.* »

Sourate 5, verset 33 : « *La récompense de ceux qui font la guerre contre Allah et Son messager, et qui s'efforcent de semer la corruption sur la terre, c'est qu'ils soient **tués**, ou **crucifiés**, ou que **soient coupées leur main et leur jambe opposées**, ou qu'ils soient **expulsés du pays**. Ce sera pour eux l'ignominie ici-bas ; et dans l'au-delà, il y aura pour eux un énorme châtiment.* »

Sourate 4, verset 56 : « *Certes, ceux qui ne croient pas à Nos Versets, (le Coran) **Nous les brûlerons bientôt dans le Feu. Chaque fois que leurs peaux auront été consumées, Nous leur donnerons d'autres peaux en échange afin qu'ils goûtent au châtiment.** Allah est certes, Puissant et Sage !* »

Sourate 47, verset 34 : « *Ceux qui ont mécru et obstrué le chemin d'Allah puis sont **morts tout en étant mécréants, Allah ne leur pardonnera jamais**.* »

Etc.

Cependant, le djihad n'est pas destiné à combattre pour combattre ou châtier pour châtier les idolâtres/païens. Sa finalité est de faire triompher la Vérité (Sourate 8, versets 7 et 8) que seuls détiennent les musulmans (Sourate 4, verset 105) afin de soumettre ou convertir les idolâtres à l'Islam. Lors de la guerre sainte, le triomphe de la vérité est d'ailleurs aux yeux d'Allah, supérieur à l'objectif du butin (Sourate 8, verset 7 ; Sourate 8, verset 67). Et dès lors que la vérité triomphe, à savoir que les idolâtres sont soumis ou convertis, le combat doit cesser (Sourate 9, verset 5 ; Sourate 9, verset 6 ; Sourate 9, verset 122 ; Sourate 8, verset 39) :

Sourate 4, verset 105 : « *Nous avons fait descendre vers toi le Livre avec la **vérité**, pour que tu juges entre les gens, selon ce qu'Allah t'a appris. Et ne te fais pas l'avocat des traîtres.* »

Sourate 8, verset 7 : « *(Rappelez-vous), quand Allah vous promettait qu'une des deux bandes sera à vous. **Vous désiriez vous emparer de celle qui était sans armes, alors qu'Allah voulait par Ses paroles faire triompher la vérité** et anéantir les mécréants jusqu'au dernier.* »

Sourate 8, verset 8 : « *afin qu'Il fasse **triompher la vérité** et anéantir le faux, en dépit de la répulsion qu'en avaient les criminels.* »

Sourate 8 verset 67. « *Un prophète ne devrait **pas faire de prisonniers avant d'avoir** prévalu [**mis les mécréants hors de*** *combat] sur la terre. Vous voulez les biens d'ici-bas, tandis qu'Allah veut l'au-delà. Allah est Puissant et Sage ».*

L'Islam détenant seul la Vérité, et la finalité du djihad restant la conversion ou la soumission totale des idolâtres, la guerre sainte ne peut prendre fin avant que la religion musulmane ait triomphé des incroyants partout dans le monde. **C'est donc une guerre totale que prône l'Islam contre les idolâtres** et qui doit viser à **« *anéantir les mécréants jusqu'au dernier.* »** (Sourate 8, verset 7). **Seule une victoire totale de l'Islam sur le monde non musulman peut donc mettre fin au djihad islamique**. Ce que proclame la Sourate 2, verset 193 :

« *Et **combattez-les jusqu'à ce** qu'il n'y ait plus d'association et **que la religion soit entièrement à Allah seul**. S'ils cessent, donc plus d'hostilités, sauf contre les injustes.* »

Dès lors, et avant que cet objectif global ne soit atteint, seules des trêves peuvent être observées par les croyants, d'ailleurs de façon purement tactique. En effet, tant que les armées djihadistes sont en position de force, il est interdit qu'elles concluent un traité de paix avec les mécréants. La Sourate 47, verset 35 énonce en effet :

«*Ne faiblissez donc pas et **n'appelez pas à la paix alors que vous êtes les plus hauts**, qu'Allah est avec vous, et qu'Il ne vous frustrera jamais [du mérite] de vos œuvres.*»

Toutefois, conclure une trêve devient impérative pour les djihadistes dès lors qu'ils sont en position de faiblesse au regard des idolâtres. Mais un tel traité de paix ne peut être que temporaire et une fois son terme échu, si les djihadistes se sentent plus forts, ils doivent reprendre la guerre.

La Sourate 8, verset 66 définit d'ailleurs le critère objectif de « la position de faiblesse » ou « de force » des armées djihadistes :

« *Maintenant, Allah a allégé votre tâche, sachant qu'il y a de la faiblesse en vous. **S'il y a cent endurants parmi vous, ils vaincront deux cents ; et s'il y en a mille, ils vaincront deux mille**, par la grâce d'Allah. Et Allah est avec les endurants.* »

Ainsi, si le nombre de combattants musulmans engagé est inférieur au double de celui des incroyants, il y a alors position de faiblesse et la trêve s'impose. Dans le cas contraire, les musulmans doivent combattre. La bataille est alors lancée au cri de « *Allâhu akbar* » (Allah est le plus grand). La règle d'or est la fermeté au combat, à savoir, obéir au chef (Sourate 4, verset 59), ne jamais déserter, ne jamais fuir, ne jamais se suicider.

C) L'asservissement des captifs de guerre non autorisé par le Coran mais pratiqué

Que faire des captifs faits lors de cette guerre totale au cas où l'idolâtre refuse de se convertir à l'Islam ? En effet, outre le butin, la guerre sainte produit des captifs. Et le sort devant être réservé à ceux-ci est précisé par Allah lui-même. Ainsi, ceux qui se sont soumis avant la guerre bénéficient du statut de protection (dhimmi) lorsqu'il s'agit de juifs, chrétiens, zoroastriens, hindous, bouddhistes (**Sourate 9 verset 29**). Ce statut n'est en revanche pas reconnu en général aux païens, notamment les pratiquants du Vitalisme subsaharien, sauf par les Malékites, lesquels, s'appuyant vraisemblablement sur la sourate de référence en la matière (Sourate 9, verset 29), estiment que tous les non-musulmans doivent pouvoir bénéficier du statut de dhimmi. Mais l'idolâtre s'étant converti à l'Islam avant d'être capturé se trouve dans une situation non ambiguë : il est croyant et conserve en conséquence sa liberté et ses biens.

La question clé reste celle du captif païen, ennemi déclaré de l'Islam qui refuse de se convertir. Après la bataille, divers sorts possibles l'attendent : il peut, soit être vendu, soit être échangé contre un prisonnier musulman (Sourate 47, verset 4), soit être exécuté (Sourates 9, verset 5 ; 2, verset 191 ; 5, verset 33). Mais la Loi islamique n'autorise pas explicitement sa mise en esclavage. Celle-ci est toutefois pratiquée sur le fondement d'un hadith indiquant que Mahomet lui-même aurait asservi des milliers de personnes (voir Khadduri par exemple).

§4) Le statut juridique de l'esclave musulman

A) La Loi islamique recommande la fraternité entre maîtres et esclaves

Rappelons qu'en Arabie musulmane et selon la Loi islamique, l'esclave qui avait des droits était l'esclave musulman : la Loi islamique et les hadiths recommandaient qu'il fût bien traité par le maître, que la fraternité régît leurs rapports, que maîtres et libres prissent en mariage la femme esclave etc. Bref, il n'était ni exclu de l'Oumma, la communauté religieuse islamique, ni de la société musulmane, ni de l'humanité. L'esclave non musulman était en revanche inexistant : la Loi islamique étant totalitaire, toute personne vivant dans la société musulmane devait s'y soumettre, soit en se convertissant à l'Islam, soit en payant l'impôt de capitation pour avoir le droit de pratiquer sa religion, laquelle ne pouvait pas être de « l'idolâtrie » au sens islamique, soit en devenant esclave. Mais pour être intégré socialement, tout esclave devait embrasser l'Islam, aussi demeurer idolâtre revenait-il à s'exclure de la société musulmane.

En réalité, l'esclavage en terre d'Islam était organisé sur le modèle défini par la Loi de Yahweh, modèle dans lequel le dieu d'Abraham prescrivait aux Israélites de faire des « étrangers », soit les non-pratiquants du Judaïsme, leurs esclaves perpétuels tout en leur interdisant de se réduire en esclavage entre eux : « *Mais à l'égard de vos frères, les enfants d'Israël, aucun de vous ne dominera avec dureté sur son frère.* » (Lév. 25 : 1-2, 44-46). En effet, la réduction en esclavage d'un musulman par les coreligionnaires musulmans était interdite et il était recommandé de libérer les esclaves musulmans comme ce fut le cas chez les Juifs.

Du point de vue de son statut juridique, dans la Loi islamique, l'esclave était comme partout ailleurs la possession du maître : il était un bien et son possesseur pouvait le vendre, le léguer, le donner, le louer, le contraindre à gagner de l'argent. Bien entendu, il était aussi un être, une personne, mais qui demeurait inférieur. Dans la société, l'esclave ne portait souvent, au Moyen âge qu'un nom unique (ism), choisi par le maître, s'il était né chez lui ou par le maquignon, s'il était importé. Sa valeur s'établissait à la moitié de celle du libre : auteur d'un acte répréhensible, sa peine ne s'établit qu'à la moitié de celle du libre ; la loi du talion ne s'appliquait guère à lui : lorsqu'il était victime d'homicide de la part d'un libre, celui-ci n'était pas tué en représailles ; il devait payer, non pas le prix du sang, mais seulement une compensation au maître, égale à la valeur de l'esclave ; devant la justice, le témoignage de l'esclave n'avait pas de valeur etc. L'esclave pouvait toutefois contracter mariage, cependant l'accord du maître était requis et en règle générale un esclave ne pouvait épouser jusqu'à quatre femmes comme le libre : sa valeur générale poussait des écoles juridiques islamiques comme le Hanafisme et le Shafiisme à considérer qu'il ne pouvait avoir droit qu'à deux, là où le Malékisme, le mettait à égalité avec les libres ; le maître pouvait d'ailleurs imposer le mariage à l'esclave et choisir son partenaire ; le descendant d'esclaves mariés appartenait de droit au maître, ses parents étant frappés d'incapacité d'hériter des biens, de posséder des biens, des affaires indépendantes, de représenter le maître dans des transactions financières etc. En conséquence, le *mahr* (dot) que recevait une esclave à l'occasion de son mariage tombait dans la propriété du maître qui s'en accaparait. En règle générale, l'esclave, en pays islamique, était interdit d'exercer des fonctions d'autorité : sa place normale se trouvait dans les fonctions et tâches subalternes. Il ne pouvait, par exemple, pas être juge.

Des exceptions étaient toutefois connues, mais elles ne concernaient que des esclaves ayant embrassé l'Islam, musulmans donc. N'oublions pas que la recommandation islamique au maître de « bien traiter » son esclave, de le traiter comme « un frère », ne valait que pour l'esclave musulman, converti à l'Islam, exactement comme le requerrait la loi de Jahvé pour les Juifs. Un esclave musulman pouvait ainsi être imam et diriger les prières de la congrégation ; un hadith rapporte que Mahomet lui-même avait installé son esclave éthiopien, *Zayd*, à la tête d'une armée et ordonné à ses compagnons et soldats de lui obéir, ce qui n'est guère surprenant au vu du pragmatisme exceptionnel dont le Prophète faisait preuve : si à cet esclave, il reconnaissait des compétences guerrières supérieures, il n'aurait rencontré aucune difficulté à le promouvoir à la tête de son armée.

Dans la législation islamique, « bien traiter son esclave » requérait du maître de le nourrir, le loger, le vêtir, lui assurer les soins médicaux. L'esclave islamisé ne devait pas être sous-doté en aliment, en vêtement, quantitativement et qualitativement, non seulement au regard de ce qui est convenable dans son lieu de résidence mais encore au regard de ce qu'avait le maître lui-même. Cette dernière exigence caractérisait la « fraternité » recommandée entre maître et esclave. Et si son traitement s'écartait de cette norme, l'esclave pouvait se plaindre à un juge, ce qui était susceptible de valoir, au maître, une sanction allant jusqu'à l'affranchissement de l'esclave. L'esclave musulman avait en outre droit à une période de repos dans la journée en saison chaude. Ses droits étaient en définitive et en théorie très peu différents de ceux du musulman libre ou ne l'étaient qu'à la marge : par exemple, contrairement au libre, l'esclave n'était pas tenu de prendre part aux prières du vendredi, d'accomplir le pèlerinage (hajj) etc.

B) L'affranchissement et la tache indélébile de l'esclavage en pays musulman

Le Coran recommande l'affranchissement des esclaves aux maîtres, la sourate 24, verset 33 stipule en effet : « (…) *Ceux de vos esclaves qui cherchent un contrat d'affranchissement, concluez ce contrat avec eux si vous reconnaissez du bien en eux ; et donnez-leur des biens d'Allah qu'Il vous a accordés. Et dans votre recherche des profits passagers de la vie présente, ne contraignez pas vos femmes esclaves à la prostitution, si elles veulent rester chastes. Si on les y contraint, Allah leur accorde après qu'elles aient été contraintes, Son pardon et Sa miséricorde.* » Il ressort du verset que la Loi islamique reste favorable au principe de l'affranchissement. Toutefois elle ne l'impose pas aux maîtres et leur laisse toute latitude à la concrétiser ou non : c'est si le maître « reconnaît *du bien en l'esclave* » ; tout dépend donc de son appréciation. Rien ne l'oblige à affranchir l'esclave. Mais l'affranchissement est envisagé dans la Loi comme un acte qui n'est pas gratuit : c'est la contrepartie du bien que le maître reconnaît en l'esclave. La loi islamique spécifie d'autres contreparties en mesure de justifier que le maître affranchisse son esclave. Le verset 89, sourate 5, précise : « *Allah ne vous sanctionne pas pour la frivolité dans vos serments, mais Il vous sanctionne **pour les serments que vous avez l'intention d'exécuter**. L'expiation en sera de nourrir dix pauvres, de ce dont vous nourrissez normalement vos familles, ou de les habiller, ou de **libérer un esclave**. Quiconque n'en trouve pas les moyens devra jeûner trois jours. Voilà l'expiation pour vos serments, lorsque vous avez juré. Et tenez à vos serments. Ainsi Allah vous explique Ses versets, afin que vous soyez reconnaissants !* » Ici, l'affranchissement est prescrit comme le prix à payer en contrepartie d'une faute commise par le maître : il sert à réparer la faute. Celle-ci est ici (S5 : 89) la parjure, le faux serment. Il existe trois autres péchés que le croyant peut expier par l'affranchissement d'un esclave. Ce sont (i) le meurtre involontaire d'un croyant (Sourate 4 verset 92) : « *Il n'appartient pas à un croyant de tuer un autre croyant, si ce n'est par erreur. Quiconque tue par erreur un croyant, qu'il affranchisse alors un esclave croyant et remette à sa famille le prix du sang, à moins que celle-ci n'y renonce par charité. Mais si [le tué] appartenait à un peuple ennemi à vous et qu'il soit croyant, qu'on affranchisse alors un esclave croyant. S'il appartenait à un peuple auquel vous êtes liés par un pacte, qu'on verse alors à sa famille le prix du sang et qu'on affranchisse un esclave croyant. Celui qui n'en trouve pas les moyens, qu'il jeûne deux mois d'affilée pour être pardonné par Allah. Allah est Omniscient et Sage.* » ; (ii) la renonciation à la répudiation après en avoir prononcé la formule (Sourate 58 : 3) : « *Ceux qui comparent leurs femmes au dos de leurs mères puis reviennent sur ce qu'ils ont dit, doivent affranchir un esclave avant d'avoir aucun contact [conjugal] avec leur femme. C'est ce dont on vous exhorte. Et Allah est Parfaitement Connaisseur de ce que vous faites.* » ; (iii) la rupture volontaire du jeûne pendant le Ramadhan : plusieurs hadiths le soulignent comme celui rapporté par Boukhari et Mouslim, lequel stipule que si le musulman a un rapport sexuel pendant la journée du jeûne obligatoire, il doit soit affranchir un esclave croyant sans infirmité, soit jeûner deux mois d'affilée, soit nourrir soixante pauvres.

Toutefois, l'affranchissement comme expiation n'est pas obligatoire puisque le maître peut choisir d'autres moyens d'expiation comme « *habiller dix pauvres* », « *jeûner 2 mois* » etc. On retrouve une idée analogue dans le verset 60 de la sourate 9 : « *Les aumônes (Sadaqât) ne sont destinées que pour les pauvres, les indigents, ceux qui y travaillent, ceux dont les cœurs sont à gagner (à l'Islam), l'affranchissement des jougs, ceux qui sont lourdement endettés, dans le sentier d'Allah, et pour le voyageur (en détresse). C'est un décret d'Allah ! Et Allah est Omniscient et Sage.* ». On le voit bien, l'affranchissement n'est qu'un acte parmi d'autres auquel il faut consacrer l'aumône quand bien même cette aumône est obligatoire en tant que décision d'Allah « *un décret d'Allah* » ; idée qu'on retrouve aussi dans le verset 177 de la sourate 2 etc. Cependant, l'affranchissement devient obligatoire dans le hadith rapporté par Muslim selon lequel « *Celui qui gifle son esclave n'a d'autre expiation que de l'Affranchir* » : il s'impose ainsi au maître ayant commis la faute de la « gifle ». Le cas semble toutefois marginal. En outre, si un maître ne gifle pas son esclave, celui-ci reste indéfiniment en esclavage ! Il ressort en définitive de la Loi islamique que bien qu'admis dans son principe, l'affranchissement ne s'impose pas au maître. Il reste à l'état d'une recommandation que le maître musulman est libre de concrétiser ou non. L'affranchissement n'est ainsi qu'un des moyens de concrétisation de la recommandation de « bon traitement » ou de « fraternité maître-esclave » formulée dans la Loi islamique. En tant que tel, la préconisation d'affranchissement ne concerne en définitive que l'esclave musulman du maître et elle n'est en dernier ressort qu'une reprise de la Loi de Yahweh, laquelle limite dans le temps la mise en esclavage d'un Juif par un Juif, rend perpétuelle celle d'un non-coreligionnaire par un Juif, puis obligatoire la mise en liberté de l'esclave par le maître qui lui brise une dent ou lui fait perdre un œil (Exode 21 : 26-27).

Dans le monde musulman, lorsqu'il se concrétisait, conformément à la sourate 24, verset 33, l'affranchissement passait par la mise en place d'un contrat entre le maître et son esclave. Celui-ci se nommait *moukataba*. Ce contrat précisait le prix que l'esclave devait payer à son maître pour se libérer, soit l'équivalent de son prix d'achat : l'affranchissement ne se faisait donc pas gratuitement. Par ce contrat, l'esclave avait la possibilité de racheter sa liberté en travaillant pour son maître. Il pouvait également solliciter du maître l'autorisation de travailler à son compte ou chez un tiers afin de réunir son prix de rachat. Selon la Loi islamique, le maître devait lui verser une aide matérielle (qui pouvait être un domaine) et financière suffisante afin qu'il ne retombât point dans l'esclavage. Le maître pouvait aussi étaler le paiement de la somme due selon la capacité financière de l'esclave. Enfin, une fois le contrat conclu, la Loi islamique interdit au maître de se rétracter. On connaît toutefois les écarts récurrents entre la conduite des musulmans et les exigences du Coran. Ce type d'affranchissement était le plus répandu dans le monde musulman parce qu'il était dans l'intérêt de chaque partie : l'esclave était incité à travailler plus tandis que le contrat garantissait au maître de récupérer l'argent qu'il avait investi dans l'achat de l'esclave, lequel lui avait déjà rendu d'importants services en contrepartie. Un autre procédé d'affranchissement, proche de Mukataba, était l'affranchissement de l'esclave pour bons et loyaux services, qui restait à la discrétion du maître. Il se faisait par testament du maître qui ordonnait la libération de l'esclave après sa mort. Bien entendu pour que la libération devînt effective, il fallait que les héritiers fussent loyaux. Dans de nombreux cas en effet, des héritiers avaient simplement fait disparaître le testament pour conserver les esclaves !

Le monde musulman avait connu des affranchissements pieux comme ce fut le cas en Europe chrétienne médiévale. Le maître affranchissait son esclave pour obtenir la grâce d'Allah suivant en cela un hadith selon lequel Mahomet aurait invité ses compagnons à acheter des esclaves dans le dessein de les affranchir. Ainsi, Abou Bakr As-Siddiq (573-634), successeur du Prophète et premier calife de l'Islam, avait acheté et affranchi Bilal Ibn Rabah (580-642), le premier muezzin, né d'une mère captive d'Abyssinie. D'autres Compagnons du Prophète ainsi qu'Aïcha firent de même, et leur exemple furent suivis par nombre d'autres musulmans. Les moins fortunés se cotisaient pour acheter un esclave et l'affranchir afin de bénéficier de la grâce d'Allah.

Dans la Loi islamique, « l'esclave mère » (Umm al-walad), c'est-à-dire ayant mis au monde un enfant pour son maître devrait être affranchie. C'est en vertu d'un hadith selon lequel « l'esclave avec laquelle son maître a eu des relations sexuelles, doit être affranchie après la mort de ce dernier. » Il faut toutefois que le maître reconnaisse avoir entretenu une telle liaison de même que l'enfant qui en est le produit pour que la maman soit reconnue « mère » et ait droit à l'affranchissement. Si le maître niait les faits, alors l'esclave ne peut bénéficier du droit de la « mère ».

Enfin, dans le monde musulman, comme ce fut le cas en Europe médiévale, l'esclave affranchi ne coupait presque jamais tout lien avec son ancien maître. L'esclave affranchi entretenait avec son ancien maître une relation dite « al-wala » en vertu des hadiths suivants : « *Al-Wala est un lien comme le lien de parenté* » et « *En vérité, al-Wala est pour celui qui a affranchi* ». En clair, une relation de « loyauté » ou « d'allégeance » liait l'esclave affranchi à son ancien maître en vertu de laquelle, l'affranchi demeurait un membre de la famille du maître, avec en conséquence les mêmes droits et devoirs. Le maître lui apportait, par cette relation la protection devant lui garantir une intégration sociale réussie dans sa nouvelle vie de libre. En contrepartie, le maître pouvait hériter de l'affranchi. En pays musulman, l'esclavage était une tache indélébile : comme le proclame le hadith ci-dessus mentionné, « al-wala » était un droit du maître auquel l'affranchi devait indéfiniment loyauté, allégeance. L'affranchi demeurait à jamais attaché à son ancien maître. En Hadramawt, par exemple, les esclaves travaillent la terre et une fois affranchis servent dans les gardes des sultans. (Miege, 2013).

§5) Razzia et traite : les sources majeures de l'esclavage dans le monde musulman

L'esclavage en Arabie islamique, dans le monde musulman, était nourri par une ponction sur les territoires non musulmans limitrophes et lointains. Il était nourri à la fois par la traite des Blancs et la traite des Noirs. L'esclave était donc un étranger : le Blanc, dit *mamluk*, *saqaliba*, comme le Noir dit *zandj*, *aswad*. Ce dernier provenait de l'espace subsaharien où les Arabes orchestraient la traite des Noirs dès le VIIème siècle à partir de la vallée du Nil (Egypte, Nubie). L'esclave blanc était lui originaire d'Europe occidentale, centrale, orientale, septentrionale et méridionale, des pays méditerranéens, de l'Asie centrale : Saxons, Angles, Francs, Wisigoths, Slaves, Celtes, Circassiens, Turcs, Grecs, Abkhazes, Mingréliens, Tcherkesses, Tatars, etc.

Initialement aux VIIème-VIIIème siècles, la guerre fut le principal moyen de production des captifs. A cette époque les conquêtes des armées musulmanes n'avaient pas pour but principal et unique de convertir les populations. L'Arabie musulmane avait à cette époque un grand besoin de main d'œuvre qu'il fallait combler par l'esclavage. Car on l'avait vu, à la période préislamique les esclaves jouaient un grand rôle économique. Or, la nouvelle religion décrétait l'interdiction de la mise en esclavage des musulmans que devenait pratiquement toute la population de l'Arabie en dehors des dhimmi judéo-chrétiens, lesquels ne pouvaient non plus être asservis conformément à la Loi islamique. Il en avait résulté en Arabie une pénurie de main d'œuvre qu'il fallait résorber. C'était l'un des objectifs majeurs de la guerre d'expansion portée par la nouvelle religion, laquelle avait connu un succès fulgurant. Mais dans les intentions mêmes, les Musulmans se trouvaient déjà en porte-à-faux avec leur Livre saint, le Coran, qui n'avait aucunement autorisé la mise en esclavage des captifs de guerre. Cet écart entre les prescriptions du Coran et leurs comportements quotidiens allait malheureusement être une constante chez les Musulmans.

Dans les années 630, les Arabo-musulmans lançaient les attaques contre l'Empire byzantin (Empire romain d'Orient) et l'Empire des Iraniens (Empire sassanide) capturant au premier la Palestine et la Syrie en 636, l'Egypte en 640-642, l'Afrique du Nord en 698-703. L'empire sassanide est conquis en 651. En 711, l'armée musulmane omeyyade berbère débarquait en Europe et conquérait l'Espagne wisigothique, attaquait plusieurs autres territoires mais fut arrêtée par Martel à Poitiers en 732.

En Afrique, en dehors de la région nord et d'une partie de la vallée du Nil (Egypte), les troupes arabo-musulmanes échouaient à conquérir militairement les territoires : en 652, l'indécision de la victoire militaire contre le royaume nubien copte de Makurie s'était soldée par la mise en place d'un traité, le *baqt*, entre ce royaume et l'Egypte musulmane, prévoyant la non-agression réciproque, l'extradition de fugitifs, la libre circulation des marchands, et la fourniture, par la Nubie d'environ 400 captifs annuels en contrepartie de farine, vêtements, chevaux par l'Egypte ; toujours En Afrique, aussitôt après la conquête de la région nord, un détachement des troupes arabo-musulmanes omeyyades parvenait dans l'espace subsaharien et attaquait l'empire du Ghana qui l'avait vaincu puis séquestré tous les combattants faits prisonniers : ceux-ci étaient contraints de vivre au Ghana. Stoppée en Afrique subsaharienne et en Europe occidentale, l'expansion arabo-musulmane était aussi bloquée par la mer Méditerranée, contrôlée par l'Empire byzantin.

En Asie centrale, les Arabo-musulmans avaient conquis vers 712 les territoires contemporains de l'Ouzbékistan et de Kirghizistan dont la religion était jusque-là le Zoroastrisme. Leur victoire sur les Chinois dans la région, à la bataille de Talas (au Kirghizistan près de la ville actuelle kazakh de Taraz) avait renforcé leur mainmise sur l'Asie centrale jusqu'à l'Indus. L'Inde était envahie à partir du VIIIème siècle. Après un succès fulgurant d'un siècle, l'expansion musulmane s'était considérablement atténuée jusqu'au XIème siècle. On note aux IXème et Xème siècles cependant les conquêtes de la Sicile (827), de Malte (870), des Baléares (902) etc.

Les territoires conquis étaient soumis à l'islamisation mais aussi à l'arabisation par la langue, l'administration, la monnaie, parfois le code vestimentaire voire alimentaire, mais surtout par le changement des institutions sociales. Le pouvoir était accaparé par les musulmans etc. L'expansion militaire externe des Arabo-musulmans se doublait à l'intérieur de sécessions qui avaient fini par déboucher sur trois grandes zones de califat : le califat abbasside, fondé dès 750, et régnant depuis sa capitale Bagdad à partir de 762 ; le califat fatimide régnant d'abord en 909-969 en Ifriqiya (Afrique du nord : Tunisie et une partie de l'Algérie ainsi que de la Libye contemporaines) puis en Egypte (969-1171) ; enfin, en Europe, Al-Andalus érigé en émirat en 756 (Émirat de Cordoue) pour devenir le califat de Cordoue en 929.

Ainsi, dans les premiers temps de l'Islam, VIIème-VIIIème siècles, les conquêtes militaires produisaient quantités de butins et captifs et les conquérants arabo-musulmans amassaient autant de richesses, notamment en or. Aux captifs, ils oubliaient d'appliquer les prescriptions du Coran : exécution ou libération gratuite ou libération contre rançon. Ces captifs étaient purement et simplement asservis et massivement : nombre d'entre eux étaient enrôlés dans les armées qui progressaient, tandis qu'une grande partie était convoyée vers l'intérieur comme esclaves afin de répondre au besoin en main d'œuvre du monde musulman.

Mais à partir du IXe siècle, les conquêtes musulmanes marquant le pas, ce fut la traite qui prenait le relais pour fournir aux pays d'Orient la grande majorité des esclaves dont ils avaient besoin. Les marchands juifs radhânites avaient joué un rôle important dans ce commerce. Dans le monde musulman, les principaux centres de réception des esclaves étaient La Mecque, Médine, Le Caire, Bagdad, Damas, Cordoue etc. Une autre source d'acquisition d'esclave que les Arabo-musulmans avaient concrètement et abondamment utilisée était la razzia : l'espace subsaharien en avait été soumis durant treize siècles, du VIIème au XIXème ; l'espace européen, notamment l'Europe du Sud et la région méditerranéenne en avaient été la cible du VIIIème au XIXème siècles : ces razzias avaient dévasté les côtes des territoires contemporains de l'Espagne, de l'Italie, de la France etc. Des îles entières furent dévastées comme la Corse, la Crète etc. tandis qu'en mer, les corsaires barbaresques et les Turcs attaquaient les navires chrétiens, capturant les humains et les biens. Les principales victimes furent des Espagnols, Catalans, Occitans, Provençaux, Italiens, Croates, Serbes, Albanais, Grecs, Arméniens, Caucasiens, Indiens etc.

§6) Les esclaves dans le monde islamique : des cas de réussite

A) Eunuques et mamelouks

Dans le monde musulman et d'abord en Arabie, les esclaves étaient utilisés dans l'agriculture, les mines, la construction, l'artisanat, les services domestiques et personnels des maîtres incluant leur bien-être sexuel, dans l'armée, dans l'administration d'Etat etc. Le travail de l'écriture (rédaction, copie de documents jusqu'au Coran, transcription de manuscrits, rédaction d'ouvrage dicté, enseignement de l'écriture, calligraphie, inscription sur pierre…) fut dans le monde musulman purement servile. Des maîtres formaient leurs esclaves en leur donnant des compétences diverses, lesquelles accroissaient leur valeur à la revente.

Le monde musulman était grosse consommatrice d'esclaves jeunes et adolescents, garçons imberbes et jeunes filles vierges. Pour les jeunes garçons, la demande était très forte pour une catégorie particulière : les castrats. On le sait, deux types de castrat étaient fort prisés dans le monde musulman : d'une part les esclaves ayant subi la castration dite blanche (ablation des seuls testicules) et ceux ayant subi la castration « noire » (ablation totale des testicules et de la verge, le plus près du ventre) ; ces derniers constituaient les eunuques. L'Islam interdit aux musulmans la pratique de la castration, mais pas l'utilisation des castrats. Comme toujours cette ambivalence caractéristique : on autorise l'utilisation des castrats tout en se disant opposé à la pratique de l'opération par laquelle on les produit, comme si ce faisant on se dédouane de toute responsabilité dans cette opération. Or demander les castrats c'est inciter à les produire, c'est commander pratiquement l'opération et s'en rendre complice : aucun castrat n'aurait été fabriqué s'il n'y avait pas de demande ! La castration étant interdite aux musulmans, les opérations étaient réalisées par les Juifs en Europe, les chrétiens coptes en Egypte, les chrétiens Arméniens pour le compte de l'Empire byzantin etc. En Europe, on le sait, Verdun en France au IXème siècle fut un des centres majeurs de castration comme Alméria ou Lucena en Espagne andalouse durant des siècles au Moyen Âge, puis Prague etc. Dans ces fabriques de castrats ainsi que ceux d'Arménie, c'étaient des esclaves blancs qui étaient castrés. Au Caire, en Egypte, en revanche c'étaient des Noirs, subsahariens. Au Moyen Âge, bien que les chrétiens utilisassent aussi les castrats dans leurs chapelles et en produisissent notamment en Italie jusque dans les États pontificaux, la majorité de ceux fabriqués à Verdun, Prague, Lucena etc. était destinée au monde musulman comme ceux produits en Egypte, en Arménie, en Asie centrale etc. Les castrats consommés par le monde musulman étaient âgés d'une dizaine d'années en moyenne et la grande majorité était issue de la castration « blanche » : ceux-ci servaient principalement dans l'administration, dans l'armée. Les eunuques constituaient une minorité très prisée et coûteux. Il faut souligner que l'opération permettant de les fabriquer était risquée et se soldait par un taux de mortalité élevé, au-delà de 75%, pouvant aller jusqu'à 90%. Ceux qui s'en sortaient connaissaient la réussite, faisaient des carrières brillantes dans le cercle du pouvoir : toujours convertis à l'Islam, et maîtrisant l'Arabe, ils pouvaient exercer comme gouverneurs, vizirs, commandant militaire, garde personnel du calife, intendant de la maison royale etc. C'était également aux eunuques qu'étaient confiée la garde des harems des califes et des puissants. Par exemple, Lombard (1953) rapporte le cas de l'eunuque noir Bargawan, chef de la garde et vizir du calife fatimide Abu Mansur al-Aziz Billah (975-996), qui disposait de serviteurs, de gardes personnels etc. Au début du Xème siècle, le calife de Bagdad disposait dans sa cour de onze mille eunuques dont sept mille Noirs et quatre mille Blancs. Aux Xème et XIème siècles, à Cordoue, cinq mille eunuques administraient le harem et les palais du calife etc.

Dans le monde musulman, les cas d'esclaves ayant connu un sort enviable ne s'arrêtent pas là. On peut mentionner les mamelouks (ou mamalik) formant, à partir du IXème siècle, la garde des califes. C'étaient des enfants captifs issus de territoires non musulmans, élevés dans les pays musulmans, convertis à l'Islam, ayant reçu une éducation islamique ainsi qu'une formation militaire et une éducation de membre d'un corps, lié à son chef, autant qu'aux mamelouks de sa promotion. Parvenus à l'âge adulte, les mamelouks étaient affranchis et intégrés à la garde des souverains contre une solde. Certains parvenaient à des positions de commandement militaire. Ayant en tout cas la charge de la garde des souverains, ils détenaient une position d'une haute importance, le sort de ces derniers étant entre leurs mains. Les mamelouks d'Egypte en avaient profité pour renverser le sultan *ayyoubide* en 1250 lors de la septième croisade pour fonder une dynastie ayant régné durant près de trois siècles (1250-1517) sur l'État islamique le plus puissant d'alors, couvrant l'Égypte, la Syrie et la péninsule Arabique. En Turquie islamique les janissaires, équivalents des mamelouks, étaient constitués d'esclaves d'origine européenne chrétienne, convertis à l'Islam et composant l'élite de l'infanterie de l'armée ottomane à l'apogée de l'Empire. Ils occupaient les plus hauts postes dans l'administration et l'armée ottomanes. Outre ces grandes catégories, des réussites plus isolées étaient aussi nombreuses dans le monde musulman. Citons le cas de Malik Ambar, un Ethiopien de Harar acquis par des Arabes et qui grâce à son habileté au combat était devenu régent à Ahmadnagar en 1602 dans le centre de l'Inde, où il mit en déroute les armées mongoles avant de mourir en 1626 (Harris, 1971).

B) Un esclavage consommateur de femme

Une des principales caractéristiques de l'esclavage dans le monde musulman fut qu'il était « wemen using » pour employer le jargon des économistes. C'est-à-dire qu'il consommait ou utilisait en masse la femme. Les femmes représentaient en effet jusqu'à deux tiers des esclaves dans le monde musulman contre un tiers en comparaison dans la traite transatlantique européenne. L'esclave femme dans le monde musulman était utilisée principalement dans le service domestique. Celui-ci allait des tâches d'entretien, de ménage, de cuisine, de services à l'épouse du maître, jusqu'aux services au maître lui-même. Au nombre des services rendus au maître, figure en première place celui qui lui procurait le « meilleur bien-être », à savoir les relations sexuelles. C'était l'un des motifs majeurs d'acquisition de l'esclave femme dans le monde musulman. Ici la demande de jeunes filles vierges était l'une des plus importantes. On se rappelle que dans l'Arabie antéislamique, un homme pouvait épouser jusqu'à dix femmes en fonction de sa fortune et qu'à son avènement, l'Islam limitait ce nombre à quatre. L'Islam autorisant qu'un maître « tire ressource » de son esclave, des femmes furent à ce titre prostituées par des maîtres malgré l'interdiction du Coran.

Dans le monde musulman, nombre de femmes esclaves alimentaient les harems des maîtres : riches, sultans, émirs, califes etc. Le système des harems fut institutionnalisé sous le califat abbasside de Bagdad et le harem abbasside avait servi de modèle dans le monde musulman, copié intégralement (califats de Cordoue, d'Egypte etc.) ou avec des modifications mineures (Empire ottoman). Les femmes des harems impériaux pouvaient connaître un sort enviable. En effet, une des institutions majeures de la cour impériale, le harem était fortement doté en ressources humaines. Par exemple, sous le règne du calife abbasside *Al-Muqtadir* (908-932), le harem comptait 4000 femmes esclaves et 11 000 serviteurs esclaves, hommes et femmes (El Cheikh, 2005). Le harem occupait une partie isolée de la maison abbasside et y étaient confinées les femmes de la cour comprenant la mère du calife, ses épouses, ses concubines esclaves, des parentes non-esclaves, des servantes esclaves, des eunuques chargés de l'administration. La femme de rang le plus élevé dans le harem était la mère du calife. Les concubines esclaves étaient éduquées pour divertir le calife, en musique, danse, poésie etc. Le harem comprenait également de nombreuses autres femmes esclaves artistes (*jawari*) se produisant pour le calife et le reste du harem ainsi que des servantes esclaves (*qahramana*) au service des femmes du harem. Ces servantes esclaves, en raison de leur rôle de commissionnaire, étaient les seules femmes pouvant sortir du, et entrer régulièrement dans le, harem. Ce rôle de messager entre les femmes du harem et le monde extérieur faisait des *qahramana* des personnes influentes non seulement du harem mais également de la cour du calife.

Le harem était un lieu de séduction. En dehors de la mère et des parentes du calife, toutes les autres femmes (concubines *jâriyat*, artistes *jawari*, servantes *qahramana*) étaient des esclaves qui jouaient de leur charme pour séduire leur maître commun, le calife. Evidemment celui-ci pouvait se servir parmi elles toutes. Et celle qui lui donnait un enfant acquérait le statut d'*umm walad* (mère d'enfant). On le sait, une *umm walad* échappait à la condition d'esclave : elle ne pouvait être vendue, était libre à la mort du maître, son fils était un enfant légitime du maître ayant tous les droits et pouvant prétendre à la succession au trône etc. En outre, le calife pouvait choisir d'émanciper l'*umm walad*, d'en faire une épouse légale. Sous les califats, nombre d'*umm walad* étaient élevées au rang de reine. Par exemple, *Mukhariq*, la mère du calife abbasside *Al-Musta'in* ayant régné de 862 à 866 et *Qabiha*, la mère du calife abbasside *Al-Mu'tazz* (règne : 866-869) étaient des esclaves *saqaliba* européennes. De nombreux cas étaient aussi connus dans l'Empire ottoman. Les femmes esclaves du harem pouvaient ainsi devenir des personnes influentes du pouvoir islamique ou connaître une ascension fulgurante.

§7) Maltraitance, souffrance, racisme

Les réussites d'esclaves dans le monde musulman partiellement relatées ci-dessus ne doivent pas faire croire qu'il s'agissait d'une situation générale et que tous les esclaves se trouvaient dans la béatitude. Des écrits en nombre ont insinué voire affirmé cela, par exemple Mazahéry (1951). Or tel n'était pas la réalité. L'esclavage en pays musulman n'était aucunement un paradis pour toutes les victimes dont une grande partie fut exposée à des souffrances réelles.

Au sein des harems, malgré les possibilités d'évolution, une lutte féroce opposait entre elles les femmes dont le moteur était la jalousie. Les esclaves qui attiraient le regard du maître, du calife, étaient la cible d'une jalousie pouvant devenir mortelle chez d'autres esclaves, mais surtout chez les épouses légitimes. Ces dernières orchestraient contre les esclaves de beauté des harcèlements, des tortures, des empoisonnements, des éliminations physiques. Des suicides étaient enregistrés.

D'autres moments de périls pour les femmes esclaves du harem, surtout les concubines et artistes, étaient représentés par les périodes de renouvellement du produit sexuel qu'elles étaient. C'étaient souvent le cas lorsqu'elles subissaient la dépréciation temporelle (vieillissement), lorsqu'elles cessaient de plaire ou lorsque décédaient le maître, ou sultan, ou calife et qu'un autre lui succédait : celui-ci devait renouveler. Des éliminations étaient opérées, souvent secrètement, pour faire la place à de nouvelles fournées de captives jeunes, attrayantes etc. comme le mentionne Young (1948) à propos de la Turquie.

Dans le monde musulman, nous l'avons souligné, l'esclavage était nourri à la fois par la traite des Blancs et la traite des Noirs, du VIIème au XIXème siècles. Il en avait résulté une diversité d'origine dont la conséquence fut l'établissement, dans le monde arabo-musulman oriental et occidental, d'une hiérarchisation « raciale » à peine voilée, l'esclave blanc étant doté d'un statut supérieur à celui du noir. La lézarde dans laquelle s'engouffraient d'une part les juristes islamiques et d'autre part la société musulmane, pour justifier le fait se trouvait dans le Coran lui-même, à savoir les versets 42-46 de la sourate 11 : il y est mentionné en effet un fils de Noé, ayant commis un acte infame consistant à ne pas croire en Allah et à refuser de monter dans l'arche de son père. Ce fils est en conséquence châtié, maudit par Allah. Quoique le Coran n'ait ni identifié, ni attribué une « couleur » voire un type humain précis à ce fils « indigne » de Noé, la tradition islamique certifie qu'il s'agit de Canaan, lequel fut maudit par Noé dans la Bible et condamné à être l'esclave éternellement de ses frères (Genèse IX : 22-25). Musulmans et autres judéo-chrétiens s'étaient servis de cette légende biblique pour justifier la mise en esclavage des Négro-subsahariens, arguant que ceux-ci étaient les descendants de Canaan et que leur mise en esclavage était ordonnée par Yahweh ou Allah. Ce qui n'est que pure invention comme nous l'avons déjà montré ; mais une invention qui permet certainement de se donner bonne conscience.

Dans le monde musulman, la hiérarchisation raciale s'exprimait d'abord via les prix d'achat sur les marchés musulmans qui dépendaient bien entendu de l'offre et de la demande, de l'âge, de l'état de santé, de la beauté pour les femmes, de la qualification de l'esclave, de la réputation attachée à son origine géographique et ethnique, mais aussi de son type humain, blanc ou noir. Mazahéri (1951) rapporte ainsi qu'au Moyen-Orient, en 924, l'esclave mal abyssin valait 18 dinars, la jeune fille noire de Nubie 300 dinars, la jeune fille blanche ne sachant rien faire se payait au moins trois fois plus, soit 1000 dinars ou plus. De fait, en Orient musulman, et quand bien même des hadiths ont souligné que Mahomet lui-même n'hésitait pas à promouvoir ses esclaves noirs (Bilal, premier muezzin ; Zayd, chef militaire) les travaux les plus pénibles, les plus dévalorisants étaient réservés à ces derniers, dans l'agriculture, dans les mines etc. La hiérarchisation raciale des esclaves ne signifiait toutefois aucunement que tous ceux d'entre eux qui étaient blancs jouissaient automatiquement d'un bon traitement. Car là aussi, la pratique musulmane s'écartait souvent des recommandations strictes du Coran et des hadiths. Les mauvais traitements des esclaves étaient réels dans le monde musulman contrairement aux allégations de Mazahéri (1951). Dufourcq (1975) mentionne, entre autres, la malnutrition, le travail sans arrêt, l'enchaînement pendant la nuit etc. Un indicateur de ces mauvais traitements était la durée de vie courte des esclaves : Davis (2006) cite le cas de 400 captifs razziés par les Barbaresques algérois en Islande en 1627, dont 80% n'étaient plus en vie huit ans plus tard, soit un taux de mortalité annuel de 20% ! En outre, personne n'ayant jamais fui le paradis pour ailleurs, les fuites courantes d'esclaves, réprimées par le coupage du nez et des oreilles du fugitif repris attestaient pour le moins que ceux-ci ne jouissaient pas des bons traitements préconisés par le Coran et les hadiths, à savoir « bénéficier de la part des maîtres des mêmes traitement que ceux-ci se réservaient ». Par ailleurs, s'ils étaient en mesure de saisir les juges, afin d'obtenir les bons traitements, et que ces derniers daignaient les écouter, ils n'auraient aucune raison de fuir ! Enfin, on comprendrait mal pourquoi les esclaves pouvaient se révolter de façon récurrente s'ils jouissaient d'un « bon traitement ». Le califat abbasside de Bagdad par exemple avait connu trois révoltes d'esclaves aux VIIème et IXème siècles. Ces révoltes impliquaient principalement les esclaves Noirs (Zanj) des plantations agricoles de canne à sucre et des mines dans le califat aux environs de Bassorah. Elles avaient pour fondements les conditions de travail et de vie très difficiles de ces esclaves ainsi que la maltraitance dont ils étaient l'objet. Les deux premières révoltes qui s'étaient produites en 689-90 et en 694 n'avaient pas connu un grand succès. La troisième, en revanche, avait duré quinze ans, de 869 à 883 (Al-Tabarî, 2002) et fut l'une des plus sanglantes de l'histoire de l'Asie occidentale, avec des morts pouvant avoisiner les deux millions en ce IXème siècle.

Chapitre 3 : L'esclavage et la traite des Blancs dans l'Europe médiévale

Section 1) L'esclavage interne dans les sociétés médiévales européennes

Conventionnellement, on entend généralement par Moyen Âge, ou époque médiévale, la période historique de l'Ere Commune (EC) allant de 476 à 1492, soit de la fin de l'empire romain d'Occident au voyage de Christophe Colomb dans les Amériques (ou à l'année 1453 correspondant à la diffusion de l'imprimerie par Johannes Gutenberg). Cette période se subdivise traditionnellement en Haut Moyen Âge couvrant l'ère 476-1000 et Bas Moyen Âge pour le reste.

§1) La christianisation et l'extinction progressive de l'esclavage des chrétiens en Europe

A l'époque médiévale, se poursuivaient en Europe, l'esclavage et la traite des Blancs qui étaient des caractéristiques majeures des sociétés grecques et romaines antiques comme nous l'avons vu. Dans cette Europe médiévale, le Christianisme triomphait et s'étendait en enrôlant rois et empereurs, lesquels l'imposaient à leur tour à leurs peuples. La conversion au Christianisme de l'Europe barbare s'était effectuée à la suite de l'achèvement de celle de l'empire romain et s'étendait du VIème au Xème siècle. Mais cela n'entraînait pas d'emblée une extinction immédiate, ni de l'esclavage, ni de la traite pour une raison simple : le Christianisme considérait (et considère), idéologiquement, que l'esclavage faisait (et fait) partie intégrante de l'ordre social voulu par son démiurge Yahweh qui l'avait lui-même instauré dans la Loi qu'il transmettait à Moïse sur le mont Sinaï. Aussi le Christianisme initial admettait-il qu'un chrétien pouvait être esclave même d'un non-chrétien, recommandant à l'esclave chrétien obéissance totale à son maître et à ce dernier, bienveillance envers son sujet (Saint Paul, Saint Augustin etc.). Toutefois, et progressivement, à partir de la basse antiquité mais fondamentalement au Haut Moyen Âge, l'Eglise chrétienne évoluait vers un esclavage plus conforme à celui institué par le démiurge judéo-chrétien Yahweh. Celui-ci recommandait en effet aux Juifs de tenir pour leur réservoir d'esclaves, dans lequel ils pourraient puiser éternellement, les peuples étrangers environnants, non juifs, non coreligionnaires et de limiter, voire renoncer à, la mise en esclavage de leurs coreligionnaires. L'Eglise chrétienne médiévale triomphante en Europe, d'obédience nicéenne et chalcédonienne principalement, mettait en œuvre, progressivement, ce principe et interdisait la mise en esclavage de ses adeptes. Par exemple, en 567, le concile de Lyon (canon 3) décrétait que devait être excommunié jusqu'à ce qu'il y renonçât tout individu voulant réduire en esclavage un chrétien libre ou affranchi ; en 625, le concile de Reims (canon 18) interdisait la condamnation à l'esclavage d'un chrétien libre etc. Ce qui n'avait toutefois pas empêché l'Eglise catholique de continuer elle-même à utiliser l'esclavage comme châtiment contre ses fidèles durant tout le moyen-âge. Par exemple, en 1051, pour le pape Léon IX, le châtiment à réserver à une femme chrétienne ayant forniqué avec un prêtre était qu'elle devînt esclave à la résidence principale des papes (du IV au XIVème siècle), le palais du Latran ; en 1179, le concile de Latran posait la réduction en esclavage comme la sanction à infliger aux chrétiens qui fourniraient aux musulmans les moyens à même de soutenir leur guerre contre la chrétienté ; par une bulle de 1294, le pape Célestin V condamnait à l'esclavage les chrétiens fournissant des armes aux musulmans etc.

Il faut y insister, la protection que l'Eglise catholique mettait en place contre la réduction en esclavage dans l'Europe médiévale ne valait que pour les chrétiens trinitaires chalcédoniens ou catholiques en général. En étaient exclus, bien entendu les Non-chrétiens (païens et plus tard musulmans) mais également les autres chrétiens, ariens et orthodoxes, considérés comme schismatiques et hérétiques. Ainsi, les Wisigoths, ariens, furent excluent de cette protection jusqu'à leur conversion au Christianisme chalcédonien, conversion datant de celle de leur roi Récarède Ier en 589 ; il en avait également été ainsi des populations chrétiennes orthodoxes d'Europe centrale et orientale qui ne s'étaient pas converties au catholicisme, notamment les ancêtres des actuels Serbes, Bulgares, Roumains, Moldaves, Biélorusses, Russes, Ukrainiens.

Dans l'Europe médiévale, au fur et à mesure que les royaumes se convertissaient au Christianisme chalcédonien, l'esclavage des chrétiens y disparaissait et donc s'estompait aussi la mise en esclavage des populations autochtones. Les rois y veillaient puisque razzieurs, ils étaient les premiers à se convertir et à s'interdire en conséquence la mise en esclavage des chrétiens. A titre illustratif, le roi mérovingien Clovis Ier converti au Christianisme vers 498 avait, lors de sa campagne militaire de 507-508, interdit à ses soldats de capturer des Chrétiens. D'ailleurs au cas où fortuitement il y en aurait, le roi s'engageait à les libérer sur simple demande des évêques. Au XIe siècle, l'esclavage avait légalement disparu dans le royaume de France (987-1792) quand bien même ailleurs en Europe elle continuait, dans le bassin méditerranéen par exemple. Quant à la christianisation de l'Europe, elle s'était étendue sur environ mille ans, du baptême de Clovis Ier en 498 à la conversion des Lituaniens en 1386, bien que tous les peuples barbares germaniques fussent christianisés entre les Vème et VIIème siècles.

Outre l'investissement des rois, et donc des Etats convertis, dont le rôle était alors quasi inséparable de celui de l'Eglise, l'action chrétienne contre la mise en esclavage des Chrétiens en Europe recourait aussi largement au rachat des captifs chrétiens : d'abord auprès des rois barbares ariens ou païens, souverains des premiers royaumes fondés sur le territoire de l'Empire romain d'Occident décadent, puis plus tard auprès des Musulmans. L'évêque Ambroise de Milan, dont le ministère s'échelonnait de 374 à 397, faisait des rachats un devoir de l'Eglise et à partir des IVème et Vème siècles, les rachats étaient érigés en acte pieux. Les Eglises utilisaient à cet effet l'argent des fidèles, les offrandes qui leur étaient faites (dons, legs), organisaient des collectes de fonds. Les familles des captifs prenaient aussi une part active dans les rachats qu'elles organisaient et finançaient en privé comme le souligne Verlinden (1977). Mais sous l'impulsion de l'Eglise chrétienne, c'était l'ensemble de la société européenne christianisée qui avait fini par prendre part aux opérations de rachat des captifs chrétiens, notamment dans la péninsule ibérique et durant la reconquête chrétienne. Ces opérations de rachat s'étendaient sur tout le Moyen Âge et au-delà, jusqu'au XVIIIème siècle, couvrant tous les territoires européens mais également musulmans d'Afrique du Nord. Avec le temps, l'Eglise chrétienne institutionnalisait les rachats, en l'occurrence au bas Moyen-Âge (XIème-XVème siècle), créant ses propres réseaux et structures de rachat : par exemple l'ordre des Trinitaires ou Mathurins approuvé par le pape Innocent III en 1198 et destiné initialement à racheter les chrétiens captifs des musulmans ; l'ordre de Notre-Dame-de-la-Merci approuvé par le pape Grégoire IX en 1235 et initialement destiné à racheter les chrétiens captifs des musulmans Maures mais également conduire des opérations militaires de libération de ces captifs.

Si cette volonté affichée de l'Eglise chrétienne d'éradiquer la mise en esclavage de ses fidèles avait bien fini par faire disparaître l'esclavage dans l'espace européen christianisé, du point de vue chrétien et aux yeux des chrétiens, l'esclavage demeurait toutefois légitime, parce qu'institué par le dieu judéo-chrétien Yahweh. Les chrétiens pouvaient donc continuer à le pratiquer, avec comme seul principe que les victimes ne pouvaient plus être chrétiens. Se croyant détenteurs de la Vérité divine, les Chrétiens s'arrogeaient ainsi le droit de mettre en esclavage quiconque restait en dehors de leur groupement. La même mentalité caractérisait d'ailleurs les adeptes des deux autres religions dites révélées, à savoir le Judaïsme et l'Islam. Désormais, dans l'Europe médiévale chrétienne chalcédonienne, les païens, sarrasins, chrétiens schismatiques et hérétiques (orthodoxes) étaient devenus la cible privilégiée des esclavagistes. L'esclavage et la traite des Blancs en Europe avait ainsi fini, à l'ère médiévale, par ne plus avoir comme victimes que les peuples non chrétiens, ou chrétiens schismatiques et hérétiques (orthodoxes) comme les Slaves, et avait subsisté jusqu'au XVIIIème siècle.

§2) Les Slaves devenus les principales victimes de la traite des blancs

A l'époque médiévale, et à compter du bas Moyen Âge en particulier, les Slaves étaient devenus les principales victimes de la traite des Blancs en Europe. Quel était donc ce peuple européen qui fut traité ainsi, qui fut un réservoir d'esclaves pour les autres durant plus de mille ans ? Avait-il des caractéristiques particulières qui le prédestinaient à un tel sort ?

Originaires d'Europe de l'Est, les Slaves occupaient aussi en partie, à l'ère médiévale, l'Europe centrale, du Sud, du Nord et de l'Ouest (Allemagne de l'Est actuelle) ; on les retrouvait également en Asie du Nord (Sibérie), en Asie centrale (actuels Kazakhstan et Turkménistan), en Asie occidentale (Anatolie). Majoritairement, les Slaves avaient embrassé le Christianisme orthodoxe, notamment les Slaves orientaux et partiellement ceux du Sud, à savoir les ancêtres des actuels Russes, Biélorusses, Ukrainiens, Bulgares, Macédoniens, Monténégrins, Rusyns, Serbes. Ils étaient donc des chrétiens hérétiques et schismatiques aux yeux des Chalcédoniens et en conséquence se trouvaient en dehors de la protection de l'Eglise chrétienne nicéenne contre la mise en esclavage de ses fidèles. Ceux qui bénéficiaient de cette protection étaient les Slaves convertis au catholicisme, ancêtres des actuels Croates, Tchèques, Moraves, Polonais, Silésiens, Slovaques, Slovènes etc.

S'agissant de leur vision de la vie, si l'on en croit Niederle (1926), depuis l'antiquité, les Slaves avaient une aspiration forte à la justice et à la tolérance envers toute personne humaine, développant une hospitalité ainsi qu'une amabilité sans borne envers l'étranger ; la rectitude, la franchise, l'honnêteté étaient également des valeurs que chérissaient les Slaves. Leur crédo social, constitutif de leur être même, qu'ils prêchaient sans relâche, était la fraternité, l'amour, la justice, l'égalité pour tous. Les Slaves étaient hostiles à toute idée d'hégémonie envers les autres et cultivaient un antimilitarisme sans borne. Si l'amour pour leur pays natal ainsi que pour leur liberté étaient aussi au nombre de leurs caractéristiques majeures, les Slaves faisaient toutefois montre d'un défaut rédhibitoire, à savoir leur désunion et leur haine mutuelle quasi atavique les ayant empêchés de faire front commun, même en cas de périls externes majeurs. Ces traits des Slaves, brossés par Niederle s'apparentent quasi-intégralement à ceux des Vitalistes négro-subsahariens exposés par Dakilo et Phari (2024) : cela explique-t-il que les deux peuples aient subi chacun un esclave de plus de mille ans ?

Initialement, dans l'antiquité, et bien entendu avant leur conversion aux diverses religions judéo-chrétiennes, les Slaves ancestraux, païens, ignoraient l'esclavage (Skirda, 2010). La société slave originelle n'était constituée que d'hommes libres. Toutefois, avec l'esclavage dans les sociétés environnantes et ses développements, notamment dans les sociétés gréco-romaines, européennes et orientales antiques ainsi que moyenâgeuses, les Slaves furent contaminés : l'esclavage fut importé dans leur société. A partir de quand précisément ? Il est bien difficile de le dire avec précision. Seule certitude : au Moyen Âge, l'esclavage était attesté dans les sociétés slaves européennes (Niederle, 1926). Ici, les esclaves étaient des étrangers, captifs des guerres avec les territoires voisins, ou des Slaves faits prisonniers au cours de guerres interslaves ou des captifs achetés chez des marchands étrangers. Le système d'esclavage en vigueur chez les Slaves différait fortement de celui des Romains si l'on en croit Nierdele (1926). Celui-ci souligne que chez les Slaves, l'esclave ne se réduisait pas à un bien meuble comme chez les Romains : il était considéré comme un membre de la famille, d'ailleurs désigné par les mêmes mots que pour dire « enfant », soit *rabu* ou *otroku*. Il rapporte en outre que tout en traitant leurs esclaves avec attention, les Slaves leur permettaient de se racheter à l'issue d'un délai au terme duquel l'esclave ne le faisant pas faute de moyen, demeurait néanmoins dans la communauté avec une liberté relative sans être traité comme un ennemi. Une description qui n'est pas sans rappeler les caractéristiques de l'esclavage qui s'était imposé dans les sociétés vitalistes négro-subsahariennes.

§ 3) Les Barbares Germains : successeurs de l'empire romain d'Occident

A la décomposition de l'empire romain dont la fin, avec la chute de sa partie occidentale en 476, mettait un terme à la période de l'antiquité et marquait le début du Moyen Âge, ce furent les Germains qui prenaient le relais pour façonner largement l'histoire de l'Europe, occidentale principalement, jusqu'à notre ère. Il s'agissait : des Germains septentrionaux ou Scandinaves (Goths, Suédois, Danois) ; des Germains occidentaux avec les Francs qui allaient s'établir en Gaule, les Bavarois en Bohême (Tchéquie actuelle), les Suèves dans une partie de la péninsule Ibérique, les Alamans à l'origine du toponyme Allemagne ; des Germains de la mer du Nord avec les Angles et Saxons qui s'établiront en Grande Bretagne et fonderont les royaumes anglo-saxons ; des Germains orientaux avec les Burgondes à l'origine du toponyme Bourgogne, les Gépides établis en Dacie (actuelles Roumanie et Moldavie), les Goths issus des Germains du nord qui allaient s'établir au nord-ouest de la mer Noire (Ukraine, Moldavie, Roumanie actuelles) pour y donner naissance aux Ostrogoths et Wisigoths, les Vandales issus des Germains du nord (Norvège, Jutland) et établis en Europe centrale d'où ils partiront conquérir la Numidie (Afrique du nord actuelle) et les îles de la Méditerranée occidentale.

A la Basse antiquité, les Germains jouèrent un rôle important dans la déliquescence de l'empire romain. En effet, la victoire des Goths fédérés installés dans l'empire romain (Wisigoths, Ostrogoths) sur les troupes romaines à la bataille d'Andrinople du 9 août 378 fut l'une des plus grandes déroutes militaires de Rome au point que des historiens la considèrent comme étant à l'origine du déclin de l'Empire romain d'Occident au Vème siècle : les deux-tiers de l'armée romaine d'Orient y avait péri ainsi qu'une part notable de ses meilleurs commandants ; l'empereur romain d'Orient, Flavius Valens (364-378) commandant les troupes romaines, perdit également la vie lors de la bataille, laissant vacant le trône impérial car étant sans héritier mâle. Devant l'urgence de la situation, son neveu Gratien (367- 383), alors empereur romain d'Occident, lui substitua le général originaire d'Hispanie, Théodose Ier ou Théodose le Grand (379-395), lequel sera le dernier empereur à régner sur la totalité de l'empire romain. De cette bataille d'Andrinople datait une innovation militaire majeure qui allait être en vigueur au Moyen-Âge, notamment l'avènement de la cavalerie lourde et le déclin de l'infanterie au point que certains historiens datent la fin de la période de l'antiquité de cette bataille (378). Ce qui n'est pas insensé puisqu'en outre, à partir de cette bataille, les Romains allaient céder progressivement devant les Barbares Germains et autres avec comme conséquence un bouleversement sociopolitique progressif et irréversible en Europe. Quelques illustrations.

Auréolés de leur victoire d'Andrinople, les Goths fédérés ravagèrent une partie de l'empire romain, notamment la Thrace (en partie la Bulgarie, la Grèce et la Turquie actuelles) en 378 et l'Illyrie (en partie ou en totalité les actuels Albanie, Kosovo, Monténégro, Serbie, Bosnie-Herzégovine, Croatie et Slovénie) en 379. Depuis les Grecs, les guerres européennes s'accompagnant de razzias, les populations naguère libres de l'empire romain, connaissaient, comme celles grecques avant elles, la captivité et furent à leur tour soumises à l'esclavage.

En 406, les tribus germaniques Vandales, Suèves, Alains ravageaient la Gaule, bientôt suivies des Francs, Burgondes, Alamans, Saxons etc., puis allaient occuper en partie l'Hispanie. En 410, les Wisigoths, sous le commandement de leur chef Alaric investissaient Rome et reçurent à l'occasion un renfort de 40 000 esclaves révoltés : la ville était pillée à maintes reprises et avait vu une partie de ses habitants réduite en esclavage.

Dans les années 430, les Germains Vandales, avec à leur tête leur roi Genséric, s'emparaient des possessions romaines d'Afrique du Nord, la Numidie notamment. En 440, ils s'emparaient de la Sicile puis, plus tard, de la Sardaigne, de la Corse et de Malte etc., le bassin méditerranéen passant quasi-complètement sous leur contrôle et ils s'y livraient à la piraterie maritime. En 455, Genséric et ses troupes vandales, grossies d'un grand nombre de Berbères, débarquaient à Ostie, le port de la Rome antique, et investissaient la ville : l'empereur romain Pétrone Maxime au pouvoir ayant pris la fuite, le pape Léon Ier concluait un deal avec le chef vandale, l'autorisant à piller Rome durant deux semaines en préservant en contrepartie l'intégrité des populations chrétiennes, des églises, de la ville. Le roi vandale et ses troupes s'étaient alors emparés de tout ce qu'ils pouvaient emporter : vases liturgiques, objets précieux appartenant à l'empereur en fuite, notamment le trésor de Titus, dont la Menorah, candélabre à sept branches, extorquée à Jérusalem, la toiture en bronze recouverte d'or du temple de Jupiter Capitolin, une masse impressionnante d'or, des milliers de captifs embarqués sur leurs navires et convoyés en Numidie pour être vendus comme esclaves.

Chaque année, au printemps, le roi vandale et ses troupes orchestraient des razzias humaines et matérielles en Sicile, en Italie. Ils s'étaient également attaqués aux territoires de l'empire romain d'Orient, notamment l'Illyrie (actuels Albanie, Kosovo, Monténégro, Serbie, Bosnie-Herzégovine, Croatie et Slovénie), la Grèce, le Péloponnèse, les côtes méditerranéennes etc. En ce cinquième siècle et en 456 notamment, les Ostrogoths et d'autres Germains orientaux saccageaient les Balkans ainsi que les provinces romaines du Danube inférieur, à savoir la Rétie, le Norique, la Pannonie, la Dacie et la Mésie, région couvrant ensemble en partie les actuelles Suisse, Autriche, Bavière, Hongrie, Slovaquie, Croatie, Serbie, Bulgarie, Roumanie, Ukraine.

Le 4 septembre 476, le chef militaire germain Flavius Odoacre, roi des Germains Skires, Hérules, Gépides, s'emparait de la capitale de l'empire romain d'occident, Ravenne, et capturait le jeune empereur Romulus Augustus alors âgé de quinze ans, qu'il déposa, signant ainsi la fin de l'empire romain d'Occident. Confronté dès 488 aux Ostrogoths, avec à leur tête leur roi Théodoric le Grand, Odoacre était défait à plusieurs reprises par ce dernier qui l'assassinat le 16 mars 493.

Théodoric le Grand fondait alors le royaume ostrogothique qui régnait sur l'Italie, l'Illyrie (en partie : actuels Albanie, Slovénie, Kosovo, Croatie etc.) et la Dalmatie (Balkan : en partie, actuels Croatie, Monténégro, Herzégovine). Ajoutés à ces Ostrogoths, les Francs en Gaule, les Vandales en Numidie (Afrique du Nord), les Wisigoths en Gaule méridionale, Aquitaine et Hispanie etc., les barbares Germains occupaient l'ancien empire romain dont ils avaient pris la succession.

§4) La pratique de l'esclavage dans les sociétés européennes médiévales

A) Comment devenait-on esclave dans l'Europe médiévale ?

Au haut Moyen Âge, les esclaves en usage dans la société européenne étaient en quasi-totalité des Blancs : Francs,

Alamans, Frisons, Bretons, Angles, Saxons, Burgondes, Lombards, Bavarois, Goths (Wisigoths, Ostrogoths, Goths de Scandinavie), Suédois, Danois, Slaves (ancêtres des actuels Slovènes, Croates, Serbes Tchèques, Moraves, Slovaques, Polonais, Bulgares, Roumains, Moldaves, Biélorusses, Ukrainiens, Russes…), Caucasiens, Grecs, Maures etc. ; au Bas Moyen Âge, outre en partie les ethnies précédentes, s'ajoutaient des Criméens, Turcs, Barbaresques, Byzantins etc. et, à partir du XIIIème siècle principalement, des Nègres. Mais prédominait à l'ère médiévale en Europe, l'esclave slave provenant des régions païennes et chrétiennes orthodoxes de l'Est et du Nord européens, au point qu'à partir du Xème siècle, le terme « slave », *sclavus* en latin, allait progressivement se substituer à celui de *servus* utilisé traditionnellement pour désigner l'esclave. Le terme *sclavus* fit en effet son apparition dans un diplôme en latin délivré à un marchand d'esclave le 11 octobre 937 où il était utilisé en lieu et place de *servus ;* toutefois, ce n'était qu'à partir du XIIIème siècle que son équivalent français, « esclave », était entré dans le langage courant parvenu jusqu'à nous.

Dans l'Europe médiévale, les esclaves utilisés étaient obtenus par divers moyens. Comme dans l'antiquité gréco-romaine, outre par la naissance, on devenait esclave par cinq autres voies : soit en étant captif de guerre, de razzia, de rapt, de piraterie ; soit en étant condamné par la loi ; soit en étant endetté ou dépourvu de moyens ; soit en étant abandonné, enfant, par ses parents (exposition des enfants) ; soit en étant acquis sur un marché (traite).

Dans l'Europe médiévale, l'opposition de plus en plus marquée de l'Eglise chrétienne à la mise en esclavage des chrétiens, encourageant leur affranchissement mais surtout leur rachat, limitaient l'accroissement naturel des esclaves au moyen de la reproduction. Cependant, durant tout le Moyen Âge, un nombre non négligeable d'esclaves dans la société européenne provenait de cette origine, la reproduction. Par exemple, au haut Moyen Âge et en Angleterre, les couples d'esclaves avaient entre 3 à 7 enfants (Victor, 2019) ; dans la Péninsule ibérique et à Séville notamment, la quasi-totalité des enfants esclaves l'était de naissance etc.

Dans cette Europe médiévale chrétienne, l'esclavage des enfants était important. Parce qu'outre la reproduction, les familles libres continuaient à exposer leurs enfants. Comme déjà souligné, « exposer » consistait pour des parents qui n'avaient pas les moyens de subvenir aux besoins de leur enfant, à l'abandonner dans l'espace public. L'enfant ainsi jeté dehors était destiné soit à crever, soit à être ramassé par autrui. Dans ce dernier cas, l'enfant devenait la propriété de celui qui le ramassait. A juste titre, Victor (2019) estime que l'exposition des nouveau-nés caractérisait une société de pénurie. On réduisait, en effet, le nombre de bouches à nourrir de cette façon. Ce réflexe des sociétés de pénurie constituait le fondement des thèses malthusiennes anti-assistance aux pauvres au XVIIIème siècle en Europe : porter assistance aux pauvres était vu comme un moyen de multiplication de ceux-ci et donc de généralisation potentielle de la misère par réduction des vivres disponibles par tête, estimait Thomas Robert Malthus (1766-1834). Celui-ci était prêtre anglican, ce qui ne l'avait toutefois pas empêché de s'opposer aussi radicalement à l'un des messages clés par lesquels l'Eglise chrétienne justifiait aussi bien l'esclavage que sa propre utilité sur la terre. Le code d'Alaric, recueil de droit promulgué en 506 par le souverain wisigoth Alaric II du royaume de Toulouse, mettait pour sa part une limite à la mise en esclavage des enfants. Il stipulait qu'à 25 ans, les esclaves de cette origine devaient être libérés. L'exposition des enfants fut une pratique de grande ampleur dans l'Europe médiévale (Delacampagne, 2002). Pourtant, l'Eglise chrétienne n'avait commencé à s'y opposer qu'à partir du bas Moyen Âge, au XIIIème en l'occurrence. Elle ne s'était estompée que vers le XVème siècle avec l'émergence des hospices et la fin de la mise en esclavage des chrétiens par les chrétiens en Europe.

Alors que l'esclavage pour endettement, pratiqué depuis le berceau antique orientale de l'esclavage (Croissant fertile, Mésopotamie …), fut supprimé en Grèce et dans l'empire romain, il persistait dans l'Europe médiévale. Une personne endettée pouvait se vendre ou vendre son descendant : la mise en esclavage servait ainsi à éponger son dû. Par ailleurs tout débiteur qui ne peut rembourser sa dette est réduit en esclavage au profit de son créancier. Dans l'Espagne wisigothique, la loi disposait même qu'un débiteur insolvable redevable envers plusieurs créanciers devenait la propriété indivise de l'ensemble de ceux-ci.

Bien que l'auto-vente ou la vente de ses enfants eût d'autres causes comme nous l'avons déjà souligné dans le cas de la Mésopotamie, notamment l'insolvabilité dû à l'échec d'un projet, c'était principalement la misère des populations qui en était à l'origine dans l'Europe médiévale. Nombreuses étaient dans cette Europe les masses pauvres, sous-alimentées endémiques, subissant de surcroît des famines récurrentes. Ainsi, souligne Bonnassie (1985) « *encore au VIIIe s., devient-on esclave pour quelques poignées de grain ou de farine quémandées en période de disette* ». Par exemple, à l'époque carolingienne, sous le règne de Charlemagne (768-814), on peut mentionner les famines de 770-780, 792-794, 805-806, 809 etc. Au VIème siècle, Grégoire de Tours (1823, Livre VII) à propos de la Gaule, observait aussi la réduction en esclavage des pauvres pour quelques aliments, écrivant pour l'année 585 que « *Cette année, presque toute la Gaule fut accablée de la famine : beaucoup* *de gens firent du pain avec des pépins de raisin, des noisettes et des racines de fougère desséchées et réduites en poudre : on y mêlait un peu de farine ; (...) il y en eut même beaucoup qui, n'ayant pas de farine, cueillaient différentes herbes, et après les avoir mangées, mouraient enflés ; plusieurs moururent consumés par la faim. Les marchands pillaient alors le peuple d'une manière criante, tellement qu'ils donnaient à peine, pour un trias, une mesure de froment ou une demi-mesure de vin. <u>Les pauvres se mettaient en servitude, afin d'avoir quelques aliments</u>.* » Dans cette Europe médiévale, où l'organisation sociale n'offrait aucun mécanisme de prise en charge des nécessiteux, il n'était nullement besoin qu'il y eût famine avant que quiconque s'auto-vendît ou vendit ses enfants : tous ceux qui se trouvaient dépourvus de tout moyen de subsistance à un moment donné n'avaient pas dix mille solutions : soit crever, soit se vendre ou vendre leurs descendants pour survivre. L'esclavage maintenait alors en vie. Et on retrouvait ainsi le sens premier du terme esclave en latin « servus » signifiant « quelqu'un à qui on a sauvé la vie ». La pratique, réglementaire, était insérée par exemple dans le code d'Euric, roi des Wisigoths de 466 à 484 tout comme dans le *Liber Iudiciorum*, un autre code wisigothique datant de 653-654. Dans l'empire franc, sous les carolingiens, au IXème siècle, les parents (pères, mères, tantes, oncles etc.) continuaient à vendre les enfants. En Angleterre, en Sicile, en Irlande etc., les familles pauvres continuaient à vendre leurs enfants jusqu'aux X et XIème siècles.

Dans l'Europe médiévale, comme auparavant dans l'antiquité gréco-romaine, un individu pouvait aussi devenir esclave par condamnation judiciaire. Et de telles condamnations étaient monnaie courante tant dans les affaires laïques (civiles) que religieuses. Le vol pouvait être sanctionné par la réduction en esclavage comme dans la « loi salique » des Francs saliens au haut Moyen-Âge. En Hispanie wisigothique, si les rebelles étaient une des cibles privilégiées de la sanction pénale de l'esclavage, celle-ci frappait aussi largement hors de cette catégorie. Verlinden (1977) rapporte ainsi par exemple que dans cette Hispanie, étaient condamnés à l'esclavage un médecin causant la mort de son patient en pratiquant une saignée tout comme une femme libre se faisant avorter. Mais dans l'Europe médiévale, était à même de conduire à l'esclavage toute condamnation judiciaire. En effet, dès lors que l'auteur d'un dommage n'avait pas les moyens d'assurer la réparation pécuniaire du préjudice causé à autrui, il pouvait être réduit en esclavage au profit de ce dernier ou de sa famille ou de toute personne payant à sa place. Mentionnons, à titre illustratif, au Xème siècle, en Espagne : les condamnations à l'esclavage prononcées par les tribunaux en 933, en 987, en 988 en Catalogne ; celle prononcée au royaume de Léon en 994 (Bonnassie, 1985) etc.

Dans le monde religieux, dans nombre de cas, l'Eglise chrétienne catholique usait de la sanction de l'esclavage contre ses fidèles comme le souligne Heers (1981). Ainsi, en 1051, pour le pape Léon IX, le châtiment à réserver à une femme chrétienne ayant forniqué avec un prêtre était qu'elle devînt esclave au palais du Latran, la résidence principale des papes du IV au XIVème siècle. En 1179, le concile de Latran posait la réduction en esclavage comme la sanction à infliger aux chrétiens qui fourniraient aux musulmans les moyens à même de soutenir leur guerre contre la chrétienté. Par exemple, par une bulle de 1294, le pape Célestin V condamnait à l'esclavage les chrétiens fournissant des armes aux musulmans etc.

Cependant, dans l'Europe médiévale, comme celle antique antérieure, la piraterie, le rapt, la razzia, la guerre, constituaient de loin des moyens autrement plus importants de production des esclaves. Pas directement toutefois puisque les victimes étaient d'abord des captifs pouvant devenir esclaves mais dont le sort final dépendait des objectifs des organisateurs. Toutefois c'était de ces sources indirectes qu'étaient issue la plus grande part des esclaves en usage dans l'Europe au Moyen Âge, à savoir, rapt, razzia, guerre etc. présente presque partout dans cette Europe. Parce que tout individu pouvait à tout moment être victime de rapt, de piraterie ou capturé lors de razzia ou de guerre, la société médiévale européenne était aussi une société de brigandage, d'insécurité permanents.

Sans être exhaustif, on peut mentionner : la conquête par les Wisigoths de la province ibéro-romaine, l'Espagne, au Vème siècle ; les guerres entre Anglo-Saxons et Celtes insulaires principalement aux Vème-VIème siècles ; les innombrables guerres entre Germains, opposant au haut Moyen-Âge (Vème-IXème siècles) Wisigoths, Ostrogoths, Francs, Burgondes, Thuringiens, Lombards, Angles, Alamans, Bavarois, etc., notamment : guerre entre Francs et Alamans au Vème siècle, guerres entre Francs et Thuringiens aux Vème-VIème siècles, guerre entre Francs et Wisigoths avec la bataille de Vouillé remportée en 507 par le roi franc salien de la dynastie mérovingienne, Clovis, qui fixait dès lors sa capitale à Paris; campagne des Ostrogoths sous Théodoric le Grand contre la Gaule méridionale en 508-511 etc. ; les guerres internes entre les différents royaumes anglo-saxons aux VIème-VIIIème siècles ; les razzias menées par divers groupes germains sur les Slaves aux VIIème-XIème siècles ; les conflits inter-slaves du haut Moyen Âge ; les raids, guerres et razzias des Vikings-Varègues scandinaves aux IXème-Xème siècles en Europe occidentale, centrale, de l'est, du nord ; les razzias Khazars des Slaves aux IX-Xème siècles ; les guerres de conquête musulmanes en Europe occidentale, méditerranéenne, à partir du VIIème siècle ; les guerres chrétiennes de reconquête dans la Péninsule ibérique du VIIIème (722) au XVème siècle (1492) ; la piraterie et la guerre de course dans la Méditerranée du XIIIème au XIXème siècles ; les razzias tatars opérées sur les Slaves du XVème au XVIIIème siècle etc. Or, razzias, conflits tribaux, guerres, campagnes militaires etc. étaient tous, dans cette Europe médiévale, l'un des moyens majeurs de rafles humaines et de production des esclaves. D'où en Europe, la vitalité de l'esclavage, débordant les mille ans de l'ère médiévale (Vème-XVème siècles) pour s'étendre sur la période moderne, jusqu'au XVIIIème siècle.

B) L'esclave en Europe médiévale : un être exclu de l'humanité et classé parmi les bêtes

Comment était appréhendé réellement l'esclave dans la société européenne à l'ère médiévale ? Était-il considéré comme un être humain, comme un élément de la société humaine ? Cette interrogation peut paraître superfétatoire dès lors que l'esclave possédait tous les composants physiques d'un être humain et s'imposait à la vue comme un être humain. La question ne se réfère donc pas aux caractéristiques physiques de l'être qualifié d'esclave ou conçu comme esclave, mais à la perception de ce dernier par la société, à son classement sur l'échelle des êtres par l'humain lui-même. Alors, la réponse à notre interrogation ne peut qu'être négative.

Quelques illustrations. Chez les Francs, à l'époque mérovingienne (Vème-milieu du VIIIème siècle) par exemple, l'esclave était rangé parmi les « bêtes » dans la fiscalité s'appliquant aux marchandises (Boutruche, 1975). A l'époque carolingienne (718-987), le droit franc faisait la distinction entre esclaves chasés, à savoir dotés par le maître d'une maison et d'une parcelle de terre, et esclaves non chasés n'en possédant pas et rangeait les premiers (chasés) dans les biens immobiliers puis les seconds dans les biens meubles : les esclaves étaient donc des biens meubles ou immobiliers (Bloc,

1985). Par ailleurs, en matière de vol, les lois barbares germaniques ne distinguaient pas entre le vol portant sur un esclave et celui touchant un animal (Bloch, 1985) : loi burgonde, loi des Thuringiens etc. Ces lois traitaient le vol d'un esclave comme celui d'un cheval, d'un bœuf, d'un porc, d'une brebis (Verlinden, 1977). Enfin, dans les lois barbares germaines, le « prix de l'humain » ou sa « valeur » à compenser ou à rembourser lorsqu'il y avait atteinte à sa personne ou à sa propriété était nommé *wergeld* tandis que la « valeur de l'esclave » était le *prétium (*Grenouilleau, 2010). Comme dans l'antiquité, en Europe médiévale, la loi tentait de fixer cette « valeur de l'esclave ». Ainsi, chez les Wisigoths, le bréviaire d'Alaric de 506 stipulait qu'un esclave valait un bœuf. Idée que l'on retrouvait chez les Mérovingiens, lesquels classaient les esclaves parmi les bêtes comme déjà indiqué. La loi barbare burgonde se faisait plus précise, fixant la valeur de l'esclave à 2 fois et demie celle d'un bon cheval. La loi salique franque, dans sa rédaction première fixait la valeur de l'esclave à 35 sous (Bonnassie, 1985). On constate, dans ses versions ultérieures que le *paclus legis salicae* fixait la valeur de l'esclave *servus* (esclave de sexe masculin par opposition à *ancilla*, esclave femme) à 35 sous, soit exactement le même prix que pour le bœuf, la vache, le cheval, tandis que le taureau coûtait 45 sous ; l'esclave *ancilla* (la femme esclave) valait pour sa part moins que toutes ces bêtes, son prix étant fixé à 30 sous. Dans la version *Lex salica* (recension de Pépin le Bref), l'esclave *ancilla* et *servus* possédaient la valeur du bœuf et de la vache, soit 35 sous, valeur plus faible que celle du cheval et du taureau, évalués chacun d'eux à 45 sous (Bonnassie, 1985). Dans le code bourguignon, la valeur d'un esclave était fixée à la moitié de celle d'un humain libre. Chez les Gallois, l'esclave valait nettement moins, comparé au libre. Aussi, les lois galloises précisaient qu'en cas d'homicide volontaire, l'auteur devait donner en réparation six esclaves, moitié hommes et moitié femmes ; si au contraire c'était une blessure qui était portée à autrui (humain), lui tranchant une main ou un pied, l'auteur devait donner en réparation un esclave ou une esclave ; si quelqu'un frappait un humain en lui cassant un os, il devait donner en réparation trois vaches (Bonnassie, 1985). En Italie, encore aux XIVème-XVème siècles, dans nombre de cités, à l'instar de Pise, l'esclave était classé parmi les bêtes…

Ces valeurs s'apparentaient à des prix de compensation mais indiquaient sans ambiguïté, ce qu'était réellement l'esclave dans la mentalité des Européens au Moyen âge : dans la société, il ne valait pas plus que les bêtes et était assimilé à eux. Il n'était en tout cas pas perçu comme un être humain ; il n'en était pas digne, il n'en avait pas la valeur et en conséquence ne pouvait pas faire l'objet de l'attention, du respect, de la considération etc. dus à l'humain. Il était plus proche des bêtes. L'esclave, dans la mentalité européenne médiévale, était donc un être auquel son humanité était déniée. Il n'était pas dans cette humanité, réservée aux libres : il en était exclu. Dans cette Europe chrétienne, cette conception et cette perception de l'esclave étaient d'évidence en contradiction avec une partie des enseignements de Saint Paul, à savoir la fraternité entre chrétiens ; alors l'esclave baptisé, devenu chrétien, échappait peu à peu à son assimilation à l'animal à mesure que la christianisation progressait et que les institutions ainsi que l'éducation chrétiennes se renforçaient. Cette assimilation avait fini par n'être réservée qu'aux esclaves non-chrétiens.

C) L'esclave en Europe médiévale : un être sans droit

Au Moyen Âge, ayant hérité des sociétés de l'ancien empire romain, les barbares Germains, principaux bâtisseurs de l'Europe médiévale, avaient aussi adopté en partie la législation romaine qu'ils combinaient avec leurs propres coutumes et us, élaborant alors leurs propres lois : loi salique des Francs (vers le VIème siècle), code d'Alaric (ou Bréviaire d'Alaric) promulgué par le roi wisigoth Alaric II en 506 pour ne citer que celles-là. Entre autres, ces textes juridiques codifiaient l'esclavage, fait social marquant de l'Europe médiévale. Ils comportaient çà et là des variantes selon le peuple germain précis considéré : Francs, Alamans, Burgondes, Saxons, Angles, Lombards, Goths, Vikings scandinaves... Toutefois, une épine dorsale commune se dégageait et un premier élément unificateur était le principe de la compensation, le *wergeld* : il s'agissait d'un paiement à effectuer à autrui en contrepartie d'un dommage qu'on lui avait causé. Principe ancien que retenait déjà le code d'Hammourabi au IIème millénaire AEC.

Du point de vue de son statut dans la société européenne médiévale, et en conséquence de son exclusion de la société humaine, l'esclave était un être sans droit. Dépourvu de toute personnalité juridique, l'esclave européen médiéval ne pouvait ester en justice et être une partie en justice. Il n'était pas un justiciable. On pouvait cependant recueillir de lui un témoignage ; dans ce cas toutefois, on devait le soumettre à l'ordalie, l'épreuve du feu et de l'eau. En dehors de celle juridique, d'autres incapacités frappaient l'esclave européen au Moyen Âge. Par exemple, chez les Francs carolingiens, l'esclave était exclu de l'armée, de la prêtrise.

En vertu du *wergeld,* et comme à Babylone avant notre ère, lorsque l'esclave commettait un crime, un délit, ou endommageait le bien d'autrui, son maître était responsable et tenu de dédommager la victime ou le propriétaire du bien endommagé. Idem, c'était le propriétaire qui recevait la compensation lorsque l'esclave subissait un dommage.

L'esclave était l'entière propriété de son maître (Modzelewski, 2006) dont il n'était qu'un élément du patrimoine, un bien immobilier ou meuble. Il ne possédait pas de famille : avec sa conjointe ou son conjoint et sa descendance, il appartenait au maître. Celui-ci disposait sur lui du droit entier de vie et de mort comme ce fut initialement le cas à Rome. Il convient toutefois de relever qu'au VIIème siècle, le roi wisigoth d'Hispanie (péninsule ibérique) et de Septimanie (Province de Narbonne), Chindaswinthe, avait formellement aboli ce droit de vie et de mort sur l'esclave vers la fin de son règne, au début des années 650. Cependant, le code d'Alaric de 506 disposait que lorsque l'esclave mourait sous la main du maître lors d'une séance de châtiment, ce dernier ne pouvait être accusé d'homicide dès lors que son intention n'était pas de donner la mort. Autrement dit, si le maître tuait son esclave en le punissant, dès lors que son intention était de le punir et non de le tuer, il ne pouvait être accusé de meurtre et n'encourait en conséquence aucune sanction.

En matière de sanction, les peines prévues pour un esclave fautif dans les lois barbares d'Europe médiévale étaient les trois classiques qui avaient cours dans l'antiquité, à savoir, la flagellation, la mutilation, la mort. Chez les Wisigoths, la flagellation se faisait à l'aide du fouet, tandis que chez les Burgondes on usait plutôt du bâton ; chez les Francs, la loi salique disposait qu'il fallait attacher l'esclave fautif à un escabeau, dos nu et le battre au moyen d'une verge de la grosseur d'un petit doigt (Victor, 2019). Il était puni de l'amputation du pied en cas de tentative de fuite, de la section de la main en cas de violence à l'encontre de son maître. Chez les Bavarois, l'esclave fautif pouvait se voir arracher les yeux, amputer le nez, la lèvre, l'oreille, raser le crâne. Par ailleurs, un homme libre épousant une esclave devient esclave tout comme sa descendance. Lorsqu'une femme libre épousait un esclave, elle devenait aussi esclave, mais déshonorait en outre sa famille, son lignage ; le seul moyen de laver l'affront était alors de rétablir l'honneur perdu en éliminant au moins un des deux conjoints. Chez les Burgondes, les deux époux devaient être tués ; chez les Francs rhénans ou ripuaires, la loi donnait le choix à la femme entre tuer son mari et demeurer libre ou demeurer esclave avec lui. Chez les Wisigoths, le code d'Alaric punissait de mort toute femme libre qui s'unissait à son esclave et condamnait au bûcher l'esclave coupable d'adultère avec sa maitresse. Cette même loi autorisait l'époux soupçonnant d'adultère son esclave ou celui de son épouse à recourir à la torture sur eux comme moyen d'investigation. Idem, lorsque l'un des époux suspectait l'autre de planifier son assassinat. Dans cette Europe médiévale, une femme dont le mari est réduit en esclavage pouvait se remarier immédiatement (Espagne wisigothique) ou au terme d'un délai d'un an (Angleterre).

Au Moyen Âge, les esclaves en usage dans la société européenne étaient soumis à de nombreux interdits. Par exemple en Sicile, au XVème siècle, leur étaient interdites les relations entre eux, l'entrée dans les tavernes pour y consommer, l'achat du vin, toute réunion à plus de quatre, le port d'armes, de couteau, de bâton, de tambourin, le jeu des dés…Au haut Moyen Âge, les mariages entre esclaves de maîtres différents étaient subordonnés à un paiement par les époux et les maîtres devraient s'entendre sur le partage des descendants du couple. En règle générale et comme dans l'antiquité romaine, l'esclave pouvait se constituer un pécule, cependant il lui était interdit de l'aliéner (don, vente …) sans l'accord du maître qui en demeurait le propriétaire en dernier ressort, le droit de l'esclave se limitant à en user. Ce droit disparaissait d'ailleurs en cas de décès de l'esclave, le maître reprenant les biens de ce dernier (mainmorte). Toutefois, depuis le VIIIème siècle et particulièrement au bas Moyen Âge, des maîtres se contentaient de ne reprendre qu'une partie des biens de l'esclave défunt, concédant le reste à ses descendants. Ainsi, les dispositions juridiques du haut Moyen Âge et surtout des barbares germaniques avait connu des évolutions durant le bas Moyen Âge principalement. Outre la mainmorte, elles touchaient, entre autres, la condition du descendant d'esclave, l'union entre esclave et libre etc. Ainsi par exemple, à Gênes, alors que l'enfant héritait de la condition du parent le plus bas, au XIV ème siècle en revanche, la tradition accordait la condition du père libre etc.

D) L'Europe médiévale : une société esclavagiste ou une société à esclaves ?

Dans l'Europe médiévale, la population comportait deux catégories, d'une part les libres et d'autre part les non-libres. Ces derniers représentaient les esclaves. Mais quelle était leur proportion ? Quelle était en outre la part de la production qui était à leur charge ? Ces informations permettraient de caractériser précisément le type de société qu'était celle de l'Europe médiévale, à savoir société esclavagiste, société à esclaves.

Nous manquons cruellement d'informations pour être affirmatif. La situation n'était peut-être pas homogène. Elle était, de surcroit, évolutive. Mais il n'empêche : de toute évidence, l'esclavage n'était pas un fait social marginal. A minima, on aurait une société à esclaves. Les indices sont nombreux. Par exemple, chez les Germains (Lombards, Francs, Angles, Saxons, Burgondes, Alamans, Wisigoths, Ostrogoths etc.) soulignait l'historien romain Tacite (vers 58-120), l'esclavage était attesté depuis l'antiquité. Cependant on ignore ce qu'était son poids dans la production du bien-être social. Au haut Moyen Âge au moins on peut estimer qu'il ne se pratiquait pas à la marge au regard par exemple de la proportion des articles de lois se référant à l'esclavage ou à l'esclave dans divers codes barbares germaniques. Bonnassie (1985) évalue ainsi cette proportion à 46% dans les lois promulguées par les Wisigoths entre 567 et 700 ; à 24% dans la loi des Bavarois rédigée entre 744 et 748 ; à 13% dans la loi salique des Francs de 763-764 ; dans les lois codifiées à la requête de Charlemagne en 802-803, ces proportions s'élèvent à 14% dans la loi des Thuringiens et à 23% dans celle des Francs Ripuaires. En dehors de la législation, des indices d'importance de l'esclavage dans la société européenne médiévale existent dans le domaine de l'activité économique. Ainsi, au haut Moyen Âge, le milieu rural compterait entre 10 à 20% d'esclaves dans sa population (Boutruche, 1975) ; une bonne part du travail rural était exécuté par l'esclave : par exemple, Le capitulaire *de Villis* mentionne une ordonnance de Charlemagne requérant de ses officiers l'achat d'une multitude d'esclaves pour l'exécution des travaux agricoles. On ignore toutefois, quelle proportion exacte du travail rural était à la charge des esclaves. En Francie, et jusqu'aux IXe-Xe siècles, les esclaves représenteraient environ 10% de la population rurale ; cette même proportion d'esclaves caractériserait la population de l'Angleterre dans son ensemble au XIe siècle au moment de l'expansion Viking (Normande) de 1066. Au bas Moyen Age, au XIVème siècle, Majorque comptait 36% d'esclaves dans sa population. Dans la péninsule ibérique, la main d'œuvre esclave était utilisée presque partout, en zone urbaine comme rurale, dans toutes les activités, et la société paraissait véritablement esclavagiste (Stella, 2000) etc.

Autre indice d'importance des esclaves dans la société médiévale européenne : la possession d'esclave n'était pas réservée aux seuls riches, puissants, seigneurs. Tout individu quels que soient sa profession et l'état de sa fortune pouvait en avoir : commerçants, artisans divers dans les grands comme petits centres urbains, agriculteurs dans les zones rurales, ecclésiastiques comme laïcs, riches comme classe moyenne voire modeste, grandes comme modestes maisons. Les institutions n'étaient pas en reste notamment religieuses (églises, monastères, ecclésiastiques) ou politiques : les Etats ou royaumes ou souverains en possédaient, et en grande quantité comme dans l'Espagne musulmane, ou en tiraient des revenus substantiels grâce aux taxes qu'ils prélevaient sur l'activité touchant les esclaves. Les pouvoirs locaux n'étaient pas en reste. Par exemple, à Marseille, dans les années 1230, la taxe municipale se montait à 6 ou 12 deniers par esclave lorsque celui-ci était liquidé moins de 5 livres ou plus respectivement. Même si la situation n'était pas restée identique durant tout le Moyen Âge, autour de l'esclave était organisée une activité suffisamment lucrative lui conférant un poids important dans la production du bien-être des individus. Par ailleurs, l'accessibilité de l'esclave à pratiquement toutes les classes sociales (riches, moyennes, modestes) comme souligné, offrait un indice supplémentaire que les prix n'étaient pas prohibitifs, ce qui pouvait témoigner de l'abondance de l'esclave. Toutefois, au bas Moyen Âge, après les années 1347-1352 durant lesquelles la peste (dite peste noire ou grande peste) avait éliminé environ la moitié de la population européenne, la pénurie de main-d'œuvre avait renforcé le recours à l'esclave. Certes, la demande d'esclaves était alors élevée et les prix de vente devaient grimper, mais les conditions semblaient aussi réunies pour que la société européenne devînt esclavagiste, avec une majeure partie de la production assurée par les esclaves. Mais l'était-elle devenue ? Difficile de l'affirmer en l'absence de données précises.

Depuis le haut Moyen Âge, la situation connaissait des évolutions. Nous avions déjà souligné que la mise en esclavage des chrétiens chalcédoniens régressait en Europe médiévale avec l'extension de la christianisation. Mais, paradoxe : dans le même temps, l'Eglise catholique s'opposait aussi aux affranchissements collectifs des esclaves comme l'avaient rappelé plusieurs conciles (Arles en 506, Clichy en 626 …). Elle prétextait en soutien de sa position le risque d'un trouble à l'ordre divin, susceptible de courroucer le dieu des chrétiens qui aurait attribué une place à chaque individu dans la société, place à laquelle celui-ci devait rester. Belle théorie ! Aucun pape, aucun évêque, aucun ecclésiastique n'était né ni pape, ni évêque, ni ecclésiastique ; malgré cela, ils n'avaient jamais professé qu'il leur fallait demeurer dans leur état initial ! L'Eglise ne défendait en réalité que ses intérêts via cette théorie facile : en effet, dans cette Europe médiévale, c'étaient les esclaves qui travaillaient sur les domaines fonciers de l'Eglise et formaient la main d'œuvre dont avaient besoin les monastères ; c'étaient également les esclaves qu'utilisait l'Eglise catholique comme galériens pour faire fonctionner sa flotte pontificale ; ces esclaves constituaient alors pour cette Eglise une part importante de son patrimoine que risquaient d'anéantir les affranchissements collectifs. A titre personnel toutefois, des responsables de l'Eglise et autres ecclésiastiques avaient procédé eux-mêmes à des affranchissements collectifs et appelé les fidèles à le faire comme acte de piété. C'était le cas du pape Grégoire le Grand (590-604) qui avait acheté des esclaves sur le marché de Rome, mais en avait également affranchi. Outre ces affranchissements, l'interdiction de la mise en esclavage des chrétiens couplée à la christianisation progressive des territoires tendaient à réduire le poids des esclaves dans la production en Europe médiévale ; une réduction tendancielle de l'esclavage dans les zones rurales se produisait parallèlement et opérait aussi dans le sens de l'étiolement de l'esclavage. Elle était le fruit à la fois de la montée en puissance progressive d'autres formes de dépendance, notamment le colonat, le servage mais aussi d'une réorganisation de l'esclavage rural entamée depuis la fin de l'antiquité, laquelle allait s'affirmer entre les VIIIème et IXème siècles. Certes, cette réorganisation ne supprimait pas d'emblée l'esclavage. Elle visait plutôt à en tirer meilleur parti via le chasement des esclaves qui ouvrait la voie toutefois à son évolution vers les formes de dépendance susmentionnées. Au chasement recouraient les rois francs, les institutions ecclésiastiques, les grands propriétaires fonciers, sur le fondement du constat que la productivité des esclaves (production par unité de temps) était plus élevée sur les lopins de terre qu'on leur attribuait en propre. Les esclaves chasés recevaient ainsi du maître une parcelle de terre avec leur maison, possédait leur autonomie quotidienne, pouvait fonder et entretenir une famille, pouvait transmettre leur manse (habitation avec jardin et champs) à leurs descendants. Ils devaient verser au maître une redevance foncière (prix de l'utilisation de la terre attribuée) ainsi que travailler sur la parcelle de ce dernier environ trois fois par semaine. On se trouvait alors dans des conditions proches de celles des autres dépendances (colonat, servage) qui, couplées à l'opposition chrétienne de la mise en esclavage des chrétiens, avait fini par faire disparaître progressivement l'esclavage rural au profit de ces dépendances. Il est toutefois à souligner que le chasement des esclaves, dispositif incitatif visant à en tirer meilleur parti, n'était pas une invention de l'Europe médiévale ou de basse antiquité. Il était largement connu et utilisé dans l'antiquité en Mésopotamie notamment comme nous l'avons déjà vu. Demeure toutefois la question de la part du travail servile dans la production du bien-être social dans l'Europe médiévale.

Ce que l'on sait, c'est qu'en matière d'activité, dans cette Europe médiévale comme auparavant dans l'antiquité, l'esclave était presque partout. Il pouvait travailler pour son maître ou être loué à autrui par celui-ci. Les esclaves étaient utilisés dans le service domestique des maîtres laïcs ou religieux (chrétiens, musulmans), dans les monastères, églises ; les galères pontificales, impériales en consommaient en quantité tout comme les activités artisanales, commerciales, agricoles, minières, sexuelles etc. Par exemple, sous les carolingiens au VIIIème siècle, quatre abbayes, celles de Ferrières, Saint-Loup de Troyes, Saint-Josse, Saint Martin de Tours possèderaient plus de 20 000 esclaves dévolus à des tâches diverses. De même, un riche auvergnat répondant au nom de Géraud possédait un grand nombre d'esclaves dont il n'affranchit que 100 à son décès vers 910 parce que la réglementation en vigueur à l'époque ne lui permettait pas d'en libérer plus. En Germanie, au VIII ème siècle, la pratique de l'esclavage était si répandue dans toutes les couches sociales que même une certaine Ota, personne ne possédant rien d'autre que la maisonnette où elle vivait, léguait pourtant deux esclaves (Bonnassie, 1985). Dans certaines activités, la main d'œuvre servile demeurait prépondérante. Ainsi, au XIIIème siècle, à Gênes comme à Barcelone, le travail utilisé dans les activités artisanales était majoritairement servile et masculin tandis que les femmes esclaves dominaient dans les tâches domestiques (Balard, 1968 ; Verlinden, 1977). En règle générale, et du Moyen Âge aux temps modernes, le secteur ou la branche de la production sexuelle fut esclavagiste : outre l'activité domestique, la demande des femmes esclaves avait pour un des fondements majeurs leur consommation sexuelle. La satisfaction sexuelle était en effet l'un des biens majeurs que produisaient les esclaves femmes et qui motivait leur demande. Les femmes devenaient les concubines de leur maître, laïcs comme ecclésiastiques, étaient exploitées comme prostituées, peuplaient les harems en pays musulmans etc. Cette production sexuelle, un des fondements notables de l'esclavage des femmes, est souvent négligée voire ignorée par les historiens qui se focalisent sur les explications dites objectives ou économiques, oubliant alors qu'en matière sexuelle l'esclave agissait aussi comme une force de travail gratuite dont le maître tirait satisfaction de l'activité. Au bas Moyen Âge, les galères impériales, pontificales fonctionnaient à base d'esclaves principalement. A Venise, à la fin du Moyen Âge, les industries de pointe en espace urbain faisaient appel principalement à une main d'œuvre servile, notamment dans le travail de la soie, le filage d'or, activités dans lesquelles il n'était pas très rare que les esclaves exerçassent en tant que chef d'atelier. A Malte, en 1669, la proportion des esclaves ramant sur les galères du pays, soit les galères de l'Ordre des chevaliers de Saint-Jean ou Ordre de Saint-Jean de Jérusalem, s'élevait à 71% (Brogini, 2013). Etc. Dans certaines activités en revanche le travail servile était rare. C'était le cas des activités intellectuelles, alors que cela était courant dans l'antiquité gréco-romaine par exemple. En Sicile, aux XIIème et XIIIème siècles, il y avait un modèle d'esclavage proche de celui des pays musulmans, avec des esclaves employés dans des fonctions militaires, administratives, bref des esclaves au service du souverain, constituant sa garde, exerçant en tant qu'écuyers, vestiaires, maîtres d'hôtel du roi etc. Ce modèle d'esclavage musulman était celui prévalant dans l'Espagne musulmane. Ici en outre, la femme esclave, en plus du service domestique, était destinée au harem, à être la concubine du maître. Au XIVème siècle, à Gênes notamment, des femmes esclaves étaient utilisées comme nourrice, louées à l'extérieur. Une demande d'esclaves enceintes existait en conséquence sur le marché. Existait aussi sur le marché européen médiéval, une demande d'esclaves transformés, à savoir les castrats, soit des individus ayant subi l'ablation des testicules (castration dite blanche) ou l'ablation complète, verge et testicules (castration dite noire) produisant alors des eunuques. L'Europe médiévale comportaient de grands centres de castration : Verdun en Gaule franque, Alméria ou Lucena en Espagne musulmane, Rome, Naples, Pérouse, Venise et plusieurs Etats pontificaux en Italie, Hedeby en Suède etc.

Les castrats étaient utilisés principalement dans les sociétés musulmanes européennes où la demande était très forte : ils occupaient de hautes fonctions auprès des souverains, gardaient les harems etc. A l'ère médiévale, l'Espagne musulmane était l'une des principales consommatrices de castrats. Mais en Europe occidentale chrétienne, et à compter de la fin du Moyen Âge surtout, ils étaient aussi très recherchés et utilisés pour leur voix très aiguë, « *le genre de voix que les anges étaient censés posséder* » (Ambrosini et willis, 1966). Ils étaient recherchés pour les spectacles lyriques dans les cours impériales, dans les opéras, les théâtres. Les souverains et princes chrétiens recouraient à leur service à partir des années 1550. A la suite de l'Eglise chrétienne orthodoxe grecque qui utilisait les castrats depuis le XIIème siècle, l'Eglise catholique romaine était aussi devenue consommatrice de la voix aiguë des castrats pour le chant lors des offices. C'était le pape Sixte V (ou Quint) qui, officiellement, en 1589, autorisa l'utilisation de castrats dans le chœur de la chapelle Giulia de la basilique Saint-Pierre, par la bulle *Cum pro nostro pastorali munere*. Le chant occupant une place de choix dans la liturgie chrétienne, le pape estimait que les castrats étaient créés en l'honneur de Dieu. Il faut toutefois préciser que le Vatican utilisait les castrats bien avant cette autorisation officielle : par exemple, le père Soto qui chantait dans le Chœur pontifical en 1562 et que les archives du Vatican présentaient comme un falsettiste était bien un castrat. A compter de l'autorisation papale, toutes les églises s'adonnaient à l'usage des castrats. Les premiers castrats officiels utilisés par l'Eglise catholique étaient des esclaves importés d'Espagne qui se substituaient aux falsettistes dans le chœur de la chapelle Sixtine de Rome, la chapelle principale du palais apostolique, chapelle privée des papes où, entre autres, se tenait depuis le XVème siècle le conclave cardinal élisant le nouveau pape. Très vite, l'Italie allait se spécialiser également dans la fabrication des castrats, notamment à Rome, Venise, Naples, Pérouse. Afin d'avoir la voix très aiguë, la castration était généralement pratiquée sur des enfants de six à 10 ans et l'opération effectuée dans ces villes se limitait soit à l'ablation des testicules, soit à la section du cordon spermatique : l'Eglise catholique et les princes chrétiens n'ayant pas de harem à faire surveiller, les centres italiens de castration ne produisaient pas d'eunuque. En Italie, on castrait publiquement et massivement. Au XVIIème siècle, environ 4000 enfants étaient castrés par an dans le pays pour alimenter les nombreux conservatoires de musique qui s'étaient créés à travers tout le continent, en vue de former les castrats. La consommation de leur voix était très prisée en Europe et ils engrangeaient des revenus élevés. Le castrat italien Farinelli (1705-1782) symbolisera cette réussite. En conséquence, les parents, Italiens pauvres surtout, se bousculaient aux portes des centres de fabrication pour faire de leurs enfants des castrats. Des enfants étaient également vendus aux conservatoires de musique. Les castrats qui ne réussissaient pas en musique ou qui ne trouvaient pas à s'insérer dans l'activité musicale, tant on en produisait, étaient intégrés dans les ordres religieux, autorisés à dire la messe, ordonnés prêtres. Au début du XVIIème siècle, presque tous les princes dirigeants italiens avaient à leur service des castrats. Les cours d'Allemagne n'étaient pas en reste. Le phénomène avait duré jusqu'au XIXème siècle. Les chapelles étaient les plus grosses consommatrices. Au XVIIIème siècle toutefois, l'opération de castration des enfants pour en faire des chanteurs à la voix exceptionnelle rien que pour le plaisir de certains était confrontée à de vives critiques. Le philosophe français Rousseau s'était particulièrement illustré en la matière. En conséquence, le pape Clément XIV (1769-1774) avait interdit la pratique de la castration des enfants et l'usage de ces jeunes castrats dans les églises. Cependant les églises, y compris la chapelle sixtine de Rome elle-même, pourtant chapelle privée des papes, continuaient à les utiliser et ce, jusqu'au XXème siècle : c'était seulement en 1903 que le pape Pie X excluait totalement les castrats de la chapelle pontificale. Le dernier castrat en usage dans cette chapelle, répondant au nom d'Alessandro Moreschi mourut le 21 avril 1922.

Au total, et en réponse à notre interrogation clé, l'Europe médiévale était au moins une société pratiquant fortement l'esclavage. Si les informations en notre possession ne permettent pas de la qualifier d'esclavagiste parce que nous ignorons la part effective de la production matérielle ainsi qu'immatérielle assurée par les esclaves, il apparaît au moins deux faits : l'Europe du sud, la région méditerranéenne et la péninsule ibérique en particulier n'étaient pas loin de l'esclavagisme et ce, au-delà de la période médiévale, jusqu'aux temps modernes ; en Europe médiévale, certaines activités étaient localement et durant certaines périodes accomplies en majorité par des esclaves et nous les avons largement mis en évidence : ne s'agissait-il pas d'activités esclavagistes ?

E) Combien vendait-on les esclaves en usage dans l'Europe médiévale ?

Aux débuts du Moyen Âge, la société européenne était caractérisée par une démocratisation de l'utilisation de l'esclave : l'esclave était accessible et même les couches sociales moyennes et modestes en disposaient. C'était l'indice que sa valeur sur le marché, soit le prix auquel il était vendu et acheté sur le marché, ne pouvait être élevée, car une valeur élevée le rendrait inaccessible à ces couches sociales modestes. Mais de quoi dépendait cette valeur de l'esclave ?

Sur le marché, la valeur de l'esclave, le prix auquel il était vendu dépendait, comme pour tout bien et en tout temps, de l'utilité et de la rareté comme l'enseigne la science économique. Moins un bien est rare, c'est-à-dire moins il est proposé en petite quantité, ou si l'on veut, plus il est offert en grande quantité, plus faible est sa valeur, soit son prix sur le marché. Mais la valeur d'un bien dépend aussi de l'utilité (la satisfaction qu'en tire l'utilisateur), laquelle génère sa désirabilité et son besoin qui influent sur le prix de vente sur le marché. En effet, et s'agissant de l'esclave médiéval européen, le maître le désirait en général jeune, d'un type donné (homme, femme, castrat simple, eunuque), avec certaines compétences ou qualifications, en bonne santé, sans handicap physique (défauts physiques apparents ou cachés), de bonne réputation (docilité, honnêteté, bravoure, faible aspiration à la liberté, faible disposition à la violence, à boire de l'alcool, à s'adonner à la prostitution, au vol etc.), cette réputation étant souvent supposée liée à son origine géographique ou ethnique etc. Ainsi donc, comme dans l'antiquité, le prix de vente de l'esclave dans la société européenne médiévale était fonction bien entendu de la quantité disponible (offre), de l'âge, du sexe, des transformations physiques éventuelles qu'il a subies (castrat simple, eunuque), de l'état de santé, de la qualification (savoir-faire), de l'origine géographique ou ethnique. Généralement, sur le marché, le vendeur de l'esclave s'engageait à garantir la qualité de ce dernier, attestait qu'il était exempt de maladie et se trouvait en bonne santé. La question des vices cachés demeurait et la vente pouvait se faire « avec les vices cachés » ou bien comme ce fut aussi le cas, le vendeur garantissait contre ces vices. L'achat pouvait se réaliser soit au comptant, soit à crédit par le service d'un courtier, soit par troc, l'esclave étant alors échangé contre un autre produit (objets en pierre précieuse, tissus etc.).

Sous les Carolingiens et notamment Louis le Pieux au IXème siècle, les esclaves se vendaient entre 20 et 30 sous sur les lieux de production tandis que le prix à la revente était évalué jusqu'au triple du prix d'achat initial, entre 60 à 90 sous (Blumenkranz, 1960) compte tenu de diverses charges (transport, pertes, alimentation etc.) et de la valeur supplémentaire acquise par l'esclave en recevant une formation, pendant un temps (apprentissage d'un métier, d'une langue). D'après Lombard (1971), dans l'Espagne musulmane, en Catalogne, un esclave slave se vendait environ 100 dinars. Toujours dans la péninsule ibérique mais à Cordoue au Xème siècle, entre 912-961, un esclave châtré valait en moyenne 100 dinars, soit 1/2 kilogramme d'or. En Hongrie, au milieu du XIème siècle, sur le lieu de production, une jeune fille se vendait habituellement 10 dinars, ce prix pouvant baisser de moitié en cas d'offre abondante. A la revente, loin de l'Europe, au Maghreb, cette jeune fille, n'ayant rien intégré de plus en termes de qualification, pouvait se négocier jusqu'à mille dinars voire plus. Boyer (2002) note qu'en 944, les Varègues-Suédois s'engageaient à livrer à Constantinople des esclaves slaves au prix d'un esclave contre deux pièces de soie. Au bas Moyen Âge, dans la seconde moitié du XIV ème siècle, à la suite de l'épidémie de peste qui avait ravagé l'Europe en 1348-1352, les prix des esclaves s'étaient envolés. Ainsi, en Catalogne, dans cette deuxième moitié du XIVème siècle, le prix moyen d'un esclave avait triplé, passant de 12 à 36 livres, atteignant au XVème siècle, jusqu'à 110 livres pour un esclave négro-africain d'une vingtaine d'années. Verlinden (1977) rapporte qu'en France, en 1453, une jeune fille russe d'une douzaine d'années se vendait 36 livres. Examinant les ventes d'esclaves russes effectuées entre 1382 et 1466 à Marseille, Montpelliers, Perpignan, il souligne que les femmes coûtaient le double du prix des hommes et étaient de 80 à 100% plus chères que les esclaves tatars. Heers (1981) mentionne qu'en 1370 à Brignoles en Provence, une femme tatar se vendait 30 florins, ce prix étant à comparer à celui d'un bœuf qui coûtait 10 florins un an auparavant. Il rapporte aussi qu'à Gênes, en 1456, une esclave se vendait entre 125 à 200 livres tandis qu'une mule coûtait 44 livres et une maison de maître valait mille livres. En 1666 les Tatars razziaient en Podolie (Ukraine actuelle) des dizaines de milliers d'Ukrainiens, Russes, Biélorusses, Polonais dont une partie était vendue à des marchands en Crimée et l'autre échangée contre des chevaux, des armes, des vêtements etc. A titre illustratif, pour les armes : vingt esclaves contre une paire de pistolets (Skirda, 2016). Dans les années 1660, à Malte, les esclaves se vendaient en moyenne 142 écus (ou scudi) maltais pour un homme et 159 écus pour une femme (Fontenay, 2002).

F) Marchés d'esclaves en Europe à l'ère médiévale

Au Moyen Âge, nous l'avons souligné, les esclaves utilisés en Europe était essentiellement des Blancs. C'étaient d'abord des Européens de l'ouest, de l'est, du centre, du nord, du sud. C'étaient les ressortissants des différentes ethnies germaines (Francs, Alamans, Angles, Saxons, Burgondes, Lombards, Wisigoths, Ostrogoths, Vandales, Vikings …) ; c'étaient aussi et surtout des Slaves : Slaves orientaux (ancêtres des actuels Biélorusses, Russes, Ruthènes, Ukrainiens), Slaves occidentaux (ancêtres des actuels Tchèques, Moraves,

Polonais, Slovaques etc.), Slaves du sud (ancêtres des actuels Bosniaques, Bulgares, Croates, Macédoniens, Monténégrins, Serbes, Slovènes) ; c'étaient également des Celtes, des descendants des Ibères (Castelani, Andosins, Bastetanos, Lacétans, Celtibères etc.), des Circassiens, des Crétois, des Sardes, des Corses, Romains, Grecs, Tatars, Maures, Barbaresques etc. A ces groupes s'étaient ajoutés, principalement à partir du bas Moyen Âge, en Europe du Sud et méditerranéenne surtout, des esclaves Noirs dont le nombre explosera à partir de la fin du Moyen Âge, au XVème siècle, avec l'émergence de la traite transatlantique.

Aux premiers siècles du Moyen Âge, l'esclavage domestique européen était alimenté par des marchands issus de pratiquement toutes les régions du continent : marchands francs, Juifs Radhânites, Angles, Saxons, Scandinaves, Thèques, Polonais, Hongrois, Varègues, Vénitiens, Génois, Pisans, Amalfitains etc. Contrairement à une opinion répandue, les juifs Radhânites n'avaient pas eu le monopole de commerce des esclaves en Europe médiévale : leurs activités furent seulement prépondérantes à destination de l'Espagne musulmane aux VIII-XIèmes siècles (Devroey et Brouwer, 1999 ; Skirda 2016 ; Venco, 2019). Suivant les armées, et incitant également aux razzias, guerres, les marchands d'esclave de l'Europe médiévale acquéraient les captifs sur les lieux de production, alimentaient directement ou par des intermédiaires détaillants les marchés divers d'esclaves du continent. Certains de ces marchés étaient restés célèbres. Au IXème siècle, Venise était une place de vente d'esclaves Slaves ; aux XIVème-XVème siècles, ce marché était devenu l'un des plus actifs de la Méditerranée où se négociaient des esclaves issus principalement des rives septentrionales de la mer Noire et du Caucase. A cette même époque, outre les Slaves, se vendaient à Gênes et à Raguse des esclaves originaires du royaume de Bosnie, adeptes du Bogomilisme et considérés en conséquence comme des schismatiques et hérétiques dignes d'être réduits en esclavage par les chrétiens catholiques. A Mayence, Verdun, Valenciennes, Metz, étaient vendus principalement des Slaves aux Xème-XIème siècles. Sur le marché de Verdun, on trouvait également des esclaves celtes et germains (saxons et autres ethnies réduits en esclavage par les Francs). Dans la Scandinavie à l'ère viking (VIIIème-XIème siècle), Hedeby et Birka étaient des marchés d'esclaves importants : on y trouvait en vente des Slaves mais également toutes les ethnies d'Europe occidentale que razziaient les Vikings : Francs etc. A Arles, au Xème siècle, le marché aux esclaves était alimenté par des captifs Hongrois, Sarrasins, Slaves. A Rouen, vers le XIème siècle, se vendaient sur le marché aux esclaves, Irlandais et Flamands principalement (Musset, 1965). Dans la péninsule ibérique et en Hispanie notamment, au Xème siècle, les villes de Lérida, Saragosse, Shantariya, Rayyu, Ecija, Jaen, Moron, Carmona, Niebla, Ghâfiq étaient des marchés d'esclave de renommée internationale ; Lisbonne, Séville, Valence étaient au Moyen Âge les plus grands marchés aux esclaves de la péninsule ibérique. Au haut Moyen Âge, en Europe centrale, Prague, Cracovie, Kiev étaient aussi de grands marchés d'esclaves où étaient vendus principalement des Slaves. C'étaient également ces Slaves qui étaient négociés au Xème siècle, dans la ville de Raffelsteten, un des principaux marchés d'esclaves du Danube et de l'Europe centrale. Dublin, au XIème siècle serait le plus grand marché aux esclaves de l'Europe occidentale (Boyer, 2002). Toujours au haut Moyen Âge, Itil (capitale de la Khazarie), Candie (capitale de la Crète) étaient de grands marchés d'esclaves ; les Baléares, Majorque, Minorque, étaient de grandes places marchandes d'esclaves ; au bas Moyen Âge, la Sicile, Florence, Pise, La Tana (actuel Azov), possédait de grands marchés d'esclaves. Durant tout le Moyen

Âge, la capitale de la Thrace, Byzance (actuel Istambul) possédait son marché aux esclaves tout comme de nombreuses autres villes de l'empire ottoman notamment Mardin, Véranchéhir, Djezireh, Ourfa etc. où étaient vendus russes, polonais, lituaniens, caucasiens, etc. Idem pour l'Arménie voisine.

En France, alors que l'esclavage était aboli au XIV ème siècle, et l'esclave devenu rare en général dans les maisons et activités privées, des marchés d'esclaves subsistaient dans le pays jusqu'au XVème siècle et au-delà, comme Narbonne (XIVème siècle), mais étaient plutôt localisés dans les régions méditerranéennes, notamment en Provence, au Languedoc-Roussillon. L'esclavage se pratiquait toujours dans ces régions. A Marseille, les achats et ventes d'esclaves s'étaient poursuivis jusqu'au XVIIème siècle ; A Montpellier, jusqu'au XVIème siècle etc. L'Etat de France et Navarre n'y avait lui-même pas totalement renoncé puisqu'encore sous Louis XV, au XVIIIème siècle, le pays continuait à utiliser les esclaves sur ses galères. La marine royale française achetait souvent les esclaves destinés aux galères sur le marché de Livourne (Bono, 1985). Par exemple en 1696, cette marine disposait encore de 42 galères utilisant 12 000 galériens pour les propulser ; en 1745, il y avait encore en service 15 galères à Marseille, utilisant le service de 4318 galériens (Skirda, 2016). Certes, la totalité des galériens n'était pas esclave, ces derniers comptant parmi eux de nombreux forçats. Cependant Fontenay (2002) calcule que sous Louis XIV, en moins d'un demi-siècle, la France avait utilisé entre 10000 et 12000 galériens esclaves d'origine turque, outre 45000 forçats. En Europe au temps moderne (après le XVème siècle), c'était la région méditerranéenne et l'Europe du sud qui concentraient une grande part des marchés d'esclaves. Par exemple, au XVIIème siècle, Malte et sa capitale, La Valette, étaient devenues une plaque tournante majeure du marché des esclaves de l'Europe chrétienne : les esclaves qui s'y vendaient étaient majoritairement des non-chrétiens (80% environ), juifs, musulmans, et des chrétiens schismatiques (20%), capturés lors des razzias dans le cadre de la guerre de course : les juifs provenaient du Levant, des îles de la mer Egée, de Venise etc. tandis qu'au rang des musulmans, on trouvait des Turcs, Barbaresques, Maures, Négro-subsahariens, ces derniers étant toutefois en nombre limité (Brogini, 2002 ; Gugliuzzo, 2013). La péninsule ibérique, de la fin du Moyen Âge et de l'ère moderne, comptait aussi nombre de marchés aux esclaves. Le 8 août 1444, à Lagos, au Portugal était ouvert un marché spécialisé dans la vente d'esclaves Négro-subsahariens (Zurara, 1453) ; aux XVème et XVIème siècles, Lisbonne était un grand marché aux esclaves Négro-africains. Dans la Méditerranée, du XVIème au XIXème siècle, la « côte des Barbaresques » en Afrique du Nord (actuel Maghreb) était dotée de plusieurs marchés aux esclaves où étaient vendus les Européens capturés par les pirates et corsaires barbaresques lors de la guerre de course méditerranéenne ainsi que des captifs négro-africains acheminés dans des caravanes transsahariennes. A l'opposé, les Barbaresques capturés par les pirates et corsaires européens étaient vendus sur les marchés de la péninsule ibérique, des îles méditerranéennes (Malte…), d'Italie etc. Aux XVIème-XVIIème siècles, plusieurs ports chrétiens de la Méditerranée étaient des marchés d'esclaves où se négociaient ces barbaresques en l'occurrence Gênes, Messine, Livourne, Naples etc. et Malte avait fini par devenir le principal centre du trafic méditerranéen.

G) La sortie de l'esclavage : l'affranchissement - rachat

a) Chez le maître chrétien, l'Eglise : le rachat plutôt que l'affranchissement

L'Europe médiévale était une société en christianisation croissante depuis la basse antiquité. En conséquence, et s'agissant de la pratique de l'esclavage, les évolutions idéologiques au sein de l'Eglise chrétienne impactaient aussi l'ensemble de la société. On l'avait vu, les fondateurs du Christianisme (Jésus de Nazareth, Saint Paul, les douze apôtres, les pères de l'Eglise etc.) optaient d'abord pour le statu quo, estimant que l'esclavage était une institution sociale du démiurge chrétien Yahweh que l'on devait se garder de perturber : la libération de l'esclave était alors renvoyée dans l'au-delà. On en faisait la prérogative du seul démiurge : seul Jésus pouvait affranchir et rendre réellement libre (Jean 8 : 36). Cette idéologie évoluait toutefois plus tard, et l'Eglise chrétienne glissait vers la loi de Yahweh : l'esclavage restait légitime et toujours considéré comme une institution divine, mais il devait désormais être réservé aux seuls non-chrétiens comme Yahweh Lui-même l'avait institué en faisant des non-coreligionnaires des Hébreux le réservoir d'esclaves mis à leur disposition, réservoir dans lequel ils devaient puiser éternellement (Lév. 25 : 1-2, 44-46) ainsi que nous l'avons déjà souligné. En conséquence, l'Eglise chrétienne s'opposait désormais à la mise en esclavage des chrétiens. Dans ce cadre idéologique, au fur et à mesure qu'avançait la christianisation au sein de l'Europe médiévale, la mise en esclavage des chrétiens, et donc de la population européenne, se réduisait jusqu'à finir par s'éteindre totalement avec la christianisation de l'ensemble de la société. En effet, avec la nouvelle idéologie chrétienne, d'une part l'Eglise chrétienne incitait ses fidèles à affranchir leurs esclaves personnels et, d'autre part, des ecclésiastiques s'étaient personnellement investis dans le combat de la libération des esclaves. Ils affranchissaient leurs propres esclaves et recommandaient aux fidèles d'en faire autant. Il y eut donc en Europe et particulièrement au haut Moyen Âge nombres d'affranchissements pieux. Le pape Grégoire le Grand en fut l'emblème : au VIème siècle, non seulement il aurait affranchi tous les esclaves à son service, mais encore il serait intervenu sur le marché aux esclaves de Rome, achetant des esclaves et les libérant aussitôt. Suivant l'exemple et l'appel du pape ainsi que ceux d'autres ecclésiastiques, l'affranchissement devenait un acte pieux aux yeux des chrétiens médiévaux européens. Ils en avaient procédé en nombre. En Gaule, notables furent ces affranchissements du VIème au VIIIème siècle quand bien même ils ne furent pas massifs dans l'ensemble de l'Europe (Grenouilleau, 2021). Si les chrétiens individuellement, ecclésiastiques comme laïcs, ne rechignaient pas trop à s'adonner à l'acte pieux, l'Eglise chrétienne elle-même y était peu favorable voire franchement hostile comme nous l'avons vu : des conciles s'étaient opposés à l'affranchissement des esclaves de l'Eglise : conciles d'Arles en 506, de Yenne en 517, de Clichy en 626/627, de Tolède 633 et 655 etc. tandis que celui de Mérida, tenu en 666, prescrivait que les esclaves affranchis légalement demeurassent au service de l'Eglise.

Outre l'argument religieux pur ci-dessus rappelé, celui d'une institution divine à ne perturber sous aucun prétexte, l'Eglise chrétienne avançait d'autres arguments, plutôt opportunistes pour s'opposer à l'affranchissement de ses esclaves, arguant notamment que l'esclave appartenait à Yahweh dont nul ne saurait réduire le patrimoine ; ou bien que c'était avec le travail des esclaves que l'Eglise subvenait aux besoins des pauvres et que par conséquent, affranchir les esclaves allait accroître la misère, porter préjudice aux pauvres. Nul n'est dupe ici :

l'Eglise chrétienne aimait tellement les pauvres que s'ils n'avaient pas existé, elle les aurait créés pour justifier sa propre utilité !

Dans ce cadre idéologique, et lorsqu'il ne fut plus possible à l'Eglise chrétienne de s'opposer totalement à la manumission (affranchissement) des esclaves, elle choisissait d'opter pour le clientélisme, à la romaine : l'esclave, au cas où il était affranchi, ne pouvait accéder à la liberté. Il demeurait dépendant, client de l'Eglise, accomplissant les mêmes tâches qu'au temps où il était esclave et ses descendants devaient faire de même comme le stipulaient les conciles (voir concile de Mérida, 666 par exemple). L'affranchi de l'Eglise gardait ainsi éternellement les séquelles de son état servile antérieur. C'était peut-être seulement dans l'au-delà que Jésus de Nazareth le libèrerait réellement comme l'Eglise le lui avait inculqué.

Du haut au bas Moyen Âge, l'Eglise chrétienne, opposée à la manumission, était plus favorable à un autre volet de la libération des esclaves chrétiens, à savoir leur rachat. Et pour cause : son démiurge, Yahweh, l'avait Lui-même institué, prescrivant aux Juifs que (Lev. 25 : 47-52) : « *[47]Si un étranger, si celui qui demeure chez toi devient riche, et que ton frère devienne pauvre près de lui et se vende à l'étranger qui demeure chez toi ou à quelqu'un de la famille de l'étranger, [48]**il y aura pour lui le droit de rachat**, après qu'il se sera vendu : **un de ses frères pourra le racheter**. [49]**Son oncle, ou le fils de son oncle, ou l'un de ses proches parents, pourra le racheter ; ou bien, s'il en a les ressources, il se rachètera lui-même**. [50]Il comptera avec celui qui l'a acheté depuis l'année où il s'est vendu jusqu'à l'année du jubilé ; et le prix à payer dépendra du nombre d'années, lesquelles seront évaluées comme celles d'un mercenaire. [51]S'il y a encore beaucoup d'années, il paiera son rachat à raison du prix de ces années et pour lequel il a été acheté ; [52]s'il reste peu d'années jusqu'à celle du jubilé, il en fera le compte, et il paiera son rachat à raison de ces années.* » Le rachat de coreligionnaires esclaves était donc une institution ancienne chez les judéo-chrétiens. Sa pratique, chez les Chrétiens, remonte au temps des premières communautés au Ier siècle, lesquelles organisaient des caisses publiques à cette fin. Dans le prolongement de ces dernières, au Moyen Âge ainsi qu'aux temps modernes, l'Eglise organisait le rachat d'esclaves chrétiens détenus par les non-coreligionnaires, à savoir les païens, les juifs, les tenants d'autres courants chrétiens considérés comme schismatiques et hérétiques, les Ariens en l'occurrence, puis les sarrasins (musulmans). On remarquera au passage que les esclaves chrétiens détenus par d'autres chrétiens, en l'occurrence ceux faisant partie du patrimoine de l'Eglise chrétienne elle-même n'étaient rachetés par personne !

Suivant la prescription de Yahweh, Ambroise, évêque (374-397) de Milan, préconisait d'utiliser l'or amassé par l'Eglise, entre autres, à racheter les captifs chrétiens. Dans son « Traité des Devoirs, Livre II » (Saint Ambroise de Milan, IVème siècle), et dans le paragraphe au titre évocateur « *La fonte des vases sacrés pour le rachat des captifs* », l'évêque soutenait que « *Personne ne peut se plaindre parce que des prisonniers ont été rachetés ; personne ne peut porter une accusation parce que le temple de Dieu a été construit ; personne ne peut s'indigner parce que pour inhumer les restes des fidèles, des terrains ont été agrandis ;(...) Pour ces trois genres d'usages, il est permis de briser, fondre et vendre, même une fois consacrés, les vases de l'Église.* » Les vases qu'évoquait Saint Ambroise étaient bien entendu les vases d'or sacrés de l'Eglise chrétienne. Dans son traité, l'évêque rapportait avoir une fois encouru l'hostilité pour avoir « *brisé des vases sacrés afin de racheter des captifs* ». Il érigeait le rachat des captifs chrétiens au rang de devoir pour le Chrétien car, selon lui, « *la parure des mystères est le rachat des prisonniers* » et non l'or amassé dans les églises. A la suite d'Ambroise de Milan, au sein de l'Eglise chrétienne, le rachat des esclaves chrétiens s'élevait progressivement au rang d'œuvre sacrée et rédemptrice. Par exemple, au VIème siècle, Césaire d'Arles, évêque d'Arles (502-542) utilisait les dons faits à l'Eglise pour racheter des captifs chrétiens. Au Moyen Âge, le rachat des captifs était devenu le passage obligé pour qui voulait être canonisé, voulait être érigé au rang de saint par l'Eglise après sa mort. Et nombre de chrétiens médiévaux qualifiés de « saint » étaient ceux qui s'étaient s'illustrés en matière de rachat des captifs. Mentionnons, sans être exhaustif (voir Yanoski, 1860), Saint Eptadius qui aurait racheté un grand nombre de captifs faits par le roi franc Clovis (481-511) dans la Loire, aurait libéré des mains de Sigismond (475-524), roi des Burgondes, 3000 captifs que ce dernier aurait fait dans le Limousin…; Saint Germain (496-576), prêtre devenu évêque de Paris, connu comme étant l'ami des esclaves, aurait racheté un grand nombre de ceux-ci ; Salvius d'Albi, évêque d'Albi en Gaule (571-584), serait allé jusqu'à suivre les ravisseurs pour racheter les captifs en leur main ; l'orfèvre et monnayeur franc, ministre des finances auprès du roi mérovingien Dagobert Ier, devenu évêque de Noyon et Tournai, saint Eloi (588-660), aurait racheté une foultitude d'esclaves d'ethnies diverses à savoir, Romains, Gaulois, Bretons, Saxons… etc.

Ainsi, très tôt, l'Eglise chrétienne organisait le rachat des captifs chrétiens. Au VIème siècle et au-delà, l'Eglise rachetait les chrétiens captifs et esclaves, victimes des guerres barbares : guerres des barbares francs ; guerres entre Francs christianisés, païens Burgondes, ariens Goths etc.; rachats au IXème siècle de captifs chrétiens francs victimes des Vikings sur les marchés scandinaves ordonnés par Ebon de Reims, archevêque de Reims (816-835 et 840-841); rachats au haut et bas Moyen Âge de captifs chrétiens chez les musulmans de la péninsule ibérique; rachats de captifs chrétiens auprès du monde arabo-musulman oriental par les chrétiens byzantins à partir du VIIIème siècle; rachats de captifs chrétiens européens auprès des musulmans barbaresques d'Afrique du Nord aux temps modernes (XVIème-XIXème siècle) etc.

Aux fins de rachat, l'Eglise chrétienne avait mis en place ses propres structures de rachat. Elle organisait à cet effet des collectes de fonds auprès de la communauté chrétienne (rois, individus fortunés etc.), utilisait des dons qu'elle recevait, avançait aussi ses propres fonds. L'opération était couteuse et le devenait de plus en plus, à mesure que les lieux de détention en captivité devenaient plus lointains : il fallait rémunérer des intermédiaires, payer le prix de rachat, organiser le transport etc. Les avances de fonds effectuées dans ce cadre par l'Eglise n'étaient toutefois qu'une opération de crédit comme le constatait Verlinden (1977) ; car les esclaves rachetés devaient rembourser le prix de leur rachat et ceux qui étaient insolvables se retrouvaient à travailler en contrepartie sur les plantations de l'Eglise. Ainsi, au concile tenu à Lyon en 583, le canon 2 précisait que les esclaves libérés qui se trouvaient dans l'impossibilité de rembourser l'évêque qui les avait rachetés devaient demeurer au service de ce dernier. Les opérations de rachat avaient connu un regain particulier depuis le VIIIème siècle avec l'expansionnisme musulman et la conquête musulmane de la péninsule ibérique (sacs d'Ostie et de la Basilique Saint-Pierre de Rome en 846 ; de Trogir en 1123 ; d'Otrante en 1480 etc.). Au bas Moyen Âge, les opérations de rachat de l'Eglise franchissaient un autre palier. Des ordres chrétiens spécialisés dans l'opération de rachat des captifs tombés entre les mains des infidèles (Musulmans) dits ordres rédempteurs furent à cet effet créés et approuvés par les plus hautes autorités catholiques. Il s'agissait de « *l'Ordre de la Très Sainte Trinité et de la Rédemption des Captifs* », dit ordre des Trinitaires ou Mathurins, fondé en 1194 et approuvé en 1198 par le pape Innocent II, puis de « *l'Ordre de Notre-Dame-*

de-la-Merci » ou encore Ordre des Mercédaires, fondé en 1218 et obtenant l'approbation pontificale du pape Grégoire IX en 1235.

Mais au Moyen Âge et au-delà, dans cette Europe christianisée, outre l'Eglise, c'était la société dans son ensemble, à savoir, familles, parents, amis, corporations professionnelles etc. des esclaves, ainsi que les autorités politiques locales et centrales, qui s'investissait corps et âmes dans le rachat des captifs chrétiens.

En effet, les rachats étaient également organisés en privé par les familles des esclaves et captifs, conformément à la vieille prescription de Yahweh (Lev. 25 : 47-52). Les familles négociaient alors avec des intermédiaires (marchands, navigateurs) chargés de racheter les captifs et de les ramener au pays comme le souligne Verlinden. Elles pratiquaient également le rachat par échange lorsque ce procédé pouvait mieux faciliter la libération : c'était le plus souvent lorsque l'esclave ou le captif était détenu par les musulmans ; l'opération consistait alors pour les familles à acquérir un esclave musulman et l'échanger contre leur membre captif. Echange et rachat de captif pouvaient ainsi aller de pair. Dans la péninsule ibérique, au XIIème siècle par exemple, l'autorité politique requérait même de tout détenteur d'un esclave musulman de le céder pour son prix d'achat initial lorsque la famille d'un esclave chrétien en pays musulman cherchait à le racheter. Mais quelle que soit la modalité, le rachat était une opération coûteuse : l'opération de rachat impliquait le recours à de nombreux intermédiaires qui en vivaient. Le captif pouvait en supporter seul la charge s'il disposait de moyens adéquats ; sinon cette charge reposait sur les parents, amis, les corporations de profession éventuellement etc. On recourait aussi à des opérations de crédit lorsque les fonds personnels du captif ou réunis par les parents étaient insuffisants. Au bas Moyen Âge comme aux temps modernes, concouraient également au rachat des esclaves chrétiens les organisations professionnelles. Elles furent nombreuses dans la péninsule ibérique par exemple a contribué financièrement ou avoir prévu une telle contribution pour le rachat des esclaves chrétiens aux mains des musulmans : corporation des argentiers, agriculteurs, maréchaux-ferrants, tailleurs, fabricants de courroies, parcheminiers, savetiers, courtiers, pelletiers etc. de Valence ; corporation des notaires de Saragosse ; corporation des forgerons, bouchers, mariniers, charpentiers etc. de Barcelone…

Outre les familles et corporations professionnelles, les autorités politiques locales et centrales étaient également parties prenantes aux opérations de rachat. Par exemple, dès le VIIIème siècle, l'Etat byzantin prenait en main le rachat de ses ressortissants en captivité. Il procédait ainsi par accords à des échanges de captifs avec ses ennemis Arabes (VIIIème-Xème siècle), concluait des traités de coopération avec les Russes (Xème siècle) en matière de rachat de leurs captifs détenus par chacun des deux protagonistes ou des pays tiers. Au XIIIème siècle par exemple, en France et dans la péninsule ibérique (Espagne), les rois (Louis IX, Jacques Ier d'Aragon) plaçaient sous leur protection les ordres religieux versés dans le rachat des captifs chrétiens, notamment l'Ordre des trinitaires et l'Ordre des mercédaires. Au XIVème siècle (1309), les souverains d'Aragon ainsi que de la cité musulmane de Bougie en Afrique du Nord concluaient un accord d'affranchissement et de restitution de leurs citoyens détenus comme esclaves par chaque partie contractante. En France, aux temps modernes par exemple, au XVIIème siècle, les cités maritimes étaient tenues de contribuer financièrement aux opérations de rachats des esclaves chrétiens détenus par les musulmans.

Contribuaient aussi au rachat, le parlement de Toulouse, les Etats de Bretagne, soit l'assemblée des représentants du clergé, de la noblesse et des villes (le tiers état) de Bretagne. Les consulats œuvraient comme intermédiaires dans les opérations de rachat ; des caisses municipales de rachat fonctionnaient en Italie etc. Dans la péninsule ibérique et dès le bas Moyen Âge, la monarchie castillane réglementait l'activité de l'alfaqueque, cet intermédiaire des rachats opérant initialement de manière quelque peu « sauvage » pour les particuliers et les institutions religieuses. Au service de la Couronne travaillait désormais l'alfaqueque *mayor* tandis que l'alfaqueque *menor* œuvrait pour une municipalité. Ces alfaqueques bénéficiaient de l'immunité diplomatique, disposaient de sauf-conduits etc.

Au total en Europe, au Moyen Âge et dans les temps modernes, c'était de façon très imbriquée que les acteurs du rachat, Eglise chrétienne, parents des esclaves, corporations professionnelles, autorités politiques locales et centrales, œuvraient pour l'objectif commun voulu par le dieu des Chrétiens lui-même. Car nombreux étaient les chrétiens détenus comme esclaves. Par exemple, dans la péninsule ibérique ou dans les territoires barbaresques d'Afrique du Nord (Alger, Tunis, Tripoli, Salé au Maroc) au bas Moyen Âge et aux temps modernes, on dénombrait à Alger, au XIIIème siècle, plus de 20 000 esclaves français. La mise en esclavage des chrétiens dans les territoires barbaresques d'Afrique du Nord avait connu une exacerbation du XVIème au XIXème siècle avec l'intensification de la guerre de course dans la Méditerranée et son pendant les razzias, rapts de chrétiens, tant sur les côtes que les mers par des pirates et corsaires barbaresques ainsi qu'ottomans. L'apogée de ces razzias se situait au XVIIème siècle. Au large, tous les navires non musulmans étaient des cibles ; sur terre, villes et hameaux des côtes européennes de la mer Méditerranée étaient sans exception ravagés. Les raids se produisaient également dans l'océan Atlantique et avaient atteint l'Islande en 1627. L'Espagne, le Portugal, les états d'Italie, la France, les Îles Britanniques, les Pays-Bas, l'Islande étaient touchés. Le but principal des attaques : faire des captifs parmi les infidèles (chrétiens) soit pour être rançonnés, soit pour être vendus comme esclaves sur les marchés de l'esclavage musulman, en Afrique du Nord, en Orient musulman.

Il faut le souligner, la piraterie fut un phénomène endémique en Méditerranée depuis l'antiquité, en raison de la difficulté à imposer sur mer une souveraineté incontestée et à y faire appliquer la loi. Elle prenait cependant une dimension particulière avec l'arrivée de l'Islam au VIIème siècle et le partage de l'espace maritime entre chrétiens et musulmans. Les razzias ou les attaques de navires étaient alors placées sous le signe de la lutte légitime contre l'ennemi infidèle, avec une distinction entre les prises légales (« de bonne guerre ») et les autres. Le droit musulman considérait les territoires au-delà des frontières de l'Islam comme le « Domaine de la guerre » (Dâr al-Harb), dans lequel il était non seulement juste mais aussi recommandé de mener le djihad pour défendre le « Domaine de l'Islam » (Dâr al-Islâm), voire l'étendre. En Méditerranée, ce djihad prenait la forme d'expéditions contre les navires, sous la conduite du calife ou de son représentant.

Aux attaques musulmanes répondaient les attaques chrétiennes. Au bas Moyen Âge surtout, le corso fut une activité très courante dans tous les grands ports chrétiens. Les chrétiens, Catalans, Valenciens, Majorquins et autres Ibériques, étaient particulièrement actifs, portant la guerre dans la Méditerranée, puis la généralisant à tout le bassin de celle-ci à partir du XIIIème siècle. Les Catalans écumaient les mers, Méditerranée et Atlantique, razziant jusqu'aux îles Canaries.

Des Sarrasins étaient ainsi faits prisonniers de l'Algarve (région du sud Portugal contemporain) à Valence par les Catalans. Les Castillans n'étaient pas en reste, poursuivant la guerre contre les musulmans. Les razzias et rapts sur mer par les corsaires chrétiens s'intensifiaient aux XIV-XVème siècles et de nombreux captifs ou esclaves achetés sur les marchés de la Méditerranée affluaient dans la péninsule ibérique.

C'était qu'en Europe, du XVIème au XIXème siècles, le bassin méditerranéen, haut lieu de rivalités traditionnelles entre Chrétiens et Musulmans depuis le VIIIème et la conquête par ces derniers de l'Espagne, fut le théâtre d'une confrontation qui s'était intensifiée par la guerre de course en particulier. Spatialement, le bassin méditerranéen couvre les pays contemporains de l'Europe du Sud (Espagne, France, Italie, Malte, Slovénie, Croatie, Monténégro, Albanie, Grèce et Chypre), du Proche-Orient (Turquie, Syrie, Liban, Israël, Palestine) et d'Afrique du Nord (Maroc, Algérie, Tunisie, Libye, Égypte). Très schématiquement, la guerre de course est un ensemble d'opérations militaires menées par des corsaires, en mer, en vue de s'emparer des bâtiments de commerce appartenant aux nations en guerre contre les leurs ou contre celles de leurs mandants. Lorsque les opérations menées par le corsaire visent au contraire à s'emparer des bâtiments de commerce des infidèles, son activité est dénommée corso. En clair, à la différence du pirate qui est un brigand des mers agissant illégalement, en son nom propre, de façon privée, le corsaire est un brigand des mers légal. Il est reconnu, mandaté, commissionné par un Etat pour mener son activité qui est soit la course, soit le corso, quand bien même cette activité n'est que de la prédation en mer.

En Europe, la course et le corso étaient des activités qu'encourageaient les Etats. Ceux-ci, véritables principaux, délivraient à leurs agents, les corsaires, des autorisations nommées « lettre de marque » d'attaquer les navires de commerce ennemis. La guerre de course en Europe médiévale remontait pour ses débuts au XIIIème siècle. Quant au corso, il fit son apparition dans la Méditerranée au VIIIème siècle, avec la conquête de l'Espagne par les Musulmans et la lutte sans fin alors déclenchée entre Chrétiens et Musulmans, chacun défendant « la foi authentique », évidemment la sienne. Il y eut donc à la fois un corso chrétien et un corso musulman qui connurent tous trois siècles d'intensification du XVIème au XIXème siècle. Le corso s'était toutefois quelque peu affaibli au XVIIIème siècle au contraire de la guerre de course encore très en vogue au cours de ce siècle : c'était nécessaire pour les Etats à l'époque d'avoir la maîtrise des mers et la course leur en offrait les moyens. Côté chrétien, les corsaires menant les raids esclavagistes tant sur les côtes que les flottes musulmanes furent les Génois, Catalans, Pisans, Vénitiens, Marseillais etc. ; côté musulman, c'étaient les Barbaresques d'Afrique du Nord. Leurs prises avaient longtemps fait le bonheur des marchés d'esclaves. En mer comme sur les littoraux méditerranéens de l'Europe, des villes, voire des îles entières furent vidées de leurs habitants. En Corse, en Crète par exemple, les côtes s'étaient dépeuplées au profit de l'intérieur des terres, notamment les zones montagneuses plus difficiles d'accès. Les captifs des Barbaresques furent principalement espagnols, catalans, occitans, provençaux, italiens, croates, serbes, albanais, grecs etc.

Côté européen, des institutions de l'Eglise chrétienne avaient également pris part à l'activité de corso dans la Méditerranée. C'était le cas de l'Ordre chrétien de Saint-Jean de Jérusalem. Approuvé par le pape Clément II par une bulle du 15 février 1113, l'Ordre, fondé nettement plus tôt, vers 1070, avait une vocation hospitalière mais également militaire. Il partageait cette dernière mission, militaire, avec l'Ordre du Temple créé à l'occasion du concile de Troyes en 1129 à partir de la milice nommée « les Pauvres Chevaliers du Christ et du Temple de Salomon ». L'Ordre du Temple fut approuvé par le pape Innocent II le 29 mars 1139. S'agissant de l'Ordre de Saint-Jean de Jérusalem, il avait, entre autres, pour mission militaire, de combattre les Sarrasins, d'assurer la police des mers. En 1530, l'Ordre s'installait à Malte et l'empereur Charles Quint le fit souverain de l'île à compter de cette date. L'ordre était alors devenu une puissance maritime autonome. Il avait concentré son activité en conséquence sur le corso et la course et pris une part très active dans la guerre opposant Chrétiens et Sarrasins barbaresques dans le bassin méditerranéen. Après la bataille de Lépante en 1571, l'Ordre étendait son activité aux cibles civiles et s'adonnait à des pillages généralisés ciblant les musulmans : razzias, rapts, pirateries, faisant des captifs pour ses propres galères, pour en négocier le rachat, pour approvisionner le marché aux esclaves (Brogini, 2006 ; Gugliuzzo, 2013 ; Bono, 2013). Avec l'Ordre de Saint-Jean de Jérusalem, Malte était devenue une plaque tournante majeure du marché des esclaves de l'Europe chrétienne aux temps modernes. Toutefois, si Malte fut la capitale du corso chrétien, la Méditerranée comportait aux mêmes moments d'autres marchés aux esclaves où les corsaires écoulaient leur production humaine, à savoir Messine, Naples, Livourne, Gênes, etc.

En mai 1603, un assaut de l'Ordre chrétien de Saint-Jean de Jérusalem contre les deux forts ottomans gardant le golfe de Lépante aboutit à 235 captifs dont un grand nombre de femmes et d'enfants (Brogini, 2013). Entre 1655 et 1674, les corsaires et galères de Malte (de l'Ordre Saint-Jean) avaient effectué 3817 captifs (Fontenay 1985) ramenés à Malte. Sur la période, il convient d'ajouter les captifs que les corsaires vendaient sur d'autres marchés méditerranéens comme Messine, Naples, Livourne, Gênes afin d'échapper aux droits d'amirauté du Grand Maître maltais. En conséquence, la prise annuelle moyenne sur la période (1655-1674) était estimée à 200-250 captifs (Fontenay,1985). Une partie des prises s'effectuait au Levant et portait sur des Turcs, des marchands juifs, mais aussi sur des résidents d'Alexandrie en Egypte, des Grecs, et diverses populations ; l'autre partie des captifs était originaire des régences barbaresques d'Afrique du Nord (Tunis, Tripoli, Alger).

Mais à combien s'élevaient en totalité les captifs musulmans effectués par les corsaires et pirates chrétiens, ceux de l'Ordre Saint-Jean de Malte et autres, durant les temps modernes et le bas Moyen Âge ? Et à combien se chiffraient les esclaves musulmans en Europe, au Moyen Âge et durant les temps modernes ? Ces interrogations sont importantes mais demeurent plutôt sans réponse, les informations disponibles n'étant ni complètes, ni fiables. Pour la période moderne et le XVIIIème siècle par exemple sur lesquelles les historiens tenaient l'esclavage des musulmans en Europe pour marginal, le nombre d'esclaves musulmans aurait été d'environ 10 000 pour la seule Espagne si l'on se limite uniquement aux captures de Maures et Turcs effectuées par les corsaires espagnols (Gozalo, 2013). Plus globalement, on estime qu'environ 2 millions d'esclaves auraient vécu dans la péninsule ibérique et les îles de l'Atlantique où se développait l'esclavage de plantation du XVIème au XVIIIème siècle (Stella, 2013) ou du XVème au XIXème siècle (Vincent, 2010). Dans cette péninsule ibérique, si les esclaves ne furent pas toujours tous musulmans, ceux-ci y devenaient prépondérants à partir du bas Moyen Âge et de la reconquête chrétienne. Cette reconquête, on le sait, avait duré huit siècles. Elle débutait en 722 par la victoire chrétienne asturienne à la bataille de Cavadonga et s'achevait par la prise de Grenade en 1492 par les rois catholiques. Globalement, la reconquête avait opposé d'un côté des royaumes chrétiens (royaume des Asturies, royaume de Galice, royaume de León, royaume d'Aragon, royaume de Castille, royaume du Portugal, royaume de Navarre, monarchie catholique d'Espagne, auxquels s'étaient joints l'Ordre de Saint-Jean de Jérusalem, l'Ordre du Temple) et de l'autre, des califats, émirats et royaumes musulmans (califat omeyyade de Damas, émirat de Cordoue, califat de Cordoue, royaume de Taïfa, empire Almoravide, empire Almohade, émirat de Grenade, royaume Nasride).

Mais alors, combien étaient-ils de leur côté, les chrétiens européens mis en esclavage par les musulmans dans leurs pays durant le Moyen Âge et les temps modernes ? Importante également, la question manque de réponse nette et pour cause. Les informations disponibles ne sont ni complètes, ni fiables. Une estimation partielle est celle fournie par Davis (2006). Le chercheur estime que dans les pays musulmans et chez les Barbaresques d'Afrique du Nord notamment, durant la période 1530-1780, entre 1 000 000 et 1 250 000 chrétiens européens auraient été réduits en esclavage.

Il apparaît ainsi que du Moyen Âge aux temps modernes, chrétiens européens et musulmans se rendaient coup pour coup : le nombre de captifs des uns réduits en esclavage par les autres n'était aucunement négligeable même si les données disponibles n'étaient que des estimations partielles. Si cela avait intensifié un mouvement d'échanges mais surtout de rachats de captifs entre musulmans et chrétiens, la question est de savoir combien de ces captifs et esclaves furent rachetés de part et d'autre. Là encore, les données disponibles demeurent des estimations partielles. Quelques illustrations toutefois.

Selon la légende, au VIème siècle, saint Eptadius aurait libéré plus de 3000 esclaves limousins des mains du roi burgonde Sigismond ; saint Eloi (588-660) rachetait en même temps 20, 30, 50, parfois cent esclaves et aurait ainsi libéré une grande quantité sur sa vie. De 1212 à 1785, l'ordre de la Très Sainte Trinité et de la Rédemption des Captifs (les Trinitaires) aurait racheté 40 000 captifs en Barbarie (Tiran, 2013) ; le nombre total de rachats fait par l'ordre pouvant aller de 90 000 à 700 000. S'agissant des Mercédaires (ordre de Notre-Dame-de-la-Merci), il est estimé qu'ils auraient racheté au total entre 100 000 à 700 000 esclaves (Dossat, 1978). Ces données ont pu être exagérées par des hagiographes afin d'embellir l'action chrétienne. Plus sérieusement, sur une décennie, de 1651 à 1660, furent rachetés à Tunis 853 esclaves chrétiens dont 27% de Français et 48% d'Italiens (Fontenay, 2002) par le canal du consulat de France. Sur la période 1541-1670, le nombre d'esclaves européens chrétiens rachetés à Tétouan, au Maroc, se montait à 8 038 (El Jetti, 2013. De 1575 à 1692, les Trinitaires et les Mercédaires ont racheté environ 6 369 captifs du Maroc et d'Alger (Lecerf, 2013). Davis (2006) calcule qu'au XVIIème siècle et sur environ huit décennies, les trinitaires d'Espagne auraient racheté 15573 esclaves. Le chercheur estime plus généralement que la proportion d'esclaves rachetés durant les temps modernes se chiffrait à entre 3 à 4% du nombre de captifs. En s'appuyant sur une telle estimation ainsi que l'évaluation du chercheur faisant état de 1 000 000 à 1 250 000 chrétiens européens réduits en esclavage dans les territoires barbaresques d'Afrique du Nord entre 1530 et 1780, on aboutit sur cette période à un nombre moyen total de rachats auprès des barbaresques de 35 000 à 50 000 esclaves chrétiens européens. Dans le sens inverse, les musulmans rachetaient aussi leurs coreligionnaires esclaves chez les chrétiens européens. Ils étaient toutefois moins bien organisés que les chrétiens.

En Europe chrétienne, le retour des esclaves rachetés donnait lieu à des réceptions en grande pompe avec des processions à travers différentes villes destinées à magnifier l'action de l'Eglise et aussi à inciter la population chrétienne à ne pas hésiter à contribuer financièrement aux opérations de rachat.

b) Dans la société civile

Dans l'Europe médiévale, comme celle antique (Grèce, Rome), une des voies de sortie de l'esclavage était l'affranchissement ou la manumission. On sait que l'Eglise institutionnelle, pour des raisons théologiques mais surtout par réflexe d'accumulation (éviter de réduire son patrimoine alors largement constitué de milliers d'esclaves achetés, reçus en don, leg etc.) y était opposée. Cependant au haut Moyen Âge, des ecclésiastiques, tel Grégoire Ier, avaient affranchis à titre personnel et appelé les populations à le faire comme acte pieux. La Gaule, aux VIème -VIIème siècles fut un champ d'expression notable de telles manumissions. Par exemple, un puissant propriétaire auvergnat d'esclaves, saint Géraud, aurait affranchi à sa mort en 909 ou 910, cent esclaves, et aurait fait davantage n'eussent été les limites imposées par la loi. Ces manumissions « pieuses » ne furent toutefois pas massives et l'affranchissement pratiqué dans la société européenne médiévale était plutôt directement utilitaire, avec une contrepartie nettement perceptible pour le maître.

Mais dans l'Europe médiévale, comme celle antique, l'affranchissement se faisait selon deux modalités : soit la manumission est totale, l'affranchi étant alors débarrassé de tout lien de subordination ou de sujétion envers son ancien maître, soit la manumission est retreinte et l'affranchi conserve des liens de dépendance envers son ex-maître.

L'affranchissement total était cependant rare dans cette Europe médiévale comme dans l'empire romain antique. Au haut Moyen Âge, cependant, nombre d'affranchissements pieux avaient revêtu ce caractère : les maîtres entendaient couper tout lien de subordination de leurs anciens esclaves envers eux en contrepartie de la gratification qu'ils attendaient de l'opération, de leur dieu, soit dans leur vie terrestre, soit le plus souvent dans l'au-delà. Il convient de noter que de telles manumissions, même dites pieuses, n'étaient que la résultante d'un calcul économique dès lors qu'elles n'étaient en réalité que la contrepartie d'un bien-être pour le maître esclavagiste. En cela, elles étaient aussi hautement utilitaires. Outre les manumissions par piété, les affranchissements sans dépendance, dans l'Europe médiévale pouvaient être des prescriptions légales. Tel était par exemple le cas lorsque l'esclave dénonçait l'adultère commis entre un esclave et sa maîtresse, à condition qu'il en portât la preuve, ou dénonçait un faux-monnayeur, ou si son maître était juif, ou s'il avait vécu en fuite durant au moins 50 ans etc. En dehors des dispositions légales ou de la coutume, l'esclave, dans l'Europe médiévale, pouvait aussi acquérir une liberté totale s'il en payait le prix exigé par le maître. Il avait en effet le droit au rachat, institué par le dieu des chrétiens lui-même. Il pouvait dans ce cas, utiliser son pécule, constitué tout au long de sa servitude. Le maître pouvait aussi affranchir l'esclave pour service rendu par ce dernier.

Il convient de souligner, que c'était le maître qui décidait de l'affranchissement et choisissait la modalité. Il le faisait toujours en fonction de son intérêt, de ce qui correspondait à ses besoins, de ce qu'il espérait. C'était toujours le résultat d'un calcul économique, même dans le contexte des affranchissements pieux du haut Moyen Âge comme nous l'avons souligné. Par exemple, un esclave vieillissant était affranchi parce qu'il devenait moins rentable, lorsque les avantages que le maître en tirait (services rendus, exploitations de domaines, locations à l'extérieur etc.) tendaient à être inférieurs aux charges qu'il occasionnait pour lui. Ce calcul économique conduisait généralement le maître européen médiéval à ne pas garder indéfiniment le même esclave et à opter pour son affranchissement à un moment donné. Le maître libérait aussi l'esclave femme qui lui avait donné un enfant dès lors qu'il en reconnaissait la paternité : ici la contrepartie de la manumission était, au-delà du service sexuel rendu, l'enfant qui en avait résulté. Autre motif d'affranchissement : le dieu des Judéo-chrétiens, Yahweh, avait imposé qu'un maître ayant amputé un esclave d'une dent ou d'un œil devait l'affranchir en contrepartie de ce dommage causé (Exode 21 : 26-27) etc.

Dans l'Europe médiévale, et en règle générale, la manumission totale, sans dépendance vis-à-vis de l'ancien maître, était plutôt infime, rare. Le calcul économique, la rationalité, l'intérêt du maître, l'amenait le plus souvent à opter pour une manumission avec des liens de dépendance : c'était la manumission dite *cum obsequio* soit avec des obligations envers l'ancien maître. L'esclave restait alors, comme dans l'antiquité romaine, marqué à vie par sa condition servile et n'était véritablement pas intégré à la société comme membre à part entière, sur le même pied d'égalité que les libres. Mais dans cette Europe médiévale, et principalement au haut Moyen Âge, l'intérêt de l'esclave le conduisait aussi à souhaiter, voire préférer cet affranchissement avec dépendance. En effet, au haut Moyen Âge, la société européenne était une société de violence permanente : la guerre était présente presque partout et à tout moment, les rapts de personne étaient quotidiens, et l'insécurité était permanente. Par ailleurs, il n'existait dans la société aucun mécanisme social de prise en charge des nécessiteux, chaque individu devait faire face à ses besoins et se prendre en charge, trouver les moyens de sa subsistance. A l'insécurité sociale s'ajoutait une insécurité économique, lesquelles poussaient les plus pauvres, les plus démunis, à rechercher la protection des plus puissants, des nantis, à se placer sous une telle protection. Il n'était dans ces conditions pas de l'intérêt de l'esclave affranchi de couper tout lien avec son ancien maître, surtout lorsque celui-ci était un puissant, puisque de toutes les façons, il allait être amené à se placer sous la protestation d'autrui. Aussi des esclaves refusaient-ils l'affranchissement, ou voyaient d'un très bon œil le maintien d'une certaine dépendance vis-à-vis de leur ancien maître en cas d'affranchissement, ne serait-ce qu'en contrepartie de la protection de ce dernier.

L'acte d'affranchissement précisait le type de manumission, avec ou sans dépendance. Dans ce dernier cas, l'acte spécifiait le devoir envers l'ex-maître qui incombait à l'affranchi, un devoir qui revêtait un caractère héréditaire. L'ex-maître devenait ainsi le patron de son ancien esclave et de ses descendants, comme ce fut le cas dans l'empire romain. Parmi les contraintes imposées à l'affranchi, on trouvait fréquemment dans cette Europe médiévale, l'obligation de travailler pour le compte de l'ex-maître pendant une durée déterminée, en moyenne sept-huit ans ; le versement au maître d'un chevage ou impôt annuel chez les barbares germains au haut Moyen âge etc. Historiquement, lorsque l'Eglise chrétienne acceptait la manumission, c'était cette deuxième modalité qu'elle adoptait, et pour cause : elle lui offrait la possibilité de conserver son patrimoine servile qui travaillait dans ses domaines agricoles, entretenait les monastères et églises, servait de galériens pour la flotte pontificale etc. Ainsi, comme nous l'avons déjà souligné, un canon du concile tenu à Lyon en 583 précisait que les droits de l'Eglise sur l'esclave se poursuivaient au-delà de la manumission, tandis que le concile de Tolède (655) requerrait des affranchis et de leurs descendants de servir l'Eglise avec zèle.

§5) Révoltes, fuites et résistances antiesclavagistes

A) Révoltes et fuites

Dans l'Europe médiévale, les rébellions armées ouvertes d'esclaves, organisées et tenant sur la durée, étaient plutôt rares. Il existe une grande explication à cette situation : la christianisation croissante et finalement quasi-totale de la société européenne, avec l'enseignement chrétien inculquant aux esclaves la soumission et l'obéissance au maître (enseignement de Paul), l'acceptation par les esclaves de leur condition comme un fardeau nécessaire pour accéder à la grande béatitude les attendant dans l'au-delà etc. A l'éducation anti-révolte, le Christianisme joignait également une panoplie de garde-fous dissuasifs. Par exemple, le troisième canon du Concile de Gangres (340-341), frappait d'anathème ceux qui sous prétexte de christianisme incitaient les esclaves à mépriser leurs maîtres et à quitter leur service, au lieu de les servir avec révérence et respect. Dans ce cadre de conditionnement, les révoltes d'esclave ne pouvaient qu'être ténues. Quelques exceptions confirment la règle. Mentionnons les dernières révoltes des Bagaudes qui eurent lieu toutefois vers la fin de l'antiquité. Elles avaient secoué, depuis 435, la Gaule, l'Espagne, la Tarasconnaise (province romaine du nord et de l'est de l'Espagne) pour être définitivement vaincues par les troupes du roi wisigoth Théodoric II en 454. Il convient cependant de souligner que le mouvement n'était pas à proprement parler mené par les seuls esclaves. Les Bagaudes étaient des bandes armées d'individus en passe de tomber dans l'esclavage et s'élevant contre cette fatalité, luttant pour leur survie, à savoir, des paysans libres ruinés, des soldats déserteurs, des citadins endettés, auxquels s'étaient joints des esclaves fugitifs. En Italie, l'édit du roi Rothari de 643 indiquait que des esclaves évadés se constituaient en bande et que leurs troupes attaquaient les grands domaines esclavagistes de Lombardie, libérant les esclaves qui y travaillaient. Au VIIIème siècle, en 770 notamment, le royaume des Asturies (au nord de l'Espagne) était confronté à un soulèvement de ses esclaves, soulèvement maté par les troupes du roi Aurélio. En Gaule, au IXème siècle, il y eut plusieurs révoltes d'esclaves durant la longue période des invasions normandes (vikings) inaugurées dès 799 : des esclaves avaient tué et réduit leurs maîtres en esclavage comme durant la dernière attaque contre Paris de 885-886. Dans la période moderne, peuvent être mentionnées de nombreuses révoltes d'esclaves chrétiens galériens (Skirda, 2010). C'était le cas en 1590 : 264 esclaves chrétiens galériens d'un navire turc parti de Tripoli avaient réussi à se libérer de leurs entraves puis à vaincre les soldats et marins turcs de l'équipage pour accoster à Malte. En 1629 également, sur une galère turque en escale à l'île de Lesbos, 242 esclaves galériens, majoritairement slaves, se soulevèrent et réussirent à vaincre les 150 marins et soldats turcs de l'équipage. Parmi eux des galériens expérimentés en navigation qui avaient pris les commandes du navire pour accoster, au terme de deux semaines de navigation, à Messine en Sicile. En 1643, près de Constantinople, la meilleure galère turque, pourvue de 15 voiles, 12 ancres, 19 pièces d'artillerie, 250 soldats turcs, connut une révolte de galériens. 277 esclaves rameurs, majoritairement slaves se soulevèrent et parvinrent à vaincre les soldats turcs de l'équipage au terme d'une rude bataille. Là également, des galériens expérimentés en navigation réussirent à conduire le navire à Messine au terme de 8 jours de navigation. Etc.

Toutefois, plus que ces révoltes armées ouvertes, les évasions, les fuites des esclaves furent l'un des fers notables des contestations du système esclavagiste européen médiévale. Les esclaves fuyards ne prenaient pas la direction des églises qui se posaient en lieu d'accueil. Et pour cause, l'Eglise chrétienne restituaient aux maîtres les esclaves fugitifs qui se réfugiaient dans ses bâtiments. Or, les esclaves fuyards contestaient désormais le système esclavagiste et avaient soif de liberté. Ils prenaient en conséquence la direction de la nature, de tout autre lieu en mesure de leur offrir ce bien. Sans doute parce que les fuites de plus en plus nombreuses ébranlaient le système esclavagiste en vigueur, elles étaient devenues la cible privilégiée des lois barbares cherchant à les réprimer, à les éradiquer. En Italie, l'édit du roi Rothari de 643 organisait leur répression, sans succès toutefois puisque presque un siècle plus tard, les fuites prenaient une ampleur sans précédent, obligeant le roi lombard Liutprand à légiférer encore en 717 puis 727. Dans la Gaule franque, la situation n'était guère meilleure. Sous les carolingiens par exemple, aux IX ème et Xème siècles, les unités d'exploitation agricoles, les manses, concédées aux esclaves étaient désertées en masse par ces derniers. Les hautes vallées des Alpes étaient colonisées par ces esclaves fuyards qui s'organisaient en communautés de marrons. En Germanie (Francie orientale) confrontée à l'épineuse question d'évasion en masse des esclaves au Xème siècle, le roi Otton III tentait désespérément de voler au secours des maîtres d'esclaves (laïcs, ecclésiastiques, Eglise institutionnelle) par un capitulaire de 998. Dans l'Espagne wisigothique, aux VIIème mais également VIII ème siècles, les fuites proliféraient et devenaient massives. Pour tenter de les enrayer, le roi Egica requérait par une loi de 702 le concours de toute la population jusqu'aux ecclésiastiques, prêtres comme évêque, décrétant que « *Tous les habitants d'un lieu où se présentera un individu suspect (c'est-à-dire pauvrement vêtu) devront se saisir de lui, l'interroger et le torturer jusqu'à lui faire avouer sa condition d'esclave et le nom de son maître »* : des sanctions étaient prévues pour quiconque (laïc, ecclésiastique) serait défaillant. Mais au bas Moyen Âge, dans la péninsule ibérique, la situation ne s'était guère améliorée, bien au contraire. A la répression par la loi, les autorités politiques ajoutaient désormais la mise en place d'une institution d'embrigadement des esclaves, à savoir la création d'une institution de surveillance. C'était le cas en Catalogne au XVème siècle où était de surcroît décrété l'assurance de tous les esclaves contre la perte due à la fuite. A Majorque, dans le dernier quart du XIVème siècle, l'enchaînement, l'enfermement des esclaves non chrétiens était requis. C'était également le cas en Sicile. Parce que détenant un nombre élevé d'esclaves non chrétiens, toutes les sociétés méditerranéennes étaient confrontées à la problématique de fuite des esclaves au bas Moyen Âge.

B) Résistance antiesclavagiste en Europe médiévale

En Europe à l'ère médiévale, comme auparavant dans l'antiquité, les esclaves résistaient de diverses manières au système qui les opprimait : les assassinats de maître par attaque violente, par empoisonnement etc., le sabotage des tâches, les fuites ... étaient diverses expressions de cette résistance. Des esclaves fuyards, constitués en bande ou en communauté, comme ce fut le cas dans les Alpes, attaquaient et pillaient les domaines esclavagistes, libérant les esclaves qui y travaillaient et les enrôlant dans leurs bandes. La réglementation réprimait durement les fuites, mais encore plus durement les assassinats ou tentatives d'assassinat de maître. Par exemple, en cas de décès d'un maître, dès lors que l'on soupçonnait l'assassinat, tous ses esclaves pouvaient être mis à mort. En dehors des victimes directes de l'esclavage, et contrairement à une idée reçue, toute la société européenne médiévale n'avait pas applaudi l'esclavage. Non plus toute la société n'en avait profité ni n'en avait accepté les principes. C'était le cas d'une frange des victimes « naturelles » de l'esclavage médiévale européen, une communauté ukrainienne nommée Cosaques ou Zaporogues, laquelle s'était particulièrement illustrée dans le combat contre l'esclavage au XVIIème siècle. Ces Zaporogues occupaient un territoire au sud de l'Ukraine, jouxtant une partie nord de l'empire ottoman et dont la capitale était Sitch.

Une des premières lignes directrices de la communauté zaporogue était le principe d'égalité totale, en droits politiques et sociaux, entre tous ses membres. Au nombre de ses idéaux figuraient en premier lieu l'indépendance, la liberté, la défense et la protection du faible contre le puissant, le refus de l'oppression, de l'esclavage. Les Zaporogues étaient opposés au principe même de l'esclavage, une opposition qu'ils illustraient en refusant toute compromission : jamais ils n'avaient pratiqué l'esclavage, ni n'en avait tiré profit par le commerce ou autre. Leur combat n'avait qu'une finalité, à savoir, l'éradiquer.

Constitués initialement d'Ukrainiens, et composés majoritairement d'Ukrainiens et Russes, les Cosaques étaient une communauté ouverte, intégrant des personnes issues de tout territoire et de toute ethnie : Biélorusses, Polonais, Lituaniens, Bulgares, Valaques, Turcs, Géorgiens, Tatars, Anglais, Allemands, Français, Italiens, Espagnols etc. Les aspirants à l'intégration à la société zaporogue soumettaient une candidature, laquelle était longuement examinée. Le recrutement nécessitait que le candidat remplît certaines conditions précises dont : savoir parler Ukrainien ; être célibataire ; être orthodoxe chrétien, le postulant issu d'une autre confession devant renier sa religion d'origine ; apprendre les us et coutumes zaporogues ; jurer de se consacrer à la défense des faibles contre les forts, de combattre pour la libération des esclaves, des serfs opprimés par les seigneurs ; se former militairement ; etc. Après quoi seulement l'adhésion était autorisée.

Accouraient en grande majorité vers les Zaporogues et faisaient acte de candidature à l'adhésion à leur communauté, les hors-la-loi, les victimes de l'injustice sociale, les esclaves et serfs fuyards etc. Les zaporogues s'étaient dotés d'une organisation militaire solide : formation navale, en cavalerie, en combats à pied, en maniement de tous types d'armes. En outre, ils construisaient eux-mêmes leurs navires, dotés de deux gouvernails, un à l'avant, un à l'arrière et donc capables de naviguer dans les deux sens.

Concrètement, face aux razzias, rapts, guerres, et pour protéger la communauté, les Zaporogues plaçaient leur territoriale sous vigilance, avec des sentinelles veillant depuis des lieux appropriés. Leur point de mire ou cible principale étaient les esclavagistes et leurs structures. Ils s'attaquaient ainsi au XVIIème siècle aux Tatars, Turcs, Polonais, etc. et un de leurs champs de bataille majeurs fut la mer Noire qu'ils écumaient, prenant puis coulant les navires turcs, délivrant les galériens, récupérant les armes ennemies. Ils saccageaient le littoral de la mer Noire, investissant, incendiant, pillant, détruisant villes et forteresses, libérant à l'occasion des milliers d'esclaves et de captifs. On peut mentionner (voir pour plus de détails Skirda, 2010) la prise et la destruction du port bulgare de Varna en 1606, celles de Sinope et Trébizonde, vastes marchés d'esclaves, en 1614, celle de Caffa, un des principaux marchés d'esclaves de la Crimée, en 1616, celle de la capitale tatare de Crimée, Bakhtchisaray, en 1625 etc.

§6) La fin de l'esclavage interne médiévale en Europe

Pour expliquer la fin de l'esclavage en Europe au Moyen Âge, les historiens ont convoqué un ensemble de facteurs.

(i) D'abord le facteur religieux, à savoir la christianisation croissante et quasi-totale de la société européenne médiévale. Or, on le sait, l'Eglise chrétienne, loin de combattre l'esclavage, l'avait plutôt consolidé par ses justifications doctrinales, son opposition à la libération de ses propres esclaves, dont elle tirait toute sa prospérité matérielle. Toutefois, la christianisation complète des zones rurales, couplée à l'enseignement de Paul que le baptême gommait toute différence entre les chrétiens auraient induit des changements mentaux profonds dans ces zones, transformé la perception qu'avaient les libres pauvres des esclaves, rapproché les deux catégories et créé les conditions d'une solidarité entre eux, et in fine entraîné leur rejet de l'esclavagisme : « *Le consensus nécessaire au maintien du système esclavagiste se trouve sapé à deux niveaux : les pauvres libres cessent de voir dans les esclaves ce bétail que leur désignent les riches et que la loi leur interdit de fréquenter ; les esclaves trouvent dans les sacrements qu'ils reçoivent la justification de leur aspiration à la condition humaine et, par voie de conséquence, à la liberté* » (Bonnassie, 1985). Il importe toutefois de souligner que l'Eglise chrétienne n'a jamais condamné l'esclavage dans son principe : les passages de la Bible fondant sa légitimité n'ont jamais été supprimés. Ce contre lequel l'Eglise chrétienne s'était élevée sans ambiguïté était la mise en esclavage des chrétiens. Et c'était à cette mise en esclavage des chrétiens que l'Europe chrétienne avait mis fin en son propre sein à l'époque médiévale : l'enseignement chrétien avait effectivement joué un rôle clé dans l'extinction de ce type d'esclavage en Europe médiévale.

(ii) Le progrès technique avait aussi été mis en exergue comme un facteur ayant contribué à la fin de l'esclavage en Europe médiévale. Il s'agissait des innovations en matière énergétique, notamment : l'exploitation de la force hydraulique (invention du moulin à eau), des méthodes nouvelles d'attelage (invention du joug frontal pour les bœufs, du collier d'épaules pour le cheval), d'un outillage nouveau (invention du fléau à battre, de la charrue à versoir, de la faux, d'outils divers en fer remplaçant ceux naguère en bois etc.). Cette révolution technologique aurait permis d'accroître la production, d'alléger la tâche des esclaves et contribué à réduire leur besoin, leur nombre, pour in fine déboucher sur la disparition du recours à eux comme facteur de production. Les limites d'un tel raisonnement sont patentes : les gigantesques progrès techniques accomplis depuis le 20ème siècle n'ont jamais supprimé le recours à la main d'œuvre salariée dans la société contemporaine ; il faut l'humain pour concevoir, mettre au point les nouvelles technologies.

(iii) La quête de la liberté par les esclaves est aussi invoquée comme un des facteurs clés de l'extinction de l'esclavage dans l'Europe médiévale. L'argument est qu'elle aurait été le ressort des évasions, des fuites des esclaves, lesquelles auraient in fine conduit à l'écroulement du système. Il est certain que le système esclavagiste ne peut tenir que si les esclaves restent à leur place et ne bravent pas les dangers qu'ils courent en voulant s'extirper du joug de leurs maîtres : si à la limite, tous les esclaves acceptent en permanence de mourir et s'évadent continûment et que les maîtres les tuent sans cesse, il n'y aurait plus d'esclaves tout comme un système d'organisation sociale fondé sur leur utilisation. En ce sens, la fuite continue des esclaves, amorcée de façon décisive au haut Moyen Âge, fut incontestablement un des facteurs décisifs de l'extinction de l'esclavage en Europe.

A cette soif de liberté des esclaves, il faut adjoindre un autre facteur important : l'intérêt que les maîtres esclavagistes avaient à un moment donné à faire évoluer leur propre organisation. En effet, ceux-ci avaient constaté au haut Moyen Âge que les rendements des esclaves (leur production mesurée par unité de temps) étaient plus élevés lorsqu'ils étaient chasés. Or les esclaves chasés étaient ceux auxquels le maître concédait une unité d'exploitation agricole (un manse : habitation rurale avec jardin et champs) qu'ils devaient exploiter à leur guise, ne devant à leur propriétaire qu'une redevance. Ces esclaves chasés ne travaillaient plus sous la contrainte quotidienne du maître comme dans le mode d'exploitation en faire-valoir direct. Ils prenaient des initiatives personnelles en matière d'activité, étaient plus motivés à travailler plus et mieux afin de dégager un surplus pour eux-mêmes une fois versée la redevance fixée par le maître. Là résidaient les fondements d'une productivité plus élevée. Celle-ci a pour ressort clé cette nouvelle organisation rendant à l'esclave une dose de liberté dont il était totalement dépourvu dans le mode d'exploitation en faire-valoir direct fonctionnant sous l'autorité et la contrainte du maître. Il faut souligner qu'embrigadé dans le système de faire-valoir direct, l'esclave était lui-même l'un des facteurs majeurs de l'inefficacité relative du système. En effet, il sabotait en continu le travail, exécutant mal les tâches qui lui étaient imposées, ne prenant aucune initiative et ne fournissant pas le maximum de l'effort dont il était capable etc. Notons que quel que soit le travailleur, celui-ci connaît toujours mieux que son employeur l'effort qu'il est capable de fournir et peut réduire cet effort en toute discrétion sans que l'employeur ne décèle cela. Le chasement des esclaves était dans ces conditions un mécanisme incitatif puissant parce qu'il libérait la part cachée de l'effort de l'esclave. Or, c'était un tel mécanisme que recherchait le maître lorsqu'il contraignait l'esclave au travail par la force : le rendre plus productif. En outre, le chasement des esclaves réduisait les coûts pour le maître puisqu'il ne nourrissait, ni ne vêtait, ni ne surveillait etc. plus l'esclave chasé. Son profit se trouvait accru. C'était dans ces conditions que les maîtres adoptaient le système d'exploitation par chasement des esclaves. L'esclave chasé n'était d'ailleurs pas très éloigné de l'affranchi *cum obsequio*, à savoir, l'esclave affranchi avec des liens de dépendance vis-à-vis du maître. Le maître avait donc intérêt à affranchir son esclave *cum obsequio* et à lui concéder un manse. L'esclave avait également intérêt à être affranchi, récupérant par-là la liberté après laquelle il courrait depuis longtemps. Cette double conjonction d'intérêt, réuni dans le chasement ou l'affranchissement *cum obsequio* condamnait l'esclavage classique à l'extinction : le maître n'y avait plus intérêt car obtenait mieux avec l'affranchissement et l'esclave n'en avait jamais voulu. C'était ainsi qu'en Europe médiévale, et au haut Moyen Âge principalement, les maîtres « chasaient » leurs esclaves, mettant ce faisant en place progressivement une autre organisation sociale, avec une autre forme de dépendance. Mais il fallait sortir totalement de l'esclavage, renoncer totalement à faire de l'autre un composant de son patrimoine en délaissant entièrement le mode d'exploitation par chasement. C'était ici que la diffusion de l'idéologie chrétienne, fondée sur l'enseignement de Yahweh, interdisant la mise en esclavage de son coreligionnaire chrétien eut son effet le plus important. Elle avait conduit les maîtres, chrétiens il faut le noter, à préférer l'affranchissement *cum obsequio* à l'exploitation esclavagiste par chasement des esclaves. Le servage prendra ainsi le relais de l'esclavage.

Cela dit, à quel moment précisément l'esclave médiéval européen, entendu la mise en esclavage des chrétiens européens par les chrétiens européens avait-il réellement pris fin ? En guise de réponse, on doit retenir que l'extinction de l'esclavage médiéval européen ne s'était pas produite à une date précise, une fois pour toute dans toute l'Europe. C'était un processus long qui s'était étalé sur tout le haut Moyen Âge et au-delà. Très schématiquement, notons qu'en Europe occidentale, les esclaves étaient presque tous baptisés entre la fin du VIIème et le début du VIIIème siècle et participaient au culte chrétien aux côtés des libres. Dès lors, il devenait de plus en plus difficile de continuer à les traiter comme des bêtes malgré les justifications antérieures et postérieures de la légitimité de l'esclavage par les Pères de l'Eglise chrétienne et autres théologiens de renom. Cela était en porte-à-faux non seulement avec une partie de l'enseignement de saint Paul (le baptême gommait toute distinction entre chrétiens et donc entre maîtres et esclaves), mais encore avec la loi même de Yahweh (prohibant la mise en esclavage de coreligionnaire). Les esclaves dans ces conditions aspiraient de plus en plus, aussi bien à l'égalité qu'à la liberté, d'où les fuites devenues récurrentes et massives, ébranlant toujours plus le système esclavagiste, lequel amorçait une crise durable et irréversible, principalement dans la zone méditerranéenne et accessoirement dans la Gaule franque, tandis qu'il se portait très bien dans l'Europe du Nord, la Germanie. Il fallait attendre la fin du haut Moyen Âge (Xème siècle) et les débuts du bas Moyen Âge (XIème siècle) pour voir se concrétiser la fin localisée du régime esclavagiste médiévale. A ce moment-là, la christianisation avait atteint les couches populaires partout dans les zones rurales, les maîtres avaient eux-mêmes fait le constat qu'il leur était plus profitable d'affranchir leurs esclaves *cum obséquio* (en gardant des liens de dépendance), les esclaves étaient convaincus que leurs luttes (sabotage du travail sous la contrainte du maître, empoisonnement des maîtres, fuites etc.) pouvaient aboutir et surtout qu'ils ne devraient plus y avoir de différence entre eux, chrétiens, et leurs maîtres chrétiens ; ils étaient confortés en cela par des voies d'ecclésiastiques ayant réclamé la suppression de toute distinction entre esclaves et libres, notamment celle de saint Agobard, évêque de Lyon (816-835 puis 838-840). Chronologiquement (voir pour plus de précision Bonnassie, 1985), en Italie centrale, dans le Latium, comme en Catalogne, l'esclavage des chrétiens s'était fortement réduit au milieu du Xème siècle pour s'éteindre quasiment au début du XIème ; chez les Francs, cet esclavage s'était éteint quasi-complètement depuis les débuts du règne de l'empereur Henri Ier (1031-1060). En Europe occidentale, la période de la première moitié du XIème était celle de la fin de la mise en esclavage des chrétiens par les chrétiens. C'était alors que la classe dominante mettait en place progressivement, en substitut, un autre système social de domination, le servage.

Mais l'esclavage n'avait pas encore disparu partout en Europe. Dans l'Europe occidentale même, subsistaient aux côtés des serfs, surtout dans les campagnes, des esclaves résiduels. Dans le royaume de France, outre ces esclaves résiduels cohabitant avec les serfs dans les domaines des seigneurs, on trouvait aussi des esclaves domestiques résiduels. Mais l'esclavage subsistait surtout dans les espaces méditerranéens, jusqu'au XVIème siècle et au-delà, notamment dans les régions du Languedoc, Roussillon, Provence. L'esclavage était ainsi couramment pratiqué à Marseille, Nice, Tarascon, Arles, Avignon, Aix, Perpignan, Toulon, Montpellier, etc. au bas Moyen Âge et dans les temps modernes. Par exemple, au XIIIème siècle, en 1212, note Simonot (2002), « *Lors de la croisade de 1212, un berger, Etienne de Cloyes, conduisit des milliers d'enfants à Marseille, en leur promettant qu'ils parviendraient à libérer la terre sainte où avaient échoué leurs aînés. Cette armée enfantine, dont la plupart des membres étaient âgés de moins de douze ans, fut kidnappée par des marchands d'esclaves et vendue en Egypte* ». Au XVIIème siècle, Marseille était encore un grand marché d'esclaves (Verlinden, 1977 ; Delacampagne, 2002) fournissant nombre de localités des régions environnantes...Mais à partir du bas Moyen Âge, et du XIIIème siècle principalement, dans ces régions, l'esclave chrétien était rare ; les victimes de l'esclavage étaient surtout des Musulmans, des païens, des Slaves.

Au contraire du royaume de France, en Germanie (Allemagne), au XIème siècle, l'esclavage médiéval des chrétiens européens se portait encore bien. Ici, il n'avait disparu qu'au XIVème siècle. En Europe de l'Est, en Russie notamment, l'esclavage s'était poursuivi en parallèle avec le servage jusqu'au XVIIIème siècle. En Europe du Nord, en Islande, c'était au XIIème siècle que l'esclavage prenait fin. Dans les pays scandinaves et avec la vigueur des razzias vikings, l'esclavage n'était pas sur la fin au XIème siècle. Il s'était poursuivi durant le bas Moyen Âge, ne s'estompant qu'au XIIIème siècle au Danemark, au XIVème en Suède. En Angleterre, les esclaves comptaient encore jusqu'à 16% de la population rurale dans certaines localités anglaises au milieu du XIème siècle. Aux XIIème-XIIIème siècles, bien que devenu minoritaire par rapport au servage dans les campagnes, l'esclavage ne s'était pas encore éteint dans l'espace rural anglais, des esclaves subsistaient aux côtés des serfs. Dans cette Angleterre du XIIIème siècle les familles pauvres continuaient à vendre leurs enfants comme esclaves pour survivre (Delacampagne, 2002). Dans cette Angleterre, l'esclavage a subsisté jusqu'aux temps modernes au XVIIIème siècle avec la législation sur le vagabondage (Marx, 1939 ; Dobb, 1971). La célèbre ordonnance d'Edouard VI (1547) décrétait que quiconque refusait de travailler serait marqué au fer rouge sur la poitrine et serait asservi pendant deux ans à toute personne qui pourrait donner des renseignements sur un tel fainéant, le maître ayant le droit de le forcer à travailler, en le battant, en l'enchaînant, de le réduire en esclavage à vie et de le marquer sur la joue ou sur le front s'il tentait de s'échapper. Si l'esclave s'enfuyait pour la troisième fois, il était exécuté. Par ailleurs, « *le maître peut le vendre, le léguer par testament, le louer à autrui à l'instar de tout autre bien meuble ou du bétail. Si les esclaves machinent quelque chose contre leurs maîtres, ils doivent être punis de mort. Les juges de paix ayant reçu information sont tenus de suivre les mauvais garnements à la piste* » (Marx, 1939). Un vagabond attrapé sur la route était marqué du signe V et ramené à sa ville natale dont il devenait l'esclave en exécutant bénévolement les travaux municipaux. S'il indiquait un faux lieu, il en devenait néanmoins l'esclave avec la marque S (slave : esclave). Les habitants dudit lieu pouvaient s'emparer de sa progéniture, actuelle et future et en faire des apprentis jusqu'à l'âge de 24 ans pour les garçons et 20 ans pour les filles. Si ces derniers essayaient de prendre prématurément leur liberté, ils devenaient les esclaves de leurs patrons qui les fouettaient et les mettaient aux fers. On avait le droit de mettre comme signe distinctifs au cou, au bras ou à la jambe de l'esclave, un anneau de fer qui l'empêchait de s'échapper. L'esclave de localité, de paroisse, avait subsisté dans les faits en Angleterre jusqu'au XIXème siècle sous la dénomination de roundsmen (Marx, 1939). C'était seulement en 1715 que cette législation sur le vagabondage fut abolie en Angleterre.

Au bas Moyen Âge et au-delà, en Europe, l'esclavage se poursuivait aussi dans la péninsule ibérique et dans les régions méditerranéennes. Les guerres de reconquête mettant aux prises musulmans et chrétiens faisaient de la péninsule ibérique un des réservoirs d'esclaves de l'Europe jusqu'au XIIIème siècle et au-delà. Dans cette péninsule ibérique, comme en Italie et dans les autres territoires méditerranéens, l'esclavage avait connu une recrudescence aux XIVème et

XVème siècles comparés aux siècles antérieurs. Et il s'était poursuivi jusque dans les temps modernes, aux XVIIIème-XIXème siècles. Mais à partir du XVème siècle, les acteurs de l'esclavage dans la péninsule ibérique, ceux du Portugal principalement, déplaçaient leurs activités médiévales de traite vers l'ouest et créaient alors la traite transatlantique, laquelle ne s'éteindra qu'au XIXème siècle.

Section 2) La traite des Blancs par les Blancs dans l'Europe médiévale

Outre qu'ils pouvaient exister sur place par la voie de l'endettement, de la condamnation judiciaire, l'exposition, le rapt, la razzia, la guerre, les esclaves dont usait la société médiévale européenne étaient le plus souvent issus de la traite. Celle-ci consistait à extraire et transporter hors de son milieu social, de son milieu de vie naturel, le captif. Perdant ainsi sa terre mère, séparé de son milieu social et déraciné, le captif devient un corps dépourvu de personnalité. Sa désocialisation et sa réification ainsi produite par la traite s'achèvent par une étape finale, son aliénation (Meillassoux, 1980). L'esclave ainsi produit par la traite, le commerce, complétait la production locale et répondait aux besoins des libres lorsque cette production n'existait pas ou était insuffisante ou ne correspondait pas au souhait des utilisateurs. En acquérant les esclaves et en les transportant d'un point (lieu de production ou de vente) à un autre (lieu de transit ou d'utilisation) de l'espace européen, les marchands assuraient la disponibilité de l'esclave et répondaient à la demande sociale des diverses localités. Etaient ainsi disponibles presque partout en Europe médiévale depuis le haut Moyen Âge, des esclaves produits plus près mais aussi plus loin, à savoir en Europe méridionale, occidentale, centrale, orientale, septentrionale, sur le pourtour de la mer Noire, sur la mer Méditerranée puis, à partir du bas

Moyen Âge principalement (XIIIème siècle), dans l'espace subsaharien. Dans ce dernier espace, les esclaves étaient initialement issus de la traite arabo-musulmane dite transsaharienne dont les débuts remontaient à l'islamisation à partir du VIIème siècle. Ces esclaves devenaient de plus en plus nombreux, surtout dans les pays méditerranéens et la péninsule ibérique vers la fin du Moyen Âge, avec les rapts directs effectués par les Portugais dans l'espace subsaharien à compter de 1441 : le 8 août 1444, furent vendus à Lagos, au Portugal, les premiers captifs africains directement faits par les chrétiens portugais chevaliers de l'Ordre du Christ, un Ordre alors patronné par le prince portugais l'infant Henri le Navigateur.

§1) L'alimentation de la traite : razzias, guerres, acteurs, et victimes

Après la Grèce et Rome dans l'antiquité, l'Europe médiévale fut le terrain de l'une des plus grandes traites des Blancs de l'histoire. Les acteurs comme les victimes de cette traite étaient intégralement des Blancs, généralement européens. La traite médiévale des Blancs en Europe prolongeait d'ailleurs directement celle orchestrée par les Romains antérieurement. Elle avait ainsi démarré dès le haut Moyen Âge ou avant, à la basse antiquité, et était alimenté en grande partie par les razzias, rapts, pirateries, guerres. Sans être exhaustif, mentionnons certaines de ces guerres, razzias.

Au haut Moyen Âge, les Francs saliens étaient en guerre contre nombre d'autres peuples dont les Wisigoths d'Aquitaine. Par exemple, au VIème siècle, sous la conduite de leur roi Clovis, fraichement converti au Christianisme (en 498), ils remportèrent contre ces Wisigoths la bataille de Vouillé de 507. Sous les Mérovingiens (Vème-milieu VIIIème siècle), la

Gaule franque était un champ de belligérance continue comme l'illustre Grégoire de Tours (1823) dans son « Histoire de France ». Mais il s'agissait à proprement parler de razzias. Par exemple, dans les années 530 « *Théodoric étant entré en Auvergne avec son armée dévasta et ruina tout le pays.* » (Livre III). Le roi franc (Théodoric) fit à l'occasion une immense razzia comme il le promettait à ses combattants : « *Suivez-moi en Auvergne, et je vous conduirai dans un pays où vous prendrez de l'or et de l'argent, autant que vous en pourrez désirer, d'oie vous enlèverez des troupeaux, des esclaves et des vêtements en abondance* » (Grégoire de Tours, Livre III). A l'époque mérovingienne, les conflits, nombreux et quasi permanents, opposaient les rois francs entre eux à l'intérieur du royaume franc, à savoir, rois d'Austrasie (royaume des Francs orientaux : nord-est de la France contemporaine), de Neustrie (royaume du nord-ouest), de Bourgogne, de Poitiers, de Soissons etc. Mais les rois francs guerroyaient tout autant contre des royaumes externes notamment la Germanie, la Vasconie (dans les Pyrénées) etc. A ces conflits s'ajoutaient, au haut Moyen Âge, du VIème au VIIIème siècles, des guerres tribales opposant entre elles, les cités, les régions comme le rapportait Grégoire de Tours (1823, Livre VII) : Orléanais et Blaisois massacrant les habitants de Châteaudun, ceux-ci et les habitants de Chartres massacrant Orléanais et Blaisois, Orléanais ayant pris les armes contre ceux de Chartres etc. A l'époque carolingienne, le roi Pepin le Bref, lors de plusieurs campagnes contre le duc d'Aquitaine Waïfre, de 760 à 768, enlevait un grand nombre de captifs dans ce royaume. Son fils Charlemagne (règne : 768-814) avait poursuivi et amplifié ces guerres. Celui-ci avait conquis : la Bavière (788), le royaume des Lombards (774), la Saxe païenne lors de guerres dévastatrices s'étendant de 772 à 785 ; en 785, Charlemagne contraignait le roi saxe, Widukind, alors païen, à se convertir au christianisme et décrétait la conversion obligatoire des païens saxes au christianisme catholique sous peine de mort :

le roi aurait ainsi fait décapité des milliers de saxes païens contrevenants, dont 4500 en une seule journée (Skirda, 2010); en outre, il déportait et mettait en esclavage une partie des Saxons vaincus dans l'empire franc. Charlemagne avait aussi mené des campagnes militaires en Espagne puis, avec sa bénédiction, les responsables militaires de l'Aquitaine avaient conquis Gérone (785), et Barcelone (801) ; en outre lors de campagnes rudes s'étendant de 791 à 805, Charlemagne exterminait quasi-complètement les Avars, peuple, installé dans la vallée du Danube ; par ses campagnes en Frise orientale (en basse Saxe en Allemagne) il avait annexé celle-ci progressivement entre 782 et 785 voire au-delà ; pour soumettre les Bretons, Charlemagne lançait contre eux plusieurs expéditions en 786, 799, 811 ; depuis 807, des campagnes furent aussi menées contre les Slaves Sorabes et les Abodrites… Après la mort de Charlemagne, l'empire carolingien fut souvent en proie à des guerres internes offrant autant d'opportunités de produire des captifs. Il était en outre confronté à d'autres défis, notamment aux raids d'envahisseurs externes, les Normands ou Vikings (voir plus loin) par exemple, autres opportunités de mise en esclavage des populations. Ce qu'il convient de souligner, c'est que la multiplication des guerres n'était spécifique ni aux Mérovingiens, ni aux Carolingiens. Elle était une constante de l'Europe médiévale observable depuis les guerres barbares contre l'empire romain de la basse antiquité : ces guerres se soldaient par la réduction en esclavage.

Victimes des Francs carolingiens au IXème siècle, les Saxons, devenus chrétiens, s'étaient aussi mués en producteurs d'esclaves. Par exemple, leur roi, le très chrétien Henri Ier l'Oiseleur (règne : 912-936) lançait une politique d'expansion territoriale vers l'Elbe qui s'était heurtée à la résistance des slaves *Redarii* et *Linonen*. Vaincus à la bataille de Lenzen en

929 par l'armée saxonne, les Slaves combattants furent littéralement massacrés tandis que les femmes, les enfants et tous ceux qui n'avaient pas été pris les armes à la main ou n'avaient pas pu fuir se trouvaient réduits en esclavage et vendus aux marchands suivant l'armée du roi l'Oiseleur. Les successeurs de celui-ci en avaient fait autant.

En Europe du Nord et en Angleterre, notamment aux Vème - VIème siècles, la conquête anglo-saxonne de l'ancienne province romaine de Bretagne a été l'occasion de guerres entre Saxons et Celtes Bretons. Vaincus, ces derniers avaient été réduits en masse en esclavage par les anglo-saxons. Par ailleurs, au Moyen Âge, les différents royaumes anglo-saxons étaient presqu'en permanence en guerre entre eux. C'était aussi le cas des Celtes vaincus entre eux. Ces conflits débouchaient généralement sur la vente des captifs et Celtes comme Angles et Saxons étaient massivement mis en esclavage au Moyen Âge.

Dans cette Europe du Nord et au haut Moyen Âge principalement, l'espace scandinave avant la christianisation était occupé par une multitude de petits royaumes vikings (danois, norvégiens, suédois) souvent engagés dans des guerres intestines. C'était particulièrement le cas, au IXème siècle chez les Vikings danois où l'opposition entre les *Jarls* (comtes, ducs ou souverains) s'avérait forte. La réduction en captivité et en esclavage des Vikings par d'autres Vikings était en conséquence monnaie courante dans l'espace scandinave. Mais dans cette période médiévale, débordant leur propre espace, les Vikings s'engageaient dans un expansionnisme guerrier et razzieur qui n'avait épargné presqu'aucune partie de l'Europe (Europe occidentale, de l'Est, méridionale et méditerranéenne) atteignant l'Afrique du Nord et même l'Outre-Atlantique (Amérique du Nord). Bien qu'une historiographie conventionnelle situe le début des invasions et razzias des Vikings en Europe médiévale à l'année 793, date de leur razzia orchestrée contre l'abbaye de Lindisfarne en Angleterre, les campagnes militaires vikings avaient démarré plus tôt. Grégoire de Tours, dans son *Histoire des Francs (Livre III)*, mentionnait un raid mené entre 512 et 520 par le roi viking danois Chlochilaïc contre l'Austrasie, royaume des Francs orientaux à l'époque mérovingienne (nommé Royaume de Reims, puis Royaume de Metz). En outre, les sources anglo-saxonnes (Chronique anglo-saxonne) mentionnaient un raid viking sur la côte méridionale de l'Angleterre datant de 987. Forts de leur supériorité en navigation, les Vikings usaient des voies maritimes et fluviales pour leurs invasions et pillages. Dans une première phase (800-850), les raids se limitaient généralement à des opérations de razzias et pillage (monastères, côtes de Grande-Bretagne etc.), puis dans une seconde (à partir de 850), ces razzias s'accompagnaient d'un processus de colonisation et d'exploitation des territoires envahis. En Francie, les pillages et raids des Vikings danois étaient récurrents, surtout depuis les années 840. Au Xème siècle, pour y mettre un terme, le roi franc Charles III fut contraint de concéder le territoire de Normandie aux envahisseurs par le traité de Saint-Clair-sur-Epte de 911. Au XIème siècle, les descendants de ces normands, sous la conduite de leur duc Guillaume II, conquirent l'Angleterre lors de la bataille d'Hastings en 1066. Les raids des Vikings norvégiens avaient pour champs privilégiés le nord-est de l'Angleterre, l'Écosse, l'Irlande, les îles britanniques, notamment les îles Féroé, les Orcades, les Hébrides ou les Shetland. Ces raids se poursuivaient dans les îles après le XIème siècle, tandis que les côtes orientales de l'Écosse et de l'Angleterre étaient encore soumises aux attaques au XIIème voire XIIIème siècles. L'Europe du Sud fut aussi la cible des Vikings. La péninsule Ibérique et la Méditerranée avaient ainsi connu leurs invasions. Cadix comme Séville, dans l'Espagne musulmane, étaient ainsi ravagés en 844. Redoutables navigateurs, les Vikings orchestraient un grand raid sur la Méditerranée en 859-861 et atteignaient le port de Luni aux environs de Pise (Italie) en 859-860. Vers l'Est européen, autour de la mer Baltique et en Russie, opéraient principalement les Vikings suédois (Varègues). Dès le VIIIème siècle, ils avaient envahi et conquis des régions de la Russie et de l'Ukraine contemporaines (Staraïa Ladoga, Rostov, vers 730-750 ; Novgorod vers 820 etc.) où ils se livraient à la piraterie, au pillage, mais également au commerce, notamment des esclaves. Ces invasions s'étaient poursuivies jusqu'à la mer Noire.

Avant les invasions vikings, la péninsule Ibérique fut le théâtre d'attaques, invasions, pillages, razzias, quasi incessants depuis le haut Mouen Âge. Ainsi, au Vème siècle, par des campagnes militaires, les Wisigoths avaient conquis l'Espagne, jusque-là province ibéro-romaine. Le royaume wisigothique s'étendait alors sur l'Aquitaine et la péninsule Ibérique. A l'occasion, une masse d'indigènes était réduite en esclavage. Dans l'Espagne wisigothique en particulier, les affrontements armés internes entre clans aristocratiques pour le contrôle du pouvoir et des richesses du territoire étaient continus et donnaient aussi l'opportunité de faire des captifs en plus des massacres. D'abord chrétiens ariens, les Wisigoths commençaient à se convertir au catholicisme dans la dernière décade du VIème siècle, leur premier roi à le faire étant Récarède en 589. Une politique de conversion forcée au catholicisme fut ensuite mise en place par les Wisigoths, conduisant dans les années 680 à cibler particulièrement les juifs. Julien de Tolède, archevêque de Tolède (680-690), lui-même juif d'origine, en fût l'un des cerveaux. Avec ses partisans, il avait poussé les rois wisigoths à engager une politique d'éradication totale du Judaïsme de l'Espagne wisigothique. Une quarantaine de lois fut promulguée en ce sens sur la décennie 680-690 avec, à l'encontre des juifs : interdiction d'avoir des domestiques chrétiens ; exclusion de toutes charges publiques ; limitation de leurs activités de marchands d'esclaves ; interdiction de la circoncision, tout contrevenant, circonciseur comme circoncis, devant subir la castration en ayant la verge coupée à la racine ; interdiction de la célébration du sabbat et de tous les rites juifs... En 694, le roi wisigoth Egica décrétait la mise en esclavage générale des juifs, ceux-ci devant être asservis à des riches et pieux chrétiens et se voir retirés leurs enfants à l'âge de 7 ans pour être confiés à des familles chrétiennes. Le concile de Tolède de 695 accusait les juifs d'ourdir un complot avec leurs frères d'Afrique du Nord pour renverser la domination chrétienne sur l'Espagne, et ordonnait que leurs biens fussent saisis au profit du roi et qu'ils devinssent ses esclaves jusqu'à ce qu'ils renonçassent solennellement à leur religion. C'était dans ce contexte qu'au début du VIIIème siècle, les juifs s'étaient joints aux princes wisigoths écartés du pouvoir, notamment les fils de l'ancien roi Wittiza, à savoir Akhila et ses frères, pour comploter et aider les musulmans arabo-berbères d'Afrique du Nord, les Omeyyades, à conquérir le pays afin de chasser du pouvoir le roi wisigoth Rodéric alors considéré comme usurpateur du pouvoir. C'était ainsi qu'à la bataille de Guidalete le 26 juillet 711, le roi Rodéric fut tué et les musulmans prenaient la possession de l'Espagne wisigothique dont ils achevaient la pleine conquête en 726 à l'issue de plusieurs campagnes militaires. Ces guerres furent autant d'occasions de faire des captifs transformés en esclaves.

Après la péninsule ibérique, les Omeyyades (musulmans) poursuivaient leur avancée en Europe par d'autres campagnes militaires et occupaient en partie l'Europe occidentale de 719 à 759, notamment la Septimanie (Gaule narbonnaise), l'Aquitaine, la Provence, la Bourgogne. Ils assiégeaient Toulouse en 721, mais furent défaits par le duc d'Aquitaine, Eudes, et ses alliés. Toutefois les musulmans poursuivaient leurs campagnes, razziant Carcassonne et Nîmes en 725, puis Autun la même année. En 730, les Omeyyades lançaient une grande offensive contre le royaume franc : en ligne de mire, la ville sainte de Tours et sa Basilique Saint-Martin immensément riche de réputation. Les troupes omeyyades dirigées par Abd al-Rahman, gouverneur général d'Al-Andalus (la péninsule ibérique et la Septimanie, sous domination musulmane de 711 à 1492) remportèrent plusieurs victoires mais en 732 ou 733 (les historiens restent divisés sur la question) se heurtaient à une coalition des Francs et des Burgondes, dirigée par le maire du palais franc Charles Martel, alliée aux Aquitains dirigés par leur duc Eudes. La bataille décisive eut lieu en un lieu que nul ne connaît avec exactitude mais qui se situait entre les villes de Poitiers et Tours. Conventionnellement nommée bataille de Poitiers, elle s'était soldée par la victoire des coalisés Francs-Burgondes-Aquitains : le gouverneur d'Al-Andalus perdit la vie au combat.

Quoique la défaite de Poitiers mît un terme à l'expansion musulmane vers le nord de l'Europe, elle n'avait aucunement bouté les Sarrasins hors de la Gaule : ils demeuraient en Septimanie et en Provence. De nouvelles campagnes militaires les opposaient aux Francs. La bataille de Berre au sud de Narbonne en 737 voyait la victoire des Francs, toujours sous la direction de Charles Martel : de nombreux captifs furent emportés par les Francs. Toutefois, ceux-ci ne réussissaient pas à prendre Narbonne et en chasser les musulmans. Leur siège de la ville mise en place en cette année 737 échoua et fut levé. Mais les Francs ravageaient plusieurs villes en Septimanie à savoir, Agde, Béziers, Maquelone, Nîmes. Quant à Narbonne, elle demeurait sous occupation musulmane jusqu'en 759, date de sa conquête par le roi franc Pépin le Bref. Mais il n'empêche, la présence musulmane au pays des Francs s'était poursuivie durant plusieurs décennies encore. Les Musulmans avaient en effet érigé des forteresses en Provence, à partir desquelles ils lançaient des raids récurrents dans le pays, razziant régulièrement celui-ci. Vers 800, Charlemagne affrontait victorieusement une des troupes sarrasines durant la bataille des bois des Héros (dans la commune de Port-d'Envaux, en Charente-Maritime en France contemporaine). En 889, la cité de Fraxinet dans le golfe de Saint Tropez et son territoire étaient conquis par des marins Sarrasins issus de la péninsule Ibérique qui y avaient bâti une garnison d'où ils orchestraient des razzias continues sur les populations voisines, organisaient également des rapts sur les routes traversant les cols des Alpes joignant le pays des Francs à l'Italie durant 80 ans. Ce n'était qu'après 80 ans de destruction musulmane qu'en 973, le comte de Provence Guillaume Ier dit le Libérateur avait réussi, à la tête d'une coalition réunissant des guerriers de Provence, du Bas-Dauphiné et de Nice, à vaincre ces musulmans lors de la bataille de Tourtour et à les chasser définitivement de la Provence. En Italie, les Sarrasins razziaient aussi de façon récurrente. Une illustration : la cité de Centumcellae (devenu plus tard Civitavecchia), entrée dans les Etats pontificaux en 728, avait vu son port razzié par les Musulmans en 813-814, 828, 846, 876.

La conquête de l'Espagne wisigothique par les Omeyyades en 711 amputait le monde chrétien d'un espace important et était inadmissible aux yeux des chrétiens. Ceux-ci étaient résolus à reconquérir les territoires perdus. Amorcée dès 722 par la bataille de Cavadonga avec la victoire des forces chrétiennes asturiennes, la reconquête s'achevait en 1492 avec la prise de Grenade par les « rois catholiques ». Ainsi, la reconquête correspondait à 8 siècles (770 ans) de guerres, de combats, qui n'étaient toutefois pas continus, entre chrétiens et musulmans. Mais il s'agissait aussi de huit siècles de capture, de mise en esclavage réciproques entre chrétiens et musulmans dans l'Europe médiévale. A titre illustratif, la reconquête de Majorque en 1229 par les royaumes chrétiens ibériques s'était traduite par la réduction en captivité de l'intégralité de la population locale maure ; celle de Minorque en 1287 s'était accompagnée de 40 000 captifs. Outre sur les terres émergées, les guerres médiévales entre chrétiens et musulmans avaient également comme champs les mers. Les pirates et corsaires des deux confessions s'étaient ainsi livrés à des rapts ciblés portant sur les fidèles de l'autre religion sur douze siècles, du VIIIème au XIXème : aux temps modernes, la guerre de course était la principale expression de ces batailles.

En Europe centrale, et durant le haut Moyen Âge, les conflits inter-salves étaient permanents et produisaient autant de captifs vendus avec des acteurs Tchèques, Polonais, Croates, Hongrois etc. Si la christianisation de ces acteurs au Xème siècle réduisait quelque peu l'intensité des guerres intestines, et donc de la mise en esclavage, celle-ci s'était néanmoins poursuivie au-delà, ciblant désormais les Slaves demeurés païens ou convertis au christianisme orthodoxe alors vu comme hérétique par les chrétiens chalcédoniens. Dans cette région, l'Esclavonie (ou Slovanie) fut un réservoir d'esclaves, de l'époque romaine à la fin du Moyen Âge. C'était un des hauts lieux de capture, de razzia des êtres humains, les Slaves. Elle n'était toutefois pas, à proprement parlé, l'unique espace de production de captifs de l'Europe centrale : elle n'était à vrai dire que le symbole d'une région martyrisée, ponctionnée durant des siècles, au point que l'appellation ethnique de ses habitants était devenue celle générique de « l'être exclu de l'humanité, de la société, vidée de sa personnalité, aliénable, réduit à l'état d'élément du patrimoine d'autrui et destiné à être exploité ». En effet, outre les guerres inter-slaves, les campagnes militaires des Germains, notamment les Francs, Saxons, Vikings, Vénitiens etc. durant le, et au-delà du, haut Moyen Âge, aboutissaient à une production et extraction massives de captifs slaves.

Mais l'Est de l'Europe fut tout autant réservoir d'esclaves, les Slaves orientaux ayant été encore plus durablement martyrisés que leurs cousins et cousines du Centre. Contre eux avaient particulièrement sévi les Germains du Nord, en l'occurrence, les Vikings danois et surtout les Varègues suédois. Ils envahissaient largement la Russie actuelle, occupaient des territoires, commerçaient avec les populations mais les razziaient tout autant jusqu'au XIIIème siècle. Toujours à l'Est, les Petchenègues, peuples nomades de la steppe ukrainienne, razziaient également les Slaves, mais aussi les Varègues jusqu'au XIIème siècle. A partir des années 1220, l'Europe subissait l'invasion des Mongols. A l'Est, celle-ci touchait la Rus' de Kiev (Russie, Biélorussie, Ukraine : 1223-1240), puis au Centre, la Pologne (1240-1288), la Hongrie (1241-1286), la Bohême-Moravie, la Moldavie, la Valachie, la Transylvanie, la Hongrie, la Bulgarie etc. Par exemple, l'expédition militaire mongole qui atteignait la Rus' de Kiev ou la Russie kiévienne eut lieu en 1223 et se soldait par la destruction de plusieurs cités dont Kiev, Kolomna, Moscou, Riazan, Vladimir. Malgré leur victoire, obtenue en cette année à la bataille de Kalka, les envahisseurs mongols se retiraient, mais revenaient à la charge en 1237 et orchestraient une véritable conquête de l'Est européen. Les batailles lancées alors aboutirent à la soumission de toutes les principautés de la Rus' aux Mongols et leur intégration à l'empire de la Horde d'or, laquelle avait dominé la région (Russie, Biélorussie, Ukraine contemporaines) depuis lors jusqu'en 1480. Lors des batailles, nombre de villes étaient incendiées, pillées, voire rasées : Iaroslavl, Kostroma, Kachin, Moscou, Rostov, Ouglitch etc. La population slave fut fortement massacrée, une partie ayant été déportée. Aux XIV et

XVème siècles, les envahisseurs multipliaient les razzias des populations slaves qui finissaient comme esclaves vendus dans l'empire ottoman. Concomitamment, les Slaves orientaux (Biélorusses, Russes, Ukrainiens) pâtissaient aussi des attaques tatares, en particulier celles des Tatars de Crimée. Lors des invasions mongoles, ces derniers occupaient les montagnes de l'actuelle Crimée. Initialement adeptes du Tangraïsme, une des religions d'Asie centrale, les Tatars de Crimée se convertirent à l'Islam dans les années 1440. Du milieu du XIIIème siècle à celui du XVIIIème, c'était régulièrement qu'ils razziaient les populations slaves en Russie, Ukraine, Moldavie, Valachie, Transylvanie et Hongrie : ceux qui n'étaient pas massacrés au cours des opérations finissaient esclaves, livrés aux marchands et Ottomans. Aux XVIème et XVIIème siècles, les razzias atteignaient leur paroxysme : une moyenne annuelle de 17 500 captifs réalisés en Ukraine et Moscovie entre 1514 et 1578 ; 35 000 captifs dans la Rus' en 1575 ; 100 000 en Galicie en 1616 ; au moins 100 000 captifs en Moscovie sur la décennie 1607-1617 ; plus de 100 000 captifs en Podolie (Centre-ouest ukrainien) en 1666 ; environ un million d'Ukrainiens et Polonais capturés entre 1475 et le milieu du XVIIème siècle etc. (Skirda, 2010). Ce ne fut qu'en 1782 que les Russes, par leur prince Grigori Aleksandrovitch Potemkine, par ailleurs favori de l'impératrice Catherine II, réussit à conquérir et annexer l'ensemble du territoire des Tatars et mettre fin à leur production de captifs.

§2) Itinéraires de traite, vendeurs et marchés desservis

Nous l'avons vu, en Europe au Moyen Âge, les principaux producteurs institutionnels de captifs et d'esclaves étaient les rois, empereurs, ducs, chefs de guerre : Wisigoths, Francs (Clovis, Théodoric, Charlemagne, Louis le Pieux etc.), Saxons, Angles, Lombards, Catalans, Valenciens, Vikings norvégiens et danois, Varègues suédois, Tatars, Turcs etc. A ceux-ci s'ajoutaient les Musulmans d'Afrique du Nord et d'Orient (chefs omeyyades, corsaires et pirates barbaresques). Comme dans l'antiquité gréco-romaine, dans cette Europe médiévale, les marchands-exportateurs d'esclaves suivaient les guerriers sur les champs de bataille et acquerraient les captifs aussitôt produits, se chargeant de les acheminer vers les grands marchés. Certaines razzias étaient commanditées par les marchands, par exemple ceux de Londres et de Bristol. Il y eut aussi en Europe médiévale des guerriers marchands, à l'instar des Vikings et Varègues scandinaves. Quant aux vendeurs-exportateurs d'esclaves c'étaient : des Francs ; des Juifs radhânites ; des Saxons et Angles de Londres, de Bristol ; des Alamans de Worms, Mayence, Passau, Magdebourg, Hambourg, Mersebourg ; des Catalans, Valenciens ; des Sarrasins ibériques ; des marchands des républiques maritimes italiennes notamment Venise, Gènes, Pise, Amalfi ; des Khazars, des Tatars de Crimée, des Turcs etc.

Au Moyen Âge, la traite des Blancs (vente-exportation des esclaves) se pratiquait d'une part en Europe elle-même, d'une cité à l'autre, d'une région à l'autre, et d'autre part avec l'espace extra-européen, notamment l'Afrique du Nord, l'Orient arabo-musulman, l'Asie etc. Des routes innombrables reliaient les lieux de production, d'entrepôts, de distribution, d'utilisation. Le grand commerce pour sa part se faisait soit par voie terrestre, via l'Europe centrale et orientale ou la province de Narbonne et les Pyrénées, soit par voie maritime notamment les ports méditerranéens et en particulier ceux du sud de la Gaule (Arles, Marseille, Narbonne), les ports italiens (Amalfi, Pise, Venise, Gènes), les ports de la péninsule ibérique, de la mer Noire etc. En gros, trois itinéraires majeurs servaient à l'acheminement des esclaves vers les grands marchés et lieux d'utilisation. Ce furent : (i) les voies rejoignant Verdun dans l'empire franc et partant de l'Europe de l'Est (Russie-Ukraine-Biélorussie) et centrale ; (ii) l'axe partant de l'Europe de l'Est vers les Alpes et Venise ; (iii) la voie issue de l'Europe de l'Est, par Kiev, vers la Volga et l'Asie centrale, via l'Arménie. Les itinéraires convergeant à Verdun se prolongeaient par voies terrestres ou fluviales (Saône, Rhône) rejoignant Lyon, Arles, Narbonne. D'Arles, un itinéraire permettait de gagner Marseille, un autre, Montpellier et Narbonne : de ces villes, les marchands pouvaient joindre l'Espagne par voie maritime. D'Arles et Narbonne, ils pouvaient aussi gagner par voie terrestre la Catalogne et la péninsule ibérique : Barcelone, Tortosa, Malaga, Tarragone, Gérone, Valence, Almeria etc.

Aux VIIIème-IXème siècles, les ports de Marseille, d'Arles, d'Amalfi, de Venise etc. étaient des ports de traite des Blancs, servant à acheminer les esclaves vers le sud de l'Espagne musulmane, notamment à Alméria. Dans cette ville s'était développée, du IX ème au Xème siècle, une exportation directe d'esclaves blancs vers l'Afrique du Nord (Ténès, Oran, Alger), échappant au contrôle des autorités musulmanes du pays. Par-là ces esclaves étaient en partie acheminés en Arabie, à La Mecque, à Médine.

Au haut Moyen Âge et au IXème siècle principalement, sous les Carolingiens, Verdun fut l'un des plus grands entrepôts et centres (marchés) de redistribution d'esclaves (slaves, anglo-saxons etc.) en Europe. La ville était un carrefour des routes commerciales issues des pays slaves, de la Frise et des îles britanniques. Elle possédait depuis au moins le VIème siècle, si l'on en croit Grégoire de Tours, des marchands d'un grand dynamisme. De Verdun, les esclaves étaient exportés vers la péninsule ibérique musulmane. La ville de Cordoue en absorbait une grande quantité au Xème siècle : à titre illustratif, vers 961, le seul palais du calife comptait 3750 esclaves slaves

(Verlinden, 1977) ; par ailleurs, en ce Xème siècle, les eunuques étaient très présents à Cordou, dans l'administration et dans l'armée. D'Espagne musulmane, et notamment de Cordoue, une partie des esclaves était exportée vers le monde musulman extra-européen : Afrique du Nord, Egypte, Syrie, Asie centrale. C'étaient les marchands juifs et musulmans d'Andalousie qui assuraient cette traite. Les exportations vers l'Afrique du Nord étaient si massives au haut Moyen-âge (VIIIème-XIème siècles) qu'elles avaient provoqué une forte baisse du prix de l'esclave blanc européen sur les marchés nord-africains : par exemple, à Bédjaya ou Bougie, ancienne capitale du royaume vandale d'Afrique du Nord (en Algérie contemporaine), l'esclave blanc européen ne valait que la moitié du prix d'un esclave africain ordinaire (Trabelsi, 2012). Au haut Moyen Âge, les trafiquants exportaient aussi la marchandise humaine du territoire des Francs, via la région méditerranéenne : après avoir franchi la mer Méditerranée avec leurs esclaves, ils disposaient de plusieurs itinéraires leur permettant de joindre l'Egypte, puis, via l'isthme de Suez, l'Arabie, la Mésopotamie, la Perse, l'Inde, la Chine. Les marchands acheminaient aussi leurs esclaves blancs, par voie terrestre à travers l'Europe, via la Khazarie, pour atteindre l'Arabie, l'Extrême-Orient.

Au Xème siècle, Narbonne fut un marché d'esclaves aussi important que Verdun. Les grands marchands exportateurs qui opéraient sur ces marchés étaient des chrétiens francs, des musulmans d'Andalousie, des Juifs radhânites. Ces derniers, contrairement à une opinion répandue, ne détenaient pas le monopole du commerce des esclaves, ni en direction de l'Andalousie ni vers d'autres destinations (Venco, 2019), quand bien même ils avaient bénéficié de la protection des rois carolingiens qu'ils approvisionnaient en produits de luxe d'Orient.

Mais Verdun n'était pas un simple marché ou entrepôt d'esclaves. La ville était aussi, et ce fut là sa différence majeure avec Narbonne, l'un des plus grands centres européens de castration des esclaves au Xème siècle : ici, les opérations de castration étaient aux mains des spécialistes juifs radhânites. Les castrats produits à Verdun, en Francie, étaient pratiquement tous exportés en Espagne musulmane, grosse consommatrice, où ils venaient compléter ceux fabriqués sur place, à Alméria ou peut-être à Lucena. D'Espagne musulmane, une partie des castrats était exportée vers le monde musulman extra-européen. Les juifs radhânites assuraient en partie cette exportation extra-européenne des esclaves blancs aux côtés d'acteurs musulmans et chrétiens de diverses régions d'Europe.

Au bas Moyen Âge, la traite dans la péninsule ibérique n'avait pas connu d'essoufflement. Loin de là. Divers facteurs continuaient à y nourrir la traite. C'étaient d'abord les succès des guerres de reconquête chrétiennes de l'Espagne musulmane, lesquelles avaient duré plus de quatre siècles au bas Moyen Âge, de la chute du califat de Cordoue (1033) à la conquête de Grenade (1492). Marquées par un grand nombre de batailles, ces guerres se soldaient par un afflux d'esclaves musulmans dans la péninsule ibérique. C'était aussi le cas lors de la conquête des îles de la Méditerranée comme de l'Atlantique par les Andalous, les Portugais, les Catalans aux XIVème-XVème siècles. A titre illustratif, la conquête des îles Canaries par la Couronne de Castille s'était échelonnée sur près d'un siècle (1402-1496) avec une déportation massive des autochtones (païens), les Guanches vers l'Espagne (Mendes, 2008). L'activité corsaire (guerre de course, piraterie en mer, razzias sur le littoral) qui s'était intensifiée aux XIVème - XVème siècle avec une recrudescence au-delà, à l'époque moderne, accroissait la masse d'esclaves blancs musulmans importés dans la péninsule ibérique. Enfin, aux XIIIème - XVème siècles, les marchands Vénitiens et Génois fournissaient largement la péninsule en esclaves issus des pourtours de la mer Noire : Slaves, Tatars, Circassiens, Grecs, Abkhazes, Mingréliens. De telle sorte que tout au long du Moyen Âge, sur les marchés ibériques d'esclaves, l'offre répondait largement à la demande au point d'autoriser des exportations, soit des ventes hors de la péninsule.

C'était que depuis le bas Moyen Âge, et le XIème siècle notamment, les marchands juifs radhânites orientaient pour une part d'entre eux leurs activités esclavagistes vers la satisfaction du marché byzantin et d'Asie centrale. L'itinéraire rejoignant ce marché par Kiev, la Volga, via l'Arménie fonctionnait alors en plein. Kiev était à cette époque une des plaques tournantes majeures de la traite des Blancs, slaves principalement, qui fournissait les Byzantins et les Musulmans d'Asie centrale. Au Xème siècle, Prague était aussi un marché international d'esclaves où vendaient et s'approvisionnaient des trafiquants francs, saxons, slaves, radhânites juifs, musulmans etc. Mayence fut aussi aux VIIIème-Xème siècles un centre majeur de regroupement et de redistribution de la marchandise humaine. C'était un marché international clé d'esclaves fréquenté par les mêmes trafiquants européens (Francs, Saxons etc.), juifs radhânites, musulmans et d'où s'exportait vers l'Europe du Sud, Byzance, l'Orient musulman (Irak, Perse etc.), l'Asie centrale, etc. l'esclave blanc, dont le prototype était le Slave. Etc.

Au haut Moyen Âge, aux IXème-Xème siècles, les exportations d'esclaves slaves étaient aussi massives entre l'Allemagne et l'Italie. Les convois empruntaient la route des Alpes et convergeaient vers Venise, en partant de plusieurs villes comme Ratisbonne, Prague. D'autres convois d'esclaves gagnaient les villes italiennes de Pise, Centumcellae (Civitavecchia) qui n'étaient aucunement leur destination finale : les marchands de ces cités, à l'instar de ceux de Venise, les exportaient largement. Même Rome, malgré la fermeture de son marché aux esclaves décrétée par le pape Zacharie en 748, continuait à exporter des esclaves dans plusieurs villes d'Italie du Sud, notamment Amalfi, Gaète, Naples, Salerne, d'où ces esclaves finissaient largement chez les Musulmans (Lombard, 1971). D'Allemagne également, les esclaves Blancs étaient exportés en Espagne musulmane.

Depuis le haut Moyen Âge, nombre de cités italiennes étaient de hauts lieux de production et d'exportation d'esclaves. Venise en était un : les Vénitiens étaient importateurs et exportateurs d'esclaves. Ils exportaient des Slaves en Espagne musulmane, en Afrique du Nord, depuis au moins le IXème siècle, et importaient des musulmans qu'ils vendaient en Occident. De même, depuis le IXème siècle au moins, Venise disposait de son propre centre de castration et procédait à l'opération malgré l'interdiction de celle-ci par Byzance (Venco, 2019) : elle exportait ainsi des castrats répondant à la demande des pays musulmans. Au Xème siècle, Venise était le principal centre d'exportation des esclaves en Méditerranée orientale. A Venise, un lieu symbolisait d'ailleurs cette activité, un quai d'embarquement nommé quai des esclavons (esclavon étant synonyme de slave). Etaient victimes de cette traite, d'une part les populations païennes d'Europe centrale jusqu'à leur conversion au catholicisme (dernier quart du Xème siècle), à savoir les Slaves, ancêtres des actuels Croates, Moraves, Polonais, Slovaques, Slovènes, Tchèques. Les victimes étaient aussi les chrétiens orthodoxes d'Europe centrale et orientale, à savoir les Slaves, ancêtres des actuels Biélorusses, Bulgares, Moldaves, Russes, Serbes, Ukrainiens.

Au bas Moyen Âge, avec la prise de Constantinople par les croisés en 1203 (quatrième croisade : 1198-1204) et le partage de l'empire byzantin entre les dirigeants francs de la croisade et les Vénitiens, ceux-ci prenaient le contrôle de la mer Noire et accaparaient une large part de la traite des Blancs. En matière de traite, les Vénitiens faisaient ici de l'import-export. Durant un siècle, à partir de La Tana, leur comptoir-colonie situé près de la mer d'Azov, à l'embouchure du Don, sur la route de la soie, colonie devenue un grand marché d'esclaves spécialisé dans le trafic des femmes, les Vénitiens importaient des esclaves russes, tatars issus des steppes de l'Asie centrale, tcherkesses ou circassiens du Caucase. Ces esclaves étaient principalement destinés à l'exportation, quand bien même une part était vendue sur place. Les navires vénitiens joignaient, au départ de Venise, La Tana au terme de deux semaines de navigation, apportant vin, étain, tissus, ambre et repartaient vers Venise chargés d'esclaves et d'autres produits. Les Vénitiens disposaient également d'autres possessions, notamment Modon et Coron en Grèce, les îles de Crète et de Chypre servant de lieux de transit et d'exploitation des esclaves : Candie, en Crète, fut une plaque tournante majeure de la traite. Mais, plaque tournante, la ville l'était depuis au moins le VIIème siècle, avec les activités des Byzantins, puis de ses conquérants arabes du IXème siècle et de ses repreneurs byzantins du Xème siècle (Nicéphore II Phocas) etc.

Du XIIIème au XVème, les Génois s'étaient installés également dans la mer Noire où ils détenaient nombre de comptoirs et colonies, notamment Caffa, Kertch, Yalta, Balaklava en Crimée, Taganrog, Ei'sk en mer d'Azov, Matriga, Copa, Anapa, Soukhoumi sur la côte caucasienne, Trébizonde, Sinope sur les côtes de l'Asie Mineure. Ils possédaient d'autres comptoirs notamment en Bulgarie (à Varna), sur les côtes balkaniques, aux embouchures du Danube et du Dniestr. De ces lieux, et durant deux siècles, les Génois faisaient, comme les Vénitiens, de l'import-export, entre autres, d'esclaves. Ils acquéraient ainsi auprès des producteurs mongols et autres, des esclaves chrétiens orthodoxes slaves, grecs, des païens tatars, tcherkesses ou circassiens, abkhazes, mingréliens. Mais la mer Noire ne fut pas au bas Moyen Âge, l'unique centre de traite des Génois. Ceux-ci continuaient à se fournir auprès des marchands catalans et majorquins en Espagne où tant la reconquête chrétienne que la piraterie et la guerre de course offraient toujours des captifs. Les Génois continuaient aussi à importer de Barbarie en Afrique du Nord. De Gènes, les esclaves importés étaient exportés vers Florence, les villes italiennes, la Sicile, l'Afrique du Nord, l'Espagne. Dans ce dernier territoire, la demande portait sur les esclaves orientaux en possession de Gènes.

Génois et Vénitiens contrôlaient ainsi la mer Noire, du XIIIème au XVème siècle, prenant une large part dans le commerce des esclaves, important de leurs colonies de cette mer, fournissant l'Afrique du Nord, l'Europe méditerranéenne etc. Ils se heurtaient toutefois à la concurrence des marchands arméniens, redoutables en matière de fourniture des castrats très demandés par les Musulmans : pour produire ces castrats, les Arméniens, chrétiens orthodoxes, usaient de leurs monastères comme centres de castration. Mais l'Arménie fut, à partir du XIIIème siècle, un important centre de traite pour les Génois.

Au XVème siècle, Vénitiens et Génois étaient évincés de la mer Noire par les musulmans, à savoir les Turcs et leurs protégés Tatars. C'était par suite de la conquête de l'empire byzantin, en 1453, par l'empire Ottoman et la mainmise de celui-ci sur la mer Noire. Les Tatars s'étaient alors installés dans toute la Crimée. Leur activité principale était la traite. Durant trois siècles, du XVème au XVIIIème, ils produisaient des captifs qu'ils transformaient en esclaves par la traite. Ces captifs étaient des chrétiens, orthodoxes en général, razziés principalement en Moscovie (devenue empire russe au XVIIIème siècle), Ukraine, Biélorussie, Pologne, mais aussi dans le Caucase. Destinés à l'exportation, les esclaves étaient embarqués au port de Caffa et expédiés à Constantinople, l'unique débouché des Tatars, puis vendus au grand marché de cette ville aux marchands d'Asie, Arabes, Arméniens, Grecs, Juifs, Turcs etc. L'embarquement des esclaves pour ce marché s'effectuait au port de Caffa, le transport étant assuré par les Vénitiens, Génois et autres méditerranéens. Au marché, les Tatars pouvaient vendre les esclaves ou les troquer contre divers produits, notamment des armes, des étoffes, des chevaux. Les esclaves étaient conduits au marché en file indienne, enchaînés les uns aux autres par le cou. Aussitôt acquis, ils pouvaient être marqués au fer rouge à l'épaule comme les chevaux, castrés (les Arméniens, les Juifs, étant de grands spécialistes de l'opération). Ces esclaves finissaient dans les pays musulmans en général : Turquie, Arabie, Perse, Inde, Afrique du Nord, Palestine, Syrie, mais également Anatolie, Grèce, Balkans etc. Dans ces pays, étaient particulièrement demandés, depuis le haut Moyen Âge, des jeunes garçons, des jeunes garçons castrés, eunuques, des jeunes filles vierges. Mais les pays musulmans n'étaient pas les uniques consommateurs des esclaves traités par les Tatars : la France de Louis XIV et Colbert en avait également acquis pour servir de rameurs sur ses galères. Sur trois siècles, de 1482 à 1760, les Tatars auraient vendu 2 à 2,5 millions de Polonais, de Russes, d'Ukrainiens (Skirda, 2010). L'activité esclavagiste des Tatars n'avait pris fin qu'avec la conquête et l'annexion de leur territoire par la Russie en 1782.

A partir du IXème siècle, les Germains du Nord, les Varègues suédois et les Vikings danois ainsi que norvégiens déferlaient sur l'Europe : leur activité principale était l'esclavage. Ils étaient producteurs de captifs et vendeurs d'esclaves. Aucune région de l'Europe n'était épargnée : Francs, Angles, Saxons, finois Celtes, Slaves, Byzantins, etc. étaient capturés ou acquis sur les marchés. Après avoir prélevé la part servant à leur usage interne, esclavagistes Varègues et Vikings écoulaient en partie leur marchandise humaine à Hedeby au Danemark, l'un des plus grands marchés internationaux d'esclaves d'Europe au Xème siècle. Des marchands étrangers issus d'Orient venaient s'y approvisionner.

En matière de traite, Kiev servait de lieu de regroupement de la marchandise humaine aux mains des marchands germains du Nord (Varègues, Vikings). Ceux-ci desservaient trois grandes régions. D'une part l'Europe occidentale où les jeunes filles et adolescents étaient réservés à l'Espagne musulmane ; d'autre part la mer Noire, la mer d'Azov et l'empire byzantin ; enfin, la mer Caspienne et l'Asie centrale musulmane où était exportée aux Xème-XIème siècles la plus grande part des captifs. Les clients des marchands scandinaves étaient donc nombreux, notamment Francs, Anglo-saxons, autres germains, Bulgares, Khazars, Byzantins, Andalous, Arabes, Musulmans d'Asie centrale, Grecs des mers Noire et d'Azov etc.

Dans l'empire byzantin, notamment à Constantinople, les Varègues-Vikings acheminaient leurs esclaves, enchaînés, au grand marché international. Ici ils écoulaient beaucoup de femmes et de jeunes adolescents destinés à devenir des Eunuques ou castrats en nombre. Il faut dire qu'à Byzance, le commerce des eunuques, au Xème siècle, était très développé malgré l'interdiction, assortie de peines draconiennes, de la castration par l'empereur romain Justinien depuis le VIème siècle (peine du talion pour les hommes auteurs et complices de l'opération, envoi aux mines s'ils survivaient à cette dernière, confiscation de leurs biens ; déportation des femmes ordonnatrices et confiscation de leurs biens ; libération des esclaves castrés.) C'était que dans l'empire byzantin, et dans l'Orient musulman d'ailleurs, la castration élevait considérablement la valeur de l'esclave : par exemple, au XIème siècle à Byzance, l'esclave castré se vendait plus cher que l'esclave médecin et notaire; en outre la castration était un moyen d'ascension sociale pour tout individu : dans cet empire byzantin, l'eunuque bénéficiait de grandes dignités, se voyait réserver certains titres et charges, pouvait prétendre presqu'à toutes les hautes fonctions publiques en dehors de celui d'empereur. Certains eunuques étaient même devenus patriarches de l'Eglise, commandants de l'armée, directeurs des services fiscaux. Ils étaient couramment les proches serviteurs de l'empereur et sa femme (échanson, chef de la sécurité etc.). Aussi des parents faisaient-ils castrer leurs enfants. Pour les mêmes raisons, la population pratiquait la castration dans le Caucase. Dans l'empire byzantin, l'opération était exécutée par les Arméniens. Revenons aux marchands varègues-vikings pour mentionner qu'ils ne vendaient leurs esclaves que contre de l'or transformé en bijoux ou de la monnaie en argent. A Byzance, ils étaient payés en sous d'or (besant). Ils y avaient vendu le bétail humain jusqu'en 1204, date à laquelle la ville de Constantinople fut conquise par la Quatrième croisade, l'Empire latin de Constantinople étant créé et les Byzantins ne conservant alors que les Empires de Nicée et de Trébizonde ainsi que le despotat d'Épire. Dans les mers Noire et d'Azov, les Varègues-Vikings vendaient aussi leurs esclaves slaves aux marchands installés dans les colonies grecques, notamment celles de l'embouchure des grands fleuves russes, Boug, Dniestr, Don : Olbia, Tyras, Tanaïs.

La plus grande partie de leurs marchandises humaines, nous l'avons souligné, était exportée vers le littoral de la mer Caspienne et l'Asie centrale musulmane aux Xème-XIème siècles, notamment les territoires contemporains du Turkménistan et de l'Ouzbékistan. La Khazarie était une plaque tournante de l'exportation des esclaves slaves vers cette destination. Ici, les esclaves se négociaient sur deux grands marchés, ceux des cités Boukhara et Samarkand, lesquelles étaient par ailleurs des centres de castration où les adolescents étaient opérés. Elles étaient en outre des lieux de redistribution des esclaves vers la Mésopotamie, la Perse, l'Inde, la Chine.

§3) Traite des Blancs médiévale : déjà un commerce triangulaire

Au haut Moyen Âge, la traite des Blancs qui était au cœur de l'esclavage médiéval européen fut, comme le soulignait Lombard (1971), un commerce international triangulaire. En attestait la circulation monétaire, celle de l'or. En effet, au temps médiéval, la Méditerranée chrétienne était divisée en deux bassins : (i) l'occidental, fief du Christianisme chalcédonien occupant l'Europe occidentale et (ii) l'oriental, espace du Christianisme orthodoxe avec l'Empire byzantin. Face à cette chrétienté et tout autour se dressait le monde musulman. Ce dernier, à l'époque, avait besoin d'esclaves que lui fournissait l'Europe occidentale, via Byzance, la monnaie d'échange étant l'or. En ce haut Moyen Âge, l'esclave européen, dont le prototype était le Slave (Saqaliba pour les musulmans), était la principale marchandise qu'exportait l'Europe occidentale. Sa traite à destination de l'Orient musulman fut à l'origine d'un afflux massif d'or, des milliers de tonnes, en Europe occidentale, lequel afflux d'or avait assuré la renaissance économique de cette dernière aux Xème et XIème siècles (Lombard, 1971).

Concrètement, l'Occident exportait ses esclaves vers l'Orient chrétien, Byzance, qui fournissait l'Orient musulman. Ce dernier payait avec ses réserves d'or et le métal se retrouvait dans l'Occident chrétien. A son tour, l'Europe occidentale utilisait en partie l'or reçu pour s'approvisionner auprès de Byzance en marchandises diverses que celle-ci importait en partie d'Asie centrale. De Byzance, l'or partait finalement à destination d'Asie centrale en règlement des produits livrés à l'Europe occidentale. Important pour moins d'or qu'elle n'exportait d'esclaves, l'Europe occidentale vit alors ses réserves d'or s'accroître, générant en conséquence une augmentation de sa production et de sa richesse. Au total, Europe occidentale d'une part, Orient chrétien et musulman d'autre part, et Asie centrale étaient les trois pôles impliqués dans le commerce international triangulaire qui matérialisait la traite des Blancs, en Europe médiévale.

§4) Phases terminales de l'esclavage européen : les traites Afrique-Europe et transatlantique

Traditionnellement, on date la fin de l'esclavage européen médiéval ainsi que de l'activité de traite, soit la traite des Blancs qui en constituait le cœur, de la fin du Moyen Âge, de la fin du XVème siècle donc. Or, on l'a vu, ni l'esclavage en Europe médiévale, ni la traite des Blancs qui l'avait caractérisé, n'avaient pris fin au terme du XVème siècle. En effet, la réduction en esclavage des Slaves et leur traite par les Tatars s'étaient poursuivies au-delà du XVème siècle, jusqu'au XVIIIème. En outre, dans la Méditerranée, les razzias et rapts en mer, la guerre de course et la réduction en esclavage des Barbaresques musulmans en Europe puis celle des Européens chrétiens en Barbarie musulmane n'avaient cessé que tard au XIXème siècle.

Mais plus fondamentalement, à partir de la fin du Moyen Âge, notamment à partir du XVème siècle, la traite médiévale européenne s'orientait vers un nouveau lieu d'importation des captifs, lequel allait devenir un centre majeur de traite, à savoir, l'Afrique subsaharienne. Les acteurs clés de cette réorientation, de cette création d'un nouveau lieu de traite, étaient les Ibériques, les Portugais principalement qui ouvraient une autre traite à grande échelle en provenance de l'espace subsaharien, la traite des Noirs. Cette nouvelle traite était appelée à perdurer jusqu'au XIXème siècle sous la dénomination de traite négrière transatlantique. Voici quelques données qui illustrent ce changement concernant l'Afrique subsaharienne. A Valence par exemple, qui fut un des hauts lieux de l'esclavage dans l'Espagne andalouse, de 0,8% au XIVème siècle, sur la période 1375-1399, la proportion des esclaves subsahariens dans la population servile passait à 4,7% au début du XVème siècle, sur la période 1400-1425 (Victor, 2019) ; à Barcelone, autre haut lieu de l'esclavage dans la péninsule ibérique, dès les années 1460, la majeure partie des esclaves traités était d'origine subsaharienne (Guillén, 1998).

Pourquoi cette « nouvelle traite » en provenance de l'espace subsaharien ? C'était en réponse aux difficultés d'approvisionnement en esclave que connaissait l'Europe du Sud au tournant des XIVème-XVème siècles. En effet, le vivier servile de la mer Noire où se puisaient alors les esclaves alimentant l'Europe du Sud tarissait graduellement à mesure que la Turquie islamisée accentuait sa mainmise sur la région. Or, les cultures spéculatives comme la canne à sucre, pratiquées par les Portugais, Espagnols et autres Méditerranéens, depuis les débuts du XVème siècle, requéraient de la main d'œuvre. L'assèchement complet de ce vivier servile de la mer Noire survenait avec la conquête turque de l'Empire byzantin en 1453 : les marchands vénitiens et génois, fournisseurs de l'Europe en esclaves, qui s'approvisionnaient dans la région de la mer Noire furent alors évincés de cet espace, privés d'accès aux marchés d'esclaves d'Asie centrale. Il fallait donc d'autres sources d'approvisionnement en captifs. Alors les Portugais, un des acteurs majeurs de l'activité corsaire dans la Méditerranée depuis des siècles, étendaient leurs opérations de rapts et razzias en mer ainsi que sur les littoraux de la Méditerranée (piraterie de mer, guerre de course, razzias sur les côtes) à l'espace au sud du Sahara (côtes et intérieur des terres), ouvrant ici une nouvelle zone de production de captifs destinés à nourrir la traite européenne médiévale. Acteurs majeurs de la « guerre sainte » ou « guerre juste » chrétienne contre les Sarrasins dans la Méditerranée, ces Portugais avaient auparavant tenté en vain d'accaparer la traite arabo-musulmane transsaharienne des Noirs païens que contrôlaient alors les Marocains. Aussi, après avoir pris Ceuta à ces derniers en 1415 dans le cadre de la guerre de « reconquête » chrétienne, les Portugais les pourchassaient en Afrique, espérant pouvoir rallier à l'occasion le royaume du fameux prêtre Jean d'Ethiopie et obtenir le concours de celui-ci afin d'éliminer pour de bon les Sarrasins. Une nouvelle phase de la traite européenne s'ouvrait donc, motivée par deux raisons fondamentales : la première, majeure, fut de trouver un lieu substitut à la région de la mer Noire, désormais aux mains des Turcs, pour y puiser des esclaves et nourrir la demande européenne dans le cadre de son esclavage médiéval ; la seconde, relativement mineure, fut de poursuivre les Sarrasins et de parachever la victoire chrétienne de Ceuta.

C'était en 1441 que les Portugais inauguraient cette nouvelle phase de la traite européenne médiévale. Ce fut en effet en cette année qu'ils procédaient aux premiers rapts humains sur la côte ouest africaine au cap Bojador (actuel Sahara occidental) : l'opération fut menée par les chevaliers de l'Ordre du Christ, ordre à la tête duquel le pape Martin V (1417-1431) avait placé le prince portugais, l'infant dom Henrique ou Henri le Navigateur, en récompense de son engagement pour la cause chrétienne, illustré par sa bravoure ainsi que son rôle clé dans la prise de Ceuta en 1415. Le 8 août 1444, à Lagos (sud Portugal), les Portugais vendaient leurs premiers captifs directs faits en Afrique (Zurara, 1453) et ouvraient alors chez eux un marché spécialisé dans la vente de captifs faits en Afrique. Aux XVème et XVIème siècles, Lisbonne était devenu un grand marché aux esclaves Négro-africains.

Outre les razzias directes, les Portugais acquéraient les captifs expédiés en Europe depuis leurs comptoirs subsahariens par l'achat auprès des intermédiaires arabo-berbères, lesquels se fournissaient eux-mêmes auprès de razzieurs islamisés, arabo-berbères et négro-africains : ces razzias ne touchaient, aux XVème-XVIème siècles quasi-exclusivement que les « païens », c'est-à-dire les Noirs adeptes de la religion ancestrale subsaharienne, le Vitalisme.

Parvenus à Lisbonne, les esclaves Noirs étaient amenés dans les entrepôts royaux « Casa da Mina e da Guiné » où un responsable l'*almoxarife* fixait leur valeur d'échange en *real* (monnaie Portugaise de 1380 à 1911) après avoir procédé à leur comptage, inspection, évaluation. Puis, après qu'ils eurent été promenés dans le centre-ville de Lisbonne durant une demi-journée, nus, en file indienne, les esclaves Noirs étaient vendus sur la place des esclaves (Praça dos Escravos) de la ville. Des marchands pratiquant l'achat-revente en acquéraient des lots (pouvant compter plus de 100 individus) qu'ils réexportaient vers Valence, Séville et autres villes (Mendes, 2008). Dès le lancement de sa traite en provenance d'Afrique subsaharienne au XVème siècle, la Couronne portugaise l'avait centralisée, faisant de Lisbonne un entrepôt royal et requérant des navires en provenance d'Afrique d'y faire escale, d'y déclarer les produits transportés : à Lisbonne, les esclaves étaient inspectés, enregistrés (âge, sexe, port de départ etc.) et des taxes étaient payées; d'ailleurs au départ d'Afrique, une autre escale était imposée aux navires, dans l'île de Santiago du Cap-Vert, au cours de laquelle une taxe était également acquittée. Par ces contrôles, la Couronne portugaise visait à tirer le maximum de revenu de la traite. Outre les taxes, contribuaient à cet objectif de revenu les ventes directes d'esclaves mais aussi les ventes de droit de navigation. A titre illustratif, contre paiement de 200 000 *réis* au roi du Portugal assorti de l'obligation de découvrir cent lieues de littoral par an, ce dernier roi octroyait l'exclusivité de la navigation sur tout le littoral guinéen au marchand Fernao Gomes entre 1469 et 1475 ; entre 1486 et 1495, le puissant marchand florentin Bartolomeo di Domenico Marchionni avait acquis le droit de navigation en Sénégambie (Rivières de Guinée du Cap-Vert) et dans le golfe de Guinée (Fleuve des esclaves), payant respectivement 9 600 000 et 1 100 000 *réis* par an. Le marchand avait aussi acheté le monopole (fourniture en esclaves) sur les marchés de Séville et Valence auprès d'Isabelle de Castille et de Ferdinand d'Aragon (Mendes, 2008). Cependant la traite ne pouvait se faire directement entre les côtes africaines et l'Espagne : la Couronne portugaise avait requis une escale préalable à Lisbonne comme nous l'avions souligné. Les esclaves importés ainsi d'Afrique, qu'ils fussent destinés au Portugal ou à l'Espagne, qu'ils fussent victimes de razzias directes des Portugais ou achetés, étaient en partie réexportés vers d'autres lieux d'utilisation en Europe du Sud principalement (Portugal, Espagne, Italie), mais aussi vers les îles de la Méditerranée, de l'Atlantique. Là ces esclaves servaient comme domestiques, travailleurs dans les moulins, les mines, l'agriculture etc.

Les acteurs privés de la nouvelle traite portugaise des Noirs étaient les mêmes que ceux de l'esclavage européen médiéval. C'était le cas de Bartolomeo Marchionni : marchand florentin installé à Lisbonne depuis les années 1470, naturalisé portugais en 1482, et dont la fortune excédait à l'époque celui du roi portugais Manuel Ier (1495-1521), Bartolomeo Marchionni fut, aux XVème et débuts XVIème siècles, l'un des principaux soutiens financiers des expéditions portugaises à Madère, en Afrique, aux Indes, au Brésil. A titre illustratif, en 1487, il finançait une expédition au départ de Lisbonne, conduite par Pero de Covilha et Afonso de Paiva, dont l'objet était d'atteindre le royaume du mythique prêtre Jean (Mendes, 2008). Le second voyage vers les Indes, sous le commandement de Pedro Álvares Cabral, qui parvenait au Brésil en 1500 (fameuse découverte) fut son œuvre, menée conjointement avec Dom Álvaro de Bragance et Girolamo Sernigi. Toujours avec Dom Alvaro de Bragance, Bartolomeo Marchionni finança la troisième expédition portugaise de 1501 vers les Indes, laquelle atteignait Cannanore où les Portugais créaient un comptoir commercial etc. Marchionni était, à l'instar de nombre de marchands esclavagistes italiens installés au Portugal (Florentins, Génois, Vénitiens), mais également des Juifs portugais, l'un des principaux acteurs de la traite orchestrée par la Couronne portugaise depuis l'Afrique. En effet, ces marchands et capitalistes italiens, juifs, finançaient les expéditions, achetaient, transportaient, vendaient les captifs, incitaient aux razzias et guerres en Afrique etc., rôles qu'ils jouaient déjà dans l'esclavage européen médiéval. Ainsi, ce furent les acteurs traditionnels de l'esclavage médiéval européen opérant dans le royaume du Portugal (autorités gouvernantes, marchands, financeurs etc.) qui étaient aussi les porteurs et animateurs de la traite directe entre l'Afrique et l'Europe lancée par les Portugais au XVème siècle. N'étant qu'une extension de l'esclavage médiéval européen, cette traite directe Afrique-Europe ne fournissait en esclaves, jusqu'à la fin du XVème siècle, que l'Europe et ses possessions atlantiques ainsi que méditerranéennes.

Mais dès la fin du XVème siècle, et les débuts du XVIème, les mêmes acteurs de cette traite Afrique-Europe dans le royaume du Portugal, et donc les mêmes acteurs de la traite médiévale européenne, étendaient leurs activités à une destination inédite, à savoir les Indes, c'est-à-dire les Amériques. Les premiers esclaves étaient transportés ici, à l'île d'Hispaniola, en 1501, à la suite de la découverte de la mine d'or de Cibao sur cette île. Ces esclaves n'étaient cependant pas convoyés à partir de l'Afrique, mais de la péninsule Ibérique. La traite des Noirs vers les Amériques qui démarrait ainsi dès 1501, reliait d'abord l'Europe et les Amériques. Cette traite des Noirs d'Europe aux Amériques ne portait toutefois que sur de petites quantités d'esclaves (quelques dizaines), les navires de cette époque n'étant d'ailleurs pas de grandes capacités. Bien que la traite fût destinée principalement à pourvoir en main d'œuvre les mines d'or de Cibao, une partie des esclaves était aussi livrée aux propriétés esclavagistes, les *Enghenos* (ensemble comprenant plantations, unité de fabrication de sucre, habitation de maître, des esclaves). C'étaient les ressortissants des mêmes communautés marchandes esclavagistes de l'Europe médiévale qui assuraient le transport de la marchandise humaine et son exploitation aux Amériques. Par exemple, Bortoloméo Marchionni dans les années 1500, les Génois Vivaldo et Vasques qui finançaient sur la période 1513-

1517 une quinzaine d'expéditions d'esclaves de Séville à Hispaniola. Cette traite négrière directe Europe-Amériques, attestait que la traite négrière transatlantique naissante n'était rien d'autre qu'une phase de l'esclavage médiéval européen comme l'était auparavant la traite directe Afrique-Europe. Ce fut en suivant cette traite que des agriculteurs médiévaux européens lançaient la plantation esclavagiste dans les Amériques. Après avoir exporté leurs activités sucrières (production de canne à sucre, de sucre, transport, commerce) vers les îles Madère et Canaries, puis Sao-Tomé (golfe de Guinée), Génois et Juifs l'introduisaient ainsi au Brésil aux débuts du XVIème siècle. Le modèle de plantation et d'économie mis en œuvre ici, au Brésil, ainsi que dans le reste des Amériques était celui qui avait fait ses preuves préalablement dans les îles, notamment aux Canaries mais surtout à Sao-Tomé, soit le modèle esclavagiste dans lequel l'essentiel des activités était réalisé par les esclaves. Bien que le Portugal prît possession du Brésil depuis le voyage de son navigateur Pedro Álvares Cabral en 1500, ce ne fut que vers 1530 que son roi Joao III lançait de façon décisive la colonisation du pays, et le développement des plantations sucrières ne fut significatif qu'à compter des années 1550.

La traite négrière directe Europe-Amériques ne satisfaisait pas pleinement les colons blancs d'Hispaniola qui, dès 1520, souhaitaient une importation directe d'esclaves d'Afrique, estimant que ceux-ci seraient plus dociles que ceux déjà élevés en Europe. En 1525, leurs vœux étaient exaucés : la première expédition directe d'Afrique vit le jour avec 300 esclaves acheminés de Sao Tomé à Hispaniola. Au retour, le navire convoyait du sucre caribéen à Anvers en Europe. Naquit ainsi une autre phase de l'esclavage médiéval européen, par transposition et extension de cet esclavage dans les Amériques et par exploitation d'une source de captifs quasi unique :

l'espace subsaharien. C'était la traite transatlantique (TNT), ultime phase de l'esclavage médiéval européen.

DEUXIEME PARTIE : IMPLANTATION ET PRATIQUE DE L'ESCLAVAGE DANS L'ESPACE SUBSAHARIEN

Repères

Dans cette deuxième partie de notre ouvrage, nous nous intéressons aux sociétés d'Afrique subsaharienne et à leur rapport à l'esclavage. Notamment quand et comment l'esclavage y a émergé. En effet, depuis le Moyen Âge, et à partir du VIIème siècle, l'espace subsaharien fut le théâtre de traites négrières d'ampleur, notamment une traite arabo-musulmane (TAM) du VIIème au XIXème siècles, une traite transatlantique (TNT) du XVème au XIXème siècles et une traite interne (TIS) ayant démarré au plus tôt au VIIème siècle, qui s'était achevée au XIXème voire XXème siècles. Un grand nombre de publications, articles, ouvrages, furent consacrées à ces traites, décrivant et analysant bien de leurs aspects. Peu de travaux ont toutefois éclairé sur l'esclavage et la traite internes, s'agissant en particulier de leur émergence. L'hypothèse implicite sous-jacente à nombre de travaux est que la traite interne (TIS) serait d'origine autochtone, résulterait d'un système d'esclavage propre à l'espace subsaharien, propre aux sociétés négro-africaines et préexisterait donc aux traites étrangères TAM et TNT. Dans cette deuxième partie de notre ouvrage, nous montrons que cette hypothèse n'est pas fondée. Mieux, elle est fausse. L'ouvrage établit que les sociétés négro-africaines antiques ayant précédé la naissance des religions judéo-chrétiennes (Judaïsme, Christianisme, Islam) n'étaient ni des sociétés à esclaves, ni des sociétés esclavagistes. Elles ne connaissaient pas l'esclavage en tant qu'institution. Outre que l'ouvrage s'appuie sur de nombreux indices, il montre que l'esclavage ne pouvait pas émerger de façon endogène, comme un produit du fonctionnement normal des sociétés subsahariennes ante judéo-chrétiennes. Car c'étaient toutes des sociétés vitalistes : leur religion, le Vitalisme, et ses institutions dressaient les garde-fous à même d'annihiler l'émergence de l'esclavage.

L'ouvrage établit à la suite que l'esclavage interne subsaharien, ou la traite interne (TIS), étaient le produit des traites négrières musulmane (TAM) et transatlantique (TNT). Ils étaient nés de l'endogénéisation au sud du Sahara de l'esclavage oriental arabo-musulman (TAM) ainsi que de l'esclavage chrétien européen médiéval. L'ouvrage expose point par point comment les esclavages oriental et européen ont été implantés dans l'espace subsaharien, restituant les mécanismes de l'endogénéisation et les conséquences de cette dernière. L'exposé, dans cette seconde partie de l'ouvrage, est conduit à travers quatre chapitres : chapitre IV à VII. Le chapitre IV montre que l'esclavage n'existait pas dans les sociétés négro-africaines préchrétiennes. Le chapitre V expose comment il y fut implanté en premier lieu via l'islamisation de l'espace subsaharien à compter du VIIème siècle. Le chapitre VI montre les mécanismes par lesquels l'esclavage médiéval européen fut transposé et implanté en Afrique noire à compter du XVème siècle. Enfin, le chapitre VII présente les effets majeurs de l'implantation des esclavages étrangers, arabo-musulman et européen, dans l'espace subsaharien.

Chapitre 4) L'esclavage n'existait pas dans les sociétés négro-africaines préchrétiennes

Section 1) Les survivances de sociétés ni esclavagistes, ni à esclaves

C'est à juste titre que Wallon (1988) a souligné que l'idée selon laquelle l'esclavage fut un phénomène universel, connu de toutes les sociétés, n'était qu'un dogme, faux d'ailleurs, qui réduisait à tort toutes les formes de dépendance au modèle gréco-romain de l'esclavage. Delacampagne (2002) faisait écho à cette observation en ajoutant que l'esclavage n'a pas toujours existé et n'a pas existé partout et que ce fut au Moyen-Orient qu'il émergea il y a cinq mille ans. Tel fut en réalité le cas en Afrique subsaharienne. En effet, aux temps préchrétiens, où les sociétés négro-africaines étaient vitalistes, elles ne produisaient ni n'utilisaient d'esclaves. Et malgré la perversion et la corruption dues à treize siècles d'esclavage arabo-musulman et quatre siècles d'esclavage chrétien (traite transatlantique), nombreux demeurent les survivances qui en attestent.

§1) Survivances de sociétés ne sachant pas utiliser l'esclave

Dans l'Afrique subsaharienne, les recherches ont mis en évidence des sociétés ne voulant pas et ne sachant pas utiliser l'esclave. Tel était le cas de la société Kissi d'Afrique occidentale (Guinée, Sierra Leone, Liberia) : durant les traites négrières musulmanes (TAM : VIIème-XIXème siècles) et transatlantiques (TNT : XVème-XIXème siècles), et bien que des captifs y fussent produits, pas un seul n'était utilisé au sein de la communauté Kissi ; ils étaient tous exportés sans qu'aucun autre fût importé. La société n'avait donc, dans son fonctionnement, pas prévu d'activité pour le captif. Celui-ci ne pouvait y être exploité en tant qu'esclave et l'esclave n'y existait pas. Des constats similaires avaient été faits dans la société Samo du Burkina Faso, laquelle n'avait développé aucun système d'exploitation de ses captifs, ceux-ci étant en conséquence tous exportés, sans qu'il y eût d'importation (Meillassoux 1986). Les travaux de Ray (1975) portant sur des populations d'Afrique équatoriale avaient conduit aux mêmes constats et c'était tout à fait logiquement que Ray tirait la conclusion que l'esclavagisme ne pouvait émerger de façon endogène dans de telles sociétés et que les ventes de captifs qui y étaient observés n'étaient que le produit des traites négrières TAM et TNT. Tel était également ce que retenait Meillassoux (1975, 1986) de ses études, lesquelles établissaient que l'esclavage n'existait pas dans la société domestique subsaharienne, à savoir la société autochtone vitaliste, et qu'il y avait été imposé de l'extérieur. En clair selon Meillassoux, l'esclavage qu'avaient connu les sociétés négro-africaines durant les traites négrières n'y avaient émergé que comme une conséquence des influences externes (traites musulmane et transatlantique), au contact de civilisations différentes. De nombreux autres indices de ce que les sociétés vitalistes négro-africaines ne savaient pas utiliser l'esclave existent. Mentionnons le fait qu'au XIXème siècle, avec l'abolition progressive de la TNT à compter de 1815 et la réduction des débouchés externes, les Négro-africains éliminaient physiquement et massivement presque partout leurs captifs invendus. C'était aussi d'une méconnaissance profonde de l'exploitation économique du captif que relevait la popularisation du sacrifice humain dans les espaces vitalistes subsahariens au XVIIIème siècle avec un pic au XIXème. Par exemple, dans le royaume vitaliste du Danhome : chaque année lors des fêtes religieuses et monarchiques censées illustrer la puissance et la gloire des rois, ceux-ci immolaient des dizaines de captifs ; ce chiffre atteignait des centaines à l'occasion des changements de règne. Mais dès qu'il jugeait cela opportun, le roi du Danhome pouvait décapiter des captifs. Ainsi, lors du décès en 1849 du négrier brésilien, vice-roi et pratiquement co-dirigeant du royaume du Danhome, Francisco Félix Chacha De Souza, le roi Ghezo fit égorger sur la plage trois captifs en l'honneur du négrier plus deux autres, un garçon et une fille, enterrés ensembles avec lui pour l'accompagner dans l'au-delà. Dans le royaume et ailleurs, chez les vitalistes, les sacrifices humains se multipliaient particulièrement dans ce XIXème siècle, pour toutes sortes de motifs apparemment insensés, notamment accompagner le maître dans la tombe, conjurer un sort, générer le bonheur, la richesse, dresser le réceptacle d'un dieu etc. Cette destruction physique massive des captifs est incompatible avec la notion même d'esclave. Fondamentalement, un esclave fait l'objet d'une exploitation économique et non d'une destruction physique. Et on le sait, un captif destiné à être tué n'est pas un esclave. Là résidait l'incapacité des Européens à comprendre la pratique qu'ils rangeaient dans la « barbarie », la « sauvagerie », le déficit de « civilisation » etc. Or, c'était d'abord et avant tout la marque d'une société où l'institution esclavagiste n'existait pas initialement de façon endogène, propre. Aussi lorsqu'au XIXème siècle, d'un côté les opposants à la TNT avançaient que ces assassinats témoignaient de la dégradation morale et du mépris de la vie humaine inhérents au commerce des esclaves et que de l'autre, les partisans de la poursuite de la traite rétorquaient que celle-ci avait la vertu de sauver la vie de malheureux qui, autrement, auraient été massacrés, il était difficile de donner tort ou raison à l'une ou l'autre partie.

§2) Survivances de sociétés ne sachant pas vendre l'esclave

Dans d'autres sociétés négro-africaines, durant les traites négrières musulmane et chrétienne, c'était l'incapacité même à vendre l'esclave qui fournissait l'indice que l'esclavage qu'elles pratiquaient n'était pas une institution endogène, autochtone : ne sachant pas vendre un être humain comme eux, les peuples de ces sociétés mettaient en place un système bancal de vente/achat traduisant tout l'embarras qui était le leur. Viti (1999) montrait ainsi que la vente et l'achat d'esclave dans la société Baoule (Cote d'Ivoire, Ghana…) durant la période des traites négrières, étaient cachés, dissimulés, à savoir que vendeur et acheteur négociaient le prix sans la présence de l'esclave. Puis le vendeur usait d'un stratagème pour livrer l'esclave à l'acheteur. Il demandait au captif d'aller lui récupérer quelque chose qu'il inventait de toute pièce chez l'acheteur. Une fois ce dernier parvenu chez l'acheteur, celui-ci le kidnappait. Ainsi, la vente/achat d'esclave se pratiquait sur le mode du « rapt organisé » par le vendeur et l'acheteur. Holder (1998) qualifiait ce système de vente/achat, qu'il avait également constaté chez la société Sama, de « commerce caché » ou « murmuré ». Logossah (2008) montrait que le même procédé de « vente cachée » avait cours dans le royaume du Kongo au XVIème siècle, lorsque les Portugais y mettaient en place la traite, en s'appuyant sur les correspondances du roi Nzinga Mvemba. En effet, se plaignant auprès de son homologue portugais, João III, de la montée des captures et ventes d'humains qu'organisaient les missionnaires portugais dans son royaume, le roi Nzinga Mvemba dit Dom Afonso du Kongo adressa le courrier suivant à João III le 18 octobre 1526 (Jadin et Dicorato, 1971) : « *De plus, Seigneur, il y a, dans nos royaumes, un grand obstacle au service de Dieu. Beaucoup de nos sujets convoitent vivement les marchandises du Portugal, que les vôtres apportent en nos royaumes. Pour satisfaire* *cet appétit désordonné, ils s'emparent de nombre de nos sujets noirs libres, ou libérés, et même de nobles, de fils de nobles, même de gens de notre parenté. Ils les vendent aux hommes blancs qui se trouvent dans nos royaumes, après avoir **acheminé leurs prisonniers en cachette ou pendant la nuit, pour n'être pas reconnus.** »*

Selon Logossah (2008), « l*a vente en cachette ou pendant la nuit pour ne pas être reconnu »* attestait de ce que dans la société vitaliste du Kongo, antérieurement à l'arrivée des Portugais, la vente des humains n'était pas une pratique traditionnelle et ne se faisait pas. Elle était prohibée, moralement et/ou légalement. Car, nulle part au monde, on ne se cache pour faire ce qui n'est pas interdit légalement ou moralement et les Kongolais du XVIème siècle ne cacheraient pas le rapt et la vente de leurs semblables au Blanc si cela n'était pas interdit dans leur société.

Au total, tant la vente par « rapt organisé » des Baoule (Viti 1999) que la « vente murmurée ou en cachette » des Sama, des Kongo (Holder 1998, Logossah 2008) que l'incapacité à utiliser les esclaves dans leur société chez les Kissi (Meillassoux 1986) et autres populations d'Afrique équatoriale (Ray 1975) etc. indiquaient que la production et la vente de captif ainsi que la traite des humains étaient des activités violant les codes éthiques vitalistes de ces sociétés : réduire en esclavage un humain et le vendre ne se pratiquaient pas, étaient prohibés. En conséquence, il ne pouvait y avoir d'esclave dans ces sociétés, lesquelles ne pouvaient être ni esclavagistes ni à esclaves. L'esclavage et la traite qui étaient pratiqués dans ces sociétés durant les traites négrières y étaient en conséquence introduits de l'extérieur comme le soulignait judicieusement Meillassoux (1975, 1986).

§3) Survivances de sociétés ignorant l'institution esclavagiste

Testart (1998) indique que dans certaines régions sub-sahariennes, l'esclavage n'est pas attesté. Il s'agit d'abord des sociétés de chasseurs-cueilleurs notamment les Khoïsan (San et Khoï-Khoï) présents en Afrique australe et centrale, à savoir en Afrique du Sud, Namibie, Botswana, Angola ; des Hadza, Boni, Ik, Okiek présents en Afrique orientale, à savoir Tanzanie, Kenya, Ouganda etc. Le fait que des études paléogénétiques (Tiskhoff et al. 2009) aient identifié ces populations comme étant celles dont était issu l'Homo sapiens ayant peuplé l'humanité atteste que chez les peuples les plus anciens ou autochtones de l'espace subsaharien, l'institution esclavagiste n'existait pas. L'esclavage pratiqué dans l'espace subsaharien durant les traites négrières y avait bien été introduit de l'extérieur (Meillassoux 1975, 1980). Etudiant la région ouest-subsaharienne de la Haute-Guinée (Gambie, Libéria contemporains), Rodney (1966) montre qu'il n'y avait pas eu de traite ou d'esclavage avant l'arrivée des négriers européens alors qu'aux XVIII-XIXème siècles, s'y étaient développés de grands marchés d'esclaves. Ce que Logossah (2008) montrait également à propos du royaume du Kongo avant l'installation des négriers portugais. C'était aussi le cas s'agissant du peuple Lunda d'Angola qui, en 1681 encore, ne vendaient pas d'esclaves, cette activité n'apparaissant chez lui qu'au milieu du XVIIIème siècle avec l'apogée de la TNT (Randles, 1969). Par ailleurs, un document d'archives français de la TNT datant du XVIIIème siècle décrivant les littoraux du Sénégal à la Gambie et leurs humains, consulté par Diakite (2008), indiquait que « *les Noirs Yollofes ne vendent point de Nègres et le roi de Cayor ne se détermine à faire des pillages que quand il y en a de grands besoins.* » La mise en esclavage n'était donc pas une institution autochtone des Noirs Yollofes de l'Afrique de l'Ouest. Dans le centre de l'Afrique sub-saharienne, le Burundi n'a pas pratiqué l'esclavage durant les traites négrières (Birabuza, 1994). Non plus, l'institution esclavagiste n'était pas prouvée dans l'Est africain nilotique occupant l'espace allant du territoire des Massaï au Sud Kenya à celui des Nuer au Sud Soudan, tout comme dans une grande partie des sociétés du Sud-est bantou de l'Afrique, au sud du Zambèze au Zimbabwe (Testart, 1998). Les peuples de l'Est africain nilotique étant des autochtones de la vallée du Nil, il s'ensuit que dans ce dernier espace, à la haute antiquité, l'esclavage n'était pas attesté. Tel était bien le cas des deux grands territoires antiques de cette vallée du Nil, ou avaient rayonné de brillantes civilisations, en l'occurrence les territoires de Koush (Nubie) et de Kemet, ce dernier ayant été durant sa décadence, au IVème siècle AEC, baptisé Egypte par ses envahisseurs grecs sous la conduite d'Alexandre le Grand.

Toutefois, à propos de Kemet, la Bible indique que les Hébreux y avaient été réduits en esclavage, soumis aux travaux de fabrication de briques et souffraient au point que Yahweh Lui-même avait dû intervenir pour les faire sortir du pays. La Vérité biblique est, rappelons-le, une vérité mythique et nous renvoyons le lecteur à nos observations précédentes dans cet ouvrage (Partie I, chapitre 1, section 3, §1, *B : De Kemet à la terre promise*). Néanmoins, des historiens ont voulu trouver dans le récit biblique une vérité historique, nourrissant une controverse sur le sujet. De prime abord, relevons que la Bible parle bien d'Egypte et non de Kemet. La précision est de taille, car l'Egypte, historiquement, était Kemet en décadence, occupé et administré par des étrangers à compter du IVème siècle AEC, notamment à partir de l'occupation grecque de 332 AEC. C'étaient donc les envahisseurs grecs qui avaient dénommé ce territoire Egypte. Après les Grecs (332-30 AEC), le territoire d'Egypte fut occupé par les Romains de 30 AEC à

640 et enfin par les Arabo-musulmans depuis 640. Soulignons qu'avant les Grecs, Kemet fut sous domination perse, administré par des satrapes désignés par les Perses, de 525 à 404 AEC. Perses, Grecs, Romains et Arabo-musulmans étant issus de sociétés où l'institution esclavagiste était très ancrée, ils l'avaient également introduite et pratiquée en Egypte. On sait que sous l'administration romaine du pays (30 AEC-640 EC), les Romains y avaient déporté et asservi une population juive. En effet l'historien Flavius Josephus affirme qu'à l'issue de la première guerre judéo-romaine de l'an 70, remportée par les Romains, ceux-ci avaient déporté une partie des juifs faits prisonniers vers l'Egypte et les avaient alors faits travailler sur les grands chantiers de ce pays (Robert, 2014). Ces juifs étaient donc des captifs et seraient peut-être des esclaves publics du pouvoir romain, contraints de travailler en Egypte. Sont-ce ces faits que certains historiens extrapolent ? Par ailleurs, évoquant le roi d'Egypte qui aurait mis les Hébreux en esclavage, la Bible mentionne toujours « pharaon ». Or ce titre royal n'était apparu que durant la période de décadence irréversible de la civilisation de Kemet qui avait débuté dans les années 1070 AEC avec la fin de la dynastie ramesside et le début de la Troisième Période Intermédiaire. Le titre royal que portaient les souverains de Kemet avant cette période de décadence était *Ho*r ou *Horou*. Le titre royal pharaon était porté pour la première fois par l'usurpateur Sheshonq Ier, issu de la tribu des Libyens Machaouach, qui, profitant des troubles de la Troisième Période Intermédiaire, s'était proclamé roi et avait régné de 945 à 924 AEC. Donc, si les faits étaient historiques, si le roi ayant réduit les Hébreux en esclavage portait le titre pharaon et le pays la dénomination Egypte, ces faits ne pouvaient se dérouler qu'après la conquête grecque survenue en 332 AEC. Ils n'autoriseraient dès lors aucune généralisation à la période historique d'avant la décadence, celle de Kemet.

A cette période, et donc avant le Xème siècle AEC, l'esclavage n'était pas attesté en Kemet comme d'ailleurs dans le reste de la vallée du Nil antique. Les récits des historiens affirmant la réalité de cet esclavage restent d'ailleurs très fragiles. La mention est souvent faite au détour de poncifs tels que : « comme toutes les sociétés antiques », « l'esclavage était sans doute pratiqué en Egypte », « Les pyramides ne peuvent être construites, pendant 3 mille ans, qu'avec une force de travail gratuite et soumise », « les captifs sont supposés devenir des esclaves » etc. Aucune preuve historique attestant l'effectivité de la pratique ou de l'institution esclavagiste n'était avancée. L'existence de l'esclavage était simplement postulée. Parfois des pseudo preuves étaient exhibées comme des gravures de prisonniers de guerre. Or, on le sait, l'équation captif = esclave ou prisonnier de guerre = esclave, est fausse comme nous l'avons déjà souligné et comme nous le montrerons par la suite dans ce chapitre.

Par exemple, Delacampagne (2002) avance que « des captifs étaient faits par les pharaons et exploités comme main d'œuvre » que « ces captifs sont supposés devenir des esclaves en Egypte », et soutient que l'iconographie en atteste. Toutefois, une représentation d'ouvriers travaillant sur un chantier n'est en rien une preuve que ces travailleurs sont des esclaves. L'esclavage n'est qu'une hypothèse avancée, ce dont atteste d'ailleurs la formule utilisée par cet auteur lui-même (captifs supposés devenir des esclaves). La réalité est tout autre. Cela est attesté par un papyrus, conservé au musée de Turin, rédigé par le scribe Amennakhete ou Amennakht (1166 AEC) rapportant une grève des ouvriers de la nécropole royale dans la vallée des Rois et des Reines, près de wasset (Thèbes des Grecs), grève qui eut lieu sous le roi hor Ramessou III (ou Ramses III) en l'an 29 de son règne, soit vers 1166 AEC. Ces ouvriers avaient pour tâche de creuser, construire et décorer les tombeaux ainsi que temples funéraires des souverains dans la vallée des Rois et des Reines. La Grève avait pour revendication principale le paiement de meilleurs salaires. Rappelons que ceux-ci étaient constituées de rations de nourriture, notamment des unités de pain, des mesures de bière, en quantités fixées selon le métier et la fonction de chacun ; pour les plus gradés (contre-maîtres, scribes) le salaire inclut des sacs de céréale. Les travailleurs les mieux rémunérés avaient la possibilité d'écouler une partie de leurs rations en l'échangeant contre d'autres biens ou services. Les travailleurs les mieux payés peuvent aussi bénéficier d'un personnel attaché, par exemple un pêcheur ou un jardinier.

Concrètement, lors de cette grève, les ouvriers avaient cessé le travail, occupé des bâtiments administratifs et des temples, pour bloquer les activités économiques et administratives qui s'y déroulaient. Le scribe Amennakhete (-1166) écrivait à l'occasion : « *si nous en sommes arrivés à ce point, c'est à cause de la faim et de la soif ; il n'y a plus de vêtements, ni d'onguents, ni de poissons, ni de légumes ; écrivez au roi, notre bon seigneur, à ce propos, et écrivez au vizir, notre supérieur, pour que les provisions nous soient données* ». La grève avait duré plusieurs semaines au terme desquels les travailleurs obtenaient satisfaction de leurs revendications. Que montre ce fait ? Des ouvriers, qui disposaient d'une rémunération établie en contrepartie de leur travail. Tel était en Kemet, avant sa décadence la situation qui prévalait, que ce fût dans l'agriculture, l'artisanat, les mines et carrières, chantiers navals, l'armée etc. Les travailleurs disposaient même, à l'instar de ceux de la vallée des Rois et Reines, du droit de grève, dont ils pouvaient user pour faire aboutir leurs revendications. De tels travailleurs n'étaient donc aucunement des esclaves. Le travail d'un esclave n'a pas de contrepartie en termes de rémunération. La grève des ouvriers de la vallée des Rois et des Reines de -1166 eut lieu sur un chantier royal, public : le roi hor Ramessou III aurait eu des esclaves à sa disposition qu'il n'aurait pas eu à engager des ouvriers à rémunérer ou qu'il aurait substitué ces esclaves aux grévistes du chantier royal sans attendre plusieurs semaines pour que ces derniers obtinssent satisfaction afin de reprendre le travail etc. Il s'en suit que Kemet sous hor Ramessou III, au Nouvel Empire, à la XXème dynastie, en -1166, n'était pas une société dans laquelle le processus de production reposait sur le travail des esclaves. Il n'est donc aucunement attesté que la société était esclavagiste ou à esclave.

Les historiens tentant d'affirmer le contraire tombent souvent dans des contradictions inextricables. Une illustration est fournie par Victor (2019) qui écrit : « *Durant la haute antiquité, l'Egypte pharaonique fut une <u>grande consommatrice et productrice de masses serviles</u>. Toutefois, même si l'imaginaire collectif rêve volontiers le royaume d'Egypte comme un immense réservoir de main d'œuvre servile, les <u>esclaves</u> n'y étaient en fin de compte que <u>peu nombreux</u> au regard de la population. Ils y <u>étaient des captifs de guerre</u> utilisés comme soldats, comme forçats des mines et carrières d'où ils extrayaient et transportaient les monolithes, ou encore comme concubine et serviteurs des palais et des temples. Il n'y a en revanche que <u>peu de trace</u> de leur utilisation <u>dans l'économie agricole, les cultivateurs libres étant suffisamment nombreux</u> pour mettre en valeur les terres. Ils venaient de Nubie, d'Afrique orientale, d'Asie centrale ou d'Asie Mineure. On trouve <u>parmi eux une forte population d'esclaves noirs, sans que nous puissions pour autant parler de traite</u>. L'utilisation égyptienne d'esclaves noirs est attestée dès le troisième millénaire avant notre ère au moins et s'est accrue à partir du Nouvel Empire (1552-1070). Ces hommes noirs venaient du pays de Koush, au-delà d'Assouan en Nubie (actuel Soudan), mais également du Darfour ou de Somalie. <u>Ils appartenaient aux pharaons,</u> aux grands et aux temples, et faisaient l'objet de contrat de vente, d'achat, de location, de prêt. Ils étaient également <u>aux mains de propriétaires privés, qui en*</u>

faisaient commerce. Chez les Hébreux, qui furent eux-mêmes asservis en Egypte, l'usage d'esclaves est ancré dans la société. »

Que dire d'un tel texte ? D'abord la dernière ligne citée indique que l'auteure prend totalement à la lettre, sans la moindre réserve, l'argument biblique des Hébreux asservis en Egypte. Or ce fait mérite d'être discuté : nous avons montré qu'il n'existe pas de preuve historique de cette affirmation et le récit des Livres saints judéo-chrétiens demeure une vérité mythique. Plus aucun égyptologue sérieux n'avance aujourd'hui la thèse de la pratique de l'esclavage en Kemet, avant sa décadence et son occupation ininterrompue à ce jour par des envahisseurs étrangers (voir nos observations dans cet ouvrage : Partie I, chapitre 1, section 3, §1, *B : De Kemet à la terre promise*).

L'auteure affirme l'existence de « *contrat de vente, d'achat, de location, de prêt* » sans étayer son texte d'un seul document probant qui aurait pu permettre d'en vérifier l'effectivité, de le situer temporellement, d'en apprécier la nature exacte, la réalité sociale sous-jacente etc. Elle cite des « *contrat de vente, d'achat* » sans dire la différence qui existerait entre les deux, comme si une vente pouvait se réaliser sans une contrepartie achat. L'auteur dit qu'il n'y avait pas de traite, que les esclaves noirs, en grand nombre venaient de loin « *Koush, au-delà d'Assouan, Darfour, Somalie* » : comment pouvait-il y avoir des propriétaires privés faisant commerce d'esclaves venant d'aussi loin sans qu'on puisse parler de traite ? Et comment était-il possible que l'Egypte fût « *une grande consommatrice et productrice de masses serviles* », sans qu'il y ait de traite ? L'auteur affirme que « *Il n'y a en revanche que peu de trace de leur utilisation dans l'économie agricole, les cultivateurs libres étant suffisamment nombreux pour mettre en valeur les terres* », signifiant ainsi qu'une population disponible en grand nombre réduit le recours aux esclaves. Or, alors qu'elle indique que les esclaves « *étaient en fin de compte <u>peu nombreux au regard de la population</u>* », elle soutient dans le même temps que l'Egypte fut « *une grande consommatrice de masses serviles* » : si le nombre d'esclave est faible par rapport à la population cela ne signifie-t-il pas qu'une grande partie de l'activité est entre les mains de cette population ? Dans ces conditions comment le pays pouvait-il encore être un grand consommateur d'esclave ? Par ailleurs, l'affirmation que les esclaves « *appartenaient aux pharaons* » est directement contredite par le cas du chantier royal de la vallée des Rois et des Reines au Nouvel Empire sous hor Ramessou III en -1166 rapporté ci-dessus.

Partant de la représentation de « *captifs de guerre* », Victor (2019), comme d'autres chercheurs auparavant, assimile simplement ceux-ci à des esclaves. Or, une telle assimilation est erronée et nous l'avons souligné. Mais dans le cas de Kemet, il convient d'ajouter un autre traitement du captif de guerre que l'auteure semble ignorer, à savoir la séquestration, une pratique des sociétés vitalistes antiques préchrétiennes, courante tant dans la vallée du Nil que dans le reste de l'espace subsaharien : le captif de guerre finissait simplement comme otage de la société vainqueur au sein de laquelle il était contraint de vivre désormais. Kemet (Egypte antique) avant la décadence en connaissait quantité ; les captifs ainsi traités étaient en général des assaillants vaincus (cas des Libyens, des Peuples de la mer), ou des prisonniers faits lors d'expéditions militaires externes, notamment au Koush (Nubie) dans la vallée du Nil méridionale. Le phénomène avait connu une ampleur sans précédent durant le Nouvel Empire (1552-1070). Par exemple, le roi Horou Merenptah y avait recouru en 1208 AEC pour installer dans son pays des Peuples de la Mer qu'il avait vaincus lors de leur tentative d'envahir Kemet; le roi

Ramessou III (Ramses III : 1184-1153 AEC) y avait également recouru en l'an V (1163 AEC) puis XIII (1171 AEC) de son règne, pour installer dans son pays des envahisseurs Shardanes, Lyciens, Touresh, Achéens, Philistins etc. qu'il avait vaincus ; nombre de captifs koushites pris lors d'expéditions militaires dans le sud de Kemet furent aussi séquestrés de la sorte. Des historiens ont hâtivement avancé que de tels captifs étaient des esclaves royaux, ce qui n'était aucunement le cas : ces captifs ne devenaient pas esclaves en Kemet; dans le pays, ils vivaient dans les mêmes conditions que les autochtones, avec les mêmes droits ; ils n'étaient ni la propriété, ni la possession des souverains qui ne disposaient d'aucun droit sur eux ; ils étaient installés dans le pays, simplement contraints d'y vivre, et donc interdits de retourner chez eux, par les rois qui leur octroyaient des terres. En Kemet, nombre d'entre eux s'engageaient dans l'armée dans les mêmes conditions que les autochtones (rémunération, autres privilèges et avantages) et gravissaient les échelons de la même manière qu'eux.

Au nouvel Empire, le nombre de tels captifs originaires d'Asie (Peuples de la mer) ou Libyens atteignait son apogée ; dans le pays, ils s'étaient taillé, ça et là, des fiefs dans lesquels ils s'érigeaient en chefs, surtout dans le delta du Nil ; dans l'armée, ils avaient réussi à accaparer les postes de commandement et la sécurité du pays se trouvait littéralement entre leurs mains ; leurs descendants avaient largement favorisé par la suite la conquête et la mainmise étrangères, assyrienne et grecque en particulier, sur Kemet à partir de la Troisième Période Intermédiaire et durant la Basse Epoque (voir plus loin les fondements sociologiques de ce traitement des captifs : section III de ce chapitre).

Le texte de Victor (2019), alléguant l'esclavage en Kemet (Egypte antique) comporte trop de lacunes, de contradictions, d'affirmations non étayées qui le rendent peu fiable, peu crédible. Par ailleurs, se référer au Nouvel Empire (1552-1070) et parler d'Egypte pharaonique est anachronique : l'Egypte ne date que du IVème siècle AEC et au Nouvel Empire, il n'y avait pas eu un seul pharaon, mais seulement des « *hor* ou *horou* ».

Enfin, le texte verse quelque peu (peut-être naïvement) dans le courant falsificateur de l'histoire de Kemet entretenu par une partie des égyptologues depuis Champollion-Figeac au XIXème siècle, lequel courant tente toujours d'accréditer l'idée que les populations autochtones de Kemet n'étaient pas de type humain « Noir » ou Nègre, sans jamais préciser d'ailleurs ce que fut le type humain de ces populations. Pour ce faire, ce courant tente toujours de présenter les personnes de type humain « Noir » présentes en Kemet comme des captifs, des asservis. Or, les populations autochtones de Kemet dit Egypte antique étaient rigoureusement les mêmes du point de vue du type humain, du point de vue ethnique, que celles de toute la vallée du Nil et étaient *Noires* c'est-à-dire de « *pigmentation allant du marron clair au marron foncé* » : tel est ce que l'on qualifie de type humain Noir. Entre autres preuves, Kemet était une voie de sortie (dite voie du nord) de l'Homo sapiens subsaharien migrant du sud pour aller coloniser les autres espaces de la terre ; et comme toute voie de sortie, le territoire était aussi un lieu d'installation de cet Homo sapiens, lieu d'où se détachaient, plus tard, une ou des colonies s'avançant vers les autres régions, l'Asie précisément. En conséquence, les premiers habitants de Kemet étaient des Subsahariens, et donc des Noirs.

Au total, à l'instar des sociétés de l'Est nilotique africain, c'était dans toute la vallée du Nil antique, y compris Kemet, ainsi que dans tout le reste de l'espace subsaharien que l'institution esclavagiste n'était pas attestée.

Section 2) Les résistances subsahariennes à l'esclavage

§1) Un indicateur de l'origine externe de l'esclavage et de la traite au Sud-Sahara

Alors que l'historiographie traditionnelle des traites négrières, et particulièrement celle de la traite transatlantique (TNT), reste prolifique sur les révoltes des esclaves à bord des bateaux et dans les plantations négrières des Amériques, elle demeure en revanche quasi muette sur les résistances et révoltes en terre subsaharienne. A moins de décréter que des générations spontanées de négro-subsahariens émergeaient dans les bateaux et sur les plantations des lieux de déportation, il faut bien admettre que les révoltes qui avaient cours en ces lieux n'étaient que le prolongement des résistances et révoltes que les sociétés opposaient à l'esclavage et aux traites sur le sous-continent africain. En ce sens, il convient de souligner et d'insister sur ce qu'au XIXème siècle, l'insurrection victorieuse des esclaves de Saint Domingue (Haïti) contre l'armée napoléonienne, laquelle insurrection avait terrassé le système esclavagiste dans l'île et fut décisive dans le processus de démantèlement de la TNT, était l'œuvre d'esclaves nés pour les deux tiers dans l'espace au sud du Sahara quand bien même les chefs de la révolution étaient nés en déportation.

Les résistances à l'esclavage et aux traites, principalement celles des sociétés, organisations et populations au sein de l'espace subsaharien, offraient une autre indication capitale de ce que le système d'organisation socio-économique fondé sur la production et l'utilisation de l'esclave était conceptuellement étranger aux sociétés négro-africaines vitalistes préchrétiennes.

Ces résistances actaient en effet l'opposition des populations à l'esclavage et aux traites que leur imposaient d'abord les Arabo-musulmans depuis le VIIème siècle (TAM) puis les Chrétiens européens à partir de 1441 (TNT). Cette opposition à l'esclavage et aux traites, il faut y insister, était l'œuvre des populations vitalistes et non des Négro-africains islamisés. Ces derniers, suivant en cela l'enseignement islamique, ne s'opposaient pas à l'esclavage et à la traite : ils ne s'élèveront que contre l'asservissement des musulmans lorsque l'espace au sud du Sahara connaîtra un embrasement généralisé au moment où la TNT parvint à son apogée au XVIIIème siècle et que musulmans comme non-musulmans étaient en continu razziés et livrés tant aux négriers arabes qu'européens.

Aussi la résistance à l'esclavage dans l'espace au sud du Sahara n'était-elle essentiellement que l'œuvre des populations vitalistes. En s'opposant aux traites et à l'esclavage, les Vitalistes négro-africains exprimaient le fait que le système d'organisation sociale fondé sur la production et l'utilisation de l'esclave était fondamentalement étranger à leur éthique, à leurs croyances, et n'étaient pas dans leurs pratiques et mœurs. Ces résistances furent nombreuses, multiformes et avaient duré treize siècles, du début de la traite musulmane (TAM) au VIIème siècle au XIXème siècle (Pope-Hennessy, 1969 ; Lara, 1985 ; Birabuza, 1994 ; Seti, 1998 ; Logossah, 1998a ; Cisse et Kamissoko, 2000 ; Diakite, 2008 ; Anslain, 2009). Rappelons quelques-unes.

§2) Résistances face à l'esclavage musulman et première abolition : la charte du Mande

Durant la traite musulmane d'abord, face aux razzias tout comme aux guerres organisées en maints endroits, et de façon récurrente, initialement par des arabo-berbères suivis après

(Kodjo, 1988) par des négro-africains islamisés (rabatteurs) aux ordres de trafiquants d'humains souvent extra-subsahariens, ou aux ordres de souverains nègres islamisés, les populations vitalistes victimes des attaques, et principalement les ruraux, avaient développé de nombreuses stratégies de résistances. Des milices se formaient, des enceintes et des tours étaient érigés, ou de grandes fosses creusées, autour des habitations afin de les protéger ; étaient aussi organisées des migrations (fuites) vers de nouvelles résidences difficiles d'accès : c'étaient les forêts denses, cimes de monts, les lacs (cités lacustres), des habitations souterraines. Des royaumes vitalistes contre-attaquaient militairement ceux islamisés, faisant également des captifs parmi les musulmans etc.

Dans le Mande, en Afrique de l'Ouest, et au XIIIème siècle, ces résistances culminaient avec la longue campagne antiesclavagiste du roi vitalise Sosso, Soumaoro Kante (règne : 1200 à 1235 environ). L'historien Wa Kamissoko (Cisse et Kamissoko 2000) rapporte ainsi que ce roi vitaliste avait voué sa vie à la lutte contre l'esclavage pratiquée par les rois islamisés du Mali. Soumaoro sillonnait à cet effet le Mande afin de constituer une vaste alliance au service de cette lutte et les conquêtes qu'il avait alors entreprises étaient au service de cet idéal. Son projet était d'abolir l'esclavage. Soumaoro fut naturellement en butte à l'hostilité des musulmans, lesquels du fait de leur croyance, ne pouvaient adhérer à son projet. Le conflit ouvert entre Soumaoro et les musulmans s'achevait par la confrontation militaire de Kirina en 1235, dite bataille de Kirina. Celle-ci opposait d'un côté les forces musulmanes sous la conduite de Soundiata Keita et de l'autre, les forces vitalistes emmenées par Soumaoro Kante. Il existe beaucoup de légendes autour de cette bataille. Elle tourna finalement à l'avantage des forces musulmanes et vit la victoire de Keita sur Kante. Cependant le vainqueur et fondateur de l'empire du

Mali, Soundiata Keita, reprit à son compte et concrétisa le projet d'abolition de l'esclavage de Soumaoro. En effet, lors de l'intronisation de Keita en 1235, la confrérie des chasseurs du Mande décréta l'abolition de l'esclavage, et proclama la Charte du Mande, dont les idéaux firent, en ce XIIIème siècle, l'une des premières déclarations universelles des droits de l'homme. La charte, nommée Manden Kalikan (Serment du Manden) ou Donsolu Kalikan (Serment des Chasseurs), comportait sept Paroles ou sept articles, les Paroles 5 et 6 proclamant notamment que (Cissé et Kamissoko, 1991) :

« *5. Les chasseurs déclarent :*
La faim n'est pas une bonne chose,
L'esclavage n'est pas non plus une bonne chose ;
Il n'y a pas pire calamité que ces choses-là,
Dans ce bas monde.
(...)
Nul ne placera désormais le mors dans la bouche de son semblable
Pour aller le vendre ;
Personne ne sera non plus battu,
A fortiori mis à mort,
Parce qu'il est fils d'esclave.
6. Les chasseurs déclarent :
L'essence de l'esclavage est éteinte ce jour,
"D'un mur à l'autre", d'une frontière à l'autre du Manden ;
La razzia est bannie à compter de ce jour au Manden ;
Les tourments nés de ces horreurs sont finis à partir de ce jour au Manden.
Quelle épreuve que le tourment !
Surtout lorsque l'opprimé ne dispose d'aucun recours.
L'esclave ne jouit d'aucune considération,
Nulle part dans le monde.»
.

Cette abolition ne fut toutefois que de courte durée. Car les souverains islamisés de l'empire du Mali n'avaient pas véritablement mis, ni les moyens, ni la volonté nécessaire pour assurer son effectivité. Ce qui n'était guère surprenant, l'Islam ne prônant pas l'abolition de l'esclavage mais seulement un traitement « plus humain » des esclaves par les maîtres. Par ailleurs, Soundjata, sa confrérie (des chasseurs) et sa cour royale, en décrétant l'abolition de l'esclavage dans ce Mande du XIIIème siècle, n'agissaient en réalité que par pur opportunisme, reprenant le projet d'abolition de l'esclavage du roi vitaliste Soumaoro parce que très populaire. Il s'agissait vraisemblablement pour Soundjata et les musulmans de « faucher l'herbe sous les pieds » aux vitalistes sosso et de dévier le soutien populaire dont ils étaient les objets en leur faveur. Dans ce contexte, la défaite de Soumaoro face à Soundjata lors de la fameuse bataille de Kirina en 1235, marquait d'une part un revers majeur pour les forces abolitionnistes et, d'autre part, un tournant dans le développement de l'esclavage et de la traite arabo-musulmans. Cette défaite allait en effet assurer des lendemains prospères à l'esclavage ainsi qu'à la traite arabo-musulmane au sud du Sahara mais également, au-delà, à la traite transatlantique. Car échouer à mettre un terme à l'esclavage et à la traite musulmane ouvrait largement la porte à d'autres traites, notamment celles interne subsaharien et externe transatlantique. Ce que l'histoire avait largement confirmé par la suite.

Face aux razzieurs et jihadistes arabo-musulmans ainsi que nègres islamisés, nombre de groupes vitalistes avaient pris les armes. Dans le centre subsaharien, c'était le cas du royaume du Burundi : ici les résistants avaient militairement battu les armées esclavagistes arabo-musulmanes et empêché la traite sur leur territoire. Dans l'Est-subsaharien, c'était aussi le cas des Toubous du Sahara oriental (région du Tchad contemporain), des guerriers pasteurs nomades Massaï, des sédentaires voisins de Zanzibar notamment les Gallas, Vadoe etc.

Dans les régions méridionales subsahariennes, les Zoulous se dressaient militairement face aux négriers arabo-musulmans et s'opposaient à leurs activités négrières. Le roi zoulou Tchaka s'était ainsi opposé à l'activité négrière des Portugais. Par ailleurs, Le voyageur arabo-andalous Abu Hamid al-Gharnati (1080-1170) rapportait en 1162, que les Nègres de Kuku (Kaw-Kaw et donc Gao) étaient les plus méchants, lançaient des flèches empoisonnées, et ne pouvaient être utilisés que pour faire la guerre (Cuoq, 1975) : il s'agissait à l'évidence de Négro-subsahariens s'opposant aux razzias négrières musulmanes et qui, même capturés et vendus, poursuivaient la résistance, posant les pires difficultés aux maîtres dans le monde musulman. Dans le même registre, encore au XIXème siècle, Lyon (1821) signalait des opérations de razzias conduites sur des populations vitalistes par le royaume islamisé du Baguirmi (Sud-est du Lac Tchad) au cours desquelles les résistants furent décapités tandis que les mères tuaient leurs enfants pour éviter de les livrer en esclavage etc. Il convient de souligner enfin que face à la traite arabo-musulmane s'étaient aussi dressées les populations négro-subsahariennes de diverses manières, notamment sans armes : des routes étaient barrées pour empêcher le passage des caravanes négrières à l'intérieur des terres, des individus préférant se donner la mort plutôt d'être capturés etc.

§3) L'intensification des résistances avec la naissance de la traite transatlantique

Malgré tout, les résistances s'étaient poursuivies, et même intensifiées, prenant des formes diverses, militaires et non militaires, avec l'avènement de la traite transatlantique (TNT) : elles s'étaient étendues au-delà du Mande, dans tout l'Ouest africain comme le Centre, le Sud et l'Est, et ce, tout au long des quatre siècles de vie de la TNT.

A) Résistance armées

Dans l'Ouest africain d'abord, elles ont émergé dès les années 1440 aussitôt que naquit la TNT : les récits des chroniqueurs portugais du XVème siècle témoignent de leur abondance. Ainsi, de nombreux Portugais, chevaliers de l'ordre du Christ, que l'infant dom Henrique envoyait faire des razzias sur les côtes occidentales subsahariennes dans les années 1440 avaient péri dans les combats les opposant aux groupes armés autochtones. Sur les côtes, puis à l'intérieur des terres, les populations avaient dressé des systèmes de défense de leur territoire : des groupes armés furent constitués et prêts au combat ; presque partout des vigiles étaient postés à des points stratégiques de surveillance et chargés de donner l'alerte afin d'empêcher l'enlèvement des leurs. Des nombreux cas que rapportait Zurara (1453) à ce sujet, certains sont restés mémorables tant les pertes enregistrées alors par les Portugais avaient suscité l'émoi dans leur pays. Il en était ainsi en 1444 lorsque la caravelle commandée par Gonçalo de Sintra fut attaquée par une armée de deux cents combattants à l'île d'Arguin (actuelle Mauritanie) : le capitaine ainsi que six de ses compagnons furent tués, les autres ayant réussi à s'échapper et à faire voile vers le Portugal. Mais, plus que cette bataille, la plus retentissante fut celle de 1446 ayant opposé au nord de la Gambie contemporaine, une armée guinéenne (les hommes de Besagichi) à la troupe de razzieurs portugais commandée par Nuno Tristao, lequel fut avec Antao Gonçalvès les auteurs de la première razzia portugaise sur les côtes africaines : des bataillons de 70 à 80 Guinéens, qui patrouillaient, armés d'arcs et de flèches, à bord de leurs embarcations cueillirent les Portugais. Vingt d'entre eux, dont le capitaine Nuno Tristao, furent tués (Zurara, 1453). Sur cette côte ouest-africaine, du Sénégal à la Gambie, les résistances s'étaient poursuivies jusqu'au XIXème siècle. Ainsi, un document d'archive français du XVIIIème siècle consulté par Diakite (2008) signalait plusieurs points de la côte sénégambienne où, en raison de l'opposition des autochtones, il était difficile voire quasiment impossible aux négriers européens de faire des captifs, notamment : Grand Coulon, Baffa, Rivière-Saint-André, Gojava ; dans ce dernier lieu, les autochtones avaient massacré les Anglais qui s'y étaient imprudemment aventurés pour razzier. Lors de son voyage de 1455 sur la côte ouest subsaharienne, Ça 'da Mosto (1455) témoignait avoir été aux prises avec un groupe de résistants patrouillant en mer qui avait livré bataille contre son équipage. Ces résistances s'étaient poursuivies tout au long des quatre siècles de TNT : de nombreuses organisations militaires, s'opposant à la traite, s'attaquaient aux négriers, délivraient des esclaves, le plus souvent dans des guérillas interminables. Soulignons à cet effet, les résistances à l'esclavage et à la traite que conduisaient les Portugais chez eux par les Mane de la Sierra Léone à la fin du XVIème siècle, par les Bijago en Guinée à la même époque. Dans un courrier que le capitaine portugais Francisco de Gois du fort Sao Jorge da Mina (Ghana contemporain) adressa à son roi en 1513, il mentionna que le roi du Benin (Nigéria actuel) non seulement refusait de vendre des esclaves mais encore avait séquestré depuis cinq mois leur caravelle qui se livrait au trafic des esclaves entre la côte du

Bénin et le fort de même que son équipage ; le roi, mentionnait-il aussi, avait en outre confisqué à une autre de leur caravelle sa bombarde (Ballong-Wen-Mewuda, 1988) etc.

En Afrique centrale, c'était aussi dès les premiers instants de la traite instituée au XVème siècle par les chrétiens portugais à la suite du voyage de Diégo Cao, un autre des marins aux ordres de l'infant Henri Le Navigateur, lequel atteignait le Kongo en 1483 que s'organisaient les résistances. Dans le royaume du Kongo, ces résistances démarraient avec la rébellion des Anziques des rives du fleuve Kongo dès 1491 contre N'zinga A Nkuwu, premier souverain du Kongo à recevoir les Portugais dans le royaume et en Afrique centrale. La conversion rapide de ce roi au christianisme amené par les Portugais apparaissait aux Anziques comme un blanc-seing donné aux esclavagistes. Ils massacraient alors les gouverneurs installés par le roi sur leur territoire, initiant ainsi une tradition qui allait perdurer des siècles durant au Kongo-Angola (Pigafetta et Lopes, 1591). Le roi N'Zinga A Nkuwu, baptisé sous le nom de Joao, ne tarda pas à s'apercevoir lui-même que sa conversion fut une bévue, car son royaume tombait aux mains des Portugais qui y pratiquaient déjà des razzias, non seulement sur les côtes mais encore de plus en plus à l'intérieur des terres, poursuivant ici en réalité une activité qu'ils pratiquaient déjà depuis plusieurs siècles en mer Méditerranée et sur les côtes méditerranéennes en tant que corsaires et pirates. Dans le même temps, le roi Nzinga A Nkuwu, faisait face à des rébellions de plus en plus grandes dans le pays et ce, jusque dans sa cour ; il décida alors d'abjurer en 1494, abandonnant sa nouvelle religion, le Christianisme, et retournant à la religion vitaliste ancestrale jusqu'à sa mort en 1506. Mais il n'avait pas chassé les Portugais qui campaient là.

Aussitôt après le décès du roi N'Zinga A Nkuwu, son fils N'zinga Mvemba, baptisé sous le nom Afonso, demeuré chrétien et fidèle aux Portugais contrairement à son père, fut installé au pouvoir par ces derniers, sans aucune observation des règles de succession du royaume, ni des préférences du roi défunt qui allaient plutôt à son second fils, le prince Mpanzu (ou Pango). Dès l'instant, en cette année 1506, celui-ci entra en rébellion. Largement soutenu par le peuple et les dignitaires du royaume du Kongo, Pango prit les armes contre Mvemba N'zinga dit Afonso Ier, soutenu de son côté par les Portugais dont la supériorité militaire lui avait assuré la victoire. Cette confrontation militaire, opposant en réalité le Kongo et le Portugal, allait être récurrente les siècles suivants avec comme grands acteurs à mentionner le roi kongolais Nvita N'kanga, les Louba, Lounda, Imbagala, les N'bundu, N'dongo et Matanba sous la conduite de la reine N'zinga au XVIIème siècle etc. mais surtout les Jaga qui, depuis le XVIème siècle avaient le plus contribué à dévaster les structures portugaises de la traite.

Dotés d'une puissante organisation politique, religieuse et militaire, et opérant à partir de campements fortifiés nommés Kilombo, les Jaga kongolais attaquaient les négriers portugais, détruisaient et tentaient de conquérir les royaumes inféodés à leur système de traite. Ainsi, ils envahirent le Kongo, où sévissait la traite, en 1568, chassant du pouvoir le nouveau roi installé par les Portugais, Alvaro Ier (1568-1587), lequel fut contraint de se réfugier sur l'île des Chevaux (Congo démocratique actuel), puis désorganisèrent les structures portugaises de la traite. La bataille dura un an et demi mais les Portugais, mieux armés, réussirent à réinstaller Alvaro au pouvoir (Pigafetta et Lopes, 1591).

Toutefois dans ce Kongo, en matière de résistance royale à la TNT, il faut mentionner l'acte posé par le roi Garcia II Okimbaku Afonso Nkanga a Lukeni a Nzenze a Ntumba, petit-fils de N'zinga Mvemba. Il accédait au trône le 22 février 1641, contre la volonté des Portugais qui, comme souvent, s'apprêtaient à imposer leur suppôt ; le roi s'alliait alors aux Hollandais, lesquels attaquaient ces Portugais sur les littoraux subsahariens depuis 1637 et qui occupaient Luanda en 1641. Aux négriers européens de tout bord, Garcia II Okimbaku avait signifié que le commerce de tout produit était autorisé dans son royaume à l'exception de celui des captifs, car soulignait-il, ceux-ci n'étaient « *ni de l'or, ni du drap* ». Le roi du Kongo s'en tenait à cette ligne jusqu'à ce que les Portugais chassassent les Hollandais et reprissent Luanda le 15 août 1648. Comme tous les rois subsahariens ayant soutenu les Hollandais, Garcia II Okimbaku subissait les représailles des Portugais qui le contraignaient à conclure, en 1649, un traité stipulant, entre autres, qu'il devait renoncer à sa souveraineté sur l'île de Luanda, s'abstenir de commercer avec les Hollandais, octroyer à la couronne portugaise les monts de son royaume contenant des mines d'argent, et fournir aux Portugais un quota annuel de 1000 captifs. Par cette dernière clause, les Portugais contraignaient le roi kongolais à se transformer en négrier contre sa volonté. Ils étaient nombreux, les rois négro-africains à devenir esclavagistes de la sorte, contraints par des Européens vainqueurs militaires. Au Kongo, à partir de ce traité de 1649, l'esclavage et la traite négrière atteignaient une ampleur sans précédent. Un des acteurs majeurs dans le royaume étaient les chrétiens portugais, notamment les capucins.

Transformer son père en négrier contre son gré et le royaume du Kongo en royaume négrier contre la volonté de ses souverains paraissaient totalement inadmissibles au fils cadet de Garcia II Okimbaku, le prince Antonio Ier Nvita Nkanga qui lui succédait en 1660. Un des actes de résistance armée des plus emblématiques à l'esclavage et à la traite des Portugais fut celui de ce jeune roi qui accéda au trône en 1660. Le roi Antonio Ier Nvita Nkanga s'était résolu à mettre un terme, coûte que coûte, au trafic d'humains dans son royaume. Et pour lui il n'était plus question de se résigner à se plaindre auprès du roi du Portugal, ou auprès du pape, ou encore d'en appeler à la conscience des « religieux » portugais installés dans son royaume, comme le faisait, plus d'un siècle auparavant, son prédécesseur et ancêtre Nzinga Mvemba (Jadin et Dicorato, 1974). Le roi Nkanga était convaincu que la seule issue qui lui restait était l'épreuve de force. Il rassembla alors les forces vives du pays et alla à la confrontation militaire directe contre les Portugais. Celle-ci avait culminé avec la mémorable bataille de Mbwila du 29 octobre 1665. Malgré la bravoure des troupes kongolaises plus nombreuses, la bataille fut remportée par les Portugais, en raison principalement de la différence de qualité de l'armement, largement en faveur de ces derniers. Les Portugais décapitèrent le roi Nkanga à l'issue de la bataille et enterrèrent sa tête dans une église à Luanda. De surcroit, les Portugais incendièrent par la suite la capitale royale kongolaise Mbanza Kongo. Le royaume était alors totalement désorganisé, morcelé et désormais aux mains des Portugais qui y désignaient les rois. L'esclavage et la traite prenaient au Kongo, à partir de ce moment, un essor particulier pour parvenir à son apogée au XVIIIème siècle. Comme Nvita Nkanga Antonio Ier, roi du Kongo en 1660-1665, nombreux étaient les rois négro-africains vitalistes, opposés à la mise en esclavage et à la traite dans leurs royaumes qui avaient choisi d'aller à la confrontation militaire avec les négriers étrangers malgré le fait qu'ils étaient conscients de la supériorité des armes de ces derniers. Et comme Nvita Nkanga, nombreux furent les rois vitalistes négro-africains à finir éliminés physiquement par les négriers étrangers pour leur opposition à la traite négrière. Si l'on considère d'ailleurs l'ancêtre même de Nvita Nkanga, à, savoir Nzinga Mvemba Afonso Ier, ce ne fut que par un pur hasard qu'il avait échappé à ce triste sort : pour son opposition à la traite et à l'esclavage que les chrétiens portugais pratiquaient dans son royaume, ces derniers avaient tenté de l'assassiner en tirant sur lui à bout portant, en pleine église, pendant qu'il assistait à leur office religieux, le dimanche de Pâques de l'année 1540.

Toujours en Afrique centrale, et en matière de résistance contre la traite négrière, soulignons qu'alors que les Portugais avaient fait main basse sur l'Angola depuis le XVIème siècle, dans la première moitié du XVIIème siècle, la reine N'zinga réussit à fédérer autour d'elle les nationalités N'bundu, N'dongo et Matanba pour mener pendant 30 ans la rébellion contre eux (Pinto et Careira, 1985).

Dès les années 1470, lorsque ces Portugais conquéraient l'archipel de Sao Tome, ils étaient aux prises avec les autochtones, résistant à leurs entreprises négrières. Ainsi, les Nègres Bubis, autochtones de l'île de Fernando Po, la plus grande, résistaient victorieusement aux envahisseurs. Cependant à Sao Tome, c'étaient les autochtones de l'île, nommés « Nègres angolais », qui avaient opposé les plus vives résistances aux négriers-colons portugais qui s'y installaient. Opérant à partir de Kilombo comme les Jaga, les « Nègres Angolais » débutaient leurs attaques dans les années 1530-1540. Celles-ci étaient orchestrées sous la forme de guérillas qui avaient duré jusqu'en 1884, date à laquelle ils abandonnaient leurs habitations fortifiées, les Kilombo. En 1595 et 1596, les « Nègres angolais » avaient pris le contrôle entier de l'île de Sao Tomé, alors quasiment libéré, sous la conduite de leur chef Amador, intronisé roi.

Celui-ci fut plus tard capturé par les Portugais par la ruse et jugé. Alors, les « Nègres angolais » reprenaient le maquis et poursuivaient la résistance jusqu'à la fin du XIXè siècle (Lara, 1985). Etc.

B) Résistances non armées

Il serait très réducteur de croire que les résistances armées à l'esclavage et à la traite transatlantique s'étaient limitées à ces batailles au sommet. De façon récurrente, et tout au long des quatre siècles de vie de la TNT, les populations s'organisaient directement, pour faire échec aux razzias, aux déportations, les populations côtières allant jusqu'à s'attaquer directement aux navires négriers, même à main nue, et tenter de délivrer les captifs (Mbokolo, 1998). Il y eut une multitude d'actes de résistance non militaires. Au nombre de ceux-ci, méritent d'être mentionnées les protestations écrites du roi kongolais N'zinga Mvemba, dès son intronisation en 1506, auprès de celui qu'il considérait comme son « frère chrétien », le souverain portugais d'alors Joao III. Dans un courrier du 6 juillet 1526, Mvemba écrivait notamment à Jean III du Portugal (Jadin et Dicorato, 1974) : « *Seigneur, V. Altesse doit savoir que notre royaume va à sa perdition, de sorte qu'il nous faut apporter à cette situation le remède nécessaire. Ce qui cause beaucoup de dévergondages, c'est le fait que le chef de votre factorerie et vos officiers donnent aux marchands la permission de venir s'établir dans ce royaume, d'y monter des boutiques, d'y vendre des marchandises, même celles que nous interdisons. Ils les répandent à travers nos royaumes et provinces en si grande abondance que beaucoup de nos vassaux, que nous tenions jusqu'ici dans notre obédience, s'en dégagent. (...) Il en résulte un grand dommage tant pour le service de Dieu que pour la sûreté et le calme de nos royaumes et de nous-même. Nous ne mesurons même pas toute l'importance de ce dommage, car les marchands enlèvent chaque jour nos sujets, enfants de ce pays, fils de nos nobles et vassaux, même des gens de notre parenté. Les voleurs et hommes sans conscience les enlèvent dans le but de faire trafic de cette marchandise du pays, qui est un objet de convoitise. Ils les enlèvent et ils les vendent. Cette corruption et cette dépravation sont si répandues que notre terre en est entièrement dépeuplée. V. Altesse ne doit pas juger que cela soit bon ni en soi, ni pour son service. Pour éviter cet abus, nous n'avons besoin en ce royaume que de prêtres, et de quelques personnes pour enseigner dans les écoles et non de marchandises, si ce n'est du vin et de la farine pour le saint sacrifice. C'est pourquoi nous demandons à V. Altesse de bien vouloir nous aider et nous favoriser en ordonnant à vos chefs de factorerie de ne plus envoyer ici ni marchands, ni marchandises.* **C'est en effet notre volonté que ce royaume ne soit un lieu ni de traite ni de transit d'esclaves,** *pour les motifs énoncés ci-dessus. Nous demandons à V. Altesse, une fois encore, de l'imposer ainsi, car nous ne pouvons pas, d'une autre manière, remédier à un dommage si manifeste. Que Notre Seigneur, dans sa clémence, ait toujours V. Altesse en sa garde et vous permette de le servir. Je vous baise les mains plusieurs fois.* » Dans ce courrier, le roi du Kongo confirmait ce que les Portugais faisaient dans l'espace subsaharien depuis les années 1440 : ouverture de comptoirs commerciaux dans chaque pays où ils arrivaient, dotés de personnels portugais, militaires et civiles, et servant, entre autres, de lieux de vente de marchandises ainsi que de lieux de vente et d'achat de captifs : les captifs étaient vendus et achetés contre ces marchandises ou l'or local. En outre, le courrier du roi confirmait que les Portugais continuaient à procéder directement aux rapts et razzias qu'ils pratiquaient dans tous les pays subsahariens où ils s'installaient depuis les années 1440. Il ne faut pas perdre de vue, que les rapts et razzias d'humains étaient des activités traditionnelles que les Portugais pratiquaient sur les musulmans arabo-berbères depuis des siècles déjà en mer Méditerranée et sur les côtes méditerranéennes. Le roi Nzinga Mbemba faisait mention dans son courrier du comptoir commercial portugais ouvert dans son pays (factorerie) pourvu de Portugais : officiers, marchands. Le courrier royal indiquait en outre que ces marchands vendaient des marchandises mais également trafiquaient des êtres humains et qu'ils ne limitaient par leurs trafics de marchandises et d'humains (les marchandises s'échangeaient contre les humains et vice versa) à la côte, mais les avaient largement étendus à l'intérieur des terres, dans tous les territoires de l'empire kongolais : « *Ils les répandent à travers nos royaumes et provinces en si grande abondance* ». Le roi confirmait en outre qu'en cette année 1526, les marchands portugais (les négriers) continuaient à se livrer aux rapts, vols, razzias des Kongolais dans le royaume pour en faire esclaves : « *les marchands enlèvent chaque jour nos sujets, enfants de ce pays, fils de nos nobles et vassaux, même des gens de notre parenté.* » Le roi insistait sur la corruption des Kongolais à laquelle se livraient les négriers portugais (marchands) dans son royaume en usant des marchandises, corruption qui, soulignait-il, déréglait les mœurs, les comportements, engendrant des voleurs, faisant perdre aux gens leur conscience : « *Les voleurs et hommes sans conscience les enlèvent dans le but de faire trafic (...) Ils les enlèvent et ils les vendent.* » Le roi confirmait en ces termes que dans son royaume, avant l'arrivée des Portugais et leurs trafiquants de marchandises et d'humains, « enlever des gens et les vendre » ne se faisaient pas : c'était une corruption, une dépravation des mœurs. En conséquence, il réitérait au roi du Portugal son opposition ainsi que celui de son royaume à la traite portugaise sur les territoires de l'empire du Kongo, demandant au souverain portugais d'imposer l'arrêt de cette traite : « *C'est en effet notre volonté que ce royaume ne soit un lieu ni de traite ni de transit d'esclaves* » ; « *C'est pourquoi nous demandons à V. Altesse de bien vouloir nous aider et nous favoriser en ordonnant à vos chefs de factorerie de ne plus envoyer ici ni marchands, ni marchandises* ». Non seulement le roi s'opposait à la traite portugaise mais encore demandait son arrêt ainsi que la fin de l'envoi de négriers portugais chez lui. En écrivant que « *C'est en effet notre volonté que ce royaume ne soit un lieu ni de traite ni de transit d'esclaves »*, le roi signifiait qu'avant l'arrivée des Portugais, son pays, le Kongo, ne comportait pas de marché d'esclaves et qu'il entendait que les choses continuassent ainsi. Mais alors, si les esclaves ne pouvaient même pas transiter par le royaume, pouvaient-ils y être, y vivre comme une composante sociale ? Il est permis d'en douter, même fortement et c'était impossible.

Le roi Nzinga Mvemba continuait à dénoncer la corruption des individus qui s'installait dans son royaume, faisant entrer progressivement le rapt et la vente d'humains dans les mœurs. Son courrier du 18 octobre 1526 à « son frère chrétien », Joao III du Portugal (Jadin et Dicorato, 1974) le soulignait : « *De plus, Seigneur, il y a, dans nos royaumes, un grand obstacle au service de Dieu. Beaucoup de nos sujets convoitent vivement les marchandises du Portugal, que les vôtres apportent en nos royaumes. Pour satisfaire cet appétit désordonné, ils s'emparent de nombre de nos sujets noirs libres, ou libérés, et même de nobles, de fils de nobles, même de gens de notre parenté. Ils les vendent aux hommes blancs qui se trouvent dans nos royaumes, après avoir acheminé leurs prisonniers en cachette ou pendant la nuit, pour n'être pas reconnus. Dès que les captifs sont au pouvoir des hommes blancs, ils sont aussitôt marqués au fer rouge. Au moment de leur embarquement, ils sont trouvés tels par nos gardes. Les hommes blancs allèguent alors qu'ils les ont achetés mais qu'ils ne sauraient dire à qui. Il nous appartient de faire justice et de rendre la liberté à ces prisonniers, comme ils le réclament. Pour éviter un tel dommage, nous avons décrété que tous les hommes blancs de nos royaumes, qui achètent des esclaves de quelque manière que ce soit, doivent d'abord le faire savoir à trois nobles et officiers de notre cour, à qui nous avons confié ce contrôle. Ce sont Dom Pedro Manipunzo et Dom Manuel Manisaba, notre officier de justice principal, ainsi que Gonçalo Pires, notre armateur en chef. Ils devront vérifier si ces esclaves sont des hommes libres ou non. S'ils sont reconnus esclaves, rien n'empêchera de les emmener et de les embarquer. Mais, dans le cas contraire, on confisquera ces captifs* *aux hommes blancs. <u>Nous accordons cette faveur et ces facilités à cause de la participation de V. Altesse à ce trafic. Nous savons en effet que c'est pour votre service que les esclaves sont enlevés de nos royaumes.</u>* **Sans cela, nous n'y consentirions pas**, *à cause des motifs déjà exposés. Nous informons de tout cela V. Altesse, pour que vos sujets n'aillent pas vous dire le contraire. Ils racontent, en effet, beaucoup de mensonges à V. Altesse, pour écarter de votre esprit le souvenir des obligations que vous avez à notre égard et envers notre royaume pour le service de Dieu. Il nous semble que ce nous serait une très grande faveur, si vous nous faisiez savoir par l'une de vos lettres ce que vous pensez de ces dispositions. Nous baisons, Seigneur, plusieurs fois les mains de V. Altesse.* » Ce courrier du 18 octobre 1526 établit qu'enlever des humains pour les vendre restait encore prohibé pour les autochtones au Kongo, moralement ou légalement, puisque c'était « *en cachette ou pendant la nuit, pour n'être pas reconnus* » que des Kongolais le faisaient. Il ressort aussi du courrier du roi que la société du Kongo comportait au XVIème siècle au moins deux catégories sociales, d'une part les « libres » et d'autre part les « esclaves ». Soulignons que le roi écrivait au XVIème siècle et que depuis le VIIème siècle, les musulmans arabo-berbères avaient introduit l'esclavage et la traite dans l'espace subsaharien où ils se diffusaient lentement : il était donc possible que le Kongo en fût atteint avant le XVIème siècle. Mais plusieurs passages du courrier royal interrogent quant à ce qu'étaient réellement les membres de cette catégorie sociale nommés esclaves : étaient-ils des esclaves au sens où on l'entend d'habitude ou s'agissait-il simplement de dépendants démunis, au plus bas de l'échelle sociale ? En effet, le courrier royal fait ressortir que les autochtones qui enlevaient d'autres autochtones kongolais pour les vendre aux Portugais ne procédaient pas différemment selon qu'il s'agît de ces « esclaves » ou des « libres » : ils les acheminaient tous en cachette ou la nuit pour ne pas être reconnus. C'est bien là le signe que leur enlèvement et vente n'étaient pas une pratique admise par la société kongolaise. C'est-à-dire que moralement ou légalement, leur enlèvement et vente n'étaient pas permis. Quel est donc ce type d'esclave que l'on ne peut vendre ? S'agissait-il d'esclaves et/ou de descendants d'esclaves provenant (ou acquis) d'hors du royaume et devenus une catégorie au bas de l'échelle sociale au Kongo ? Par ailleurs, si la société kongolaise pratiquait l'esclavage, forcément on devrait y vendre et acheter des esclaves au vu et au su de tous : dès lors, pourquoi les Kongolais, au XVIème siècle, enlevaient et vendaient ces « esclaves » en cachette, la nuit, pour ne pas être reconnus ? C'était le signe fort qu'il n'existait pas de marché d'esclaves au royaume du Kongo avant l'arrivée des Portugais. Cela confirme ce qui ressort du courrier du roi kongolais en date du 6 juillet 1526 que nous avions commenté ci-dessus. La deuxième mention du courrier de Nzinga Mvemba qui intrigue à propos des personnes nommées « esclaves » est le passage où le roi écrit : « *Nous accordons cette faveur et ces facilités à cause de la participation de V. Altesse à ce trafic. Nous savons en effet que c'est pour votre service que les esclaves sont enlevés de nos royaumes.* **Sans cela, nous n'y consentirions pas (…)** ». Autrement dit, le roi kongolais, n'acceptait que les personnes qualifiées d'esclaves fussent enlevées de son royaume que parce qu'il savait que c'était pour qu'elles fussent mises au service du roi du Portugal. Si tel n'était pas le cas, il s'opposerait à leur embarquement, comme il le faisait pour les personnes qualifiées de libres. Tout porte à croire que servir était la tâche ou mission assignée ou reconnue par la société du Kongo aux personnes nommées « esclaves » dans le courrier royal : cette éventualité pourrait éclairer et justifier la position du roi, disposé à laisser les Portugais les embarquer pour qu'ils allassent servir le roi du Portugal. Sans cela, il ne consentirait pas à leur embarquement. Le roi signifiait ainsi clairement, qu'a part aller servir le souverain du Portugal, aucune autre raison ne pouvait justifier l'enlèvement et l'embarquement des « esclaves » de son royaume. Lui, le roi, n'y consentirait pas parce que cela n'était vraisemblablement pas permis dans la société kongolaise. Enfin, pour le roi kongolais, son consentement à l'embarquement des « esclaves » destinés au service du roi du Portugal était un cadeau qu'il faisait à ce dernier : « *Nous accordons cette <u>faveur</u> et ces <u>facilités</u> à cause de la participation de V. Altesse à ce trafic. Nous savons en effet que c'est <u>pour votre service</u> que les esclaves sont enlevés de nos royaumes.*» Au total, du courrier royal du 18 octobre 1526, il ressort qu'il n'était pas avéré que l'esclavage et la traite se pratiquaient au Kongo avant l'arrivée des Portugais au XVème siècle : (i) la vente des humains n'apparaissait pas comme une pratique traditionnelle dans le royaume et ne se pratiquait pas, puisque ceux qui s'y livraient au XVIème siècle le faisaient en cachette ou pendant la nuit ; (ii) la vente des esclaves n'était pas une activité officielle du royaume : ni le roi Mvemba, ni son père qui connut le premier les Portugais au Kongo, ne la pratiquaient.

Parmi les acteurs de la traite portugaise au Kongo, figurait une catégorie surprenante que dénonçait le courrier royal du 31 mai 1515. Il s'agissait des ecclésiastiques, prêtres et autres missionnaires chrétiens, exerçant dans le royaume du Kongo. Le roi du Kongo écrivait notamment à ce sujet (Jadin et Dicorato, 1974) : « *Dans ce royaume, la foi est encore fragile comme du verre, à cause des mauvais exemples des hommes qui viennent enseigner ici, parce que les convoitises de ce monde et l'appât des richesses les ont détournés de la vérité. De même que les Juifs ont crucifié le Fils de Dieu par convoitise, mon frère, ainsi aujourd'hui il est encore crucifié. (...) Frère, le temps actuel est plus pénible que le temps passé, parce que ce sont les ministres mêmes du corps et du sang de Notre Seigneur Jésus-Christ qui sont les persécuteurs de la vérité. Dès qu'ils prennent l'esprit du monde tant par la convoitise, que par l'action du diable et la tentation de la chair, ils abandonnent les engagements qu'ils avaient pris de plein gré (...) Ces hommes méchants et cupides, qui prennent dans leurs mains le saint sacrement qui est le corps et le sang de Notre*

Seigneur Jésus-Christ qu'ils devraient porter dans leur cœur, sont pleins de convoitises des choses de ce monde. A peine ont-ils enseigné la parole de Notre Seigneur qu'ils recommencent à donner de mauvais exemples (...) Non seulement ils envoient leurs corps et leurs âmes en enfer, mais ils y conduisent encore les plus aveugles qui ont suivi leurs mauvais exemples. Je vous demande, frère, de m'aider à exalter notre foi catholique, car nous préférerions n'être pas né que de voir les âmes de nos parents, frères, cousins, neveux et petits-fils qui sont innocents, courir à la perdition à cause de ces mauvais exemples ». Ces prêtres chrétiens portugais, que dénonçait de la sorte le roi du Kongo, enlevaient et vendaient jusqu'aux catéchumènes venant apprendre « l'enseignement de Yahweh et Jésus » chez eux.

A propos du comportement des prêtres, le roi du Portugal répondait à la requête de son homologue kongolais dans un courrier de 1529, écrivant (Jadin et Dicorato, 1974) : « *Le cas échéant, le vicaire vous demandera de faire arrêter un prêtre coupable et de le lui remettre prisonnier afin de statuer sur son sort. S'il veut le renvoyer prisonnier au Portugal, vous ordonnerez qu'on accompagne jusqu'au navire le prêtre puni. Vous tiendrez la même conduite avec le maître des artisans, afin de leur inspirer de la crainte et de les empêcher de tomber dans l'égarement.* » A d'autres requêtes du roi Nzinga Mvemba, c'était avec un certain mépris que les rois portugais répondaient. Ainsi, à la requête royale que le Portugal n'envoyât plus de marchandises au Kongo, le roi Joao III du Portugal répondait (courrier de 1529) : « *Le fait que vous ne vouliez pas que l'on envoie des marchandises au Congo, va à l'encontre des usages de tous les pays. On vient au Portugal de tous les coins du monde pour y acheter et vendre ce que l'on veut. Aussi le pays est-il bien pourvu de toutes sortes de marchandises, que le Portugal vend ensuite dans toutes les parties du monde. Comment pourrait-il se faire que votre noblesse se dresse contre vous pour avoir reçu des marchandises du Portugal ? Je sais bien, en effet, que votre puissance et votre grandeur viennent de ce que vous êtes redoutable à la guerre et de la crainte que vous inspirez.* » Quant à la requête du roi kongolais de voir cesser l'esclavage et la traite organisés par les Portugais dans son royaume, Joao III faisait la réponse suivante (courrier de 1529) : « *Vous me dites aussi que vous ne voulez pas que l'on fasse dans vos royaumes le commerce des esclaves, parce que ce trafic dépeuple votre pays. Je crois plutôt que vous me dites ceci à cause des ennuis que vous occasionnent les Portugais. Ceux-ci, au contraire, m'ont dit combien le Congo est vaste et tellement peuplé qu'il semble qu'aucun esclave n'en soit jamais sorti. Ils disent aussi que vous faites acheter ces esclaves hors de votre royaume, que vous les mariez, les convertissez et, de cette façon, le pays est très peuplé* ». D'abord, le courrier du roi Joao III, si les faits rapportés étaient exacts, jetterait la lumière sur cette catégorie de personnes nommées esclaves dans la société kongolaise et lèverait les paradoxes que nous pointions précédemment, à savoir que c'étaient des personnes que le roi kongolais faisait acheter hors de son royaume pour les marier, les convertir au Christianisme. A l'évidence, de telles personnes ne devenaient pas esclaves dans la société kongolaise : car elles ne pouvaient plus être vendues une fois arrivées au Kongo, la vente d'humains ne se pratiquant pas dans le pays, étant moralement ou légalement interdite. Par ailleurs, le simple transit des esclaves par le royaume étant interdit comme le soulignait Nzinga Mvemba, un esclave ne pouvait y vivre. Ces personnes n'étaient donc pas des esclaves au sens traditionnel du terme. C'était aussi pourquoi le roi du Kongo ne tolérait leur enlèvement que parce qu'il était convaincu qu'ils allaient être mis au service du roi du Portugal comme il l'affirmait dans son courrier du 18 octobre 1526. Enfin, le courrier de 1529 du roi portugais étale, par ses termes, tout le mépris que celui-ci avait pour son « homologue » kongolais dont l'attitude d'auto-assujettissement, il faut l'avouer, ne pouvait inciter à la considération. Face à ce mépris, le roi kongolais s'était tourné vers le Vatican et adressait directement ses courriers au pape, afin que celui-ci mît fin au trafic des captifs dans son royaume. Mais là également, l'entreprise ne connut pas plus de succès : les Portugais arrêtaient les émissaires du roi dès leur descente de bateau à Lisbonne.

Exaspérés par le refus constant de N'zinga Mvemba d'admettre leurs activités de traite dans son royaume, les Portugais s'étaient résolus à l'éliminer physiquement. Ainsi, le 28 mars 1540, dimanche de Pâques, pendant que le roi kongolais assistait à l'office religieux, huit Portugais tiraient sur lui à bout portant en pleine église. Le roi réchappa quasiment indemne de l'attentat, tandis qu'un des nobles de sa cour fut tué et deux autres blessés. Nzinga Mvemba s'était depuis lors résigné, laissant les Portugais développer l'esclavage et la traite à leur guise dans son royaume.

Le roi kongolais avait certes vécu un drame, toutefois, son attitude interpelle et fortement, tant elle était sidérante. En effet, le roi se comportait comme s'il était un sujet des rois du Portugal ou du Vatican et que seuls ceux-ci avaient les compétences de prendre les décisions adéquates dans son royaume pour y mettre un terme à la traite et au trafic négrier. Qu'est-ce qui empêchait, en effet, Mvemba, alors souverain du royaume du Kongo, opposé à l'esclavage et à la traite que pratiquaient les Portugais chez lui, d'interdire purement et simplement le trafic humain, au moins dans l'espace se trouvant sous son autorité ? Il lui appartenait de gouverner son pays, ce que lui signifiait d'ailleurs sans ambigüité le roi Joao III du Portugal dans son courrier de 1529, écrivant en l'occurrence : « *Faites-moi le plaisir de ne pas me parler sans cesse de la conduite des hommes qui vont dans votre royaume. Vous pouvez leur ordonner ce que bon vous semblera, soit les expulser de votre pays, soit les garder près de vous.* » (Jadin et Dicorato, 1974). Or, le roi Nzinga Mvemba du Kongo se contentait de se plaindre en permanence auprès du roi du Portugal, de solliciter en permanence qu'il intervînt pour régler des problèmes qui se posaient dans le royaume du Kongo, de solliciter en permanence sa permission etc. Pourquoi Mvemaba s'était-il montré incapable d'agir de façon autonome à ce point ? Nous pouvons avancer deux pistes. D'abord, il était possible que le roi fût très conscient des faiblesses militaires de son royaume au regard des forces des Portugais et ne pouvait dès lors envisager l'épreuve de force contre eux. Cependant la clé de son attitude nous paraît résider plus fondamentalement dans les conditions de son accession au trône royal : rappelons-le, Mvemba fut imposé militairement sur le trône par les Portugais, en lieu et place de son demi-frère, le prince Pango ou Npanzu alors désigné par le roi défunt pour lui succéder et soutenu par la majorité du peuple et des dignitaires du royaume. Dès lors, Mvemba n'était en réalité qu'un pantin aux mains des Portugais. D'où sa soumission, ses suppliques interminables aux rois portugais.

Dans cet espace subsaharien aux prises avec les Européens, au moment où la TNT s'installait, se développait et fonctionnait, l'opposition non armée du roi N'zinga à l'esclavage et à la traite chrétiens n'était pas une exception. Nombre d'autres acteurs vitalistes subsahariens, rois, religieux, populations civiles etc. l'avaient aussi manifestée. Mentionnons à titre illustratif le cas d'une prophétesse du royaume du Kongo, Kimpa Vita ou Dona Béatriz (sa dénomination portugaise). Née dans la capitale Mbanza-Kongo du royaume vers 1684, Kimpa, convertie au Christianisme mais pratiquant un syncrétisme entre catholicisme et vitalisme, prêchait la réunification de son royaume, fortement divisé aux XVIIème-XVIIIème siècles, l'égalité entre tous les humains, la fin de l'esclavage. S'opposant ainsi ouvertement aux négriers portugais, en l'occurrence les missionnaires catholiques du Kongo, Kimpa fut brûlée vive à Evolulu (actuel Angola) par ces missionnaires portugais (les Capucins) du Kongo le 02 juillet 1706.

Bien que les résistances traduisent le fait que l'esclavage et la traite n'étaient pas des institutions autochtones négro-subsahariennes et qu'elles aient contribué à saper leurs fondements, d'une manière que nous ne soupçonnons peut-être pas aujourd'hui, elles furent sur le plan militaire un échec dont témoigne amplement la poursuite des traites négrières (TAM et TNT) jusqu'au XIXème siècle.

Section 3) L'impossibilité qu'émerge l'esclavage dans l'espace subsaharien vitaliste

§1) La religion autochtone subsaharienne : le Vitalisme et ses principes

Dans l'espace négro-africain, aux temps antiques, préchrétiens et antéislamiques, prévalait une seule religion, le Vitalisme. C'était la religion des populations de la vallée du Nil, notamment des territoires antiques de Kemet et Koush, mais également de l'espace subsaharien méridional, septentrional, occidental, central. Religion de la vie, le Vitalisme (voir Dakilo et Phari, 2021) était d'abord caractérisé par le fait que l'objectif ultime du pratiquant, ce qu'il recherchait avant tout était la « longue vie : vivre le plus longtemps possible » ; ensuite la doctrine religieuse concevait elle-même la vie comme sans fin : mourir c'était continuer à vivre autrement, sous une autre forme, dans un autre monde ; la vie est donc éternelle. Par ailleurs, le Vitalisme enseigne que chaque être humain est doté d'une énergie vitale, ou souffle vital, qui est une partie du démiurge Lui-même. C'est dans cette énergie vitale, d'origine divine, que réside l'humanité de chaque individu et la vie qui le porte. Cette vie est donc sacrée et tout humain a pour devoir premier de la protéger, afin qu'elle dure le plus longtemps possible. L'origine divine du souffle vital animant chaque individu assure en outre une égalité fondamentale ontologique entre toutes les personnes. Enfin, l'univers créé par le démiurge vitaliste est une structure en équilibre et en harmonie, où tout est lié, chaque élément étant relié aux autres dont il est dépendant : il y a en conséquence solidarité des êtres dans l'univers. La préservation de cet équilibre et de cette harmonie de l'univers est requise des humains. Elle passe par le respect des trois lois basiques du démiurge, à savoir, Amour/fraternité-Vérité-Justice/rectitude.

§2) L'organisation sociale vitaliste : barrière fondamentale à l'émergence de l'esclavage

Le Vitalisme est un code social, que les humains doivent essayer de vivre au quotidien, de pratiquer quotidiennement en traduisant les lois fondamentales du démiurge dans leurs actes de chaque instant. En conséquence, l'organisation des sociétés vitalistes négro-subsahariennes depuis la haute antiquité intègre la loi d'égalité ontologique fondamentale de tous les humains ainsi que les trois prescriptions fondamentales du démiurge : Amour/fraternité-Vérité-Justice/ rectitude. Des nombreuses dispositions de l'organisation sociale vitaliste mentionnons deux qui nous paraissent majeures. C'est d'abord la vie communautaire, reposant sur l'entraide mutuelle dont la clé de voûte reste le principe de « l'assistance du fort au faible » (Dakilo et Phari, 2024). Ensuite, c'est l'hospitalité et la protection pour tout humain, de près ou de loin : c'est l'Amour et la fraternité universels.

A) L'entraide mutuelle rend impossible l'esclavage des nécessiteux

Depuis l'antiquité en Orient, en Grèce, à Rome, puis dans l'Europe médiévale etc. on devenait esclave par cinq ou six voies, à savoir : (i) soit par la naissance ; (ii) soit en étant captif de guerre, razzia, rapt, piraterie ; (iii) soit en étant condamné par la loi ; (iv) soit en étant endetté ou dépourvu de moyens ; (v) soit en étant abandonné, enfant, par ses parents ; (vi) soit en étant acquis sur un marché.

Cependant, initialement, dans l'antiquité en Orient où naquit l'esclavage, les germes primitifs de celui-ci résidaient dans l'organisation sociale individualiste qui n'offrait aucun mécanisme de prise en charge des nécessiteux. Dans une telle organisation sociale, au cours de la lutte pour la vie, l'isolement des individus, la nécessité que chacun se prît en charge, que chacun subvînt à ses besoins confrontait inexorablement tous ceux qui se trouvaient dépourvus de tout moyen de subsistance à un moment donné à un dilemme : soit crever, soit se vendre ou vendre leurs descendants pour survivre. Se vendre ou vendre son descendant dans ces conditions avait la vertu de sauver ou maintenir en vie. Quiconque choisissait cette solution devenait esclave, c'est-à-dire « quelqu'un à qui on a sauvé la vie » : c'était le sens premier du terme esclave en latin « servus ». Ce fut ainsi la pauvreté qui avait été l'une des origines primitives de l'esclavage. En Europe médiévale, les masses pauvres, sous-alimentées, devenaient « *esclave pour quelques poignées de grain ou de farine* » (Bonnassie, 1985).

Dans l'organisation sociale vitaliste communautaire négro-subsaharienne, l'entraide mutuelle et son principe de « l'assistance du fort au faible » étaient un garde-fou annihilant l'émergence d'un tel esclavage. Car celui qui se trouvait dépourvu de moyens de subsistance à un moment donné (faible) pouvait compter sur le soutien des autres, plutôt des plus nantis (forts) : il ne se trouvait aucunement contraint de se vendre ou de vendre un ou des descendants. Il convient de le rappeler, l'assistance que le fort apporte au faible était sans contrepartie, ou plus exactement, sa contrepartie immédiate était la concession au fort de sa prééminence sociale. Une autre contrepartie était l'engament tacite du faible à assister à son tour un autre lorsque ses moyens s'amélioraient. Toutefois, la société ne procédait à aucun contrôle ni n'exigeait rien en la matière.

L'entraide mutuelle vitaliste constituait aussi une barrière à la pratique de l'exposition des enfants (abandon dans la rue ou dans un lieu public) pratiqué depuis la haute antiquité en Orient, Grèce, Rome, puis dans l'Europe médiévale etc. C'étaient les parents ne disposant pas des moyens de subvenir aux besoins de leurs enfants qui les abandonnaient dans l'espace public. On le sait, ramassés par autrui, ces enfants devenaient possessions et esclaves de celui-ci. C'était une voie importante de mise en esclavage, également barrée par le dispositif vitaliste « d'assistance du fort au faible ».

Toutefois, le fonctionnement endogène de la société vitaliste, sur la base de « l'assistance du fort au faible » générait des dépendants, et en nombre, qui étaient des individus vivant au crochet d'autres, au service desquels ils pouvaient se mettre pour avoir de quoi vivre etc. Toutefois, de tels dépendants n'étaient aucunement des esclaves : ils n'étaient pas la possession du « fort », de leur bienfaiteur, qu'ils étaient libres de quitter à tout moment. Ce dernier ne pouvait aucunement les aliéner et cela ne pouvait même pas lui traverser l'esprit. Socialement, à mesure que croissait le nombre de personnes à sa charge, le bienfaiteur jouissait d'une plus grande reconnaissance, d'un plus grand prestige, d'une plus grande importance et pouvait lui-même, de ce fait, être demandeur de dépendants : avoir des dépendants à sa charge était en soi porteur d'utilité, soit de satisfaction, de bien-être, pour le « fort », en dehors même des services qu'un dépendant pouvait lui rendre.

B) Amour/fraternité, égalité ontologique : frein à l'appropriation de l'humain

Un autre garde-fou anti-émergence majeur de l'esclavage dans les sociétés vitalistes négro-subsahariennes étaient l'égalité ontologique entre humains ainsi que les prescriptions basiques d'Amour/fraternité-Vérité-Justice/rectitude. L'égalité ontologique entre les humains interdit d'abord qu'un individu dénie à l'autre son humanité : chaque vitaliste conçoit et reste convaincu qu'il est exactement ce qu'est un autre humain. Dès lors, nier à l'autre son humanité revient à la nier à soi-même. En outre, dans les croyances vitalistes, l'humanité étant la partie sacrée de chaque personne, la part du démiurge incluse dans chaque humain, la nier c'est nier le démiurge : il s'agit d'un sacrilège. Or, la mise en esclavage revient souvent à nier à l'autre son humanité ou à piétiner son humanité, choses prohibées par le Vitalisme. Mais plus fondamentalement, l'égalité ontologique et l'humanité d'essence divine contenue dans chaque être humain interdisent, dans les principes vitalistes, l'appropriation de tout être humain par un autre humain. Chez les vitalistes, un humain ne peut être la propriété ou la possession d'un autre. Or, l'esclave c'est justement cela : il est la propriété ou la possession de son maître. Dès lors, l'esclave ne peut émerger par le fonctionnement endogène, propre, de la société vitaliste. Cela est impossible. D'autant plus : l'esclavage introduirait une différence entre humains, séparés en libres et esclaves, différence qui contredirait leur égalité fondamentale. L'esclavage ne pouvait donc pas exister dans les sociétés vitalistes négro-subsahariennes pré-chrétiennes et antéislamiques par leur fonctionnement propre, endogène. Il ne pouvait y émerger, y exister que si un évènement exogène, externe, venait perturber, altérer, modifier les croyances fondamentales vitalistes : ce qui pouvait se produire à la faveur d'une invasion externe, à la faveur de l'introduction d'une religion externe pro-esclavagiste etc. Il en avait été ainsi à la suite de l'introduction de l'Islam dans l'espace subsaharien à compter du VIIème siècle. La diffusion inégale de cet esclavage dans l'espace éclaire les survivances observées çà et là durant les traites négrières, de sociétés subsahariennes où l'esclavage n'était pas attesté (Testart, 1998), de sociétés où l'on ne savait pas vendre l'esclave, de sociétés où l'on ne savait pas utiliser l'esclave (Ray, 1975 ; Meillassoux, 1986) etc.

Par ailleurs, dans la société vitaliste négro-subsaharienne, l'égalité ontologique des humains, le fait que chacun, en raison du souffle vitale divin contenu en lui, n'est qu'une part du démiurge, prohibe son exclusion de l'humanité, de la parenté. Or, l'exclusion de l'humanité, de la parenté demeurent des caractéristiques clés de l'esclave (Meillassoux, 1975, 1982 ; Testart, 1998). C'est également là une des raisons pour lesquelles le fonctionnement endogène de la société vitaliste ne peut produire l'esclave. Une autre raison clé qu'il convient de mentionner est le fait que l'aliénation de l'humain (vente, don, leg etc.) était proprement impossible chez les vitalistes parce qu'elle revient à aliéner une partie du démiurge : c'est un sacrilège. Ce qui explique les « ventes cachées, murmurées » observées durant les traites négrières (Holder, 1998 ; Viti, 1999 ; Logossah, 2008). Enfin, pointons cet autre garde-fou anti-émergence de l'esclavage qui ne peut être négligé. Il s'agit de la loi vitaliste basique d'Amour/fraternité-Vérité-Justice/rectitude. Nous l'avons souligné, le Vitalisme est un code social. Cette loi est donc le guide des actes et actions sociaux quotidiens chez les vitalistes et en particulier le moule des relations humaines. Par sa pratique, chaque vitaliste appréhende et conçoit tout humain, venant de près ou de loin, comme son « frère », avec lequel il peut certes avoir des différends, des incompréhensions, des heurts etc., mais auquel il se doit de témoigner amour, vérité ; envers lequel il se doit d'agir avec justice, rectitude, et qu'il se doit de protéger du mieux possible. C'est le principe vitaliste de la fraternité universelle. Cette fraternité universelle vitaliste gomme dans l'esprit de tout vitaliste toute différence entre êtres humains et rejoint sur ce plan celui de l'égalité ontologique. L'effet barrière à l'esclavage de la fraternité universelle vitaliste ne doit ni être négligé, ni être minimisé. Il est même puissant. On l'a vu en Europe médiévale. Ici, à mesure que les chrétiens mettaient en pratique l'enseignement de Paul de Tarse selon lequel, par le baptême, les chrétiens devenaient des « *frères en christ* », des « *fils de Dieu* », avec, entre autres, comme conséquence la suppression de toute différence entre eux, notamment entre libre et esclave (Epitre aux Galates : chap. 3, 26-28), il apparaissait de plus en plus impossible aux chrétiens de mettre en esclavage d'autres chrétiens. En conséquence et progressivement, cette mise en esclavage se réduisait jusqu'à disparaître tout simplement comme nous l'avons vu : des affranchissements pieux furent réalisés, puis il y eut interdiction par les responsables chrétiens de la mise en esclavage d'un chrétien par un autre chrétien.

C) L'hospitalité vitaliste : une barrière infranchissable à l'esclavagisme

Dans la société vitaliste négro-africaine antique préchrétienne, une des pratiques de la loi divine fondamentale d'Amour/fraternité-Vérité-Justice/rectitude, et de son corollaire la fraternité universelle, est l'hospitalité, observable envers tout humain, de près ou venant de loin. Elle s'était elle-même muée en une loi ayant souvent pris le pas sur les autres. L'hospitalité parfois insensée des sociétés subsahariennes contemporaines en est une survivance. Chez les vitalistes antiques, la fraternité universelle était une loi si importante que le démiurge envoyait ses hypostases tester les humains sur sa pratique. Ces hypostases prenaient à l'occasion la forme physique d'un humain étranger, souvent misérable. Aussi un soin extrême était-il mis par les vitalistes à recevoir, servir, protéger tout étranger venant leur rendre visite, en mettant à sa disposition ce qu'ils avaient de meilleur. En conséquence, dans la société et face à tout nécessiteux, pauvre, indigent, individu isolé, frappant à sa porte, à la recherche de quoi survivre, d'un toit, d'une protection etc., un Vitaliste n'avait pas dix mille choix : il devait satisfaire du mieux possible son hôte. Autrement, il s'attirerait le courroux des dieux, synonyme de son anéantissement potentiel, de sa destruction potentielle dans l'au-delà. Il lui était dès lors impossible d'asservir son hôte quand bien même ce dernier serait d'une misère criarde dont il aurait pu profiter. Il convient de le souligner, hospitalité et « assistance du fort au faible » (entraide mutuelle) se conjuguent ici pour dresser une barrière infranchissable à l'esclavage. Une fois encore, il apparaît impossible que l'esclavage fût le produit du fonctionnement propre, endogène, de la société vitaliste subsaharienne.

Avec ses croyances, ses dispositions éthiques, notamment l'hospitalité, « l'assistance du fort au faible », ce que produisait le fonctionnement propre de la société vitaliste était des dépendants, représentés par tous ces nécessiteux pouvant vivre au crochet d'un plus puissant, même quasi indéfiniment. Dépendants qui cependant ne pouvaient en aucun cas devenir la possession du puissant, même dans le cas extrême où il serait un individu isolé, exclu de sa communauté d'origine, voire de sa propre famille. L'espace subsaharien contemporain en présente nombre de survivances. Testart (1998) constate ce « *(...) phénomène bien connu en Afrique. Des bannis, des déracinés, quelle qu'en soit la raison, condamnés dans leur société, exilés, poursuivis par la menace d'une vengeance de sang, endettés, ou encore anciens esclaves en cavale, aventuriers, ambitieux ayant échoué, tous ces gens peuvent venir se jeter au pied de quelque personnage puissant, roi ou chef de lignage, demander asile et protection. Ils deviennent des dépendants, sans être des esclaves, bien que leur condition les en approche. D'abord, dans la mesure où ils viennent seuls, coupés de leur société d'origine, ils se présentent comme les esclaves sans parenté. A vrai dire, ils pourraient être réduits en esclavage si ce n'était, d'une part, une certaine tradition d'hospitalité (...)* ». Holder (1998) le constate également chez les Saman (Mali contemporain) : « *Le prototype de l'asservi dans la société sama, c'est le fuyard étranger, celui qui est venu chercher asile chez un homme fort dans une société puissante. C'est l'image même du banni (...) Condamné par sa société d'origine, il demeure un homme libre statutairement. Le protecteur qu'il a sollicité n'a d'ailleurs aucun droit de vie ou de mort sur lui, en vertu du droit d'asile requis. Il conserve son patronyme et s'inscrit dans ce qu'on pourrait nommer provisoirement le « droit du cadet », ayant l'obligation d'effectuer des prestations au bénéfice de son aîné d'adoption.* »

Il est clair qu'on se trouverait n'importe où, dans les sociétés orientales, en Grèce, à Rome, en Europe médiévale etc. que ces dépendants seraient réduits en esclavage, car ils se trouvaient dans l'une des conditions qui produisaient les esclaves. Dans l'espace subsaharien, cependant, ces conditions ne suffisaient pas car des garde-fous éthiques, religieux, les neutralisaient. La tradition d'hospitalité qu'évoque Testart n'est en réalité qu'une survivance de la religion vitaliste antique négro-subsaharienne. Enfin, il faut le souligner, ces constats constituent une limite sérieuse à la définition de l'esclave que retient Testart (1998) après étude du cas de l'espace subsaharien, à savoir que « *l'esclave est un dépendant dont le statut juridique est marqué par l'exclusion d'une dimension considérée comme fondamentale par la société et dont on peut, d'une façon ou d'une autre, tirer profit* ». En effet, dans l'espace subsaharien vitaliste antique préchrétien, un individu pouvait être un dépendant exclu de sa société, voire de sa famille sans pour autant être un esclave. De même, on peut tirer profit d'un dépendant sans que celui-ci soit un esclave : en effet, un dépendant, qui vit au crochet d'une personne rend toute sorte de service à ce dernier. De ce fait, il lui est utile et celui-ci en tire profit nécessairement. Or, cela n'en fait pas un esclave : il n'est pas la possession de son protecteur qui ne peut en conséquence pas l'aliéner, le vendre. Si la définition de l'esclave proposée par Testart se trouve ainsi quelque peu caduque, c'est en raison d'un fait principalement : l'esclavage qu'il analyse, ce que l'on désigne souvent par « esclavage interne africain » ne fut en réalité qu'une adaptation locale de l'esclavage externe, orientale musulmane et/ou occidental chrétien médiéval, introduit dans l'espace subsaharien. Il comporte sur le plan institutionnel de nombreuses contradictions qui trahissent son origine externe.

Outre l'indigence, une autre des sources majeures de l'esclavage originel ou gréco-romain ou européen médiéval par exemple fut la guerre. Les esclaves étaient des captifs de guerre destinés à être exploités. A ces captifs extraits de leurs milieux, l'aliénation, la vente à autrui pour qu'ils fussent exploités permettait de conserver la vie, en leur évitant d'être tués. Mais, si la guerre produisait des captifs, elle ne causait aucunement leur mise en esclavage, elle n'expliquait pas cette mise en esclavage. Car un captif de guerre peut connaitre divers sorts possibles, notamment être tué, être échangé contre rançon, être échangé contre un autre captif, être vendu pour être exploité économiquement. Les institutions sociales, la spiritualité, les croyances, l'éthique, les traditions, us et coutumes jouaient un rôle dans le sort final réservé au captif de guerre. Là où l'appropriation, la possession étaient admises, il pouvait devenir esclave. Dans le cas contraire, c'était une autre des modalités qui était choisie. Dans les sociétés subsahariennes vitalistes préchrétiennes, l'appropriation étant exclue comme nous l'avons souligné, les captifs de guerre ne devenaient pas esclaves. Ils connaissaient deux sorts principaux. Le premier, le plus général, était qu'à la fin de la guerre les belligérants les échangeaient entre eux (Ndiaye, 2008). Viti (1999) constatait aussi cela à propos des Baoule en rapportant que chez ceux-ci les captifs de guerre étaient toujours échangés contre d'autres prisonniers ou de la poudre d'or, une fois la paix revenue. Le second sort majeur des captifs dans les sociétés négro-africaines vitalistes préchrétiennes était la « séquestration sociale » : le captif de guerre finissait simplement comme otage de la société vainqueur au sein de laquelle il était contraint de vivre désormais. Il ne pouvait plus retourner chez lui. Néanmoins il conservait à la fois sa propre identité ainsi que ses us et coutumes et jouissait des mêmes droits que les autochtones. La vallée du Nil antique et Kemet (Egypte antique) notamment avant la décadence en connaissait quantité comme nous l'avons déjà noté. Outre Kemet, le captif otage d'une société, par séquestration, était également largement connu dans les autres espaces subsahariens vitalistes préchrétiens et antéislamiques. El Bekri rapportait le cas de l'empire du Ghana au XIème siècle : il s'agissait des *El*

Faman, descendants des troupes arabes omeyyades vaincues qui avaient, au VIIIème siècle, attaqué l'empire et tenté de s'en emparer pour lui imposer l'islamisation par les armes ; Bekri soulignait que ces personnes vivaient libres dans l'empire du Ghana où, outre qu'ils avaient conservé leurs identité, us et coutumes, jouissaient de tous les droits reconnus aux autochtones. Ils vivaient d'ailleurs séparés de ces derniers et pratiquaient l'endogamie.

Pour la société négro-subsaharienne préchrétienne, la séquestration, pratiquée en général sur des groupes d'individus vaincus, répondait à la prescription vitaliste d'amour/fraternité universelle et surtout à son implication majeure l'hospitalité. Celle-ci, il faut le rappeler, était sans borne et devait être observée même en temps de guerre : la séquestration de l'ennemi vaincu était le moyen de lui accorder l'hospitalité. Mais elle avait aussi une utilité pour la société vainqueure, à savoir amputer l'ennemi d'une partie de ses forces au moment où les victoires militaires étaient le plus souvent tributaires du nombre de soldats engagés.

A propos de la société Sama (Mali contemporain) durant les traites négrières, Holder (1998) rapportait le cas du captif intégré au clan royal Kampo qui ne devenait jamais esclave, possédait le sabre d'homme libre : « *porteur d'arme, il est requis pour conduire le souverain, parler en son nom et tuer les hommes libres, sinon le roi lui-même.* » ; il était « *censé survivre au souverain et accomplir seul l'inhumation de celui-ci* ». Il avait une position sociale prééminente : incontournable, craint, intouchable.

Au total, ni l'indigence, ni la guerre ne pouvaient causer l'esclavage dans les sociétés vitalistes négro-africaines préchrétiennes : les croyances vitalistes constituaient les garde-fous annihilant son émergence. Le fonctionnement endogène de ces sociétés ne pouvait produire l'institution sociale orientale et occidentale qu'était l'esclavage et ces sociétés n'étaient en conséquence ni à esclaves, ni esclavagistes.

§3) Les sociétés vitalistes nègres antiques n'étaient pas des sociétés d'accumulation

Outre les croyances vitalistes, une autre caractéristique des sociétés vitalistes négro-africaines préchrétiennes y annihilait l'émergence de l'esclavage : c'était le fait qu'elles n'étaient pas des sociétés d'accumulation (Dakilo et Phari, 2024). En effet, et fondamentalement, nous l'avions souligné, la mise en esclavage correspondait à un réflexe ou comportement d'accumulation consistant à conserver en vie quelqu'un qui était sur le point de disparaître (risquant de crever par déficit de subsistances ou risquant d'être tué à la guerre) et à l'utiliser pour en tirer un profit additionnel. Elle était donc le produit du fonctionnement endogène des sociétés d'accumulation. Dans ces conditions, du fonctionnement endogène des sociétés vitalistes anciennes négro-africaines, lesquelles n'étaient pas des sociétés d'accumulation, ne pouvait émerger la mise en esclavage : dans ces sociétés, les individus ne pensaient pas accumulation et étaient dépourvus de réflexes d'accumulation. En témoignaient, ainsi que nous l'avons montré, d'une part les survivances de sociétés ne sachant pas utiliser le captif, de sociétés ne connaissant pas l'institution esclavagiste et, d'autre part, les destructions de captifs pour toute sorte de raisons futiles (sacrifice pour accompagner un mort dans l'au-delà, sacrifice pour illustrer la puissance d'un souverain etc.) durant la société folle négrière des XVIIème-XIXème siècles. Les destructions de captif illustraient bien que l'esclavage n'était pas une institution propre des sociétés négro-africaines.

§4) L'esclavage interne subsaharien : des empreintes externes fortes

Nous l'avons établi, l'esclavage ne pouvait exister dans les sociétés vitalistes subsahariennes antiques. Dans ces sociétés, l'esclavage était illégitime, illégal, interdit, inconcevable dans les croyances. En conséquence, l'esclavage « interne » qui y avait émergé et fonctionné de façon décisive durant les traites négrières (VIIème-XIXème siècles), fut une introduction externe. Dans l'espace subsaharien en effet, cet esclavage était une implantation locale de l'esclavage oriental arabo-musulman avec l'Islam ainsi que de l'esclavage chrétien médiéval européen introduit par le Portugal. Nous montrerons cela rigoureusement aux chapitres suivants. L'esclavage « interne » dans l'espace subsaharien était la résultante de ces deux modèles. Il est possible que le modèle oriental arabo-musulman ait laissé plus d'empreinte que le modèle chrétien médiéval européen ne serait-ce qu'en raison de la durée de la traite musulmane : treize siècles (VIIème - XIXème siècles) contre quatre pour la traite européenne. Produit des traites négrières étrangères arabo-musulmane (TAM) et trans-atlantique (TNT), la traite interne (TIS) leur fut totalement tributaire : plus la demande de captifs dans le cadre de la TNT et/ou de la TAM était élevée, plus faible était l'alimentation de la TIS. En réalité et tout au long des traites TAM et TNT, la TIS se nourrissait du résidu des captifs, une fois satisfaite les demandes émanant de la TAM et de la TNT. Ainsi, au XIXème siècle, la TIS atteignait son apogée à compter de 1814 lorsque la TNT était devenue illégale.

Produit des traites négrières étrangères TAM et TNT, la TIS en a gardé des empreintes notables. Dans les régions d'implantation de l'Islam, l'esclavage « interne » était nettement marqué par le modèle oriental arabo-musulman. Les grands foyers islamiques furent l'Ouest subsaharien soudano-sahélien avec les territoires des anciens empires du Ghana, du Mali, du Songhay, les cités Haoussa, le Fouta-Djalon etc., puis l'Est subsaharien avec l'Abyssinie, la Corne de l'Afrique et le Zanguebar, territoire couvrant en partie le Mozambique, la Tanzanie, le Kenya, la Somalie, l'archipel de Zanzibar, les Comores contemporains. Pour sa part, la région Afrique centrale, dont le cœur était le Kongo-Angola quasi-entièrement colonisé par le Portugal, gardait la marque du modèle d'esclavage chrétien européen médiéval. De ces foyers majeurs s'était diffusé l'esclavage d'importation vers les autres régions où les deux modèles se combinaient, de façon d'ailleurs inégale, certains espaces n'ayant été que faiblement atteints tandis que dans d'autres, il n'était pas attesté comme nous l'avons vu.

Des éléments d'emprunt à l'esclavage oriental arabo-musulman, retenons quelques-uns des plus saillants : d'abord et de manière basique, c'était, dans les pays islamisés, les rapts et razzias sur les populations non islamisés ; les marchés d'esclaves exposés fonctionnant au vu et au su de tous où l'esclave était vendu comme n'importe quelle marchandise, pouvait être troqué contre d'autres produits ou payé par l'or et surtout par les cauris importés d'Orient ; l'absence de mise en esclavage de musulmans ; l'absence de mise en esclavage pour dette ; l'absence de sacrifice de captif ; l'absence de droit au patrimoine de l'esclave ; la règle que le maître tuant son esclave en le punissant sans avoir eu l'intention de lui donner la mort ne courait aucun risque ; la liberté pour l'esclave concubine donnant un enfant au maître ainsi que pour l'enfant ; l'acquisition de l'esclave femme principalement pour en faire une concubine et avoir des enfants avec elle ; la possibilité que l'esclave, avec l'accord du maître, se mariât, possédât enfants et biens etc.

Des éléments caractéristiques de l'esclavage médiéval chrétien européen, retenons : l'esclavage pour dettes ; l'aliénation d'enfants ou de parents proches ; le droit de vie et de mort du maître sur l'esclave ; les rapts, razzias, les marchés d'esclaves exposés, le troc contre tout produit, notamment l'alcool, le fusil, les tissus, les vêtements ; communautés chrétiennes, musulmanes et vitalistes prohibant la mise en esclavage de leurs membres tout en la pratiquant sur ceux des autres etc.

§5) Les ajustements locaux des esclavages arabo-musulman et européen médiéval

D'autres pratiques que l'on trouvait dans l'esclavage « interne » subsaharien étaient absentes des esclavages oriental arabo-musulman et médiéval européen. Il s'agissait d'ajustements ou de réponses à des situations inédites créées par une institution étrangère au contexte subsaharien. Une illustration était la question de savoir que faire de l'esclave ou des esclaves d'un maître lorsque celui-ci décédait. Dans les sociétés orientales et occidentales : ces esclaves pouvaient être affranchis si telle était la volonté du maître, transmis aux héritiers etc. Dans tous les cas, ces esclaves ne disparaissaient pas : ils étaient conservés, comme esclave ou affranchis : ce procédé traduit un comportement ou réflexe caractéristique des sociétés d'accumulation. Or, les sociétés subsahariennes n'étaient pas des sociétés d'accumulation. Il s'agissait de sociétés d'équilibre où on n'accumulait pas. Ainsi, aux temps antiques, le défunt était enseveli accompagné de ses biens terrestres. Cette pratique avait en outre un fondement religieux. En effet, dans les croyances vitalistes, la vie est éternelle, un individu ne meurt pas ; il change seulement de forme de vie : mourir c'est vivre autrement (Dakilo et Phari, 2021). Le défunt continuant à vivre dans l'au-delà, il était enterré accompagné de ses biens terrestres dont il était censé continuer à jouir dans l'au-delà. Or, aux temps anciens, l'esclavage n'existait pas dans les sociétés vitalistes et personne n'avait d'esclave. Cette situation avait changé avec l'avènement des traites négrières, lesquelles avaient engendré un esclavage « interne ». D'où l'épineuse question : que faire de l'esclave ou des esclaves d'un maître qui décédait ? Devait-il être conservé sur terre ou devait-il accompagner son maître qu'il servait sur terre dans la tombe ? Chacun avait son opinion sur la question comme le montre Laburthe-Tolra (1981) par ses investigations dans la société Beti d'Afrique centrale : certains considéraient que l'esclave laissé par le maître devait être adopté, d'autres estimaient que l'esclave devait accompagner son maître dans la tombe, en clair être tué au décès de son maître. Cette divergence d'opinion montre d'abord une chose, à savoir qu'il n'existait pas en pays Beti une règle ancestrale établie et que la situation était inédite : si les ancêtres Beti possédaient des personnes dans leurs biens ils auraient établi une règle, une norme concernant la manière de les traiter au moment de leur décès. On a ici la preuve que les ancêtres Beti ne connaissaient pas cette situation dans laquelle un individu se trouvait en possession d'un humain. L'esclavage n'existait donc pas dans la société Beti aux temps antiques comme c'était le cas dans tout l'espace subsaharien vitaliste préchrétien. Le débat montre ensuite que la solution adoptée n'était qu'un ajustement, une réponse à une situation inédite : elle n'était aucunement quelque chose qui existait déjà. Telle était l'essence de la traite « interne ». Dans nombre de sociétés ayant conservé la spiritualité vitaliste, la solution adoptée était celle qui cadrait avec les croyances vitalistes, à savoir que l'esclave accompagnait son maître dans la tombe en tant que son bien dont il devait continuer à user dans sa nouvelle vie, celle dans l'au-delà. Il convient de le souligner, dans le contexte vitaliste ancien de la royauté sacrée, seul le roi était accompagné de ses serviteurs voire sa femme ou ses femmes dans la tombe. La possibilité n'était donnée à aucun citoyen ordinaire de se faire accompagner d'humain dans sa tombe : c'était une prérogative royale et sacrée. Mais on le vérifie également, durant les traites négrières, les sociétés subsahariennes islamisées où christianisées n'avaient pas pratiqué le sacrifice du captif pour accompagner son maître dans l'au-delà parce que cela n'existait pas dans leurs modèles musulmans et chrétiens.

Il apparait donc que le sacrifice de captif pour accompagner le maître dans l'au-delà, voire pour apaiser la colère d'un dieu etc., n'est qu'une autre illustration de l'origine externe de l'esclavage « interne » subsaharien. Il existe aussi d'autres ajustements, pratiques, caractéristiques de cet esclavage « interne », laissant entrevoir qu'il n'était pas une production endogène des sociétés subsahariennes.

C'est le cas des difficultés linguistiques : les langues négro-subsahariennes semblent en effet presque toutes dépourvues de mots rendant « esclave, esclavage ». Par exemple, en Soninke, le terme *kome* est celui utilisé pour désigner l'esclave, le *servus* latin. Or, souligne Meillassoux (1975), *kome* est un terme général désignant tout assujetti pouvant être un dépendant, un homme libre, un esclave. Sy (2009) abonde dans le même sens lorsqu'il souligne que chez les Soninke, nombre de personnes nommées esclaves n'ont rien à voir avec la condition d'esclave. Ce qui ne traduit qu'une chose : il n'y a pas de terme spécifique désignant l'esclave en Soninke. En langue Gbe (Ewe, Gan etc.) dans le golfe du Bénin, on ne trouve pas de terme spécifique rendant le mot esclave : on dit *ame* (personne) *plé-plé* (acheté) ; on dira aussi *Ekoue* (nom du maître) *be* (de, appartenant à ou fils, fille de) *ame* (personne), soit « personne de Ekoue » etc. Cette difficulté à nommer l'esclave par un terme spécifique, particulier, indique qu'il est une réalité étrangère au milieu négro-subsaharien : la pensée ne peut être défaillante à mettre au point une désignation pour ce qui relève du quotidien dans son milieu. N'existant donc pas dans la structure mentale des individus qu'expriment les mots et concepts, c'était que l'esclave n'existait simplement pas dans les sociétés vitalistes négro-subsahariennes antiques à l'origine. Et nous avons vu pourquoi il en était ainsi : la religion autochtone subsaharienne préchrétienne, le Vitalisme, l'interdisait et dressait plusieurs garde-fous. Ce ne fut qu'au prix d'ajustements permettant de sauver au moins l'apparence au regard des interdits vitalistes que l'esclavage externe fut pratiqué dans l'espace subsaharien sous une forme dite « esclavage interne ».

Par exemple, une des caractéristiques majeures de cet « esclavage interne » était l'objectif de réintégration sociale à plus ou moins brève échéance des esclaves. Or, les esclavages importés, musulman et européen, excluaient généralement la victime de l'humanité ou de la parenté, ce qui était interdit par le Vitalisme. La contradiction est résolue par une réintégration immédiate dans la parenté, souvent celle du maître, laquelle réintégration signifiait également une réinsertion dans l'humanité. Cela se faisait de différentes manières dont par la « simple » appellation de la personne mise en esclavage. Par exemple dans l'ère Gbe (Ewe, Gan...) du golfe du Bénin, était utilisée à cet effet l'appellation du maître collée à l'esclave aussitôt son acquisition, *Ekoue be ame* « personne de Ekoue », mentionnée précédemment. L'appellation rattachait l'esclave au nom du maître (Ekoue) pour signifier non seulement qu'il(elle) appartenait au maître nommé voire à son clan mais surtout indiquer qu'il (elle) n'était pas isolé(e), exclu(e). D'aucuns pourraient estimer qu'il ne s'agit là que d'une simple appellation verbale qui ne change rien à l'exclusion de l'esclave de la parenté, de l'humanité. Ce serait toutefois oublier une donnée fondamentale du milieu vitaliste subsaharien, qu'était la puissance créatrice et vivifiante du verbe. La parole est une divinité, une hypostase (une partie remplissant une fonction) du démiurge, dotée de la puissance créatrice et vivifiante. Donc nommer crée et nommer fait vivre : c'est une croyance vitaliste clé. Par exemple, les ancêtres sont vivants parce qu'ils sont constamment nommés, lors des invocations. Et pour qu'ils vivent, existent il faut les nommer. Donc nommer l'esclave par le nom de son maître le faisait exister dans l'humanité comme celui-ci et le rattachait aussi effectivement à son clan : dans les consciences, individuelle et sociale, l'esclave était effectivement intégré à ce clan, puis à l'humanité et à la société dès lors qu'il était nommé en permanence par le nom du maître. Ce procédé d'intégration n'était pas moins valable que d'autres reposant sur des rituels particuliers. D'ailleurs l'intégration devenait effective au plus tard dès la génération suivante où les descendants de l'esclave étaient considérés comme issus de la parenté du maître, portaient des noms (prénoms au sens occidental du terme) caractéristiques de la lignée du maître. Le recours à ce procédé de réintégration dans la parenté du maître fut large dans l'espace subsaharien. Holder (1998) le décrit chez les Saman (Mali contemporain). Il montre aussi que chez les Dogon les esclaves étaient systématiquement et rapidement intégrés à la société. Izard (1975) pointe ce même procédé de réintégration par l'attribution du nom du maître chez les Mossi du Yatenga, l'esclave du roi recevant le nom patronymique de celui-ci, lequel faisait de lui un membre de sa parenté.

La réintégration pouvait s'opérer également, non pas via un individu, le maître, mais via une communauté, un clan : ici encore, le verbe, l'appellation publique, était le moyen d'intégration. C'était le cas par exemple chez les Bakongo où l'esclave était nommée *mwana gata*, soit « enfant de la communauté villageoise » (Balandier, 1955). Il était clair qu'une communauté d'individus représentée par les habitants d'un bourg ne pouvait engendrer une personne. Mais concevoir l'esclave qui venait d'être acquis, lequel était exclu de sa parenté et de sa société d'origine, comme engendré par la communauté de son maître, admettre cela et le désigner ainsi, revenait à procéder à sa réintégration dans une nouvelle communauté. Etant considéré comme fils de sa nouvelle communauté, chaque membre de cette communauté, constituée de libres, devenait pour lui un parent. Dès lors sa parenté est rétablie et son humanité avec, tout comme son appartenance sociale. D'autant que le verbe, par l'appellation quotidienne *mwana gata* créait et faisait exister cette intégration comme nous l'avons déjà expliqué. L'appellation joue donc un rôle éminemment crucial : elle rétablit l'équilibre social conforme au fondement vitaliste de la société bakongo. De même, le fait que l'esclave appelait son maître père ou oncle et que les enfants du maître principalement appelaient aussi l'esclave oncle, comme cela était observé presque partout dans l'espace subsaharien, jouait le même rôle : intégration, équilibre social, conformité aux prescriptions vitalistes. Ainsi, que l'intégration fût réelle ou fictive, immédiate ou différée, cela ne changeait rien à l'affaire : la société remédiait à l'exclusion de la parenté, de l'humanité, de la communauté, qu'entraînait la mise en esclavage et retrouvait son équilibre en se mettant en conformité, à minima en apparence, avec les prescriptions vitalistes qui la fondaient.

Les procédés analysés ci-dessus, rattachement au nom du maître, attribution du nom du maître, rattachement à un clan, à une communauté, permettaient d'ajuster les esclavages externes oriental arabo-musulman et occidental européen aux croyances subsahariennes. A cet objectif contribuaient également d'autres procédés destinés à rétablir, retrouver les bases de la société vitaliste négro-subsaharienne prétraite et préchrétienne, en particulier l'égalité entre humains, l'Amour/fraternité-Vérité-Justice/rectitude. Ainsi, dans nombre de sociétés, les droits des esclaves étaient étendus. Par exemple, Holder (1998) indique que chez les Saman, un esclave intégré à la parenté de son maître devenait un « *enfant de la maison* » et « *On ne peut guère lui faire subir de mauvais traitements, sinon ceux qu'on inflige à tout enfant du maître et, en tant que membre de la société sama, il ne peut être vendu ou gagé* ». Était-il encore esclave, quelqu'un que l'on ne pouvait ni maltraiter, ni vendre, ni gager ? Etudiant la société ashanti (Ghana contemporain) Rattray (1956) montre que les droits de ceux qui y étaient esclaves, à savoir les étrangers achetés dans le but de les asservir (*odonko*) et les individus donnés en tribut par un Etat subjugué (*domum*), étaient plus étendus que ceux des esclaves du Nouveau Monde. Sa comparaison entre esclaves et libres au sein de la société ashanti faisait ressortir que la situation des premiers (esclaves) restait équivalente à celle des seconds (libres) : les prérogatives de l'esclave n'étaient guère différentes de celles du libre, leurs droits étant quasiment identiques. A vrai dire, dans nombre de sociétés subsahariennes durant les traites négrières, cette situation caractérisait l'esclavage dit interne et nombreux furent les observateurs à avoir souligné l'impossibilité pour toute personne arrivant dans un bourg subsaharien durant les traites négrières, de distinguer les esclaves des libres au regard du mode de vie des habitants. C'était que dans les faits, les esclaves n'étaient pas véritablement exclus de la société, y étant d'une façon ou d'une autre réintégrés. Ils prenaient largement part au mode de vie communautaire dont le fondement restait la prescription vitaliste d'Amour/ fraternité-Vérité-Justice/rectitude ; la même prescription expliquait aussi pourquoi l'esclave n'était pas traité comme n'importe quelle marchandise et ne faisait en maints endroits que l'objet d'un commerce caché, d'une vente cachée, autre révélateur, tant de l'origine externe de « l'esclavage interne subsaharien » que des ajustements locaux des esclavages d'importation musulman et médiéval européen.

Au total, nous avons vu que l'esclavage ne pouvait émerger dans la société vitaliste en raison des garde-fous d'ordre religieux. Cependant, l'existence d'un « esclavage interne » durant la période des traites négrières indique que le verrou que constituait le Vitalisme avait sauté à un moment donné. Il nous faut maintenant examiner comment il avait pu être brisé, à savoir par quels canaux l'esclavage a pu être implanté dans l'espace subsaharien vitaliste. Auparavant, nous examinerons sommairement la question du moment de la pénétration de l'esclavage dans la société vitaliste subsaharienne.

Chapitre 5 : l'endogénéisation de l'esclavage par l'Islam en Afrique Noire

Repère

Dans le chapitre précédent nous avons montré que le fonctionnement endogène des sociétés vitalistes antiques subsahariennes préchrétiennes ne pouvait produire l'institution esclavagiste et les esclaves. En clair, que l'esclavage ne pouvait y émerger. Autrement dit on ne pouvait avoir dans ces sociétés des individus exclus de la parenté, de l'humanité, de la société, se trouvant être la possession d'autres individus qui pouvaient les vendre, les léguer, en faire don etc. Le verrou clé que nous avons mis en évidence était la religion subsaharienne, le Vitalisme. Ses prescriptions étaient des garde-fous quasi infranchissables pour l'esclavage. C'étaient l'égalité fondamentale entre tous les humains, la prescription de l'Amour/fraternité-Vérité-Justice/rectitude, mais également leurs corollaires, l'entraide mutuelle, l'hospitalité etc. Ce dispositif avait fonctionné parfaitement durant des milliers d'années, empêchant effectivement l'esclavage d'émerger dans l'espace subsaharien.

Cependant, durant les traites négrières des VIIème-XIXème siècles, un esclavage interne avait existé dans l'espace subsaharien. A propos, une première interrogation consiste à savoir à quel moment précis et comment le rempart vitaliste avait cédé ? Était-ce bien durant la traite négrière musulmane (VIIème-XIXème siècles) ou bien avant ? Ensuite, il conviendrait de s'interroger sur ce qui avait fait céder la barrière et comment : comment ce qui était illégitime, illégal, interdit voire inconcevable dans les croyances négro-africaines avait pu devenir à partir d'un moment donné légitime, légal, concevable, admis ? Par quels canaux cet esclavage dit interne a-t-il pu être mis en place et a pu être approprié par les Négro-subsahariens ? Était-ce par l'Islam, support idéologique de l'esclavage arabo-musulman ? Telles sont les interrogations auxquelles nous répondrons dans ce chapitre. On verra ainsi que ce qui a fait céder la barrière antiesclavagiste vitaliste, de façon décisive, c'était d'abord l'entreprise idéologique de légitimation conduite via l'Islam. Puis plusieurs techniques furent mises en place, toutes concourant à implanter l'esclavage et à assurer sa perpétuation. Dans ce dernier registre, les autochtones négro-subsahariens furent amenés, contraints, par la carotte et le bâton, à devenir les piliers de la perpétuation de l'esclavage.

Au total, et on le verra tout au long de ce chapitre, c'était au VIIème siècle au plus tôt qu'émergeait la traite négrière arabo-musulmane (TAM) en Afrique pour connaître sa maturation à compter du VIIIème siècle, avec dans cette dernière phase un rôle décisif des Arabo-berbères, musulmans et juifs. La TAM générait la traite négrière interne subsaharienne (TIS), laquelle naissait ainsi avec elle, également au VIIème siècle au plus tôt.

Section 1) Les temps possibles d'implantation de l'esclavage dans l'espace subsaharien

Nous avions vu que l'esclavage ne pouvait pas émerger dans l'espace subsaharien vitaliste et qu'elle n'y était pas une institution sociale autochtone. Des chercheurs avaient déjà souligné le fait et indiqué que c'était de l'extérieur que l'esclavage fut introduit dans les sociétés d'Afrique subsaharienne (Meillassoux, 1975). Il se pose dès lors la question de savoir quand précisément et où eut lieu cette introduction. L'interrogation est importante et mériterait que lui soient consacrées des investigations dignes. Pour l'heure, nous nous contenterons de suggérer quelques pistes.

D'abord le territoire de Kemet, nommé Egypte au IVème siècle AEC par ses envahisseurs grecs, fut le premier territoire vitaliste soupçonné d'avoir pratiqué l'esclavage. Le Tanakh, Bible hébraïque, et la Bible chrétienne affirment l'esclavage en Egypte, indiquant que les Hébreux y furent réduits en servitude. Toutefois, nous l'avons montré, il n'existe pas de preuve historique de cette affirmation et le récit des Livres saints judéo-chrétiens demeure une vérité mythique. Plus aucun égyptologue sérieux n'avance aujourd'hui la thèse de la pratique de l'esclavage en Kemet, avant sa décadence et son occupation ininterrompue à ce jour par des envahisseurs étrangers. D'ailleurs la rédaction tardive de l'Ancien Testament biblique, vers les VIIème-VIème siècles AEC indique que les faits auxquels le document se réfère en matière d'esclavage étaient ceux de cette période, d'autant qu'il fait référence à l'Egypte, dénomination ne datant que du IVème siècle AEC ainsi qu'à « pharaon », titre qui n'était porté que durant la phase de décadence à compter de la Troisième Période Intermédiaire (Xème siècle AEC).

Il est donc possible que les envahisseurs étrangers ayant occupé Kemet successivement de 525 AEC à ce jour (Perses : 525-332 AEC ; Grecs : 332-30 AEC ; Romains : 30 AEC-640 ; Arabes : depuis 640) aient pu introduire dans ce pays l'esclavage qu'ils connaissaient et pratiquaient déjà chez eux. Si tel était le cas, l'esclavage pouvait émerger en Kemet à partir de la domination perse vers 525 AEC. Selon la déposition de Flavius Josephus, sous leur administration (30 AEC-640 EC), les Romains avaient déporté et asservi en Egypte des captifs juifs qu'ils avaient faits lors de la première guerre judéo-romaine de l'an 70 : en Egypte, les Romains auraient fait travailler ces prisonniers sur les grands chantiers du pays (Robert, 2014). Par ailleurs, avant de s'emparer de

Kemet, les Romains s'étaient déjà rendus maîtres d'une partie de l'Afrique du Nord au moins un siècle plus tôt. En effet, à l'issue de la troisième guerre punique, ils avaient créé la province d'Afrique (*Africa Vetus*) en 146 AEC, laquelle s'étendait sur une partie des territoires contemporains de la Tunisie, de l'Algérie et de la Libye. En outre en 46 AEC, les Romains annexaient la Numidie (Nord-est de l'Algérie et Nord-ouest de la Tunisie) et, plus tard, réunissaient toutes ces possessions en une province dite Afrique proconsulaire.

Dans tous les cas, on ne peut comprendre pourquoi les Perses, Grecs, Romains, Arabes, grands esclavagistes chez eux n'auraient pas introduit la pratique de leur institution sociale, l'esclavage, dans un pays qu'ils avaient occupé et ou administré, durant des siècles pour certains.

En dehors de Kemet et de l'Egypte, l'Abyssinie-Ethiopie serait un autre point d'introduction possible de l'esclavage externe dans l'espace subsaharien. D'abord parce que située sur la voie la plus ancienne de sortie de l'Homo sapiens subsaharien d'Afrique, voie du Sud (détroit de Bab-el-Mandeb), elle était en relation continue avec l'Arabie, zone de naissance de l'esclavage au IIIème millénaire. En outre, les récits bibliques mentionnent que le royaume de Saba sur lequel aurait régné la reine de Saba irait de l'Arabie du Sud (Yémen) au nord de l'Éthiopie et de l'Érythrée contemporaines. Si tel était effectivement le cas, il aurait été possible que de l'Arabie, l'esclavage fut introduit dans l'espace subsaharien au moins depuis le règne de la reine de Saba au Xème siècle AEC. Cette reine, selon la légende, se serait accouplée avec le roi Salomon des Juifs (règne : environ 970-931 AEC) et aurait donné naissance à Menelik Ier, lequel aurait, au retour d'un voyage de chez son père à Jérusalem, porté l'Arche d'alliance (coffre qui, selon la Bible, contient les Tables de la Loi données à

Moïse sur le mont Sinaï par Yahweh) en Ethiopie ; Menelik Ier aurait également été, sur le chemin du retour, suivi par un groupe d'Israélites, ancêtres des Beta Israël, les Juifs éthiopiens ou Falashas. Il s'ensuit qu'une partie de la population éthiopienne pratiquait le judaïsme depuis le Ier millénaire. Si tel était effectivement le cas, l'esclavage aurait été introduit dans ce pays depuis cette époque, puisqu'on le sait, Yahweh avait lui-même institué l'esclavage pour les Juifs. Sinon l'esclavage aurait pénétré en Abyssinie au moins avant la conversion du roi aksoumite Ezana au Christianisme vers 330 ; en effet, cette conversion fut l'œuvre de son précepteur et premier évêque d'Aksoum, le syrien Frumentius, qui fut l'esclave du roi d'Aksoum Ella-Amida, père d'Ezana. L'esclavage existerait donc dans le royaume d'Aksoum avant la conversion d'Ezana au Christianisme et il semble que le Christianisme y existerait également avant cette conversion.

Au VIIème siècle AEC, les Grecs colonisaient la Cyrénaïque en Libye vers 631 AEC et y bâtissaient les villes comme Cyrène, Apollonia, Ptolémaïs, Barca etc. Ces cités échangeaient avec celles du centre de l'espace subsaharien. Les Grecs, grands pratiquants de l'esclavage à cette époque l'avaient-ils introduit dans cet espace durant leur période libyenne ? Nous ne disposons pas d'éléments fiables permettant de l'affirmer, même s'il aurait été surprenant qu'ils ne le fissent pas. L'interrogation précédente peut d'ailleurs être reprise à propos des Phéniciens, lesquels avaient migré sur la côte libyenne, à partir du VIème siècle AEC. Leurs activités, commerciales surtout, étaient généralement limitées aux ports qu'ils bâtissaient. Toutefois, ils auraient eu des relations d'échange avec l'espace subsaharien si l'on en croit Hérodote (Histoires, Livre III) affirmant que les Phéniciens étaient impliqués dans le commerce de l'or avec l'occident subsaharien via le désert. Dans la mesure où ces Phéniciens connaissaient et pratiquaient l'esclavage chez eux, l'avaient-ils introduit dans l'espace subsaharien à cette époque ? Mystère. Mêmement, on pourrait s'interroger à propos des Romains, lesquels avaient aussi été présents en Libye à partir de 96 AEC, colonisant Ghadamès, Ghat, Germa vers 20 AEC.

Par le canal du Christianisme, l'esclavage aurait aussi pu être introduit dans l'espace subsaharien via la Nubie. En Effet, la Bible mentionne (Actes des Apôtres 8 : 27) comme premier non juif baptisé chrétien par Philippe, « *un Éthiopien, un eunuque, ministre de Candace, reine d'Éthiopie, et surintendant de tous ses trésors, venu à Jérusalem pour adorer* ». De prime abord, il convient de souligner que le terme éthiopien utilisé ici était celui en usage aux temps anciens pour désigner les habitants de Koush, qui représentait l'espace subsaharien, le pays des « gens à face brûlée », c'est-à-dire les Négro-africains. Ensuite, la personne faisant l'objet de la conversion au Christianisme était un Nubien, du royaume de Méroé : la référence à Candace, titre que portaient les reines-mères de ce royaume en atteste. Si les faits relatés par la Bible étaient historiques et si le ministre méroïtique baptisé avait effectivement propagé sa nouvelle religion dans son royaume à son retour, ou pourrait envisager l'introduction de l'esclavage dans celui-ci par le biais du Christianisme dans les premiers siècles de cette religion. Bien entendu, il n'existe aucune certitude à ce sujet, aucune preuve historique n'ayant à ce jour été mise en évidence. Dans ces conditions, l'émergence de l'esclavage en Nubie via le Christianisme remonterait plutôt au VIème siècle qui fut la période de christianisation du territoire.

L'Afrique de l'Est fut également une zone possible d'implantation de l'esclavage en provenance de l'Arabie aux temps antéislamiques. En effet, de longue date, des échanges commerciaux existaient entre la région et l'Arabie. Et en ces temps-là, outre des rapts isolés de personnes et surtout d'enfants, les Arabes d'Oman principalement orchestraient des expéditions en bateau vers l'Est africain où ils effectuaient des razzias, faisant de nombreux captifs.

Il convient de souligner que l'introduction possible de l'esclavage dans l'espace subsaharien, aux dates et lieux évoqués ci-dessus, même si elle avait été effective ne présumerait en rien une pratique sociale significative ou d'envergure dans les régions concernées à partir de ces dates. De fait, nous ne disposons pas de preuve d'un tel esclavage aux temps préchrétiens et surtout préislamiques. Tout au plus, dans les régions concernées, il pourrait y avoir un nombre infime d'esclaves et on aurait des territoires à esclaves. Mais des documents et données disponibles à ce jour il ressort plutôt qu'il n'en avait pas été ainsi, que l'espace subsaharien ne connaissait pas un système d'organisation économique et sociale fondé sur l'exploitation et l'utilisation de l'esclave : le tournant décisif, celui de l'émergence et du développement de l'esclavage dans cet espace fut l'introduction de l'Islam. Ce fut par le canal de cette religion qu'était introduit et implanté l'esclavage arabo-musulman dans l'espace subsaharien dès le VIIème siècle. Huit siècles plus tard, l'exportation de l'esclavage médiéval européen, dans son ultime phase au sud du Sahara (traite transatlantique), avait renforcé, étendu et approfondi l'esclavage interne en lequel s'y était mué celui arabo-musulman qui y fut déporté.

Section 2) L'implantation de l'esclavage par inculcation de la loi islamique

§1) L'inculcation de la légalité de l'esclavage

C'était durant les treize siècles de traite négrière arabo-musulmane (VIIème-XIXème) que l'esclavage dit interne avait émergé en Afrique subsaharienne et que les Négro-africains vitalistes qui l'ignoraient avant cette période s'étaient mis à le pratiquer. Les Subsahariens islamisés furent les pionniers de la TIS et c'était dans les territoires islamisés que l'esclavage interne émergea initialement. C'était donc dans les espaces islamisés au sud du Sahara que les garde-fous vitalistes anti-esclavagistes avaient cédé en premier. Cette situation était le résultat de l'entreprise de légitimation idéologique menée au sud du Sahara par les propagateurs de la foi mahométane. Cela se comprend aisément. Nous avons vu qu'avec la naissance de l'Islam, le vivier esclavagiste antéislamique de l'Arabie s'était tari en raison de l'interdiction par la nouvelle religion de mettre en esclavage ses adhérents. Or, l'Arabie demeurait, comme aux temps antéislamiques, une grosse consommatrice d'esclaves. Aussi les premières conquêtes musulmanes consécutives à la naissance de l'Islam n'avaient-elles pas principalement pour but d'étendre la nouvelle foi, mais surtout de combler le vide en matière de main d'œuvre servile. Mais, en Afrique, à part la région Nord, l'avancée militaire fut impossible. Si un baqt (traité) fut imposé à la Nubie en 652, exigeant d'elle la livraison annuelle de 360 captifs aux Musulmans, cela ne fut plus possible ailleurs. La tentative de conquête de l'empire du Ghana s'était soldée par la défaite militaire des troupes omeyyades, séquestrées dans cet empire. Ce fut donc principalement par la propagation pacifique via l'enseignement que les Arabo-musulmans avaient introduit l'Islam dans l'espace subsaharien.

Ils y avaient conduit une entreprise d'inculcation, fondée sur les prescriptions du Prophète. Un hadith proclamait en effet : « *Qui d'entre vous aperçoit quoi que ce soit de blâmable, **il le modifiera** avec sa main ; si cela ne lui est pas possible, il le fera **avec sa langue** ; si cela ne lui est pas possible, il le fera dans son cœur ; c'est le moins que la religion lui commande.* » Au premier rang des choses blâmables au sens de l'Islam, on le sait, figure « l'idolâtrie » dont le Vitalisme subsaharien est le prototype. Celui-ci doit donc, après l'échec militaire, être éradiqué par la langue. L'hospitalité sans borne des sociétés vitalistes négro-africaines et leur tolérance religieuse tout aussi sans borne, consistant à admettre tous les dieux étrangers aux côtés des leurs, furent les brèches dans lesquelles les Arabo-musulmans s'étaient engouffrés pour convertir les Négro-africains à l'Islam.

Au nombre des inculcations aux Nègres dans ce cadre, les Arabo-musulmans avaient inscrit en bonne place la légitimité et la légalité de la mise en esclavage dans la Loi islamique. Leur enseignement aux vitalistes nègres insistait d'une part sur ce que la Loi islamique ne s'opposait pas au principe de la mise en esclavage : on l'a vu, aucune sourate sur les 114 du Coran ne le prohibe tout comme aucun *hadtih* ; et d'autre part, l'enseignement insistait sur l'autorisation, par la Loi islamique, de la possession d'esclave, du mariage entre non-esclaves et esclaves ; enfin sur la recommandation de la fraternité entre maîtres et esclaves etc. L'inculcation s'appuyait à cet effet sur nombre de versets du Coran, notamment : Sourate 16, verset 71 ; Sourate 4, verset 24 ; Sourate 33, verset 50 ; Sourate 4, verset 36 ; Sourate 24, verset 33 ; Sourate 24, verset 32 ; Sourate 4, verset 25 etc. En outre, étaient fortement inculqués aux Négro-subsahariens les exemples à suivre, notamment ceux du Prophète lui-même via la convocation des hadiths selon lesquels le Prophète lui-même possédait des esclaves, en avait libéré, recommandait de se comporter envers eux comme envers des frères etc. : « *Vos esclaves sont vos frères. Quiconque dispose de l'un de ses frères doit le nourrir de ce dont il se nourrit lui-même et le vêtir de ce dont il se vêtit lui-même. Ne leur demandez pas ce qui dépasse leur capacité. Et si vous le faîtes, alors aidez-les* » (Al-Bukhari et Al-Tirmidhî) ; « *Nourrissez vos esclaves de ce dont vous vous nourrissez, et vêtissez-les de ce dont vous vous vêtissez* » ou « *Celui qui gifle son esclave n'a d'autre expiation que de l'affranchir* » (Muslim) etc.

Par ailleurs, les instructeurs arabo-musulmans des Nègres n'oubliaient pas de marteler qu'il était utile voire nécessaire de posséder des esclaves car on pourrait s'en servir pour expier une faute, selon les prescriptions de la Loi islamique : sourate 5 verset 89 ; Sourate 4 verset 92 ; Sourate 58, verset 3 etc. et selon les recommandations du Prophète lui-même. Entre autres, les inculcations abordaient la justification de l'esclavage et martelaient qu'il était la sanction d'une faute envers Allah, à savoir l'incroyance comme l'avait fait un fils de Noé ayant refusé de monter dans l'arche (sourate 11, verset 40-50). Malicieusement, ils identifiaient ce fils de Noé, mécréant, à Canaan de la Bible et faisaient croire aux Négro-subsahariens qu'il était leur ancêtre, en conséquence de quoi continuerait à peser sur eux sa malédiction, sa condamnation à être l'esclave des autres ; malédiction et condamnation à l'esclavage dont seule leur conversion à l'Islam, leur observation des Lois d'Allah pouvait les sauver : on le sait, se convertir à l'Islam, lorsqu'il est demandé de le faire, sauve toujours d'une mise en esclavage musulmane ultérieure etc.

Or, se convertir à l'Islam revenait à substituer dans son esprit la légitimité et la légalité de l'esclavage prônées par cette religion aux garde-fous prohibitifs du Vitalisme : la légitimation idéologique conduite via l'Islam abattait de la sorte les barrières vitalistes. Ainsi et au total, c'était l'inculcation de la Loi d'Allah, l'inculcation de la légalité et de la légitimité de l'esclavage selon cette loi aux nouveaux convertis négro-africains, à savoir, empereurs, rois, princes, autres chefs et dignitaires, communs des mortels, qui fut le canal majeur d'implantation de l'esclavage dans les sociétés négro-africaines vitalistes, naguère hermétiques à sa pratique.

§2) L'inculcation de la prescription de la razzia

Au Moyen Âge, dans l'espace subsaharien, outre la légalité de l'esclavage, les Arabo-berbères propagateurs de l'Islam avaient inculqué aux populations, mais surtout aux rois et autres dirigeants subsahariens, la prescription du butin, de la razzia, par la Loi islamique. C'était sur le fondement des versets coraniques et des hadith, notamment la sourate 8, versets 1 et 41, lesquels disposent : verset 1 : « *Ils t'interrogent au sujet du butin. Dis : "**Le butin est à Allah** et à Son messager."* *Craignez Allah, maintenez la concorde entre vous et obéissez à Allah et à Son messager, si vous êtes croyants.* » ; verset 41 : « *Et sachez que, **de tout butin** que vous avez ramassé, **le cinquième appartient à Allah, au messager, à ses proches parents**, aux orphelins, aux pauvres, et aux voyageurs (en détresse), si vous croyez en Allah et en ce que Nous avons fait descendre sur Notre serviteur, le jour du Discernement : le jour où les deux groupes s'étaient rencontrés, et Allah est Omnipotent* ». Les Négro-subsahariens (rois, princes, dirigeants principalement) apprenaient ainsi que le butin, la razzia est une institution d'Allah, de son Prophète et donc que quiconque croit en Allah est tenu d'en réaliser. Et une partie du butin capturé doit être réservée à Allah lui-même. C'est un ordre divin.

Pour leur part, les versets 4 de la Sourate 47 et 101 de la Sourate 4 par exemple, non seulement inculquent l'ordre de s'adonner à la razzia, au kidnapping des humains, mais encore fournissent la justification de tels actes : Sourate 47 verset 4 : « *Lorsque vous rencontrez (au combat) **ceux qui ont mécru** frappez-*

*en les cous. Puis, quand vous les avez dominés, **enchaînez-les solidement. Ensuite, c'est** soit la libération gratuite, **soit la rançon**, jusqu'à ce que la guerre dépose ses fardeaux. Il en est ainsi, car si Allah voulait, Il se vengerait Lui-même contre eux, mais c'est pour vous éprouver les uns par les autres. Et ceux qui seront tués dans le chemin d'Allah, Il ne rendra jamais vaines leurs actions. »* ; Sourate 4 verset 101 : « *Et quand vous parcourez la terre, ce n'est pas un péché pour vous de raccourcir la Salât, si vous craignez que les mécréants ne vous mettent à l'épreuve, car **les mécréants demeurent pour vous un ennemi déclaré** ».* En clair, le fondement des kidnappings demeure l'incroyance, l'incrédulité et il est justifié que ceux qui s'en rendent coupables soient kidnappés, faits prisonniers ; il est donc justifié que les croyants organisent des razzias, pour capturer les mécréants et pour ramasser le butin.

Cette inculcation de la razzia aux Nègres islamisés par les Arabo-musulmans ne se limitait pas à un enseignement théorique. Ces derniers initiaient aussi leurs disciples à la pratique, en montrant eux-mêmes l'exemple. Les populations vitalistes en furent les victimes. L'historien et juriste musulman arabe des VIIème-VIIIème siècles Al-Zuhri (677-741), par ailleurs considéré comme l'un des premiers compilateurs de hadiths et un personnage clé dans l'enseignement du savoir islamique à travers le monde musulman, rapportait qu'avant la conversion des souverains de l'empire du Ghana à l'Islam, les populations furent continûment la cible des musulmans arabo-berbères. Ceux-ci y lançaient des raids récurrents kidnappant des idolâtres. Al-Zuhri précisait également que les souverains du Ghana, une fois convertis à l'Islam, s'étaient mis à faire de même sur les populations négro-subsahariennes non musulmanes, montrant ainsi le succès de l'inculcation.

Outre les chefs subsahariens islamisés eux-mêmes, des musulmans arabes, berbères, maures, touareg etc. que ces chefs avaient autorisés à s'installer sur leur territoire, non seulement y prêchaient la conversion à l'Islam, y inculquaient la razzia, le butin, mais encore y pratiquaient la capture des populations non islamisées, les vitalistes. Tout religieux arabo-musulman était ainsi un négrier en puissance au sein de l'espace subsaharien et la conversion des chefs qu'ils visaient prioritairement apparaissait comme une simple stratégie pour s'ouvrir la voie de l'activité réellement visée, à savoir la razzia et le trafic de captifs. Ainsi, après le début de l'islamisation (conversion des souverains), l'empire du Ghana comme d'autres et des royaumes (Bornou, Kanem, Mali, Songhay, Cayor, Djolof etc.) se trouvaient continûment la cible de razzias opérées en leur sein par des Arabo-musulmans sur les populations non encore convertis à l'Islam. Si ces razzieurs islamisés étaient souvent directement installés dans les territoires victimes, d'autres opéraient depuis chez eux, au Maghreb, en Mauritanie, en Egypte. Ainsi, du VIIème au XIXème siècles, les Arabes installés en Egypte continuaient à razzier les populations dans les royaumes voisins méridionaux du haut Nil, de la Makourie au Darfour (contemporain) et au-delà. Les razzias en venaient à ne même plus cibler les seuls non musulmans : les musulmans dits « dévoyés » faisaient aussi parti du lot. Ainsi, au XIVème siècle par exemple, les razzias des Arabes d'Egypte atteignaient l'empire du Bornou (Nord Nigéria contemporain) dont le souverain islamisé se plaignait auprès du sultan d'Égypte que des ressortissants égyptiens venaient capturer ses sujets musulmans pour aller les vendre sur les marchés du Caire. De même, au XIVème siècle, au temps des Mansa, les Arabo-musulmans, notamment les Maures du Nord de la Mauritanie contemporaine, razziaient de façon récurrente des populations nègres sur le territoire de l'empire du Mali pourtant islamisé, comme le signalait Wa Kamissoko. Jusqu'au XIXème siècle, des razzias Arabo-musulmanes sur les subsahariens avaient cours, de l'occident à l'orient subsahariens. Au Maghreb, depuis le Maroc par exemple, des Arabo-berbères razziaient jusqu'au Cayor (Sénégal contemporain), voire au-delà, sans distinction entre vitalistes et musulmans, ces derniers étant tout simplement accusés de pratique non conforme de l'Islam, donc de « dévoiement ». Dans un écrit de 1615, le jurisconsulte soudanais de Tombouctou, Ahmed Baba, une des sommités du droit islamique de l'époque, consignait qu'alors qu'il était prisonnier des Marocains, mis en résidence surveillée à Touat (1594-1603), le sultan marocain Al-Mansur lui avait demandé des indications sur les lieux où ses hommes pouvaient faire des captifs : naturellement, le jurisconsulte avait désigné les populations vitalistes vivant au sud de l'empire Songhay, des « hors-la-loi » au sens islamique, notamment les Kotokoli, Dagomba, Bariba etc. de la région septentrionale du Togo contemporain (Gayibor, 2011). Dans le Nord-africain, depuis leurs campements du massif de l'Atlas, les nomades touareg islamisés, par leurs raids et captures incessants des Nègres des oasis du Sahara, avaient vidé le désert de ses habitants : les vitalistes ayant échappé aux razzias avaient fui vers le sud et gagné le Sahel. Autre exemple : depuis chez eux (Nord-Mauritanie contemporain), les musulmans maures soumettaient les populations du Sahel, du Mandé, du Cayor, du Walo, du Djolof etc. à des razzias permanentes etc.

Dans le centre et l'orient subsahariens, non plus aucun répit : les habitants se trouvaient tout autan pourchassés, victimes des razzieurs arabo-musulmans en permanence. Par exemple, dès les débuts du VIIème siècle, dans les années 620, des populations originaires d'Arabie, d'Oman notamment, envahissaient Zanzibar et s'y implantaient. Cette colonie de peuplement se renforçaient progressivement par d'autres migrants omanais ; au XVIIème siècle, les Omanais étendaient leurs conquêtes territoriales dans la région qui couvrait alors une large part du littoral Est-Africain allant de la mer Rouge au Mozambique et sur une profondeur atteignant les Grands Lacs. S'installaient ici en ces temps-là, outre des Omanais, des Arabo-musulmans du Yémen, du Hédjaz (La Mecque, Médine etc.), de Perse, d'Inde etc. Aux XVIII-XIXème siècles la colonisation de la région Est-africaine par les Omanais franchissait un cap supplémentaire et fut portée à son apogée par une vague d'immigration d'envergure : les colons Omanais occupaient pratiquement toute la côte Est-Africaine et s'étaient, depuis là, taillé des fiefs à l'intérieur des terres, notamment jusque dans la zone centrale (région du Congo), fiefs où ils régnaient en maîtres avec des armées privées totalement investies dans l'activité de razzias. Ainsi, depuis le VIIème siècle, leurs victimes, les captifs nègres, alimentaient la traite musulmane par l'océan Indien et la mer Rouge. Mais à partir des XVIIIème-XIXème siècles, ces razzias alimentaient également la traite transatlantique européenne chrétienne. La ville de Zanzibar située sur l'île d'Unguja, et en particulier son vieux quartier Stone Town, était le principal port d'exportation des captifs Noirs vers le monde arabo-musulman. Son marché aux esclaves, au quartier de Mkunazini, était l'un des plus gigantesques d'Afrique de l'Est. En 1846, Zanzibar comptait 450 000 habitants dont 80% d'esclaves. Un des plus grands négriers du XIXème siècle voire de tous les temps, organisateur des razzias jusque dans la région centrale subsaharienne et au-delà, en ce XIXème siècle, à savoir l'Omanais Hamed bin Mohammed el Marjebi dit Tippu Tip (1837-1905) y résidait.

§3) L'inculcation de la prescription de la guerre sainte

Outre la légalité de l'esclavage, la prescription de la razzia, la guerre sainte avait fait l'objet d'une inculcation particulière aux subsahariens islamisés (rois, princes, dirigeants divers, autres communs des mortels) par leurs instructeurs arabo-musulmans dans la foi musulmane. L'enseignement prenait appui sur nombre de versets coraniques prescrivant le, et appelant au, « djihad mineur », soit à la guerre sainte contre les mécréants. A titre illustratif, mentionnons : Sourate 9 : 5, 29, 123 ; Sourate 8 : 60, 65 ; Sourate 9 : 5, 123 ; Sourate 5 : 33 ; Sourate 47 : 4 ; Sourate 4 : 89 ; Sourate 2 : 193 etc. Ils inculquaient la guerre sainte comme une prescription d'Allah, comme un devoir du « musulman pieux » s'imposant à tous les croyants (Sourate 9 : 41), devoir impliquant le sacrifice suprême, le don de sa vie (S4 : 74 ; S9 : 111), la personnalité du croyant ne lui appartenant plus, ayant été achetée par Allah contre le paradis (S9 : 111), Allah plaçant ainsi « *les combattants au-dessus des non-combattants* » (S4 :95), accueillant au paradis ceux qui mourraient au djihad et qu'il considérait comme des martyrs etc. Aussi, l'inculcation aux Négro-subsahariens islamisés était que la guerre sainte devait commencer par près du croyant, lequel devait s'attaquer prioritairement aux mécréants résidant dans son voisinage et devait se montrer dur envers eux (S9 : 123).

Dans l'espace subsaharien, les courants juridiques islamiques dont étaient issus les instructeurs- convertisseurs-conseillers- guides spirituels arabo-musulmans (Arabes, Berbères, Maures, Touaregs) des souverains nègres islamisés, notamment le Kharidjisme et le Malékisme, faisaient de la guerre sainte un pilier de l'Islam : le 6ème pilier pour le Kharidjisme qui l'incluait dans les obligations individuelles du croyant ; le deuxième pilier pour le Malékisme qui le plaçait juste après le culte. Aussi, pratiquement l'ensemble des souverains négro-subsahariens islamisés avait subi l'inculcation de la guerre sainte comme une obligation individuelle. En conséquence, ils avaient fait du jihad armé une obligation individuelle qui occupait presque toute leur vie. Ce fut un des canaux majeurs d'implantation de l'esclavage arabo-musulman au Sud du Sahara. Certes, la guerre ne conduit pas automatiquement à l'esclavage comme nous l'avions souligné dans cet ouvrage et les controverses furent nombreuses entre les écoles juridiques islamiques à propos du traitement du captif de guerre. Mais nous l'avons souligné : si un consensus caractérisait l'autorisation de l'exécution du captif, celle-ci étant explicite dans les Sourates contrairement à la mise en esclavage, les instructions aux dirigeants subsahariens islamisés se fondaient sur les hadiths pour inculquer la légalité de la réduction en esclavage des prisonniers de guerre, indiquant que Mahomet lui-même aurait asservi des milliers de ses captifs.

Comme pour les razzias, l'inculcation de la guerre sainte par les musulmans Arabo-Berbères aux dirigeants subsahariens ne se limitait pas à un enseignement théorique. Les Arabo-musulmans initiaient aussi à la pratique, en montrant eux-mêmes l'exemple sur le sol subsaharien. Comme toujours, les victimes furent les populations vitalistes. Illustrons par quelques cas. Le géographe et historien arabo-musulman d'Espagne andalouse, El-Bekri (1014-1094) décrivait largement cette activité jihadiste des Arabo-musulmans (berbères, touaregs, maures) sur le sol subsaharien. Il écrivait notamment (Bekri, 1913) : « *(...) on passe chez une tribu sanhadjienne [berbère] nommée les Beni Lemtouna. Ces gens-là vivent en nomades et parcourent le désert (...) Ils sont proches voisins du pays des noirs, dont ils se trouvent à une distance de dix journées (...)* **Ils professent la religion orthodoxe et font la guerre sainte en combattant les noirs.** *Ils eurent naguère pour chef Mohammed Ibn Taresna, homme rempli de mérite et de piété, qui* *avait fait le pèlerinage et combattu les infidèles. Il mourut dans le pays des noirs, à un endroit qui porte le même nom que les Gangâra, peuple nègre (...)* » Le voyageur notait aussi à propos d'un autre groupe de Berbères, les Medaça : « *A quatre journées plus loin on atteint le Ras el-Mâ « la tête de l'eau », où l'on rencontre le Nil, qui sort, en ce lieu, du pays des Noirs. Auprès de ce fleuve habitent **des tribus berbères qui professent l'islamisme et qui s'appellent Medaça. Vis-à-vis d'elles**, sur l'autre bord du fleuve, **sont des nègres païens.** »* Outre les Beni Lemtouna et les Medaça, Bekri mentionnait d'autres tribus berbères Sanhadja versées dans le même combat jihadiste contre les Noirs, à savoir, les Beni Intecer, Beni Ouareth et Beni Djoddala, lesquelles « *postérieurement à l'an 400 (1048-1049 EC) entreprirent de maintenir la vérité, de réprimer l'injustice et d'abolir tous les impôts [qui n'étaient pas basés sur la loi]. **Elles professent la doctrine orthodoxe et suivent le rite institué par Malek** ibn Anès. **Celui qui leur fraya cette voie et qui appela les peuples au ribat** [formation militaire pour la guerre sainte] et au maintien de la vérité **se nommait Abd Allah ibn Yacîn**.*»

Adeptes du Malékisme, ces musulmans initiaient dans leur ribat, couvent ou fortification où ils formaient militairement des volontaires pour la conquête musulmane de territoires infidèles négro-subsahariens, un mouvement religieux qui prônait un Islam rigoriste et puritain : c'étaient les Almoravides, un des premiers mouvements islamistes de l'histoire. Sous la conduite de leur chef, Abd Allah ibn Yacîn, ces berbères avaient organisé une sorte d'hégire dans un royaume négro-subsaharien vitaliste, donc mécréant, le royaume du Tékrour où ils avaient bâti leur ribat avec, il convient de le souligner, l'autorisation du roi vitaliste infidèle. C'était depuis ce ribat, cette fortification, que ce groupe militaire musulman, les Almoravides, lançait sa guerre sainte d'envergure du milieu du XIème siècle, laquelle dévasta, selon Bekri (1913), Sidjilmessa en 1054-1055 et Aoudaghast la même période. Selon Bekri, Aoudaghast fut une cité de l'empire du Ghana et était « *la résidence d'un roi nègre qui portait le titre de ghana, avant que les Arabes eussent pénétré dans la ville de ce nom.* ». La prise d'Aoudaghost, si l'on en croit Bekri, s'était soldée par nombre d'exactions qui éclairent ce que furent les guerres saintes musulmanes : « *Les Almoravides emportèrent cette ville d'assaut, violèrent les femmes et s'emparèrent de tout ce qui s'y trouvait, en déclarant que c'était* **un butin légal** *(...)* ***Les Almoravides traitèrent la population d'Aoudaghast avec cette rigueur extrême, parce qu'elle reconnaissait l'autorité du souverain de Ghana***. » En 1076, ce fut l'empire du Ghana lui-même qui était la cible des Almoravides. Ceux-ci le dévastèrent, avec autant de cruauté qu'ils le firent à Aoudaghost, dominant le pays durant dix ans et tentant d'imposer par les armes un Islam des plus rigoristes, tant à ceux qui étaient déjà convertis qu'aux populations jusque-là restées vitalistes. Ce jihad ne fut toutefois pas couronné d'un succès durable : les Almoravides étaient chassés du Ghana vers 1086 et n'avaient pas conquis militairement d'autres territoires au sud du Sahara. Les attaques des arabo-musulmans contre les négro-subsahariens ne ciblaient pas que les Vitalistes, « ennemis » jurés de l'Islam : même les musulmans étaient victimes. En effet, le courant islamique éducateur et formateur des nègres islamisés, celui du Kharidjisme et du Malékisme, adepte d'un Islam puritain, enseignait aux rois, princes, dirigeants et autres communs des mortels subsahariens que si un musulman était coupable d'une pratique non conforme, dévoyée de l'Islam, il pouvait être asservi. Ainsi, les Marocains n'avaient pas hésité à attaquer en 1591 l'empire Songhay islamisé du *Commandeur des Croyants*, Mamadou Touré Askia Mohammed, lui-même certain d'avoir instauré dans ce territoire un Islam des plus conformes à la Loi. L'expédition entrait dans le cadre d'une guerre ancienne pour le contrôle du sel, mais le sultan marocain Ahmed IV, son commanditaire, adjoignait une dimension religieuse à ses motivations, à savoir, restaurer la grandeur de l'Islam en l'an 999 de l'hégire. Il apparaît dès lors sans ambiguïté pour les Arabo-musulmans marocains, que l'Islam pratiqué dans l'empire Songhay ne pouvait permettre de restaurer la grandeur de cette religion : ce serait un Islam dévoyé ! A Tondibi, le 12 mars 1591, les troupes marocaines fortes selon les *Tharikhs* d'environ 12 mille hommes dont 4000 combattants, majoritairement espagnols andalous mais comprenant également des Anglais et autres chrétiens détenus au Maroc, placées sous le commandement de l'ibérique Djoudder Pacha, affrontaient l'armée songhay de 40 mille hommes dont 12 mille cavaliers, commandée par l'Askia Ishaq II, au pouvoir depuis trois ans. Les armes à feux des troupes marocaines eurent raison de la cavalerie songhay : les troupes de l'empire étaient écrasées. La défaite entraîna l'effondrement à jamais de l'empire Songhay minée par des querelles intestines de succession, l'occupation et l'annexion du territoire autour des villes de Tombouctou et Gao. Ce territoire était devenu le pachalik de Tombouctou érigée en une province marocaine par le sultan marocain et gouvernée par les Marocains jusqu'au XIXème siècle.

La défaite songhay de Tondibi s'était soldée par l'enlèvement de 1200 captifs nègres islamisés par Djoudder et ses troupes, lesquels furent convoyés vers le Maroc. Parmi eux se trouvait le fameux jurisconsulte soudanais Ahmed Baba. Dans un écrit de 1611, celui-ci mentionnait qu'alors qu'il était fait prisonnier par les Marocains à l'issue de la bataille de Tondibi et mis en résidence surveillée, le sultan marocain lui avait demandé de lui indiquer où faire des captifs dans la région. Ce qui ne laissait guère de doute sur les objectifs réels de la guerre entreprise par les Marocains dans le Songhay et l'enfer que la région allait désormais vivre avec ses occupants marocains. Avec la bataille de Tondibi disparaissait la dernière puissance militaire et politique d'envergure de l'occident subsaharien. Désormais le cœur de l'Afrique noire était devenu une maison sans porte, ouvert à tout vent et livré aux chiens : même les populations islamisées n'avaient plus de protecteur et se trouvaient aussi exposées à l'appétit des rabatteurs négriers que les vitalistes. Les troupes maroco-espagnoles installées dans le pachalik du Soudan poursuivaient leurs conquêtes après Tondibi pour se rendre complètement maîtresses du Songhay. Le croisement entre les militaires maroco-espagnols et les femmes songhay donnait naissance à une nouvelle ethnie, les Armas, qui s'érigeaient en une nouvelle classe dirigeante locale. Mais peu à peu le pouvoir marocain relâchait son contrôle effectif sur sa province au cœur du Soudan et le désordre s'installait dans la région, les Armas créant divers fiefs où ils s'érigeaient rois. Profitant du morcellement, plusieurs groupes Touaregs s'installaient dans la vallée du Niger, dans les environs de Tombouctou et de Gao. Au début du XVIIIème siècle, ces Touaregs fédéraient de plus en plus de groupes autour d'eux, les rivalités entre les groupes (Touaregs, Armas, Peuls) devenaient récurrentes à la fin du siècle, l'affaiblissement des Armas au profit des Touaregs en résultait. Au XIXème siècle, l'empire peul jihadiste du Macina était créé par le marabout Sekou Ahmadou qui conquérait le pachalik du Soudan et y mettait fin.

Au total que constate-t-on ? Dès la fin du XVIème siècle, la disparition du dernier empire d'envergure du Soudan, le Songhay, livrait la région aux étrangers arabo-musulmans, à savoir les Marocains, les Européens (Espagnols andalous, Anglais, autres chrétiens détenus au Maroc) et leurs descendants, les Armas, les Touaregs arabo-berbères. Un nouveau matin de l'esclavage et de la traite advint. Ces étrangers installés dans la région y organisaient directement les razzias sur les populations locales et revigoraient l'esclavage et la traite négrière islamique, lesquels allaient dès lors connaître une ampleur sans précédent pour atteindre leur apogée à partir du XVIIIème siècle. Il convient de souligner que deux types d'esclavage étrangers étaient implantés ici dans l'Ouest africain au cœur de la société subsaharienne par ces éléments étrangers : d'une part, l'esclavage musulman par les Arabo-berbères-touaregs du Maroc et d'autre part l'esclavage médiéval européen par l'intermédiaire des pachas espagnols, des Anglais et autres chrétiens européens détenus au Maroc ainsi que leurs descendants, les Arma. Dès la fin du XVIème siècle, d'innombrables cités-Etats esclavagistes avaient poussé en lieu et place de l'empire Songhay, en plein cœur de l'espace subsaharien, avec à leur tête les chefs armas, touaregs, arabo-berbères marocains, devenus les principaux fer de lance de l'activité négrière dans l'Ouest-subsaharien.

§4) L'inculcation via le contrôle des rois nègres par leurs instructeurs arabo-berbères

A propos de l'islamisation des sociétés d'Afrique subsaharienne, demeure un paradoxe. En effet, nous l'avons souligné, dans leur expansion post naissance de l'Islam, les Arabes avaient échoué à conquérir militairement l'espace subsaharien pour lui imposer l'islamisation forcée. Dès lors, se pose la question de savoir pourquoi les Négro-subsahariens qui s'étaient ainsi opposés avec succès à l'expansion militaire musulmane avaient néanmoins fini par embrasser l'Islam pour une part significative d'entre eux, au lieu de continuer à défendre leurs croyances ancestrales grâce auxquelles ils étaient sortis victorieux de leur confrontation militaire avec les Musulmans. La clé du paradoxe, la lumière à même d'éclairer cette zone d'ombre, réside dans la spiritualité vitaliste subsaharienne elle-même. Elle réside dans le non-exclusivisme intégral qui caractérise la religion vitaliste.

Concrètement, cela signifie que le démiurge vitaliste comme ses hypostases, tolèrent tous les dieux étrangers, acceptent qu'ils viennent s'installer chez eux, que leurs propres adeptes soient également adeptes de ces dieux étrangers et les adorent. En clair, est très loin du démiurge vitaliste et ses hypostases, la jalousie caractéristique des dieux judéo-chrétiens, Yahweh et Allah, qui interdisent à leurs fidèles d'adorer un autre dieu en plus d'eux. Les dieux vitalistes subsahariens sont des dieux très hospitaliers, dont l'hospitalité sans borne fait partie des prescriptions majeures à leurs fidèles. En conséquence, les vitalistes négro-africains accueillent volontiers tout étranger se rendant pacifiquement chez eux, avec générosité, bienveillance, et mettent tout à sa disposition pour qu'il soit heureux : c'est un comportement religieux, quand bien même suicidaire. C'était cette disposition religieuse des Nègres à offrir l'hospitalité totale à tout étranger, ainsi que leur ouverture à toute religion, leur accueil de tout dieu étranger inconnu, que les Arabo-musulmans avaient exploités pour introduire l'Islam dans l'espace subsaharien après l'échec de leurs tentatives de conquête militaire.

De la sorte, l'hospitalité totale d'une part, et la tolérance religieuse totale d'autre part, étaient les couloirs majeurs par lesquels l'Islam avait pénétré précocement dans les sociétés vitalistes subsahariennes. Ainsi, après l'échec des tentatives initiales de conquête militaires, de nombreux musulmans arabo-berbères, kharidjites ibâdites et malékites notamment, en mission djihadiste (jihad majeur), agissant pour leurs intérêts personnels ou commandités par leurs États, par des groupuscules islamistes, s'installaient au sein des sociétés subsahariennes. Les commerçants nègres furent parmi les premières cibles, mais les cours royales furent la cible prioritaire, majeure, très tôt privilégiée et l'essentiel de l'entreprise de marketing religieux islamique s'y était concentré. Aventuriers musulmans arabo-berbères de tout poil et autres s'y introduisaient, s'y installaient auprès des rois, empereurs, chefs, princes etc. auxquels, outre des louanges qu'ils leur chantaient en continu, ils vendaient Allah, ses préceptes, sa puissance, leur proposant de substituer Allah à leurs dieux autochtones.

A ces hôtes musulmans étrangers, les souverains et chefs nègres déroulaient « le tapis rouge », réservaient une place privilégiée au sein de leur cour où ils prenaient systématiquement le pas sur les conseillers royaux et grands dignitaires autochtones. Divers témoins ont rapporté ces faits, notamment El Bekri (1913) au XIème siècle, Ibn Battuta (1966) au XIVème siècle, Ca da Mosto (1455) au XVème siècle etc.

Un autre couloir par lequel l'Islam avait pénétré facilement les sociétés négro-africaines était celui de la prescription vitaliste d'Amour/Fraternité universels-Vérité-Justice/rectitude dont le corollaire est, outre le devoir d'hospitalité, la confiance sans borne en l'étranger. En effet, observant cette prescription, les souverains nègres n'avaient aucune méfiance vis-à-vis de leurs hôtes musulmans arabo-berbères. Aussi, princes, rois, empereurs, chefs, autres dignitaires etc. prenaient et ingurgitaient, sans la moindre précaution, décoctions, infusions, poudres végétales et autres que leur préparaient et leur proposaient leurs hôtes. Ils n'hésitaient pas non plus à s'enduire tout le corps de telles préparations ou à y baigner ou à se laver avec ou encore à les inhaler selon les recommandations de leurs hôtes. L'absorption, l'inhalation etc. de ces produits provoquaient chez les souverains nègres des troubles psychiques, des altérations sérieuses, quand bien même transitoires, de la perception, des processus de pensée, de l'humeur : ils avaient des visions, des sensations, entendaient des voix, des choses etc. qui n'existaient pas réellement. Ils attribuaient tout cela à Allah. Certains étaient même convaincus d'avoir vu Allah et son Prophète ! De telle sorte que c'était littéralement drogués par des produits hallucinogènes, enivrants, euphorisants etc. que nombre de souverains vitalistes nègres embrassaient l'Islam et se débarrassaient à tour de bras des dieux autochtones. Ils n'hésitaient pas à organiser, dans la foulée de leur conversion, à travers leurs territoires, des brasiers dans lesquels finissaient les incarnations des dieux autochtones. Parfois même les convertisseurs arabo-berbères-maures se faisaient passer auprès de leurs cibles pour les auteurs de phénomènes naturels ordinaires, banals comme une pluie. Bien évidemment, cela suffisait pour obtenir l'adhésion des chefs à l'Islam !

Ce furent les empereurs, rois, princes, chefs, dirigeants divers convertis ainsi « pacifiquement » par les arabo-musulmans, qui avaient assuré de façon décisive, par des guerres saintes auto-destructrices, la conversion forcée des populations subsahariennes à l'Islam. La conversion du roi du Mali, décrite par El Bekri au XIème siècle, en était l'illustration :

« *Derrière ce pays il y en a un autre nommé Melel, dont le roi porte le titre d'El-Moslemani (...) Le roi entretenait alors chez lui, en qualité d'hôte, un musulman, qui passait son temps à lire le Coran et à étudier les gestes et dits de Mahomet (...) Ayant continué ses exhortations jusqu'à ce qu'il eût décidé le roi à embrasser, avec une conviction sincère, les doctrines de la religion musulmane, il lui fit lire dans le livre de Dieu (le Coran) quelques passages faciles à entendre, et lui enseigna les obligations et les pratiques qu'aucun vrai croyant ne doit ignorer. L'ayant alors fait attendre jusqu'à la veille du vendredi suivant, il lui prescrivit de se purifier par une ablution totale, et de se revêtir d'une robe de coton qui se trouvait toute prête. S'étant alors dirigé avec lui vers une colline, il commença la prière, et le roi, qui se tenait à sa droite, imitait tous ses mouvements. Ils passèrent ainsi une partie de la nuit, le musulman récitant des prières et le roi disant amen ! A peine le jour eut-il commencé à poindre, que Dieu répandit sur tout le pays une pluie abondante. Le roi fit aussitôt briser toutes les idoles de ses États et expulser les magiciens. Il demeura sincèrement attaché à l'islamisme, ainsi que sa postérité et ses intimes ; mais la masse du peuple est encore plongée dans l'idolâtrie : Depuis lors, ils ont donné à leurs souverains le titre d'El-Moslemani.* » (Bekri, 1913).

Les souverains négro-subsahariens convertis à l'Islam devaient désormais administrer leurs territoires conformément à la Loi islamique et à la volonté d'Allah Seul qui, on le sait, prohibait tout autre dieu. Dans ce contexte, la combinaison des divers canaux de pénétration de l'Islam dans les sociétés négro-africaines, à savoir, l'hospitalité aveugle des rois subsahariens, leur tolérance religieuse totale, les méthodes peu catholiques de conversion par l'administration de drogues et autres produits hallucinogènes etc. utilisées par les convertisseurs étrangers, installait rapidement les musulmans arabo-berbères au sommet des royaumes et empires subsahariens. Ils prenaient vite l'ascendant sur les rois, princes, chefs, dignitaires et autres dirigeants négro-subsahariens. Ils étaient rapidement devenus les conseillers, mais surtout les maîtres et guides spirituels des souverains négro-subsahariens. Mais leur rôle allait au-delà de la sphère religieuse, spirituelle : il était prééminent. Ils avaient en effet, aux yeux des souverains négro-africains néophytes, qui venaient d'embrasser la religion musulmane, la position de l'expert, de celui seul qui connaissait la Loi islamique et les actes conformes à la Loi islamique, à la volonté d'Allah. Dès lors, ils étaient devenus les censeurs de l'action royale. A eux revenait le rôle primant, suprême, de juger et dire aux rois la conformité ou non de tout acte que ceux-ci envisageaient dans l'administration de leur territoire. Ils avaient aussi acquis le rôle de suggérer des actes conformes à la Loi islamique et à la volonté d'Allah. Ils étaient en définitive ceux qui avait le pouvoir d'autoriser ou non les rois à entreprendre telle ou telle action. Qui étaient ces maîtres spirituels arabo-musulmans qui instruisaient de la sorte les dirigeants nègres ? En dehors de quelques lettrés musulmans, c'étaient en général des aventuriers de tout poil, des va-nu-pieds, des désœuvrés, parfois des brigands, des extrémistes islamistes etc. arabo-berbères-maures-touaregs, kharidjites ibâdites et malékites. Armés de Coran, ils prenaient d'assaut les cours impériales et royales négro-africaines. Une de leurs motivations majeures était de faire fortune en fréquentant les rois nègres réputés pour leur prodigalité. Depuis l'antiquité, en Afrique du nord et en Orient arabe, l'Afrique noire était réputée être un eldorado : « *contre la gale des chameaux, utilisez le goudron, et contre la pauvreté, faites un voyage au Soudan* » proclamait un adage arabe. Dans l'espace subsaharien et par la seule entremise du Coran, même le plus misérable arabo-musulman se retrouvait à la tête d'un empire, d'un royaume, d'un Etat avec un rôle prééminent. Les guides ou instructeurs en Islam des chefs nègres dirigeaient effectivement les royaumes, empires et Etats, étant ceux qui autorisaient ou non tout acte devant être engagé, afin qu'il fût conforme à la Loi, à la volonté d'Allah. Ils avaient de cette façon pris le contrôle spirituel et effectif, non seulement des royaumes, empires et Etats, mais encore de la société négro-africaine islamisée. C'étaient leurs idées, et donc leur volonté, qui étaient mises en application. Ils conduisaient la société vers où ils voulaient. C'étaient donc ces étrangers, Arabo-Berbères-Maures-Touaregs, maîtres réels des royaumes, empires, Etats nègres islamisés, qui organisaient effectivement les razzias et guerres saintes pourvoyeuses de captifs alimentant la traite arabo-musulmane, via leurs pantins nègres. Tel était un des canaux d'endogénéisation de l'esclavage musulman dans l'espace subsaharien.

Les récits laissés par plusieurs chroniqueurs offrent des illustrations éclairantes. Par exemple, Ca' da Mosto (1455), au terme de son séjour de 1455 auprès du souverain du Cayor, qu'il nommait Budomel, rapportait que : « *Les seigneurs s'en tiennent à cette croyance parce qu'ils **ont constamment à leurs côtés des prêtres aznèques**[berbères, maure, touaregs] ou bien quelque **prêtre arabe**, car il s'en trouve quelques-uns. **Ces derniers les instruisent dans la foi mahométane** et **les persuadent** [inculquer donc] qu'il serait fort malséant d'être seigneur et de vivre sans connaître les lois et commandements de Dieu comme fait le peuple. Pour n'avoir jamais pratiqué que ces prêtres et ces Arabes, ces seigneurs **se sont laissés convertir** à la religion mahométane.* »

Il apparaît ainsi que la mission des hôtes musulmans étrangers, arabo-berbères-maures-touaregs était d'abord de persuader les souverains négro-africains, de leur inculquer, d'embrasser l'Islam. Cette mission, une fois ceux-ci convertis à l'Islam, se concentrait sur la tâche d'affermissement de leur foi. Il s'agissait surtout dans cette phase, pour les hôtes étrangers, d'inculquer aux chefs négro-subsahariens de gouverner et d'administrer leurs territoires selon les commandements et lois de « *Allah Le Très Haut* ». Issus du Malékisme et du Kharidjisme, courants islamiques adeptes d'une interprétation et d'une pratique très rigoristes et strictes des lois islamiques, les instructeurs-conseillers-guides spirituels-maîtres arabo-musulmans des souverains nègres islamisés poussaient ceux-ci à se conformer de la manière la plus stricte possible aux lois et préceptes de l'Islam.

Ça' da Mosto (1455) poursuivait : « *Lorsqu'on entre dans la maison du seigneur [Budomel], avant d'arriver dans la pièce où il demeure et repose, il faut passer sept cours fermées en enfilade (...) Ces différentes cours correspondent aux rangs et dignités des personnes. Dans la première on trouve les serviteurs et les petites gens, dans la deuxième des personnes d'une plus grande dignité, et ainsi de suite. **Plus on s'approche de la porte du seigneur, plus croît la dignité. Peu osent se hasarder jusqu'à sa porte fors** les chrétiens qu'on laisse aller librement quand il s'en trouve et **les Aznègues qui*** *les instruisent dans les choses de la religion* ; *ils concèdent à ces étrangers, plus de liberté qu'à leurs propres sujets ou à quiconque.* » Ainsi, les Aznègues, soient les Arabo-berbères-maures-touaregs, et les Européens avaient la dignité et le rang les plus élevés pour être au plus près du roi.

Ya'qub, roi de Kano de 1452 à 1463, fit exactement comme Budomel, s'entourant de conseillers arabo-musulmans. Son successeur Mohammed Runfa n'avait guère dérogé à la règle etc.

Les hôtes musulmans étrangers des souverains négro-subsahariens islamisés devenaient effectivement les conseillers les plus écoutés, prenant le pas sur tous les autochtones, conseillers, ministres comme vizirs, et devenaient réellement les plus hauts dignitaires « politiques » des empires et royaumes nègres islamisés. Ainsi, pouvaient s'expliquer nombre de décisions et actes de ces souverains islamisés, lesquelles décisions paraissaient contraires aux intérêts de leurs sociétés, à l'instar des razzias qu'ils pratiquaient jusque sur leurs propres sujets, au seul prétexte que ceux-ci n'étaient pas musulmans (voir plus loin) ou encore les guerres saintes autodestructrices récurrentes etc. Ayant pris conscience du risque de cette situation, certains souverains, quoique convertis à l'Islam, avaient tactiquement choisi de conserver des pratiques vitalistes au sein de leur administration et de ne pas se trouver assujettis aux seuls conseillers musulmans étrangers : tel fut le cas de l'empereur Sonni Ali Ber du Songhaï. Les musulmans l'abhorraient et s'alliaient en conséquence pour renverser, en 1493, son successeur, le prince Sonni Baro, ouvertement vitaliste, et lui substituer un musulman zélé, à savoir Mamadou Touré dit askia Mohammed, auto-proclamé Commandeur des Croyants.

Parmi la multitude de conseillers-guides spirituels-maîtres arabo-musulmans des rois nègres islamisés, il y en avait un qu'il convient de mentionner tant il avait joué un rôle destructeur majeur. Il s'agissait du berbère algérien Muhammad Ibn al Rijal al Karim Al Maghili (1440-1505). Adepte d'un Islam rigoriste, Al Maghili fut conseiller-maître spirituel de nombreux rois islamisés négro-subsahariens, notamment des royaumes de Kano, Katsina, de l'empire Songhaï etc. A l'invitation des rois et empereurs subsahariens dont il avait la préférence et qui lui étaient auto-assujettis, Al Maghili se rendait dans leur territoire, les « conseillant » mais également y prêchant et enseignant quand bien même sur place les lettrés islamisés nègres, de surcroît de plus grande renommée internationale, abondaient. A Kano où il résida plusieurs années, Al Maghili rédigea, à la demande du roi nègre islamisé Muhammad Runfat ayant régné à partir de 1463, un opuscule sur les *obligations des princes*, devant servir à la formation des souverains négro-subsahariens islamisés. A Gao, capitale de l'empire Songhay, il joua un rôle important en tant que guide et maître et exerça une forte influence sur les musulmans. A la demande de l'Askia Mohammed (1443-1538), empereur Songhay (1493-1538), dont il fut conseiller-guide-maître, Al Maghili rédigea un ouvrage intitulé « *Réponses aux questions de l'émir El-Hadj Abu Abdallah Mohammed fils d'Abu Bakr* », document devenu la référence en matière de formation des souverains subsahariens islamisés à l'administration de leur territoire selon les préceptes de l'Islam. Le document réitérait, entre autres, les justifications de la guerre sainte (jihad) et de l'esclavage selon le droit musulman. Il énonçait en effet que le bon prince musulman avait pour obligations : (i) de protéger les pays ayant à leur tête un émir pratiquant l'Islam; (ii) de renverser les dirigeants islamisés corrompus, injustes et de leur substituer un autre, **sans compter les morts, de quelque côté**, que cela pouvait engendrer ; (iii) de faire la guerre sainte avec l'épée aux pays musulmans sans chef jusqu'à ce qu'ils fussent soumis, ce djihad étant le plus important et le meilleur ; (iv) de **piller et mettre en esclavage à volonté les païens.**

Du XVème au XIXème siècles, ces obligations du bon prince musulman d'Al Maghili furent apprises par cœur et appliquées à la lettre par les empereurs, rois, princes, chefs, souverains et autres dignitaires voire communs des mortels subsahariens islamisés, et particulièrement la dernière obligation, à savoir le « *pillage et la mise en esclavage à volonté des païens* », c'est-à-dire des vitalistes. Ce document fut l'un des outils majeurs de l'implantation de l'esclavage musulman dans l'espace subsaharien. Cependant les inculcations d'Al Maghili ne formaient pas le point de départ du « *pillage et de la mise en esclavage à volonté* » des vitalistes négro-subsahariens par leurs « frères » convertis à l'Islam. Cette obligation était apprise par cœur et pratiquée par les souverains négro-subsahariens islamisés dès les premières conversions à l'Islam au VIIème. S'en prendre aux païens, est en effet une des prescriptions fondamentales de la Loi islamique inscrites dans le Coran qui les a désignés comme les ennemis suprêmes de l'Islam. C'est l'enseignement clé de la Loi islamique en dehors duquel il s'avère quasiment impossible de comprendre pourquoi et comment la traite négrière musulmane avait émergé dans l'espace subsaharien et duré treize siècles (VIIème siècle - XIXème siècle).

Section 3) L'implantation de l'esclavage par les Nègres islamisés pratiquant les inculcations

§1) Les razzias des Nègres islamisés sur leurs « frères » vitalistes

Comme nous l'avons souligné, les empereurs, rois, chefs, princes etc. négro-subsahariens faisaient l'objet, lors de leur conversion à l'Islam, d'un endoctrinement leur inculquant, entre autres, non seulement la légalité mais encore la prescription du butin, de la razzia. Nous avons également souligné que presque la quasi-totalité de ces dirigeants islamisés s'entouraient de « conseillers » arabo-musulmans devenant les censeurs de l'action royale dont ils avaient pour rôle d'assurer la conformité à la Loi islamique. Et que ces maîtres-conseillers-instructeurs étrangers détenaient en définitive le pouvoir d'autoriser ou non les rois à entreprendre telle ou telle action et se retrouvaient dirigeants effectifs, contrôlant non seulement le pouvoir mais encore la société qu'ils conduisaient à leur guise. Leurs prescriptions étaient exécutées à la lettre, ce qui s'avérait normal dans ces conditions. Tel était le cas du butin, de la razzia.

Al Zuhri rapportait ainsi dans les années 1150, qu'après leur islamisation, « *les gens de Ghana »,* lançaient des raids contre « *le pays des Barbara, des Amima »* et y faisaient des captifs, exactement à la manière dont les musulmans arabo-berbères procédaient contre eux « *autrefois du temps où eux-mêmes étaient païens ».* Al-Zuhri rapportait également que des campagnes similaires étaient conduites par les habitants islamisés de Zafun au pays des Amima situé au sud-ouest de Tombouctou, d'où ils tiraient des captifs que les commerçants du Maghreb venaient chercher chez eux.

Lors de son périple des années 1350 qui le conduisit dans l'orient subsaharien, Ibn Battûta constatait les mêmes activités de razzia chez les habitants de Kilowa par exemple en ces termes : « *Nous reprîmes la mer vers la ville de Kulwa (...). C'est une grande ville côtière dont les habitants sont des Zang au teint noir foncé (...) La ville de Kulwa est une des plus belles et des mieux construites (...) Ses habitants sont des hommes qui s'adonnent au gihad, parce qu'ils occupent un territoire contigu à celui des Zang païens. (…) Lors de mon entrée à Kulwa, elle avait pour sultan Abu-l-Muzaffar Hasan, surnommé aussi Abu-l-Mawahib, à cause du grand nombre de ses dons et de ses qualités nobles et généreuses. Il **faisait de fréquentes incursions dans le pays des Zang[païens]. Il attaquait ces derniers et se saisissait du butin** sur lequel il prélevait le quint qu'il utilisait pour les dépenses prescrites par le livre d'Allah le Très Haut. **Il mettait dans une caisse séparée la part des proches. Lorsque les surafa** [Descendants du prophète ou nobles] **venaient chez lui, il la leur remettait. Ceux-ci venaient à lui du Iraq, du Higaz et d'ailleurs***. » (Battûta, 1966). Le sultan nègre islamisé de Kulwa partageait ainsi le butin conformément à la Loi islamique (Sourate 8 :41) avec le califat de Bagdag (Iraq), les dignitaires du Maroc (Higaz) et d'ailleurs.

Loin d'être propres au seul souverain de Kilowa, razzias, butin et partage de celui-ci avec des ressortissants de pays arabo-berbères étaient une pratique généralisée des souverains négro-subsahariens islamisés, de l'occident à l'orient subsahariens. Al-Omari soulignait ainsi à propos du royaume du Mali *« ses prises dans les razzias en pays infidèles »* ; Mahmoud Kâti (1913), dans le *« Tarikh-el-Fettach »,* en attestait chez les Askia de l'empire Songhaï ; en pratiquaient également les sultans du Bornou-Kanem et autres depuis l'islamisation de l'empire au XIème siècle.

L'historien Kodjo (1985) restituait ainsi le mode opératoire de ces razzias : « *Lorsque l'expédition arrivait près des habitations des animistes visés, on envoyait des éclaireurs pour épier les païens afin de savoir si ces derniers n'avaient pas été informés de la venue de la troupe. Une fois rassurés, les guerriers encerclaient le village au petit matin, mettaient le feu aux maisons et capturaient tous ceux qui, effrayés par les flammes tentaient de se réfugier dans la brousse voisine. Après des combats parfois acharnés qui expliquaient la mort des hommes valides, on réduisait les femmes et les enfants en captivité. Les malades et vieillards périssaient souvent dans les flammes ».*

Les razzias étaient en réalité devenues une activité importante sinon majeure des états négro-subsahariens islamisés et une source notable sinon principale de revenu, permettant d'acquérir des biens importés (chevaux, puis plus tard armes à feux etc.), de payer des dettes etc. Il importe de souligner que ces razzias, opérées selon les prescriptions d'Allah, d'abord sur « les idolâtres = vitalistes » des environs immédiats conformément à la Sourate 9, verset 123, prenaient pour cibles dans un premier temps les sujets mêmes des royaumes islamisés, à savoir leurs populations demeurées fidèles à la religion vitaliste ancestrale. Ce n'était qu'à mesure que leurs propres pays se vidaient de ses populations vitalistes « infidèles au sens musulman », que les souverains islamisés allaient razzier de plus en plus loin et s'attaquaient alors aux espaces hors royaumes comme le faisait l'empereur Songhaï Ishaq dans les territoires vitalistes Gourma entre 1588-1593. Ce faisant, les pays islamisés subsahariens détruisaient leurs propres masses de producteurs de richesse de même que les producteurs des espaces « frères » environnants d'une part, et d'autre part, ainsi que l'observait avec pertinence Kodjo (1985), ils s'auto-affaiblissaient et s'auto-condamnaient à un dépérissement assuré en se vidant et en vidant leurs arrière-pays de leurs forces vives. L'impression est que la conversion à l'Islam amputait les souverains Négro-africains de leur cervelle ! Mais en réalité, la cervelle ne fonctionnait plus chez eux dès lors que c'étaient leurs guides spirituels arabo-musulmans qui décidaient des actes effectifs à mener comme nous l'avons souligné.

Soumis aux attaques récurrentes des pays islamisés, les territoires vitalistes étaient condamnés, pour leur sécurité et survie, à se doter également de moyens militaires conséquents. A savoir, en équipements importés : chevaux et autres moyens de combat dont les armes et plus tard à feu. Or, les captifs étaient devenus la monnaie d'acquisition de ces équipements importés. Dès lors, et sachant que l'absence d'une politique de sécurité fondée sur des progrès en armements autochtones fut l'une des plaies majeures des espaces vitalistes négro-subsahariens, ceux-ci faisaient désormais face à la quadrature du cercle. Soit, ils refusaient de se procurer la monnaie d'échange, les captifs, auquel cas ils actaient leur disparition immédiate. Soit, ils s'engageaient également dans les razzias pour tenter de survivre mais en devenant des acteurs de la traite et de l'esclavage. Cette deuxième alternative fut celle choisie par nombre de royaumes vitalistes comme le Sosso, le Dahomey plus tard etc.

Ainsi, les razzias, introduites dans l'espace subsaharien par l'Islam et pratiquées initialement par les seuls souverains et populations islamisés, devenaient une activité vitale pour nombre de royaumes vitalistes et se généralisaient de la sorte pour s'imposer comme une source majeure de revenu des états négro-subsahariens et ce, jusqu'au XIXème siècle. L'esclavage s'implantait en conséquence plus solidement dans l'espace subsaharien et paraissait de plus en plus irréversible.

§2) Les guerres saintes des Nègres islamisés contre leurs « frères » vitalistes

Prescription du Coran, on l'a vu, le jihad armé fut aussi un point focal de l'endoctrinement des empereurs, rois, princes et autres islamisés négro-subsahariens par leurs convertisseurs, conseillers et guides arabo-musulmans. Il fut l'objet d'une mise en application rigoureuse et soutenue par les Négro-africains islamisés. Certes, en général la guerre ne conduit pas directement à la mise en esclavage, toutefois tel fut le cas du jihad armé conduit par les musulmans dans l'espace subsaharien, et pour cause. Au cœur de l'endoctrinement des Négro-africains islamisés par leurs convertisseurs et guides arabo-musulmans se trouvait la mise en esclavage des captifs de guerre non-musulmans, laquelle fut inculquée comme un exemple laissé par le Prophète lui-même (hadiths). En outre, nous l'avons souligné, elle faisait partie des obligations du bon prince musulman prescrites aux souverains négro-subsahariens par leur maître berbère du XVème siècle, Al Maghili. C'était pourquoi la guerre sainte fut un des canaux majeurs d'implantation et de consolidation de l'esclavage arabo-musulman en Afrique subsaharienne.

A) La guerre sainte des rois islamisés de Kaoga, Tekrour, Silla, Kulwa …

A propos du royaume de Kaoukaou (Kaoga ou Gao), El Bekri notait : « *Lorsqu'un nouveau souverain monte sur le trône, on lui remet un sceau, une épée et un coran, qu'ils prétendent leur avoir été envoyé pour cet objet par l'émir des croyants (...)* ***Leur roi professe l'islamisme ; jamais, ils ne confient l'autorité suprême à un autre qu'à un musulman***. » Un islamisme qu'il propageait par la guerre contre les infidèles qu'étaient les vitalistes. Au royaume de Tekrour, qui avait, lorsqu'il était vitaliste, abrité le ribat des Almoravides et accordé l'hospitalité à ces derniers, le souverain nègre islamisé faisait de même, propageant l'Islam dans son pays par la guerre si l'on en croit El Bekri : « *la ville de Tekrour, située sur le Nil et habitée par des nègres qui, naguère, étaient païens comme les autres peuples noirs, et adoraient des dekakîr [idoles] (...) Ouardjabi, fils de Rabîs, étant devenu leur souverain, embrassa l'islamisme, introduisit chez eux la loi musulmane et les décida à s'y conformer, après leur avoir fait ouvrir les yeux à la vérité. Il mourut en l'an 432 (1040-1041). Aujourd'hui les habitants de Tekrour professent l'islamisme.* » (Bekri, 1913). Mieux, Ouardjabi, souverain islamisé de Tekrour propageait l'Islam au-delà des frontières de son royaume, comme le rapportait Bekri : « *De Tekrour on se rend à* ***Silla****, ville bâtie, comme la précédente, sur les deux bords du Nil [Niger].* ***Ses habitants*** *sont de la religion musulmane, doctrine à laquelle ils* ***se laissèrent convertir par Ouardjabi*** *(...)* » (Bekri, 1913). Le roi islamisé de Silla en faisait de même avec les populations vitalistes négro-subsahariennes contre lesquelles il menait en continue le jihad comme en attestait El Bekri : « ***Le roi de Silla fait toujours la guerre aux Noirs qui sont plongés dans l'infidélité****, et dont les plus rapprochés se trouvent dans la ville de Calembou, à la distance d'une journée de marche. Maître d'un empire fort étendu, ce prince possède assez de ressources pour se maintenir contre le roi de Ghana.* » (Bekri, 1913).

Plus tard, au XIVème siècle, lors de son périple des années 1350 au sud du Sahara, Ibn Battûta fut témoin des activités jihadistes menées contre les populations vitalistes par des souverains nègres islamisés. Il notait ainsi à propos de Kilowa : « *C'est [Kulwa] une grande ville côtière dont la plupart des habitants sont des Zang au teint noir foncé (...)* ***[Ses habitants] sont des hommes qui s'adonnent au jihad, parce qu'ils occupent un territoire contigu à celui des Zang païens****. Ils ont pour qualité dominante la piété et la vertu et sont du rite safi'ite.* » (Battûta, 1966). Battûta confirmait par ce témoignage la mise en application quotidienne des enseignements d'Allah par les Négro-subsahariens islamisés, notamment la Sourate 9 verset

123 précisément ici (*Combattez ceux des mécréants qui sont près de vous ; et qu'ils trouvent de la dureté en vous.*)

B) La guerre sainte de Mamadou Toure dit Askia Mohammed

Une autre illustration fut le jihad de l'empereur songhaï Mamadou Toure Askia Mohammed (1443-1538). La guerre sainte, contre les Vitalistes décrétés païens mais également contre les souverains islamisés décrétés corrompus et injustes, avait occupé une bonne partie de son long règne (1493-1529). Dès le retour de son fameux pèlerinage mecquois en 1497, où il avait quémandé et obtenu du calife abbasside d'Égypte d'être son représentant dans les territoires nègres (nommés Tekrour), l'Askia Mohammed, qui s'était par ailleurs autoproclamé Prince des croyants, Délégué de l'Islam, conduisait les plus grands djihads islamiques jamais organisés jusque-là au sein de l'espace subsaharien. On le sait, la justification ainsi que les contours précis de cette guerre sainte lui avaient été tracés par l'un de ses grands conseillers et guides spirituels dans l'Islam, l'extrémiste islamiste berbère algérien Al-Maghili dans un ouvrage de référence que nous avions mentionné. Est-il utile de le préciser, l'Askia exécutait à la lettre les « conseils-injonctions » d'Al-Maghili, jusqu'à adopter quasi-aveuglément son antisémitisme à fleur de peau : sous lui, les Juifs installés dans l'empire Songhay étaient persécutés. Le jihad qu'il entreprit fut à la fois majeur et mineur au sens islamique du terme. Ainsi, il s'était attelé à la propagation de l'Islam au sein de son empire. L'Askia y déployait à cet effet un nombre impressionnant de cadi (spécialistes du droit islamique ou juge) avec pour mission d'enseigner et diffuser l'Islam au sein de l'empire, enrôlant de force les populations. Ensuite, et suivant les enseignements de son guide spirituel Al Maghili, il lança les hostilités armées contre les territoires externes, à la fois islamisés et vitalistes. L'Askia avait alors engagé une longue série de guerres saintes l'ayant conduit de l'Atlantique au lac Tchad.

Entre autres, il attaqua en 1498 le royaume vitaliste Mossi du Yatenga qu'il échoua cependant à prendre, mais y enleva et ramena à Gao un grand nombre de captifs réduits en esclavage. Il échouait également à prendre le Bornou. Mais en 1499, il attaquait victorieusement Agadez puis après Oualata, des royaumes Touaregs. Par la suite, l'Askia lançait les hostilités contre les Soninke de Bagana ainsi que leurs alliés Fula de Macina, se rendant alors maître de la région entre Tombouctou et Djenné. Il conquérait sans difficulté des vassaux de l'empire du Mali déclinant dès les débuts du XVIème siècle et pratiquement tout cet empire ; il fut repoussé par les Vitalistes de Borgou (Nord-Bénin et Nigéria contemporains) entre 1504 et 1506. Les troupes songhay, alliées à celles des Diarra s'emparaient du Fouta Djalon, du Fouta Toro etc. Toutefois, bien que Léon l'Africain eût mentionné que l'Askia avait attaqué et fait des captifs en grand nombre dans les royaumes Hausa de Katsina, Kano, Zaria etc. l'affirmation n'apparaît plus crédible aujourd'hui : ni les sources orales Hausa, ni des documents importants à l'instar de la *Chronique de Kano* n'en font mention.

Dans tous les cas, l'Askia Mohammed réussit, en ce début de XVIème siècle, à constituer, au nom de l'Islam, l'empire le plus immense au sud du Sahara. Ce fut néanmoins au prix d'une destruction sociale massive. Des populations entières furent en effet au cours de ses guerres saintes massacrées ou emmenées en captivité par ses armées tandis que les régions soumises étaient en proie à des révoltes récurrentes, lesquelles étaient impitoyablement réprimées par les armées de l'Askia. La volonté de l'Askia Mohammed d'islamiser en profondeur et en masse les sociétés négro-subsahariennes, quitte à exterminer les populations, comme le lui avait inculqué son maître Al Maghili, semblait être un retour vers l'islamisme militant radical initié par les Almoravides au XIème avec leur tentative d'imposer militairement la conversion aux populations. L'action de l'Askia marquait dans tous les cas un tournant. En effet, auparavant, peu de souverains négro-subsahariens islamisés cherchaient à contraindre coûte que coûte les populations à embrasser l'Islam, et au sud du Sahara, on avait plutôt affaire à une islamisation des princes, des souverains, de leurs collaborateurs, bref des cours royales. En dehors de la sphère étatique, les commerçants constituaient la couche sociale réellement affectée. Dans cette phase initiale, il faut le souligner également, les agents de l'islamisation étaient des étrangers Arabo-Berbères-Touaregs-Maures, minoritaires qui ne pouvaient engager de façon crédible la moindre épreuve de force.

Par sa guerre sainte, l'Askia Mohammed s'était rendu maître des principales voies du commerce transsaharien, du point de rencontre majeur des caravanes négrières (Agadez) entre Gao, le pays Hausa et le Bornou d'une part, Tripoli et l'Égypte d'autre part, puis des grands comptoirs négriers que furent Tombouctou, Djenné, Oualata etc. La traite transsaharienne convoyant les captifs nègres vers la Maghreb et l'Egypte puis au-delà, se trouvait désormais sous le contrôle songhay. En bon musulman, pour lequel l'esclavage des « idolâtres » était licite, l'Askia Mohammed offrait sa protection aux caravanes négrières transsahariennes arabo-musulmanes, tandis que lui-même n'hésitait pas à troquer ses captifs contre des chevaux, chameaux et autres équipements militaires, en faire don à ses hôtes étrangers, arabo-musulmans bien entendu, les utiliser comme main-d'œuvre dans des plantations etc. Au Songhay, les négriers arabo-musulmans avaient toute latitude à opérer sous la bienveillance du Prince des croyants, Délégué de l'Islam.

Alors que des guerres saintes étaient déjà conduites au sud du Sahara, comme l'observait Bekri au XIème siècle, leur échelle allait franchir un nouveau palier à partir de l'Askia Mohammed. Une évolution d'approche allait émerger, avec la volonté d'accélérer la propagation de la nouvelle religion au sein des couches sociales par les armes. On touche du doigt ici les effets réels de la prise de contrôle spirituelle de la société négro-subsaharienne par les Arabo-musulmans et l'un des canaux majeurs de l'endogénéisation de l'esclavage au Sud du Sahara.

C) Les guerres saintes aux XVII-XVIIIème siècles

Dans les années 1660, sous la direction de Malik Si et de son fils Bubu Malik, l'État musulman de Fouta Boundou fut établi par le jihad dans la haute vallée du fleuve Sénégal. Dans les années 1670, ce fut le marabout berbère de Mauritanie, l'imam Nasir al-Din qui, estimant que la loi islamique était dévoyée, lançait l'idée de jihad pour réformer la société par la contrainte militaire et restaurer l'Islam idéal, conforme à la Loi. Il déclencha alors une guerre sainte en s'appuyant sur des fidèles wolofs et peuls en Sénégambie avec lesquels il conquit les États du Walo, du Fouta Toro, du Cayor ainsi que du Jolof. Nasir al-Din fut tué au combat en 1674 et la domination de ses fidèles ne fut alors que de courte durée, chassés du pouvoir avec l'aide des colons français de Saint-Louis. Toutefois, l'idéal d'instauration d'une société musulmane conforme au message d'Allah était semé et cheminait désormais au sein de la « communauté des croyants ». En 1727, Karamoko Alfa soulevait un djihad dans le Fouta Djalon et créa un imamat. Dans la région, le jihad se poursuivait et s'étendait jusqu'au Fouta Toro avec les Torodbe dans les années 1770, renversant la dynastie Denianke et installant un autre imamat avec Souleyman Baal...

D) Les guerres saintes des prédicateurs du XIXème siècle : Dan Fodio, Amadou, Omar

Au XIXème siècle, les guerres saintes avaient connu une intensité jamais égalée, sous la houlette de plusieurs grands prédicateurs jihadistes dont Ousmane Dan Fodio (1754-1817), Cheikhou Amadou (1776-1844) (de son nom complet Aḥmadu bin Muḥammadu Lobbo) et El Hadj Omar Seydou Tall (1794-1864).

Ces jihads visaient à changer la société, à instaurer une société islamique authentique dans laquelle, aussi bien le mode de vie, la moralité, le comportement social des individus que la gouvernance seraient strictement régis par la Loi islamique issue du Coran ainsi que de la sunna (la Loi et la Tradition du Prophète). D'où le rejet de toute « innovation », à savoir ces pratiques religieuses islamiques qui consistaient à greffer sur l'Islam des éléments de la spiritualité vitaliste ; ces innovations apparaissaient aux yeux des musulmans puritains comme des dévoiements intolérables des recommandations d'Allah. L'ordre social, débarrassé de toutes les corruptions introduites par les mauvais musulmans ainsi que les souillures des incroyants, devait garantir l'équité dans le monde temporel et le salut de l'âme dans l'au-delà. Au total, éliminer l'injustice, l'incroyance, les mauvaises pratiques et l'oppression, appliquer le précepte coranique consistant à « *ordonner le bien et interdire le mal* » afin de bâtir une société parfaite, un monde meilleur, constituaient le programme des jihadistes.

Idéologiquement, ces guerres saintes visant à révolutionner la société s'inscrivaient dans l'orthodoxie du soufisme.

Rappelons que le soufisme est un courant ésotérique de l'Islam, voire initiatique et confrérique, qui a émergé depuis les origines de l'Islam ; il est présent aussi bien dans le sunnisme que dans le chiisme. Le soufisme considère que toute chose a un aspect apparent, externe, que peuvent saisir les cinq sens humains, et un aspect caché, intérieur (ésotérique), auquel l'humain ne peut accéder que dans un état spirituel particulier. La recherche d'un tel état spirituel pour accéder à la connaissance voilée, secrète, est la caractéristique du soufisme. Pour l'atteindre, le croyant doit rechercher l'état « d'extinction », lequel permet d'accéder aux manifestations d'Allah. Les musulmans soufis sont à la quête de l'intériorisation, de l'amour d'Allah, de la contemplation, de la sagesse dans le cadre d'une perspective initiatique et ésotérique. Ils pratiquent souvent l'ascétisme afin de purifier l'ego ; est de règle chez eux l'invocation (dhikr) par répétition rythmée du nom d'Allah ou de pieuses formules comme le chahada (témoignage de la foi) en vue de purifier l'âme ; les musulmans étant convaincus que le nom d'Allah possède une telle vertu purificatrice. Une fois purifié de la sorte, débarrassé de son individualité (ego) ainsi que des illusions et partialités que porte celle-ci, le soufi accède au degré recherché de connaissance d'Allah, à savoir qu'il peut voir ou entendre très loin, être l'incarnation d'une force physique extraordinaire, etc. Dès lors il n'agit que par adoration d'Allah, sur injonction d'Allah dont il a accès au message directement. Il existe un grand nombre de confréries soufies dont la Qadiriyya et la Tijaniyya qui nous intéressent ici, ainsi que la Mouridiyya, fondée au XIXème siècle, au sud du Sahara, au Sénégal notamment, par Cheikh Ahmadou Bamba Mbacké, confrérie présente essentiellement au Sénégal.

Les jihadistes négro-africains du XIXème siècle Ousmane Dan Fodio et Cheikhou Amadou appartenaient à la confrérie de la

Qadiriyya fondée au XIème siècle par l'iranien Abd al Qadir al-Jilani, confrérie très présente dans le Maghreb d'où elle fut introduite au sud du Sahara. Pour sa part, El Hadj Omar, d'abord membre de la Qadiryya, avait rejoint, pour conduire son jihad, la confrérie de la Tidjaniya, fondée en 1782 par l'algérien Abou Abbas Ahmed ibn Mohamed Tijani dit Ahmed Tijani ; confrérie qui, de son berceau algérien, s'était diffusée fortement au sud du Sahara et à l'ouest principalement grâce justement au jihad d'El Hadj Omar.

La guerre sainte se colorait de tendances ṣūfī [mystiques] mettant l'accent sur la mortification et l'observance d'une morale rigoureuse. C'était que Ousmane Dan Fodio, Cheikhou Amadou et El Hadj Omar Seydou Tall étaient des théologiens, des prédicateurs appelant les musulmans à retrouver « *le chemin d'Allah* », à pratiquer un Islam pur et qui tentaient eux-mêmes d'offrir le bon exemple en vivant et en agissant quotidiennement selon les prescriptions de la charia et l'exemple du Prophète. Leurs prédications recommandaient en conséquence l'ascétisme, la mortification, une morale rigoureuse ; elles rappelaient l'obligation du jihād inscrite dans le Coran, l'estime d'Allah pour les combattants et les immenses récompenses qu'il leur réservait dans l'au-delà. Mais les prédications fustigeaient en même temps les lettrés conseillers des gouvernants, accusés de dévoyer la Loi islamique ; étaient également ciblés les souverains islamisés, accusés de corruption, d'abus de pouvoir, de tendances privilégiant les jouissances temporelles au détriment du message d'Allah (consommation d'alcool, possession de plus des quatre épouses autorisées par l'Islam, observations de rites vitalistes dit païens etc.), d'oppression du peuple par un système d'imposition injuste et non conforme à la loi islamique etc.

Ces prêches firent mouche. Et en quelques années, les rangs des disciples et adeptes prêts au combat et à en découdre pour changer la société enflaient rapidement. Ceux-ci provenaient de couches sociales, d'origine et régions diverses : Fulbe, Hawsa, Mande, Djolof, Touareg etc., paysans, pasteurs, communautés nomades, sédentaires, semi-sédentaires, lettrés, illettrés, esclaves, et principalement ruraux.

Ce succès, outre la force des prédications, s'appuyait sur un certain nombre de croyances populaires fortes, savamment exploités par les chefs jihadistes. En effet, guides spirituels confrériques soufis (Qadiriyya, Tijaniyya), les prédicateurs étaient tenus pour des saints détenant des pouvoirs réels conférés par Allah lui-même, et dont la puissance serait telle que tout ce qu'ils souhaiteraient était en mesure de se réaliser. De nombreux miracles présumés dont les récits se propageaient à la vitesse de la lumière leur étaient attribués et tenus pour vrais sans que nul ne cherchât véritablement à en vérifier le bien-fondé. On racontait ainsi qu'ils commandaient avec succès à l'atmosphère, rendaient fertiles des personnes stériles, domptaient les ennemis etc.

C'était que l'opinion publique dans l'occident subsaharien (Afrique de l'ouest) au XIXème siècle était convaincue que devait apparaître à cette époque, dans cette région nommée Tekrour, le dernier des douze califes rénovateurs devant succéder au Prophète Mahomet. En effet, une prophétie très populaire dans cette région à cette époque et attribuée au Prophète lui-même attestait qu'une fois douze califes ayant pris sa succession, le monde connaîtrait une période d'anarchie annonçant sa fin. Les décomptes indiquaient que les dix premiers successeurs étaient déjà apparus en Orient et que le Prophète avait réservé les deux derniers au Tekrour. Or, l'Askia Mohammed fut identifié comme le onzième réformateur, ce qui attestait qu'il restait un dernier à apparaître, et la période avancée pour cela fut entre 1785 et 1881. Les chefs jihadistes, notamment Ousmane Dan Fodio et Cheikou Amadou affirmaient chacun être ce rénovateur islamique prophétisé pour le XIIIème siècle de l'hégire (XIXème siècle de l'ère chrétienne) tandis qu'El Hadj Omar le revendiquait implicitement en s'attribuant le titre de « *successeur du Sceau des saints* », et que chacun des trois jihadistes clamait urbi et orbi avoir été, dans une vision, investi de la mission jihadiste par le Prophète ainsi que le fondateur de son ordre confrérique.

Ousmane Dan Fodio déclarait à cet effet : « *Quand j'atteignis l'âge de 40 ans, 5 mois et quelques jours, Dieu m'attira à Lui, et je vis le Seigneur des djinns et des hommes, notre Seigneur Muḥammad (...) Avec lui se trouvaient les Compagnons, et les prophètes et les saints. Alors, ils m'ont accueilli et ils m'ont fait asseoir au milieu d'eux. (...) notre Seigneur ʿAbd al-Ḳādir al-Djīlānī apporta une robe verte (...) un turban ! (...) Le Messager de Dieu les tint un moment serré contre sa poitrine (...) ʿAbd al-Ḳādir al-Djīlānī me fit asseoir, puis il me vêtit et me mit le turban. Puis il m'appela "imam des saints" et me commanda de faire ce qui est approuvé et m'interdit de faire ce qui est désapprouvé ; et il me ceignit de l'Épée de la Vérité afin que je la dégaine contre les ennemis de Dieu.* »

El Hadj Omar assurait pour sa part que : « *Auparavant, je n'avais été autorisé par Muḥammad et Shaykh al-Tidjānī qu'à rallier les incroyants à l'islam et à les guider sur la voie correcte (...) ; puis j'ai été chargé de lancer le mudjihād (...). L'autorisation m'en a été donnée par une voix divine qui m'a dit : "Tu as maintenant la permission de conduire un djihād." Cela se passait au soir du vingt et unième jour de la Dhul-Qaʿda, en l'an 1268 (le 6 septembre 1852)* ».

Ce récit d'El Hadj Omar qu'une voix divine lui aurait ordonné d'entreprendre la guerre sainte n'était en réalité qu'une légende selon Mohamadou Aliou Thiam, compagnon d'El Hadj Omar dès 1846, qui connaissait sur le bout des doigts aussi bien l'histoire de cette guerre sainte que du voyage à la Mecque d'Omar Tall. Thiam rapportait en effet, dans son « Qacida en Poular», que c'était plutôt le maghrébin Abou Talib al-Chérif al-Hassani Mohamed El-Ghali, un des premiers disciples d'Ahmed Tijani le fondateur de la confrérie Tijaniyya, qui a ordonné le Jihad à El Hadj Omar, lors du voyage de celui-ci à la Mecque, en lui confiant la « *mission de propagation de la foi par la guerre sainte*». On sait par ailleurs que c'était Mohamed El-Ghali qui avait initié El Hadji Omar à la Tijaniyya au cours de son pèlerinage à La Mecque.

Légende s'agissant d'El Hadj Omar, « *l'investiture de la mission jihadiste par le Prophète ainsi que le fondateur de l'ordre confrérique* » l'était également pour Ousmane Dan Fodio. Cependant ce qui comptait pour chacun d'eux n'était pas à proprement parler la véracité du message mais plutôt sa réception par le public. Le plus important était en effet qu'il fût cru pour soulever l'adhésion, la mobilisation pour la guerre. Et sur ce plan c'était une réussite. Dès lors il devenait une vérité sinon la Vérité.

Les chefs jihadistes étaient partout appréhendés comme des envoyés d'Allah, de son Prophète, comme des sauveurs, comme les libérateurs qu'attendait la communauté musulmane nègre en ce XIIème siècle de l'hégire (XIXème siècle). Autour d'eux se pressait une masse de combattants faite de disciples des confréries Kadiriyya pour les uns, Tajiniyya pour les autres, d'admirateurs, de convaincus, de fidèles issus de toutes les couches sociales, ruraux et asservis en tête, tous vouant aux chefs jihadistes une obéissance aveugle, et tous prêts à mourir en martyrs, afin de rejoindre immédiatement Allah dans son paradis immense. D'abord chassés de leurs fiefs, ces chefs jihadistes, leurs disciples, fidèles et combattants, pratiquèrent l'hégire et s'établirent à Gudu en 1804 pour Ousmane Dan Fodio, à Noukouma en 1816-1817 pour Cheikhou Amadou et à Dinguiraye en 1849 pour El Hadj Omar. C'était de ces terres d'hégire que s'ébranlaient les guerres saintes. Celles-ci devant cadrer strictement avec les préceptes de l'Islam, il s'avérait nécessaire que les cibles fussent identifiées rigoureusement. Il fallait à cet effet distinguer l'état d'incroyance, reconnaître les lettrés et dirigeants musulmans dévoyés, les terres de l'Islam, les territoires des mécréants. Pour cela, les trois chefs jihadistes s'appuyaient étroitement sur le guide que l'islamiste extrémiste algérien, Al-Maghili, avait élaboré pour l'Askia Mohammed au XVIème siècle. Pour rappel, l'exégèse d'Al-Maghili était que si le dirigeant d'un territoire était musulman, alors son pays devait être considéré comme terre de l'Islam ; s'il était un mécréant, son pays devait être regardé comme une terre d'infidèles où mener la guerre. Les lettrés et dirigeants pratiquant le syncrétisme avec la religion vitaliste autochtone nègre étaient eux des musulmans pervertis, des mécréants, qui égaraient les musulmans ignorants ; en conséquence les croyants avaient pour devoir de mener le jihad contre eux.

Forts de ces préceptes, le « Commandeur des croyants », Ousmane Dan Fodio, et ses fidèles marchaient sur le pays Haussa et renversaient, en l'espace d'une décennie, tous les gouvernants musulmans, accusés de répandre des mauvaises pratiques de l'Islam. Dan Fodio massacrait autant qu'il faisait des captifs, ceux-ci nourrissant aussi bien l'esclavage interne musulman que la traite transsaharienne arabo-musulmane. En lieu et place des territoires conquis, Dan Fodio érigeait le califat de Sokoto, une fédération d'États formant un empire s'étendant sur 1500 km, du fleuve Niger au lac Tchad, et sur 600 km du nord au sud, allant du Dendi et du Gourma à Maroua et englobant Katsina, Kano, Zaria, Adamaoua, etc. Il s'agissait du plus grand État au sud du Sahara depuis l'empire

Songhaï. L'empire de Sokoto n'eut cependant qu'une existence éphémère, d'un siècle de vie, n'ayant pas pu survivre à la colonisation : de 1897 à 1903, le califat fut dépecé et partagé entre colons européens français, anglais et allemands.

Dans la région située à l'ouest du califat de Sokoto, Cheikhou Amadou ou de son nom complet Aḥmadou bin Muḥammadu Lobbo, remporta en 1818 la première bataille de sa guerre sainte contre les chefs vitalistes Ardo, alliés au roi de Segou. Cette victoire sonnait le glas des chefferies vitalistes (Ardo) de la région que Cheikhou et ses combattants renversaient les unes après les autres. Ils conquirent entre autres Djenne d'où Cheikhou avait été chassé par les oulémas pour s'exiler à Noukouma. Cheikhou ordonna la destruction de la grande mosquée de la célèbre ville de Djenne, construite par le non moins célèbre roi Koi Koumboro au XIIIème siècle et édifia une autre. Les populations vitalistes Bambara, Soninke, Bwa, Dogon, Peul etc. des territoires Ardo étaient la principale cible de la guerre sainte ; une part significative finissait en captivité et nourrissait tant la traite arabo-musulmane que chrétienne transatlantique et l'esclavage interne. Le califat fondé par Cheikhou au terme de sa guerre sainte fut régi par la loi coranique stricte et s'était montré particulièrement rude envers ses sujets, observant certainement en cela la Sourate 9 verset 123. Un impôt lourd était imposé aux vaincus du jihad et comme très souvent aussi une conversion forcée à l'Islam. Outre cela, le grand nombre d'asservis résultant de la guerre sainte fut en partie contraint de travailler dans l'agriculture. Le Commandeur des croyants, Cheikhou Amadou, qui avait reçu son titre de « cheikhou » (guide spirituel) d'Ousamne Dan Fodio, bâtit par sa guerre sainte un royaume dénommé Diina (foi en l'Islam), qu'il dota d'une nouvelle capitale nommée Hamdallaye (Qu'allah soit loué) et qui s'étendait de Tombouctou au nord au pays Mossi au sud, et de la Mauritanie à l'est à la région de Mopti à l'ouest. Les jihadistes ne réussirent cependant pas à soumettre les royaumes vitalistes bambara de Segou et Kaarta.

Depuis Dinguiraye au Fouta-Djalon, El Hadj Omar lança sa guerre sainte le 6 septembre 1852. Son armée, équipée d'armes légères européennes acquises aux trafiquants britanniques de Sierra-Leone, se retourna d'abord contre celui-là même qui avait naguère accordé l'asile à son chef, en l'autorisant à s'installer à Dinguiraye en 1849, à savoir, le dirigeant vitaliste Yimba Sakho de Tamba. Par cette ingratitude, El Hadj Omar observait certainement et strictement les préceptes du Coran (Sourate 9 verset 123). La défaite du chef vitaliste Sakho de Tamba ainsi que de ses alliées, conférait aux jihadistes le contrôle des voies d'accès aux mines d'or du Haut-Falémé, du Bambouk et du Bouré dont ils n'avaient pas tardé à se rendre maîtres, s'assurant ainsi des moyens colossaux de guerre. Par la suite, quelques années seulement avaient suffi à El Hadj Omar et ses troupes pour s'emparer des territoires du Mande et du Bambouk (1853) avec leurs mines d'or, puis du royaume vitaliste de Kaarta (1856) etc. Les troupes coloniales françaises n'étant pas loin, et reconnaissant leur supériorité en armement, El Hadj Omar proposa d'abord de rester en paix avec elles et d'acheter au colon français, contre de l'or, des armes à feu. Cette offre était refusée par le gouverneur français du Sénégal, Auguste-Léopold Portet. En réaction, El Hadji Omar attaquait Makhana, chef-lieu de Kaméra, et faisait décapiter tous les hommes. Puis il engagea la guerre contre les troupes françaises, avec les confrontations de Médine en 1857, de Matam en 1859. Mais en août 1860, El Hadj Omar accepta de conclure un traité de paix avec les Français qui obtenaient la reconnaissance de leur autorité sur la rive gauche du fleuve et consentaient alors à lui « *vendre tout ce qu'il leur demandera* ». Le jihad allait dès lors se concentrer sur les royaumes vitalistes ainsi que les territoires musulmans que El Hadj Omar considérait comme des espaces de dévoiement de l'Islam. Il s'attaquait ainsi aux territoires sur le Niger, conquis entre 1859 et 1860, puis les royaumes bambara avec la prise de Segou en mars 1861 ; comme dans les autres terroirs vitalistes auparavant, à Ségou, El Hadj Omar s'empara, conformément aux recommandations du Coran sur le butin (Sourate 8, verset 41) des trésors accumulés depuis des temps immémoriaux par les souverains, détruisit les incarnations des dieux et des temples vitalistes, fit des captifs en nombre etc. Conformément à l'adage vitaliste subsaharien « *il y a toujours un pays au-delà du territoire se prenant pour le plus éloigné* », El Hadj Omar avait jugé que la pratique de l'Islam au royaume de Macina fondé par le *Commandeur des croyants* Cheikhou Amadou au prix d'une guerre sainte destructrice, n'était pas conforme à la loi islamique. Aussi s'attaqua-t-il à la Diina, alors dirigée par le petit-fils du *Commandeur des croyants*, dont il investit la capitale Hamdallaye en mars 1862 ; la réalisation de cette conquête avait nécessité trois grandes batailles ayant causé plus de 70 000 victimes. Le roi du Macina prit la fuite mais fut capturé et décapité en mai 1862. Une conquête de trop ? A partir de la destruction de la Diina du *Commandeur des croyants*, El Hadj Omar allait être confronté à une vaste conspiration incluant des musulmans de la confrérie Kadiriyya, lesquels jugeaient eux aussi sa pratique de l'Islam dévoyée. Une vaste coalition incluant Bambaras, Kounta de Tombouctou, gens du Macina, colons français etc. se dressa face à lui. En 1864, une révolte orchestrée dans le cadre de cette conspiration bloquait El Hadj Omar dans le Macina, où il se replia dans une grotte à Déguembéré. D'où il n'allait plus jamais ressortir, disparaissant à jamais. Le très vaste empire qu'il avait constitué au prix d'une mise en esclavage des plus immenses au sud du Sahara, ne survécut pas à sa disparition. Son fils Ahmadou essaya de poursuivre l'œuvre de son père, mais fut contraint de conclure un traité de paix avec le colon français qui, malgré cela, prit d'assaut sa capitale, Segou, en 1890, le contraignant à la fuite. L'empire d'El Hadj Omar allait alors être progressivement et quasi totalement conquis par le colon français.

E) Les guerres saintes de Diakhou Bâ, Samory Toure

Contre le colon français, et plus généralement les envahisseurs étrangers, les Européens notamment, et leurs alliés locaux, d'autres jihadistes s'étaient levés, au XIXème siècle, pour combattre au nom de l'Islam, au rang desquels Maba Diakhou Bâ (1809-1867) et surtout Samory Toure (1830-1900).

Alors qu'il prêchait pacifiquement l'adhésion à l'Islam dans le royaume vitaliste du Saloum avec la permission des souverains (Thieddo) vitalistes, conformément à la tradition vitaliste d'hospitalité et de tolérance religieuse sans borne, Maba Diakhou Bâ y rencontra, en 1846, El Hadj Omar Seydou Tall, lequel le conseilla et le décida à entreprendre une guerre sainte. Ce fut ainsi que Maba lança son jihad dans les années 1860, s'autoproclamant *Almamy,* à savoir Commandeur des croyants. Il s'alliait même au colon britannique qui lui fournissait des armes pour combattre les vitalistes mais surtout pour faire des captifs selon une pratique négrière usuelle. Par son jihad, Maba Diakhou Bâ semait la terreur au Saloum : attaques, incendies des localités, massacres, captures des personnes alimentant l'esclavage interne et la traite arabo-musulmane comme transatlantique etc. Avec le damel du Cayor, Lat Dior, il combattait les troupes coloniales françaises en 1865. En 1867, Maba engagea la fameuse bataille de Somb en attaquant les vitalistes Sérère alors dirigés par Ndoffène Famak Diouf. Il fut tué par ces derniers au combat de Fandane-Thiouthioune.

L'idéal de Jihad islamique animait également Samory Toure, le fondateur de l'empire du Wassoulou. Contrairement à Dan Fodio ou Omar Seydou Tall, il n'était pas prédicateur. Ses parents, marchands Dyula, avaient abjuré l'Islam pour se convertir à la religion vitaliste et Samory, né vers 1830, ne s'était converti à la religion importée d'Orient et du Maghreb que tardivement, après 1867. Proclamé *Almamy* (Commandeur des Croyants) comme les autres jihadistes, Samory qualifiait lui-même son empire, dont il fit de Bissandougou la capitale, d'« État guerrier et marchand ». Si le qualificatif « guerrier » renvoyait certainement au jihad islamique qu'il conduisait, le produit marchand dont l'empire tirait l'essentiel de sa richesse demeurait les captifs prélevés sur les territoires conquis. En conséquence, le Wassoulou fut en ce XIXème siècle, un des grands États pourvoyeurs des traites musulmanes et transatlantiques dans l'occident subsaharien. Les victoires militaires du Wassalou furent si importantes qu'à l'apogée de l'empire, dans les années 1880, il couvrait un vaste espace, s'étendant sur les terres actuelles de Guinée, Mali, Sierra Leone, nord Côte d'Ivoire, Bobo Dioulasso au Burkina Faso contemporain. Avec le colon britannique installé en Sierra Leone, Samory Toure entretenait des relations régulières et pacifiques. C'était en effet auprès de ce colon qu'il s'approvisionnait en armes à feu nécessaires au succès de son jihad. Pour la constitution de son empire, Samory, à l'instar des autres chefs de jihad islamique, fut impitoyable dans les territoires environnants et lointains qu'il attaquait et assujettissait, se conformant d'ailleurs strictement de cette façon aux préceptes du Coran : incarnations et temples des dieux vitalistes rasés pour ériger en lieu et place des mosquées ; captifs et autres trésors amassés par les souverains vitalistes emportés en guise de butin ; décapitations, exécutions sommaires, massacres en masse de populations vitalistes ; conversions forcées à l'Islam etc. constituaient les manifestations concrètes de la guerre sainte de Samory. Les notables étaient contraints d'envoyer leurs enfants dans les écoles coraniques. En outre, aux territoires vitalistes soumis, l'*Almamy* imposait des quotas de captifs, imitant en cela l'acte fondateur de l'esclavage musulman dans l'espace subsaharien le Baqt. Contre ces quotas, les vitalistes de Côte d'Ivoire s'élevaient en 1888 et organisaient le Ban-kélé (guerre du refus), Ban-kélé auquel Samory répondait par une brutalité et une dureté qui, quoiqu'extrêmes, correspondaient aux recommandations du Coran (Sourate 9, verset 123 ; Sourate 2, verset 191 etc.). Samory refusa en effet les négociations proposées par les insurgés et les fit décapiter en masse au point que la scène donna naissance à une légende selon laquelle les bourreaux avaient dû s'employer durant un nombre indéchiffrable d'heures tandis que le sang jaillissant des veines et artères des victimes avait provoqué la naissance d'un ruisseau.

Propagateur intransigeant de l'Islam, grand négrier, Samory Toure était aussi souvent présenté comme un résistant farouche à l'entreprise coloniale française. Toutefois, cette dernière affirmation mérite d'être nuancée. En effet, si l'*Almamy* demeurait l'adversaire le plus coriace et le plus redoutable que le colon français avait affronté dans l'occident subsaharien, il convient toutefois de souligner que la présence française ne le gênait qu'au cas où elle s'aventurait dans l'espace qu'il considérait comme relevant de l'empire du Wassoulou. Cette attitude conduisait d'ailleurs l'*Almamy* à collaborer parfaitement avec les colons anglais de Sierra Leone, auprès desquels il s'approvisionnait d'ailleurs en armes à feu.

Démarrée au début des années 1880, la confrontation militaire entre Samory Touré et les Français connaissait un tournant majeur et s'intensifiait à partir des années 1890 au moment même où l'*Almamy* faisait face à une pénurie d'armes à feu : les britanniques, en raison du fameux traité de Berlin de 1884 et particulièrement de la convention de Bruxelles de 1890, qu'ils avaient ratifiée en 1892, laquelle limitait les importations d'armes pour le compte des « indigènes », ne pouvaient plus lui vendre des armes. Samory Toure organisait alors des fabriques locales de production d'armes à feu, tentant de reproduire celles importées des Britanniques.

A court d'armements performants, l'*Almamy* était quasiment condamné. Les nombreux traités de paix qu'il avait conclus avec le colon français lui concédant des parties de son empire tout comme la stratégie militaire de la terre brûlée à laquelle il allait recourir par la suite ne pouvaient absolument rien changer sauf à retarder quelque peu les échéances. En 1891, le colon français s'attaquait au cœur de son empire, et sa capitale Bissandougou était investie en 1892. L'*Almamy* se réfugia vers l'est. En 1898, il fut capturé à Guélémou en Côte d'Ivoire et déporté au Gabon où il mourut en 1900. L'empire constitué par le « *Commandeur des croyants* » au prix de crimes monstrueux et d'une mise en esclavage sans précédent des Négro-subsahariens vitalistes n'eut qu'une existence éphémère.

F) L'implantation et l'aggravation de l'esclavage par les guerres saintes

Les guerres saintes débouchèrent sur l'instauration de théocraties islamiques centralisées où la charia était désormais censée régir le fonctionnement de la société. L'objectif initial était l'instauration d'un Islam puritain, idéal, conforme à la « Loi », « dans le chemin d'Allah » ; il reçut un début d'application. En effet, presque partout, dans les nouveaux califats de Sokoto, Hamdallaye et l'empire Toucouleur principalement, furent crées des tribunaux avec des cadi (juges) veillant à une application conforme de la charia. Les pratiques jugées anti-islamiques furent prohibées et l'application de la loi islamique rendue stricte : le respect de l'interdiction de consommer l'alcool fut surveillé avec rigueur ; aux impôts naguère décriés avaient été substitués le zakāt (dîme), le kharādj (impôt foncier) et la djizya (impôt de capitation pour les dhimmi) prescrits par la loi islamique ; le nombre d'épouses par homme fut limité strictement à quatre ; les « innovations », soit des pratiques jugées vitalistes greffées sur celles de l'Islam étaient particulièrement pistées pour être bannies etc. Des structures de diffusion de l'Islam furent mises en place avec la création un peu partout d'écoles coraniques, tandis que dans les régions non encore islamisées étaient convoyées un grand nombre de missionnaires chargés d'y diffuser l'Islam. La promotion du soufisme fut organisée avec la création d'un corps d'enseignants destiné à sa diffusion jusque dans les lieux les plus reculés des califats. Des jihads, avait résulté une réelle propagation de l'Islam, du soufisme et de ses deux confréries rivales, à savoir, la Ḳadirīyya et la Tijaniyya, dans l'occident subsaharien, pour les masses populaires. Une intensification de l'arabisation des sociétés tant vitalistes que musulmanes antérieures fut réellement menée : Islam, habillement, mode alimentaire, langue arabe, autres institutions sociales arabes furent imposés. On tentait de tout faire comme les Arabes, depuis les premières islamisations du VIIème siècle, et en particulier la mise en esclavage, la traite.

Le constat était cependant que les jihads avaient immédiatement produit une nouvelle élite qui s'était substituée à celle de la société présumée pervertie. Cette nouvelle élite était constituée des combattants enrôlés dans les armées jihadistes, lesquels occupaient désormais largement les postes dans les administrations ; nombre d'anciens guerriers furent aussi établis sur les terres confisquées au cours des jihad et étaient devenus des propriétaires fonciers, rejoignant ainsi l'aristocratie foncière décriée naguère.

S'agissant des esclaves, certes ceux qui étaient enrôlés dans les armées jihadistes furent affranchis. Certes également dans les nouveaux califats constitués grâce aux jihads, ceux de Sokoto, Hamdallaye et l'empire Toucouleur principalement, il était mis fin aux razzias contre la paysannerie locale interne du temps de l'Islam dévoyé. Néanmoins les guerres saintes débouchaient sur une aggravation. Les razzias et rapts ailleurs s'étaient intensifiées. S'agissant de l'esclavage proprement dit, nulle part les jihads n'avaient engendré sa suppression. Loin de là. Les guerres saintes s'étaient au contraire soldées par son exacerbation. En effet, dans les nouveaux califats, les esclaves qui n'avaient pas rejoint les combattants étaient demeurés dans l'asservissement ; quant aux captifs faits lors des combats, leur sort fut réglé par l'application de la fatwa (décision juridique) de l'incontournable extrémiste algérien Al-Maghīlī, laquelle stipulait que « *celui que vous trouvez entre leurs [les mécréants] mains, réduit en esclavage, qui prétend être un musulman né libre, vous devez accepter sa parole jusqu'à ce qu'il soit prouvé que c'est un esclave (...) Quiconque vous aurez délivré parce qu'il prétend être un musulman né libre, asservissez-le à nouveau s'il devient évident que c'était un incroyant.*» Et conformément à la « Loi » islamique, les razzias pourvoyeuses de captifs menées contre les prétendus idolâtres, les Vitalistes, s'étaient accrues (Sourate 9, verset 5 ; Sourate 47, verset 4 ; Sourate 76, verset 4 etc.). Les guerres contre les musulmans dévoyés avaient engendré une multitude de captifs présumés corrompus. En conséquence, une masse de captifs fut effectivement asservie. L'empire du Wassaoulou pour sa part, fondait carrément sa puissance sur la production et la vente de captifs. Les jihads débouchaient en conséquence sur une situation paradoxale, à savoir que la masse des captifs asservis s'était accrue dans les califats au regard de la situation prévalant antérieurement pour le grand bonheur des marchands négriers et des nouvelles aristocraties foncières issues des troupes engagées dans les jihads, lesquelles avaient besoin d'esclaves pour travailler la terre. Les jihads engendraient ainsi une société plus esclavagiste, alimentant notablement tant l'esclavage interne, les traites négrières arabo-musulmane que transatlantique de ce XIXème siècle, avec une nouvelle élite de privilégiés. Plus notable, l'esclavage interne né depuis les premières conversions à l'Islam du VIIème siècle sur le modèle arabo-musulman était continûment ajusté pour être toujours plus conforme au Coran et aux hadiths, plus proche de la pratique orientale arabo-musulmane.

§3) L'implantation de l'esclavage par l'arabisation des sociétés subsahariennes islamisées

Au total, l'islamisation des sociétés subsahariennes s'était soldée par leur arabisation toujours plus accrue. Et l'esclavage interne tout comme la traite arabo-musulmane qui y avaient émergé n'étaient qu'une expression de cette arabisation, qu'une des institutions, nombreuses, des sociétés arabes antéislamiques et islamiques importées et implantées dans l'espace subsaharien depuis les débuts de l'islamisation.

Entamée avec les premières conversions à l'Islam dans l'espace au sud du Sahara dès les premières conversions au VIIème siècle, l'arabisation s'était renforcée à partir du XIème siècle pour culminer à partir du XVème. Pour les adeptes de la nouvelle religion, l'Islam, il s'agissait de la pratiquer de la façon la plus pure possible, en se conformant de la manière la plus stricte possible aux lois et préceptes de l'Islam et en procédant comme au lieu de naissance de la religion, comme en Arabie. En conséquence, les nègres islamisés adoptaient désormais sans réserve, dans tous les domaines de la vie quotidienne, ce qui se faisait en Arabie. L'esclavage et la traite, institutions majeures des sociétés arabes depuis les périodes antéislamiques, conservées par l'Islam à sa naissance, étaient importés et implantés dans la communauté islamisée subsaharienne d'où ils s'étaient diffusés vers les couches sociales vitalistes non islamisées etc.

Les Négro-subsahariens islamisés perdaient progressivement la tête et la future société folle des traites négrières des XVIIIème-XIXème siècles était déjà largement en marche. Par exemple, Ibn Battûta (1966) rapportait que dans l'empire du Mali qu'il avait visité dans les années 1350, des traitements proches de ceux réservés aux esclaves étaient infligés aux enfants par leur propre parent pour les contraindre à apprendre le Coran : « *Le Vendredi, quiconque ne se rend pas tôt à la mosquée n'y trouve pas de place pour prier, à cause de la grande presse (...) Leur zèle à apprendre par cœur le sublime Coran. Ils **mettent leurs enfants au fer s'il apparaît qu'ils négligent sa récitation.** Leurs entraves ne sont détachées que lorsqu'ils l'ont appris. Étant entré le jour de la Fête **chez le cadi**, alors que **ses enfants étaient enchaînés**, je lui dis « Ne les relâches-tu pas ? » Il répondit : « Je ne le ferai que lorsqu'ils auront appris par cœur le Coran. » Je passai un jour devant **un jeune homme** de belle apparence, revêtu d'habits magnifiques, **ayant au pied une lourde chaîne. Je demandai** à celui qui m'accompagnait : « **Qu'a fait celui-ci ? Est-ce qu'il a tué ?** » Le jeune homme comprit ce que j'avais dit et rit. On m'expliqua : « **Il a tout simplement été enchaîné jusqu'à ce qu'il apprenne le Coran**.* » A l'évidence, les réactions de Battûta et surtout le choc qu'il ressentait face aux sévices infligés aux enfants nègres par leurs propres parents, au simple motif qu'ils ne savaient pas réciter les textes d'une religion étrangère, témoignaient de ce que les choses ne se faisaient pas de cette façon dans la société arabo-berbère dont pourtant était issu l'Islam et d'où était exportée cette religion chez les Nègres subsahariens. La société folle était véritablement en marche.

§4) Tribut, monnaie, cadeau… : autres moyens d'implantation de l'esclavage musulman

Au rang des mécanismes d'endogénéisation de l'esclavage dans l'espace subsaharien par les Arabo-musulmans il faut mentionner, outre les procédés déjà pointés, notamment l'inculcation de la légalité et de la légitimité de la mise en esclavage, la prescription du butin, des razzias, de la guerre sainte, le contrôle spirituel des rois, princes, dirigeants et de la société, l'arabisation de celle-ci etc., l'imposition du tribut en captifs. Nous l'avons souligné, les Arabo-musulmans ayant un fort besoin en main d'œuvre servile avec la naissance de l'Islam, les conquêtes territoriales qu'ils avaient alors engagées, en ce VIIème siècle, étaient d'abord destinées à répondre à cette préoccupation. Ainsi, comme le mentionnait l'historien arabe du IXème siècle, Al'Yaqubi (mort en 897), aussitôt après la conquête arabo-musulmane de l'Egypte, le général arabe Busr ibn Abi Artat al-Amiri (620-670) s'emparait du Fezzan dans le Sahara vers 643, prenant alors l'oasis de Waddan (Libye contemporaine) et imposait à l'occasion un tribut de 360 esclaves annuels aux Berbères « idolâtres ». Ce qui ouvrait une chasse à l'homme sans précédent en Afrique du Nord. C'était le même tribut que le général arabe, Abdallah Ibn Saad Ibn Abî as-Sarh, alors gouverneur de l'Egypte, avait imposé aux Nègres nubiens en 652 par le fameux traité du baqt. En 666-667, un autre conquérant arabe, Uqba Ibn Nâfi al-Fihrî (622-683), qui engageait de façon décisive la conquête du Maghreb, soumettait de nouveau les Berbères de Waddan et Jarma et les contraignait à honorer le tribut de 643 (360 captifs annuels) qu'ils ne payaient plus. La même année (666-667), Uqba Ibn

Nâfi al-Fihrî conquérait le Kawar nègre « idolâtre » dans le Sahara et lui imposait également la fourniture de 360 captifs annuels etc. Par ces tributs, les Arabo-musulmans initialement issus d'Orient contraignaient les Africains, Berbères comme Nègres, à engager la chasse à l'homme et implantait dans l'espace africain la violence pour s'approprier l'humain.

Dans l'espace subsaharien, outre par le tribut en captifs, les Arabo-musulmans y avaient implanté l'esclavage en faisant du captif une des principales monnaies, avec l'or, d'achat de leurs produits dans le commerce transsaharien. Les produits que les négriers arabo-berbères acheminaient et proposaient dans l'espace subsaharien étaient très divers : sel, cuivre rouge, cuivre coloré, tissus et vêtements en laine, en soie, bijoux, perles, chevaux, mors de chevaux, céramique, parfums, cométiques, ustensiles en cuivre, et plus tard aux XVIIIème-XIXème siècles, fusil européen etc. L'or étant plus difficile à avoir, le procédé consistait à contraindre les Négro-subsahariens à la production du captif dès lors qu'ils aspiraient à se procurer les produits proposés par les Arabo-musulmans. Le procédé était d'autant plus subtil que ces produits étaient d'abord proposés dans les territoires subsahariens islamisés où étaient inculquées la légalité et la légitimité de la mise en esclavage.

Dans ces espaces islamisés, et principalement dans les cours royales, les Arabo-musulmans dont nous avions indiqué qu'ils étaient les maîtres-guides spirituels des chefs nègres, avaient inculqué à ceux-ci une tradition arabe ancrée, passée en Afrique du Nord, celle du don d'esclave. On le sait, en Arabie depuis les temps préislamiques, la coutume consistait à offrir un ou des esclaves à une personne pour lui témoigner son amour, son respect, pour être dans ses bonnes grâces etc. Ainsi, en cas de mariage, la dot comprenait un ou plusieurs esclaves.

En conséquence, les chefs nègres islamisés s'étaient mis à faire don de captifs à leurs « amis » et hôtes, principalement arabo-musulmans que ceux-ci fussent des autorités de royaumes arabo-musulmans (échange de cadeaux), des négriers marchands de captifs, des « religieux » instructeurs, de simples courtisans etc. Par exemple, Battuta (1966) mentionnait avoir reçu d'un chef nègre en guise de cadeau d'hospitalité, lorsqu'il arriva au Mali au XIV ème siècle, un jeune garçon. Ca da Mosto (1455) rapportait que lorsqu'il arriva au Cayor, le souverain qu'il nommait Budomel lui « *fit présent d'une fille âgée de douze à treize ans, noire et fort belle. Il me dit qu'il me la donnait comme chambrière ; je l'acceptai et l'envoyai sur ma caravelle.* » Dans l'empire Songhaï du XVIème siècle, les souverains, les Askia, multipliaient les dons d'humains à leurs hôtes arabo-musulmans. Ainsi, en 1519, l'Askia Mohammed offrit cinq cents humains en guise de cadeau d'hospitalité au chérif arabe Ahmed Es-Seqli supposé être de la descendance du prophète Mahomet (Kodjo 1988). D'autres sources évaluent ce cadeau à 2 700 captifs (Alkhir, 2016), chose qui n'est pas impossible pour qui connait l'Askia Mohammed, un homme agissant toujours dans la démesure. En 1886, le roi de Bornou gratifia le gouverneur de Tripoli d'un esclave en cadeau (Alkhir, 2016). Etc. Que devenaient ces captifs généreusement offerts aux Arabo-musulmans ? Ils finissaient sur les marchés aux esclaves, vendus (Alkhir, 2016), nourrissant ainsi le système esclavagiste musulman.

Enfin on peut mentionner comme autre mécanisme d'endogénéisation de l'esclavage dans l'espace subsaharien mis en place par les négriers arabo-musulmans, l'association à leurs affaires de Négro-subsahariens islamisés notamment chefs, princes et autres dirigeants. Par exemple, au XIIème siècle, Al-Idrisi rapportait qu'à Kaw-Kaw (Gao) des notables islamisés s'associaient aux affaires des négriers berbères installés chez eux et y investissaient. Au XIX ème siècle, des marchands négriers berbères libyens avaient mis en place un partenariat d'affaires avec les dirigeants du Kanem et du Bornou. Ce qu'avaient également fait les négriers berbères de Ghadamès, Ghat, Mourzouk, lesquels avaient noué des relations solides avec les dirigeants négro-subsahariens un peu partout où ils étaient installés (Alkhir, 2016) etc. Il convient toutefois de rappeler que les Berbères kharidjites ibâdites, malékites, étaient les convertisseurs à l'Islam de ces notables et dirigeants subsahariens, dont ils demeuraient par ailleurs les maîtres-instructeurs-guides spirituels et auxquels ils conseillaient et inculquaient les actions et actes conformes à la Loi islamique. Les investissements dans les entreprises négrières étaient donc forcément des « conseils » émanant des esclavagistes berbères eux-mêmes. Par ailleurs, du Moyen Âge à la fin de la traite musulmane au XIXème siècle, les négriers arabo-musulmans liaient le plus possible les rois nègres islamisés à leurs affaires en leur offrant des cadeaux divers. Il convient de le souligner, autant les négriers arabo-berbères associaient les dirigeants à leurs affaires au sud du Sahara, autant ils le faisaient au Maghreb. Ici, nombreux étaient les dirigeants engagés dans le commerce des esclaves conjointement avec les marchands : ces derniers étaient donc totalement protégés par les chefs, au sud comme au nord du Sahara. C'était la solidarité des musulmans. Cette solidarité fut, sans aucun doute un des canaux majeurs d'endogénéisation de l'esclavage musulman dans l'espace subsaharien.

Section 4) VIIème siècle : naissance des traites négrières islamique et interne subsaharienne

La traite négrière arabo-musulmane (TAM) avait deux composantes, d'une part, la traite via le Sahara dite transsaharienne et, d'autre part la traite dans l'Est-africain par la mer Rouge et l'océan Indien dit traite orientale.

§1) Traite négrière arabo-musulmane transsaharienne : génitrice de la traite interne

A) Une création des Berbères islamisés ibâdites au VIIIème siècle

Les documents anciens, notamment les sources romaines, ne faisaient pas état de l'existence d'un commerce via le Sahara, durant les temps antiques, entre l'espace subsaharien et le Maghreb. Or, Rome avait eu à administrer durant au moins cinq siècles (146 AEC-439) une partie du Maghreb, couvrant une portion des territoires contemporains de la Tunisie, de l'Algérie et de la Libye. C'était la Province romaine d'Afrique, constituée à partir de la Troisième guerre punique et la destruction de Carthage en 146 AEC. Cette période romaine en Afrique du Nord s'achevait avec l'invasion vandale de 439. C'était qu'un tel commerce transsaharien n'existait pas à cette époque. En particulier, un trafic de captifs approvisionnant le Maghreb par des voies transsahariennes à partir du sud Sahara, même infime, n'aurait pas échappé à l'attention des Romains durant cinq siècles. Une traite des Noirs, du sud Sahara vers l'Afrique du Nord n'était pas attesté avant l'invasion arabe de cette région au Moyen Âge. Les esclaves travaillant dans les plantations maghrébines durant la période romaine étaient issus des peuples de cette région (Botte, 2011). Selon Savage (1992) c'était vers la fin du VIIème siècle que les captifs négro-subsahariens apparaissaient sur les marchés nord-africains, c'est-à-dire après le début des conquêtes arabo-musulmanes du continent. Mais c'était le géographe et historien arabe Al-Yaqubi qui fut le premier à faire état, vers la fin du IXème siècle, de razzias menées dans l'espace subsaharien par les Berbères d'Audaghust (Cuoq, 1975) et la traite des captifs Noirs à partir de Kawar par les Berbères kharidjites ibâdites. Il faut le souligner, la ville d'Audaghust, aujourd'hui située en Mauritanie, fut une cité nègre de l'empire du Ghana qui avait accueilli un nombre d'étrangers berbères devenu l'écrasante majorité de sa population. Cette situation, il faut encore le souligner, ne gênait aucunement les négro-subsahariens vitalistes dont c'était même un vœu secret, comme l'exprimait sans ambiguïté le roi de Djenne, Komboro au XIIème siècle. Les sources, une fois expurgées de leurs biais, indiquent que ce ne fut qu'au VIIIème siècle, avec l'islamisation et la conquête arabe de l'Afrique du Nord qu'émergea de façon décisive la traite transsaharienne (Botte, 2011). La période des VIIIème-XIème siècles correspondait à celle de la mise en place de cette traite. Ce fut l'œuvre des Berbères kharidjites ibâdites. Et durant cette période initiale, les captifs étaient principalement destinés au Maghreb et à l'Egypte, les exportations en direction de l'Espagne musulmanes demeurant marginales. Les XIVème-XVème siècles représentaient la période de maturation de la traite transsaharienne approvisionnant alors largement, au-delà de l'Afrique du Nord, le monde musulman.

Nous l'avons souligné, les premières conquêtes arabo-musulmanes étaient moins destinées à islamiser qu'à faire des captifs en vue de répondre à l'immense besoin en main d'œuvre servile auquel faisait face l'Arabie avec la naissance de l'Islam. Le Maghreb n'avait pas échappé à la règle. En effet, aussitôt après la conquête de l'Egypte, les Arabo-musulmans s'emparaient de la Cyrénaïque (en Libye contemporaine) en 643-644 et imposaient aux idolâtres Berbères Lawata un tribut de treize mille dinars au terme d'un accord stipulant que cette somme pouvait être acquittée en esclaves au cas où il y aurait des difficultés à la réunir : 360 esclaves annuels. S'ouvrait alors la conquête du Maghreb et les Berbères, principaux habitants de la région, devenaient la cible des attaques arabo-musulmanes. Non-musulmans, ces Berbères étaient considérés par les conquérants arabo-musulmans comme des idolâtres, des hors-la-loi, dignes d'asservissement. Ils étaient même classés parmi les descendants de Cham et considérés comme des Noirs au moins jusqu'au Xème siècle (Botte, 2010). Le général arabe Oqba Ibn Nafi al-Fihri (622-683) fut l'un des artisans de la conquête du Maghreb : il lançait de façon décisive les opérations de soumission et d'appropriation militaires de la région à partir de 670. Ces opérations s'achevaient avec le général arabe Mûsâ ibn Nusayr (640-716) par la conquête du Maroc (708) et c'était de Tanger que celui-ci lançait ses troupes, sous le commandement de Tariq Ibn Ziyad, contre l'Espagne wisigothique en 711. Durant toute la période de conquête et d'islamisation du Maghreb, résistances farouches, révoltes récurrentes meublaient le quotidien des Berbères. A quoi les Arabo-musulmans répondaient par des attaques, répressions, mise en captivité. Finalement, depuis la conquête de la Cyrénaïque (643), la conversion en masse des Berbères à l'Islam ne vit le jour que vers 718-720 tandis qu'il a fallu attendre 735, avec la conquête définitive du territoire sud-marocain du Sûs al-Aqsâ, pour que l'islamisation du Maghreb fût complète. Durant ce processus de conquête et d'islamisation, les Berbères avaient payé un lourd tribut, esclavagisés, vendus en masse en Egypte et en Orient arabe. Ibn Khaldoun rapportait ainsi qu'à eux seuls, Mûsâ ibn Nusayr et ses fils auraient, sur une décennie environ, réduit en esclavage plusieurs centaines de milliers de captifs berbères. Par ailleurs, lors de la conquête du Sud-marocain en 735, les troupes du gouverneur de l'Ifriqiya, Ubayd Allâh ibn al-Habhâb, firent un gigantesque butin dont une masse de femme berbères etc.

Malgré tout, la conversion des Berbères à l'Islam, assurée en majorité par des missionnaires kharidjites ibâdites issus d'Orient (Arabes, Persans etc.) ou ayant transité par l'Est-Africain, se poursuivait avec la conquête du territoire maghrébin. Cette conversion connut un succès franc dans les années 720 avec un enrôlement massif des populations berbères. A partir de ces années, au Maghreb, la masse des « idolâtres » hors-la-loi dignes d'asservissement au sens islamique s'amenuisait régulièrement pour finir par disparaître complètement. Il en avait résulté, dans la première moitié du VIIIème siècle, la nécessité de renouveler la source d'approvisionnement en captifs en vue de répondre à la demande du monde musulman, arabe principalement. C'était à cette période que les Arabo-berbères jetaient leur dévolu sur l'espace subsaharien.

Jusque-là victimes des Arabo-musulmans, qui les asservissaient sans vergogne, les Berbères idolâtres devenus musulmans, se convertissaient en bourreaux des Nègres, lesquels prenaient désormais leur place d'hors-la-loi en Islam. Ils devenaient le fer de lance de la propagation de l'Islam au Bilâd as-Soudan (Pays des Noirs = espace subsaharien). Non seulement ces Berbères kharidjites ibâdites menaient des razzias et guerres saintes récurrentes productrices de captifs en maints endroits de l'espace subsaharien comme le mentionnaient nombre de chroniqueurs arabo-musulmans (Al-Zuhri, El Bekri etc.), mais encore ils avaient orchestré des missions de jihad majeur les conduisant à prendre d'assaut les cours impériales et royales subsahariennes, convertissant les souverains négro-subsahariens, leur inculquant la légalité, la légitimité des razzias, de la mise en esclavage des vitalistes négro-subsahariens et enfin leur inculquant de passer à l'acte. L'un des centres majeurs des activités missionnaires des Berbères kharidjites ibâdites en direction des populations négro-subsahariennes fut la ville de Tâdmakka, un des fiefs des Berbères de l'ethnie Banû Tânmaka. Ensuite, les Berbères kharidjites ibâdites créaient la traite transsaharienne, le commerce transsaharien, à partir de ce VIIIème siècle, pour en garder la direction durant des siècles (Botte, 2011). A eux, s'étaient joints les autres Arabo-musulmans nord-africains ou non et égyptiens : Arabes, Maures, Touaregs etc. Par exemple, le géographe et historien arabe du IXè siècle, Al-Yaqubi, mentionnait qu'à Kawar, ville conquise par les Arabes en 666-667, s'étaient installés aux côtes des autochtones nègres, les Toubou, des marchands arabo-musulmans de provenances diverses, s'adonnant à la traite des Noirs (Cuoq, 1984); ces trafiquants, d'origines diverses, en l'occurrence berbère ibâdite en majorité, arabe d'Irak, perse de Khurâsân etc. s'étaient aussi installés dans tous les autres terminaux sud des axes transsahariens (Botte, 2011) dans l'espace subsaharien. Ces Arabo-musulmans (Arabes, Berbères, Persans, Maures, Touaregs etc.) se trouvaient ainsi au commencement et à la fin de la chaîne esclavagiste négrière, prenant part à la production des captifs nègres au sud du Sahara, directement et par souverains nègres interposés, assurant leur acheminement via le désert au Maghreb et au-delà. Telle était la situation, du Moyen Âge au XIXème siècle. Par exemple, à partir de 1850, les Berbères d'Awlad Sulaiman prenaient le contrôle du royaume de Kanem, menant des guerres, razzias, amassant butins et captifs nègres (Cordell, 1985).

Le rôle des Berbères fut prépondérant comme le souligne Botte (2011) : « *les Berbères, à la fois marchands et armateurs de caravanes, convoyeurs spécialisés, maîtres des oasis-relais, contrôleurs des régions traversées et des terminaux caravaniers, maîtrisaient toute la chaîne du commerce transsaharien.* » Mais même non-musulmans, les Berbères prirent une part très active dans la traite transsaharienne. En effet, cette traite transsaharienne, bien que musulmane, avait eu des acteurs non musulmans issus du Maghreb depuis l'ère médiévale. Il s'agissait de marchands juifs. Dans tout le Maghreb en effet, vivait une communauté juive, établie notamment dans les villes de Sidjilmassa, Ifrane, Tripoli, Biskra, Wargla, Ghadamès etc., dans les oasis du Sahara notamment au Touat, dans le sud marocain, région du Sûs al-Aqsâ principalement etc. Ces Juifs maghrébins s'étaient implantés dans les diverses localités débouchés des grandes pistes caravanières. On les retrouvait également installés au sud du Sahara, dans les grands centres urbains au départ des pistes caravanières comme Gao, Aoudaghost, Tombouctou etc. Ces juifs, s'agissant de leur origine, étaient des Berbères convertis au Judaïsme. Leur réseau couvrait, au Moyen Âge, l'espace s'étendant du sud marocain, la région du Sûs al-Aqsâ, jusqu'en Espagne andalouse. Ils étaient, durant la traite médiévale européenne, les fameux juifs Rhâdânites spécialisés dans la traite des captifs slaves, les Saqaliba, vers le monde musulman, desservant jusqu'en Chine : la route qui les conduisait de l'Europe, à savoir du Royaume franc ou de l'Espagne andalouse, jusqu'en Chine passait par leur fief maghrébin du Sûs al-Aqsâ au sud du Maroc. Les exportations de captifs négro-subsahariens aussi bien vers l'Europe que l'Orient, étaient ainsi assurées, en grande partie par les Berbères judaïsés.

Mais le rôle des Berbères, musulmans ou judaïsés, dans l'émergence et la conduite de la traite transsaharienne était très large en matière d'organisation. On le sait, le Sahara fut une région habitée par les populations nègres depuis la haute antiquité, depuis l'ère préhistorique. Son dessèchement final vers 4000 AEC avait provoqué l'exode d'une partie importante de ses habitants : certains partant en direction du sud, d'autres vers le nord, l'est et l'ouest. Il existait donc, depuis la haute antiquité, des itinéraires traversant le Sahara de part et d'autre, joignant les zones d'habitation, et au-delà, reliaient la région à l'espace environnant. A partir du VIIIème siècle principalement, ces voies étaient progressivement aménagées pour les besoins de la traite. Et ce fut l'œuvre des Berbères kharidjites ibâdites. Ceux-ci avaient ouvert les itinéraires transsahariens des caravanes, assuré le contrôle des terminaux caravaniers de part et d'autre du Sahara, au sud et au nord. Pour les besoins de leurs activités marchandes et négrières, ils s'étaient installés de part et d'autre du Sahara, notamment dans les zones islamisées au sud, au Tekrour, Ghana, Mali, Gao etc. dans les terminaux caravaniers. Si l'on ajoute le fait que du Moyen Âge au XIXème siècle, les négriers arabo-berbères associaient les dirigeants nègres islamisés à leurs affaires presque partout où ils étaient installés dans l'espace subsaharien, il apparaît que la traite transsaharienne était une affaire quasi-exclusivement musulmane.

B) Le tournant décisif des XIVème -XVème siècles

Bien que la traite négrière arabo-musulmane eût démarré dans l'espace subsaharien avec la pénétration de l'Islam au VIIème siècle, elle n'avait pas d'emblée embrasé la région et atteint une dimension susceptible d'en faire un phénomène massif. La montée en puissance de la traite et de l'esclavage musulmans dans l'espace subsaharien fut, à compter du VIIème siècle, progressive et s'était étalée sur plusieurs siècles.

En effet, au moment où naissait la traite transsaharienne au VIIème siècle principalement, il sévissait en Europe, depuis longtemps déjà, depuis l'antiquité et le haut Moyen Âge, un esclavage et une traite en mesure de fournir au monde musulman le contingent d'esclaves qu'il pouvait désirer. L'occasion d'en bénéficier était offerte au Maghreb par l'attaque des Berbères omeyyades placés sous le commandement du général Tariq ibn Ziyad contre l'Espagne wisigothique en 711, attaque aboutissant à la conquête et à l'occupation de celle-ci pour plus de sept siècles. Dès lors, une importante source d'approvisionnement en esclaves s'ouvrait pour le monde musulman où fut convoyé durant des siècles une masse de captifs européens, chrétiens ou non. En conséquence, l'Afrique subsaharienne ne fut pas dès les premiers siècles de l'islamisation une source vitale d'approvisionnement en captifs du monde musulman. Ainsi, au Xème siècle, le voyageur et géographe arabe Ibn Hawqal (943-988) qui fut, avec Ibn Battûta (1304-1368), le seul à visiter l'Afrique parmi les chroniqueurs arabo-musulmans du Moyen-Âge ayant traité de ce continent, et qui s'était rendu jusque sur les côtes orientales de l'Afrique ainsi qu'à Aoudaghost, ville de l'ancien empire du Ghana dont la population étrangère, berbère en l'occurrence, excédait largement les autochtones nègres, n'évoquait même pas l'esclavage et la traite dans l'espace subsaharien. Pourtant, il décrivait toujours dans les détails ses observations et il exposait longuement en ce Xème siècle sur l'esclavage dans le nord-est de la Perse ainsi qu'en Asie centrale. C'était qu'en ce Xème siècle, au moment où Ibn Hawqal visitait l'Afrique, notamment le Maghreb, l'Ouest et l'Est subsahariens, l'esclavage et la traite des Noirs n'y avaient pas encore atteint des proportions dignes d'intérêt. Botte (2011) observait : « *Des indices convergents, comme je l'ai montré, dessinent une traite déjà bien affirmée dès le milieu du VIIIe siècle. Or, on vient de le voir, les textes fournissent peu d'éléments quant aux achats d'esclaves au Sud du Sahara. Ils sont tout autant laconiques sur l'utilisation des esclaves à cette époque. C'est pourquoi, le tableau que nous avons de l'esclavage musulman pour cette période avec les figures convenues de la concubine, du domestique et du soldat – aussi importantes soient-elles – pourrait plus refléter le biais des sources qu'une réalité autrement plus diverse.* » Le biais des sources conduisait certains auteurs à tenir pour esclaves, dans les territoires du Maghreb et d'Egypte, tous les Noirs habitants ces territoires ainsi que les oasis du Sahara (Fezzan, Kawar, Touat etc.). Or, il s'agissait des nombreux autochtones de ces régions ! Talbi (1982) observait par ailleurs que jusqu'à la fin du IXe siècle, le Maghreb disposait d'une main-d'œuvre servile abondante et peu coûteuse constituée d'esclaves blancs chrétiens européens ; ceux-ci compensaient le déficit dû à la fin de la mise en esclavage des Berbères, si bien qu'il n'y avait pas besoin d'une importation massive de captifs subsahariens. Même le premier recrutement de captifs Nègres dans l'armée au Maghreb n'eut lieu qu'au IXème siècle et fut l'œuvre d'Ibrâhîm Ibn al-Aghlab (800-812), fondateur de la dynastie arabe aghlabide ayant gouverné l'Ifriqiya (800-909). Il inaugurait une tradition qui allait perdurer tout au long de la traite négrière arabo-musulmane ; des captifs Noirs furent même désignés chefs de l'armée sous les Aghlabîdes. Toutefois, il convient de souligner que les Aghlabîdes et surtout leurs successeurs en Ifriqiya, les Fâtimides, constituaient à la fois des troupes de captifs blancs et noirs. Et il est difficile de savoir si à cette époque, d'une part tous les Noirs de l'armée étaient ou non des captifs et, d'autre part s'il y eut plus d'esclaves noirs que de blancs au Maghreb. Mais une chose est certaine : tant que les captifs blancs se retrouvaient en abondance et peu coûteux au Maghreb, il s'avérait logique qu'ils fussent plus nombreux. Or, tel serait le cas jusqu'à la fin du IXème siècle selon Talbi (1982). Une donnée significative dont il faudrait également tenir compte était la présence des captifs nègres dans l'Espagne andalouse dont l'approvisionnement était assuré par la traite transsaharienne. Par exemple, à Valence, de 0,8% au XIVème siècle, sur la période 1375-1399, la proportion des esclaves subsahariens dans la population servile passait à 4,7% au début du XVème siècle, sur la période 1400-1425 (Victor, 2019) ; à Barcelone, dès les années 1460, la majeure partie des esclaves traités était d'origine subsaharienne (Guillén, 1998). Au moment où les Portugais n'avaient pas encore engagé la traite par l'Atlantique des Noirs, l'explosion quantitative des captifs noirs dans la population servile du monde musulman d'Europe indiquait l'importance ainsi que le volume qu'avait désormais atteints la traite transsaharienne, capable désormais de nourrir non seulement le Maghreb mais encore tout le reste du monde musulman. Et l'on sait pourquoi cette mutation. C'était en réponse à la hausse de la demande, entre autres, de l'Europe du Sud. Hausse consécutive aux difficultés croissantes d'approvisionnement en esclaves de cette Europe, principalement au tournant des XIVème-XVème siècles durant lesquels le vivier servile européen de la mer Noire tarissait graduellement à mesure que la Turquie musulmane accentuait sa mainmise sur cette région. Cette période représentait donc celle de l'essor et de la maturation de la traite transsaharienne.

C) Voies, acteurs, utilisateurs… : une affaire musulmane

Parmi les nombreuses voies traversant le Sahara et qu'empruntaient les esclavagistes arabo-musulmans acheminant produits et captifs de part et d'autre du désert, trois se dégageaient comme majeures (voir carte 1 : page suivante) : (i) à l'ouest, la voie reliant Tombouctou (Mali, Songhay) à Sidjilmassa puis à Fez (Maroc) ou Tahert (Algérie); (ii) au centre, la voie joignant Gao (Empire de Gao, Songhay) à Tadmekka dans le désert avec trois bifurcations clés, notamment l'axe desservant Ouargla (Algérie) et Kairouan (Tunisie) ; l'axe reliant Ghadamès et Tripoli (Libye) ; enfin l'axe joignant Ghat, Zawila en direction de Tripoli (Libye) ou se poursuivant vers l'Egypte en direction de Le Caire ; (iii) au centre-est, l'itinéraire partant des environs du lac Tchad et reliant les empires de Bornou et Kanem au départ de Kano principalement (Nigéria contemporain), passant par les oasis de Kawar (Kanem) et Zawila pour joindre Tripoli. La voie centrale, fut celle qu'empruntaient les Nègres islamisés pour accomplir leur pèlerinage à La Mecque : seulement au départ elle partait de plus à l'ouest et transitait par Tombouctou, l'Aïr, joignait Ghat, Zawila (ou Mourzouk) puis poursuivait directement vers l'est, passant par Koufra (Libye) en direction de l'Égypte et La Mecque.

L'axe du centre-est, Bornou-Kanem vers Zawila et Tripoli, fut l'un des plus anciens : il suivait une piste antérieure à la période arabo-musulmane, l'ancienne route des Garamantes. Un autre itinéraire ancien fut la voie reliant Gao à Tadmekka et rejoignant Wargla, d'où un axe conduisait à Tahert et un autre à Kairouan, voie qui aurait été ouverte au VIIIème siècle, vers 776-780 (Cuoq, 1984), sous le règne du premier imâm ibâdite Abd al-Rahmân ben Rustem (729-788). C'était l'ancienne route des Garamantes qu'avait empruntée le général arabe Busr ibn Abi Artat al-Amiri (620-670) pour conquérir le Fezzan dans le Sahara, prenant alors l'oasis de Waddan vers 643 (Libye contemporaine), imposant à l'occasion aux Berbères idolâtres, le tribut de 360 esclaves annuels ainsi que le mentionnait l'historien arabe du Xème siècle, Al'Yaqubi (mort en 897). Rappelons que c'était le même tribut que les Arabes imposeront aux Nègres nubiens en 652 par le baqt. En 666-667, un autre conquérant arabe, Uqba Ibn Nâfi al-Fihrî (622-683) empruntait aussi la route des Garamantes pour, d'une part soumettre de nouveau les Berbères de Waddan et Jarma et les contraindre à honorer le tribut de 643 qu'ils ne payaient plus et, d'autre part conquérir le Kawar nègre idolâtre, lui fixant à l'occasion le même tribut.

Carte 1 : Traite transsaharienne : voies caravanières

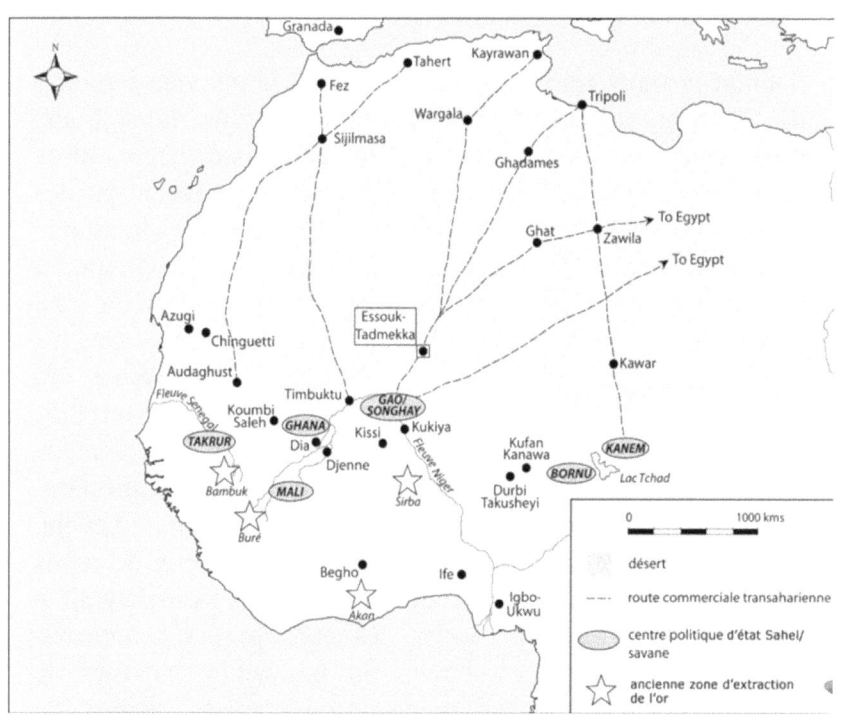

Source : Nixon S. (2013)

Le constat est saisissant : au sud du Sahara, au Moyen Âge, les principaux itinéraires de la traite transsaharienne partaient des, ou aboutissaient aux, royaumes et empires islamisés : Ghana, Takrour, Mali, Songhay, Bornou, Kanem etc. où étaient logés les grands marchés aux esclaves la nourrissant, notamment Gao, Takrur, Kano, Zaria, Wadaï, Kouka, Zinder, Agadès, Djenne, Tombouctou, Audaghust etc. C'était que la traite transsaharienne fut principalement une affaire de musulmans : producteurs ainsi que marchands berbères kharidjites ibâdites et autres arabo-musulmans d'une part et d'autre part producteurs islamisés négro-subsahariens. De nombreux Berbères juifs prenaient également part au trafic des esclaves.

Durant la traite transsaharienne et avant la deuxième moitié du XVème siècle, les victimes de la traite musulmane transsaharienne étaient les populations vitalistes nègres alors érigées en idolâtres-hors-la-loi. Les centres de réception des captifs et d'exportation d'une partie d'entre eux vers le monde musulman extra-africain se trouvaient au nord du Sahara, au Maghreb et en Egypte, avec les villes comme Marrakech, Fès, Tahert, Tlemcen, Kairouan, Tunis, Tripoli, Le Caire etc. Au centre, dans le désert, de nombreuses cités, créées ou aménagées pour les besoins de la traite par les Berbéro-musulmans kharidjites ibâdites au Moyen Âge, servaient de points de relais aux caravanes, à l'instar de Sidjilmasa, Tadmeka, Ghat, Ouargla, Kawar, Ghadamès, Zawila, Mourzouk, Augela, Soukna etc. C'étaient des lieux de repos mais aussi des centres de traite et d'affaires : on pouvait y vendre et acheter des captifs, les caravanes s'y approvisionnaient en eau, en vivres ; on pouvait y changer de caravaniers, recruter des guides, des escortes, agents de sécurité, etc. Ces dernières tâches, guides, escorte, sécurité, revenaient souvent aux Touaregs. Il convient de le souligner, la traite musulmane transsaharienne était aussi du brigandage pur, comme tout esclavage. En effet, au sud du Sahara, mais également dans le désert même, des bandes armées barraient les routes dans les diverses oasis, enlevaient des personnes qu'elles vendaient à des marchands. Les routes caravanières étaient aussi sujettes à des attaques récurrentes de bandits isolés mais aussi en groupe, avec enlèvement des biens et des captifs. Au XIXème siècle, dans les années 1870, Nachtigal (1974) fut témoin d'une telle attaque contre une caravane dont les biens comme les captifs furent pris et vendus sur les marchés du Fezzan. Certains commerçants arabo-berbères étaient eux-mêmes des commanditaires de telles opérations dont ils tiraient le plus grand profit, vendant leurs marchandises humaines de « contrebande » tant sur les marchés des oasis que du Nord-Afrique. Ces razzias « sauvages », orchestrées par tout le monde, par tout individu désirant s'enrichir ou acquérir un bien dont le captif était la monnaie, furent endémiques tout au long des treize siècles de traite islamique. En conséquence, d'une part les organisateurs ne se préoccupaient aucunement de trier entre musulmans et non musulmans, tout nègre en était la cible y compris l'islamisé ; d'autre part, les victimes n'étaient pas tous issus de l'espace subsaharien : les Noirs autochtones des oasis du Sahara ou du Maghreb ou d'Egypte étaient aussi enlevés, capturés, par toutes sortes de « bandits », vendus sur les marchés nord-africains et surtout des oasis. Progressivement et durant des siècles, à mesure que la traite négrière se poursuivait, tous ces Nègres autochtones, vivant dans le Maghreb et en Egypte étaient assimilés à des esclaves ou descendants d'esclave. En particulier, pour l'Égypte, par extrapolation, il fut décrété que depuis « des millénaires, avant notre ère, les Noirs qui y vivaient étaient des esclaves importés de Nubie ». Ce qui, nous l'avons vu, ne correspond à aucun fait historique, les autochtones de l'Egypte « des millénaires avant notre ère », les bâtisseurs des Pyramides étant ethniquement des Noirs.

Revenons aux itinéraires de la traite transsaharienne pour indiquer que les haltes des caravanes, dans le désert, étaient aussi des marchés aux esclaves qui fournissaient les marchands maghrébins et égyptiens, mais également d'autres régions du monde musulman. Nombre de négriers d'Afrique du Nord n'achetaient qu'en ces lieux ou n'opéraient qu'à partir de ces centres relais. En matière de redistribution, les oasis du Touat, de Kawar, du Fezzan furent particulièrement actives, aménagées pour la circonstance par les Berbères ibâdites ou judaïsés. La ville de Zawila particulièrement fut au Moyen Âge, l'un des plus grands marchés d'esclaves du Sahara et l'un des principaux entrepôts d'esclaves du monde musulman. Le royaume du Kanem s'étendait alors jusqu'au Fezzan dans le désert. Au XVIème siècle cependant, Zawila perdit sa prépondérance au profit de la ville de Mourzouk qui devint à partir de cette date un important marché d'esclaves. Par la voie Bornou-Kanem vers Zawila étaient aussi acheminés des eunuques obtenus chez les Zaghal et Zaghawa depuis le Xème siècle (Cuoq, 1975), vraisemblablement des eunuques fabriqués en Ethiopie qui s'ajoutaient à ceux obtenus dans le centre majeur de production d'Egypte, à Assiout, centre aux mains des moines coptes, lesquels procédaient aux opérations de castration. De Zawila, et plus tard Mourzouk, des convois s'ébranlaient en direction du Maghreb, de l'Egypte et de l'Orient.

La traversée étant longue, nécessitant jusqu'à deux mois de marche pour franchir les 1300 à 1900 kilomètres désertiques du sud au nord, et la route pouvant s'avérer périlleuse avec les pillards, volant esclaves et autres biens des voyageurs, les négriers se regroupaient et les caravanes ainsi constituées pouvaient engager des milliers de dromadaires portant des charges souvent lourdes ; bien entendu, les négriers faisaient le voyage à dos de dromadaire et les captifs, hormis les très jeunes, naturellement à pied, sous les coups de fouet. Au cours de la traversée, la pénurie d'aliment, d'eau, les épidémies, l'épuisement etc. faisaient des ravages. Le corollaire : les parois des itinéraires se trouvaient jonchées d'ossements de tous ces captifs qui, exténués, malades, affamés, déshydratés, succombaient, s'évanouissaient, ne pouvaient plus poursuivre le chemin et terminaient leur existence, abandonnés là où ils tombaient. Combien étaient-ils ? Quelle proportion des captifs engagés dans les caravanes représentaient-ils ? Impossible de le savoir avec exactitude : des estimations avaient cependant été avancées, à savoir 50% (Wellard, 1964), 7 à 40% (Toledano, 1982) etc.

Une partie des captifs voyait son parcours se terminer au Maghreb et en Egypte où ils étaient vendus aux utilisateurs locaux. Pour la grande majorité toutefois, destinée à l'exportation hors d'Afrique, une part poursuivait son voyage par voie terrestre vers l'Orient arabe via l'Egypte et le Sinaï. Les autres étaient acheminés par voie maritime en direction du monde musulman. En effet, les routes caravanières, pour une large part des captifs subsahariens, se terminaient dans les ports du Maghreb et de l'Egypte, à savoir, Tripoli, Benghazi, Tunis, Tanger, Alger etc. Ainsi, un captif embarqué depuis Kano vers Tunis, terminait son parcours à l'issue d'environ 3000 kms de voyage. Ces ports étaient de grands marchés de captifs fréquentés par des marchands négriers exportateurs d'Afrique du Nord et importateurs du monde musulman : des Arabo-musulmans extra-africains venaient s'approvisionner en captifs Noirs sur les marchés portuaires et non portuaires d'Afrique du Nord en même temps que les Arabo-berbères nord-africains, juifs comme musulmans, puis les expédiaient par la mer vers le monde musulman extra-africain, à savoir, l'Arabie, les Balkans, la mer Égée, l'Anatolie, l'Espagne andalouse etc. Il convient de souligner que si la majorité des marchands négriers arabo-musulmans était des mâles, des femmes avaient également exercé la profession : celles-ci utilisaient souvent des agents mâles pour effectuer leurs opérations d'achat-vente-exportation.

Pour l'opération, aux XVIIIème - XIXème siècles particulièrement, les négriers musulmans nord-africains affrétaient des navires européens à grandes capacités pour convoyer les captifs négro-africains. Ces navires étaient français, vénitiens, livournais, anglais, autrichiens, napolitains etc. Par exemple, en cinq ans, d'août 1721 à septembre 1726, 245 navires français avaient effectué des transports d'esclaves depuis le port de Tripoli, 44 d'entre eux ayant desservi les ports d'Afrique du Nord notamment d'Egypte, de Tunisie, d'Algérie (Zeltner, 1992).

D) Prix, utilisation, traitement

Principalement produits par le rapt, la razzia, la guerre, les captifs ayant nourri la traite transsaharienne s'écoulaient sur des places spécialisées. Dans l'espace subsaharien, quelques-uns de ces marchés où s'approvisionnaient les négriers arabo-musulmans étaient Gao, Takrur, Kano, Zaria, Wadaï, Kouka, Zinder, Agadès, Tombouctou, Djenne, Audaghust etc. Il s'agissait de marchés de gros, regroupant les captifs des régions environnantes tels que capturés : c'étaient des marchés du « produit brut ». Au XIXème siècle, le marché de Kouka par exemple était alimenté des captifs du Baguirmi, du Bornou, du Waddaï. L'acquéreur potentiel examinait au préalable en détail le « bien », ses aspects physiques visibles, inspectait sa bouche, ses dents, sa langue, sondait son état de santé. Le prix était fonction de l'âge, du sexe, de l'état physique, de la santé, des compétences (instruction, qualification professionnelle), de l'abondance ou de la pénurie de captifs (loi de l'offre et de la demande), de particularités diverses telles que la virginité (fille), la possibilité d'allaiter (mère), la castration (jeune garçon), la réputation attachée au captif (préjugés liés à son origine géographique et humaine), les croyances de l'acheteur etc.

La première indication de prix que présentent les sources arabo-musulmanes fut celle d'El-Bekri (1014-1094) au XIème siècle. Celui-ci mentionnait que sur le marché d'Audaghust (en Mauritanie contemporaine), une négresse, compétente en cuisine, valait au moins cent mithqal (un mithqal = un dinar or = 4,25g). Vers fin XIXème siècle, une jeune fille se vendait entre 30 à 60 thalers (un thaler valait 3,8 francs en 1830) tandis qu'un jeune garçon valait la moitié de ce prix et une personne adulte le dixième. En général toutefois l'achat-vente de captif sur les marchés subsahariens se faisait par le troc. Ainsi sur le marché de Takada, dans l'empire du Mali, il fallait au moins quatre captifs instruits pour acquérir un cheval. Au XVème siècle, au Cayor (Sénégal), un cheval s'échangeait contre quinze captifs. Au Bornou, le captif valait moins puisqu'il en fallait quinze à vingt pour acquérir un cheval. A la fin du XVIIème siècle, un cheval berbère coûtait 25 captifs. Au XIXème siècle où les guerres de captures, les razzias, l'insécurité, la production de captifs noirs se trouvaient à leur paroxysme dans l'espace subsaharien tandis que la demande externe faiblissait avec l'illégalité décrétée de la traite par les Européens, toutes traites confondues, le prix de l'esclave avait fortement dégringolé : un cheval fut payé jusqu'à plus de 100 captifs ; un captif ou une captive, fut payée jusqu'à contre un paquet de sucre, un paquet de biscuit etc. Le prix d'achat du marché subsaharien servait de référence pour les divers marchés successifs où le captif était vendu : marchés des étapes caravanières du Sahara, marchés nord-africains, autres marchés du monde musulman. Sur ces derniers, le captif était présenté nettoyé, paré, portant sur lui une fiche signalétique indiquant, entre autres, son origine, ses compétences, ses prix de vente antérieurs.

Au Mahgreb, et dans le reste du monde musulman, le prix de vente dépendait fortement des besoins et désirs des utilisateurs. Le premier élément distinctif était le sexe du captif. Dans le monde musulman, il existait une forte demande d'esclave femme. L'Islam autorisant chaque homme à épouser jusqu'à quatre femmes et surtout le mariage avec les esclaves, le plaisir sexuel, le concubinage, étaient la motivation première de cette demande. Les jeunes négresses faisaient l'objet, chez les Arabo-musulmans, d'un fantasme qu'exprimait sans détour El-Bekri à propos du marché d'Audaghust : « *On y rencontre (aussi) des jeunes filles au beau visage, au teint clair, au corps souple, aux seins bien droits, à la taille fine, aux épaules larges, à la croupe abondante, au sexe étroit : celui qui a le bonheur d'en posséder une y prend autant de plaisir qu'avec une vierge.* ». Au Maroc, la croyance était que toute maladie provient du froid et toute guérison de la chaleur. A celle-ci s'identifie la négresse, réputée avoir la peau plus chaude que celle d'une blanche (Kake, 1985). Avoir donc une concubine négresse, prendre plaisir avec elle, c'était aussi baigner en permanence dans la guérison de ses maux ! D'où il venait que les Marocains épousaient les captives noires avec autant sinon plus de passion que les esclaves européennes, saqaliba.

Dans le monde arabo-musulman, étaient destinées à l'usage sexuel, la négresse jeune et belle, vierge. Elle intégrait le harem des puissants, mais le commun des mortels en était aussi avide. Sa demande était en conséquence très forte. Une autre catégorie de négresse était aussi fort demandée dans le monde musulman : c'étaient les filles « âgées », aux « seins tombées », destinées aux tâches ménagères et autres. Elles avaient la réputation d'être des cuisinières hors pairs ; on leur attribuait des compétences et qualités pour l'éducation des enfants, des prédispositions à produire en abondance du lait maternel de qualité etc. Elles étaient très recherchées pour tous ces motifs et dévolues à ces tâches : cuisine, nourrice, éducation des enfants, allaitement etc. Les négresses devant allaiter les enfants voyaient leur lait maternel testé avant l'acquisition. Rarement et dans les milieux ruraux, la négresse pouvait accomplir des tâches agricoles en plus de celles ménagères : récolte, collecte du bois etc. Toutefois, quelles que fussent les tâches dévolues, la captive noire, aux seins « tombés » ou « debout », destinées ou non au concubinage, au harem, était aussi à la disposition de son maître pour son plaisir sexuel. Dans le monde musulman, au Maghreb principalement, et au Maroc en particulier, bien que les servantes européennes blanches, saqaliba et autres, étaient largement utilisées, les négresses se trouvaient en plus grand nombre, compte tenu des compétences et qualités qui leur étaient prêtées. Compte tenu de ce que les maîtres assouvissaient leur soif sexuelle dans toute servante noire, même non initialement destinée au concubinage, compte tenu également de l'autorisation de la liaison maître-servante par l'Islam, les questionnements de N'Diaye (2008) ne paraissent pas dénués de sens : pourquoi la société arabo-musulmane n'est-elle pas globalement plus métissée ? Comment treize siècles de fusion sexuelle aussi dense entre Arabo-musulmans et négresses pouvait-elle laisser la société arabo-musulmane aussi intacte ethniquement ? Y aurait-il eu génocide voilée ? La question mérite d'être posée d'autant que les sociétés qui avaient connu de telles fusions en furent ethniquement marquée, à l'instar de celle de Kemet (Egypte antique) laquelle était passée du type humain marron foncé d'origine à marron plus clair.

Revenons à la traite négrière islamique pour indiquer que le monde arabo-musulman fut aussi un gros consommateur de captifs négro-subsahariens. D'abord l'eunuque, pour la garde des harems, des souverains et autres services personnels aux gouvernants. Ceux issus de l'espace subsaharien étaient fabriqués en trois endroits : en Egypte à Assiout par les moines coptes, au Maroc à Messoufa et en Ethiopie par les juifs sans doute. On le sait, leur demande était forte, leur prix élevé et leurs conditions de vie enviable, bénéficiant de postes prestigieux. Le revers de la médaille : 80 à 90% de ceux qui subissaient l'opération ne survivaient pas pour en profiter et les survivants disparaissaient pour de bon à la fin de leur existence, ne pouvant jamais laisser de descendance. Outre être eunuque, le captif nègre était très demandé dans le monde musulman pour les tâches militaires. C'était qu'à l'instar de sa sœur, l'homme noir était aussi affublé de qualités uniques dans l'imaginaire arabo-musulman. Dans cet imaginaire en effet, la croyance était que le courage était une qualité héréditaire, spécifique au Noir, qu'un Noir était doté d'une force physique inégalable, force que même plusieurs Arabes réunis ne pourraient avoir (Alkhir, 2016) etc. Ces croyances constituaient le soubassement de la forte demande de captifs noirs dans le monde arabo-musulman où une grande part de ces captifs était destinée aux fonctions de sécurité : garde du corps personnel des califes, militaires etc. Ainsi, les captifs nègres faits lors de la conquête de l'Egypte (640) plus ceux acquis via le baqt mis en place en Nubie (652) et via le tribut imposé au Kawar (666-667) composaient en partie l'armée arabo-musulmane qui avait conquis l'Afrique du Nord, conquête dont il faut rappeler qu'elle s'acheva vers 735. En Espagne andalouse, au VIIIème siècle, l'émir de Cordoue (756-788), Abd al-Rahman Ier forma une armée noire de 40 000 hommes ; en Ifriqiya au IXème siècle, le fondateur de la dynastie arabe aghlabide (800-909), Ibrâhîm Ibn al-Aghlab (800-812) intégrait des captifs noirs dans son armée, inaugurant alors une tradition qui allait se poursuivre au Maghreb tout au long de la TAM ; des captifs Noirs furent même désignés chefs de l'armée sous les Aghlabîdes ; en Egypte l'émirat Toulounide (868-905), le califat fatimide (969-1171) etc. eurent des troupes noires ; les émirs almohades (1121-1269) qui avait gouverné le Maghreb et l'Espagne andalouse ainsi que la dynastie hafside qui avait régné sur l'Ifriqiya (1228-1547) usaient aussi d'une armée de captifs noirs ; mais le Maroc fut sans doute au Maghreb le pouvoir s'étant le plus appuyé sur la force armée noire : par exemple, son sultan Moulay Isma'il (1645-1727) non seulement en fit sa garde durant son long règne (1672-1727) mais encore créait une armée noire permanente dont l'effectif atteignait 150 000 hommes à sa mort (Kake, 1985) ; etc. En dehors des militaires, et des eunuques, les captifs noirs dans le monde musulman furent employés à diverses autres tâches notamment dans l'agriculture, les mines, l'administration, les services divers aux maîtres allant jusqu'à la gestion de leurs boutiques, affaires etc.

Dans le monde musulman, gros consommateur de captifs tant blancs que noirs, les Noirs étaient restés en général des citoyens de seconde zone au regard des Blancs dans la société. Ces derniers occupaient les plus hautes fonctions dans l'administration : commandement des armées, gouverneur de province etc. Leurs descendants s'intégraient plus facilement dans la société arabo-musulmane et furent moins l'objet de rejet, d'ostracisme. Pour eux, fut mieux observée la prescription de l'Islam recommandant aux maîtres de traiter leurs esclaves musulmans avec fraternité. S'agissant des esclaves noirs, cette prescription était nettement moins observée par les maîtres et l'ensemble de la société arabo-musulmane. Certes, il existait des cas de réussite, de promotion, toutefois ils étaient bien infimes, anecdotiques au regard de la situation de la masse des esclaves noirs qui furent sujets en règle générale à la maltraitance des maîtres, au rejet et à l'ostracisme social. Même au Maroc, au XVIIème siècle, des témoignages faisaient état de maltraitance : corps couverts de plaies, mise à mort pour la moindre faute etc. (Kake, 1985). Ailleurs, en Libye, au XIXème siècle encore, les mauvais traitements, infligés par les maîtres ou toute autre personne, étaient légion bien qu'ils ne restassent pas tous impunis (Alkhir, 2016) :

coups et blessures, amputations de membres, brûlures, assassinats etc. Par ailleurs et presque partout, le renouvellement du harem était l'occasion de crimes monstrueux (éliminations physiques de toutes celles qui ne plaisaient plus) commis à l'abri de tout regard par les plus puissants contre les ex-favorites, lesquelles étaient exposées de surcroît tout au long de leur existence aux violences des femmes attitrées comme l'était également leur descendance.

§2) Esclavage et traite négrière en Afrique de l'Est : une implantation arabo-musulmane

Par l'Est-Africain, fut orchestrée un autre volet de la TAM, peut-être le plus gigantesque, principalement à destination de l'Arabie, du golfe persique et de l'Asie du Sud (Inde, Chine, Malaisie, Indonésie etc.). Elle fut notamment l'œuvre des Arabes, rejoints par d'autres groupes comme les Persans, les Indiens, Indonésiens et dans une moindre mesure des Chinois. Ces arabo-musulmans furent les auteurs, outre de la traite, de l'implantation de l'esclavage dans l'Est-Africain. Cette implantation s'était appuyée sur plusieurs canaux. Les procédés dont nous avions déjà traité dans le cadre de la traite transsaharienne furent tous mis en œuvre. Notamment, l'islamisation et les inculcations de la légitimité, de la légalité, de l'esclavage, de la traite, des razzias, rapts, guerres saintes, la prise de contrôle spirituelle des dirigeants et de la société par des instructeurs arabo-musulmans étrangers, l'arabisation de la société etc. Nous insisterons ici sur quelques-uns en l'occurrence la colonisation directe de l'Est-Africain par les Arabo-musulmans d'Orient, la prise de contrôle politique de la région et l'islamisation de celle-ci, l'inculcation par la pratique aux Négro-subsahariens, de la production et de la traite des captifs par les Arabo-musulmans orientaux, la création localement de l'esclavagisme.

A) La colonisation arabo-musulmane de l'Est-Africain : voie d'implantation de l'esclavage

On le sait, c'est en Afrique de l'Est que se situe la voie majeure de sortie de l'Afrique de l'Homo sapiens négro-subsaharien ayant peuplé le reste du monde. Il s'agit du détroit de Babel El-Mandeb reliant au Yémen les territoires contemporains est-africains de Djibouti et de l'Érythrée. Par cette voie, les allées et venues furent incessantes, depuis la haute antiquité, entre l'Est-Africain et l'Arabie principalement. Aussi, lorsque l'esclavage apparut il y a cinq mille ans dans le croissant fertile, notamment en Mésopotamie, et se propagea ensuite dans l'Arabie contiguë au sud, il est possible qu'il fût alors introduit dans l'Est-Africain par ses pratiquants arabes. Toutefois, même dans une telle éventualité, l'esclavage ne pouvait prendre, prospérer dans une société subsaharienne où le Vitalisme rayonnait dans sa plénitude avec ses puissants garde-fous antiesclavagistes. Les quelques migrants arabes installés dans l'espace subsahariens ne pouvaient y pratiquer l'esclavage que les us et coutumes autochtones n'autorisaient pas. Ce qui n'excluait aucunement qu'eussent lieu quelques rapts clandestins çà et là : le vol a toujours existé partout quand bien même il est interdit ! Il fallait, afin qu'émergeât l'esclavage, user de coercition et contraindre les Négro-subsahariens par la force, ce qui ne pouvait se produire qu'à la faveur d'une soumission militaire. Or, l'histoire n'atteste pas une telle soumission de l'Est-Africain par des envahisseurs arabes ou asiatiques dans l'antiquité. En revanche elle atteste des contacts anciens entre l'Est-Africain et l'Arabie. Ainsi, le *Kitab al-Zunuj,* le Livre des Zanj, ouvrage peut-être rédigé initialement en Swahili au XVIIIème siècle puis traduit par la suite en Arabe, et dont l'auteur est inconnu, mentionnait, en retraçant l'Histoire des Zanj, peuple nègre d'Afrique de l'Est, que les villes les plus importantes de la côte Est-Africaine, de Mogadiscio à Kilwa (voir carte 2, page suivante), auraient été fondées par des migrants arabes himyarites à la recherche de l'or pour leur souverain. Certes, le royaume de Himyar avait dominé l'Arabie méridionale dans l'antiquité (110 AEC-525) mais il n'existe à ce jour aucune preuve que ses ressortissants fussent les fondateurs des cités subsahariennes mentionnées. L'auteur du *Kitab al-Zunuj* se livrait ici à un exercice dans lequel les musulmans subsahariens excellaient, à savoir, faire remonter leur propre origine ainsi que celle des fondateurs de leurs royaumes et cités à des ancêtres mythiques provenant du plus près possible du lieu d'origine du prophète Mahomet. A propos des cités côtières est-africaines, nombreuses sont en revanche les sources qui attestent qu'elles appartenaient aux peuples autochtones, les Bantou Swahili. Par exemple, Al-Ma'sudi qui se rendit deux fois en Afrique de l'Est au Xème siècle, vers 916 et 917, rapportait que Sofala était la capitale des Zanj dont le dieu était Maliknajlu. S'étant rendu dans la région vers 943, Ibn Hawqal signalait que Zanzibar n'était pas une terre de l'Islam : en clair c'était le pays de ceux que les musulmans aimaient qualifier d'idolâtres, à savoir les vitalistes nègres ; Ibn Battuta, qui visita l'Est-africain au XIVème siècle, mentionnait que Kilowa était la ville des Swahili noirs etc. Sur la côte, la présence de ces populations Bantou pratiquant la métallurgie du fer remonterait au premier millénaire avant notre ère. Sur environ trois mille kilomètres entre Mogadiscio et le sud du Mozambique contemporain, elles avaient bâti un chapelet de cités-Etats avec lesquels les Arabes et d'autres peuples asiatiques échangeaient de longue date comme l'atteste par exemple *le périple de la mer Erythrée* (IIème siècle de notre ère).

Carte 2 : L'Est-africain et la traite orientale

Source : https://www.lhistoire.fr/carte/lest-africain-carrefour-commercial

Ce qu'il conviendrait de retenir en définitive de la mention du *Kitab al-Zunuj*, si cette dernière n'est pas purement fantaisiste comme celle du *Tarik es Soudan* situant l'origine des fondateurs de l'empire Songhay au Yémen, est que les Arabes himyarites feraient partie des Asiatiques qui échangeaient avec les cités-Etats bantou nègres de la côte est-africaine ou de ceux qui s'étaient installés dans ces cités-Etats aux côtés des autochtones.

Cependant, même si des migrants arabo-asiatiques se fussent installés en Afrique de l'Est aux côtés des autochtones Bantou dans la période antéislamique, ils ne furent qu'en nombre infime et ce fut de l'émergence de l'Islam que dateraient les migrations significatives. En effet le chaos ayant précédé puis suivi l'émergence de l'Islam en Arabie et dans le golfe persique, les conflits et combats d'avant comme d'après la naissance de l'Islam, l'expansion arabo-musulmane consécutive à l'émergence de l'Islam etc. avec leur cortège de guerres, massacres, persécutions… avaient poussé des Arabo-asiatiques à se réfugier sur la côte Est-Africaine et en Afrique de l'Est. Par exemple, avant l'Hégire à Yathrib, des compagnons de Mahomet et une partie des premiers musulmans fuyant ces conflits, s'étaient réfugiés en Afrique de l'Est, dans l'Éthiopie chrétienne où ils avaient été accueillis et installés par le roi. Dans sa première *Décade de l'Asie* (1552), le portugais Joao de Barros, recopiant littéralement la *Chronique de Kilwa*, faisait état d'une migration d'Arabes zaydites shiites ayant gagné la côte Est-africaine en Somalie vers 740 et s'étant retirés vers l'intérieur des terres chassés par d'autres migrants rivaux. Il convient de rappeler que leur chef, Zayd ibn Ali, descendant de Mahomet par sa fille Fatima, avait tenté, vers 740, de renverser le califat omeyyade de Damas qu'il considérait comme corrompu. Mort au combat, son cadavre fut décapité et crucifié dans les rues de Koufa (Irak) sur ordre du gouverneur omeyyade d'Irak, Youssef ben Omar, tandis que les autres chefs de la rébellion furent mis à mort et brûlés. Outre des personnes fuyant ces violences, s'étaient installés sur la côte Est-africaine durant l'expansion musulmane, des jihadistes (jihad majeur) arabo-musulmans en mission de propagation de l'Islam. Ce pourraient être ces migrants qui, selon la première *Chronique de Lamu,* auraient été envoyés d'Arabie pour coloniser l'Afrique de l'Est par plusieurs chefs musulmans, notamment le calife omeyyade (685- 705) Abd al-Malik au VIIème siècle, ou les califes abbassides Al-Mansour (règne : (754-775) et Harun al-Rachid (règne : 786-809) au VIIIème siècle. Outre les partisans d'Al-Malik, *la Chronique de Lamu* notait que certains des adversaires de ce calife, défaits, regagnaient aussi l'Est-Africain, citant notamment le cas de deux Omanais etc. Rappelons que la cité de Lamu dont *la Chronique* révélait ces informations se trouvait au nord du Kenya actuel et aurait été, avec Zanzibar, le lieu des premières conversions à l'Islam sur la côte est-africaine. C'était aussi là, à *Lamu*, que fut découverte la plus ancienne mosquée de l'espace sub-saharien, bâtie vers 780.

Ces migrations ne concernaient toutefois qu'un nombre infime de personnes et il fallait attendre au moins le Xème siècle pour voir la côte est-africaine enregistrer un nombre de plus en plus conséquent de migrants arabo-musulmans. Selon la *Chronique de Kilw*a (1520), un prince persan de Shiraz, né d'une mère esclave d'Abyssinie et répondant au nom d'al-Hasan ibn Ali, rejeté par ses frères et privé de l'héritage paternel, aurait migré vers l'Est-africain avec sa famille et un petit groupe de partisans. Il y aurait acheté l'île de Kilwa des mains de son roi Bantu *Almuli* et y aurait fondé le sultanat de Kilwa au Xe siècle. Quoique la légende de la vente de l'île paraisse douteuse, et ne servît en réalité qu'à légitimer le pouvoir d'un envahisseur ou usurpateur, des preuves archéologiques de l'existence d'un Ali bin Hasan, fondateur de la dynastie shirazi de Kilwa furent mises en évidence (Allibert, 1988). Il est dès lors logique que des Persans aient rejoint par la suite leur sultanat de Kilwa.

Celui-ci était devenu très puissant, s'étendant dans l'arrière-pays Est-Africain, notamment au Zanzibar, dans toute la Tanzanie, au Kenya, Mozambique, Madagascar, Comores. Le sultanat s'appuyait sur des migrants perses nombreux, se mariant avec les Bantou, trafiquant tous produits sur la côte et à l'intérieur des terres, notamment les captifs négro-subsahariens, propageant l'Islam.

Toujours au Xème siècle, Ibn Hawqal qui s'était rendu en Afrique de l'Est vers 943 signala qu'à Zingbar (Zanzibar), se trouvaient des Arabo-musulmans (les Blancs). Selon la *Chronique de Pate*, le sultanat de *Pate,* petite île de l'archipel de *Lamu,* aurait été fondé au XIIIème siècle, soit vers 1203, par des réfugiés d'Oman, notamment trois frères de la famille Nabahani, par ailleurs à l'origine de la dynastie de cette cité-Etat. Il semble cependant que la cité fût nettement plus ancienne et que ces réfugiés omanais n'y eussent pris le pouvoir que plus de quatre siècles plus tard, vers 1688 (Coret, 2020). Au XIIIème siècle, le géographe syrien Yakout (1178-1229) mentionnait que Pemba, ville de l'Est-africain, était dirigé par un Arabe de Kufa (Irak). Ces migrants arabo-musulmans, prenant la direction politique des cités-Etats négro-subsahariennes qui les accueillaient étaient fort nombreux, allant des côtes à l'arrière-pays : Kilowa, Pemba, Malindi, Zanzibar, Pangani, Pate etc. Deux procédés leur permettaient d'arriver à leurs fins, la ruse et la violence. D'abord la violence : les cités-Etats n'étant dotées que de moyens rudimentaires de défense voire se trouvant pratiquement sans défense, étaient des proies faciles pour les envahisseurs mieux armés qu'étaient les Arabo-musulmans durant l'expansion islamique. La cité de Qambalu fut ainsi envahie en 945 par des musulmans indonésiens qui conduisaient également des razzias dans la région comme le mentionnait Buzurg ibn Shahriyar (900-950) dans la compilation de ses récits de voyage rédigés entre 900 et 950, le fameux *Kitab'aja'ib al-Hind* (*Livre des merveilles de l'Inde*) ; ces indonésiens avaient également pris possession des îles Comores et Madagascar. Toutefois, le processus de prise de contrôle de l'Afrique de l'Est par les Arabo-musulmans n'était pas, principalement fondé sur la conquête militaire ; celle-ci fut réduite. Les Arabo-musulmans avaient plutôt utilisé la ruse en exploitant les faiblesses de la société vitaliste négro-subsaharienne elle-même. En effet, dans cette société matriarcale où l'héritage se transmettait selon la lignée maternelle, les neveux héritant des biens de leur oncle maternel y compris le pouvoir, les envahisseurs arabo-musulmans avaient compris que l'alliance matrimoniale, le mariage avec la sœur, la fille d'un souverain local, permettrait à leurs descendants d'hériter du pouvoir. Et une fois cet héritage obtenu, les envahisseurs mettaient en place une dynastie et confisquaient le pouvoir. Les Chroniques des cités-Etats est-africaines insistaient particulièrement sur cette alliance matrimoniale entre étrangers musulmans et dynasties locales, montrant d'ailleurs par là que les cités préexistaient à ces envahisseurs.

En 1498, la côte reçut des hôtes inattendus : trois navires sous le commandement de Vasco de Gama, navigateur portugais, pénétraient dans le port de Mozambique. En 1497 en effet, le roi Manuel Ier du Portugal confiait à ce navigateur la mission de rechercher le royaume du Prêtre Jean. De Gama quitta alors Lisbonne et l'embouchure du Tage le 8 juillet 1497 avec 200 hommes d'équipage à bord de quatre navires. Le 2 mars 1498 ils abordèrent la côte est-africaine, entrant d'abord dans le port de Mozambique. Puis successivement, dans ceux de Kilwa, Malinda, Mogadiscio. En ces lieux, Vasco de Gama prenait des renseignements sur la route des Indes et trouva des habitués du trajet, des commerçants et navigateurs indiens et arabes : on sait par exemple qu'en 1415, une délégation de la cité-Etat swahili de Malindi avait atteint Pékin porteuse au souverain d'une girafe en guise de cadeau. Vasco de Gama avait négocié et obtenu la participation à son expédition de certains de ces connaisseurs arabo-musulmans de la côte est-africaine tout en enlevant et embarquant de force d'autres, conformément à la pratique séculaire des corsaires portugais. Sous la conduite de ces guides, Vasco de Gama accosta sur la plage de Kappad, à 16 km au nord de Calicut en Inde, le 20 mai 1498. Bien entendu, ce voyage ouvrit la voie aux Portugais qui, au terme d'une décennie à compter de 1498 (2007) achevait de conquérir toute la côte est-africaine, du Mozambique à Socotra (Corne de l'Afrique). Les soulèvements incessants dans les cités-Etas est-africaines contre cette occupation portugaise étaient restés sans effets. La reconquête arabo-musulmane, sous la conduite des Omanais, ne se mit en route de façon décisive que vers la fin du XVIème siècle pour devenir victorieuse à compter du début du XVIIème siècle. Les Portugais furent ainsi éliminés d'Hormuz et Masqat à partir de cette période, puis d'une partie de la côte est-africaine, de Mombassa (1695) à Zanzibar (1698), et enfin de tout le reste de cet espace vers 1730.

Cette issue de la confrontation entre Arabo-musulmans et Portugais, non seulement renforçait considérablement les Omanais mais encore leur conférait une hégémonie quasiment sans limite sur la côte est-africaine qu'ils saisissaient sans tarder. Cette hégémonie s'appuyait d'abord sur des migrants Omanais peu nombreux, représentant les autorités de Masqat, les arabo-musulmans locaux, leurs descendants, leurs dirigeants anciennement en place. Les Omanais avaient organisé une véritable colonisation de la côte est-africaine qui s'était concrétisée par la création, durant la première moitié du XIXème siècle, d'un vaste empire englobant Oman et cette côte (Miege, 1982). Ce fut l'œuvre de Sayyid Sa'îd, imâm de Masqat, qui fit de Zanzibar sa résidence et la capitale de son empire. Il dota celui-ci d'une armée, d'une marine puissante. Cette puissance militaire offrait au sultan de quoi mâter sans grands soucis les soulèvements et résistances de certaines cités-Etats est-africaines sur lesquelles régnaient des anciens migrants arabo-musulmans à l'instar de Mombassa, dont il mit à mort les gouverneurs héréditaires, les Mazrui, vers 1839. A la tête des cités-Etats, de Mogadiscio à Sofala, Sayyid Sa'îd désigna des gouverneurs, les *walîs*. D'Oman, il fit venir des qâdîs chargés d'appliquer la sharia, des lettrés assurant l'enseignement, la direction des écoles.

Dans l'armée installée dans ses possessions africaines, le sultan omanais incorporait en grande majorité des Baloutches (iraniens etc.) et des Omanais de la région de Matrah, tandis que les équipages de la marine militaire étaient constitués d'Indiens et autres Arabes. Il fit venir sur la côte est-africaine pour l'administration, les grandes familles omanaises opérant à Masqat ; celles-ci s'engageaient aussi dans d'autres activités telles que l'agriculture, le Commerce ou la diplomatie. Des Yéménites furent recrutés pour les tâches subalternes etc. Les années 1830 à 1870 furent celles d'une immigration importante d'Arabes venus essentiellement d'Oman et de l'Hadramawt (Yémen). Ce dernier territoire fut en effet le foyer d'une migration régulière vers la côte est-africaine pour motif religieux (jihadistes en mission de propagation islamique) ou économique (recherche d'emplois, de fortune). A partir des années 1840, la côte est-africaine enregistrait également une migration très fournie d'Indiens, lesquels s'orientaient principalement vers le commerce. Quant aux années de prospérité, d'expansion économique (1850-1880), elles furent celles d'un regain sans précédent des arrivées d'Arabo-musulmans, principalement omanais et yéménites, sur la côte orientale d'Afrique. « *Une sorte de fascination coloniale amena de nombreux immigrants dans les années 1855-1860 (...) Ils constituaient un petit peuple de boutiquiers, de porteurs, de domestiques, mais aussi des groupes de gens sans travail, armés, vivant d'expédients* (…) » (Miege, 1982).

Dans l'entreprise d'occupation coloniale de l'espace est-africain, les Omanais, comme leurs prédécesseurs arabo-musulmans, pénétraient à l'intérieur des terres : ils parvenaient ainsi à Tabora (en Tanzanie contemporaine) en 1825, occupaient Ujuji (Tanzanie) en 1844, atteignaient le royaume de Buganda (Ouganda contemporain), la région à l'ouest des grands lacs à partir de 1850 (Congo, Burundi, Rwanda contemporains) etc. Dans ces territoires, s'installaient des marchands arabo-musulmans avec des établissements permanents autour desquels se constituaient des communautés de colons. Ces établissements étaient aussi des foyers de propagation de l'Islam à l'intérieur des terres. Quant aux territoires où ils étaient implantés, ils relevaient du domaine d'exploitation quasi exclusif des Arabo-musulmans et étaient à la fois des possessions économiques et politiques omanaises. Certains des marchands y opérant avaient la double dimension d'homme d'affaires et d'autorité politique. Le sinistre esclavagiste d'ascendance omanaise, Tippu Tip en fut l'illustration. Véritable maître de la région du Congo oriental dans les années 1880, il fut reconnu en tant que tel par les colons européens. Sa position l'amenait à rencontrer et aider plusieurs éclaireurs de la colonisation européenne de l'Afrique, notamment Henry Morton Stanley (Britannique), Eduard Schnitzer ou Emin Pasha (Prussien et Ottoman), David Livingstone (Britannique), Veney Cameron (Britannique), Hermann von Wissmann (Allemand) et Wilhelm Junker (Allemand). Lors de l'expédition destinée à secourir Emin Pasha, il fut nommé gouverneur du district des Stanley Falls (Congo démocratique contemporain) en 1887. Cela illustrait le pouvoir politique effectif des Arabes omanais en particulier à l'intérieur des terres subsahariennes dans les années 1880-1890. C'étaient les colons européens qui avaient mis un terme à ce pouvoir.

Au total, les migrants arabo-musulmans que recevait la côte est-africaine à compter du VIIème et l'expansion musulmane, incluaient diverses catégories, notamment des réfugiés politiques, envahisseurs, des missionnaires jihadistes au service de la propagation de l'Islam, des individus désireux de saisir toute opportunité pour s'enrichir. La côte est-africaine en offrait de larges opportunités et fut progressivement investie. Des comptoirs, centres commerciaux, ports fortifiés etc. y furent crées par les envahisseurs arabo-musulmans au service de leurs intérêts et ambitions. Ces Arabo-musulmans étaient d'origines diverses : Omanais, Yéménites, Irakiens, Syriens, Autres Arabes, Perses, Indiens, Indonésiens, Chinois etc. Entamée d'abord sur la côte, leur installation s'était étendue à l'intérieur des terres, jusqu'au centre de l'Afrique. Presque partout, non seulement ils s'adonnaient à tous trafics, de captifs notamment, mais encore ils s'arrangeaient pour confisquer le pouvoir politique et administratif. Aux éliminations physiques des chefs locaux nègres autochtones par la violence, ils combinaient les alliances matrimoniales avec les autochtones Bantou, profitant des faiblesses mêmes des sociétés vitalistes subsahariennes. Par les réseaux qu'ils avaient constitués, les Arabo-musulmans avaient entièrement pris le contrôle politique, économique et administratif de l'est-africain, du littoral à l'intérieur des terres, jusqu'en Afrique centrale. Combien étaient ces migrants Arabo-musulmans que l'expansion islamique avait drainés dans l'est-africain, sur le littoral et à l'intérieur des terres ? Difficile d'avancer un chiffre d'autant que le phénomène, entamé au VIIème siècle s'était poursuivi à un rythme non uniforme, jusqu'au XIXème siècle et au-delà. A titre purement illustratif, à Zanzibar où ils seraient d'environ un millier au début du XIXème siècle, les Arabes (Omanais et Yéménites principalement) atteignaient plus de 5 000 en 1850 et 10 000 vers 1860 etc.

B) Implantation de l'esclavage par les razzias organisés par les Arabo-musulmans

En drainant vers le littoral est-africain et son arrière-pays une migration quasi-continue de populations provenant d'espaces qui étaient des foyers majeurs de l'esclavage et de la traite depuis l'antiquité, notamment l'Arabie et le golfe persique, l'expansion islamique fut le vecteur de l'esclavage dans l'Est subsaharien. Elle a implanté l'esclavage dans cet espace vitaliste où il ne se pratiquait pas aux temps antéislamiques comme nous l'avions montré. C'était d'abord via les razzias qu'organisaient les migrants, initialement sur le littoral est-africain, lesquelles furent progressivement étendues vers l'intérieur des terres. Certes, aux temps antéislamiques, des Arabes procédaient à des rapts de personnes isolées ou d'enfants sur le littoral est-africain, disparaissaient en mer avec leur proie, à bord de leurs boutres. Cependant il ne s'agissait que de personnes dérobées, de vols ordinaires comme il pouvait y en avoir de tout objet. Mais il y eut aussi des expéditions armées d'envergure de production de captifs ; on connait celles organisées par le souverain de l'île de Kish (île de l'Iran contemporain) localisé dans le golfe persique sur le littoral est-africain pour se procurer des captifs. Un autre exemple de ces razzias orchestrées depuis l'extérieur fut celles conduites par les Waqwaq (Indonésiens) en 945 avec environ 1000 embarcations et dont furent victimes la cité-Etat de Qambalu ainsi que d'autres localités voisines de Sofala si l'on en croit Buzurg ibn Shahriyar (900-950). Ces razzias d'envergure, organisées depuis l'étranger, parce qu'étant des opérations lourdes, furent sporadiques. Les razzias régulières, « légitimes et légales » de type islamique, institutionnalisées donc, n'avaient vu le jour dans l'Est-africain qu'à compter du VIIème siècle avec l'islamisation. Elles furent initialement l'œuvre des migrants arabo-musulmans installés dans les cités-Etats du littoral. Ces migrants mettaient ces cités sous leur coupe, soit en les soumettant militairement, soit en y prenant le pouvoir par alliance matrimoniale, soit encore en en prenant le contrôle spirituel via la conversion à l'Islam des chefs locaux. A l'occasion, ils inculquaient à ces chefs, jusque-là vitalistes comme nous l'avons déjà souligné, la légitimité ainsi que la légalité de l'esclavage des non-musulmans, des razzias pratiquées sur ces derniers. Ils associaient les autochtones nègres qu'ils islamisaient, les Bantou-Swahili, à leurs entreprises de razzia sur la côte comme dans l'arrière-pays. La chasse à l'humain était ainsi institutionnalisée dans les cités-Etats du littoral est-africain et elle gagnait progressivement l'arrière-pays, s'intensifiant à mesure que croissaient l'immigration arabo-musulmane d'une part et, d'autre part l'islamisation des Bantous. Dans son *Kitab'aja'ib al-Hind*, Buzurg ibn Shahriyar (900-950) racontait qu'en 922, un marin d'Oman enleva sur la côte est-africaine le roi nègre vitaliste de Sofala qu'il ramena chez lui comme esclave (Miege, 1982). Selon le récit, durant sa captivité, le roi de Sofala aurait rencontré à Bagdad le calife abbasside (908- 932) Al-Muqtadir puis, converti à l'Islam, il revint chez lui à Sofala pour assurer la conversion de son peuple à l'Islam. Le récit éclaire de façon anecdotique une des facettes de la mainmise rapide des migrants arabo-musulmans sur la direction des cités-Etats est-africaines et leur administration. C'étaient les rapts des souverains locaux et leur envoi en Arabie en tant qu'esclaves. Cela fut en fait assez courant dès lors que ces cités-Etats étaient dépourvues d'un système de défense militaire conséquent. L'histoire racontée par Buzurg ibn Shahriyar laisse entrevoir que le souverain de Sofala aurait assuré la conversion de son peuple à l'Islam sous la contrainte. En effet, l'auteur mentionnait qu'à son retour de captivité, le roi de Sofala retrouvait sur place son kidnappeur, le marin omanais qui l'avait enlevé et acheminé comme esclave à Oman. Tout porte à croire que le roi assurait la conversion de son peuple à l'Islam sous le contrôle, la contrainte, la subordination de son ex-kidnappeur et qu'il n'avait retrouvé son pouvoir qu'avec l'acceptation d'une telle sujétion. De fait, sur le littoral est-africain, et dans l'arrière-pays, nombre d'autres chefs locaux se trouvaient sous la coupe des migrants arabo-musulmans.

Dans l'Est-africain ainsi que son arrière-pays sous la coupe des Arabo-musulmans, alors qu'existaient d'autres moyens d'acquisition de l'esclave, notamment le kidnapping, la condamnation judiciaire etc., l'essentiel de la production de captifs fut assuré par la razzia. Celle-ci fut principalement l'œuvre des Arabo-musulmans installés dans la région. Elle connut son apogée à partir du XVIII ème avec la vague d'immigration massive omanaise et yéménite. Durant cette époque, les migrants constituaient des armées privées, y recrutaient aussi bien des jeunes arabo-musulmans que Bantou-Swahili islamisés locaux, tous bien entraînés aux techniques de razzia. Ces armées menaient des expéditions de longue durée, atteignant jusqu'à un an, quelques fois deux. Elles opéraient jusque dans les localités les plus reculées, traversant et fouillant tout l'espace subsaharien central et oriental, incendiant villes et hameaux, capturant les habitants, organisant des battues et enlevant des paysans sans défense, tous acheminés par milliers vers la côte est-africaine. Dans leurs activités négrières, les Arabo-musulmans s'appuyaient aussi, pour la production de captifs, sur des Bantou-Swahili islamisés, en l'occurrence issus des nationalités Nyamwezi

(Tanzanie contemporaine) Yao (Mozambique, Malawi, Tanzanie contemporains), Ganda (Ouganda contemporain).

Au XIXème siècle, plusieurs grandes figures arabo-musulmanes avaient marqué la production de captifs dans l'Est africain. A titre illustratif, mentionnons d'abord le sinistre métis omanais de Zanzibar, Hamed bin Mohammed el Marjebi dit Tippu Tip (1837-1905). Il fut organisateur de razzias mais aussi grand marchand et planteur esclavagiste à la fois à Zanzibar et dans le Haut-Congo. Tippu Tip disposait d'une armée privée composée essentiellement de jeunes arabes et s'était créé un empire s'étendant du lac Tanganyika à la forêt Ituri et dans le bassin du Congo jusqu'à Bassoko. Disposant d'armes à feu contre lesquels les arcs et flèches des autochtones ne pouvaient rien, les groupes de Tippu Tip, bien entraînés, razziaient dans cet empire les Subsahariens et les vendaient, qui aux arabes, qui aux européens. Tippu Tip fut l'illustration parfaite de ces grands princes marchands d'esclaves qui avaient sévit sur les côtes voire à l'intérieur des terres subsahariennes. Le négrier avait rencontré et aidé des éclaireurs européens de la colonisation tels que les Britanniques Livingstone, Stanley et Cameron, les Allemands Wissman et Junker, le Prussien-ottoman Schnitzer dit Emin Pacha. Tippu Tip fut nommé gouverneur du Haut-Congo pour le compte du roi Leopold II de Belgique de 1887 à 1890 par Stanley. Toujours à titre illustratif, un autre négrier arabo-musulman presque du même acabit que Tippu Tip fut Râbbih Ibn Abdallah. Disposant d'une armée privée, il avait étendu son pouvoir sur la région du Tchad entre 1892 et 1900. Il contrôlait le Baguirmi, le Bornou, le Kanem, le Tibesti, les régions de Borkou et de Gadaï. Il razziait jusqu'au Nord de la république du Congo actuelle. Ce fut d'ailleurs à Baguirmi qu'il fut tué en 1900 par les troupes coloniales françaises. Ce dont témoigne ces illustrations est que durant les traites négrières, tout aventurier pouvait s'arroger le plus simplement possible le contrôle de vastes territoires subsahariens : l'espace subsaharien était entrouvert, sans porte ni barrière, ne disposant plus de puissance étatique à même d'assurer la moindre protection aux habitants. Sans conteste, les traites négrières avaient provoqué la déliquescence des pouvoirs politiques locaux. Ce fait doit être retenu comme l'un des canaux par lesquels l'esclavage arabo-musulman s'était implanté avec autant de succès dans l'espace subsaharien.

C) Les Arabo-musulmans aux commandes de la traite négrière en Afrique de l'Est

Aux commandes de la production des captifs, de la côte est-africaine à l'arrière-pays de celle-ci et jusqu'en Afrique centrale voire au-delà, les Arabo-musulmans, Omanais, Perses, Indiens, Yéménites etc., installés dans l'Est-africain étaient également maîtres de la traite des captifs. Ce qui caractérisait ces négriers, c'était l'enchevêtrement d'activités diverses qu'ils menaient simultanément : commerce, plantation, armement de boutres etc. Le captif négro-subsaharien ne fut que l'un des produits qu'ils trafiquaient, mais son exportation était de loin pour eux l'une des activités les plus lucratives. Sur la côte et à l'intérieur des terres, les trafiquants arabes et assimilés commerçaient, dans des établissements permanents, des produits d'Orient, tels la verroterie, l'encens, le café, les tapis, les étoffes, la céramique etc. Au XIXème siècle, ce trafic caravanier couvrait des zones s'étendant jusqu'au centre de l'espace subsaharien, notamment la région environnant le lac Nyanza dit lac Victoria et la région des Grands lacs (Congo, Ouganda, Burundi, Rwanda, Tanzanie). Vers la côte, les trafiquants drainaient les produits subsahariens majeurs qu'ils recherchaient, notamment l'ivoire, l'or, le fer, le bois, puis le captif. Au XIXème siècle, ce commerce empruntait trois itinéraires majeurs : (i) l'axe partant de la cité côtière de Bagamoyo (Tanzanie), joignant, à l'intérieur des terres, Tabora, le pays Nyamwezi, Ujiji (Tanzanie) pour aboutir au Congo ; (ii) l'itinéraire issu de la cité côtière de Kilwa et ses environs (Tanzanie) pour rejoindre le lac Nyassa ou lac Malawi (Mozambique, Malawi, Tanzanie), itinéraire sur lequel les négriers arabo-musulmans s'approvisionnaient également auprès des Bantou islamisés Yawo ; (iii) enfin, l'itinéraire issu des cités côtières de Mombassa (Kenya), de Pangani et de Tanga (Tanzanie), passant par le mont Kilimandjaro (Kenya) et aboutissant aux rives orientales du lac Nyanza (Victoria). Ces voies comportaient leurs étapes relais où les caravanes pouvaient s'approvisionner en captifs, comme Ujiji, Tabora etc.

Sur la côte est-africaine, les principaux lieux de traite étaient les cités de Zanzibar, Kilwa, Mombassa, Pemba, Bagamoyo, Tanga, Sofala etc. De ces lieux, une part des captifs était expédiée vers le monde musulman, notamment en Arabie, dans le golfe persique, l'Inde, l'Indonésie, la Chine etc. Cette traite « légale » remonte pour ses débuts à l'expansion arabo-musulmane consécutive à l'émergence de l'Islam, et à la prise de possession progressive de l'Est-africain par les Arabo-musulmans qui en avait résulté. C'était ainsi qu'à partir du VIIème siècle, des captifs furent exportés de la côte est-africaine en Mésopotamie (Irak contemporain), exploités par exemple dans les salines de Bassorah. Soumis à de rudes conditions de travail et à la maltraitance des maîtres, ces esclaves, les *Zanj*, s'étaient révoltés à plusieurs reprises, en 689-90, en 694 puis de 869 à 883. Dans son *Adjâ'îb al-hind* (*Les merveilles de l'Inde* : traduction Marcel Devic, 1878), rédigé entre 900 et 953, le capitaine de navire persan, Bouzourdj ibn Shahriyar, mentionnait qu'en ce Xème siècle, 200 esclaves étaient transportés annuellement de l'Est-africain à Oman et que 1000 boutres omanais prenaient part au trafic. Diverses sources ont attesté la traite des captifs d'Afrique de l'Est vers l'Arabie, les pays du golfe Persique, l'Inde, la Chine (Ogot, 1978). Au IXème siècle, des captifs furent exportés de Sofala vers l'Inde, notamment à Bombay (M'bokolo, 2008). A cette période remonterait les ventes de captifs nègres en Chine. Ayant voyagé en Inde sur la période 1333-1342, Ibn Battuta y avait vu des esclaves nègres en quantité. Par exemple au XVème siècle, sur la période 1459-1474, le roi Barbouk de Bengale aurait possédé 8000 esclaves noirs qui proviendraient en majorité de la Tanzanie contemporaine. Ces esclaves parvenaient en Asie de l'Est et du Sud-est par deux canaux : soit par acheminement direct depuis les ports est-africains, soit en transitant par l'Arabie et le golfe Persique où des marchands islamisés des régions orientales et méridionales d'Asie venaient les acquérir. Mais c'était aux XVIIIème et XIXème siècles que la traite est-africaine à destination de ces régions fut plus conséquente avec la multiplication des dessertes directes depuis le littoral est-africain. Les ports indiens de Goa, Bombay, Calcutta, Porbandar étaient directement desservis. Bien que la traite arabo-musulmane dans l'Est-africain drainât les captifs négro-subsahariens vers le monde musulman d'Orient depuis le VIIème siècle, son apogée se situait donc aux XVIIIème et XIXème siècles. A cette période, la colonisation omanaise du littoral oriental africain et l'annexion de celui-ci à Oman, dans un vaste empire, avait décuplé la traite : les Omanais, Yéménites et autres Arabo-musulmans orientaux ayant migré massivement sur la côte est-africaine ont porté tant la production des captifs que leur traite à son apogée. En ce XIXème siècle, ils alimentaient d'une part le monde arabo-musulman d'Orient et d'autre par les Européens acteurs de la traite transatlantique.

En 1847, sous la pression britannique, le sultan omanais Sayyid Sa'îd signait un traité d'abolition de la traite négrière au-delà des frontières est-africaines de son empire. Le traité restait toutefois lettre morte. La traite négrière pratiquée par les Arabo-Omanais installés dans l'Est-africain, vers l'Arabie, le golfe Persique et au-delà, atteignait des proportions jamais égalées dans les années 1850-1860. Mais elle alimentait aussi les Européens. Les Britanniques fermaient en conséquence les yeux mais ne pouvaient toutefois tenir très longtemps dans cette position. Devant l'ampleur croissante de la traite, leurs patrouilles intensifiaient la destruction des navires négriers arabo-musulmans, anéantissant par exemple 71 d'entre eux en 1868 et 1869. Puis le 5 juin 1873, le Royaume-Uni et Zanzibar signaient un traité interdisant la traite négrière et ordonnant la fermeture du marché aux esclaves de Zanzibar. Dès lors, les patrouilles britanniques se firent plus rigoureuses, arraisonnant, détournant, brûlant les boutres et autres navires arabo-musulmans dont ils étaient convaincus de l'activité négrière. Malgré cela, Omanais et Arabo-musulmans installés dans l'Est-africain poursuivaient illégalement, par contrebande, leurs activités de mise en esclavage et d'exportation des captifs subsahariens en mettant une partie de plus en plus importante de leurs boutres sous pavillon français. La France soutenait d'ailleurs par le service de pavillon la traite clandestine arabo-musulmane par laquelle elle continuait elle-même à s'approvisionner par des voies détournées. Cependant, le subterfuge du pavillon français ne trompant guère la vigilance anglaise, les patrouilles britanniques maintenaient la pression sur les boutres concernés par un contrôle constant. Finalement, le commerce des esclaves en Afrique de l'Est fut aboli en 1907.

Du VIIème au début du XXème siècle, combien de Négro-subsahariens furent réduits en esclavage dans le cadre esclavagiste de l'Est-africain ? A cette interrogation, aucune réponse satisfaisante n'a été apportée à ce jour au regard des diverses études consacrées à l'esclavage dans l'Est africain. La raison fondamentale : les négriers arabo-musulmans ne tenaient de statistiques, ni de la production de captifs, ni des captifs utilisés en interne en Afrique de l'Est, ni des captifs exportés hors de cette région. Toutefois, des estimations existent et il convient de se reporter à Austen (1979) et Beachey (1976) par exemple pour s'en faire une opinion. Pour le seul XIXème siècle par exemple, Beachey avance le chiffre de plus de 2 millions d'esclaves exportés d'Afrique de l'Est. Pour sa part, Miege (1982) estime qu'en 3/4 de siècle (1830-1900), au moins un million de Noirs furent exportés de l'empire omanais de l'Est-africain vers Oman et le golfe Persique.

D) L'implantation de l'esclavagisme dans l'Est-africain par les Arabo-musulmans

S'étant installés, progressivement à compter du VIIème siècle puis massivement au XIXème, dans l'Est-africain et sur le littoral principalement, les Arabo-musulmans n'y avaient pas seulement pris le pouvoir politique et administratif ni mis en place l'activité de capture des Noirs ou d'exportation de ceux-ci vers le monde musulman oriental. Ils y avaient aussi créé l'esclavagisme, à savoir une société où la production des biens matériels et immatériels était effectuée principalement par des captifs réduits en esclavage.

En effet, dans l'Est-africain, et du VIIème au XIXème siècle voire au-delà, tous les Nègres adeptes du Vitalisme, la religion négro-subsaharienne ancestrale, capturés n'étaient pas exportés. Une partie était réservée à l'usage interne : service domestique, service sexuel pour les femmes, employés dans le commerce des caravanes, porteurs, artisanat etc. Toutefois, l'agriculture fut l'une des activités les plus consommatrices d'esclaves : plantations de coprah à Lamu, Malindi, Mombassa, de manioc et de froment à Tabora, de riz à Pemba, Zanzibar, de clou de girofle d'abord à Zanzibar, Pemba puis presque partout etc. Les profits obtenus dans le commerce des caravanes, dans l'activité de traite etc. par les Arabo-musulmans étaient investis dans l'agriculture. Celle-ci connut un essor considérable au XIXème siècle avec l'introduction de la plantation de clou de girofle par le sultan Sayyid Sa'îd en 1810. Cette plantation connut un succès franc dans les décennies suivantes et atteignait son apogée à partir des années 1850, attirant par les bénéfices considérables qu'elle dégageait, une migration forte d'Arabo-musulmans, Omanais et Yéménites principalement, devenant des planteurs, à l'instar des *Âl Ruwâhî*, *Âl Riwâmî*, *Âl Mandhrî*. A l'apogée de l'activité, presque toutes les grandes familles arabo-musulmanes de Zanzibar avaient investi dans la plantation de girofle. Au sommet des propriétaires terriens et planteurs majeurs, on trouvait le sultan de Zanzibar, sa famille, ses proches tel son premier ministre Sayyid Sulaymân ibn Hamad. Le sultan Sayyid Sa'îd (règne : 1804-1856) possédait lui-même 45 plantations avec 6000 à 7000 esclaves travaillant sur chacune. Sur les terres de Sayyid Barghach bin Said Al-Busaid, devenu sultan de Zanzibar en 1870, travaillaient 4000 esclaves. En 1890, son successeur possédait 6000 esclaves (Ogot, 1978). Sur leurs plantations, les gros planteurs utilisaient entre 1000 et 2000 esclaves. La plupart des plantations étaient toutefois tenues par des planteurs moyens utilisant entre 200 à 300 esclaves. L'île de Zanzibar compterait elle-même 100 000 esclaves en 1835, population servile qui serait passée à 200 000 en 1857, soit les 2/3 de la population totale de Zanzibar (Miege, 1982). A cette époque, à Zanzibar, la majorité des esclaves était détenue par les Omanais, lesquels ne représentaient eux-mêmes qu'une minorité de 5000 individus. On a là, sans conteste, les marques d'une société esclavagiste.

Au total, il apparaît que dans l'Est africain, sur le littoral comme à l'intérieur des terres, jusqu'en Afrique centrale, l'émergence de l'esclavage et de la traite des Noirs avait suivi un processus analogue à celui de l'occident subsaharien dans le cadre de la traite transsaharienne. Ce processus est classique : des populations arabo-musulmanes, notamment Arabes, Berbères, Maures, Touaregs etc. dans l'Ouest subsaharien, Arabes, Perses, Indiens, Indonésiens etc. dans l'Orient subsaharien, pratiquant l'esclavage et la traite, s'installent dans les territoires vitalistes subsahariens et prennent le contrôle du pouvoir politique et administratif ainsi que le contrôle spirituel des sociétés par l'islamisation de celles-ci, du moins des élites politico-administratifs. De là, ils légalisent et légitiment la mise en esclave de l'humain par un autre humain. De là également, ils légalisent et légitiment les razzias, guerres dans le but de se procurer des captifs, la réduction de ces captifs en esclavage, leur traite et vente. Par ailleurs et d'une part, ils pratiquent directement eux-mêmes ces razzias, guerres, produisant des captifs et, d'autre part, décident les autochtones nègres islamisés à en faire autant, implantant en conséquence l'esclavage et la traite. Le processus d'implantation inclut en outre la mise en place du commerce en complément de l'islamisation : (i) commerce transsaharien organisé par les Arabo-berbères et reliant l'espace subsaharien au Maghreb et l'Egypte via le désert ; (ii) commerce des caravanes mené par les Arabo-Perses-Indiens et reliant le littoral est-africain à son arrière-pays jusqu'en Afrique centrale. La caractéristique majeure de ce commerce était d'ériger le captif en monnaie : il était, avec l'or, ce qui permettait d'acquérir les produits mis en vente par les commerçants Arabo-musulmans. Mais très rapidement l'esclave prenait le dessus sur l'or en matière d'intermédiaire des échanges. Dès lors toute personne désirant les produits mis en vente et ne disposant pas d'or était tenue de pratiquer l'esclavage : livrer un ou des captifs aux Arabo-musulmans en contrepartie de leurs produits. Le captif avait ainsi supplanté l'or et était devenu « l'or noir » des Arabo-musulmans. Par ailleurs, autant les nègres islamisés s'associaient aux organisateurs arabo-berbères dans la traite transsaharienne, autant les Bantou-Swahili islamisés concourraient aux activités négrières des Arabo-Perses-Indiens dans la traite sur le littoral est-africain. L'implantation de l'esclavage et de la traite négrière en Afrique subsaharienne fut ainsi initialement une affaire musulmane.

E) Les empreintes anthropologiques de la TAM dans le monde arabo-musulman

La TAM ayant nourri le monde arabo-musulman sur treize siècles avec des victimes à la fois noires et blanches, comme nous l'avons vu dans cet ouvrage, les sociétés de ce monde en ont gardé des traces anthropologiques indéniables. De nombreux groupes humains de ces sociétés en seraient aujourd'hui les témoignages vivants. Parmi ceux d'ascendance subsaharienne, on peut mentionner, entre autres, les Haratine ou Chouachine au Maghreb (Maroc, Algérie, Tunisie, Libye, Mauritanie), les Jalbane en Égypte, les Akhdam au Yémen, les Siya en Iran, les Afro-Saoudiens, Afro-Palestiniens, Afro-Syriens, Afro-Jordaniens, Afro-Irakiens, les Zenci en Turquie, les Siddis en Inde et au Pakistan etc. Toutefois, il importe de souligner que toutes les communautés noires vivant hors de l'espace subsaharien dans le monde ne sont pas d'origine servile ; Il en est de même des membres des communautés d'ascendance noire du monde arabo-musulman ci-dessus mentionnés. Nombre d'entre ceux-ci sont des résidus des migrations anciennes, celles ayant conduit l'homo sapiens subsaharien hors d'Afrique noire pour peupler le reste du monde, y compris l'Afrique maghrébine. Par ailleurs, s'agissant de l'Egypte, il convient de le rappeler, non seulement les premières sociétés à s'y installer étaient négro-africaines en raison de son positionnement géographique sur la seconde voie majeure de sorite de l'homo sapiens négro-africain ayant conquis le reste du monde, mais encore et surtout parce que les autochtones de ce territoire, anciennement connu sous la dénomination de Kemet, furent jusqu'aux invasions eurasiennes récentes datant du VIème siècle AEC des Négro-subsahariens. Aussi, il subsiste à ce jour en Egypte nombre d'individus d'ascendance négro-africaine non servile.

Chapitre 6 : L'implantation de l'esclavage médiéval européen en Afrique noire : la traite négrière transatlantique

Repère

Le chapitre précédent révèle que ce fut d'une perturbation exogène des sociétés vitalistes subsahariennes préchrétiennes et antéislamiques qu'avait résulté l'écroulement de leurs garde-fous formant jadis une barrière antiesclavagiste infranchissable. Cette perturbation exogène était représentée par l'entrée de l'Islam dans ces sociétés vitalistes. Leur islamisation entamée dès le VIIème siècle y avait modifié le dispositif mental, les croyances vitalistes préexistant en y implantant la légitimité, la légalité de l'esclavage ainsi que des principaux moyens de mise en esclavage notamment la razzia (butin), la guerre sainte. En outre, l'islamisation inculquait aux Nègres que, dès leur conversion, leurs frères demeurés vitalistes, qualifiés d'idolâtres, étaient devenus leurs ennemis irréductibles, à abattre par tous les moyens, entre autres, par la mise en esclavage. A cette perturbation initiale provenant de l'extérieur s'ajoutait d'autres s'étant produites presque dans la foulée, à savoir, la prise de contrôle du pouvoir politique réel par les islamistes étrangers, arabo-musulmans, devenant du coup les maîtres réels des pays subsahariens, décidant réellement des actes concrets à poser, des comportements à avoir en matière d'esclavage et de traite ; en outre nombre, voire une masse par endroits, d'Arabo-musulmans s'installaient dans l'espace subsaharien et y conduisaient eux-mêmes ainsi que leurs descendants, directement, des razzias sur les populations vitalistes, enseignant alors par la pratique le mode de mise en esclavage aux autochtones islamisés : rois, princes, chefs, notables, commerçants, autres islamisés. Ces autochtones nègres islamisés s'associaient aux Arabo-musulmans étrangers et devenaient bientôt des pratiquants de razzias, de guerres destinées à capturer et vendre les Nègres vitalistes. Ils s'associaient autant aux entreprises de traite des nègres et devenaient aussi des trafiquants de captifs.

A l'esclavage ainsi qu'à la traite négrière arabo-musulmane (TAM) implantés de la sorte dans l'espace subsaharien à compter du VIIème siècle s'ajoutaient, à partir du XVème siècle, l'esclavage ainsi que la traite transatlantique (TNT). Nous avons déjà montré que ces derniers étaient nés par la volonté des Ibériques, les Portugais principalement, de trouver des esclaves pouvant se substituer à ceux que l'Europe esclavagiste importait jusque-là de la région de la mer Noire puisque l'approvisionnement à partir de ce lieu se trouvait entravé voire stoppé par la mainmise ottomane sur la région en cette fin du Moyen Âge. Ce qui faisait de la TNT une phase de l'esclavage médiéval européen, la dernière.

C'est à cette traite négrière transatlantique (TNT) que nous nous intéressons dans ce chapitre. Comme pour la traite arabo-musulmane (TAM), il s'agit dans ce chapitre d'identifier les mécanismes par lesquels elle fut implantée avec succès dans l'espace subsaharien. On verra d'ailleurs à l'occasion que, contrairement à la TAM, la TNT ne ciblait pas une catégorie de nègres : en effet, vitalistes comme musulmans en avaient été sans distinction victimes. Après un rappel de quelques faits saillants de la TNT, nous exposerons ses grands canaux d'implantation. Ceux-ci furent : la légitimation par les autorités chrétiennes ; les rapts directs des Européens et leurs descendants dans l'espace subsaharien ; la création d'une classe d'esclavagistes « autochtone » au sein de l'espace subsaharien ; la déportation dans l'espace subsaharien d'Européens rebuts, dont l'Europe ne voulait pas ; l'exercice du pouvoir politique par personne interposée ; la création au sud du Sahara du besoin des produits européens ; l'inondation de la société subsaharienne d'armes ; l'inondation de la société subsaharienne de boissons alcooliques ; l'institution du captif comme monnaie d'échange.

Section 1) La traite transatlantique : quelques faits saillants

Nous l'avons souligné, la traite négrière transatlantique (TNT), qui avait drainé les Négro-africains vers l'Europe puis les Amériques du XVème au XIXème siècle, était la dernière phase de la traite des Blancs pratiquée en Europe tout au long du Moyen Âge. La TNT fut ainsi une transposition vers l'Afrique et les Amériques de l'esclavage et de la traite des Blancs que pratiquaient chez eux les Européens au Moyen Âge. Concrètement, c'était le Portugal qui avait organisé cette transposition. Ce pays avait mis en place la TNT puis conduit et dominé celle-ci durant deux siècles environ, jusqu'au milieu du XVIIème. Il l'avait lancée en 1441 par les rapts effectués sur le sol africain par ses ressortissants, les chevaliers de l'Ordre du Christ. Mais les premiers déportés furent des Arabo-musulmans (Berbères, Maures). Quant aux Nègres, les premiers déportés dans le cadre de cette TNT naissante furent convoyés au Portugal en 1444. La TNT possédait donc une phase initiale au cours de laquelle les captifs subsahariens étaient déportés vers l'Europe où ils devenaient des domestiques, des concubines, des travailleurs manuels divers, des employés dans les plantations de canne à sucre du Portugal, des îles Madère, Canaries, São Tomé-et-Principe etc. C'étaient les plantations de canne à sucre développées dans ces îles et les sucreries organisées autour, le tout fondé sur l'exploitation du travail des esclaves, qui furent exportées dans les Amériques au XVIème siècle par leurs organisateurs européens. La TNT initiale fut à l'origine de la déportation d'environ un million de captifs subsahariens vers l'Europe du Sud principalement (Mendes, 2008).

La traite des Noirs vers les Amériques démarrait en 1501 mais reliait d'abord l'Europe et les Amériques : cette année-là, un premier groupe notable d'esclaves négro-africains était convoyé aux Amériques, à l'île d'Hispaniola, en provenance de l'Europe, à la suite de la découverte de la mine d'or de Cibao sur cette île. Mais en réalité, ce fut dès 1493, dans le sillage des voyages de Collomb que les premiers esclaves noirs étaient introduits dans les Amériques, à Hispaniola en provenance d'Europe (Mendes, 2008). La première expédition directe de captifs d'Afrique subsaharienne aux Amériques eut lieu en 1525, année où 300 de ces captifs furent acheminés de Sao Tomé à Hispaniola. Au retour, le navire convoyait du sucre caribéen à Anvers en Europe. Naquit ainsi une autre phase de l'esclavage médiéval européen, par transposition et extension de cet esclavage dans les Amériques et par exploitation d'une source de captifs quasi unique : l'espace subsaharien. C'était la traite transatlantique (TNT), ultime phase de l'esclavage et de la traite médiévaux européens, qui avait duré quatre siècles (XVème-XIXème).

A propos de l'ampleur quantitative de la TNT sur ces quatre siècles, et donc du nombre de Négro-africains victimes, de nombreux chiffres ont été avancés dont il convient de souligner immédiatement qu'aucun ne correspond à une comptabilisation exacte, ni du nombre de déportés, ni du nombre de victimes collatérales engendrées par les opérations de production (rapts, razzias, guerres) et de transport etc. Les chiffres de déportés par la TNT proposés çà et là étaient tous des estimations, des hypothèses : 15 millions (Dunbar, 1860 ; Du Bois, 1915 ; Kuczinski, 1936) ; 9,5 millions (Curtin, 1969) ;

11,7 millions (Lovejoy, 1982) ; 15,4 millions (Inikori, 1982) ; 11,7 millions (Daget, 1990) ; 13 millions (Thomas, 2006) ; 12,5 millions (Eltis, 2008) ; etc.

De 1441 à 1640, le Portugal assurait l'essentiel des déportations, d'abord vers l'Europe, puis vers les Amériques. C'était également le Portugal qui réalisait l'essentiel des déportations vers les Amériques durant la phase terminale de la TNT, au XIXème siècle, lorsqu'à compter de 1815 environ, la traite était devenue illégale. Ainsi, du XVème au XIXème siècle, le Portugal convoyait environ 40% du total des déportés par la TNT vers l'Europe et les Amériques, là où cette part fut par exemple de 20% pour la Grande Bretagne et de 10% pour la France. Cette hégémonie portugaise reposait d'une part sur l'initiative du pays et, d'autre part, sur le fameux traité de Tordesillas du 7 juin 1494 par lequel le pape Alexandre VI (1492-1503) partagea le monde entre l'Espagne (royaumes de Castille et d'Aragon) et le Portugal, celui-ci recevant alors l'Afrique et le Brésil.

A partir du XVIIème siècle, la TNT entrait dans une seconde phase, celle de l'explosion de la demande européenne de captifs négro-africains. Plusieurs faits majeurs en furent à l'origine. (i) D'abord la décision des autorités chrétiennes européennes dans les années 1550 de prohiber la mise en esclavage des Amérindiens alors que celle des Noirs fut autorisée par les papes comme nous l'avions montré dans cet ouvrage. (ii) Ce fut ensuite le développement sans précédent de la demande mondiale de sucre à compter du XVIIème siècle et en conséquence, de la demande de main d'œuvre servile par les planteurs esclavagistes des Amériques ; à Hispaniola, dans les plantations sucrières, la main d'œuvre servile qui fut amérindienne jusque dans les années 1570, était dès cette époque remplacée par les Négro-africains ; en outre, à partir des années 1580, l'Espagne lançait un cycle massif d'extraction de la mine d'argent du Potossi au Pérou, la plus importante réserve au monde, avec comme implication une forte demande de captifs négro-africains. (iii) En Europe même, au XVIIème siècle, émergeaient de nouvelles nations négrières à l'origine d'une augmentation importante de la demande de captifs, investissant l'espace subsaharien, contestant le monopole octroyé sur l'Afrique au Portugal par le traité de Tordesillas et s'attaquant militairement à ce dernier pays. Ces nouvelles nations négrières européennes étaient l'Angleterre, le Danemark, la Suède, la Hollande, la France etc. Leur entrée dans la traite avait suscité celle d'autres nations européennes et progressivement presque toutes les nations européennes y avaient pris part. Exceptées une seule : la Russie tsariste. (iv) Enfin, l'augmentation de la capacité des navires européens à compter du XVIIème siècle : ils pouvaient dès cette époque convoyer par année des milliers de captifs par l'Atlantique. Etc. L'ensemble de ces facteurs produisait une explosion de la demande européenne de captifs subsahariens à compter du XVIIème siècle. En réponse, la production de captif explosait également dans l'espace subsaharien, atteignant une nouvelle phase qu'on peut qualifier d'industrielle. Aussi était-elle inexacte l'affirmation de Curtin (1969) selon laquelle au XVIIIème siècle, les expéditions de captifs nègres vers les Amériques dépendaient plus de l'offre africaine que de la demande européenne sur le plan quantitatif. Car, durant toutes les traites négrières, TAM comme TNT, la demande des négriers avaient été le moteur de la production des captifs dans l'espace subsaharien. En effet, nous l'avons montré, avant le VIIème siècle, on ne produisait pas de captifs à des fins esclavagistes dans l'espace subsaharien vitaliste ; une telle production fut introduite principalement par les Arabo-musulmans au VIIème siècle via l'islamisation et n'avait émergé que comme une réponse à leur propre besoin et demande d'esclaves. Idem, la production de captif dans le cadre de la TNT fut lancée par le Portugal par des rapts directs en Afrique en 1441 en réponse aux besoins d'esclave de l'Europe médiévale.

Durant les traites négrières étrangères, TAM et TNT, du VIIème au XIXème siècles, Arabo-musulmans comme Portugais et autres Européens ainsi que leurs descendants poursuivaient leurs entreprises de rapts, razzias, directs dans l'espace subsaharien comme nous le verrons. Les négriers européens qui usaient de nombreuses techniques pour susciter et accroître la production de captifs tant par les Subsahariens que par les Arabo-musulmans, ne s'étaient aucunement cantonnés eux-mêmes au simple rôle de demandeurs : tout au long des quatre siècles de TNT, eux-mêmes et leurs descendants étaient à la fois demandeurs et producteurs directs, ainsi que par personne interposée, de captifs en Afrique subsaharienne. De telle sorte que ce que les chercheurs qualifient « d'offre africaine » à la suite de Curtin (1969) n'était pas une production de captifs faite par les seuls Négro-africains : en plus de ces derniers, les razzieurs de Nègres dans l'espace subsaharien étaient à la fois des Arabo-musulmans, des Européens, des Brésiliens, des métis européens, arabo-musulmans, brésiliens etc. (voir dans cet ouvrage). Il s'ensuit que l'affirmation de Grenouilleau (2005) selon laquelle *« 98 % des esclaves déportés vers les Amériques ont été vendus par des Africains, 2 % seulement ayant été directement razziés par les négriers occidentaux (surtout au début, lorsque la traite n'était pas encore bien organisée)* » est fausse et purement idéologique, surtout que lui-même constatait qu'en Angola, région qui « *a fourni 40 % de l'ensemble des déportés de la traite atlantique* », « *les Portugais se sont engagés profondément à l'intérieur du continent pour chercher des esclaves, et ils furent à l'origine de l'apparition de marchands indigènes acculturés dont ce fut la tâche essentielle.* » Par ailleurs, Grenouilleau (2005) soulignait, à juste titre d'ailleurs, plusieurs cas de razzias qu'il qualifiait de « *production accompagnée* » « *lorsque des Occidentaux participent aux côtés d'Africains ou de Maures à des opérations de capture* » : qui étaient les organisateurs de ces « productions accompagnées » ? Qui fournissait les armes dont usaient les rabatteurs ? C'étaient bien les Européens : en réalité, Grenouilleau ne rapportait ici qu'un des procédés d'implantation de l'esclavage européen en Afrique subsaharienne, à savoir la création dans cet espace par des Européens (Portugais, Anglais, Français etc.), Arabo-musulmans (Berbères, Maures), Brésiliens, Métis européens et arabo-musulmans etc., d'une multitude d'entreprises de production de captifs dans lesquelles ils recrutaient des employés noirs comme rabatteurs. De telles structures avaient fonctionné durant les quatre siècles de TNT et avaient fleuri encore plus à l'apogée de la traite au XVIIIème siècle. Il convient enfin de mentionner que nombreuses furent les résistances armées et non armées orchestrées par les Négro-africains contre la TNT, contre les négriers européens durant les quatre siècles de vie de cette traite. Ces résistances ont toutes cependant échoué pour une raison fondamentale, le déficit d'armement, la faiblesse militaire négro-africaine face aux Européens.

Section 2) Implantation par la légitimation chrétienne de la mise en esclavage des Noirs

L'esclavage et la traite organisés ainsi depuis l'Afrique, dès ce XVème siècle, par les Chrétiens portugais, était totalement légitimés par l'Eglise chrétienne. C'était d'abord par le concept de la « guerre juste ». Emprunté aux païens, notamment à Cicéron (106-43 AEC) par l'évêque Augustin d'Hippone entre autres, le concept fut remis à jour par l'illustre théologien chrétien du XIIIème siècle, Thomas d'Aquin. Pour celui-ci, une guerre juste devait être entreprise par la puissance publique, être motivée par une cause juste et viser le bien commun. Une guerre était juste lorsqu'il s'agissait de défendre le bien commun ou public, le pays, reprendre des biens d'appropriation injuste, châtier la non-observation de la loi, venger les injures etc. Enfin, la rectitude devait caractériser l'intention de la guerre à savoir que celle-ci devait viser à faire le bien et éviter le mal. Ainsi, une guerre entreprise par cupidité, par désir de domination, d'enrichissement, par cruauté, par convoitise des biens des autres, par fausses promesses, par attitudes trompeuses etc. ne pouvait prétendre à être juste. Était de ce fait juste, toute guerre consistant à défendre l'Église chrétienne, ses fidèles ainsi que la patrie. Le prototype de la guerre juste chez les Chrétiens était la guerre contre les infidèles, à savoir les Mahométans ou Musulmans ou Sarrasins ou Maures. La guerre était juste lorsque les infidèles occupaient un territoire anciennement chrétien ou faisaient obstacle à la diffusion de l'Evangile, ou persécutaient les chrétiens. La guerre étant un des facteurs majeurs de production d'esclaves, il résulte de ce concept que toute mise en esclavage découlant d'une guerre juste devait être regardée comme légitime. La mise en esclavage des infidèles était donc juste.

Les infidèles ne se limitaient toutefois pas aux Sarrasins ; ils incluaient largement les païens ou tout mécréant, non-chrétien, sourd à la Parole du Christ. C'était le cas des Vitalistes négro-subsahariens. Considérés par les Chrétiens comme plongés dans les ténèbres, ils nécessitaient selon eux d'être asservis pour être évangélisés afin de « sauver leur âme » : le « salut des âmes » serait selon la vision chrétienne, l'intention clé de la mise en esclavage des vitalistes, laquelle aurait donc pour dessein le « bonheur posthume » des esclaves. La mise en esclavage ne serait donc que le tremplin pour accéder au ciel, à la vie éternelle, au salut de l'âme. L'esclavage des Nègres n'était ainsi que le moyen, et le seul, de sauver leurs âmes, lesquelles autrement seraient à jamais perdues. Cette justification de l'esclavage et de la traite des Noirs, par le salut de l'âme, constituait le socle idéologique et dogmatique chrétien clé, toutes obédiences confondues, qui avait propulsé et nourri la TNT jusqu'à son extinction au XIXème siècle. Elle fut plus utilisée que le concept de guerre juste qui s'était montré très vite inadéquat dans le cadre de la traite transatlantique. Chez les catholiques, le souci du « salut des âmes » avait conduit à une innovation : le 22 juin 1622, le pape Grégoire XV, par la bulle *Inscrutabili divinae providentiae,* fondait la *Congrégation pour la Propagation de la Foi*, aujourd'hui nommée Congrégation pour l'évangélisation des peuples. Instrument du Saint-Siège, la Congrégation avait pour mission de propager la foi dans le monde entier, notamment en Afrique, en Asie etc. en convertissant les païens, les sarrasins, en ramenant dans le giron catholique les hérétiques et schismatiques. Au cours de la traite négrière transatlantique, durant son essor (XVIème - XVIIIème siècles) et surtout au moment où des voies s'élevaient pour demander d'y mettre un terme (XVIIIème- XIXème siècles), une troisième justification fut utilisée, à savoir la malédiction de Canaan par Noé (Genèse 9 :18-27). C'étaient les négriers chrétiens, les colons principalement qui instrumentalisaient cette malédiction au service de leurs intérêts. Leur argument était que Noé, l'ancêtre des humains ayant survécu au déluge selon la Bible, aurait maudit son fils cadet Cham et sa descendance en les condamnant à demeurer perpétuellement esclaves de ses autres fils Sem et Japhet ainsi que leur descendance. Les utilisateurs de la malédiction identifiaient Cham à l'ancêtre des Négro-subsahariens, lesquels seraient ainsi condamnés à demeurer éternellement les esclaves des autres habitants de la terre. Leur mise en esclavage via la traite négrière transatlantique relèverait ainsi de l'ordre divin et serait atavique : nul ne pouvait rien contre. Le dieu des chrétiens, en aurait décidé ainsi. Aussi la traite transatlantique et la réduction en esclavage des subsahariens était-elle totalement légitime. Pour nos observations à propos de cet argument et de l'esclavage chez les Chrétiens, se reporter à la première partie de l'ouvrage, section 3 du chapitre 2. Nous nous bornerons ici à souligner l'approbation tacite de la justification par la malédiction de Cham, par l'Eglise chrétienne institutionnelle. En effet, dès lors que l'Eglise s'était aperçue que durant les trois siècles majeurs de la TNT l'argument de la malédiction de Noé était abondamment utilisé par les chrétiens pour légitimer leurs activités négrières, son devoir aurait été d'effectuer une mise au point pour clarifier sa propre position sur la question si celle des négriers ne lui convenait pas. A défaut, le mutisme total comme ce fut le cas n'était qu'une approbation tacite. Tout comme l'Eglise avait autorisé et approuvé tacitement, voir incité tacitement, les rapts des populations sur les littoraux africains par les Chrétiens chevaliers de l'Ordre du Christ lors du lancement de la mise en esclavage et de la traite des Noirs au XVème siècle.

La légitimité de la mise en esclavage des Nègres païens telle que conçue et justifiée par l'Eglise chrétienne fut enseignée et inculquée aux chefs, princes, rois, empereurs négro-africains christianisés. C'était le cas dans l'antiquité notamment en Ethiopie-Abyssinie-Axoum à compter du IVème siècle, en Nubie, en Egypte sous administration romaine à la même époque ; ce fut également le cas plus tard au Kongo, en Angola etc. à compter de la fin du XVème siècle. Est-il besoin de le souligner, à compter du XVème siècle, c'était par plusieurs bulles que divers papes avaient légitimé, permis, incité à, la capture, à la mise en esclavage, à la traite des Négro-subsahariens comme nous l'avions souligné : Martin V,

Eugène IV, Nicholas V, Calixte III, Sixte IV, Alexandre VI etc. (voir Partie I, Chapitre 2, Section 3, §3, b) *Traite et esclavage des Négro-africains : la légitimation promotrice chrétienne*). En substituant au dispositif idéologique vitaliste prohibant l'esclavage la vision chrétienne de la légitimité, l'enseignement chrétien accomplissait l'endogénéisation de l'esclavage dans l'espace subsaharien de la même manière que nous l'avons montré dans le cas de l'Islam.

Section 3) Implantation par les rapts et razzias directs des Européens au sud du Sahara

Comme nous l'avons souligné, la traite négrière transatlantique (TNT) fut une transposition vers l'Afrique, de l'esclavage et de la traite des Blancs que pratiquaient chez eux au Moyen Âge les Européens. Concrètement, c'était le Portugal qui avait organisé cette transposition au milieu du XVème siècle. En effet, depuis plusieurs siècles déjà, les Portugais étaient versés dans la croisade, la guerre sainte menée par les Chrétiens contre les Sarrasins, notamment la guerre de reconquête des territoires chrétiens conquis par les Musulmans à compter du VIIIème siècle. A ce titre, les Portugais prenaient part depuis des siècles à la piraterie en mer (guerre de course) contre les Sarrasins ainsi qu'aux razzias sur les côtes barbaresques. Au début du XVème siècle, en 1415, ils remportaient une victoire importante contre les Musulmans en prenant Ceuta. Puis les Portugais s'étaient mis à pourchasser les Sarrasins sur les côtes africaines dans le dessein de parachever cette victoire. Là, comme à leur habitude, ils utilisaient leur technique séculaire du *filhamento* (rapt) capturant et razziant les populations du littoral africain. La déportation des captifs et leur vente au Portugal leur révélaient qu'il était possible de s'enrichir en ouvrant un nouveau foyer de traite en Afrique, lequel permettrait de répondre à la demande non satisfaite d'esclaves d'une Europe médiévale dont les sources d'alimentation localisées en mer Noire tarissaient avec la mainmise progressive ottomane sur cette région. C'était ainsi que les Portugais avaient fait de l'Afrique au Sud du Sahara, à compter de la deuxième moitié du XVème siècle, une nouvelle zone de production de captifs pour alimenter l'Europe du Sud en remplacement de la mer Noire. Les côtes africaines étaient dès lors soumises à des incursions récurrentes des Portugais, capturant les autochtones, les convoyant au Portugal où ils étaient vendus et utilisés comme esclaves. Les rapts ne tardaient pas à gagner l'intérieur des terres et progressivement, la production portugaise de captifs en Afrique subsaharienne se détachait de la préoccupation initiale de guerre sainte contre les infidèles pour répondre au mobile de commerce, d'affaires. Dans cette nouvelle perspective, et contrairement à ce qui a souvent été soutenu, les rapts, razzias, captures, opérés directement par les Portugais dans l'espace subsaharien n'allaient jamais cesser avant le XIXème siècle.

Les *filhamento* (rapts) conduits par les Portugais sur le littoral africain dataient de la première moitié du XVème siècle et étaient initialement l'œuvre des chrétiens chevaliers de l'Ordre militaire du Christ agissant alors sous l'autorité de l'Infant Henri Le Navigateur. Fils du roi Jean Ier du Portugal, l'Infant Dom Henrique (1394-1460), dit Henri le Navigateur était un chrétien dévot versé dans le combat contre les Sarrasins et pour l'expansion du Christianisme. En 1415, il s'était illustré lors de la prise de Ceuta aux Musulmans en tant qu'organisateur et acteur majeur et joua un rôle décisif dans la victoire finale. En récompense, mais également en reconnaissance de son engagement au service de la cause chrétienne, Dom Henrique fut nommé à la tête du très puissant Ordre du Christ le 25 mai 1420 par le pape Martin V. Il faut le souligner, cet Ordre du

Christ fut créé par le pape Jean XXII le 14 mars 1319 en lieu et place de l'ancien et premier ordre chrétien, Les Templiers afin, entre autres, de répondre au défi militaire de l'Islam, de défendre la chrétienté aux plans spirituels comme militaires.

Aux yeux de l'infant dom Henrique, désormais à la tête de l'Ordre du Christ depuis 1420, la prise de Ceuta n'était qu'une étape dans le combat contre les Musulmans, lesquels devaient être poursuivis jusque dans leurs derniers retranchements en Afrique. Il s'agissait pour le prince portugais, d'éradiquer l'Islam afin d'étendre le Christianisme, d'où ses expéditions militaires en direction du Sud. Mais alors que les historiens mettent le plus souvent en avant le mobile religieux des incursions portugaises en Afrique à compter du XVème siècle, les motivations seraient nettement plus étendues. Ainsi, selon le chroniqueur du royaume portugais dans les années 1440, Gomes Eanes de Zurara (1453), cinq raisons auraient motivé l'Infant Henrique à organiser les expéditions vers l'Afrique noire, à savoir : (i) parfaire la victoire obtenue sur les infidèles Maures à Ceuta et aussi connaître les pays situés au-delà des îles Canaries et du cap Bojador ; (ii) établir des relations d'échanges commerciaux avec d'éventuels pays chrétiens qui se trouveraient là ; (iii) évaluer jusqu'où s'étendait la puissance de ses ennemis, les infidèles musulmans; (iv) savoir si dans ces régions d'Afrique se trouvaient des rois chrétiens en mesure de l'aider dans sa guerre contre les musulmans; (v) étendre le christianisme afin de sauver les âmes perdues. A ces cinq mobiles, Zurara (1453) ajoutait un sixième qui n'était que sa propre conviction, à savoir la prédestination de l'Infant Henrique à accomplir de grandes actions.

Eradiquer l'ennemi mécréant, infidèle, Maure (musulman), étendre le Christianisme et sauver des âmes constituaient les mobiles majeurs de Dom Henrique. Dans cette perspective, il s'attaquait d'abord aux côtes du Maroc et de Grenade, puis lançait les expéditions des chevaliers de l'Ordre du Christ vers le sud (côtes d'Afrique au sud du Sahara). Afin de réussir pleinement son entreprise, l'Infant était à la recherche du royaume du prêtre Jean dont il espérait obtenir l'alliance contre les infidèles musulmans, royaume que la légende situait, à son époque, en Éthiopie. Il lui fallait donc contourner l'Afrique pour atteindre ce royaume en partant de la côte occidentale du continent pour joindre les côtes du sud (Afrique du Sud) et remonter par les côtes Est. Outre l'infant Henri le Navigateur, les marins chevaliers de l'Ordre militaire du Christ qui prenaient d'assaut les côtes d'Afrique dans cette première moitié du XVème siècle avaient les idées très claires : ils étaient convaincus qu'ils conduisaient une « guerre juste » contre les infidèles, justifiant qu'ils pussent réduire les victimes en esclavage selon la doctrine bien ancrée du Christianisme. D'autant que par la bulle du 14 avril 1418, le pape Martin V appelait les princes et tous les chrétiens à s'associer au roi du Portugal dans sa lutte contre les Maures (musulmans); cet appel fut réitéré par le pape Eugène IV dans sa bulle du 8 septembre 1436. Le prince Henrique soutenait par ailleurs qu'en 1420, le pape Martin V avait émis une bulle l'autorisant à réduire en esclavage toutes les populations des terres qu'il pouvait conquérir lors de ses expéditions. Quoique cette bulle ne fut pas retrouvée, son existence ne pouvait être mise en doute (Vignaux, 2009). C'était ainsi que Dom Henrique lançait ses chevaliers de l'Ordre du Christ à la prise de « terres nouvelles », à la soumission de « Nouveaux Mondes » : ces chevaliers conquéraient d'abord les îles Madère et Canaries en 1425. A l'occasion, les autochtones de ces îles, les Guanche, peuples animistes et donc païens aux yeux des chrétiens, étaient razziés en continu par ceux-ci et vendus dans la péninsule ibérique comme esclaves.

Concrètement, les premiers rapts (*filhamento*) sur le littoral africain s'étaient déroulés en 1441. Comment les choses s'étaient-elles passées ? Suivons le chroniqueur d'alors du royaume du Portugal, Gomes Eanes de Zurara (1453) dont le récit est considéré comme l'un des plus importants de la « découverte de la côte occidentale africaine » par les portugais à la fin du Moyen Âge. Au chapitre XII de son ouvrage intitulé « *Comment Antao Gonçalves ramena les premiers captifs* », Zurara (1453) mentionnait : « (…) *cette année 1441(…) l'Infant fit armer un navire de petit tonnage dont il remit le commandement à un certain Antao Gonçalves, son garde-robe, qui n'était encore qu'un tout jeune homme. Et le but de son voyage n'était autre, si l'on s'en tient à l'ordre formel de son maître, que d'aller charger ce navire de peau et d'huile de ces loups marins dont nous avons déjà parlé au chapitre précédent…Après avoir achevé son voyage, au moins en ce qui concernait sa principale mission, Antao Gonçalves appela Afonso Guterres, un autre page de l'Infant, qui l'accompagnait et tous les autres membres de l'équipage du navire, qui étaient au nombre de vingt et un, et il leur parla en ces termes : « Frères et amis ….la nuit prochaine, avec neuf d'entre vous, ceux qui seront les plus décidés à cette affaire, je veux explorer quelque partie de cette contrée, le long de ce fleuve[1] ; car il me semble que nous devons trouver quelque chose, puisqu'il est certain qu'il y a ici des habitants… et comme ils ne savent encore rien de notre présence, ils ne peuvent être rassemblés en si grand nombre que nous n'éprouvions leurs force ; et si Dieu nous accorde de les rencontrer, notre moindre victoire sera d'en capturer un, ce dont l'Infant, notre maître ne sera pas peu satisfait, car il pourra connaître par lui quels sont les autres habitants de ce pays…Et dès la nuit venue, Antao Gonçalves choisit les neuf qui lui parurent les plus aptes et il partit avec eux comme il l'avait décidé. Et s'étant éloigné de la mer d'environ une lieue, ils trouvèrent un chemin qu'ils surveillèrent, pensant que pouvait arriver par là quelque homme ou quelque femme dont ils pourraient s'emparer…ils repartirent et s'enfoncèrent d'environ trois lieues dans l'intérieur ; et là, ils découvrirent des traces*

---

[1] Rio de Ouro, sur la côte maure.

d'hommes et de jeunes gens dont le nombre, à ce qu'il leur parut pouvait s'élever à quarante ou cinquante, et qui marchaient en direction opposée de celle qu'ils suivaient eux-mêmes…Et revenant vers la mer, ils ne cheminèrent pas longtemps sans voir un homme nu qui suivait un chameau et tenait deux sagaies à la main. Les nôtres se mirent à sa poursuite…Et bien qu'il fût seul et qu'il vît que les nôtres étaient si nombreux, cet homme voulut montrer que ses armes étaient dignes de lui et il commença à se défendre de son mieux, en faisant fier contenance que sa force ne le comportait. Afonso Guterres le blessa d'un coup de lance, et l'homme effrayé par ses blessures jeta ses armes comme pour s'avouer vaincu. Et les nôtres s'emparèrent de lui sans un très grand plaisir. Et continuant plus avant, ils virent sur une colline, les gens dont ils suivaient les traces et au groupe desquels appartenait celui qu'ils emmenaient prisonniers… Et tandis qu'ils marchaient de la sorte, ils virent venir une Mauresque noire…Antao Gonçalves dit à ses hommes de se précipiter sur cette femme…Suivant son ordre, la Mauresque fut prise, ceux de la colline voulurent lui porter secours. Mais voyant les nôtres en disposition de les recevoir…ils déguerpirent dans une autre direction ». L'évènement se produisait en 1441 sur la côte occidentale de l'Afrique, à Rio de Ouro, au sud du cap Bojador, territoire de l'ancien empire du Ghana (Ier - XIIIème siècles) sur la côte maure et précisément au Cap Blanc (voir carte 3 ci-dessous). En cet endroit, un autre jeune capitaine portugais, Nuno Tristao, aux commandes d'une autre caravelle armée par son maître, l'Infant Henri Le Navigateur, *« avec l'ordre spécial d'aller aussi loin que possible au-delà du port de la Galère et de s'y efforcer de faire des captifs du mieux qu'il pourrait »* (Zurara 1453), rejoignait Antao Gonçalves. Tristao proposa alors à Gonçalves de poursuivre l'œuvre qu'il venait d'entamer : *« Antao Gonçalves, mon ami…, vous savez ce que veut l'Infant notre maître et pourquoi il a fait de si grandes dépenses. Or, voici quinze ans, qu'il ne peut rien savoir de certain sur les habitants de ce pays, ni sur la loi ou l'autorité qui les gouverne. Et bien que vous emmeniez déjà ces deux créatures dont il apprendra peut-être quelque chose, il n'empêche qu'il ne soit bien préférable que nous en emmenions beaucoup d'autres, parce que, en plus des renseignements que le seigneur Infant pourra en obtenir, il tirera profit de leur servitude ou de leur rachat. Aussi me semble-t-il bien que nous agissions de la sorte : la nuit prochaine, choisissez dix des vôtres, et moi, choisirai dix des miens, parmi les meilleurs que nous ayons l'un et l'autre, et nous irons à la recherche des gens que vous avez rencontrés. Et puisque vous me dites, à ce que vous pensez, ils doivent pas être plus de vingt hommes de combat et que les autres sont des femmes et des enfants, nous pourrons les prendre tous facilement ; et si même nous ne les trouvons pas nous pourrons en trouver d'autres dont nous ferons une prise aussi et peut-être plus importante encore.» ... Et telle fut leur fortune que, en pleine nuit, ils allèrent donner là où des gens dormaient sur le sol, répartis en deux campements.... Et comme la distance entre les deux campements était faible, les nôtres se divisèrent en trois groupes afin de tomber sur eux plus sûrement... Et lorsqu'ils furent tout près d'eux, ils les attaquèrent très vigoureusement, en criant très fort : « Portugal et Santiago ! ». La surprise jeta un tel désarroi parmi leurs adversaires qu'ils se mirent à fuir sans organiser leur retraite. Les hommes faisant pourtant montre de vouloir se défendre avec leurs sagaies, car ils ne savent pas se servir d'autres armes. L'un d'eux, en particulier, fit face à Nuno Tristao, et se défendit jusqu'à la mort. Et outre celui-ci, que Nuno Tristao tua de sa main, les nôtres en tuèrent trois et en prirent dix, tant hommes que femmes et enfants...Et parmi ceux qui furent pris, il y avait un de leur notables qui s'appelait Adahu, dont ils disaient qu'il était un chevalier... ».* Ramené à l'Infant, le butin reçut un accueil triomphal et donnait le coup d'envoi de ce qui allait devenir la traite négrière transatlantique.

Carte 3 : L'Afrique aux mains des étrangers (XVIème-XVIIème siècles)

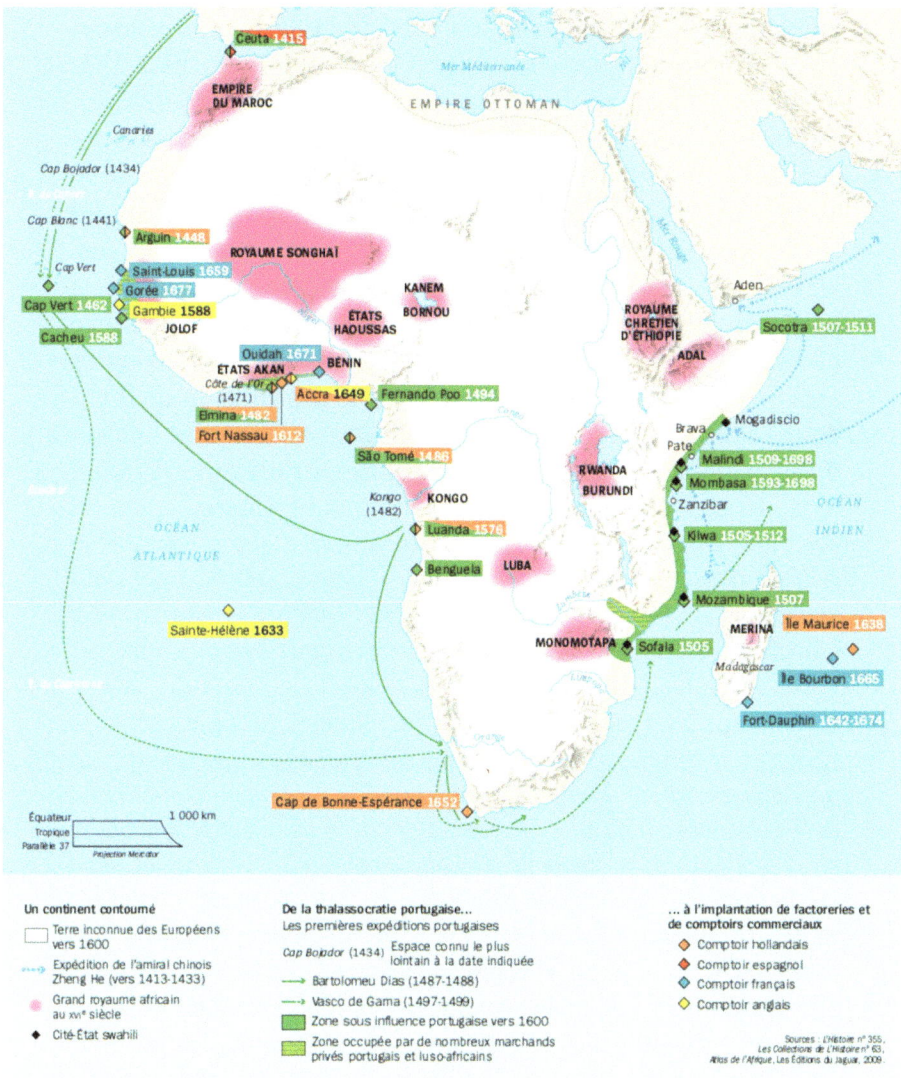

In L'Histoire n°355 ; Les Collections de l'Histoire n°65 ; Atlas de l'Afrique, Les Editions du Jaguar, 2009

A partir de cette année 1441, les côtes africaines étaient soumises à des incursions récurrentes des marins chevaliers de l'Ordre militaire du Christ, capturant et convoyant les autochtones sur le Portugal. Jusqu'en 1444, les victimes de ces rapts furent majoritairement des Maures (musulmans arabo-berbères), et leur nombre était en progression constante. Ainsi, si l'on en croit Zurara (1453), les rapts effectués sous les commandements des capitaines Lançarote et Gil Eanes en 1444, sur l'île de Naar, à Tiger, au cap blanc, s'étaient soldés par les enlèvements de plus de 230 Maures ramenés à Lagos, au Portugal, le 6 août 1444. Le 8 août 1444, écrivait Zurara, ce butin fut partagé sur une place publique à Lagos, en présence de l'Infant dom Henrique : le partage se fit en cinq parts après que l'église Santa Maria du lieu eut été gratifiée du meilleur de ces captifs et qu'un jeune homme fut envoyé à Saint Vincent du Cap pour être enrôlé dans les ordres religieux ; l'Infant reçut 46 captifs et le partage terminé, notait Zurara, « *certains vendaient leurs esclaves ou les envoyaient vers d'autres contrées, et il arrivait que le père restât à Lagos tandis que la mère était emmenée à Lisbonne et les enfants ailleurs encore* ». Le Chroniqueur du royaume portugais compatit à la douleur que ressentaient les captifs vendus exactement comme des bêtes. Cependant, soupesant les peines et plaisirs globales susceptibles de résulter de leur mise en esclavage, il estima que « *…la plus grande joie, c'était eux encore qui l'éprouvaient, car, si leurs corps étaient réduits en esclavage, cette disgrâce était peu de chose en comparaison du bonheur de leurs âmes qui accèderaient ainsi éternellement à la véritable libération* ». Zurara paraphrasait ici Jésus de Nazareth promettant la liberté réelle posthume aux esclaves dans l'évangile selon Jean (8 : 36). Cet évangile constituait le canon de la croyance chrétienne au Moyen-Âge : la mise en esclavage des païens et leur christianisation leur garantirait leur rédemption posthume car leurs âmes accèderaient au bonheur éternel grâce à la libération réelle que leur accorderait le Christ. Aussi, capturer les païens, les vendre pour s'enrichir etc. leur était toujours bénéfique car permettant de sauver leurs âmes qui autrement seraient à jamais anéanties ! La passerelle entre extension du Christianisme et réduction en esclavage des païens pour la vente et pour s'enrichir se trouve là.

Ainsi, les premières ventes publiques des captifs d'Afrique organisées le 8 août 1444 à Lagos au Portugal, initiaient une chaîne d'activités allant de la production des captifs en Afrique à leur vente en Europe, structurée en « capture, extraction-convoiement vers l'Europe, vente » qui actait la naissance effective de ce qui allait devenir plus tard la traite transatlantique. Bien que les captifs vendus à Lagos le 8 août 1444 ne fussent pas des Noirs mais des Arabo-Berbères (Maures), on peut considérer la date du 8 août 1444 comme le début effectif de cette traite. En effet, l'opération de vente du 8 août 1444 s'étant révélée fructueuse, des volontaires, de plus en plus nombreux, se pressaient pour obtenir de l'Infant Henri Le Navigateur leur participation aux expéditions militaires destinées à effectuer des enlèvements d'humains sur les côtes africaines. Une nouvelle opportunité d'affaires émergea d'autant qu'il existait en Europe à l'époque, une demande d'esclaves non satisfaite à la suite du déclin du marché de la mer Noire. L'objectif des expéditions devenait de plus en plus la réalisation de captifs pour la vente, ce qui, on l'a vu, signifiait aussi extension du Christianisme puisque ces captifs étaient aussi baptisés. Par exemple, en 1445, furent armées pour les côtes africaines au total 26 caravelles, parties de Lagos, Lisbonne et des îles Madère.

Nous l'avons déjà souligné, les premiers captifs faits par les Portugais sur les côtes africaines n'étaient pas des Négro-subsahariens. C'étaient des Arabo-musulmans, principalement des Berbères, Maures et autres que Ca'da Mosto (1455) nommait Azenègues. Il rapportait en effet que : « *(...) les caravelles portugaises avaient coutume de se rendre armées dans ce golfe [côte occidentale africaine] et de débarquer le plus souvent nuitamment, prenant les villages de pêcheurs par surprise et courant les terres pour capturer des Arabes, hommes et femmes, puis les emmener au Portugal pour les vendre. L'on faisait de même sur toute la côte du cap Blanc et plus loin encore jusqu'au fleuve de Sénégal, lequel fleuve est très grand et sépare le peuple dit des Azenègues du premier royaume des Noirs (...) les Portugais enlèvent quantité d'hommes et de femmes qu'ils envoient vendre comme esclaves au Portugal. Ils en ont vendu beaucoup, car ces Azenègues sont de meilleurs esclaves que les Noirs.* » Ces premières razzias ciblant les Arabo-musulmans, eurent pour effet que ceux-ci, pour se protéger, intensifiaient leurs chasses aux Négro-subsahariens qu'ils allaient vendre aux Portugais dans leurs comptoirs, leurs châteaux forts. Ce procédé fut une constante des traites négrières. Pour se protéger, chacun allait capturer et livrer l'autre : au VIIème siècle déjà, les Nubiens, signataires du baqt avec les Arabo-musulmans envahisseurs de l'Egypte, razziaient les populations vivant aux confins de leur territoire pour payer le tribut qui leur était imposé etc.

La première expédition portugaise à atteindre le cœur du littoral subsaharien fut celle placée sous le commandement de Dinis Dias et qui parvint en 1444 sur la côte du Sénégal. Elle capturait des pêcheurs en pleine mer : les renseignements fournis par Zurara laissent penser que les captifs étaient des musulmans Djolof. En 1445, six autres caravelles atteignaient la côte de Guinée où les Portugais avaient enlevé des enfants etc. Au total, de 1441 à 1448, Zurara dénombrait 927 captifs effectués par les Portugais sur les côtes d'Afrique et convoyés puis vendus au Portugal tandis qu'une lettre du roi dom Afonso, datée du 25 septembre 1448, donnait le chiffre de plus de mille captifs.

Véritables marchandises, commercialisées d'abord au Portugal, ces captifs déportés d'Afrique connaissaient une demande en augmentation constante localement mais également sur le plan régional. Ils étaient ainsi progressivement exportés vers l'Italie, l'Espagne etc. Ils étaient également exportés du Portugal vers les îles atlantiques dont ce pays avait pris possession, notamment Madère et les Açores, où ils devenaient des esclaves agricoles, préfigurant ainsi le système de plantation esclavagiste qui allait plus tard être porté à son apogée dans les Amériques.

Contrairement à ce qui a souvent été insinué voire écrit, les rapts directs des Portugais en Afrique subsaharienne n'avaient jamais pris fin avant le XIXème siècle. La violence et le brigandage initiateurs étaient demeurés l'ADN de la TNT durant ses quatre siècles de vie. Ca'Da Mosto (1455) signalait ainsi que dans les îles Canaries où il était passé lors de sa première navigation de 1455, les chrétiens « *ont coutume de débarquer la nuit par surprise chez les Canariens idolâtres et d'enlever des hommes et des femmes qu'ils envoient ensuite en Espagne pour les vendre comme esclaves* ». Le Kongo, dès le voyage de Diégo Cao en 1483, puis l'Angola furent des champs quasi permanents de rapts et razzias directs des Portugais. Au Kongo, dans la communauté des Portugais installés dans le royaume depuis la fin du XVème siècle, presque tous s'y livraient, des commerçants aux prêtres et autres missionnaires catholiques. Le roi du Kongo, N'zinga Mvemba, avait largement dénoncé le fait dans ces échanges avec le souverain portugais :

    - courrier en date du 6 juillet 1526 de Nzinga Mvemba au roi Jean III du Portugal (Jadin et Dicorato, 1974) : « *Seigneur, V. Altesse doit savoir que notre royaume va à sa perdition, de sorte qu'il nous faut apporter à cette situation le remède nécessaire (...) <u>les marchands enlèvent chaque jour nos</u>*

sujets, enfants de ce pays, fils de nos nobles et vassaux, même des gens de notre parenté. Les voleurs et hommes sans conscience les enlèvent dans le but de faire trafic de cette marchandise du pays, qui est un objet de convoitise. <u>Ils les enlèvent et ils les vendent</u>. <u>Cette corruption et cette dépravation sont si répandues que notre terre en est entièrement dépeuplée</u> (...) C'est pourquoi <u>nous demandons à V. Altesse</u> de bien vouloir nous aider et nous favoriser en ordonnant à vos chefs de factorerie <u>de ne plus envoyer ici ni marchands, ni marchandises »</u>.

- courrier du roi du Kongo au roi du Portugal en date du 31 mai 1515 (Jadin et Dicorato, 1974) : « *Dans ce royaume, la foi est encore fragile comme du verre, à cause des mauvais exemples des hommes qui viennent enseigner ici, parce que les convoitises de ce monde et l'appât des richesses les ont détournés de la vérité. (...) Frère, le temps actuel est plus pénible que le temps passé, parce que ce sont les ministres mêmes du corps et du sang de Notre Seigneur Jésus-Christ qui sont les persécuteurs de la vérité (...) Ces hommes méchants et cupides, qui prennent dans leurs mains le saint sacrement qui est le corps et le sang de Notre Seigneur Jésus-Christ qu'ils devraient porter dans leur cœur, sont pleins de convoitises des choses de ce monde. A peine ont-ils enseigné la parole de Notre Seigneur qu'ils recommencent à donner de mauvais exemples (...) Non seulement ils envoient leurs corps et leurs âmes en enfer, mais ils y conduisent encore les plus aveugles qui ont suivi leurs mauvais exemples.* »

Le courrier du roi du Kongo en date du 6 juillet 1526 indique que les « marchands portugais » installés dans le royaume enlevaient et vendaient les Kongolais, jusqu'à l'intérieur des terres, dans tous les territoires de l'empire kongolais. Mais les marchands n'étaient pas les seuls à procéder aux rapts d'humains. Dans son courrier du 31 mai 1515, le roi kongolais dénonçait aussi les ecclésiastiques, prêtres et autres missionnaires chrétiens, exerçant dans le royaume qui se livraient au rapt d'humains. Ces ecclésiastiques enlevaient et vendaient jusqu'aux catéchumènes allant apprendre chez eux « l'enseignement de Yahweh et Jésus ». Et malgré les dénonciations du roi kongolais, les missionnaires chrétiens portugais (évêques et autres) installés dans le royaume comme ceux vivant sur le territoire d'Angola, poursuivaient leurs activités négrières comme si de rien n'était, capturant, vendant et utilisant les captifs. Outre que ceux-ci se trouvaient à leur service pour les tâches domestiques et autres, ils les utilisaient également comme main d'œuvre agricole dans leurs plantations où parmi les divers produits qu'ils cultivaient on trouvait ceux que produisaient les colons esclavagistes des Amériques notamment le tabac, la canne à sucre. L'activité religieuse n'était en réalité qu'un paravent pour les missionnaires chrétiens du Portugal : ils étaient des esclavagistes du même acabit que les colons négriers des Amériques. Au-delà des ecclésiastiques, au Kongo, tous les Portugais installés dans le royaume n'avaient en réalité que faire des dénonciations policées du roi Nzinga Mvemba : ils poursuivaient sans trop s'en soucier les rapts et razzias des kongolais. Encore en 1539, le roi apprit que dix de ses jeunes neveux, petits-fils, et autres parents qu'il avait envoyés étudier au Portugal furent razziés en mer par les Portugais et vendus comme esclaves au Brésil.

Les rapts et razzias directs portugais au Kongo, comme sur l'île de Sao Tome, aux XVème et XVIème siècles, avaient pour un des principaux auteurs des prisonniers et condamnés de droit commun (assassins, débauchés, voleurs) déportés sur ces territoires par les Portugais : c'étaient les *lançados*, à savoir ceux qui se lançaient à l'intérieur des terres. Rebuts de la société portugaise déportés au sein de l'espace subsaharien, dès le XVème siècle à Sao-Tomé, et le XVIème dans la région Kongo-Angola, dans le golfe de Guinée etc., les *lançados* étaient destinés à produire des captifs pour nourrir la traite portugaise. C'était leur mission principale. Ils étaient donc venus capturer et vendre les Nègres. Leur tâche se trouvait grandement facilitée par le fait qu'ils furent accueillis royalement par ces derniers. Ils s'installaient alors au sein de la population subsaharienne, dans les hameaux, les bourgs, les campagnes etc.; de surcroît les Nègres entraient en compétition entre eux pour héberger chez eux les lançados, pour les inviter chez eux, leur offrir à manger, boire, leur octroyer des parcelles de terre pour qu'ils s'y installassent et pour qu'ils s'intégrassent à leur famille conformément à la tradition de l'hospitalité subsaharienne. A cette engeance, les Nègres vouaient une vénération dont le fondement était leur croyance profonde que les dieux prenaient couramment la forme d'un étranger pour venir tester leur pratique de l'hospitalité et de la fraternité ; les lançados étaient donc regardés par les Nègres comme une manifestation des dieux et devenaient de ce fait des modèles pour les Subsahariens ; ceux-ci entrevoyaient tout ce qu'ils faisaient comme parfait, comme correspondant à la volonté des dieux et comme devant être imité, suivi. Les roitelets et rois nègres faisaient des lançados et de tous les étrangers blancs en général (Européens, Arabo-musulmans, Brésiliens) leurs conseillers, de surcroît les plus écoutés, lesquels par leurs avis, conseils, dirigeaient de fait les royaumes et cités-Etats négro-africains. Pour la même raison (incarnation des dieux), la société subsaharienne souhaitait la reproduction en son sein de ces bannis d'Europe, ce qui était largement advenu, les lançados ayant donné naissance à la grande majorité des métis européens de la période négrière. Or, l'activité principale des lançados était la production et la vente de captifs. Dans les hameaux, les bourgs, les campagnes les plus reculées, les Lançados s'adonnaient aux rapts, organisaient des battues pour capturer des nègres, créaient des entreprises privées de razzias, enrôlaient des rabatteurs nègres etc. Voilà pourquoi, au-delà de leur production propre de captifs, ils furent une des clés majeures d'implantation de l'esclavage et de la traite européens dans l'espace subsaharien.

En Afrique subsaharienne, l'un des plus grands champs de production directe de captifs par les Portugais était l'Angola. Sur ce territoire, du XVIème au XIXème siècle, les Portugais avaient maintenu une colonisation directe. En 1575, le roi du Portugal avait concédé une charte de donation pour l'Angola à Paulo Dias de Novais, charte l'autorisant à conquérir, pour lui-même et ses héritiers, le territoire, vers l'intérieur, le plus loin qu'il pouvait (Randles, 1969). Arrivé à Luanda le 20 février 1575 avec 800 hommes armés dans sa suite, ce dernier devenait gouverneur à vie et donataire de la région angolaise comprise entre le Dande et le Cuanza. Sa mission était sans ambiguïté, mais Dias de Novais temporisait, ne lançant pas immédiatement la conquête territoriale et vivait plutôt en paix avec le roi d'Angola qui lui avait accordé l'hospitalité. Impatients, les chrétiens jésuites de sa suite l'incitaient à attaquer sans tarder le roi autochtone et à l'éliminer pour faire des captifs, arguant que la mise en esclavage était une condition préalable à l'évangélisation. En 1583, Novais et ses troupes lançaient la guerre contre le roi d'Angola et conquérait la moitié de son territoire, faisant à l'occasion une multitude de captifs (Randles, 1969). Puis progressivement, les Portugais conquéraient le reste de l'Angola. Mais Dias de Novais décédait en 1589 et la couronne portugaise reprenait le territoire pour y nommer désormais des gouverneurs. Au XVIIème siècle, la domination portugaise sur l'Angola était avancée, voire quasi entière, matérialisée par quatre forts bâtis à l'intérieur des terres et abritant chacun une garnison de troupes portugaises, notamment : Massangano (1583), Muxima (1599), Cambambe (1604) et Ambaca (1611) (Randles, 1969).

Aux débuts du XVIIème siècle, les Portugais intensifiaient les razzias à l'intérieur des terres de l'Angola faisant des milliers de captifs, afin de répondre à la demande de main-d'œuvre des plantations sucrières de leur colonie du Brésil et afin de satisfaire les commandes croissantes de captifs de l'Espagne pour l'exploitation de ses colonies des Amériques et notamment de la mine d'Argent du Potossi au Pérou. En la matière, s'étaient particulièrement illustrés les gouverneurs portugais de l'Angola Manuel Cerveira Pereira (1603-1606 et 1615-1617), Bento Banha Cardoso (1611-1615), Luis Mendes de Vasconcelos (1617-1621), Joao Correia de Sousa (1621-1623) etc. Par exemple en 1617, Vasconcellos attaquait le royaume de Ndongo, faisant des milliers de prisonniers. Le gouverneur orchestrait aussi des raids dévastateurs en pays Kimbundu, lesquels s'étaient soldés en juin 1619 et juin 1620, par environ 2000 captifs, vendus à Veracruz au Mexique (Austin, 2019 ; McCartney, 2020). En 1622, le gouverneur portugais d'Angola Joao Correia de Sousa lançait ses troupes contre la province kongolaise de Mbamba, faisant 300 captifs (Thornton et Heywood, 2007). En 1671, les Portugais avaient conquis le royaume de Pungo A Ndongo etc. Ainsi, au XVIIème siècle, c'était de manière récurrente que les gouverneurs portugais d'Angola engageaient des guerres contre les Nègres dans le seul dessein de produire des captifs (Randles, 1969). La région de l'Angola fut un réservoir majeur de captifs des Portugais qui l'avaient gouvernée directement tout au long des quatre siècles de TNT, y organisant la production et la vente de captifs, capturant eux-mêmes, recrutant en outre des rabatteurs nègres pour le faire, imposant des tributs en captifs à de nombreux royaumes et cités-Etats vaincus et vassalisés (royaumes des Soba) tout en créant d'autres royaumes et cités-Etats vassaux pour les spécialiser dans l'activité négrière (Royaume de Cassange par exemple). Depuis le XVIème siècle, la principale activité des Blancs en

Angola était la traite, constatait Randles (1969). Il n'y avait en Angola aucune limite à la production de captifs par les Portugais et à l'organisation de diverses manières de la production de captifs. Beaucoup de régions de l'Angola étaient en conséquence vidées de leurs habitants à l'instar de celle de l'Ambaca qui, en 1782, avait perdu les 2/3 de sa population sous l'effet des razzias (Randles, 1969). On comprend pourquoi la région de l'Angola avait fourni 40% des déportés de la TNT (Grenouilleau, 2005). Mais outre ses gouverneurs portugais qui y puisaient les captifs comme ils voulaient, l'Angola fut aussi soumis aux expéditions des colons portugais installés au Brésil qui y organisaient des razzias (Grenouilleau, 2005 ; Dorigny, 2008). Et Ferro (2003) constatait qu'aux XVIIIème et XIXème siècles, « *L'Angola puis le Mozambique furent ainsi ruinés, les paysans sans défense se faisaient embarquer par des raiders noirs et blancs qui pouvaient faire la guerre entre eux dans cette chasse aux captifs* ».

Il serait toutefois erroné de croire que c'était aux seuls XVIIIème et XIXème siècles, ou dans les seuls territoires de l'Angola et du Mozambique que ces faits se produisaient : ils étaient une constante de la TNT depuis le XVème siècle ainsi que de la traite arabo-musulmane (TAM) depuis le VIIème siècle. En outre, les Portugais ne furent pas les seuls Européens ou Non-subsahariens à avoir pratiqué les razzias et rapts directs au sud du Sahara. Dans les années 1590 par exemple, des négriers hollandais ayant capturé des nègres dans l'espace subsaharien et voulant les vendre à Amsterdam s'étaient vus interdire une telle activité dans la ville. Aux XVIIème, XVIIIème et XIXème siècles, nombreux étaient les Européens à pratiquer directement des razzias dans l'espace subsaharien. Ainsi, un document d'archive de 1783 consulté par Diakite (2008) attestait que les Français procédaient à cette époque à des razzias dans la région de la Sénégambie. Les Anglais faisaient de même. Il y avait aussi des razzias conjointement menées par des Européens et des Négro-africains ou par des Européens et des Arabo-musulmans (Maures, Berbères), razzias que Grenouilleau (2005) pudiquement se contentait de nommer « production accompagnée ». Or ces productions étaient réalisées dans le cadre d'entreprises privées organisées par les Européens, lesquels fournissaient les armes, dirigeaient les opérations sur le terrain, recrutaient des Noirs ou Maures comme rabatteurs pour les aider. Grenouilleau (2005) citait le cas des Français au Sénégal, des Anglais dans la région contemporaine du Libéria, des Métis portugais installés un peu partout dans l'espace subsaharien. Cependant si les Métis portugais étaient les plus nombreux, il convient de souligner qu'il y en avait d'autres notamment, suédois, anglais, hollandais, arabo-musulmans etc. qui organisaient un peu partout des razzias, se faisant aidés de rabatteurs noirs.

En dehors des Européens qui résidaient en Afrique subsaharienne, comme les Portugais du Kongo, de l'Angola, les personnels des comptoirs et des forts, et outre ceux qui y organisaient des expéditions de razzias depuis l'Europe ou le Brésil, des capitaines et marins des navires négriers qui venaient convoyer les captifs vers les Amériques menaient aussi des opérations de capture des Nègres sous forme de rapts et razzias (Pope-Hennessy, 1969 ; Diakite, 2008). Ces opérations, qui étaient légion, avaient atteint leur summum aux XVIIIème-XIXème siècles. Par ailleurs, les moyens de rapts et razzias utilisés par les capitaines et marins combinaient les armes, l'alcool et toutes sortes de ruses exploitant les failles des us et coutumes subsahariens, notamment la confiance totale dans l'étranger, l'hospitalité aveugle etc. Ainsi, les capitaines et marins négriers européens attiraient les populations des littoraux dans les navires en leur offrant à bord des repas ou de la boisson ou quelque autre produit alimentaire (biscuits etc.) comme cela se faisait dans la tradition subsaharienne. Ceux qui pénétraient dans les navires n'en sortaient plus : soit ils étaient kidnappés par les marins, soit ils s'endormaient ivres après avoir ingurgité quelque boisson alcoolisée ou inhalé quelque produit hypnotisant. En outre, les Portugais initialement, suivis plus tard des autres négriers européens, multipliaient les ruses pour attirer les populations sur les littoraux ou près des navires puis, une fois obtenu un attroupement consistant, lançaient des filets et capturaient la majeure partie. La tradition subsaharienne d'hospitalité dont nous avions traité dans cet ouvrage, laquelle fut un garde-fou antiesclavagiste avant la pénétration des religions judéo-chrétiennes, fut utilisée par les négriers comme un moyen de rapt : des négriers se faisaient héberger chez des gens dont ils s'emparaient en pleine nuit etc. ; des rois et leurs suites en visite sur les navires en signe d'amitié aux capitaines avec lesquels ils avaient signé des traités furent kidnappés et déportés; des « vendeurs isolés » de captifs étaient pris aussitôt après la vente de leurs victimes, des individus attirés à bord par l'exposition de produits de traite étaient kidnappés (Diakite, 2008) ; durant les temps d'attente des navires sur les côtes subsahariennes pour charger la marchandise humaine, temps pouvant atteindre trois mois voire plus, des razzias étaient faites directement par des capitaines de navires et leurs marins etc. Pope-Hennessy (1969) rapportait ces faits et des documents d'archives consultés par Diakite (2008) les confirmaient. Certains historiens passaient ses faits sous silence pour mieux mettre en exergue le rôle « d'acteurs de la traite » des seuls subsahariens.

Parce que l'humain reproduit ce qu'il a subi, ce auquel il est éduqué, les rapts et razzias pratiqués dans l'espace subsaharien directement par les Portugais et autres Européens comme Arabo-musulmans, furent un canal d'implantation de l'esclavage en Afrique noire.

Section 4) Dressage des esclaves et création d'esclavagistes autochtones par les Portugais

Nous l'avons souligné, très tôt, la production de captifs au sud Sahara s'était révélée une opportunité d'affaires lucratives dès la première vente publique de Lagos de 1444. Le captif marchandise africain jouissait d'une demande forte dans une Europe médiévale confrontée à la pénurie d'esclaves en provenance de la mer Noire. Du Portugal, les captifs subsahariens étaient peu à peu exportés vers l'Espagne, l'Italie etc... De main-d'œuvre domestique, ils devenaient rapidement une main d'œuvre agricole dans la péninsule Ibérique, les îles Madère, Açores, Canaries, Sao Tome etc. Mais alors que la demande européenne d'esclaves restait élevée, les rendements des rapts et razzias directs portugais des premiers temps de la traite (deuxième moitié du XVème siècle) sur les littoraux africains se réduisaient avec le temps. C'étaient que les populations côtières avaient appris à se méfier des caravelles portugaises et évitaient de se rendre sur les plages de peur d'être capturées. Il fallait donc trouver des moyens de pérenniser la production de captifs en Afrique subsaharienne. Dans cette perspective, il fallait élargir les techniques de production du bien esclave et les Portugais ne manquaient pas d'ingéniosité.

Une de leurs premières innovations pour accroître le volume des captifs consistait en un mécanisme d'affranchissement original par rachat proposé par les Portugais à leurs esclaves subsahariens. Ca'da Mosto (1455), le Vénitien au service du Portugais l'infant Dom Henrique, nous le décrivait ainsi : « *Nous parvînmes à l'embouchure d'un fleuve, qui ne semblait pas moins grand que celui du Sénégal (...) nous jetâmes l'ancre et décidâmes de débarquer un de nos truchements, car nous avons sur chacun de nos navires des interprètes noirs, venus du Portugal, et qui étaient des esclaves noirs qui avaient été vendus par le seigneur de Sénégal* *aux premiers chrétiens portugais venus découvrir le pays des Noirs. Ces esclaves étaient devenus chrétiens au Portugal et entendait bien la langue portugaise. Nous les avions obtenus de leurs maîtres, au prix et à la condition qu'ils puissent choisir un esclave parmi la cargaison de ceux que nous devions ramener. **Quant à nos truchements, outre ce service de traduction, ils pouvaient s'affranchir s'ils baillaient quatre nouveaux esclaves à leur maître ; par ce moyen, beaucoup parvinrent à se libérer de leur servitude**».* Ce qui est nouveau ici c'est le prix d'achat de leur liberté proposé aux anciens captifs : chaque ancien esclave ramené chez lui était libéré s'il produisait quatre captifs. Le prix augmentait largement la production du captif dans l'espace subsaharien : libérer de la sorte cent captifs revenaient à en disposer de 400 autres ! Et selon Ca'da Mosto, beaucoup s'étaient affranchis de cette façon. Mais à vrai dire, le rachat par fourniture d'un esclave pour se libérer n'avait rien de nouveau ni d'ingénieux. Les Portugais ne reprenaient ici qu'un procédé courant des Européens au Moyen Âge dans le cadre de l'esclavage et de la traite des blancs qu'ils pratiquaient alors. Toutefois, il pérennisait la production de captif dans l'espace subsaharien. En effet, Ca'da Mosto (1455) déposait aussi que les anciens esclaves noirs des Portugais qu'ils libéraient par cette technique de rachat étaient baptisés, en clair qu'ils avaient reçu l'éducation chrétienne inculquant, entre autres, la légitimité et la légalité de l'esclavage créé par Yahweh, avalisé par Jésus de Nazareth, comme nous l'avions vu. Ils avaient donc appris, dans le contexte idéologique du XVème siècle et de la traite négrière que capturer une personne pour la rendre esclave était une action sainte et salutaire pour son âme, laquelle était ainsi sauvée. C'était donc un véritable dressage que subissaient les anciens esclaves (Seti 1998, Logossah 1998a). Ils étaient en effet conditionnés à aller capturer d'autres Noirs non chrétiens et à les livrer aux Portugais ainsi qu'à d'autres négriers européens, convaincus que c'étaient là des actions voulues par le Dieu des chrétiens.

Ainsi dressés, les anciens esclaves noirs chrétiens des Portugais qui se libéraient par rachat et se réinstallaient dans leurs sociétés d'origine devenaient l'un des piliers les plus solides de l'implantation de l'esclavage et de la traite européenne dans l'espace subsaharien. Leur rôle dans le développement de la traite était important. Ils devenaient des producteurs de captifs, organisateurs locaux de captures, intermédiaires des Portugais et autres négriers européens, spécialisés dans l'approvisionnement de ceux-ci en captifs.

Avant de se libérer par rachat en fournissant chacun quatre captifs, les anciens esclaves dressés accompagnant les négriers portugais en Afrique subsaharienne jouaient un rôle visible sur les navires négriers, celui d'interprète. Mais au-delà, ils étaient aussi pour les négriers des agents de renseignement, informant ces derniers sur la société négro-subsaharienne, ses traditions, us et coutumes, sur les forces et faiblesses des royaumes etc. Les négriers les utilisaient aussi comme des rabatteurs spéciaux. A ce titre, et de façon récurrente, ils accompagnaient les négriers dans des missions spéciales de rabattage destinées à produire des captifs. En quoi consistaient de telles missions ? Des recrutements de volontaires ! Le procédé est le suivant. Des anciens esclaves dressés, accompagnaient des négriers blancs, portugais d'abord puis autres européens par la suite, sillonnaient les contrées subsahariennes, proposant aux volontaires qui accepteraient de les suivre, du travail rémunéré au « pays des Blancs ». Les négriers faisaient croire aux populations que les anciens esclaves qui les accompagnaient étaient de ces travailleurs. A l'occasion, ces anciens esclaves, bien habillés, bien chaussés, se livraient à toute sorte de démonstrations, grignotant quelques biscuits, sirotant quelque boisson etc. Evidemment, les candidats au départ étaient nombreux et les négriers en recrutaient des quantités, triant ceux qui leur convenaient. Dans d'autres cas ces recruteurs expliquaient aux populations que les Blancs recherchaient des « serviteurs », soit des gens qui iraient « rester avec eux », chez eux, dans leur pays ; que ceux qui allaient être recrutés seraient hébergés par eux et nourris moyennant quelques services en contrepartie ; là également, les volontaires étaient très nombreux. Ici, c'étaient les traditions subsahariennes d'hospitalité et d'entraide qui étaient exploitées ; en vertu de ces us, en effet, un individu pouvait, dans la société subsaharienne, accueillir un autre chez lui, lui fournir assistance en contrepartie de menus services ; ainsi des parents plaçaient leurs progénitures chez d'autres personnes, ailleurs, dans d'autres villes etc. Durant les traites négrières, croyant que c'était cela que proposaient « les Européens et leurs accompagnateurs noirs », et qu'après un temps de séjour, pour se former, pour apprendre un métier, pour travailler etc. les partants pourraient revenir fortunés, des Subsahariens nombreux se pressaient, des parents confiaient leurs enfants ; Européens et rabatteurs spéciaux nègres triaient parmi ce beau monde ceux qui leur convenaient et disparaissaient avec. Les parents demeurés au pays attendaient sans fin, toute leur vie, le retour des leurs. Le subterfuge avait largement fonctionné. Les personnes recrutées de la sorte devenaient des captifs une fois parvenues dans les caravelles ou autres navires. Même le roi du Kongo du XVIème siècle, Nzinga Mvemba, fut abusé : il avait accepté qu'un grand nombre de ses sujets, fut convoyé au Portugal pour aller se mettre au service du roi de ce pays, comme il le mentionnait lui-même dans son courrier du 18 octobre 1526 au roi Joao III du Portugal (Jadin et Dicorato, 1974) : « *Nous accordons cette faveur et ces facilités à cause de la participation de V. Altesse à ce trafic.* **Nous savons en effet que c'est pour votre service que les esclaves sont enlevés de nos royaumes. Sans cela, nous n'y consentirions pas (…)** ». Autrement dit, le roi kongolais n'acceptait que les personnes qualifiées d'esclaves, mais qui ne l'étaient aucunement comme nous l'avons vu , fussent enlevées de son royaume que parce qu'il était convaincu qu'ils étaient destinés à servir le roi du Portugal. Si tel n'était pas le cas, il s'opposerait à leur embarquement, comme il le faisait pour les personnes qualifiées de libres. Or, les captifs enlevés au Kongo par les Portugais et convoyés au Portugal finissaient tout droit sur les marchés aux esclaves et étaient vendus, puis réexportés vers l'Espagne, l'Italie, la région méditerranéenne européenne, les îles espagnoles et portugaises etc.

Ainsi, au total, par le dressage des anciens esclaves, les Portugais augmentait largement leur production de captif lorsque ces derniers se libéraient en fournissant chacun quatre captifs. Mais les Portugais faisaient mieux : ils créaient par cette libération, au sein de la société subsaharienne, des relais pouvant prendre en charge la production des captifs, et vivre d'une telle activité. Par ces affranchis installés au cœur de la société subsaharienne, les Portugais y implantaient solidement l'esclavage et la traite européenne.

Suivant l'exemple pionnier des anciens esclaves nègres des Portugais, ceux des autres négriers européens libérés devenaient aussi esclavagistes dans l'espace subsaharien. En Sénégambie par exemple au XVIIIème siècle, Diakite (2008) citait le cas de deux anciens esclaves baptisés à la Rochelle (France) qui étaient devenus des courtiers. Mais ils étaient légion, les anciens esclaves libérés aux USA, au Brésil etc., revenus s'installer dans l'espace subsaharien à se muer en producteurs de captifs disposant d'une armée privée et organisant des razzias ; ou qui se transformaient en marchands fournisseurs des négriers européens. La côte occidentale subsaharienne fut un des grands champs de leur installation et de leurs activités.

Section 5) Installation d'Européens razzieurs au sein de la société négro-africaine

Devant répondre à une demande européenne d'esclaves croissante, les Portugais s'étaient donné les moyens de structurer en conséquence leur système de production de captifs en Afrique subsaharienne en y installant les leurs.

C'était d'abord dans les comptoirs commerciaux. Ca'da Mosto (1455) rapportait ainsi que les Portugais s'étaient installés tôt sur l'île d'Arguin (Mauritanie contemporaine), un des premiers comptoirs commerciaux portugais de la côte ouest-africaine : «*Il faut savoir que le prince dom Henrique, infant de Portugal, a conclu avec cette ville d'Arguin un accord pour dix années, en vertu duquel personne ne pourra entrer dans le golfe pour commercer avec les Arabes* **à l'exception des Portugais,** *lesquels* **ont fait bâtir des maisons sur ladite île**, *où sont installés leurs facteurs*. ».

C'étaient ensuite les châteaux forts qui constituaient des points d'installation portugais : bâtis en nombre à compter du XVème siècle, ces forts servaient à la fois comme bâtiments de guerre, comptoirs de traite (entrepôt, marché d'esclaves), douane, centres commerciaux où les Portugais troquaient et vendaient des produits divers importés contre le captif et l'or africains (voir cartes 4 et 5 pages suivantes). Le premier de ces forts fut bâti à la demande de l'infant dom Henrique en 1448 sur l'île d'Arguin. Sa construction marquait un tournant dans la traite portugaise au départ de l'Afrique subsaharienne : le fort servait de refuge, d'escale aux navires envoyés en reconnaissance vers le sud ; il fut le modèle pour les autres forts construits ultérieurement sur les côtes africaines aussi bien par les Portugais que les autres Européens (voir carte 4, page suivante). Les Portugais étaient ainsi installés à Santiago du Cap-Vert en 1466, Sao Jorge da Mina en 1482 (Ghana contemporain),

Cacheu en 1588 (Guinée Bissau contemporaine) etc. (voir carte 4 page ci-dessus). Il convient de le souligner, les forts étaient construits, souvent avec l'autorisation des rois ou roitelets locaux après que sur les mêmes lieux fonctionnaient déjà depuis plusieurs années un comptoir commercial. Rappelons toutefois que dans la mentalité portugaise du XVème siècle, fouler le sol d'un rivage africain était une « découverte », à l'instar de celle de Colomb dans les Amériques, laquelle découverte conférait un droit de propriété : les Portugais se comportaient sur les côtes africaines comme s'ils en étaient les propriétaires, comme si ces lieux étaient inhabités avant leur arrivée, baptisant certains (littoraux, villes, fleuves etc.), s'en appropriant d'autres. Ainsi, le fort de Duma à l'intérieur des terres en « Côte de l'or » (Ghana actuel) fut bâti en 1623 sans la moindre demande d'autorisation au souverain local. Le royaume du Kongo où ils parvenaient dans les années 1480, après le voyage de Diégo Cao, était un jouet dans leur main etc. Sur les côtes subsahariennes, les Portugais, forts du fameux traité de Tordesillas, s'étaient octroyé un quasi-monopole sur la navigation : nul autre nation ne pouvait s'y aventurer, mener la moindre activité sans leur accord.

Si dans les forts s'installaient des Portugais pour des motifs de traite négrière (production, acquisition de captifs contre des produits divers, commerce etc.), les grosses colonies de Portugais dans l'espace subsaharien se trouvaient au cœur des sociétés, dans des territoires dont le Portugal avait pris le contrôle. Il s'agissait d'abord de l'archipel du Cap Vert où les expéditions ordonnées par l'infant Henri Le Navigateur parvenaient en 1456.

Carte 4 : La conquête négrière de l'Afrique subsaharienne : comptoirs, forts, trajets

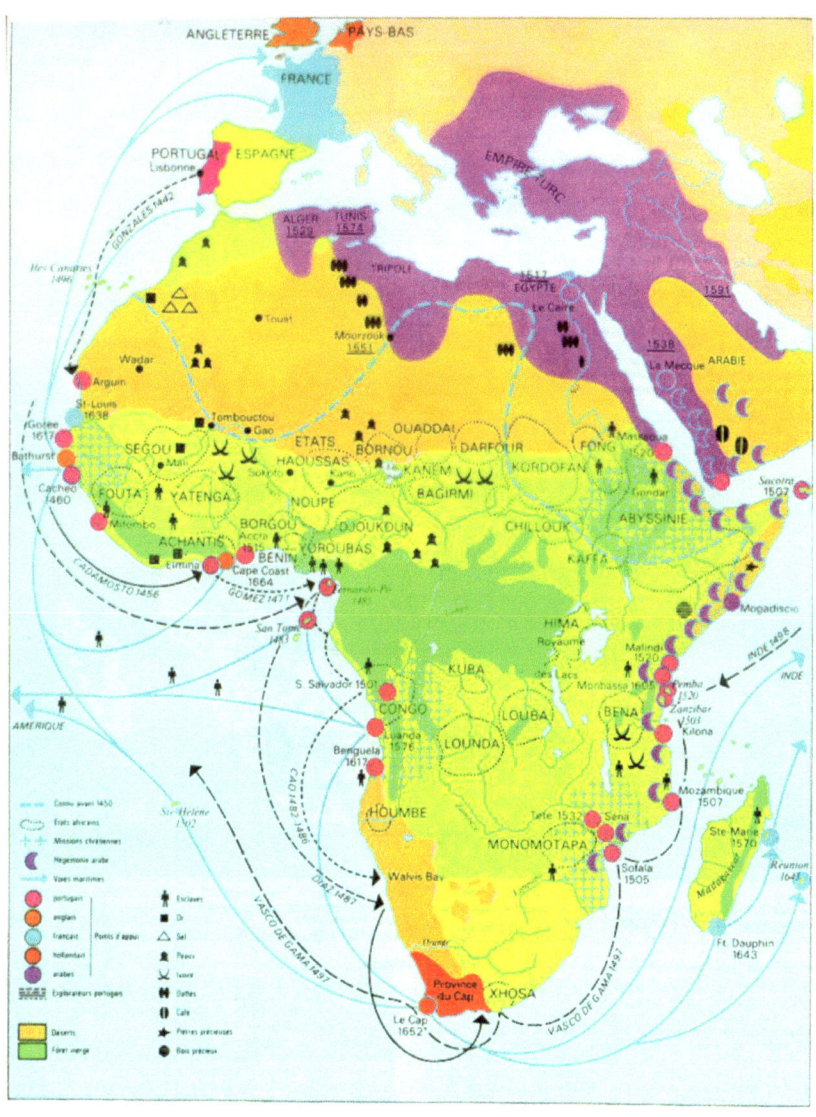

Source : Le Robert

Carte 5 : Les traites négrières TNT et TAM : espaces affectés et courants

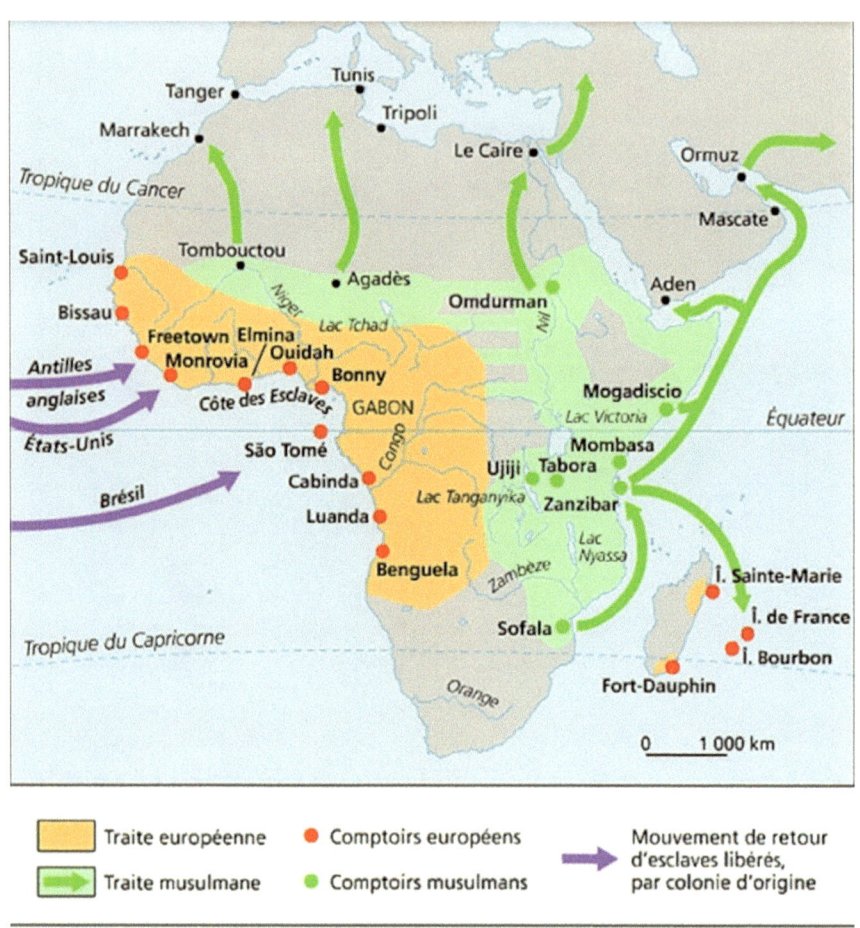

Source : Archives Larousse

L'historiographie conventionnelle portugaise attribue ce fait au navigateur génois Antonio de Noli alors que Diogo Gomes le revendiquait également. Elle enseigne également que l'île était inhabitée avant l'arrivée des Portugais : ce qui n'était que l'argument colonial classique pour s'emparer des terres des autres. Dans tous les cas, ce fut Antonio de Noli que le roi Alphonse V du Portugal avait nommé gouverneur du Cap-Vert. En 1462, les Portugais atteignaient l'île de Santiago et y fondaient une colonie, notamment la cité nommée *Ribeira Grande*, la première créée par les Européens sous les tropiques, rebaptisée *Cidade Velha* à la fin du XVIIIème siècle. En 1466, une charte royale portugaise fit de cette cité-colonie portugaise le principal centre de la traite portugaise au sud du Sahara : la Couronne portugaise avait imposé aux navires chargeant des captifs au départ d'Afrique noire, une escale dans l'île de Santiago du Cap-Vert, à *Ribeira Grande*, où ils devaient, entre autres, acquitter une taxe.

Après l'île du Cap Vert, les Portugais avaient conquis celle de Sao Tomé et Principe entre 1470 et 1472. Le 24 septembre 1486, le roi du Portugal Joao II érigeait Sao Tome en capitainerie qu'il fit don à Joao de Paiva, gentilhomme de sa maison puis il l'instituait en colonie de peuplement, accordant des avantages importants à ceux qui voudraient s'y installer ; les premiers contingents de colons débarquaient alors sur l'île sous la direction de Joao Peirera. Cette colonisation avait connu un nouvel essor à partir de 1493 lorsqu'arrivaient sur l'île des artisans sucriers de Madère et surtout lorsque les Portugais y avaient déporté 2000 enfants juifs, garçons comme filles, séparés de leurs parents, âgés de huit ans au plus, de même que des prisonniers et des condamnés de droit communs auxquels le roi avait fait don de terres (Ballong-Wen-Mewuda 1988). Cette colonie de peuplement, constituée en grande partie de rebuts de la société portugaise, de gens sans foi ni loi, de moralité douteuse (assassins, voleurs, condamnés de droit commun, désœuvrés etc.), avait reçu de la Couronne comme mission de développer la culture de canne à sucre, de malaguettes, d'épices, mais aussi le trafic humain. A propos des colons portugais de Sao Tome, Latour da Veiga Pinto et Carreira (1985) observaient : « *Les premiers colons de l'île furent des déportés, et des enfants juifs convertis, des 'nouveaux chrétiens' que l'on maria à des esclaves importés de la côte de Guinée d'abord puis du Kongo. Cette société de métis allait se convertir rapidement en trafiquant d'esclaves lorsque les habitants de Sao Tomé eurent obtenus du roi (du Portugal) le privilège du 'rachat', resgate, sur les côtes africaines en face de l'archipel (...) A partir de 1483, les voyages de Diego Cao ouvrirent aux Portugais les portes de l'Afrique centrale, par l'intermédiaire du royaume du Kongo (...) les colons de Sao Tomé devenaient de plus en plus actifs et importaient toujours davantage d'esclaves non seulement pour leur marché intérieur, mais également pour l'exportation. Ils s'installèrent peu à peu dans le royaume (du Kongo), sur le fleuve en élargissant de plus en plus leurs relations avec l'intérieur* ». La réalité était que les colons de Sao Tome, constitués en grande partie de hors-la-loi, avaient développé une activité soutenue de razzias à l'intérieur du Congo et sur les côtes environnantes ; jusqu'au XIXème siècle, eux, et surtout leurs descendants, constituaient une partie des grands princes marchands d'esclaves qui sévissaient sur les côtes occidentales subsahariennes.

Au début du XVIème siècle, étaient venus s'ajouter à eux une masse d'autres hors-la-loi portugais convoyés au Kongo : c'étaient les *lançados* (ceux qui osèrent se lancer à l'intérieur des terres), lesquels étaient aussi des condamnés de droit commun, des prisonniers, assassins, voleurs, débauchés etc., décrits comme « *la semence de l'enfer* », « *tout ce qu'il y a de mal* » (Mbolo, 1998). Ces *lançados* s'installaient et vivaient parmi les populations locales en ayant, eux et leurs descendants, pour activité principale, la production-vente de captifs. Ils organisaient les rapts et razzias à l'intérieur des terres et devenaient « *en plusieurs points de la côte, cette classe de « princes marchands » sur laquelle [allait] reposer la traite* ». Ces *lançados* encore nommés *pombeiros*, formaient leurs descendants à l'activité négrière ; aussi les métis portugais et européens furent-ils un des piliers majeurs de l'esclavage et de la TNT dans l'espace subsaharien. Ces métis portugais et européens constituaient aussi une partie des grands princes marchands d'esclaves qui sévissaient sur les côtes occidentales subsahariennes, à l'instar de Jacques, métis portugais roitelet de Portenot en Sénégambie (Diakite, 2008).

Comme ce fut le cas à Sao Tome, le roi du Portugal avait concédé au Portugais Paulo Dias de Novais une charte de donation pour l'Angola en 1571. Dias de Novais était alors devenu gouverneur à vie et donataire de la région angolaise comprise entre le Dande et le Cuanza tandis que la Couronne Portugaise s'était réservé le monopole du commerce des esclaves dans ce territoire. Dès lors, de nombreux autres Portugais venaient s'installer dans le pays, en plus de la multitude de *lançados* et aventuriers qui y avaient déjà pris place. A la mort de Novais en 1589, la couronne portugaise reprenait le territoire pour y nommer désormais des gouverneurs. Au XVIIème siècle, la domination portugaise sur l'Angola était avancée, voire quasi entière pour durer jusqu'au XIXème siècle. Le pays était aux mains des Portugais et l'activité négrière fut l'occupation principale de la majorité d'entre eux, notamment la production-vente de captifs. En conséquence, en Angola, la traite avait connu un regain particulier, de Luanda à Sao Filipe de Benguela à partir de sa fondation en 1617.

Mais dans cette Afrique centrale, il convient de le souligner, et particulièrement au Kongo, se trouvaient depuis la fin du XVème siècle des missionnaires chrétiens, prêtres et autres ecclésiastiques en provenance du Portugal, qui n'étaient pas moins actifs en matière d'activité négrière que les *lançados* : nous l'avons souligné, ils se livraient aux rapts des personnes, jusque sur leurs catéchumènes qu'ils vendaient comme esclaves aux négriers portugais, développaient des plantations agricoles usant principalement des captifs nègres comme main d'œuvre etc.

Outre les Portugais, d'autres négriers, Européens et Non-européens (Arabo-musulmans, Originaires des USA, du Brésil etc.) s'étaient installés dans l'espace subsaharien, prenant part à la production-vente de captifs, et cela tout au long des quatre siècles de TNT. C'était le cas des Brésiliens qui avaient massivement migré en Afrique de l'Ouest, sur la « *Côte des esclaves* » dans le golfe de Guinée aux XVIIIème-XIXème siècles. Parmi les figures emblématiques de ces négriers brésiliens ayant sévi sur la côte du Bénin mentionnons Francisco Félix Chacha De Souza (1754-1849) et son fils Isidore De Souza, ce dernier étant décrit au milieu du XIXème siècle comme « *le plus grand marchand de captifs de toute l'Afrique* » (Duncan, 1847). Pour sa part, le littoral est-subsaharien était occupé par les Arabo-musulmans, depuis le VIIème siècle, et massivement au XIXème par les Omanais qui y développaient l'activité esclavagiste etc.

Au total tous ces hôtes étrangers, Européens, Américains, Brésiliens, Arabo-musulmans etc. avaient importé dans les sociétés subsahariennes les pratiques esclavagistes de leurs milieux : rapts, razzias, guerres de capture, ventes d'humains, utilisation des esclaves etc. Dans le milieu subsaharien, sur le fondement du principe sacro-saint de l'hospitalité ainsi que de la croyance profonde que l'étranger était la forme que les dieux prenaient couramment pour venir tester les humains sur leur pratique de l'hospitalité et de la fraternité, les populations locales accueillaient royalement les négriers étrangers. Ceux-ci s'installaient parmi elles et les Nègres leur vouaient une vénération totale ; aussi les négriers, vus comme une manifestation des dieux, étaient devenus des modèles pour les Subsahariens, ceux-ci entrevoyant alors tout ce qu'ils faisaient comme expression de la volonté des dieux et comme devant être imité. Les nègres les idéalisaient et les désiraient au sein de leurs familles : un document d'archives datant de 1787 consulté par Diakite (2008) étalait cette vénération des Nègres pour les Blancs négriers ; les attitudes nègres des XVIIIème et XIXème siècles n'étaient d'ailleurs guère différentes de ce qu'avait observé Ca' da Mosto (1455) au XVème siècle ou Ibn Battuta (1352) au XIVème : les roitelets, chefs et rois nègres faisaient des négriers européens, arabo-musulmans et autres leurs conseillers les plus écoutés, lesquels dirigeaient de fait les cités-Etats et royaumes via leurs « avis-injonctions » ; le commun des mortels faisait des négriers étrangers des modèles, imitant tout ce qu'ils faisaient, en particulier la production et la vente de captifs. Voilà pourquoi, au-delà de leur production propre de captifs, les négriers étrangers installés au sein de la société subsaharienne furent une des clés majeures d'implantation de l'esclavage et de la traite étrangers (TNT et TAM) dans l'espace subsaharien.

Section 6) L'incitation à produire des captifs comme mode d'implantation de l'esclavage

§1) La création du besoin des produits européens comme voie d'endogénéisation

Les négriers l'avaient compris : une production de captif s'étiolant entraînerait inévitablement la fin de la traite. Aussi s'avérait-il nécessaire de mettre en place des mécanismes incitatifs, à même de permettre à l'offre de répondre adéquatement à la demande. Dans cette perspective, les négriers européens, les Portugais en premier, avaient transposé en Afrique subsaharienne une technique largement utilisée dans le cadre de l'esclavage médiéval, à savoir, ouvrir dans les zones où les captifs devaient être produits ou bien dans les zones où se trouvaient les producteurs de captifs, des points de vente de biens divers que ces captifs pourraient servir à acheter. Ces points de vente de produits divers s'appelaient des comptoirs. Par exemple, et nous l'avons exposé dans cet ouvrage, du XIIIème au XVème siècles, les esclavagistes génois s'étaient installés dans la mer Noire où ils avaient créé nombre de comptoirs et colonies, sur les côtes de l'Asie Mineure. Ils possédaient d'autres comptoirs notamment en Bulgarie (à Varna), sur les côtes balkaniques, aux embouchures du Danube et du Dniestr. Dans tous ces lieux, et durant des siècles, les Génois faisaient de l'import-export de diverses marchandises et de captifs. Ils achetaient ces derniers auprès des producteurs mongols et autres, auxquels ils vendaient les marchandises. La disponibilité de ces marchandises incitait partout les razzieurs à intensifier les captures et ainsi les esclavagistes génois disposaient en permanence et en quantité suffisante de captifs qu'ils exportaient vers diverses régions d'Europe, la péninsule ibérique, le monde musulman notamment. Dans le cadre de la TNT, la même technique fut mis en place très tôt par les pionniers, les Portugais, suivis plus tard par les autres négriers européens. Ils créaient dès 1455 à Arguin, en Mauritanie, donc chez les razzieurs berbères-maures, le premier comptoir où ils acquéraient des captifs nègres contre des produits européens. C'étaient donc les Arabo-musulmans que les Européens avaient en premier incités par leurs produits à produire des captifs nègres. Par la suite, et comme nous l'avons montré, les Portugais, suivis plus tard par les autres négriers européens, avaient ouvert dans l'espace subsaharien un grand nombre de comptoirs-châteaux forts où se déroulaient les transactions « humains contre marchandises » (voir cartes 4 et 5 plus avant).

Pourquoi les magasins de vente des produits européens, soit les comptoirs commerciaux, étaient-ils des moyens en mesure d'entraîner une production de captifs suffisamment forte en vue de répondre à la demande des négriers ? La réponse se trouve dans la théorie des incitations bien connue des économistes. En effet, en exposant ces produits, en les rendant disponibles, on crée un besoin chez les consommateurs potentiels. Et lorsque le besoin est d'une intensité suffisamment forte, il pousse ces consommateurs potentiels à aller chercher le moyen d'acquérir les produits mis en vente. Rappelons qu'au sens économique du terme, un besoin n'est pas un manque ou une privation de quelque chose qui est nécessaire pour vivre ; c'est un désir : tout ce qui est désiré par les individus est un besoin. Et on peut dès lors créer un besoin, le renouveler, le rendre illimité là où il n'existait pas. Chez les Subsahariens, c'était ce désir que suscitait, créait, renouvelait, rendait illimité la vue des produits européens exposés dans les comptoirs négriers ou la connaissance de la disponibilité de ces produits. Et selon la loi de la valeur, la rareté de ces produits européens dans l'espace subsaharien suffisait à leur y conférer une valeur élevée, soit une satisfaction espérée forte par les consommateurs subsahariens. D'ailleurs le désir peut, par son intensité, pousser un individu dans un état second le conduisant à acquérir par tout procédé le moyen de se procurer le produit voulu. Dans l'espace subsaharien, où le captif fut la monnaie permettant d'acquérir les marchandises européennes, cette situation avait été effective et significative à compter du XVIIème siècle ; elle contribua alors au basculement d'un large pan de la population négro-africaine dans la traite. En effet, la diffusion progressive des produits européens dans cet espace ainsi que l'effet de démonstration dû à leur utilisation atteignaient toujours plus de localités, de régions, décuplant leur désir et leur demande, portant en conséquence la production de captifs par les autochtones à des niveaux de plus en plus records à mesure que les négriers en demandaient : les vols de personnes, les rapts, razzias, guerres de production de captifs se multipliaient et devenaient permanents. La société atteignait l'état de folie (voir plus loin), un état qui parvenait à son summum au XVIIIème siècle. Mais bien avant le XVIIème siècle, le besoin (désir) suscité par les produits de traite et leurs effets perturbateurs sur le comportement des individus ainsi que l'incitation très forte à produire des captifs pour s'en procurer qu'ils entrainaient étaient tels qu'ils avaient suscité une extrême inquiétude du roi du Kongo Nzinga Mbemba. Les cris de détresse récurrents que lançait, à propos, celui-ci à son homologue portugais, le roi Jean III (voir dans cet ouvrage, *§ sur les résistances non armées*) étaient amplement justifiés. A titre illustratif, son courrier du 18 octobre 1526 : « *Beaucoup de nos sujets convoitent vivement les marchandises du Portugal, que les vôtres apportent en nos royaumes. Pour satisfaire cet appétit désordonné, ils s'emparent de nombre de nos sujets noirs libres, ou libérés, et même de nobles, de fils de nobles, même de gens de notre parenté. Ils les vendent aux hommes blancs qui se trouvent dans nos royaumes, après avoir acheminé leurs prisonniers en cachette ou pendant la nuit, pour n'être pas reconnus.* (Jadin et Dicorato, 1974). Lorsqu'à certains endroits l'exposition et l'offre des produits de traite dans les comptoirs ne réussissaient pas à créer le désir et donc le besoin de ces produits, les négriers intervenaient directement pour le faire. Pour cela, ils offraient les produits en cadeau aux chefs et roitelets de ces localités afin de créer chez eux la dépendance à ces produits puis in fine le besoin. Dans un mémoire de 1783 (document d'archives français) consulté par Diakite (2008), les négriers français du Sénégal proposaient de procéder ainsi pour contraindre le roi des Yollofes qui ne vendait pas de Nègres à le faire.

Les produits de traite, que les négriers européens utilisaient ainsi pour implanter l'esclavage et la traite dans l'espace subsaharien durant les quatre siècles de TNT étaient fort nombreux, variables dans le temps et dans l'espace selon la région, la localité. Parmi ceux ayant contribué au basculement complet dans la traite ainsi qu'à l'avènement d'une « société nouvelle » subsaharienne de traite, à compter du XVIIème siècle, mentionnons : les armes (fusils divers, sabre, poudre à canon, munition, canon etc.), l'eau-de-vie, la barre de fer, les ustensiles en fer, en cuivre, le cadenas, le briquet, la hache, l'hameçon, le couteau, le parasol, la trompette en cuivre, divers articles de quincaillerie, le bracelet en cuivre, en étain, la boucle d'oreilles, la bague, le miroir, la canne en cuivre, le bonnet, le chapeau, le tapis, la chaise, la verroterie, le lit, l'étoffe, la serviette, le mouchoir, le tissu, le vêtement, la fripe, le drap, la corde, la pipe, le tabac, le parasol etc. Tous n'étaient pas des produits neufs, sortis d'atelier : une part non négligeable était constituée de produits usagés, usés, vieux. Dans cette catégorie on trouvait le fusil, le vêtement, les ustensiles, la pipe, la canne en cuivre etc. Dans le comptoir d'El mina (Ghana contemporain) par exemple, au milieu du XVIIème siècle, était exposée et offerte une gamme de plus de 200 produits issus de presque toutes les régions d'Europe. Toutefois, deux de ces produits avaient joué un rôle clé, notamment les armes et l'eau de vie.

§2) Les armes pour implanter l'esclavage et la traite en Afrique noire

En complément des rapts, razzias, guerres, conduits directement par les Portugais et autres négriers européens dans l'espace subsaharien pour se procurer des captifs, ils s'attelaient à impliquer, plus et mieux, les autochtones dans le processus de production de ces captifs. Et les armes étaient utilisées à cet effet. Elles étaient progressivement déversées dans l'espace subsaharien, avec un pic se situant aux XVII-XIXème siècles.

Les armes faisaient partie des produits de traite et étaient vendues, plutôt troquées contre les captifs. Elles étaient également offertes par les négriers européens aux grands producteurs de captifs, notamment aux chefs Arabo-musulmans, aux chefs nègres et aux migrants européens installés dans l'espace subsaharien. Par cette stratégie d'offre, les négriers européens s'engouffraient dans la brèche ouverte par l'autorité papale vers la fin du XVème siècle. On le sait, par la bulle *Romanus pontifex* du 21 janvier 1481, le pape Sixte IV autorisait les Portugais à offrir, comme présents, des armes aux chefs musulmans avec lesquels ils avaient le désir de nouer des contacts. Ce que les Portugais faisaient après que l'Infant dom Henrique eut signé avec le chef maure-berbère d'Arguin l'accord leur réservant l'exclusivité du commerce avec les Arabo-musulmans sur la côte (Ca'da Mosto, 1455). Il s'agissait d'une commande indirecte, les armes livrées en cadeau poussant les Maures-Berbères d'Arguin, à intensifier leur production de captifs noirs. Les régions du Sénégal et du Mali furent les grandes victimes de cette stratégie. Par ailleurs, le 3 mai 1493, la bulle *Eximiae devotionis* du pape Alexandre VI autorisait l'exportation d'armes en Guinée. Les Portugais n'avaient pas laissé passer non plus cette opportunité. Toutefois, la stratégie de la vente et surtout du cadeau des armes ne fut pas une exclusivité portugaise durant la traite transatlantique. Presque toutes les autres nations européennes engagées dans la traite en avaient eu recours. Par exemple, au XVIIIème siècle, les Maures continuaient à razzier au Sénégal, mais cette fois-ci pour le compte des Français comme des Anglais, lesquels leur offraient en cadeau des armes et munitions, voire des gratifications (Wadström, 1789). Outre aux Arabo-musulmans, outre aux ressortissants européens installés dans l'espace subsaharien, outre aux métis européens grands producteurs de captifs vivant dans cet espace, les négriers européens fournissaient également des armes à des roitelets nègres qu'ils contrôlaient. Mais l'insécurité généralisée créée par la traite contraignait aussi tout royaume, toute cité-Etat, nègres à se procurer des armes pour assurer sa sécurité, répliquer aux attaques d'autrui ou attaquer. Même les individus, également très exposés à l'insécurité dans ce contexte de traite, éprouvaient le besoin et la nécessité de s'armer et dès lors qu'ils en avaient les moyens se procuraient aussi des armes. La stratégie européenne de diffusion des armes dans l'espace subsaharien pour y inciter à la production de captif avait donc pleinement réussi. Aussi les armes étaient-elles devenues l'un des produits de traite les plus demandées dans l'espace subsaharien.

A compter du XVIIème siècle principalement, la diffusion des armes en Afrique noire par les négriers européens franchissait un nouveau cap pour atteindre son summum dès le XVIIIème siècle. Dans la seconde moitié de ce siècle, les européens exportaient en Afrique 300 000 fusils par an (Thomas, 2006) et la production de fusil pour l'Afrique fut une des activités les plus florissantes d'Europe. En Angleterre, Birmingham seule produisait 150 000 fusils pour l'Afrique en 1765. Espagnols, Danois, Français etc. exportaient également des armes vers l'Afrique. Il y eut en outre tout un trafic de fusils usagés, vieux, obsolescents, d'Europe vers l'Afrique subsaharienne. Des faux fusils (des fusils qui crevaient au premier usage ou qui ne propulsaient même pas la balle !) y avaient même été commercialisés, les vendeurs fondant dans la nature aussitôt leurs marchandises liquidées. En règle générale ce qui était livré aux nègres ne faisait pas partie des meilleures armes européennes : les négriers s'assuraient de garder une avance militaire sur eux.

Une autre utilisation des armes par les Européens pour contraindre les Négro-africains à se conformer à leur volonté, soit en produisant et livrant des captifs, soit en les laissant faire comme bon leur semblait consistait à exposer leur puissance militaire dans l'espace subsaharien. Ainsi, ils venaient stationner sur les côtes subsahariennes leurs navires chargés de canons. Le but était d'intimider les rois et roitelets nègres, lesquels se trouvaient en général durant l'apogée de de la TNT, au XVIIIème siècle, à la tête de petites entités politiques dont la puissance militaire ne reposait que sur les armes acquises auprès des négriers européens. On le sait, depuis la chute de l'empire Songhai au XVIème siècle, l'espace subsaharien ne disposait plus de grands royaumes ou empires puissants à l'instar du Ghana à propos duquel El Bekri écrivait au XIème siècle qu'il était défendu par 200 000 archers. La stratégie négrière d'intimidation avait d'autant plus fonctionné que les petites entités politiques subsahariennes étaient très conscientes de leur impuissance militaire. Elles essayaient presque toutes de se placer sous la protection militaire des nations négrières européennes qu'elles jugeaient les plus puissantes, militairement. Par exemple en 1670, cherchant à se placer sous la protection de la France, le roi d'Allada offrait à Louis XIV « toutes les terres de son royaume ». Ce roitelet illustrait un tournant général à partir de fin XVIIème siècle : avec la généralisation de l'insécurité, les roitelets et rois subsahariens entraient en concurrence entre eux pour attirer chacun chez soi les nations européennes qui leur paraissaient les plus puissantes militairement. Dans ce contexte, des « responsables de plage : *Apoutaga* » de Petit-popo (golfe de Guinée), désignés par le royaume Guin de l'intérieur, s'autoproclamaient rois, transformant alors leurs hameaux en cités-Etats, puis allaient solliciter des Anglais de venir coloniser carrément leur « territoire » ! Ils étaient donc prêts à faire tout ce que les Anglais leur demanderaient, en particulier à leur produire la quantité de captifs qu'ils auraient désirée.

§3) L'alcool et la drogue pour implanter et doper l'esclavage au sud du Sahara

L'eau-de-vie, la boisson alcoolique, fut un autre produit majeur de traite, utilisé par les négriers européens pour susciter, et/ou accroître, la production de captif en Afrique noire. En matière d'endogénéisation de l'esclavage et de la traite, la boisson alcoolique a joué un rôle aussi important que les armes. Mais pourquoi ce produit fut l'un des plus utilisés par les européens pour implanter l'esclavage et la traite en Afrique subsaharienne ? Huetz de Lemps (2001) citant plusieurs auteurs (Labat, Brue etc.) en fournit des éclairages, écrivant : « *Quand on a passé Galam, cette liqueur se vend avec avantage et les peuples, qui sont presque tous payens, en boivent avec excès. Les nègres depuis Podor jusqu'au Sénégal, quoique mahométans, sont aussi passionnés pour l'eau-de-vie et la boivent sans scrupule (…) les Arabes d'Arguin (en fait les Maures) boivent du vin et de l'eau-de-vie le plus souvent qu'ils peuvent (…) Les marabouts en boivent comme les autres, mais ils le font en secret (…) Les Européens encouragent évidemment cette « passion » pour l'eau-de-vie que les rois et chefs s'efforcent de se procurer par tous les moyens : en général, comme ils aiment l'eau-de-vie à l'excès, c'est toujours la meilleure marchandise qu'on puisse leur proposer pour les échanges.* » L'auteur rapporte en outre un *Mémoire des Juges et Consuls de Nantes* affirmant que : « *Les Portugais ont été les premiers à s'apercevoir de la passion violente des noirs pour les liqueurs fortes. Ils leur en fournirent d'abord pures, que ceux-ci buvaient comme de l'eau, mais ils en furent les victimes par le massacre de plusieurs de leurs compagnons, comme il arriva en 1752 et 1753 à plusieurs chaloupes anglaises dont tous les gens furent assassinés* ». Ainsi, les négriers européens, à commencer par les Portugais, s'étant aperçus que les Nègres aimaient l'eau-de-vie, avaient fait de ce produit « *la meilleure marchandise qu'on puisse leur proposer pour les échanges* ». Or lors de ces « *échanges* », le produit que les Européens exigeaient des Nègres, en contrepartie de l'eau-de-vie était le captif nègre : les échanges en question n'étaient que le troc, nègre contre produits de traite, à savoir ici contre l'eau-de-vie. Mais la « passion » des nègres pour l'eau-de-vie n'était pas le seul motif pour lequel les négriers européens l'avaient choisi comme « *la meilleure marchandise à leur proposer* ». Il y eut un deuxième, peut-être aussi important, que révélait *le Mémoire des Juges et Consuls de Nantes* rapporté ci-dessus, à savoir le constat par les Européens que la consommation de l'eau-de-vie pouvait rendre les Nègres extrêmement violents, puisqu'après cela ils avaient massacré les Portugais, puis assassiner les Anglais en 1752 et 1753. Or c'était par la violence (rapt, razzia, guerre) que se produisaient les captifs et que la traite négrière tenait et prospérait. La poursuite de la traite et son développement exigeaient donc d'entretenir et d'encourager la violence. Abreuver l'espace subsaharien d'alcool apparaissait donc comme l'un des moyens clés d'y susciter en continu les rapts, razzias et guerres, et en conséquence la production de captifs. Il existe un troisième motif pour lequel les négriers européens avaient fait de l'eau-de-vie « *la meilleure marchandise à proposer* » aux Négro-subsahariens : c'était toutes les possibilités de manipulation qu'elle offrait et qui conféraient aux Européens un large pouvoir d'agir jusque sur l'état d'esprit de la société négro-africaine. En effet, une fois transportée dans l'espace subsaharien, dans les comptoirs, les forts, les négriers manipulaient largement l'eau-de-vie en lui ajoutant divers produits : eau simple, eau de mer, épices, décoction de bois, citron etc. (Huetz de Lemps, 2001), savon d'Espagne (Diakite, 2008) etc. L'addition d'eau, de produits divers fut une pratique générale à laquelle s'adonnaient armateurs et capitaines, toutes origines confondues : « *Evidemment, certains trafiquants avaient tendance à augmenter de façon excessive la proportion d'eau, parfois à ajouter l'eau de mer comme le fait le capitaine du Cupidon, du Havre, en 1728* » (Huetz de Lemps, 2001). La proportion d'eau dans les eaux-de-vie allait jusqu'à 50% voire plus. Sur la Côte de Guinée, au début du XIXème siècle, l'eau-de-vie était, par ajout d'eau et autres, généralement réduite aux 3/4 de sa force ou aux 2/3 comme à Bonny où « *l'on supplée à la platitude de la liqueur par l'emploi de poivre* » (Huetz de Lemps 2001). Un document d'archive du XVIIIème siècle consulté par Diakite (2008) indiquait que pour les nègres, la présence d'une petite écume en haut était une preuve infaillible que l'eau-de-vie était de bonne qualité : sachant cela, les négriers ajoutaient à l'eau-de-vie du savon d'Espagne pour produire cet effet. De même, les nègres avaient coutume de secouer la bouteille : si l'alcool moussait légèrement alors ils concluaient qu'il était de bonne qualité. En réponse, les négriers ajoutaient tout simplement des produits moussants à l'eau-de-vie qui leur était vendue. Si la couleur de l'eau-de-vie était altérée par les divers ajouts, les négriers la corrigeaient de façon artificielle en y incorporant décoctions de bois et autres. En réalité les manipulations n'étaient pas compliquées à réaliser : les nègres n'avaient aucun moyen d'observer, de contrôler ou de vérifier les composants de l'eau-de-vie qui leur était servie. Dès lors, les négriers avaient toute latitude à y incorporer tout produit qu'ils désiraient selon l'effet qu'ils recherchaient. Les capitaines ajoutaient ainsi aux eaux-de-vie diverses drogues, des substances enivrantes, euphorisantes, hallucinogènes, destinées à influer significativement sur la perception, les processus de pensée et de l'humeur des Subsahariens. Sous l'emprise de ces eaux-de-vie trafiquées, les Nègres perdaient toute lucidité ; ils n'usaient presque plus de leurs facultés mentales. Les nègres buvaient tout ce qui leur était proposé. Huetz de Lemps (2001), citant Brue (1700), rapportait ainsi que « *les Portugais établis à Kurbaly, dans les îles Bissagos, proposent un rum si fort et d'une odeur si désagréable que dans les îles voisines, il n'y a que les nègres et la plus vile populace qui en veuille faire usage* ». Sans doute que cette eau-de-vie incorporait des substances spéciales. Une chose retient l'attention : malgré une « *odeur aussi désagréable* », les nègres n'avaient jamais refusé de la consommer !

Aux négriers, l'eau-de-vie rendait de multiples services. D'abord, en l'offrant en cadeau aux chefs et roitelets nègres, elle jouait un rôle décisif pour obtenir leur signature des traités accordant l'autorisation aux négriers de s'installer sur les littoraux, de bâtir des forts, de disposer d'un terrain pour installer un comptoir etc. Outre cela, les négriers européens utilisaient l'eau-de-vie comme cadeaux à leurs divers employés nègres et pour les payer, ou pour acquérir les vivres nécessaires à l'équipage ; dans les comptoirs, ils ouvraient des buvettes dans lesquelles les courtiers nègres et leurs aides venaient boire en continu. Un autre usage clé et non des moindres : l'eau-de-vie servait à doper la production de captif, à la susciter là où elle n'existait pas, à l'entretenir et la maintenir en permanence. Dans cette perspective, la société négro-subsaharienne en était simplement inondée, des roitelets et chefs divers jusqu'au commun des mortels en passant par les rabatteurs. Ainsi mis dans un état second et sous l'emprise de l'alcool, de composants déclencheurs de violence, hallucinogènes, euphorisants etc. des eaux-de-vie, les producteurs de captifs opéraient sans état d'âme lors des guerres, razzias, rapts, enlevant, capturant, détruisant jusqu'au sein de leurs propres familles. Par exemple, en 1770, 29 navires au départ des USA avaient convoyé chacun en Afrique au sud du Sahara 11000 gallons de rhum (41 800 litres), soit au total 1,2 millions de litres (Huetz de Lemps, 2001). Du seul Rhode Island, aux USA, à partir de 1733, c'étaient en moyenne, par an, 18 navires qui transportaient chacun en Afrique subsaharienne 10 000 gallons de rhum (Huetz de Lemps, 2001) soit 684 mille litres annuels. A ce rythme et sur un siècle, du seul Rhode Island, ce seraient 68,4 millions de litres de rhum qui seraient transportés en Afrique subsaharienne. Et cela n'était qu'une infime partie des quantités d'eau-de-vie déversées dans l'espace subsaharien par les négriers car il faudrait ajouter d'une part le rhum provenant des autres territoires des USA et, d'autre part, l'énorme masse d'eau-de-vie convoyée des pays d'Europe notamment, l'Angleterre, l'Espagne, la France, etc. La stratégie des négriers était donc simplement de créer l'addiction à l'alcool au sein de l'espace subsaharien, de créer dans cet espace une société nouvelle dans laquelle les individus vivraient en continu dans un état de dépendance psychique et/ou physique à l'alcool. Une telle addiction devait entraîner une autre, celle aux rapts, razzias, guerres et à la production de captifs dès lors que c'étaient ces captifs qui permettaient d'avoir les eaux-de-vie. L'ajout à l'eau-de-vie de drogues, de substances enivrantes, euphorisantes, hallucinogènes etc. était destiné à influer significativement sur la perception, les processus de pensée et de l'humeur des Subsahariens. Il s'agissait de faire perdre aux Nègres toute lucidité, tout usage de leurs facultés mentales de telle sorte qu'ils produisissent mécaniquement les captifs et entretinssent indéfiniment la TNT. Dans les faits, une société nouvelle, totalement sujette à la dépendance à l'eau-de-vie négrière, dans laquelle les individus n'usaient véritablement plus de leur faculté mentale émergeait dès le XVIIème siècle et parvenait à son apogée à compter du XVIIIème (voir plus loin, *la société folle*).

Outre les usages mentionnés ci-dessus, la masse d'eau-de-vie déversée dans l'espace au sud du Sahara avait servi à acquérir le captif : elle était troquée contre des captifs. Bien entendu, la manipulation ayant consisté à y ajouter de l'eau, jusqu'à la proportion de 50% indique que la moitié des captifs nègres troqués contre l'eau-de-vie, n'était en réalité payés que par de l'eau naturelle ou de l'eau de mer ! C'était bien pire que le troc contre la pacotille. Au XVIIIème siècle, la demande de captifs nègres fut si forte que les prix s'étaient littéralement envolés. Ainsi, en 1767, un capitaine américain mentionnait avoir acheté un homme pour 492 litres de rhum et une femme pour 416 litres ; en 1776, ces prix se montaient à 525 litres pour un homme et à 440 litres pour une femme (Huetz de Lemps, 2001). A Galam, en 1714, un captif était troqué contre 16 barres de fer (60 litres d'eau-de-vie environ), ce prix atteignant 130 barres de fer en 1800 (363 litres d'eau-de-vie environ). En Sierra Leone, le prix du captif passait de 60 barres de fer (223 litres d'eau-de-vie environ) en 1723 à 160 barres de fer (446 litres d'eau-de-vie environ) en 1792 etc. Compte tenu de la manipulation des eaux-de-vie, avec ajout jusqu'à 50% d'eau de mer ou d'eau naturelle, les prix effectifs en eau de vie se limitaient jusqu'à 50% de ceux mentionnés.

Outre les usages précédemment mentionnés, les négriers européens se servaient de l'eau-de-vie pour obtenir de manière très avantageuse les captifs livrés par les courtiers et autres vendeurs négro-africains : « *Au Sénégal (...) soit que l'on traite avec les Maures, soit que l'on traite avec des nègres, n'importe de quelle nation (...) les palabres durent souvent deux heures. On a soin de les faire bien boire, si ce sont des nègres ; quoique Mahométans, on leur donne de l'anisette et de l'eau-de-vie. Ils boivent à perdre la raison et alors terminent leur marché.* » (Huetz de Lemps, 2001). Comment un vendeur que l'on a pris soin de « *faire bien boire* », et qui « *a bu à perdre la raison* » pouvait-il terminer son marché ? En liquidant ses captifs à vil prix ? C'est quasi certain ! Puisqu'il agissait dans un état second, ayant perdu toute lucidité et se trouvant quasiment incapable d'user de ses facultés mentales. C'était là le procédé dont usaient les négriers européens et américains dans presque tous les comptoirs subsahariens, des littoraux comme de l'intérieur des terres, pour réussir un marché avantageux. Mais la stratégie n'était pas réservée aux seuls courtiers et vendeurs privés de captifs. Les négriers l'avaient étendue aux chefs nègres qu'ils faisaient boire de l'alcool afin de les amener à procéder à des razzias. Pope-Hennessy (1969) rapportait ainsi qu'au XVIIIème siècle, des officiers français du fort de Gorée ainsi que des négriers de la Compagnie Française du Sénégal faisaient boire le roi de Barbassin quotidiennement en exigeant de lui de razzier ses propres villages.

§4) Les produits de traite : des produits de piètre qualité mais de grande valeur !

Dans la littérature historique relative aux traites négrières, une controverse oppose souvent les auteurs à propos des produits de traite et sur deux questions, notamment celle de la valeur et celle de la qualité de ces produits.

A) La question de la qualité des produits de traite

Une controverse de plus en plus vive oppose depuis peu les historiens sur la question de la qualité des produits de traite. Alors que traditionnellement les auteurs soutenaient que ces produits étaient de médiocre ou vile qualité, des voix s'élevaient depuis peu, surtout depuis les années 2000, pour affirmer le contraire. L'argument est que la Traite trans-atlantique (TNT) ayant duré plusieurs siècles, les Européens n'auraient pas pu duper les Négro-subsahariens sur la qualité des produits qu'ils leur avaient servis sur une aussi longue période (Grenouilleau, 2004 ; Dorigny, 2007 ; Diakite, 2008). Diakite affirmait même que les Négro-africains du XVIIIème siècle connaissaient la qualité des produits européens au contraire de leurs ancêtres du XVIème siècle par exemple.

Cela signifie que les négriers ne pouvaient duper les Nègres de cette dernière période (XVIIème-XIXème siècle) sur la qualité des produits et qu'ils ne pouvaient leur proposer et vendre des produits de qualité médiocre, faible, piètre. Il ne s'agit là toutefois que d'une simple conjecture, d'une simple hypothèse : les auteurs n'ont apporté aucune preuve de leur allégation. En effet, que les Négro-africains du XVème comme du XVIIIème siècles connussent la notion de qualité d'un produit était un fait que nul ne saurait contester. Qu'ils essayassent de mettre en place des critères de contrôle de la qualité des produits que les négriers leur vendaient fut aussi avéré. Toutefois rien ne permet d'affirmer qu'ils ne pouvaient être dupés par les négriers sur la qualité des produits que ces derniers leur offraient. Illustrons cela en examinant les deux produits phares de la TNT, à savoir, les armes et l'eau-de-vie.

D'abord les armes. Etaient-ce celles de meilleure qualité dont disposait l'Europe que les négriers avaient écoulées en Afrique subsaharienne du XVème au XIXème siècles ? Il est évident que non. En effet, convoyer les meilleures armes européennes en Afrique au sud du Sahara, aurait privé l'Europe de toute avance militaire sur les Négro-subsahariens et l'aurait même empêchée de réaliser la traite car les résistances militaires à la TNT n'avaient été vaincues que grâce à la supériorité militaire européenne. Ce fut la raison fondamentale pour laquelle les Européens ne pouvaient se permettre de vendre leurs armes de meilleure qualité, de pointe, aux Négro-subsahariens. Par exemple, les innombrables châteaux forts que les négriers européens avaient construits dans l'espace subsaharien (carte 4) étaient bâtis, dotés et équipés des armes devant garantir qu'ils fussent imprenables par les Négro-subsahariens. Dès lors, il était impossible de fournir à ces derniers les armes de qualité au moins égale à celle dont disposaient les forts. Les armes écoulées dans l'espace subsaharien étaient forcément obsolètes au regard de celles dont étaient dotés les négriers européens. Il s'agissait de fait d'armes obsolescentes, parfois vieillies, usagées etc. Il y eut tout un trafic de vieux fusils, usés, voire des faux vers l'Afrique noire durant la TNT. Ce dont témoignait le fait que toutes les confrontations militaires entre Négro-africains et Européens durant la TNT avaient tourné à l'avantage des Européens comme l'illustraient les guerres contre les Portugais au Kongo, en Angola etc. C'était que les armes dont se servaient les Subsahariens, lesquelles étaient d'ailleurs acquises auprès des Européens, furent de moindre qualité au regard de l'armement de ces derniers. Il s'ensuit que durant quatre siècles, les Européens avaient réussi à flouer les Négro-subsahariens sur la qualité de l'armement qu'ils leur vendaient.

Ensuite l'eau-de-vie. Les boissons alcooliques furent un autre produit phare de la TNT dont l'importance égalait pratiquement celle des armes. Quelle était la qualité de l'eau-de-vie vendue aux Négro-africains par les négriers européens et américains ? Il est largement connu que tout au long de la TNT, cette qualité fut l'objet de nombreuses manipulations par les négriers notamment par ajout d'eau et d'autres substances. Selon Huetz de Lemps (2001), rajouter de l'eau et d'autres substances à l'eau-de-vie troquée contre les captifs nègres en Afrique au sud du Sahara était une pratique générale des armateurs et capitaines des navires négriers de toutes provenances. Pour situer l'origine de la pratique, l'auteur rapportait un *Mémoire des Juges et Consuls* de Nantes affirmant que : « *Les Portugais ont été les premiers à s'apercevoir de la passion violente des noirs pour les liqueurs fortes. Ils leur en fournirent d'abord pures, que ceux-ci buvaient comme de l'eau, mais ils en furent les victimes par le massacre de plusieurs de leurs compagnons, comme il arriva en 1752 et 1753 à plusieurs chaloupes anglaises dont tous les gens furent assassinés. Devenus sages à leurs dépens, les Portugais mélangèrent leurs eaux-de-vie. Les*

Hollandais, les Anglais, les Danois et les Français ont depuis suivi cet exemple (...) ».

La pratique ne se limitait pas aux seuls Européens. Tout négrier ayant fourni de l'alcool aux Subsahariens y avait recours. C'était par exemple le cas au XVIIIème siècle avec les producteurs de rhum de la Nouvelle Angleterre aux USA, ceux de Rhode Island. Ces derniers produisaient spécialement pour l'espace subsaharien le rhum nommé « *Guinea rum* ». La technique de distillation consistait en un double ou triple passage dans l'alambic qui générait un rhum très fort auquel l'on ajoutait de l'eau à l'arrivée sur les côtes subsahariennes (Huetz de Lemps, 2001). La proportion d'eau dans les eaux-de-vie allait jusqu'à 50% voire plus quel que fut le fournisseur. Sur la Côte de Guinée, au début du XIXème siècle, souligne Huetz de Lemps (2001), l'eau-de-vie était, par ajout d'eau et autres produits, généralement réduite aux 3/4 de sa force ou aux 2/3 comme à Bonny où « *l'on supplée à la platitude de la liqueur par l'emploi de poivre* ». A Glèhoué (Ouidah), l'eau-de-vie était coupée de moitié ou d'un tiers. Par ailleurs, outre l'eau naturelle, les capitaines ajoutaient aussi l'eau de mer à l'eau-de-vie vendue aux nègres comme le fit en 1728 celui du navire négrier du Havre, *Cupidon*. Les nègres, conscients de ces manipulations, tentaient par des procédés divers de détecter parmi les eaux-de-vie édulcorées celles de moins mauvaise qualité. Un document d'archive du XVIIIème siècle consulté par Diakite (2008) indiquait que pour les nègres, la présence d'une petite écume en haut de l'alcool était une preuve infaillible de qualité : en conséquence, les négriers ajoutaient à l'eau-de-vie du savon d'Espagne pour produire cet effet. Les négriers déjouaient presque tous les tests mis en place par les nègres pour éprouver la qualité de l'eau-de-vie dès qu'ils en avaient connaissance. Par exemple, les nègres avaient coutume de secouer la bouteille : si l'alcool moussait légèrement alors ils concluaient qu'il était de bonne qualité. En réponse, les négriers ajoutaient tout simplement des produits moussants à l'eau-de-vie qui leur était vendue. Dans le but de manipuler la qualité de l'eau-de-vie, outre l'eau naturelle ou de mer, les négriers lui incorporaient de nombreux autres substances et produits, notamment, le citron, des drogues, diverses substances enivrantes, euphorisantes, hallucinogènes etc. Lorsque l'incorporation de l'eau et autres substances ainsi que produits modifiait la couleur de l'eau-de-vie, les négriers procédaient à une correction artificielle ; si elle devenait trop blanche, les capitaines utilisaient une décoction de bois de chêne pour lui redonner la teinte adéquate. En plus de ces faits, Huetz de Lemps (2001), citant Brue (1700), rapportait que *« les Portugais établis à Kurbaly, dans les îles Bissagos, proposent un rum si fort et d'une odeur si désagréable que dans les îles voisines, il n'y a que les nègres et la plus vile populace qui en veuille faire usage »*. Pourquoi une eau-de-vie aurait-elle une « *odeur aussi désagréable* » ? Lui avait-on adjoint des substances spéciales ? Une chose retient l'attention : malgré la piètre qualité évidente de cette eau-de-vie, que souligne Brue, les nègres n'avaient jamais refusé de la consommer ! Et telle fut le cas en réalité de toute l'eau-de-vie frelatée, manipulée de diverses manières durant les quatre siècles de TNT.

Ce bref rappel montre qu'il est totalement erroné de soutenir que les Européens, au XVIIIème siècle, ne pouvaient écouler des produits de qualité médiocre ou mauvaise dans l'espace subsaharien parce qu'ils n'auraient pas pu tromper les Nègres sur plusieurs siècles. Même si les Nègres pouvaient se plaindre d'une détérioration de la qualité des produits à eux servis aujourd'hui comparés à ceux reçus hier, ils prenaient néanmoins tout ce qui leur était proposé. Dans les comptoirs, c'était contre les produits disponibles que les marchands professionnels et autres vendeurs individuels à la sauvette troquaient les captifs. S'ils choisissaient des produits, c'était parmi ceux qui existaient, ceux qui étaient disponibles. Et tous les produits transportés en Afrique subsaharienne par les négriers avaient toujours été vendus ! Or, soulignait Diakite (2008), les sources faisaient état de fraudes répétées, de camouflage de la défectuosité des produits, du recours à des artifices divers pour faire accroire à une qualité meilleure etc., tout cela touchant presque tous les articles de traite. Ainsi, les Subsahariens furent largement dupés sur la qualité des produits de traite qui leur étaient vendus.

Il n'est donc pas possible d'affirmer que les produits européens de traite contre lesquels les captifs négro-subsahariens furent troqués étaient des « produits de qualité ». Ce constat est général et va au-delà des produits de traite. De quelle qualité étaient par exemple la fripe, les vêtements usagés, les vieilles tenues de théâtre etc. écoulées en Afrique subsaharienne par les négriers durant quatre siècles ?

Au-delà des produits de traite classiques, tout ce qui a été déporté dans l'espace subsaharien durant la TNT par les Européens fut de qualité médiocre, voire mauvaise. Ce fut notoirement le cas du type d'européens déportés dans l'espace subsaharien pour y prendre en charge l'activité négrière, notamment la production de captifs, à, savoir les *lançados* ou *Pombeiros* portugais. Ils ne faisaient pas partie des élites de la société européenne. C'étaient au contraire les pires de cette société, parce qu'ils étaient des criminels de droit commun, des assassins, des voleurs, des débauchés etc., bref des rebuts dont la société européenne ne voulait pas. Cependant, ainsi que nous l'avons souligné, comme les produits de traite, les Subsahariens les avaient acceptés et traités comme s'ils faisaient partie des élites européennes.

B) La question de la valeur des produits de traite

Elle est comme la question de la qualité un sujet de controverse dans la littérature relative aux traites négrières. Régulièrement, nombre d'historiens soutiennent que les produits de traite n'étaient que des produits de piètre qualité voire de la pacotille et seraient en conséquence dénués de toute valeur. Nul besoin ici de s'étendre longuement sur le sujet. En effet il s'agit d'un point de vue profondément erroné. Car, bien que ces pacotilles fussent des produits de faible qualité, et que durant les quatre siècles de TNT les produits contre lesquels les captifs furent troqués ne fussent en général pas des produits de qualité comme nous l'avons souligné, tous ces biens pouvaient parfaitement être dotées d'une valeur, même très élevée, voire infinie. Et c'était effectivement le cas dans la société subsaharienne durant les traites négrières et particulièrement durant la « société nouvelle » datant du XVIIème siècle. Cela est bien connu des économistes. En effet, au sens économique du terme, la valeur d'un bien ne dépend pas de la qualité de ce bien ; elle ne dépend que de deux choses, à savoir l'utilité et la rareté ; l'utilité étant la satisfaction que le consommateur, l'utilisateur de ce bien espère en tirer. La valeur est de ce fait subjectivement évaluée par le consommateur ou l'utilisateur. La valeur n'est donc pas une notion objective. Elle est totalement subjective. La rareté, pour sa part a pour indicateur la quantité disponible du bien en un lieu donné, à un moment donné. Plus le bien est rare (quantité disponible faible), plus sa valeur a tendance à être élevée ; et plus l'utilité (la satisfaction espérée par l'utilisateur) est élevée, plus également la valeur est tendanciellement élevée. La pacotille européenne, la friperie (vêtements usagers, vieux), l'eau-de-vie mélangée à de l'eau et autres produits inconnus, le fusil obsolète etc. déversés par les négriers européens dans la société négro-africaine des traites négrières y devenaient des biens de très grande valeur pour les deux raisons que nous venons de mentionner : ils y étaient des biens rares (transportés depuis des milliers de kilomètres, disponibles en quantité limitée) et les Nègres leur attribuaient une grande utilité, espérant tirer de leur usage une grande satisfaction. Dans tous les cas l'évaluation de la valeur d'un bien n'est du ressort que du seul utilisateur de ce bien.

Section 7) L'exercice du pouvoir par personne interposée pour implanter l'esclavage

Comme naguère les Arabo-musulmans contrôlant les pouvoirs négro-africains islamisés, via leur rôle d'instructeur religieux-maître spirituel des rois, chefs, et leur prescrivant les razzias sur les populations vitalistes conformément à la Loi islamique, les Portugais, et plus tard les autres Européens, avaient implanté leur esclavage dans l'espace subsaharien en y exerçant le pouvoir par personne interposée. Cette technique consistait, plutôt que de s'emparer du pouvoir directement et de l'exercer soi-même, à y placer, désigner ou imposer des souverains autochtones choisis par soi, de façon à les garder comme otage et à leur dicter sa volonté, notamment celle de mener à sa guise les activités négrières dans leur royaume. Aux rois ou prétendants au trône osant s'opposer à ce projet n'était réservée qu'une seule issue, à savoir, l'élimination physique.

Les Portugais avaient très tôt recouru à cette technique. Un cas emblématique d'exercice du pouvoir par personne interposée en vue d'implanter et pérenniser l'esclavage fut celui de la région du Kongo-Angola qui, dès la fin du XVème siècle, était le théâtre majeur de cette manipulation orchestrée par les Portugais. Ainsi, au royaume du Kongo, dès la mort, à la fin du XVème siècle du roi Nzinga-A-Nkuwu, lequel fut le premier à accueillir et installer les chrétiens portugais dans son royaume, ces derniers imposèrent au pouvoir, par les armes, l'un de ses fils ayant embrassé le Christianisme, à savoir le prince Nzinga Mvemba dit Afonso 1er, contre son rival, successeur désigné au trône par le roi défunt, le prince Pango, demeuré fidèle à la religion vitaliste ancestrale. C'était au cours d'une confrontation armée qui eut lieu entre 1492 et 1506 et que Pigafeta et Lopes (1591) rapportaient ainsi : « *en même temps que la mort du roi, on publia la nouvelle de la succession à la Couronne de dom Afonso (N'zinga Mvemba), présent [à la cour]. Lui-même accompagna le corps de son père à sa sépulture, avec tous les seigneurs de la cour et les* **Portugais**...*Dès qu'il[Pango] eut appris que son père était mort et que son frère était déjà monté sur le trône, il composa avec les ennemis, rassembla une grande armée et marcha contre son frère,* **suivi de presque tout le royaume qui lui était favorable : il disposait ainsi de près de 200 000 hommes**...**Le roi Afonso** *les attendait dans la capitale avec le peu de soldats qu'il gardait... Faisant le compte des soldats, amis qu'il avait pour se défendre d'un ennemi si puissant, il* **n'arrivait même pas au nombre de 10 000**. *Parmi ceux-ci il n'y avait pas plus de cent chrétiens du pays, outre quelques rares* **Portugais qui se trouvaient sur place**...*Pango fit signifier au roi et à tous ceux qui étaient avec lui que, s'ils ne se rendaient incontinent, en lui remettant la capitale, en le créant roi, et en lui prêtant serment, et si de plus ils n'abandonnaient leur nouvelle religion, ils les passeraient tous au fil de l'épée, mais que, s'ils se soumettaient à ces conditions, il leur accorderait son pardon* ». Malgré la disproportion des forces en présence, largement en faveur de Pango et malgré le soutien populaire, le prétendant légitime au trône, le prince Pango, fut vaincu et tué. Comment comprendre cette défaite ? Historiquement, N'zinga Mvemba ne pouvait gagner que s'il obtenait l'appui d'une force externe au royaume du Congo. Pour Pigafetta et Lopes cette force externe, c'étaient les divinités chrétiennes, à savoir qu'Afonso Ier fut aidé pendant la bataille par la Vierge Mère de Dieu et Saint Jacques. Ce qui n'a pas de sens. On s'aperçoit sans peine que la force externe qui avait secouru N'zinga Mvemba était la puissance des Portugais dont la présence aux côtés du roi est restée constante depuis le décès de son père jusqu'au moment de la bataille (voir citation ci-dessus). En outre, il convient de le souligner, l'accession au pouvoir de N'zinga Mvemba fut un coup d'Etat perpétré avec l'appui des Portugais : Pango était à l'intérieur du pays, guerroyant contre des populations qui s'étaient rebellées du vivant de leur père lorsque celui-ci décéda ; or, sans l'avoir informé du décès et sans la moindre discussion relative à la succession, N'Zinga prit le pouvoir et monta sur le trône ! Cette façon d'accéder au pouvoir n'était aucunement dans la tradition négro-africaine dans laquelle le roi était élu par un collège spécial : c'était une pratique importée, celle des Portugais. Cela expliquait d'ailleurs la réaction du peuple entier qui soutenait alors Pango. C'était en outre contre la volonté populaire que Nzinga fut imposé au pouvoir par une puissance étrangère, le Portugal. En montant de cette façon-là sur le trône, N'Zinga se liait les mains car la seule légitimité de son pouvoir se trouvait dès lors être les Portugais. C'était patent. On l'a vu par la suite. Non seulement lui-même se comportait en véritable valet vis-à-vis du roi du Portugal (voir paragraphe « *Résistances non armées* »), mais encore celui-ci se comportait en maître du royaume du Kongo, allant jusqu'à donner des directives, des conseils et même faire des injonctions aux collaborateurs et fils de Nzinga, aux dignitaires, aux nobles du royaume kongolais, en leur écrivant directement : « *Si j'écris des lettres à vos fils et à vos nobles, c'est pour qu'ils soient certains que, s'ils ne respectent pas votre volonté et vos ordres, tant pendant votre vie qu'après votre mort, ils m'auraient pour ennemi.* » écrivait-il au roi Nzinga Mvemba dans son courrier de 1529 (Jadin et Dicorato, 1974). Le roi du Kongo s'était ainsi vu imposer l'esclavage et la traite dans son royaume par les Portugais alors qu'il était ouvertement antiesclavagiste (voir plus haut : « *Résistances non armées* »). Il avait en effet beau protester contre l'activité négrière des chrétiens portugais installés dans son royaume, le clergé catholique local n'en avait cure ; il avait beau quémander au roi du Portugal son aide, son intervention pour mettre un terme à l'esclavage et à la traite pratiqués par les Portugais au Kongo, ce dernier n'avait que faire de ses jérémiades et se moquait carrément de lui (voir plus avant : « Résistances non armées »). Son opposition à l'esclavage et à la traite lui avait valu une hostilité croissante des chrétiens portugais du Kongo qui tentèrent de l'assassiner, en pleine église, le dimanche de Pâques de l'année 1540. Depuis lors, Mvemba qui, dans un courrier du 6 juillet 1526 au roi Jean III du Portugal (Jadin et Dicorato, 1974) affirmait fièrement que « *C'est en effet notre volonté que ce royaume ne soit un lieu ni de traite ni de transit d'esclaves* », laissait les mains libres aux Portugais en matière de traite et assistait hébété au développement de l'esclavage dans son royaume. Il n'avait jamais compris que dès lors qu'il avait accepté les Portugais, acteurs de l'esclavage médiéval européen concevant la mise en esclavage de l'humain comme normal depuis le Moyen Âge, et surtout que dès lors qu'il avait accepté qu'ils le missent au pouvoir, il avait sûrement implanté l'esclavage et la traite chez lui.

Depuis Nzinga Mvemba Afonso 1er, les Portugais installaient presque régulièrement, à la tête du royaume du Kongo, leurs marionnettes, l'un des plus illustres étant Alvaro Ier (1568-1587), et y conduisaient à leur guise les activités de traite. Contre cette situation s'étaient élevés des petits-fils de Nzinga Mvemba devenus rois, lesquels n'hésitaient pas à aller à la confrontation militaire contre les Portugais, comme le fit au XVIIème siècle le roi Nvita Nkanga lors de la mémorable bataille de Mbwila du 29 octobre 1665. Nvita perdit cette bataille et fut décapité par les Portugais. A compter de cette date, les Portugais avaient totalement la main sur le royaume du Kongo. Cependant, au lieu d'exercer directement le pouvoir, ils se contentaient de désigner les roitelets chargés de le faire, lesquels leur garantissaient leurs activités négrières.

Toutefois, plus qu'au Kongo, c'était en Angola que les Portugais avaient le plus mis en œuvre la technique d'implantation de l'esclavage dans l'espace subsaharien en exerçant le pouvoir par personne interposée. Leur procédé consistait à faire produire les captifs qu'ils désiraient par des roitelets nègres à leur solde ou par des rabatteurs qu'ils embauchaient. En effet, après avoir conquis le royaume d'Angola au XVIème siècle (voir Section : « *Implantation par rapts et razzias directs des Européens au sud du Sahara* »), les Portugais y avaient créé des royaumes vassaux nègres, complètement assujettis. A certains endroits, ils désignaient les roitelets au pouvoir directement comme dans le royaume de Pungo Andongo ; ailleurs, ils faisaient créer des royaumes par des groupes de rabatteurs qu'ils avaient embauchés, comme ce fut le cas du royaume Jaga de Cassange ; à d'autres endroits, les plus nombreux, les Portugais avaient créé des vassaux très soumis, nommés *Soba*. Ceux-ci étaient tenus de « *faire acte d'obéissance au cours d'une cérémonie appelée undamento : le soba se prosterne devant le gouverneur [portugais], qui jette sur lui un peu de « farine » de manioc, dont il se frotte la poitrine et les bras* » (Randles, 1969). En outre les gouverneurs portugais de Luanda imposaient aux *Soba* un tribut annuel constitué d'un quota de captifs, de nattes en raphia et de vivres. Les *Soba* qui ne fournissaient pas la quantité imposée de captifs par exemple voyaient leurs enfants, ainsi que femmes, enlevés par les Portugais et vendus. Au début du XVIIème, c'étaient des royaumes *soba* vassaux du pouvoir de Luanda qui formaient la ceinture de protection entourant les quatre forts portugais de l'intérieur des terres de l'Angola équipés chacun d'une garnison de troupes portugaises, notamment les forts de Massangano (1583), Muxima (1599), Cambambe (1604), Ambaca (1611).

Initié par les Portugais, l'exercice du pouvoir par personne interposée pour implanter, entretenir et pérenniser la TNT fut adopté et largement mis en œuvre par les autres négriers européens, Espagnols, Anglais, Français, Danois etc. Par exemple, du XVIIème au XIXème siècles, les Anglais comme les Français embauchaient des rabatteurs berbères-maures qui allaient razzier pour leur compte au Mali, Sénégal etc. Sur la côte occidentale subsaharienne et notamment celle dite des esclaves (golfe du Bénin), aux XVIIIème-XIXème siècles, les Portugais et autres Européens faisaient produire des captifs par diverses cités-Etats qu'ils y avaient créées, ou contribué à y créer, ou des royaumes dont ils désignaient les rois, notamment les royaumes d'Allada, de Houeda (Ouidah) etc. Les Brésiliens faisaient de même : par exemple, l'esclavagiste de cette origine, Francisco Félix Chacha de Souza orchestra un coup d'Etat au royaume du Danhome pour mettre au pouvoir le prince Gakpe Ghezo qui lui produisait les captifs qu'il trafiquait. De Souza créait pour ce faire un comptoir d'esclaves à Petit-Popo (Aného, Togo contemporain) qu'il nommait Ajuda, du nom du fort de Ouidah. Etc.

Section 8) L'esclave comme monnaie : un canal majeur d'implantation de l'esclavage

Rappelons que si les premiers rapts directs des Portugais sur la côte occidentale africaine (1441-1444) dont les victimes furent principalement les Sarrasins Arabo-Berbères-Maures, s'inscrivaient globalement dans le cadre de la croisade chrétienne contre les Musulmans, la première vente publique de ces captifs en 1444 à Lagos, au Portugal, révélait l'opportunité d'enrichissement que constituaient les captifs. Le contexte était particulièrement favorable. En effet, la société esclavagiste médiévale européenne était confrontée, en ce XVème siècle, à un déficit d'esclaves à la suite du tarissement de sa source majeure d'approvisionnement de la mer Noire. La demande d'esclaves non satisfaite en Europe était alors forte. Les Portugais trouvaient dans leurs incursions sur le littoral ouest africain les moyens de répondre à cette demande. Or, le rendement de leurs razzias directes qui s'étaient concentrées sur les Nègres depuis 1444 ne suffisait pas à répondre adéquatement à la demande européenne. Aussi, très tôt, les Portugais complétaient leur propre production de captifs par l'achat auprès des Arabo-musulmans. Ils ouvraient ainsi un premier comptoir commercial sur l'île d'Arguin (Mauritanie contemporaine) vers 1445 et dès lors achetaient des captifs nègres aux Berbères-Maures en complément des leurs propres. Sur la côte subsaharienne, ils ouvraient également des comptoirs dont le premier et le plus important était celui de la localité d'Adena (Ghana contemporain) bâti en 1482. Dans ces comptoirs, les Portugais mettaient en vente divers produits : tissus, vêtements européens, ustensiles en cuivre, en laiton, barre de fer, divers objets. Les premiers clients sollicités, notamment à Arguin, à compter de 1445, furent les Maures, les Berbères et autres Arabo-musulmans. Alors qu'en Europe, au même moment, les Portugais utilisaient la lettre de change comme moyen de paiement, ils l'abandonnaient sur le littoral africain et proposaient à Arguin des échanges sous la forme de troc. Ils exigeaient deux produits africains contre lesquels leurs articles pouvaient être acquis, à savoir le captif et l'or. C'étaient en réalité les deux finalités des expéditions portugaises en Afrique. Car c'étaient les deux produits les plus à même d'enrichir le Portugal à l'époque. L'or ou le captif étaient la monnaie devant servir à l'achat des produits mis en vente par les Portugais dans leurs comptoirs africains. Toutefois, l'esclave étant plus « facile » à se procurer (il suffisait de kidnapper une personne !), il était la véritable monnaie d'échange malicieusement instituée par les Portugais. Et dans les faits, c'était cette monnaie qui s'était imposée durant les quatre siècles de traite portugaise et européenne en Afrique. En instituant l'esclave comme monnaie dès ce XVème siècle, reprenant une pratique déjà très ancienne en Europe médiévale, et en outre mise en œuvre dans l'espace subsaharien par les Arabo-musulmans dans leur traite, les Portugais tentaient de détourner à leur profit la traite arabo-musulmane transsaharienne qui drainait les captifs subsahariens par caravanes via le Sahara pour alimenter les marchés du Maghreb, d'Egypte et du monde musulman depuis le VIIIème siècle.

Bien que l'esclave fût la monnaie, dans les comptoirs et notamment celui d'Arguin, dans les années 1450, les Portugais avaient établi une équivalence entre les différents produits : ils avaient fixé une valeur d'échange pour chaque produit, définie en double or. De telle sorte que l'acheteur disposant de l'or ou de l'esclave pût acquérir le même produit. Pour le captif, le prix de référence était la valeur du captif jeune, en bonne santé : celui-ci valait 15 doublons d'or ; l'enfant de moins de sept à huit ans valait 6 à 7 doublons d'or, la valeur étant de 5 doublons pour le captif considéré comme âgé, soit ayant plus de 36 ans (Mendes 2012). Le vendeur d'esclave optait pour l'article qui lui convenait, en fonction du prix de vente affiché en livrant le nombre d'esclaves correspondant. Dans les comptoirs, souvent, le vendeur d'esclave se trouvait contraint de choisir le produit encore disponible lorsque celui qu'il désirait était épuisé. Si les comptoirs (voir cartes 4 et 5) étaient les lieux historiques du commerce négrier portugais, toutefois des châteaux forts généralement construits après, en prenaient le relais en maints endroits. Le premier de ces châteaux forts bâtis sur le littoral africain fut celui d'Arguin (1448). Ces forts, nous l'avons souligné, servaient à la fois comme comptoirs de traite (entrepôt, marché), douane, centres commerciaux, bâtiments de guerre etc. Du XVème au XVIème siècles, les Portugais en avaient bâti une cinquantaine sur la côte ouest-africaine (voir cartes 2, 4, 5). En la matière, les autres négriers européens, Danois, Hollandais, Anglais, Français etc. leur avaient emboîté le pas.

Dans le plus important fort-comptoir subsaharien que l'envoyé du roi portugais Joao II, Diogo d'Azambuja, avait bâti dans la localité d'Adena, sur la « Côte de l'or » (Ghana contemporain) en 1482, le fameux fort Sâo Jorge da Mina, les Portugais semblaient viser prioritairement l'or. Ils l'acquéraient en livrant aux autochtones des captifs, pratique que **Latour Da Veiga et Carreira (1985)** jugeaient « paradoxale », écrivant : « *Dès 1482, ils [les Portugais], y édifièrent un fort, Sao Jorge da Mina, qui permit un grand essor du commerce dans cette région. Paradoxalement, une des monnaies d'échange utilisée par les Portugais pour obtenir de la poudre d'or était les esclaves, qu'ils ramenaient principalement du Benin* ». Ballong-Wen-Mewuda (1988) confirmait cet usage de l'esclave pour payer l'or par les Portugais. Cependant, contrairement au jugement de Latour et Carreira, le procédé portugais, loin d'être « paradoxal », était plutôt une œuvre de génie : en se servant du captif pour acquérir l'or chez les autochtones subsahariens, ils aspiraient à la fois les deux produits (or et captif) qui se retrouvaient in fine entre leurs mains. En effet, les autochtones se débarrassaient rapidement des captifs obtenus pour acquérir les produits mis en vente par les Portugais dans le comptoir ou le fort, ces produits étant vendus contre le captif ! Sans cette technique, les gens n'apprendraient pas à utiliser l'esclave dans cette région aurifère et ils ne seraient pas incités à en produire. Il s'agit donc d'une pratique d'implantation ou d'endogénéisation de l'esclavage européen dans la région aurifère.

Au-delà, l'usage de l'esclave comme moyen d'acquisition des « produits des Blancs », de la fripe et de la pacotille jusqu'au fusil, à l'eau-de-vie et autres biens, fut le moyen, de loin le plus important, de l'implantation de l'esclavage dans l'espace subsaharien (Seti, 1998 ; Logossah, 1998b). Il fut utilisé par les Portugais et autres Européens comme les Arabo-musulmans avant eux. Il contraignait toute personne désireuse d'acquérir les produits mis en vente par ces derniers à disposer préalablement de captif. Tout consommateur potentiel de ces « produits » devenait un utilisateur potentiel de captif et donc un pratiquant de l'esclavage mis en place par les « Blancs », Arabo-musulmans ou Européens.

Chapitre 7) L'embrasement général des XVIIème-XIXème siècles : folie sociale, drames et dégâts

Repère

Ce chapitre aborde la question des effets des traites négrières, arabo-musulmane et chrétienne transatlantique, dans l'espace subsaharien. Dans les chapitres précédents, nous avons exposé comment fut implanté, fut rendu endogène, à partir du VIIème siècle, dans une société subsaharienne jusque-là quasi-intégralement vitaliste et ignorant l'institution esclavagiste, d'une part l'esclavage et la traite arabo-musulmane, d'autre part l'esclavage et la traite médiévale européenne devenue traite transatlantique. Les acteurs de l'implantation furent dès le VIIème siècle des Arabo-musulmans (Arabes, Berbères, Maures, Touaregs, Persans, Indiens, Indonésiens etc.) puis à compter du XVème siècle des Européens (Portugais, Espagnols, Danois, Hollandais, Anglais, Français etc.), Brésiliens etc. Par des voies et procédés divers, ils réussissaient à faire adopter leur pratique sociale qu'étaient l'esclavage et la traite par les Négro-subsahariens. De ces procédés, ceux que l'on peut retenir comme majeurs sont la conversion des populations vitalistes subsahariennes aux religions judéo-chrétiennes (Islam, Christianisme), l'inculcation à ces populations, par ce canal religieux, de la légitimité et de la légalité de l'esclavage ainsi que des moyens de production des captifs (rapt, razzia, guerre) ; l'installation d'Arabo-musulmans, d'Européens, dans l'espace subsaharien qui s'adonnaient à la production et à la commercialisation de captifs, enseignant alors par la pratique ces activités aux Nègres judéo-christianisés ; le passage à l'acte de ces derniers et leur association aux entreprises négrières des acteurs étrangers, arabo-musulmans et européens ; la prise de contrôle des pouvoirs subsahariens par les acteurs étrangers (arabo-musulmans, européens, brésiliens), lesquels administraient, directement ou par personne interposée, les royaumes, cités-Etats, territoires subsahariens au service de leurs intérêts négriers; l'incitation à produire des captifs en créant le besoin des produits étrangers, en particulier en inondant l'Afrique noire d'armes et de boissons alcooliques auxquelles diverses drogues étaient ajoutées ; enfin, peut-être aussi important que la conversion des populations et la légitimation religieuse de l'esclavage, l'érection du captif en monnaie d'échange, en moyen d'acquisition des produits étrangers, dans l'espace subsaharien. Ce canal fut celui de la généralisation progressive et définitive de l'esclavage dans l'espace subsaharien.

De l'implantation progressive et définitive de l'esclavage et de la traite, arabo-musulmans et européens, dans l'espace subsaharien, naissaient ici, progressivement et définitivement, un esclavage ainsi qu'une traite que l'on qualifie « d'internes », de « propres » aux sociétés subsahariennes. Mais la formule ne trompe guère : il ne s'agissait en réalité que d'une adaptation locale de pratiques étrangères : la traite interne subsaharienne (TIS) était engendrée par les traites étrangères TAM et TNT. Par ailleurs, la généralisation de l'esclavage et de la traite dans l'espace subsaharien survenait à compter du XVIIème siècle et matérialisait l'émergence d'une société nouvelle se substituant à la société vitaliste ancestrale d'avant le VIIème siècle : c'était la société de traite et d'esclavage d'équilibre dans laquelle le captif avait évincé les presque tous les produits jusqu'à l'or, pour se retrouver au centre de l'activité socio-économique.

Dans ce chapitre, nous exposerons les caractéristiques de cette société nouvelle, les drames et dégâts que son émergence ainsi que les traites négrières étrangères dont elle fut le produit avaient générés pour l'espace subsaharien. La caractéristique majeure, saillante à relever était l'anormalité de la société nouvelle au regard de la société vitaliste ancestrale : c'était une société folle, d'insécurité généralisée, d'auto-détestation et d'autodestruction. D'autres traits de cette société nouvelle étaient la régression et la réapparition de la vie sauvage, la perte de la mémoire collective, la fuite incessante des populations, la naissance de nouveaux lignages, de nouvelles langues, l'hécatombe démographique, le mépris raciste mondial dont elle était l'objet etc.

Section 1) La société folle négrière : une production des traites étrangères

§1) L'émergence d'une société nouvelle à compter du XVIIème siècle

L'ensemble des techniques mises en œuvre dans l'espace subsaharien, tant par les Arabo-musulmans depuis le VIIème siècle que par les Portugais et autres Européens à compter du XVème siècle, pour y implanter leur pratique sociale qu'étaient l'esclavage et la traite, puis les faire adopter par les autochtones, concourrait à l'émergence progressive de « Négro-africains nouveaux » porteurs et acteurs d'une société nouvelle en Afrique noire. En effet, les divers procédés, notamment : la conversion à l'Islam et au Christianisme ; l'inculcation par ces religions tant de la légitimité et de la légalité de l'esclavage que de celles des moyens de production du captif (rapt, razzia, guerre) ; l'installation au sein de l'espace subsaharien d'Arabo-musulmans, d'Européens, Brésiliens etc. produisant, commercialisant et traitant des captifs ; la prise de contrôle des pouvoirs subsahariens par des étrangers, à savoir, Arabo-musulmans, Européens, Brésiliens, administrant, directement ou par personne interposée, les royaumes, cités-Etats et autres fiefs au service de leurs intérêts négriers ; leurs « conseils-injonctions » en matière de traite aux roitelets subsahariens ; la fourniture d'armes à ceux-ci et aux razzieurs arabo-musulmans; l'abreuvement des Négro-africains (dirigeants, communs des mortels, islamisés ou non) mais également des Arabo-musulmans razzieurs, d'eaux-de-vie mélangées à diverses drogues enivrantes, euphorisantes et hallucinogènes les installant dans un état second ; la fomentation de guerres intra-subsahariennes ; l'imposition de quotas de captifs aux chefs autochtones vaincus, par les Arabo-musulmans et Européens (au Kongo, en Angola etc.) ; l'élimination physique des rois résistants s'opposant à l'esclavage et à la traite ; la désignation de roitelets valets en lieu et place ; l'érection du captif en monnaie d'échange ; la création de besoins nouveaux par la diffusion de produits étrangers (européens, arabo-musulmans) etc. dits produits de traite dont la monnaie d'acquisition était le captif etc. ; tous ces procédés concouraient à recentrer progressivement la société négro-africaine autour du captif, de l'esclave, puis créaient un « être subsaharien » nouveau. En effet, aussitôt lancée l'islamisation au VIIème siècle et l'inculcation de la légitimité et de la légalité de l'esclavage, des razzias, des guerres saintes, inculcation accompagnée de la pratique directe par les arabo-musulmans, dans une sorte d'initiation, des razzias, des guerres, de la mise en esclavage, dans l'espace subsaharien, l'esclavage naissait ici et avec, la traite (TIS) ; par ailleurs, dès lors, le virus d'un chaos majeur, d'une folie sociale généralisée et d'un changement radical à terme de la société vitaliste ancestrale ignorant jusque-là l'institution esclavagiste, était inoculée et en action : était programmée l'émergence d'une société nouvelle centrée sur l'esclavage. Celle-ci devrait à long terme voire le jour, sauf si les couches sociales vitalistes anti-esclavagistes prenaient le dessus et mettaient un terme à l'esclavage naissant.

Dans la société subsaharienne, le changement radical en cours cheminait d'abord et opérait par un processus de « normalisation », un processus par lequel il apparaissait progressivement aux Subsahariens que capturer son prochain, un autre Subsaharien, nègre, en faire un objet d'appropriation privée, l'utiliser en tant que tel, le troquer contre n'importe quel produit ou le vendre, étaient un procédé « normal ». Cela avait été inculqué aux couches sociales islamisées qui l'avaient admis et pratiqué sans réserve dès leur conversion au VIIème siècle. Mais ces nouvelles vision et pratique se diffusaient également progressivement dans les couches sociales demeurées vitalistes où les islamisés procédaient aux rapts, razzias, menaient les guerres productrices de captifs. Dans ce contexte et pour éviter de disparaître, les vitalistes se trouvaient contraints de se procurer les moyens de leur défense militaire, les armes, dont le moyen d'acquisition, la monnaie, était le captif. Ainsi, la réplique vitaliste aux rapts, razzias, guerres que leur imposaient les islamisés, aussi bien subsahariens qu'arabo-musulmans, les conduisaient immanquablement à produire et utiliser des captifs, et donc à pratiquer la traite et l'esclavage. Par ce canal initial de la nécessité, la « normalité » de la capture de l'autre pour tous usages, pratiquée par les islamisés se diffusait progressivement dans l'espace subsaharien, des régions islamisées vers celles demeurées vitalistes. Le renouvellement des générations achevait le processus de « normalisation » : pour ceux qui naissaient et grandissaient là où il était admis de s'emparer de son semblable, de s'en approprier comme d'un objet, de le vendre ou le troquer contre n'importe quoi, de l'utiliser à sa guise etc., une telle pratique apparaissait « normale » : il leur était presque impossible de se poser la question morale de sa validité (Seti, 1998 ; Logossah, 1998c). Avec la diffusion progressive de l'institution esclavagiste dans l'espace subsaharien depuis le VIIème siècle, une société nouvelle était donc en marche et les traites négrières étrangères TAM (arabo-musulmane) et TNT (transatlantique) produisaient elles-mêmes progressivement les acteurs négro-africains qui les prenaient en charge.

A partir du XVIIème siècle, la « normalité » gagnait la majeure partie de l'espace subsaharien et la mutation sociale devenait significative, précipitée par la naissance et le développement de la traite transatlantique (TNT) à partir du XVème siècle. Cette société nouvelle parvenait à sa plénitude à l'apogée de la TNT (XVIIIème siècle) et de la TAM (XIXème siècle).

A partir du XVIIème siècle en effet, s'était accélérée la mutation de la société subsaharienne sous l'effet de plusieurs facteurs. En particulier l'explosion de la demande européenne de captifs négro-africains pour nombre de raisons. (i) Ce fut d'abord la décision des autorités chrétiennes européennes dans les années 1550 de prohiber la mise en esclavage des Amérindiens alors que celle des Noirs fut autorisée par les papes comme nous l'avions montré dans cet ouvrage. (ii) On mentionnera ensuite le développement sans précédent de la demande mondiale de sucre à compter du XVIIème siècle et conséquemment de la demande de main d'œuvre servile, par les planteurs esclavagistes des Amériques ; à Hispaniola, dans les plantations sucrières, la main d'œuvre servile qui était principalement amérindienne jusque dans les années 1570, était dès cette époque remplacée par les Négro-africains ; en outre, à partir des années 1580, l'Espagne lançait un cycle massif d'extraction de la mine d'argent du Potossi au Pérou, la plus importante réserve au monde, avec comme implication une forte demande de captifs négro-africains. (iii) Relevons aussi le fait qu'en Europe, au XVIIème siècle, émergeaient de nouvelles nations négrières à l'origine d'une augmentation importante de la demande de captifs, investissant l'espace subsaharien, s'attaquant au Portugal et contestant le monopole que le traité de Tordesillas lui avait octroyé sur la région : il s'agissait de l'Angleterre, de la Suède, du Danemark, de la Hollande, de la France etc. (iv) Notons enfin le changement de capacité des navires européens à compter du XVIIème siècle : ils pouvaient dès cette époque convoyer annuellement des milliers de captifs à travers l'Atlantique. Etc. L'ensemble de ces facteurs produisait une explosion de la demande européenne de captifs subsahariens à compter du XVIIème siècle. En réponse, la production de captif explosait également dans l'espace subsaharien, devenant industrielle.

A propos de la TNT, les estimations globales indiquent que 60% des déportations vers les colonies européennes des Amériques et de l'océan Indien s'étaient produits au XVIIIème siècle, 33% au XIXème et seulement 7% aux XVIème et XVIIème siècles. Cependant ce fut sur un laps de temps assez court (1740-1850) que l'essentiel de la traite s'était réalisé avec 90% des déportations (Dorigny, 2007). Cette période (mi-XVIIIème à mi-XIXème siècle) fut celle de l'apogée réelle de la traite. Néanmoins l'explosion des déportations européennes remontait au XVIIème siècle. Ainsi, si l'on admet temporairement le chiffre minimal de 12 millions de déportés vers les colonies européennes des Amériques et de l'océan Indien, le constat est que moins de 200 000 captifs furent convoyés au XVIème siècle (1500-1600) (Mendes, 2008), soit à peine 1% tandis que sur la première moitié du XVIIème siècle, de 1600 à 1640, furent expédiés 600 000 captifs soit 5% du total. Cette explosion des déportations à compter du XVIIème siècle traduisait celle de la production des captifs, laquelle illustrait elle-même un changement social majeur dans l'espace subsaharien. Désormais, une part significative des Négro-africains, lesquels n'étaient eux-mêmes que les produits des traites (TAM et TNT), parce que créés par les diverses techniques d'implantation de l'esclavage étranger dans l'espace subsaharien que nous avions mises en évidence, percevait ces traites ainsi que les activités connexes comme « normales » et y avait basculé : traites et activités connexes étaient devenues leur gagne-pain quotidien ; ces personnes y avaient désormais intérêt. C'étaient des dirigeants de royaumes anciennement et initialement anti-esclavagistes, des rois et roitelets de la multitude de petits royaumes et cités-Etats nés durant les traites (TAM et TNT) ; mais c'étaient principalement des rabatteurs, des courtiers-négociants, des personnes travaillant dans les champs et plantations des négriers européens, dans les comptoirs négriers et châteaux forts, à bord des navires négriers en stationnement sur les côtes subsahariennes etc. Ils étaient des soldats attachés aux forts européens, des acquérats (intermédiaires pour se procurer des captifs), au service des châteaux forts, des interprètes auprès des rois, roitelets et autres chefs subsahariens comme des européens, des courtiers divers, des gardiens des captifs amassés dans les troncs ou baracons avant leur vente, des transporteurs (piroguiers et autres porteurs) travaillant pour les navires, forts, comptoirs, divers personnels au service de ceux-ci (courriers, bombes etc.) etc. Au sein de ces intermédiaires apparaissaient deux grandes catégories : d'une part, ceux qui avaient des rôles nobles et, d'autre part, ceux qui occupaient les petits boulots, les moins prestigieux. Dans cette dernière catégorie on ne trouvait que des Subsahariens, captifs ou libres, tandis que les Européens, Arabo-musulmans, Brésiliens, métis européens, brésiliens, arabo-musulmans, avaient les rôles nobles : organisateurs de razzias possédant des armées privées, courtiers, négociants de captifs, administrateurs de forts et de comptoirs, interprètes, conseillers des rois et roitelets nègres etc. Les métis européens (portugais, anglais, français, danois, hollandais etc.) et brésiliens étaient en grand nombre et très actifs particulièrement en Afrique centrale (Angola, Kongo) et de l'ouest (de la côte sénégambienne à celle dite des esclaves dans le golfe du Bénin) où nombre d'entre eux furent même des roitelets-princes marchands d'esclaves de cités-Etats côtières voire de l'intérieur ; leur rôle fut de premier plan dans la diffusion de l'esclavage et de la TNT dans l'espace subsaharien. Dans l'Est-africain en particulier, Arabo-musulmans et leurs métis jouaient des rôles analogues, diffusant l'esclavage et la TAM de là jusque dans le centre du continent.

§2) La société nouvelle : une société restructurée, d'esclavage et de traite

A compter du XVIIème siècle principalement émergeait donc dans l'espace subsaharien une société nouvelle dans laquelle les résistances autochtones antérieures contre l'esclavage et les traites étaient devenues moins vives et où la mise en esclavage semblait « normale » pour une majorité d'individus. Ces individus étaient des personnes transformées, à la mentalité différente, façonnées par les techniques d'implantation des traites négrières, TAM et TNT, et concevant l'activité négrière comme « normale » : nés pendant les traites, ces personnes ne connaissaient que ce système d'organisation socio-économique qui était, pour elles, normale. Ces personnes « transformées » devenaient désormais des acteurs majeurs des traites. Elles composaient majoritairement la société nouvelle. Dans cette société nouvelle, au centre des activités socio-économiques se trouvait désormais un « bien », le captif. Il était devenu le « bien » le plus demandé. La demande des autres produits subsahariens (produits agricoles, miniers, produits des industries de bronze et de verre, de la métallurgie, produits artisanaux etc.) régressait au profit de celle du captif. L'implantation de l'esclavage arabo-musulman et européen contraignait de la sorte significativement l'espace subsaharien à se spécialiser dans une activité unique, celle centrée sur le captif. Dans l'espace subsaharien, la production de ce bien, le captif, sa vente, son usage, accaparaient, aux côtés des étrangers (Arabo-musulmans, Européens, Brésiliens etc.) et des métis arabo-musulmans ainsi qu'européens et brésiliens, un pan de plus en plus large et significatif des autochtones négro-africains avec des rabatteurs, des employés dans les activités de traite des étrangers, des producteurs locaux étatiques et privés. Tous ces Négro-subsahariens trouvaient désormais intérêt dans les traites devenues, avec les activités connexes, leur gagne-pain quotidien et le moyen d'enrichissement quasi unique dans la société (Seti, 1998 ; Logossah, 1998c). En effet, et à compter du XVIIème siècle, les traites étrangères TAM et TNT principalement, ainsi que leurs activités connexes, surclassaient significativement toutes les autres activités par lesquelles les Négro-subsahariens s'enrichissaient auparavant, y compris l'exploitation de l'or. Les Arabo-musulmans avaient vu juste, eux qui dès le Xème siècle qualifiaient les captifs nègres « d'or noir », voyant en eux l'opportunité de les enrichir autant que l'or qui abondaient dans l'espace subsaharien. Au sud du Sahara, et à compter du XVII siècle, cette situation était devenue une réalité tangible, tant pour les Arabo-musulmans, les Européens, les Brésiliens, les Métis que pour une part significative des Négro-africains. En « Côte de l'or » (Ghana contemporain) par exemple, les autochtones s'étaient détournés de la recherche de l'or au profit de celle du captif, consacrant le plus clair de leur énergie aux rapts, razzias, guerres pour en acquérir (Thomas, 2006) ; le prolongement méridional de la « Côte de l'or », le golfe de Guinée (espace Togo-Bénin-Nigéria contemporain) se spécialisait dans la production de captif et recevait à compter du XVIIIème siècle la dénomination « Côte des esclaves » etc. Le captif détrônait l'or et se substituait à l'or presque partout dans l'espace subsaharien ! Il était devenu le « nouvel or » et faisait désormais l'objet d'une exploitation effrénée jusqu'à la fin du XIXème siècle. Ainsi, à compter du XVIIème siècle, l'économie et la société au Sud du Sahara étaient totalement restructurées (Seti, 1998 ; Logossah, 1998c, 2008), recentrées sur la production, le commerce et l'usage d'un bien, le captif. Pour les Négro-subsahariens, l'usage clé des captifs consistait à les troquer contre des produits étrangers, arabo-musulmans et européens, soit à s'en servir comme monnaie d'échange. Ce procédé, institué initialement par les Arabo-musulmans à partir du VIIème siècle puis réitéré par les Européens au XVème, fut la clé de voûte de la restructuration progressive et définitive de l'économie et de la société négro-africaines (Seti, 1998 ; Logossah, 1998c, 2008).

À compter du XVIIème siècle également, et à côté des traites externes vers le Monde arabo-musulman et les Amériques, étaient maintenant devenus significatifs l'esclavage ainsi que la traite, internes. On trouvait ainsi des intermédiaires locaux divers de plus en plus nombreux, des transporteurs et vendeurs de captifs au sein de la société subsaharienne, d'une région à l'autre, répondant aux besoins des utilisateurs locaux ; les concubines constituaient une part notable de la demande de ces derniers. Emergeaient aussi de façon significative à compter du XVIIème siècle, voire peu avant ou même après, aux côtés des fiefs islamisés esclavagistes traditionnels, une multitude de cités-Etats esclavagistes, surtout côtiers, suscitée par les négriers européens principalement, mais également des royaumes vitalistes négriers comme l'Oyo, le Sanwui, l'Ashanti, le Danhome, le Baoule etc. S'agissant de ces derniers, les cités-Etats et royaumes vitalistes, nombre d'entre eux naissaient par scission sur fond de désaccord à propos de la conduite à tenir face à l'esclavage, avec les partisans de la pratique de la traite contre ses adversaires. Nombre de ces entités politiques s'étaient constituées sur la base idéologique du rejet de l'esclavage et de la traite (Danhome, Benin, Baoulé etc.). A titre illustratif, au XVIIème siècle, dans les années 1620, naissait le royaume du Danhome sur le fondement idéologique de l'opposition à l'esclavage et à la traite que pratiquaient ses voisins d'alors, Allada, Houeda (Ouidah), Oyo etc. (Akinjogbin, 1967). Le Danhome conquérait en conséquence Allada en 1724, Houeda en 1727 etc., mais ne pouvait, pendant très longtemps, dominer ceux-ci et tenir face à l'Oyo sans disposer de moyens militaires conséquents que seul le troc des captifs permettait d'avoir. Aussi son roi Agadja (règne : 1711-1740) se convertit-il à la traite vers la fin de son règne (Akinjogbin, 1967) : ainsi, malgré les bonnes intentions initiales, le royaume du Danhome basculait dans la traite et l'esclavage que le successeur d'Agadja, Tegbessou (1740-1774) allait développer à grande échelle. Elevé comme otage à la cour royale d'Oyo, où se pratiquait déjà l'esclavage et la traite au XVIIème siècle, Tegbessou percevait ces derniers comme une activité « normale » sur laquelle il basait la prospérité du royaume dont il venait d'hériter. Il fit ainsi de la traite une activité étatique, royale, majeure et exportait, vers 1765 depuis Ouidah, 9000 captifs annuellement, ce qui en faisait l'un des pires rois nègres trafiquants de captifs. Cependant la comparaison du revenu annuel qu'en tirerait le roi négrier à cette époque, évalué à 250 mille livres, à celui du plus fortuné propriétaire terrien anglais au même moment, lequel se situerait entre 40 à 50 mille livres annuels, laisse pantois : elle n'avait pas grand sens ; la comparaison n'aurait de sens en toute rigueur qu'en faisant le parallèle entre revenus d'activités négrières, revenus des plus riches armateurs et autres trafiquants par exemple. Néanmoins, le cas du Danhome illustrait parfaitement le drame vécu par pratiquement tous les royaumes et cités-Etats vitalistes subsahariens : initialement opposés à l'esclavage et à la traite, pour les croyances religieuses que nous avions exposées dans cet ouvrage, ils avaient néanmoins fini par les pratiquer. L'exemple du Danhome témoignait des fondements de ce paradoxe : avant même d'évoquer l'opportunité d'enrichissement, la seule nécessité pour ces royaumes et cités-Etats d'assurer leur sécurité, donc leur existence, laquelle requérait l'achat d'armes issues d'Europe, de chevaux arabo-berbères, de divers équipements militaires importés etc., contraignait au basculement dans la traite dès lors que le captif était la monnaie. Ce que signifiait d'ailleurs aux Anglais en 1776 le roi Kpengla du Danhome, affirmant qu'il ne faisait pas la guerre pour vendre des esclaves aux vaisseaux européens, pour se procurer les marchandises européennes, mais pour se défendre et pour la justice (Diakite, 2008, citant de la Roncière). Aucun Etat ne pouvant exister sans sécurité surtout dans un contexte subsaharien de traite où plus aucun d'eux ne se trouvait à l'abri d'attaques d'autres, la grande majorité des royaumes n'échappait plus à la pratique de la traite et de l'esclavage.

Au total, l'implantation de l'esclavage étranger dans l'espace subsaharien à compter du VIIème (TAM) siècle, parachevée à partir du XVème (TNT) siècle, avait fini par restructurer complètement l'économie et la société négro-africaines. Elle avait progressivement recentré l'économie sur un « produit », à savoir, le captif. Non seulement capturer, vendre, utiliser un humain finissait par être admis comme des actes normaux, mais encore le captif étant devenu la monnaie d'échange, son besoin s'était continûment accru, puis généralisé. En conséquence, la production, la vente de captif, les activités connexes, en amont et en aval, étaient devenues les plus profitables, les plus à même d'enrichir ; c'étaient devenues les activités les plus indiquées pour quiconque désirait s'enrichir dans la société : le captif était devenu « le nouvel or ».

L'implantation de l'esclavage étranger, arabo-musulman et européen, aboutissait ainsi à compter du XVIIème siècle, à une transformation radicale de la société subsaharienne vitaliste ancienne, désormais centrée sur une activité nouvelle autour de laquelle tout s'organisait, à savoir la production-vente de captif. Cette transformation radicale était la marque majeure de la société nouvelle, une société d'esclavage, fondamentalement différente de la société vitaliste ancestrale d'avant le VIIème siècle dont les garde-fous antiesclavagistes clés s'étaient écroulés. Les XVIIIème-XIXème siècles furent l'apogée de cette société nouvelle et de ses activités.

§3) La société nouvelle : une société folle

Dans l'espace subsaharien, le chaos initial provoqué par la transposition de l'esclavage et des traites étrangères, TAM et TNT, accouchait d'un ordre nouveau que la société nouvelle matérialisait. Nous l'avons souligné, la caractéristique majeure de cette société nouvelle fut le fait qu'il y était devenu « normal » pour la majorité de ses membres de vivre d'une activité consistant à organiser la chasse aux humains, ses semblables, à les capturer, à s'en approprier, à les vendre, les troquer contre n'importe quelle babiole. Toutes choses inconcevables dans la société ancestrale vitaliste d'avant le VIIème siècle. C'était que le chaos initial avait fini par produire les agents (royaumes, cités-Etats, individus) en mesure de le prendre en charge, de l'entretenir, à savoir des Négro-africains « nouveaux ». Diakité (2008) décrivait une partie de ces agents qu'il nommait « les acteurs africains » de la TNT : ceux-ci (royaumes, cités-Etats, individus) étaient en réalité créés par les diverses techniques d'implantation des traites que nous avions exposées (Seti, 1998 ; Logossah, 1998a, b, c). Diakite (2008) le constatait lui-même, soulignant qu'au

XVIIIème siècle, la traite était devenue une seconde nature pour les populations côtières et que tous les aspects de leur vie quotidienne en étaient fortement imprégnés. Avec l'émergence de ces acteurs, l'ordre ayant émergé du chaos initial, la société nouvelle, parvenait à un état dans lequel il pouvait s'auto-entretenir indéfiniment. Le ressort clé de cette capacité d'auto-entretien des traites négrières résidait dans le fait que l'activité principale de la société nouvelle, la production-vente de captif était prise en charge par des autochtones qui la jugeaient normale et qui y trouvaient intérêt, en en tirant leurs subsistances, leurs richesses. Dès lors, les traites étrangères auraient pu perdurer, indéfiniment, sans qu'Arabo-musulmans et Européens eussent besoin d'intervenir. Parce qu'on atteignait, avec l'émergence de la société nouvelle un état d'équilibre (Seti, 1998 ; Logossah, 1998c). Et il s'agissait d'un équilibre stable. Car les « acteurs africains » des traites de la société nouvelle étaient des produits de ces traites et ne faisaient qu'un avec elles. Ce fut d'ailleurs pourquoi ils s'opposaient avec véhémence à l'abolition de la TNT au XIXème siècle. A titre illustratif, en 1840, le roi Ghezo du Danhome exprimait pleinement cette consubstantialité entre traites et « acteurs africains » de la société nouvelle lorsqu'il s'opposait à l'abolition de la TNT, soulignant que « *La traite a constitué le principe directeur de mon peuple. C'est la source de sa gloire et de sa richesse. Ses chants célèbrent nos victoires et la mère endort son enfant avec des accents de triomphe en parlant de l'ennemi réduit en esclavage. Puis-je en signant [...] un traité, changer les sentiments de tout un peuple ?* » (Diakite, 2008).

L'une des institutions majeures de la « société nouvelle », société de traite d'équilibre, fut l'insécurité. N'importe qui pouvait être capturé et livré aux trafiquants d'humains à n'importe quel moment. Afin de pourvoir les traites négrières, TAM comme TNT et TIS, l'espace au sud du Sahara était le théâtre d'opérations continues de chasse au « nègre » d'une ampleur sans précédent conduites tant par des Négro-africains, des métis européens, brésiliens, arabo-musulmans que des étrangers divers installés sur le sol subsaharien, notamment Européens, Brésiliens, Arabo-musulmans etc. Les sentiers reliant les hameaux, bourgs etc. étaient devenus des lieux propices de production de captifs où les kidnappeurs se mettaient en embuscade, bondissaient sur tout faible les empruntant ; la « société nouvelle » était une société de brigandage : aucun contrat ou accord entre rois, roitelets nègres et négriers étrangers, arabo-musulmans comme européens, brésiliens etc. n'était respecté par aucune des parties ; plus aucune règle n'était respectée. C'était l'anarchie complète, le brigandage généralisé. Un rabatteur pouvait aussi finir attaché et livré. Lors des livraisons des « marchandises » humaines aux bateaux négriers, tout intermédiaire nègre (courtier, vendeur etc.) pouvait aussi finir capturé par les capitaines des navires et autres marins ou travailleurs à bord, dès lors que ces derniers en avaient la possibilité et que le vendeur correspondait au type de captif recherché, à savoir la « pièce d'inde », soit un nègre d'environ 25-30 ans, grand, robuste et en parfait état ; des rois, roitelets nègres et leur suite en visite sur des navires négriers étaient kidnappés et déportés. Invitée chez son ami, toute personne pouvait finir saoulée, ligotée et vendue ; des gens attiraient les enfants de leurs frères, sœurs, cousins, cousines etc. dans des guet-apens, les kidnappaient et les livraient clandestinement aux marchands ; la tradition d'hospitalité des nègres s'était muée en un moyen sûr de leur perdition : les Blancs qu'ils invitaient spontanément et abondamment chez eux, ou hébergeaient en sacrifiant à cette tradition les enlevaient et les vendaient ; partout, les négriers attiraient les nègres sur les littoraux, dans les navires, les forts etc. avec la nourriture, l'eau-de-vie et les kidnappaient etc. Pope-Hennessy (1969) et Diakite (2008) illustraient largement tout cela par des faits concrets ; les agriculteurs, artisans, pêcheurs, bergers etc. étaient cueillis à tout moment sur leurs lieux de travail tandis que les habitations, hameaux, bourgs etc. étaient en permanence incendiées par les professionnels des razzias, généralement en plein sommeil des habitants dont un large pan finissait en fumées tandis que le gros des fuyards était abattu ou capturé. Les battues étaient continues. Au cours de celles-ci, les rabatteurs, sous l'emprise de boissons enivrantes déversées de façon continue dans l'espace subsaharien par les négriers européens, boissons renfermant en outre pour une part diverses drogues euphorisantes et hallucinogènes, comme déjà souligné, ces rabatteurs capturaient, blessaient gravement et massacraient autant d'individus jusque parmi leurs parents etc. Les monopoles royaux sur la traite que l'on évoquait au XVIème voire début XVIIème, outre qu'ils n'avaient jamais imposé la moindre exclusivité des rois sur la traite auparavant, avaient totalement volé en éclat avec l'avènement de la société nouvelle : depuis le VIIème siècle et plus encore depuis le XVème, des privés, individus ou groupes constitués (subsahariens comme étrangers arabo-musulmans et/ou Européens) étaient acteurs et prenaient part à la production des captifs en même temps que des Etats ; mais le fait parvenait à son summum avec l'émergence de la société de traite d'équilibre. Dans la société nouvelle, les individus vivaient ainsi durant des siècles dans la peur permanente d'être enlevés à tout moment et déportés.

Rapts, razzias, guerres étant les principaux moyens de production du captif, la violence fut une autre des institutions majeures de la « société nouvelle » subsaharienne datant du XVIIème siècle. Rapts, razzias étaient permanents, pratiqués de jour comme de nuit, tant par des Négro-africains, des métis européens, brésiliens, arabo-musulmans que des étrangers notamment Arabo-musulmans, Européens, Brésiliens etc.

Dans l'espace subsaharien de cette société de traite, nous l'avons souligné, les grands royaumes et empires d'avant n'existaient pratiquement plus ; tous ou presque disloqués, ils avaient fait place à une multitude de hameaux-cités-États constitués çà et là, dont les roitelets et chefs multipliaient les guerres et razzias entre eux, pour leur survie. Ils étaient pris dans une spirale infernale autodestructrice : pour survivre il fallait se défendre et pour cela porter la guerre chez les autres afin de se procurer le captif, de quoi payer les armes et autres équipements militaires nécessaires. Mais ce faisant chacun déclenchait des attaques répliques de la part des autres et les guerres étaient quasi-permanentes. La « société nouvelle » était ainsi une société de violence, de guerres, marquée par la généralisation et la permanence des conflits armés intra-subsahariens : le fusil avait restructuré la société, les rapports sociaux ; il était devenu le principal moyen de résolution des contradictions dans la société ; l'on n'avait recours au dialogue, au compromis, que privilégiaient les ancêtres, qu'au cas où le fusil ne pouvait imposer la solution ; dans le golfe de Guinée de la « société nouvelle », la tradition était devenue que le père donnait un fusil à son fils qui allait prendre son indépendance, s'installer à son compte (Agbanon, 1934) etc.

La perte de tout repère, l'arbitraire et la violation quasi permanente des lois et prescriptions vitalistes ancestrales furent une autre des caractéristiques majeures de la « société nouvelle » négro-africaine : c'était de ce fait une société folle. En effet, les rois, princes, roitelets, chefs de hameaux-cités-États, autres dirigeants, individus, étaient en permanence à la quête du moindre prétexte pour faire des captifs. Par exemple, les dirigeants substituaient la peine d'esclavage aux peines punissant naguère des délits mineurs tels que le vol, l'insolvabilité d'un débiteur, les accusations d'anthropophagie, d'adultère etc. Idem, les accusations de sorcellerie, quasi permanentes dans la société nègre et dont n'importe qui pouvait faire l'objet à tout moment, sans la moindre preuve, conduisaient désormais derechef à la captivité. Toute personne était ainsi susceptible à tout moment de tomber dans la captivité. Dans les couches sociales islamisées, les populations pouvant être capturées et réduites en esclavage ne se limitaient plus aux seuls non-musulmans, aux seuls Vitalistes comme aux débuts de l'islamisation et pendant des siècles. Les musulmans en faisaient désormais partie : il suffisait de les accuser de dévoiement de l'Islam. Sous ce prétexte fallacieux, des chefs, roitelets et autres islamisés illuminés, déclenchaient des jihad, « guerres saintes », qui leur procuraient des captifs en nombre, alimentant les traites etc. Pour leur part, les couches sociales vitalistes, craignant d'offenser les dieux par leurs pratiques sociales nouvelles enfreignant quasi-quotidiennement presque toutes les lois de leur démiurge, recouraient aux sacrifices humains pour apaiser leur colère. Outre capturer son prochain, le troquer contre n'importe quel objet, posséder des captifs en signe de richesse, les violations des lois du démiurge vitaliste devenaient hors de proportion. Ainsi, et à l'apogée de « la société nouvelle », aux XVIIIème-XIXème siècles, égorger un captif lors des funérailles d'une personne était une démonstration de puissance et de richesse de cette personne, et plus riche on était, plus élevé était le nombre de captifs sacrifié. Une personne pouvait aussi faire égorger des captifs en l'honneur d'un défunt : par exemple, lors du décès en 1849 du négrier brésilien, vice-roi et pratiquement co-dirigeant du royaume du Danhome, Francisco Félix Chacha De Souza, le roi Ghezo du Danhome fit égorger sur la plage trois captifs en l'honneur du négrier plus deux autres, un garçon et une fille, enterrés ensembles avec lui pour l'accompagner dans l'au-delà. Les sacrifices humains se multipliaient dans les espaces vitalistes pour toutes sortes de raisons, notamment accompagner le maître dans la tombe, conjurer un sort, générer le bonheur, la richesse, monter le réceptacle d'un dieu etc. Nous avons affaire à une société folle.

Tout cela témoignait d'une autre des caractéristiques majeures de la « société nouvelle » subsaharienne, à savoir que la vie humaine même, sacralisée par le Vitalisme ancestral, avait perdu tout respect, toute considération et toute valeur. C'était là une autre expression de la folie sociale. A l'inverse, les Négro-africains de la « société nouvelle » folle survalorisaient à outrance les produits étrangers déversés dans l'espace au sud du Sahara par les négriers européens et arabo-musulmans, quels que fussent ces produits ; les pacotilles ne dérogeaient pas à la règle. L'utilité ou la satisfaction que ces Négro-subsahariens espéraient en tirer, et donc la valeur de ces produits étrangers, semblait infinie. Diakite (2008) citant un document d'archive, rapporte le cas illustratif d'un Nègre nommé Coffi qui, au XIXème siècle, avait donné deux captifs, juste pour consommer un repas européen : le « bonheur » qu'il ressentait en consommant le repas était tel que Coffi n'entendait même plus ce que lui disaient les négriers qui lui avaient servi le repas. Pour lui un repas européen valait la vie de deux humains négro-africains ! Dans cette société folle, juste pour avaler un verre d'eau-de-vie, de surcroît affadi par ajout d'eau ou autres substances, ou pour manger quelques morceaux de biscuits etc., un Nègre pouvait capturer un autre et le livrer aux négriers !

Dans la « société nouvelle » des XVIIème-XIXème siècles, un autre indicateur de la folie sociale fut la passion sans borne pour l'alcool des Subsahariens : rois, princes, dirigeants à tous les niveaux, élites, communs des mortels, vitalistes comme musulmans, s'y adonnaient. « *Les rois de Brak de Hoval et de Kayor étaient des passionnés de liqueur forte. Quant au roi de Barsali, royaume qui borde le fleuve Gambie, il ne peut vivre sans eau-de-vie…pourtant le roi et toute sa cour font profession de la religion mahométane (...) Quand il est bien fourni de liqueurs fortes, il passe cinq ou six jours consécutifs à boire. Les rois mandingues des bords de la Gambie vers 1621 buvaient jusqu'à tomber mort-yvres ; ils associaient les nobles à leurs beuveries ; (...) Les eaux-de-vie sont présentes partout sur les côtes du golfe de Guinée. (...) Quant aux noirs congos de Malembe, ils ont une solide réputation de buveurs d'eau-de-vie depuis le XVIIIème siècle.* » (Huetz de Lemps, 2001). La société négro-subsaharienne vivait et fonctionnait donc sous l'emprise de l'alcool, sous l'emprise de drogues, substances enivrantes, euphorisantes, hallucinogènes etc. diverses incorporées aux eaux-de-vie comme déjà mentionné. Presque tous les actes des individus étaient en conséquence insensés. Incapables d'assurer leur sécurité, chacune des cités-Etats, mais aussi presque tous les petits royaumes, s'offraient littéralement aux pays négriers européens afin de bénéficier de leur protection. En illustration, en 1670, par son ambassadeur Dom Matheo Lopes, le roi d'Allada (Arada) offrait à Louis XIV toutes ses terres, ports et généralement tout ce qui dépendait de lui (Diakite, 2008) !

Dans cette « société nouvelle » folle, la grande majorité des règles de la société ancestrale vitaliste n'était plus respectée. C'était même le renversement quasi total des valeurs, principes, règles, traditions, us et coutumes, codes éthiques vitalistes ancestraux. On avait une société qui « marchait sur la tête », comparée à la société vitaliste ancestrale. On avait affaire à une société anormale et c'était là la marque majeure de la folie profonde qui la caractérisait. Comme le soulignait Gueye (1985), pour se procurer des vivres, des chefs de familles vendaient leurs enfants ; tout le monde pouvait capturer à tout instant tout le monde et le livrer aux Européens, Arabo-musulmans, Brésiliens etc. en le troquant contre n'importe quoi. Par ailleurs, pendant les périodes de famine, des chefs multipliaient les opérations de guerre et de razzia pour se procurer des captifs dont la vente permettait leur ravitaillement. Les roitelets, les chefs et autres dirigeants inventaient en permanence des délits sanctionnés par la mise en esclavage et la vente. Des traquenards étaient organisés çà et là pour se procurer des captifs. Par exemple, puisqu'il a été institué que l'adultère et la tentative d'adultère conduisaient le coupable à la captivité, des époux etc. organisaient des traquenards pour pousser à la faute les imprudents et disposer de captifs afin d'avoir des produits européens désirés ; les femmes simulaient le viol ou la tentative de viol, également punis de la peine de captivité etc. La règle ancestrale de l'hospitalité était en permanence violée. Lorsque des populations fuyaient pour échapper à leur captivité, certains chefs auxquels elles demandaient asile s'emparaient d'elles et les vendaient, chose inconcevable dans la société vitaliste ancestrale. Des maris vendaient leurs épouses : des gens orchestraient de faux mariages afin de disposer de jeunes filles qui étaient ensuite livrées aux négriers etc. Le Nègre était la cible dans la société : devenu le « nouvel or », c'était dans son exploitation, dans sa vente, que chacun, Européen, Arabo-musulman, Brésilien etc., Négro-africain, Métis européen, arabo-musulman, brésilien, recherchait son propre bonheur désormais, son bien-être individuel. Les Métis faisaient aussi partie de la cible : leurs parents, européens, arabo-musulmans etc. les enlevaient souvent à leurs mères nègres en prétextant qu'ils allaient leur donner une bonne éducation, mais ces métis étaient aussitôt livrés aux négriers et déportés (Diakite, 2008). C'était un système d'élevage pour la vente : les étrangers mettaient enceinte les négresses, juste pour produire des captifs pour la traite. Rien n'était impossible dans la société nouvelle folle négro-africaine. Dans cette société, le Nègre était la cible d'une haine totale : celle des étrangers (Européens, Arabo-musulmans, Brésiliens etc.), celle des Métis et celle des Nègres : chaque Nègre était l'ennemi de son prochain. La haine interindividuelle négro-africaine atteignait son summum et la « société nouvelle » folle était aussi une société de haine de soi : le Nègre haïssait le Nègre. Et se haïssait donc. Mais comment dans le même temps, dans cette société folle, le Nègre se comportait-il vis-à-vis des négriers blancs, européens et arabo-musulmans qui, au vu et au su de tous, capturaient les Nègres, les ligotaient et les vendaient ? Paradoxalement, les Blancs avaient, comme toujours et depuis longtemps, droit à tous les égards : ils étaient adulés, aimés, idolâtrés, désirés dans la société folle subsaharienne comme nous l'avons mentionné. Diakite (2008) le soulignait à propos des Européens ; mais cela était aussi vrai pour les Arabo-musulmans et depuis très longtemps. A titre illustratif, le roi de l'empire du Mali, Kankou Moussa du XIVème siècle, les aimait sans mesure (Battûta, 1966). Mais c'était une situation générale. Ca'da Mosto (1455) avait pointé cette hospitalité-amour dont il fut l'objet de la part du roi du Cayor qu'il nommait Budomel et témoignait que dans le royaume, les Blancs avaient plus de liberté, de droits et d'égards que les Nègres etc. Dans la « société nouvelle » folle, les Nègres continuaient à courtiser les Blancs autant qu'avant ; ils étaient fiers de les inviter chez eux, de s'afficher avec eux, de les héberger : c'était la compétition inter-nègre pour attirer le Blanc chez soi. Les individus continuaient à voir les Blancs comme une source de bonheur potentiel pendant que ceux-ci les capturaient et les vendaient ! Les roitelets se sentaient importants en en faisant des amis, des conseillers, lesquels dirigeaient en réalité, dans les faits, leurs royaumes et cités-Etats. Dans la « société nouvelle » folle, le Nègre avait pour ami le Blanc, et pour ennemi le Nègre. C'était une société qui marchait sur la tête. Nul ne pouvant avoir confiance en son ennemi, la « société nouvelle » folle avait comme autre trait majeur la perte totale de confiance des Nègres les uns dans les autres : c'était une société de méfiance exacerbée des Nègres les uns des autres.

Par toutes ses caractéristiques que nous avons exposées, société de guerre, de brigandage, d'insécurité, de violence, de haine du Nègre et de haine de soi, de méfiance extrême du Nègre, société ayant perdu toute éthique, où la vie humaine avait perdu quasiment tout respect, toute sacralité, où les actes posés par les individus étaient plus insensés les uns que les autres etc., la « société nouvelle » était une « société folle », comparée à la société vitaliste ancestrale. Elle avait perdu quasiment tous les repères, toutes les normes, tous les codes éthiques d'antan et marchait désormais sur la tête. Elle n'avait plus de mémoire et n'importe quoi pouvait s'y faire. Plus rien n'y était normal comparé à la société vitaliste ancestrale. Cette anormalité distinguait la folie sociale. A propos de cette société nouvelle, Gueye (1985) observait : «*la traite instaura un climat permanent de luttes fratricides. Prises dans l'engrenage, les strates dirigeantes consacraient le plus clair de leur temps à la guerre. Les pillages, vols, viols, rafles de personnes et de bétails devenaient monnaie courante. Cette atmosphère de haine, de violence, de terreur, mit la société dans une sorte de porte-à-faux spirituel et moral. Les vertus morales des ancêtres étaient quotidiennement bafouées. Sans doute les dirigeants étaient-ils conscients du danger. Mais comme ils se trouvaient pris dans le mécanisme infernal de la traite, leur volonté était dérisoire au regard de tout ce qui poussait inexorablement vers le naufrage de la société.* »

Des générations de Subsahariens naissaient, vivaient et se renouvelaient dans cette « société nouvelle folle ». Ne connaissant que le mode de vie qui y prévalait, inconsciemment donc ils apprenaient : (i) qu'il était normal que pour s'enrichir, voire subvenir au moindre de ses besoins, un individu capturât son prochain et le vendît ou le troquât contre n'importe quoi ; (ii) qu'il était normal de détruire son prochain pour n'importe quel motif comme accroître une renommée post mortem ; (iii) qu'il était normal qu'un Nègre eût pour ami un Blanc et pour ennemi un Nègre ; (iv) qu'il était normal que le Nègre se haït ; (v) qu'il était normal de ne pas s'aimer soi-même ; (vi) qu'il était normal que le Nègre n'eût aucune confiance dans le Nègre ; etc. Héritières de la « société nouvelle » du XIXème siècle, les sociétés subsahariennes contemporaines ont aussi hérité de sa folie caractéristique. Il apparait alors que les sociétés subsahariennes contemporaines sont des sociétés désorientées, sans repère, profondément perverties et malades.

Section 2) Les traites négrières : quels effets sur la société subsaharienne ?

Les deux traites négrières subies par l'espace subsaharien, d'abord arabo-musulmane (VIIème - XIXème siècles) puis européenne (XVème - XIXème siècles), furent cataclysmiques pour celui-ci. Toutefois, l'historiographie conventionnelle de ces traites, produite en grande partie par les acteurs arabo-musulmans et européens eux-mêmes, demeure sélective, n'éclairant qu'un aspect du fléau.

§1) Effets souvent ignorés par l'historiographie traditionnelle des traites négrières

A) Destruction sociale, esclavage et traite internes, société folle, auto-détestation

Avant l'introduction des traites négrières arabo-musulmane et européenne, nous l'avons montré, les sociétés négro-africaines étaient en général vitalistes et ignoraient l'esclavage en tant qu'institution. L'endogénéisation de l'esclavage et de la traite au sein de ces sociétés, via diverses techniques que nous avions exposées, par les Arabo-musulmans et Européens, eut pour premier effet la destruction de la société vitaliste ancestrale : un modèle social fut démoli. C'était la société vitaliste ancestrale de fraternité universelle, d'amour, de vérité et justice, de rectitude dans laquelle nul ne pouvait être la possession de l'autre. En lieu et place était implantée, progressivement et définitivement par les acteurs négriers étrangers, une « société nouvelle », fondée sur l'esclavage et la traite autour desquels s'organisaient toutes les activités économiques majeures. L'esclavage et la traite pratiquée au sein de l'espace subsaharien (TIS) étaient l'une des premières conséquences des traitres négrières arabo-musulmanes (TAM) et transatlantique (TNT) : ils étaient engendrés par ces dernières. Des traites étrangères TAM et TNT était donc née en Afrique subsaharienne une « société de traite » dans laquelle s'étaient largement développés un esclavage et une traite interne, conduits par les autochtones et alimentant les diverses régions. La « société nouvelle » ne s'appartenait pratiquement pas et les individus ne semblaient ni en mesure de maîtriser leurs actes, ni de pouvoir y mener la moindre réflexion. Les traites externes imposées par les acteurs arabo-musulmans et européens dictaient tout : les évènements, leur rythme etc. Les Négro-subsahariens de la « société de traite » semblaient happés par une spirale contre laquelle ils se trouvaient totalement impuissants. Dès lors presque tous leurs actes étaient dénués de sens, anormaux : tout le monde semblait avoir perdu la tête. La traite externe, arabo-musulmane et européenne, générait ainsi une folie collective, une folie sociale. Dans cette folie, chacun pouvant à tout moment se saisir de l'autre pour le troquer contre n'importe quelle babiole, la défiance des individus les uns envers les autres atteignait son paroxysme et chacun détestait tout autant l'autre, puis in fine soi-même. Les traites négrières étrangères instauraient en conséquence un climat de haine interindividuelle dont les effets persistent à ce jour dans l'espace subsaharien.

La traite générait un chaos continu, produisait en permanence des brigands, subsahariens comme étrangers (Arabo-berbères, Arabes omanais, yéménites, Persans, Indonésiens etc., Européens, Brésiliens, Métis arabo-musulmans, Métis européens, Métis brésiliens). Ces brigands vivant de rapts, razzias, acquérant sans difficulté des armes, se taillaient des fiefs où ils s'érigeaient en rois. La traite générait ainsi une multitude de petits royaumes, cités-Etats, hameaux-Etats, tous indépendants et spécialisés dans la production-vente de captifs. Ces acteurs assuraient la pérennité de la société de traite. Dans le même temps, la traite ruinait nombre de grands empires et royaumes qui déclinaient et disparaissaient. C'était le cas des empires et royaumes islamisés du Ghana, du Mali, du Songhaï, du Macina, des empires du Wassoulou et Toucouleur etc. Ceux-ci s'auto-détruisaient par leur propre pratique de traite. En effet, en razziant en continu leurs propres populations vitalistes, du centre vers la périphérie, ces États se vidaient littéralement de leurs forces vives, transformant leur propre arrière-pays en désert et se garantissant de la sorte le déclin à brève échéance. En outre en attaquant de façon récurrente les territoires vitalistes, ils s'exposaient également aux attaques-répliques de ceux-ci, lesquelles attaques n'étaient pas faites pour les consolider.

Pire, cherchant à instaurer un Islam pur, conforme aux prescriptions de la « Loi », chaque État islamisé s'estimait détenteur de la « Vérité », soupçonnait l'autre de pratiquer un Islam dévoyé et s'autorisait à l'attaquer selon d'ailleurs les prescriptions de leurs maîtres étrangers arabo-musulmans. Les Etats islamisés se détruisaient ainsi mutuellement en permanence. Le désordre était alors continu et le tombeau qui allait engloutir chacun d'eux était béant. Les Négro-africains islamisés détruisaient leurs « frères » demeurés vitalistes et détruisaient d'autres Négro-africains musulmans accusés de pratique dévoyée de l'Islam ; les vitalistes détruisaient en retour les islamisés mais également d'autres vitalistes ; au total, dans l'ensemble, les sociétés négro-africaines s'autodétruisaient.

Tel était l'un des effets majeurs des traites négrières : l'autodestruction négro-africaine. Les seuls à avoir tiré profit de la situation étaient les grands trafiquants d'esclaves arabo-musulmans et les utilisateurs orientaux des esclaves de la traite musulmane tout comme plus tard les négriers transatlantiques. Enfin, non seulement la traite avait conduit au déclin des grands empires et royaumes négro-africains prétraites, mais encore elle annihilait en continu l'émergence de puissances étatiques nouvelles : les razzias des populations vitalistes en leur sein et dans leur arrière-pays par les Etats islamisés tout comme les razzias des royaumes vitalistes aux confins de leurs territoires, empêchaient ces royaumes de disposer d'arrière-pays riches et peuplés offrant une base potentielle d'expansion et de puissance.

B) Guerres, insécurité, migrations, lignages et langues nouvelles, (re)tribalisation

La « société nouvelle folle », nous l'avons soulignée, était une société de guerres caractérisée par la généralisation et la permanence des conflits armés intra-subsahariens. L'historiographie traditionnelle des traites négrières fait de ces guerres la cause de l'esclavage et des traites négrières dont avait pâti l'espace subsaharien. Toutefois, cette causalité est erronée. En effet, si la guerre fut certes partout un des moyens majeurs de production de captif, il a cependant été largement établi dans cet ouvrage que les guerres intra-subsahariennes n'étaient pas à l'origine de l'émergence de l'esclavage et des traites négrières en Afrique noire : ceux-ci furent le résultat d'une implantation par les étrangers, arabo-musulmans et européens, dans l'espace subsaharien (voir supra). Ici, ce fut le développement des traites négrières étrangères qui entraînait la généralisation et la permanence des guerres de production de captifs. Ces guerres ainsi que les razzias et rapts quotidiens de personne, avec leur lot d'insécurité permanente et généralisée, provoquaient de vastes mouvements migratoires : les populations fuyaient partout à la recherche de zones d'accès difficiles aux chasseurs de captifs. Faîtes des monts, forêts touffues, cours d'eau (cité de *Ganvié* par exemple sur le lac Nokoué au Bénin, la dénomination de la cité, *Ganvié*, signifiant « *nous sommes un peu sauvés* ») etc. devenaient des lieux de refuge et d'habitation. Villes, villages, hameaux etc. étaient en permanence désertés au profit de ces zones apparaissant d'accès difficile : dans les forêts, les arbres tenaient lieu de maisons dans lesquelles des gens vivaient, tandis que d'autres optaient pour des refuges souterrains, en réalité de simples trous creusés dans la terre qui devenaient des habitations. Il résultait de ces conditions, progressivement et définitivement, comme autre effet des traites négrières, l'apparition et la généralisation de la vie sauvage à une large échelle : aux lieux où ils se réfugiaient, les divers groupes, soit produisaient sur place tout ce dont ils avaient besoin (réapparition de l'économie de subsistance), soit vivaient carrément de la chasse et de la cueillette, refusant de pratiquer des activités de production susceptibles de les immobiliser et se tenant toujours prêts à fuir à tout moment dès la moindre alerte.

La migration continue, la fuite incessante des populations à la recherche de refuges sûrs se traduisaient par leur éparpillement sans fin durant des siècles : les communautés, les clans, les lignages (familles négro-subsahariennes) s'éclataient, se fractionnaient, se séparaient de façon irréversible et vivaient ainsi isolés les uns des autres en longue période. En conséquence, les mœurs, traditions, us et coutumes de départ se déformaient et se différenciaient ; il en était également ainsi des langues. De cette façon, les traites négrières TAM et TNT étaient à l'origine de l'émergence de nombre de langues nouvelles, plutôt de dialectes. Ces différenciations linguistiques ajoutées à celles des traditions, des mœurs, des coutumes, débouchaient sur la naissance et la multiplication de nouveaux groupes, apparaissant comme de nouvelles communautés, de nouveaux lignages, clans ou de nouvelles « ethnies », sous la forme de petites tribus (Logossah, 1998, Seti, 1998). Par exemple, les Kara, un des premiers lignages issus de Koush à avoir régné en Kemet et que l'on retrouve encore aujourd'hui sous la même dénomination au Togo, s'étaient fractionnés en clans, « ethnies», Karé (Centrafrique), Kéra (Cameroun, Tchad), Koro (Nigéria), Kwéré (Tanzanie), Karo (Ethiopie), Chara (Nigéria, Ethiopie), Kru (Ghana, Côte d'Ivoire, Libéria), Kala, Kwélé (Gabon, Congo, Cameroun), Kwale (Kenya), Kuléré (Nigéria), Kpele (Libéria, Guinée, Togo), Ka, Kaka (Nigéria, Cameroun, Centrafrique), Kakwa (Congo, Ouganda, Soudan du Sud), Gara, Géré, Gouro, Ga, Gan, Gangan, Gen (Ghana, Côte d'Ivoire, Togo, Bénin, Burkina etc.), Goran (Tchad), Gabra, Gabre (Ethiopie, Kenya), Ngala (Cameroun, Congo etc.), Gala (Kenya), Galoa (Gabon), Gola (Libéria, Sierre Léone), Goula (Centrafrique), Goun (Bénin, Nigéria), Ganda (Ouganda), Gando (Bénin) etc. Ainsi avec les traites négrières se levait un nouveau matin des tribus dans l'espace subsaharien. Cette « retribalisation » ou résurgence des tribus consacrait la division et le morcellement de la société d'où découlait une perte de mémoire collective accentuant la « folie sociale » et l'autodestruction.

C) L'arrêt du processus d'évolution des sociétés négro-africaines

Outre l'apparition de la vie sauvage, les fuites permanentes des populations s'étaient soldées par le déclin des activités de production agricoles, artisanales, minières etc. Ce déclin résultait aussi de ce que les producteurs étaient sans cesse cueillis sur leurs lieux de travail et livrés aux négriers. Les traites négrières étaient donc synonymes de régression pour l'espace subsaharien. Pour cerner l'ampleur de la régression, il faut voir que les traites négrières, parce qu'elles se matérialisaient par des guerres, razzias etc. insécurité, entraînait une impossibilité quasi totale pour les populations de se livrer à des tâches de réflexion, d'innovation, d'invention, annihilant de la sorte toute possibilité de progrès. Pire, c'était tout le processus d'évolution endogène des sociétés négro-africaines vitalistes que les traites négrières freinaient et bloquaient en installant une société folle autodestructrice.

D) Racisme anti-Noir, dédain arabo-musulman pour les Subsahariens

Comme le Slave était synonyme d'esclave en Europe médiévale, dans les derniers siècles des traites négrières (XVIIème-XIXème), le type humain Noir était devenu synonyme d'esclave : il ne pouvait apparaître seul quelque part, hors de l'espace subsaharien, sans que l'on s'emparât de lui comme d'une chèvre. C'était l'un des effets majeurs des traites négrières. De cette assimilation du Nègre à l'esclave découlait une autre d'invention, conséquence des traites négrières, à savoir le racisme anti-noir généralisé et endémique dans le monde depuis au moins le Moyen Âge. Ce racisme semble toutefois plus prégnant, plus enraciné, plus atavique dans les sociétés arabo-berbères-maures d'Afrique ainsi que dans le monde musulman d'Orient que partout ailleurs. Il s'agit d'une réalité que touche du doigt encore aujourd'hui tout Subsaharien ayant séjourné en Afrique du Nord et en orient arabo-musulman.

Encore au Maghreb contemporain par exemple, le commun des mortels Arabo-Berbère-Maure n'a que très peu de respect, de considération, voire pas du tout, pour le subsaharien Noir, musulman ou non, exhibe envers ce dernier un complexe de supériorité à peine voilé. En Algérie par exemple, le Négro-africain est désigné par le terme *Kahlouch* assimilant le Nègre à l'esclave. Au Maghreb, plus généralement, dans l'usage courant, la personne noire est désignée par les termes *Abid* ou *Oussif*, signifiant esclave (Sadai, 2021). Ce n'est que par hypocrisie diplomatique que dans les rencontres protocolaires, les officiels maghrébins désignent les Négro-africains par « frères ». Au Maghreb, comme dans le reste du monde arabo-musulman, le Négro-africain reste toujours l'objet d'un dédain et d'un mépris ataviques, toujours perçu comme un esclave. En Afrique, tant qu'il en sera ainsi, aucune unité n'existera réellement entre Africains subsahariens et Maghrébins. Aussi, les grand-messes de l'Union Africaine, censés rassembler des « frères » autour « d'objectifs communs » resteront ce qu'ils ont toujours été, à savoir des salons de rhétorique. L'historien égyptien Zoghby (1970) posait le problème des rapports hypocrites entre Arabes et Noirs en Afrique en ces termes « *Un abcès peut causer un empoisonnement du sang. Cela peut aussi conduire à la gangrène et à l'amputation d'un membre. Cependant, si on opère, cela laissera probablement une méchante cicatrice et le souvenir d'une douleur cuisante. Telles ont été les relations arabes avec l'Afrique noire. Le passé renvoie l'image désagréable du marchand d'esclaves arabe ; cette image pourrit le présent et rend difficile le dialogue, créant des moments de gêne* » (Kake, 1985). Et Kake (1985) de renchérir : « *Cet abcès, il faut qu'il crève, afin que le dialogue puisse s'établir et que Noirs et Arabes puissent envisager ensemble l'avenir* ». Malheureusement, l'abcès n'a jamais été crevé et la gangrène persiste derrière les hypocrisies.

Par ailleurs, il importe qu'en Afrique Noire elle-même, l'abcès soit crevé entre musulmans et vitalistes : le comportement des musulmans noirs fanatisés qui ont razzié leurs propres « frères » noirs pour les vendre aux Arabo-musulmans (alors que ceux-ci n'ont jamais razzié les leurs, fussent-ils idolâtres, pour les vendre aux noirs musulmans) au nom du Jihad islamique n'est pas plus excusable.

§2) L'hécatombe démographique : quantification impossible et dépeuplement certain

L'une des questions sur lesquelles se focalise le plus l'historiographie traditionnelle des traites négrières demeure celle des effets démographiques. De ce point de vue, l'espace subsaharien avait en effet subi, durant treize siècles de traite arabo-musulmane (TAM) et quatre siècles de traite européenne transatlantique (TNT), une perte que l'on juge souvent abyssale. Mais combien d'hommes et de femmes exactement en furent victimes ?

Quoique Queneuil (1907) eût avancé le chiffre de 80 millions de Négro-subsahariens déportés hors d'Afrique en tant qu'esclaves du XVème au XIXème siècles, ce fut plutôt l'estimation plus ancienne de Dunbar (1860) s'élevant à 15 millions, reprise par Du Bois (1915), Kuczinski (1936) etc. qui était la référence jusqu'à la fin des années 1960. Du Bois (1915) estimait que le nombre de captifs vendus et parvenus à destination ne représentait qu'une évaluation biaisée du bilan démographique ou des victimes de la traite négrière et qu'il fallait inclure à la fois les morts durant les phases de capture, de détention, de transport, les enfants décédés par suite de l'enlèvement de leurs parents etc. Ce qui paraît judicieux puisque les captifs déportés n'étaient pas des produits d'élevage mais s'obtenaient par le biais de rapts, razzias, guerres etc. entraînant un nombre considérable de décès, excédant souvent dans le cas des razzias le nombre de captifs. Du Bois évaluait alors que pour un captif déporté parvenant à destination, il fallait compter quatre décès collatéraux. Ce qui porterait le total des victimes de la traite négrière à 60 millions sur la période XVème-XIXème siècles.

En 1969, Curtin (1969) procédait à de nouvelles estimations des captifs subsahariens déportés à destination des Amériques, de l'Europe et des îles de l'Atlantique, de 1451 à 1870 dans le cadre de la TNT donc. A partir d'un grand nombre d'études publiées anglo-saxonnes, françaises espagnoles et portugaises, Curtin évaluait le nombre de captifs expédié des diverses régions de l'espace subsaharien vers les Amériques, l'Europe et des îles de l'Atlantique aux diverses époques et obtenait alors le chiffre global de 9 566 100 déportés. Curtin (1969) espérait que son estimation ne fût pas reçue comme une parole d'évangile et ne devînt pas une vérité immuable comme le chiffre de 15 millions servi durant un siècle jusqu'à son évaluation. Il espérait que son travail demeurât une œuvre scientifique, vérifiable et perfectible. Mais hélas ! Des chercheurs, personnalités politiques, auteurs et autres ont quasiment fait de cette simple estimation une vérité biblique, la brandissant presque partout : « *les chiffres des exportations d'esclaves, on les connaît !* » ou « *sur quatre siècles, les européens n'ont traité que 11 millions d'Africains !* » ou encore « *la traite transatlantique a fait moins de victimes que l'esclavage interne africain* » etc. Or, il est de notoriété publique que les estimations de Curtin (1969) sous-estiment largement la réalité. Par exemple, ce dernier comptabilisait 175 000 déportés vers l'Europe et les îles de l'Atlantique alors que la traite avait drainé environ un million de captifs subsahariens vers cette zone (Mendes, 2008). Rout (1976) montrait que l'estimation de Curtin relative aux déportations de captifs négro-africains en Amérique latine jusqu'en 1810 sous-estimait la réalité de 67%. Ajayi et Inikori (1985) soulignaient que les estimations de Curtin sous-estimaient le volume global de captif traité par la traite transatlantique de 40% etc. En conséquence, de nombreuses évaluations étaient faites pour corriger les limites du travail de Curtin en tentant par exemple de prendre en compte la traite illégale.

Ainsi, Lovejoy (1982) évaluait les captifs déportés d'Afrique aux Amériques dans le cadre de la TNT à 11 698 000 ; en 1989, il affinait ses estimations dont il portait le montant à 11 863 000. Inikori (1982) pour sa part estimait le volume de ces captifs à 15 400 000. Daget (1990) évaluait le nombre de captifs subsahariens déportés aux Amériques à 11 700 000. Sur la période 1519-1867, Eltis (2001) évaluait le volume global des déportés vers les Amériques à 11 062 000 avec 9 599 000 arrivés à destination ; mais dans la base de données en ligne (*https://www.slavevoyages.org/assessment/estimates*), sous sa direction, Eltis calculait en 2008 que le volume global des déportés aux Amériques entre 1501 et 1866 s'élevait à 12 521 336 etc.

A propos de la traite arabo-musulmane (TAM), Ajayi et Inikori (1985) estimaient le nombre de Négro-africains déportés via l'océan Indien à 4 millions et à 10 millions celui des déportés par la voie transsaharienne et la mer Rouge sur la période 850-1910. Ce qui porte à 14 millions de captifs leur évaluation globale des déportés par la TAM. Pour Daget (1990) le nombre de déportés par la TAM seraient de 11 680 000 avec 7 400 000 transitant par la voie transsaharienne et 4 280 000 convoyés par l'océan Indien (traite orientale). En revanche, Manning (1990) estimait à 17 millions au total le nombre de déportés par la TAM, chiffre qui était aussi celui avancé par Austen (1987) ; enfin, Manning (1990) estimait que le nombre total de déportés d'une région à l'autre de l'espace subsaharien et utilisés dans le cadre de la traite interne, au sein de cet espace, s'élevait à 14 millions.

Ce qui frappe de prime abord, c'est la disparité des chiffres avancés. Elle témoigne d'emblée de ce que personne n'est sûre de rien quel que soit le type de traite considéré.

Les chiffres de Curtin (1969) s'agissant de la TNT, de Manning (1990) et Austen (1987) pour ce qui concerne la TAM et la TIS, sont souvent ceux repris largement dans la littérature sur les traites négrières en guise de bilan démographique de ces traites. Relevons toutefois qu'il s'agit d'estimations fortement sujettes à caution qui, d'une part ne représentent aucunement le nombre réel d'arrivées dans les lieux de déportation, aux Amériques, en Europe, dans le monde arabo-musulman et qui, d'autre part, restent très éloignés tant du nombre des victimes des traites négrières que du nombre des pertes humaines globales dues aux traites négrières.

D'abord pour ce qui concerne la TNT et s'agissant des arrivées aux Amériques, malgré les relevés tenus par les capitaines, ceux-ci, on le sait, sous-estimaient volontairement le nombre de captifs transportés pour, entre autres, minimiser la fiscalité pesant sur eux. Une fraude quasi systématique qui était partie intégrante de l'activité des armateurs. Elle pouvait atteindre plus du double de la cargaison : ainsi, Mousnier (1957) citant le capitaine de marine française Garneray rapportait que « *sur une cargaison de 250 esclaves, 150 sont clandestins* ». En outre, au XIXème siècle, dans le contexte de l'abolition, la comptabilité des captifs convoyés vers les Amériques était des plus incertaines, la traite transatlantique étant voilée et largement devenue clandestine à partir de 1815 et du traité de Vienne qui l'interdisait. Dans ce contexte en outre, pour échapper au contrôle et sauver leur navire, les capitaines n'hésitaient pas à déverser les captifs dans la mer. Par ailleurs, les fameux travailleurs sous contrat qui étaient embarqués des mêmes ports négriers subsahariens et convoyés aux Amériques par les mêmes négriers (Portugais à Loango par exemple) n'étaient que de véritables captifs produits par les mêmes moyens que durant la traite normale, notamment par les rapts, razzias, guerres avec autant de victimes collatérales etc. Les limites de l'estimation de Curtin (1969) étaient donc notables. Du reste, elles ont été largement pointées dans la littérature et on n'y reviendra plus ici (voir Nardin, 1970 ; Inikori, 1976 ; Anstey, 1975) ; observons cependant par exemple que pour l'île de Sao Tomé, l'enregistrement de Curtin s'arrêtait à 1700 alors que jusqu'en 1885 voire au-delà des vaisseaux portugais de l'île continuaient à charger des cargaisons de captifs de divers ports subsahariens, notamment Ouidah. En outre, Curtin se laissait parfois aller à des extrapolations et/ou ajustements des données sur le fondement de son seul flair et était lui-même largement conscient que ses estimations comportaient une marge d'erreur significative etc. Son évaluation incluait donc une dose d'hypothèses et ne saurait être tenue pour une comptabilité fidèle des déportations de captifs aux Amériques.

S'agissant de la traite arabo-musulmane (TAM), tant transsaharienne que par la mer Rouge et qu'orientale par l'océan Indien, on ne dispose même pas de documents comptables de base à l'instar des relevés de transport des capitaines dans le cas de la TNT. De telle sorte que même les évaluations des arrivées aux lieux de déportation ne relevaient que d'hypothèses. Il ne s'agissait que de conjectures et les données étaient largement fabriquées.

A propos de la traite interne subsaharienne (TIS), la situation est pire : c'est l'impossibilité même d'une séparation des victimes de celles des traites étrangères (TAM et TNT) qu'il convient d'abord de souligner. Et c'était judicieusement que Coquery-Vidrovitch (2009) considérait les 14 millions de déportés comptabilisés au titre de la TIS par Manning (1990) comme un « *chiffre sans fondement sérieux* ». Tel est aussi notre avis. En effet, et en premier lieu, les investigations conduites par plusieurs historiens ont montré que nombre de sociétés d'Afrique subsaharienne (Kissi, Samo, Baoule, populations d'Afrique équatoriale etc.) ne savaient ni vendre, ni utiliser l'esclave (Ray, 1975 ; Meillassoux, 1986 ; Logossah, 2008). Cela, comme nous l'avons montré dans cet ouvrage, en raison de ce que l'esclavage était une institution étrangère aux sociétés vitalistes subsahariennes préchrétiennes, lesquelles étaient dotées de garde-fous suffisants pour en empêcher l'émergence. Nous avions en outre montré que c'était à la suite de l'islamisation et de la TAM que l'esclavage était apparu dans ces sociétés à compter du VIIème siècle généralement ; que donc l'esclavage interne subsaharien était le produit de la TAM et de la TNT : la traite interne (TIS) n'était que le prolongement, le produit, l'émanation et l'adaptation locale, en Afrique subsaharienne, des traitres étrangères, TAM et TNT ; nous avions exposé les mécanismes par lesquels l'esclavage étranger, la TAM et la TNT, fut implanté dans l'espace subsaharien. Il résulte d'abord de cette filiation que les victimes de la TIS sont fondamentalement des victimes des traites arabo-musulmane (TAM) et transatlantique (TNT) : une comptabilisation indépendante serait dénuée de sens dès lors qu'il s'avère impossible de dissocier la TIS de ses génitrices, la TAM et la TNT. Les victimes supposées de la TIS devraient être imputées à la TAM et la TNT dont elles sont en dernier ressort les victimes car comme la TIS elle-même, elles n'étaient que des conséquences ou des effets des ces traites étrangères.

Ensuite, il convient de souligner que dans l'espace subsaharien où l'esclavage n'était pas une institution autochtone ainsi que nous l'avions montré et où en conséquence l'usage de l'esclave n'était pas prévu, la principale utilisation du captif, durant les traites négrières, consistait à le troquer contre des produits étrangers (armes à feu, eau de vie, ustensiles, pagne, tissus, vêtement, barre de fer, cauri etc.). De telle sorte que même lorsque des captifs étaient acquis dans une traite interne, ceux-ci étaient finalement largement utilisés pour acquérir des produits étrangers et se retrouvaient ainsi principalement dans la TAM entre les mains des Arabo-musulmans ou dans la TNT entre les mains des Européens puis, en définitive, déportés hors de l'espace subsaharien. Une quantification indépendante des déportés au titre de la TIS était donc très sujette à caution : d'une part, les chiffres étaient artificiellement gonflés ; d'autre part, il y avait un grand nombre de doubles comptes, les mêmes captifs étant comptés à la fois au titre de la TIS et à celui des traites étrangères (TAM et TNT). Un usage interne massif des captifs n'était pas un fait historique avéré dans l'espace subsaharien avant « la société folle » et surtout le XIXème siècle. Ce n'était en réalité qu'au cours de ce XIXème siècle que la traite interne avait connu un développement prodigieux. Et ce fut précisément à partir de 1815, avec l'interdiction de la traite, que la proportion des captifs demeurant en Afrique subsaharienne commençait à prendre de l'ampleur pour devenir significative à partir des années 1870.

Mais à partir de ces années, il convient de le souligner, les captures décroissaient aussi en intensité parce que les captifs trouvaient moins preneur, la demande étrangère, européenne principalement, ayant baissé. Il résulte de ces observations qu'outre la relation de filiation, un lien de vases communicants existait entre la TIS et les traites étrangères (TAM et TNT), lien que nombre d'historiens n'avaient pas manqué de pointer. C'étaient d'ailleurs au début de la TAM et durant la TNT, les captifs qui ne trouvaient pas preneur dans ces traites que l'on cherchait à utiliser localement. C'étaient donc les résidus des traites étrangères (TAM et TNT) qui nourrissaient la TIS, justifiant que celle-ci ne connût son apogée qu'au XIXème siècle avec le déclin de la TNT. Aussi, c'était à juste titre que Manning a réprouvé la dissociation faite par Grenouilleau (2004) entre la traite interne subsaharienne (TIS) et la traite négrière transatlantique (TNT) pour mettre en exergue la TIS et minimiser la TNT. Manning (Dufoix, 2012) soulignait en effet que « *Pour l'écriture de son ouvrage sur les traites négrières, Olivier Pétré-Grenouilleau a puisé dans mon livre Slavery and African Life (1990), des estimations statistiques sur les populations en Afrique et sur la mise en esclavage. Il s'en est servi pour affirmer que le commerce transatlantique des esclaves organisé par les Français était négligeable par rapport à l'ampleur de l'esclavage sur le continent africain. Je m'oppose vigoureusement à ces tentatives visant à dissocier l'esclavage transatlantique de l'esclavage africain.* ».

Autre fait qu'il convient de relever, s'agissant des traites étrangères (TAM et TNT) : les essais de quantification des victimes proposés par les divers auteurs s'étaient focalisés sur la « comptabilité des Nègres », limitant en conséquence la destruction humaine et sociale de ces traites aux seules victimes noires. Or, et nous l'avons largement montré via l'histoire globale des traites que nous avons tentée d'élaborer dans cet ouvrage, ces deux traites (arabo-musulmanes et européennes) avaient eu pour champs, pour sources d'approvisionnement, non seulement l'Afrique subsaharienne mais encore l'Europe et l'Afrique du Nord. D'abord et s'agissant de la TAM, depuis le VIIIème siècle et la conquête de l'Espagne wisigothique en 711 par les Arabo-musulmans jusqu'au XIXème siècle, elle avait drainé, en Afrique du Nord et via l'Afrique du Nord vers le reste du monde arabo-musulman, un grand nombre de captifs blancs européens de toutes régions, avec en pointe les Saqaliba ou Slaves et autres Sud-européens. Ensuite, et s'agissant de la TNT, nous avons montré dans cet ouvrage, qu'elle fut la dernière phase de l'esclavage et de la traite des Blancs que les Européens pratiquaient chez eux avant et pendant le Moyen Âge, jusqu'au XVIIIème siècle. Cet esclavage et cette traite européens avaient eu pour victimes, à la fois des Européens, toutes origines confondues, des Arabo-musulmans, et des Négro-subsahariens, avant même la naissance de la TNT. Dès lors, sautent aux yeux l'arbitraire et la sous-estimation du nombre des victimes des traites étrangères, arabo-musulmanes et européennes, proposé par les divers auteurs. D'une part les victimes européennes de la TAM, déportées en Afrique du Nord et via l'Afrique du Nord vers le reste du monde arabo-musulman sont purement et simplement ignorées ; tout autant que le sont, d'autre part, les victimes arabo-musulmanes et européennes de la traite européenne médiévale orchestrée en Europe ; enfin, s'agissant de l'esclavage médiéval européen, les captifs noirs subsahariens qui étaient traités dans son cadre, transportés d'une région européenne à l'autre, depuis le VIIIème siècle et dont le nombre s'était considérablement accru à partir des XIIème-XIIIème siècles, à mesure que se réduisait et s'estompait la mise en esclavage des chrétiens en Europe, étaient passés sous silence ; or, il s'agissait d'une traite négrière non négligeable que prolongeait à partir du XVème siècle la déportation vers les Amériques : dès lors, pourquoi la « comptabilité des Nègres » victimes des traites négrières devait-elle les ignorer. C'est là aussi une autre sous-estimation quantitative des victimes de la traite négrière européenne.

Au total, lorsqu'on considère globalement les traites négrières, le nombre de déportés, 42 millions au moins avancé dans les diverses estimations (11+17+14 millions respectivement pour la TNT, la TAM, la TIS), reste très éloigné de celui des victimes de ces traites. Du Bois (1915) avait déjà souligné qu'il fallait prendre en compte toutes les victimes collatérales et suggérait que celles-ci s'élèveraient à quatre vies perdues pour une arrivée vivante aux lieux de déportation. Diop-Maes (1985) estimait qu'il fallait *« compter entre 2 et 8 morts, selon les cas, pour un esclave parti vivant ; 4 représentent donc une moyenne modérée. »* Cependant, compte tenu de la fraude systématique durant la traite légale ; de la traite clandestine durant la majeure partie du XIXème siècle ; des destructions en règle des hameaux, bourgs etc. lors des guerres et razzias permanentes de capture avec conséquemment un nombre de morts excédant très largement celui des captifs (Mauny, 1970 ; Inikori, 1985) ; compte tenu de la proportion significative des morts durant le transport vers les lieux d'expédition et de déportation, généralement évaluée à 20% ; compte tenu de l'augmentation de la mortalité subsaharienne en raison notamment des maladies introduites par les traites au Sud du Sahara, à savoir les maladies sexuellement transmissibles (syphilis) ; compte tenu aussi des famines et disettes récurrentes dues à la régression de la production consécutive à l'insécurité généralisée, à l'exode continu des populations, à la déportation des forces vives, mais aussi en raison de la régression des savoirs notamment en matière de soin etc., les morts collatéraux des traites restent quantitativement très élevés ; justifiant de la part des chercheurs des hypothèses de morts pour une arrivée vivante aux lieux de déportation allant jusqu'à 10 pour 1 et au-delà. Dès lors, en partant de la seule comptabilisation de Curtin (1969) s'établissant à 9,5 millions de déportés pour la TNT et en retenant l'hypothèse moyenne de 10 vies humaines détruites par déporté, cette TNT amputerait à elle seule l'espace subsaharien de 95 millions d'individus.

Pour autant, même ce bilan de la destruction humaine engendrée par la TNT reste incomplet, ignorant largement la population potentielle dont l'espace subsaharien fut amputé. En effet, les hommes et les femmes déportés ainsi que ceux morts lors et en aval des opérations de captures auraient engendré d'autres s'ils étaient restés dans leurs sociétés. En outre, les maladies introduites par les traites (syphilis notamment) réduisaient la fertilité et causaient des manques à naître. Les traites négrières privaient ainsi l'espace subsaharien d'un accroissement démographique naturel durant treize siècles au total. Une évaluation correcte de la destruction humaine qu'elles avaient engendrée devrait donc rechercher le déficit démographique global subi : déportés, morts collatéraux, manques à naître dus aux déportés. Stricto sensu, ce furent les traites arabo-musulmanes et transatlantiques (TAM et TNT) qui causaient l'essentiel du déficit démographique naturel. En effet, la traite interne subsaharienne (TIS), dont nous avions montré qu'elle fut le produit des traites étrangères (TAM et TNT) n'amputait pas l'espace subsaharien de ses déportés. Aussi la perte démographique qu'elle causait se limitait-elle aux décès collatéraux ainsi qu'aux manques à naître dus à ceux-ci. Inikori (1982) calculait ainsi qu'en 1880, sans les traites, l'espace subsaharien aurait eu un supplément de 112 millions d'habitants. Mais plus rigoureusement, Diop-Maes (1985 ; 1993) tentait d'évaluer la perte globale de vies due aux traites négrières dans l'espace subsaharien entre fin

XVème-début XVIème siècle et XIXème siècle. Sa méthodologie d'évaluation (Diop-Maes, 1993) consistait en un calcul régressif en deux étapes partant des données du recensement de la population de l'Afrique noire de 1948-1949 : fut d'abord estimée la population subsaharienne au XIXème siècle, puis celle de la fin XVème-début XVIème siècle en s'appuyant sur les faits historiques rapportés par ceux qui avaient visité et/ou étudié la région sur la période. Diop-Maes (1993) calculait ainsi que vers 1860 la population subsaharienne se monterait à 200 millions contre une fourchette comprise entre 600 et 800 millions fin XVème-début du XVIème siècle ; en ce début de XVIème siècle donc, la densité moyenne se situerait entre 30 et 40 habitants au km^2 tandis que sur les quatre siècles considérés (XVIème-XIXème), la population subsaharienne régresserait au taux annuel moyen de 0,36%. Il s'ensuit, selon Diop-Maes, que l'espace subsaharien aurait perdu globalement entre 400 et 600 millions de vies sur les quatre siècles durant lesquels environ 30 millions de captifs furent déportés aux Amériques et dans le monde arabo-musulman dans le cadre des traites négrières étrangères ; le chiffre de 30 millions de déportés des traites étant celui proposé par le colloque de l'UNESCO, tenu en Haïti en 1978, soit 14 millions pour la TAM et 15,4 millions pour la TNT (Ajayi et Inikori, 1985). Le bilan démographique des traites (TAM, TNT, TIS), à savoir la perte humaine totale survenue dans l'espace subsaharien en raison des traites négrières serait ainsi, selon les travaux de Diop-Maes (1993), d'environ 13 à 20 vies perdues pour une personne déportée : il faudrait donc comptabiliser en plus des déportés, les morts collatéraux (dus aux guerres, razzias, transport, maladies introduites par la traite, disettes, famines, insécurité généralisée, régression des savoirs etc.), les pertes dues aux manques à naître.

En somme, à la question « combien furent les victimes des traites négrières de leur début au VIIème siècle à la fin au XIXème siècle », les réponses sont nombreuses et il y a en a autant que de tentatives de calculs. Certains de ces calculs quantifient les captifs expédiés du Sud Sahara ou arrivées aux lieux de déportation ; d'autres intègrent aux expéditions ou arrivées les morts collatéraux lors et en aval des captures (razzias, guerres, transports etc.), les morts dus aux effets divers des traites (insécurité et régression de la production engendrant des famines, sous-alimentation, maladies introduites par les négriers notamment les maladies sexuellement transmissibles ; régression des savoirs et des soins etc.); d'autres encore calculaient la perte humaine globale causée en ajoutant aux arrivées ou expéditions augmentées des morts collatéraux le supplément de vies qu'auraient engendrés tous ceux que l'espace subsaharien aurait perdu (déportés et morts). Pour autant, comme nous l'avons souligné, même si l'on comptabilisait exactement les victimes ainsi identifiées, ce qui n'avait jamais été le cas, le bilan humain des traites resterait incomplet. Car d'une part, la TNT prolongeait la traite des Blancs en Europe médiévale qui s'était également nourrie en partie d'une traite des noirs, résiduelle à compter du VIIIème siècle puis significative à partir des XIIème-XIIIème siècles : les victimes de cette traite des noirs dans le cadre de la traite européenne des blancs en Europe médiévale ne furent jamais comptabilisées. Enfin, si l'on ne se limite pas à la « comptabilité des Nègres », on s'aperçoit que la TAM n'avait pas eu pour victimes que les Subsahariens : depuis le VIIIème siècle et jusqu'au XIXème, des Européens en furent aussi largement victimes. Le bilan démographique de cette traite arabo-musulmane était en conséquence aussi incomplet.

Autres imperfections des évaluations des victimes des traites (TAM, TNT, TIS) : les chiffres étaient des données globales censées représenter sur une longue période de plusieurs siècles le total des victimes noires. Mais ces évaluations diffèrent presque toutes les unes des autres et nous installent dans une profonde indétermination, à, savoir que l'interrogation « combien furent les victimes des traites négrières » n'a pas de réponse unique et donc pas de réponse définitive. L'incertitude demeure totale. Personne ne connaît le nombre de victimes, ni de la traite arabo-musulmane (TAM), ni de la traite transatlantique (TNT), ni de la traite interne subsaharienne (TIS). Telle est la réalité.

Existe-t-il néanmoins parmi les nombreuses évaluations une susceptible d'être la meilleure ? Oui, sur le plan conceptuel : en effet, l'amputation humaine globale, à savoir, déportés, morts collatéraux ainsi que leur progéniture potentielle, serait une meilleure approximation des victimes des traites. S'agissant toutefois des estimations effectives des victimes telles que produites par les chercheurs à ce jour, aucune ne paraît meilleure. En effet, aucun des calculs ne correspond à une comptabilisation précise : les évaluations sont toutes des hypothèses et certaines ne sont rien d'autre que de simples conjectures ou suppositions. De telle sorte qu'on ignore en définitive à combien s'élèvent les victimes réelles des traites, même lorsqu'on se limite à la « comptabilité des Nègres ».

Par ailleurs, les estimations correspondant à des totaux sur plusieurs siècles, voire plus d'un millénaire, la question se pose de savoir si elles possèdent un sens. Curtin (1969) admettait lui-même d'ailleurs que ces données globales n'avaient qu'une signification limitée pour l'histoire. « *N'est-ce pas un peu comme si l'on méditait par exemple sur le nombre de passagers transportés par la R.A.T.P. depuis l'ouverture de la première ligne de métro, ou sur le salaire total gagné par un travailleur en cinquante ans d'activité ? La démarche a quelque chose de proprement absurde ;*» soulignait Nardin (1970). Parce que les estimations globales des victimes des traites négrières sur plusieurs siècles n'ont d'une part qu'un sens limité voire pas du tout et, d'autre part, ne constituent que des hypothèses voire de simples suppositions, elles doivent être maniées, utilisées avec circonspection, précaution, réserve. Sinon, le risque est de « *comparer une « surface » démographique actuelle à un « volume », à une profondeur historique et cela brouille les idées, fait perdre de vue les différences de densité de l'activité économique dans l'espace et dans le temps* » (Nardin, 1970). Autrement dit, le risque est de comparer des choses incomparables avec des erreurs grossières ou des manipulations idéologiques intentionnelles. Aussi c'était à juste titre que Manning (2012) s'insurgeait contre Grenouilleau (2004) qui, s'appuyant sur ses estimations de 14 millions de victimes de la TIS, affirmait que la TNT pratiquée par la France était négligeable par rapport à la traite interne subsaharienne ; de même est absurde et dénuée de sens la comparaison que font certains historiens, notamment Grenouilleau (2004), entre TNT, TAM, TIS sur la base des estimations globales largement fabriquées des victimes : 9,5 à 15 millions pour la TNT, 17 millions pour la TAM, 14 millions pour la TIS. Il comparait en effet des données de dimensions différentes, donc rigoureusement incomparables. Car, par exemple, la TNT ayant duré quatre siècles (XVème-XIXème) là où la TAM s'était étalée sur treize siècles, même si l'on admet temporairement les chiffres dont nous avons pointé les limites, et en raisonnant sur la même période de quatre siècles, il vient aussitôt que les victimes supposées de la TAM s'élèveraient à 5,2 millions contre 9,5 à 15 millions pour la TNT. On pourrait alors objecter que la traite transatlantique fut plus dévastatrice que la traite arabo-musulmane puisqu'ayant fait sur le même laps de temps au moins deux fois plus de victimes que la TAM ! Cette TNT serait d'autant plus déprédatrice que 90% des déportations orchestrées dans son cadre s'étaient produits sur une période plus restreinte de 110 ans. Mais tous ces raisonnements resteraient aussi précaires compte tenu de l'effet vase communiquant des traites : par exemple, au XIXème siècle, lorsque la TNT régressait à la suite de son interdiction, la TAM prenait de l'ampleur et atteignait même son apogée, tout comme la TIS ! Les traites sont ainsi rigoureusement incomparables.

Il est alors regrettable que Ndiaye (2008) ne se fût pas démarqué des comparaisons globales brutes des traites négrières (TAM, TNT, TIS), absurdes et absolument contestables, opérées par Grenouilleau (2004) : à défaut, il donnait en effet l'impression d'être partisan de la TNT alors qu'il signait un excellent essai sur la TAM. Une abstention de comparaison sur données brutes fabriquées entre TAM et TNT n'enlèverait rien à la valeur de l'essai ! Enfin, concluons sur la question du sens des données globales brutes sur plusieurs siècles en faisant remarquer que les estimations globales des victimes des traites négrières comportent quelque chose de malsain qui justifiait la réaction vigoureuse de Manning (2012) face à l'usage tendancieux (Tobner, 2007) de ses estimations par Grenouilleau : la comparaison faite par celui-ci entre les traites semblait suggérer qu'il n'y avait pas à s'émouvoir de la traite pratiquée par les Français ou Européens dès lors qu'en nombre de victimes globalisé estimé elle paraissait d'ampleur moindre que la traite interne subsaharienne. Car, devons-admettre que cent victimes auraient plus d'importance que dix, voire une ? Notre indignation ou désapprobation devraient-elles être proportionnelles au nombre de victimes ? N'est-ce pas pourtant implicitement ce à quoi invitent tant les estimations globalisées sur plusieurs siècles que la comparaison entre traites sur leur fondement ? Mais alors, est-ce au nombre de victimes qu'il faudrait mesurer la destruction sociale représentée par les traites négrières ? La perte d'une seule vie humaine n'était-elle pas déjà de trop ? Enfin, lorsqu'il est question d'évaluer la destruction sociale globale due à la traite arabo-musulmane (TAM), pourquoi faudrait-il se limiter au décompte des seules victimes noires ? Voudrait-on faire croire que la TAM n'avait eu que des victimes noires ? Pourquoi le décompte exclut-il la quantité de victimes blanches européennes, notamment Slaves Saqaliba et autres Sud-européens, que fit cette TAM tant au Moyen Âge qu'à l'époque moderne jusqu'au XIXème siècle ?

Aucune controverse sur la base de chiffres dont nous avons montré toutes les limites ne nous paraît justifiée : nul à ce jour ne connaît le nombre exact ni approximatif des victimes des traites négrières ! Ce que l'on sait avec certitude, c'est que ces traites avaient engendré une destruction humaine et sociale sans précédent et abouti à un dépeuplement également sans précédent de l'espace subsaharien. Le constat est simple et clair : la population négro-africaine avait fortement régressé à l'apogée des traites négrières (XVIIIème -XIXème siècle), passant de 17% de la population mondiale au XVème siècle à 7% à la fin du XIXème siècle, alors que sur la même période, la population de l'Europe comme celle de la Chine s'était multipliée par 5.

Repère général et récapitulatif

La question fondamentale à laquelle cet ouvrage vise à répondre est de savoir « *comment l'esclavage a émergé dans l'espace subsaharien* ». Pour la clarté de son exposé, l'auteur scinde cette interrogation clé en deux : (i) L'esclavage avait-il toujours existé dans les sociétés négro-africaines ? (ii) Comment l'esclavage et la traite interne subsaharienne (TIS), observés durant les traites négrières arabo-musulmane (TAM) et transatlantique (TNT) du VIIème au XIXème siècles, étaient-ils apparus dans les sociétés négro-africaines ?

La préoccupation de l'auteur, répondre à l'interrogation fondamentale et notamment aux deux questionnements qui la composent, le conduit à s'appuyer, en premier lieu, sur une démarche d'histoire globale ; dans ce cadre, il examine les pratiques d'esclavage et de traite connues hors de l'espace subsaharien depuis l'antiquité. L'auteur explore ainsi le berceau original oriental de l'esclavage et de la traite notamment Sumer, la Mésopotamie, puis aborde : les cas de Canaan et sa loi de Yahweh ; ceux de la Grèce et de Rome qui furent les premiers champs des plus gigantesques traites des Blancs de l'antiquité ; l'auteur explore aussi les vecteurs religieux majeurs de l'esclavage et de la traite dans le monde notamment le Christianisme et l'Islam; enfin, il examine l'Europe médiévale qui fut également le théâtre d'une traite des Blancs gigantesque du Vème au XVIIIème siècles : cette traite médiévale européenne fut le modèle de la TNT qui en avait d'ailleurs été la dernière phase.

En second lieu, l'ouvrage s'appuie sur une analyse sociologique et historique des sociétés négro-africaines antéislamiques et préchrétiennes, et interroge leur spiritualité, leur religion qui était le Vitalisme. Celui-ci était un code social avec des principes, lois, règles, institutions régissant la vie quotidienne des individus, le fonctionnement quotidien de la société et dont l'auteur interroge les dispositions au regard de l'institution esclavagiste.

Au premier questionnement qui est le sien, à savoir, « *L'esclavage avait-il toujours existé dans les sociétés négro-africaines ?* », l'analyse de l'auteur le conduit à répondre NON : dans les sociétés négro-africaines antéislamiques et préchrétiennes vitalistes, l'esclavage et la traite n'existaient pas. Les institutions vitalistes constituaient les garde-fous les ayant annihilés. Au rang des dispositions ayant ainsi agi, on trouve les prescriptions du démiurge vitaliste notamment celles de l'Amour-fraternité universelle, de l'hospitalité, de l'Entraide mutuelle, de l'Equité, de la Rectitude, de la Vérité, auxquelles s'ajoute le dogme de la présence dans tout humain d'une part du démiurge négro-africain Lui-Même. Les prescriptions, dogmes, lois vitalistes, et l'organisation sociale communautaire qui les matérialisait, avec la prise en charge effective de tout nécessiteux dans la société, ne laissaient aucune possibilité à l'émergence de l'esclavage dû à la pauvreté. De même, la guerre, autre source majeure de production de l'esclave en Orient, en Grèce, à Rome, en Europe médiévale, ne pouvait générer ce dernier dans l'espace subsaharien préchrétien vitaliste. Ici, l'appropriation, la possession de l'humain, étant exclues en raison des dispositions du Vitalisme, les captifs de guerre ne devenaient pas esclaves. Ils connaissaient deux sorts principaux. Le premier, le plus général, était qu'à la fin de la guerre les belligérants les échangeaient entre eux ; la « séquestration sociale » avec laquelle le captif de guerre finissait simplement comme otage de la société vainqueur au sein de laquelle il se trouvait contraint de vivre désormais était le second sort majeur que connaissait le captif de guerre dans la société vitaliste subsaharienne préchrétienne. Privé de la possibilité de retourner chez lui, il conservait néanmoins à la fois sa propre identité ainsi que ses us et coutumes et jouissait des mêmes droits que les autochtones. Outre les croyances vitalistes, une autre caractéristique des sociétés vitalistes négro-africaines préchrétiennes qui y annihilait l'émergence de l'esclavage était qu'elles n'étaient pas des sociétés d'accumulation : il s'agissait de sociétés d'équilibre dans lesquelles les individus ne pensaient pas accumulation et étaient dépourvus de réflexes d'accumulation : or c'étaient justement de tels réflexes et les comportements conséquents qui furent à l'origine de l'émergence de l'esclavage.

Le fonctionnement endogène de la société vitaliste négro-africaine préchrétienne ne pouvait dans ces conditions pas produire l'esclave et l'esclavage. Celui-ci ne pouvait donc y être introduit que de l'extérieur par une perturbation exogène : l'ouvrage confirme ainsi les observations préalables de Meillasoux (1975) et éclaire les nombreux indices déjà soulignés dans la littérature. Notamment : les survivances en Afrique noire de sociétés ni esclavagistes, ni à esclaves (Testart, 1998) ; de sociétés ne sachant pas utiliser l'esclave (Ray, 1975) ; de sociétés ne sachant pas vendre l'esclave (Viti, 1999 ; Holder, 1998 ; Logossah, 2008) ; de sociétés ignorant l'institution esclavagiste (Rodney, 1966 ; Randles, 1969 ; Testart, 1998 ; Diakite, 2008) ; les résistances subsahariennes à l'esclavage (Zurara, 1453 ; Ca' da Mosto, 1455 ; Lyon, 1821 ; Pinto et Careira, 1985 ; Lara, 1985 ; Cisse et Kamissoko, 1991, 2000 ; Logossah 1998, 2008 ; Seti, 1998 ; Ballong-Wen-Mewuda, 1988 ; Diakite, 2008).

A partir de là, l'ouvrage aborde son deuxième questionnement clé, à savoir « *Comment l'esclavage et la traite interne subsaharienne (TIS) étaient-ils apparus dans les sociétés négro-africaines* ». C'est la question de l'implantation ou de l'endogénéisation de la pratique de l'esclavage et de la traite dans l'espace subsaharien. L'ouvrage indique que ceux-ci ont été implantés en Afrique subsaharienne par les étrangers, Arabo-musulmans et Européens, qui y avaient déporté leurs pratiques esclavagistes. Les traites des Blancs, en Orient et en Europe médiévale, furent donc génératrices et modèles de l'esclavage subsaharien ainsi que des traites négrières (TIS, TAM, TNT). L'ouvrage met en évidence les processus par lesquels les esclavages et traites arabo-musulmans comme européens furent implantés dans l'espace subsaharien. Il montre d'abord que ce fut l'islamisation qui, en premier, avait servi de canal d'implantation de l'esclavage oriental dans l'espace subsaharien. C'était initialement par l'inculcation de la légalité de l'esclavage dans la loi islamique ; puis par l'inculcation de la prescription islamique de la razzia, l'inculcation de la prescription islamique du jihad (guerre sainte) ; l'inculcation que les nègres demeurés vitalistes devenaient les ennemis irréductibles de ceux qui étaient islamisés, devant être réduits en esclavage par ces derniers ; l'exercice effectif du pouvoir politique et administratif dans l'espace subsaharien par les instructeurs religieux arabo-musulmans des rois, princes et souverains négro-africains fut un autre canal majeur d'endogénéisation de l'esclavage : ces étrangers prenaient concrètement les décisions effectives des actes à accomplir par les dirigeants subsahariens afin que ces actes fussent conformes aux préceptes de l'Islam ; en clair ils exerçaient le pouvoir et ordonnaient razzias, guerres saintes, mises en esclavage, traites etc. ; les nègres pouvaient alors s'auto-détruire et se faire la chasse les uns aux autres pour fournir les négriers arabo-musulmans ; l'imposition du tribut en captifs aux rois vaincus, la colonisation arabo-musulmane de l'Est-africain, l'institution du captif comme monnaie d'échange, l'arabisation des sociétés nègres islamisées etc.

furent d'autres procédés d'implantation de l'esclavage arabo-musulman dans l'espace subsaharien, via l'islamisation.

Au total, l'islamisation des sociétés subsahariennes entamée dès le VIIème siècle y modifiait le dispositif mental et les croyances vitalistes préexistant en y divulguant la légitimité, la légalité de l'esclavage ainsi que des principaux moyens de mise en esclavage notamment la razzia (butin), la guerre. En outre, l'islamisation inculquait aux Nègres que, dès leur conversion, leurs frères demeurés vitalistes, qualifiés d'idolâtres, devenaient leurs ennemis irréductibles, à abattre par tous les moyens, entre autres, par la mise en esclavage. A cela s'ajoutait la prise de contrôle du pouvoir politique réel par les islamistes étrangers, arabo-musulmans, lesquels devenaient les maîtres réels des pays subsahariens, décidant des actes concrets à poser, des comportements à avoir en matière d'esclavage et de traite ; en outre nombre, voire une masse par endroits, d'Arabo-musulmans s'installaient dans l'espace subsaharien et y conduisaient eux-mêmes directement des razzias sur les populations vitalistes, enseignant alors par la pratique le mode de mise en esclavage aux autochtones islamisés : rois, princes, chefs, notables, commerçants, autres islamisés etc. avaient sous les yeux les modèles à suivre. Ces autochtones islamisés s'associaient de surcroît aux Arabo-musulmans étrangers et devenaient bientôt des pratiquants de razzias, de guerres destinées à capturer et vendre les Nègres vitalistes. Ils s'associaient autant aux entreprises de traite des nègres et devenaient aussi des trafiquants de captifs.

Après les canaux islamiques, l'ouvrage montre ceux par lesquels les Européens ont implanté leur esclavage et traite médiévaux dans l'espace subsaharien à compter du XVème siècle. Les mécanismes étaient largement ceux utilisés en Europe médiévale dans le cadre de la traite des Blancs à cette époque. D'ailleurs, la traite négrière transatlantique n'était qu'une déportation en Afrique subsaharienne et dans les Amériques de l'esclavage et de la traite des Blancs pratiqués en Europe médiévale. En Afrique subsaharienne, les grands canaux d'implantation de cette traite et de cet esclavage européens furent : la légitimation religieuse par les autorités chrétiennes de la mise en esclavage des Noirs; les rapts directs des Européens sur le sol subsaharien du XVème au XIXème siècle; la création d'une classe d'esclavagistes locaux, « autochtones », au sein de l'espace subsaharien formée d'anciens esclaves libérés et de métis européens ; la déportation dans l'espace subsaharien d'Européens rebuts notamment divers criminels de droit communs (*lançados, pombeiros*) prenant en charge l'activité négrière; la colonisation de certaines portions de l'espace subsaharien par les Portugais (Angola par exemple), qui y pratiquaient en continu des razzias, imposaient des quotas de captifs à leurs vassaux nègres vaincus etc. ; l'exercice du pouvoir politique par personne interposée ; la création au sud du Sahara du besoin des produits européens ; l'inondation de la société subsaharienne d'armes ; l'inondation de la société subsaharienne de boissons alcooliques trafiquées ; l'institution du captif comme monnaie d'échange.

Outre les procédés par lesquels Arabo-musulmans et Européens ont implanté, en Afrique noire, l'esclavage et la traite qu'ils pratiquaient chez eux, l'ouvrage rappelle d'abord les effets classiques de ces traites étrangères (TAM et TNT) souvent mentionnés dans la littérature, particulièrement l'hécatombe démographique (Dunbar, 1860 ; Queneuil, 1907 ; Du Bois, 1915 ; Kuczinski, 1936 ; Curtin, 1969 ; Inikori, 1982 ; Lovejoy, 1982 ; Ajayi et Inikori, 1985 ; Diop-Maes, 1985, 1993 ; Austen, 1987 ; Daget, 1990 ; Manning, 1990 ; Eltis, 2001, 2008), la régression et l'arrêt du processus d'évolution endogène des sociétés négro-africaines, la réapparition à grande échelle de la vie sauvage (re-tribalisation dans l'espace subsaharien), la généralisation des guerres (Seti, 1998 ; Logossah, 1998c, 2008), les fuites en continu des populations, leur éclatement et séparation de longue durée générant une multitude de communautés nouvelles, de clans, de lignages (« ethnies ») nouveaux, de langues nouvelles avec la perte de mémoire collective (Seti, 1998 ; Logossah, 1998c, 2008), le racisme anti-noir (Kake, 1985 ; Logossah, 2008). Ensuite, l'ouvrage met en évidence des conséquences majeures des traites négrières étrangères (TAM et TNT) que les historiens peinent à pointer dans leurs travaux. Il s'agit fondamentalement :

(i) de l'émergence de l'esclavage comme institution sociale en Afrique noire ;

(ii) de l'émergence d'une traite interne dans l'espace subsaharien (TIS) ;

(iii) de l'émergence décisive d'une « société nouvelle » folle en Afrique noire durant le XVIIème siècle et dont l'apogée s'étalait sur les XVIIIème-XIXème siècles ; centrée sur une quasi-mono-activité, à savoir la production-vente de captif, celui-ci étant devenu le « nouvel or », la « société nouvelle » était une société dans laquelle les actes posés quotidiennement par les individus étaient plus insensés les uns que les autres, caractérisés par le renversement quasi total des valeurs, principes, règles, traditions, us et coutumes et codes éthiques vitalistes ancestraux : il était devenu « normal » pour la majorité des membres de cette société folle de vivre d'une activité consistant à organiser la chasse aux humains, leurs semblables, à les capturer, à s'en approprier, à les vendre, les troquer contre n'importe quelle babiole. Toutes choses inconcevables dans la société ancestrale vitaliste d'avant le VIIème siècle. La vie humaine n'avait plus aucune valeur, avait perdu sa valeur sacrée d'antan et on pouvait en faire n'importe quoi. C'était une société de guerre généralisée, d'insécurité totale, où plus aucune règle n'était respectée. C'étaient le brigandage généralisé, la violence institutionnalisée, l'anarchie complète. La « société nouvelle » ne s'appartenait pratiquement pas et les individus ne semblaient ni en mesure de maîtriser leurs actes, ni de pouvoir y mener la moindre réflexion. La traite externe imposée par les Arabo-musulmans et Européens dictait tout : les évènements, leur rythme etc. Presque tous les Négro-subsahariens semblaient avoir perdu la tête. Dans cette folie collective, la défiance des individus les uns envers les autres atteignait son paroxysme et chacun détestait tout autant l'autre ; le climat social était devenu celui de la haine interindividuelle, de la haine du nègre par le nègre, de la haine de soi, plongeant la société dans une spirale autodestructrice sans fin dont les effets persistent à ce jour.

Emanation de la « société nouvelle » négrière des XVIIIème-XIXème siècles, les sociétés négro-africaines contemporaines ont hérité de la folie collective caractérisant leur génitrice et sont de ce fait des sociétés profondément malades. Leur remise en état est une tâche d'ampleur que très peu, sinon aucune, d'entre elles, ont osé engager à ce jour.

Références bibliographiques

Agbano II F. (1991) : *Histoire de Petit Popo et du royaume Guin*, Editions Haho - Karthala, Lomé.

Akinjogbin I. A. (1967): *Dahomey and its Neighbours 1708-1818*, Cambridge University Press, London.

Al-Assiouty S. A. (1989) : Recherches comparées sur le christianisme primitif et l'islam premier : Volume 3 : Origine égyptienne du christianisme et de l'islam, éditions Letuzey Ane, Paris.

Allibert C. (1988) : « Les contacts entre l'Arabie, le Golfe persique, l'Afrique orientale et Madagascar : confrontation des documents écrits, des traditions orales et des données archéologiques récentes », in Pouilloux J. *L'Arabie et ses mers bordières. I. Itinéraires et Voisinages*, Maison de l'Orient et de la Méditerranée, pp. 111-126.
https://www.persee.fr/doc/mom_0766-0510_1988_sem_16_1_2099

Al Karjousli S. (2010) : « Images du Yémen : des représentations mythiques et religieuses aux recompositions historiques et linguistiques », Revue de littérature comparée, vol. 333, n°1, pp. 13 à 23. *https://www.cairn.info/revue-de-litterature-comparee-2010-1-page-13.htm*

Alkhir S. A. (2016) : *La traite des esclaves noirs en Lybie dans les temps modernes.* Université de Lyon, NNT : 2016LYSE2041. *https://theses.hal.science/tel-01826185*

Al-Tabarî (2002): *Chronique de Tabarî*, Edition Al-Bustane, Paris.

Ambrosini M. L., Willis M. (1966): *The Secret Archives of the Vatican,* Little Brown, Boston.

Amélineau E. (1896) : Les nouvelles fouilles d'Abydos, imprimerie Burdin, Angers.

Amélineau E. (1916) : Prolégomènes à l'étude de la religion égyptienne, ed. Leroux, Paris.

Amenekht (-1166) : Records of the strike at Deir el Medina under Ramses III
https://archive.wikiwix.com/cache/index2.php?url=http%3A%2F%2Fwww.reshafim.org.il%2Fad%2Fegypt%2Ftexts%2Fturin_strike_papyrus.htm#federation=archive.wikiwix.com&tab=url

Andah B. W. (1984) : « L'Afrique de l'Ouest avant le VIIème siècle », in Mokhtar G. (dir), Histoire Générale de l'Afrique, II. Afrique ancienne, Jeune Afrique/Unesco, pp. 641-671.

Appien, Histoire des guerres civiles de la république romaine, livre I
https://archive.wikiwix.com/cache/index2.php?url=http%3A%2F%2Fremacle.org%2Fbloodwolf%2Fhistoriens%2Fappien%2Findex.htm#federation=archive.wikiwix.co

Anslain A. (2009) : *Le refus de l'esclavitude, Résistances africaines à la traite négrière*, Editions Duboiris, Paris.

Anstey R. (1975): *The Atlantic Slave Trade and British Abolition, 1760-1810,* Macmillan, London.

Aquin Th. (1266-1273) : *Somme théologique*, trad. fr. par Roguet A. M., 4 t., éd. du Cerf, Paris, 1984-1986.

Austen R. A. (1979) : "The Islamic Red Sea Slave Trade : an Effort at Quantification", in R.L. Hess (ed.), *Proceedings of the Fifth International Conference on Ethiopian Studies*, Chicago, University of Illinois at Chicago Circle, pp. 443-468.

Austen R. A. (1987): *African Economic History*, James Currey, London.

Austin B. (2019): "1619: Virginia's First Africans", Hampton History Museum, December 31.
http://www.hamptonhistorymuseum.org/1619

Balard M. (1968) : « Remarques sur les esclaves à Gênes dans la seconde moitié du XIIIe siècle », Mélanges d'archéologie et d'histoire, t. 80, n°2, 1968. pp. 627-680;
https://www.persee.fr/doc/mefr_0223-4874_1968_num_80_2_7563

Balandier G. (1955) : *Sociologie actuelle de l'Afrique noire*, PUF, Paris.

Ballong-Wen-Mewuda J.B. (1988) : « Le commerce portugais des esclaves entre la côte de l'actuel Nigeria et celle du Ghana moderne aux XV^{ème}et XVI^{ème}siècles », in Daget S. (edit.), De la traite à l'esclavage, Actes du colloques international sur la traite des noirs, Nantes, 1988, tome I, pp.121-145.

Batuta Ibn (1966) : « Textes et documents relatifs à l'histoire de l'Afrique », Histoire, n° 9, Dakar, traduct. De Mauny, Monfeil, Djenidi, Devisse.

Beachey R.W. (1976): *The Slave Trade of Eastern Africa,* London, Rex Collings.

Bekri El (1913) : *Description de l'Afrique septentrionale*, trad M.G.Slane, Alger.

Birabuza A. (1994) : *Trahison des clercs et renaissance noire en Afrique noire*, éditions Intore, Bujumbura.

Bleuchot H. (2000) : *Droit musulman,* Tome 1 : Histoire. Tome 2 : *Fondements, culte, droit public et mixte*, Presses universitaires d'Aix-Marseille, Aix-en-Provence.

Bloch M. (1947) : « Comment et pourquoi finit l'esclavage antique », Annales. Economies, sociétés, civilisations. 2e année, n°1, pp. 30-44 ; https://www.persee.fr/doc/ahess_0395-2649_1947_num_2_1_3257

Blumenkranz B. (1960) : *Juifs et Chrétiens dans le monde occidental, 430-1096*, Imprimerie nationale, Paris.

Bonnassie P. (1985) : « Survie et extinction du régime esclavagiste dans l'Occident du haut Moyen Âge (IVe-XIe s.) », Cahiers de civilisation médiévale, 28e année (n°112), oct-déc, pp. 307-343; *https://www.persee.fr/doc/ccmed_0007-9731_1985_num_28_112_2302*

Bono S. (1985) : « Achat d'esclaves turcs pour les galères pontificales (XVIe - XVIIe siècles), Revue de l'Occident musulman et de la Méditerranée, n°39, pp. 79-92; https://www.persee.fr/doc/remmm_0035-1474_1985_num_39_1_2065

Bono S. (2013) : « Au-delà des rachats : libération des esclaves en Méditerranée, XVIeme -XVIII ème siècles », Cahiers de la Méditerranée, 87.
http://journals.openedition.org/cdlm/7270.
Modéran Y. (2003) : « *Chapitre 18. Les Botr, les Branès, et le monde berbère au VIIè siècle* », in *Les Maures et l'Afrique romaine (IVe-VIIe siècle)* [en ligne]. Rome : Publications de l'École française de Rome. <http://books.openedition.org/efr/1434>
Botte R. (2010) : *Esclavages et abolitions en terres d'islam. Tunisie, Arabie saoudite, Maroc, Mauritanie, Soudan*, A. Versaille, Bruxelles.
Botte R. (2011) : « Les réseaux transsahariens de la traite de l'or et des esclaves au haut Moyen Âge : VIIIe-XIe siècle », L'Année du Maghreb, VII, pp. 27-59.
Boutruche R. (1975) : *Seigneurie et féodalité. Le premier âge des liens d'homme à homme*,
Aubier, Paris.
Boyer R. (2002) : *Les Vikings*, Perrin, Paris.
Brogini A. (2006) : « Malte et l'œuvre hospitalière de Saint-Jean de Jérusalem à l'époque moderne (XVIe-XVIIe siècle) », Mélanges de l'École française de Rome, Italie et Méditerranée, tome 118, n°1.
https://www.persee.fr/doc/mefr_1123-9891_2006_num_118_1_10292
Brogini A. (2013) : « Une activité sous contrôle : l'esclavage à Malte à l'époque moderne », Cahiers de la Méditerranée, vol. 87, 2013, p. 49-61. *https://journals.openedition.org/cdlm/7155*
Brosses C. de (1760) : *Du culte des dieux Fétiches ou Parallèle de l'ancienne religion de l'Égypte avec la religion actuelle de Nigritie*, Ginevra, Cramer.
https://books.google.fr/books?id=bsecIlNrohYC&printsec=frontcover&vq=f%C3%A9tichisme&hl=fr&source=gbs_ge_summary_r&cad=0#v=onepage&q=f%C3%A9tichisme&f=false

Broze M. (1996) : *Mythe et roman en Égypte ancienne. Les aventures d'Horus et Seth dans le Papyrus Chester Beatty I*, Louvain, Peeters.

Ca'Da Mosto d'A. (1455) : *Voyages en Afrique Noire*, trad. F. Verrier, éditions Chandeigne-Unesco, Paris, 2003.

Castel J-P. (2016) : « La destruction des dieux d'autrui : une singularité abrahamique », Topique - Revue freudienne, L'Esprit du temps. hal-01561181f. *https://hal.archives-ouvertes.fr/hal-01561181*

Champollion-Figeac M. (1839) : *Egypte ancienne*, édité par Firmin Didot Frères, Paris, 1839
https://books.google.com/books?id=2Drz0ovfjCAC&printsec=frontcover&hl=fr&source=gbs_ge_summary_r&cad=0#v=onepage&q&f=false

Chebel M. (2007) : *L'esclavage en terre d'islam*, Fayard, Paris.

Churruca de J. (1982) : « L'anathème du Concile de Gangres contre ceux qui sous prétexte de christianisme incitent les esclaves à quitter leurs maîtres », Revue historique de droit français et étranger, 60 (2), pp. 261-278.

Cissé Y. T., Kamissoko W. (1991) : *Soundjata, la Gloire du Mali*, Karthala-Arsan, Paris.

Cissé Y. T., Kamissoko W. (2000) : *La Grande Geste du Mali. Des origines à la fondation de l'Empire*, Karthala, Paris.

Coquery-Vidrovitch C. (2003) : « La colonisation arabe à Zanzibar », in Ferro M. (dir), Le livre noir du colonialisme, Rober Laffont, Paris, pp. 452-466.

Coquery-Vidrovitch C. (2009) : *Enjeux politiques de l'histoire coloniale*, Agone, Marseille.

Cordell D. (1985): "The Awlad Sulayman of Libya and Chad: Power and Adaptation in the Sahara and Sahel", Canadian Journal of Africa Studies, 19 (2), pp. 319-343.

Coret C. (2020) : « Habari za Pate : les « chroniques » de Pate (Afrique orientale) », in : *Encyclopédie des historiographies : Afriques, Amériques, Asies* : Volume 1 : sources et genres historiques (T.1 et T.2), Paris, Presses de l'Inalco, <http://books.openedition.org/pressesinalco/25009>

Cugoano O. (1788) : *Réflexions sur la traite et l'esclavage des Nègres,* Royez, Paris.

Cuoq J. M. (1975) : *Recueil des Sources arabes concernant l'Afrique occidentale du VIIIe siècle au XVIe siècle*, CNRS Editions, Paris.

Cuoq J. M. (1984) : *Histoire de l'islamisation de l'Afrique de l'Ouest : des origines à la fin du XVIe siècle*, Geuthner, Paris.

Curtin P. D. (1969): *The Atlantic Slave Trade. A Census*, The University of Wisconsin Press, Madison, Milwaukee, London.

Daget S. (1988) : *Répertoires des expéditions françaises à la traite illégale, 1814-1850,* Centre de recherche sur l'histoire du monde atlantique, Nantes.

Daget S. (1990) : *La traite des Noirs. Bastilles négrières et velléités abolitionnistes*, Editions Ouest France, Rennes.

Davis R. (2006) : *Esclaves chrétiens, Maîtres musulmans*, Editions Jacqueline Chambon, Paris.

Devroey J-P., Brouwer, C. (1999) : « La participation des juifs au commerce dans le monde franc (VIe-Xe siècles), in *Voyages et voyageurs à Byzance et en Occident du VIe au XIe siècle,* Presses universitaires de Liège. http://books.openedition.org/pulg/4769

Dhorme E. (1947) : « Les religions arabes préislamiques d'après une publication récente », Revue de l'histoire des religions, t. 133, n°1-3, 1947. pp. 34-48;
https://www.persee.fr/doc/rhr_0035-1423_1947_num_133_1_5565

Diakite T. (2008) : *La traite des Noirs et ses acteurs africains du XVe au XIXe siècle*, Editions Berg international, Paris.

Diop C. A. (1987) : *L'Afrique noire précoloniale*, Présence Africaine, paris.

Diop-Maes L-M (1985) : « Essai d'évaluation de la population de l'Afrique Noire aux XVe et XVIe siècles », Population, n°6, pp. 855-884.

Diop-Maes L-M. (1993) : « Evolution de la population de l'Afrique Noire du néolithique au milieu du 20è siècle », Ankh, n°2, avril.

Dobb M. (1971) : *Etudes sur le développement du capitalisme*, Maspéro, Paris.

Dossat Y. (1978) *:* « Les Ordres de rachat. Les Mercédaires »*,* in Assistance et charité, Éditions Privat, Toulouse, pp. 365-387, (Cahiers de Fanjeaux, 13);
https://www.persee.fr/doc/cafan_0575-061x_1978_act_13_1_1207

Dromard B. (2017) : « Esclaves, dépendants, déportés : les frontières de l'esclavage en Babylonie au premier millénaire avant J.-C. », Histoire. Université Panthéon-Sorbonne - Paris I. https://tel.archives-ouvertes.fr/tel-01984602

Du Bois W. E. B. (1915): *The Negro*, African Diaspora Press, Houston, 2010.

Ducat J. (1974) : « Le Mépris des hilotes », Annales Économies, sociétés, civilisations, vol. 29, no 6, p. 1451-1464.

Ducrey P. (1968) : *Le traitement des prisonniers de guerre en Grèce ancienne. Des origines à la conquête romaine*, De Boccard, Paris, 1968.

Dufoix S. (2012) : « Pour une histoire mondiale de la diaspora africaine. Entretien avec Patrick Manning », Tracés, Revue de Sciences, 23.
http://journals.openedition.org/traces/5569

Dufourcq Ch. (1975) : *La vie quotidienne dans les ports méditerranéens au Moyen Age,* Hachette, Paris.

Dunbar E. E. (1860): *The Mexican Papers,* J. A. H. Hasbrouk and Co, New York

Duncan J. (1847) : *Travels in Western Africa, in 1845 and 1846*, Richard Bentley, London.

El Cheikh N. M. (2005): "Revisiting the Abbasid Harems", Journal of Middle East Women's Studies, 1(3), 1–19.
http://www.jstor.org/stable/40326869

El Jetti M. (2013) : « Tétouan, place de rachat des captifs aux XVIe et XVIIe siècles », Cahiers de la Méditerranée, 87. *http://journals.openedition.org/cdlm/7207*.

Eltis D. (2001) : "The Volume and Structure of the Transatlantic Slave Trade: A Reassessment", The William and Mary Quarterly, 58(1), 17-46.

Eltis D. (2008) : « The Trans-Atlantic Slave Trade Database ». https://www.slavevoyages.org/assessment/estimates

Fage J. D. (1981) : « Traite et esclavage dans le contexte historique de l'Afrique occidentale » in Mintz S. : *Esclave = facteur de production*, Dunod, Paris, 1981

Finley M. I. (1980): *Ancient Slavery and Modern Ideology*, Penguin Books, Harmondsworth-New York.

Fontenay M. (1985) : « L'Empire Ottoman et le risque corsaire au XVIIe siècle, Revue d'histoire moderne et contemporaine, tome 32, n°2, pp. 185-208.*https://www.persee.fr/doc/rhmc_0048-8003_1985_num_32_2_1315*

Fontenay M. (2002) : « Pour une géographie de l'esclavage méditerranéen aux temps modernes », Cahiers de la Méditerranée, vol. 65, 2002, p. 17-52, *https://journals.openedition.org/cdlm/42*

Frame G. (1999): « The inscription of Sargon II at Tang-i Var », pp : 31-57, Orientalia 68, Pontificium Institutum Biblicum, Rome.

Garlan Y. (1999) : « De l'esclavage en Grèce antique », Journal des savants, n°2, pp. 319-334.

Gozalo M. B. (2013) : « Esclaves musulmans en Espagne au XVIIIe siècle », Cahiers de la Méditerranée, 87. « *http://journals.openedition.org/cdlm/7147*».

Grégoire de Nysse (1996) : *Homélies sur l'Ecclésiaste*, Le Cerf, Paris.

Grégoire de Tours (1823) : *Histoire de France,* J-L J. Brière, Paris.

   - Livre III, *https://remacle.org/bloodwolf/historiens/gregoire/francs3.htm*

- Livre VII, *https://remacle.org/bloodwolf/historiens/gregoire/index.htm*
Grégoire XVI (1839): « In Supremo Apostolatus . Lettres apostoliques pour détourner du commerce des Nègres », *Mémoire Spiritaine, 1* (1), pp. 135-145 : https://dsc.duq.edu/memoire-spiritaine/vol1/iss1/12
Grenouilleau, O. (2005) : « Les traites négrières, ou les limites d'une lecture européocentrique », Revue d'histoire moderne & contemporaine, n° 52-4, pp. 30-45.
Grenouilleau O. (2014) : *Qu'est-ce que l'esclavage ? Une histoire globale*, Gallimard, Bibliothèque des Histoires, Paris.
Grenouilleau O. (2021) : *Christianisme et esclavage,* Gallimard, Édition du Kindle.
Gueye M. (1985) : « La traite négrière à l'intérieur du continent », in La traite négrière du XIVè au XVIè siècle, Unesco, Paris, 1985.
Guillén F. P. (1998) : « Les esclaves et les affranchis musulmans et noirs en milieu urbain aux XIVe et XVe siècles : l'exemple de Barcelone », Atalaya, 9, 1998, pp. 182-189, *http://journals.openedition.org/atalaya/85*
Gugliuzzo E. (2013) : « Être esclave à Malte à l'époque moderne », Cahiers de la Méditerranée, vol. 87, 2013, p. 63-76. *https://journals.openedition.org/cdlm/7161*
Harris, J. E. (1971): "The African presence in Asia: consequences of the East African slave trade", Evanston (Il.), Northwestern University Press, p. 91-98.
Heers J. (1981) : *Esclaves et domestiques au Moyen Âge dans le monde méditerranéen*, Fayard, Paris.
Holder G. (1998) : « Esclaves et captifs en pays dogon. La société esclavagiste sama. », L'Homme, tome 38, n° 145, pp. 71-108.
https://www.persee.fr/doc/hom_0439-4216_1998_num_38_145_370416
Huetz de Lemps A. (2001) : *Boissons et civilisations en Afrique,* Presses Universitaires de Bordeaux, Pessac.

Ibn Khaldûn (1978) : *Discours sur l'histoire universelle. Al-Muqaddima,* Sindbad, Paris.

Inikori J. E. (1976): « Measuring the Atlantic slave trade: an assessment of Curtin and Anstey", Journal of African History, XVII, 2.

Inikori J. E. (1982): *Forced Migration. The Impact of the Export Slave Trade on African Societies.* Hutchinson, London.

Inikori J. E. (1985) : « La traite négrière et les économies atlantiques de 1451 à 1870 », in *La traite négrière du XVème au XIXème siècle*, Unesco, Paris, pp. 64-97.

Izard M. (1975) : "Les captifs royaux dans l'ancien Yatenga », in C. Meillassoux (ed.) : *L'Esclavage en Afrique précoloniale*, Paris, Maspero.

Jadin L., Dicorato M. (1974) : *Correspondance de Dom Afonso, roi du Congo 1506-1543*, Académie royale des Sciences d'Outre-Mer, Bruxelles.

Kahn D. (2001): « The Inscription of Sargon II at Tang-i Var and the Chronology of Dynasty 25 », pp : 1-3, Orientalia 70, Rome.

Kake I. B. (1985) : « La traite négrière et le mouvement des populations entre l'Afrique Noire, l'Afrique du Nord et le Moyen-Orient », in *La traite négrière du XVème au XIXème siècle*, Unesco, Paris, pp. 1177-188.

Kalck P. (1974) : *Histoire de la République Centrafricaine des origines préhistoriques à nos jours*, Berger-Levrault, Paris.

Kâti M. (1913) : *Tarikh-el-Fettach,* traduction Houdas et Delafosse, Ed. Ernest Leroux, Paris (réédition Maisonneuve, 1981).

Kodjo N. G. (1988) : « Razzia et développement des Etats du Soudan occidental », in Daget S. (edit.), De la traite à l'esclavage, Actes du colloque international sur la traite des noirs, Nantes 1985, Crhma et Sfhom, Nantes et Paris, 1988, tome I, pp. 19-35.

Konan V. (2016) : « Traite négrière occidentale et arabe : l'indignation sélective de l'Afrique », Le Monde Afrique, 26 août.

Laburthe-Tolra Ph. (1981) : *Les seigneurs de la forêt : Essai sur le passé historique, l'organisation sociale et les normes éthiques des anciens Beti du Cameroun,* Erreur PERIMES Publications de la Sorbonne, Paris.

Lara O. D. (1985) : « Résistance et esclavage : de l'Afrique aux Amériques noires », in La traite négrière du XVème au XIXème siècle, Unesco Paris, pp. 111-129.

Lecerf F. (2013) : « Les missions de rédemption effectuées sur ordre des ducs de Frías », Cahiers de la Méditerranée », 87. « *http://journals.openedition.org/cdlm/7240* ».

Léon XIII (1888): « In Plurimis. Encyclical of pope Leo XIII on the abolition of slavery »
https://www.vatican.va/content/leo-xiii/en/encyclicals/documents/hf_l-xiii_enc_05051888_in-plurimis.pdf

Léon XIII (1890): « Catholicae Ecclesiae »
https://www.vatican.va/content/leo-xiii/en/encyclicals/documents/hf_l-xiii_enc_20111890_catholicae-ecclesiae.html

Library of Congress (1688): "Germantown Friends' Protest Against Slavery"
https://www.loc.gov/resource/rbpe.14000200/?st=pdf&pdfPage=1

Logossah. K. (1998a) : « Traite des Noirs : qui est responsable ? », Antilla, n°787, 03/07, pp. 19-23.

Logossah K. (1998b) : « La traite et l'Afrique : le pourquoi et les conséquences », Antilla, n°788, 10/07, pp. 25-27.

Logossah K. (1998c) : « Les effets de la traite en Afrique subsaharienne », Antilla, n°790, 24/07, pp. 24-29.

Logossah K. (2008) : « Aux origines de la traite négrière transatlantique : introduction au débat sur la responsabilité africaine », in Petit précis de remise à niveau sur l'histoire africaine à l'usage du président Sarkozy, La Découverte, Paris, pp. 189-199.

Lombard M. (1953) : *La route de la Meuse et les relations lointaines des pays mosans entre le VIIIème et le XIème siècle*, Bibliothèque générale de l'école pratique des hautes études, Paris.

Lombard M. (1971) : *Monnaie et histoire d'Alexandre à Mahomet*, Mouton, Paris.

Lovejoy P. E. (1982): "The Volume of the Atlantic Slave Trade: A Synthesis", Journal of African History, 23 (4), pp. 473-501.

Lovejoy P. E. (1989): « The Impact of the Atlantic Slave Trade on Africa: A Review of the Literature », Journal of African History, 30 (3), pp. 365-394.

Lyon G. F. (1821): *A narrative of travels in northern Africa, in the years 1818, 19, and 20*, John Murray, London.

Manning P. (1990): *Slavery and African Life : Occidental, Oriental, and African Slave Trades*, Cambridge University Press.

Marx K. (1939) : *Le Capital*, livre I, tome 3, trad. J. Roy, Bureau d'Edition, 1939.

Mauny R. (1970) : *Les siècles obscurs de l'Afrique Noire*, Fayard, Paris.

Mazahéri A. (1951) : *La Vie quotidienne des Musulmans au Moyen âge : Xe au XIIe siècle*, Hachette, Paris.

M'bokolo E. (1998) : « La dimension africaine de la traite des Noirs », Monde diplomatique, avril.

M'bokolo E. (2008) : *Afrique Noire. Histoire et civilisations*, tome I, Paris, Hatier.

Mbong N. (2000) : « Un Grand Maître de La Philosophie Africaine Médiévale : Ahmed Baba de Tombouctou », Présence Africaine, no. 161/162, pp. 269-80.

McCartney M. (2020): "Virginia's First Africans", Encyclopedia Virginia, December 07, *https://encyclopediavirginia.org/entries/africans-virginias-first*

Meillassoux C. (1975a) : *L'Esclavage en Afrique précoloniale*, Paris, Maspero.

Meillassoux C. (1975b) : « Etat et conditions des esclaves à Gumbu (Mali) au XIX^è siècle », in C. Meillassoux (ed.) : *L'Esclavage en Afrique précoloniale*, Paris, Maspero.

Meillassoux C. (1986) : *Anthropologie de l'Esclavage,* PUF, Paris.

Mendes A. (2008) : « Les réseaux de la traite ibérique dans l'Atlantique nord (1440-1640) », Annales Histoire, Sciences Sociales, 63, 739-768. *https://www.cairn.info/revue-annales-2008-4-page-739.htm*

Mendes A. (2012) :« Le premier Atlantique portugais entre deux Méditerranées: Comment les Africains ont développé le Vieux Monde (XVe-XVe siècles) », in *Les esclavages en Méditerranée: Espaces et dynamiques économiques, Madrid: Casa de Velázquez.*
http://books.openedition.org/cvz/1136

Miege J-L. (2013) : « L'Oman et l'Afrique Orientale au XIXe siècle », in Bonnenfent P. (dir) : *La péninsule arabique aujourd'hui.* T. II, OpenEdition Books, *https://books.openedition.org/iremam/2324*

Mintz S. (1981) : Esclave = facteur de production, Dunod, Paris.

Modzelewski K. (2006) *: L'Europe des Barbares*, Paris, Aubier.

Mousnier J. (1957) : *Journal de la traite des Noirs*, Éditions de Paris, Paris.

Musset L. (1965) : *Les Invasions : le second assaut contre l'Europe chrétienne (VIIe-XIe siècles)*, PUF, Paris.

Nardin J-C (1970) : Curtin (Philip D.) : « The Atlantic Slave Trade. A Census », Revue française d'histoire d'outre-mer, tome 57, n°207, 2e trimestre, pp. 245-250.
https://www.persee.fr/doc/outre_0300-9513_1970_num_57_207_1507_t1_0245_0000_2

Nachtigal G. (1974): *Sahara and Sudan*, Vol. I, C. Hurst and Company, London.

Niederle L. (1926) : *Manuel de l'antiquité slave*, TII. La Civilisation, Paris Champion 1926

Nixon S. (2013) : "Tadmekka. Archéologie d'une ville caravanière des premiers temps du commerce transsaharien", *Afriques* [Online], 04. *http://journals.openedition.org/afriques/1237*

Pétré-Grenouilleau O. (2004) : *Les traites négrières*, Gallimard, Paris.

Pétré-Grenouilleau O. (2010) : *Dictionnaire des esclavages* (dir), Larousse, Paris.

Pigafetta F., Lopes D. (1591) : *Le royaume du Congo et ses contrées environnantes*, traduction W. Bal, éditions Chandeigne-Unesco, 2002, Paris.

Pinto F. L., Carreira A. (1985) : « La participation du Portugal à la traite négrière » in La traite négrière du XV[ème]au XIX[ème]siècle, UNESCO, Paris, pp. 130-160.

Plutarque, Crassus, 10:1–3.

Pope-Hennessy J. (1969) : *La Traite des Noirs à travers l'Atlantique 1441-1807*, Fayard, Paris

Portal O. (1989) : *Histoire des conciles mérovingiens*, Cerf, Paris.

Pottier B. (2008) : « Les circoncellions. Un mouvement ascétique itinérant dans l'Afrique du Nord des IVe et Ve siècles », Antiquités Africaines, 44(1), pp. 43-107.

Prudhomme C. (1999) : « La papauté face à l'esclavage: quelle condamnation? Mémoire Spiritaine, 9 (9). https://dsc.duq.edu/memoire-spiritaine/vol9/iss9/14

Queneuil H. (1907) : *De la traite des noirs et de l'esclavage, la Conférence de Bruxelles et ses résultats*, L. Larose et L. Tenin, Paris.

Quenum A. (2008) : *Les Eglises chrétiennes et la traite atlantique du XVe au XIXe siècle*. Karthala, Paris.

Randles W.G.L. (1969) : « De la traite à la colonisation. Les Portugais en Angola », Annales, Economies, Sociétés, Civilisations, n°2, pp. 289-304.
Rattray R. S. (1956): *Ashanti law and constitution*, Oxford University Press, London.
Renault F. (1988) : « Problèmes de recherche sur la traite transsaharienne et orientale en Afrique », Daget S. (edit.), De la traite à l'esclavage, Actes du colloque international sur la traite des noirs, Nantes 1985, Crhma et Sfhom, Nantes et Paris, 1988, tome I, pp. 37-53.
Renault F. (1992) *: Le cardinal Lavigerie, 1825-1892. L'Église, l'Afrique et la France*, Paris, Fayard.
Renault F. (1995) : « Aux origines de la lettre apostolique de Grégoire XVI In Supremo (1839) », Mémoire Spiritaine, n° 2, novembre 1995, pp. 143-149.
Robin C. J. (2012) : « La péninsule Arabique à la veille de la prédication muḥammadienne », in Bianquis Th., Guichard P., Tillier M. (dir) : *Les débuts du Monde musulman (VIIe-Xe siècle). De Muhammad aux dynasties autonomes*, PUF, Paris, pp. 5-33.
Robin C. J. (2019) : « L'Arabie préislamique », in Amir-Moezzi M. A., Dye G. (dir), *Le Coran des Historiens*, t.1, Éditions du Cerf, Paris, pp. 53-154.
Robin C., Tayran S. (2012) : « Soixante-dix ans avant l'Islam : l'Arabie toute entière dominée par un roi chrétien », Comptes rendus des séances de l'Académie des Inscriptions et Belles-Lettres, 156e année, N°1, pp. 525-553.
https://www.persee.fr/doc/crai_0065-0536_2012_num_156_1_93448
Rodney W. (1966): « African slavery and other forms of social oppression of the Upper Guinea Coast in the context of the atlantic slave-trade », Journal of African History, VII, 3, pp. 431-443.

Sadai C. (2021) : « Racisme anti-Noirs au Maghreb : dévoilement(s) d'un tabou. », Hérodote, 180, 131-148. *https://doi.org/10.3917/her.180.0131*
Sâdi E. A. (1900) : *Tarikh-es-Soudan*, traduction O. Houdas, Ed. Ernest Leroux, Paris, rééd. 1981, Maisonneuve.
Saraiva A. J. (1967) : « Le père Antonio Vieira S. J. et la question de l'esclavage des Noirs au XVIIe siècle », Annales Economies, sociétés, civilisations, N. 6, pp. 1289-1309.
Saupin G. (2015) : « La violence sur les navires négriers dans la phase de décollage de la traite nantaise (1697-1743) », OpenEditions book, Presses Universitaire de Rennes.
https://books.openedition.org/pur/19551?lang=fr
Savage E. (1992) : "Berbers and Blacks: Ibāḍī Slave Traffic in Eighth-Century North Africa", *The Journal of African History*, *33*(3), 351–368. http://www.jstor.org/stable/183137
Sauquet M. (2007) : *L'intelligence de l'autre*, éditions Charles Léopold Mayer, Paris.
Seti Ph. (1998) : « La traite des Noirs : pourquoi, comment et conséquences pour l'Afrique », in Manyah K. A. et al. *Esclavages et servitudes d'hier et d'aujourd'hui*, Actes du colloque de Strasbourg, 29-30 mai 1998, éditions Histoire et Anthropologie, Strasbourg, pp. 15-34.
Seti Ph. (2004) : « Traite négrière européenne : la marche du souvenir et du repentir : une marche de pacotille ? », http://www.africamaat.com/article.php3?id_article=147&artsuite=4
Simonot Ph. (2002), *Vingt et un siècles d'économie*, Les Belles Lettres, Paris.
Skirda A. (2010) : *La traite des Slaves*, Les éditions de Paris, Paris.
Sparks R. J. (2014) : *Where the Negros are Master*, Harvard, University Press, London.
Stella A. (2000) : *Histoire d'esclaves dans la péninsule ibérique*, Paris, EHESS.

Sy Y. (2009) : *Les légitimations de l'esclavage et de la colonisation des nègres*, L'Harmattan, Paris.
Talbi M. (1966) : *L'Émirat aghlabide, 184-295/800-909. Histoire politique*, A. Maisonneuve, Paris.
Talbi M. (1982) : « Droit et économie en Ifrîqiya au IIIe/IXe siècle. Le paysage agricole et le rôle des esclaves dans l'économie du pays », in *Études d'histoire ifriqiyienne et de civilisation musulmane médiévale*, Publication de l'Université de Tunis, Tunis, pp. 185-229.
Testart A. (1998) : « Pourquoi la condition de l'esclave s'améliore-t-elle en régime despotique ? », Revue française de sociologie, 39-1. pp. 3-38.
Thiry J. (1995) : *Le Sahara libyen dans l'Afrique du Nord médiévale*, Louvain, Orientalia.
Thomas H. (2006) : *La Traite des Noirs, 1440-1870*, R. Laffont, Paris.
Thornton J. K., Heywood L. M. (2007): *Central Africans, Atlantic Creoles, and the foundation of the Americas, 1585-1660*, Cambridge University Press, Cambridge.
Tiran F. (2013) : « Trinitaires et Mercédaires à Marseille et le rachat des captifs de Barbarie », Cahiers de la Méditerranée, 87, pp. 173-186. *http://journals.openedition.org/cdlm/7219*
Tobner O. (2007) : « Une négrophobie académique ? Olivier Pétré-Grenouilleau, ou la banalisation de la Traite », *Les mots sont importants*, N° du 4 décembre.
Toledano E. R. (1982): *The Ottoman slave trade and its suppression, 1840-1890*, Princeton University Press, Princeton.
Trabelsi S. (2012) : « Réseaux et circuits de la traite des esclaves aux temps de la suprématie des empires d'Orient : Méditerranée, Afrique noire et Maghreb (viiie-xie siècles) ». In *Les esclavages en Méditerranée : Espaces et dynamiques économiques,*
http://books.openedition.org/cvz/1123.

Trigger B. G. (1969): « The myth of Meroe and the African Iron Age", IJAHS II, 1, (10), (11), (21), (24) : 23 -50.
Venco C. (2019) : « Par-delà la frontière : marchands et commerce d'esclaves entre la Gaule carolingienne et al-Andalus (VIIIe-Xe siècles) », HAL Open science. <https://hal.archives-ouvertes.fr/hal-02003355>.
Verlinden Ch.(1942) : « L'origine de Sclavus = esclave », in Archivum Latinitatis Medii Aevi, tome 17, 1942. pp. 97-128 ; <https://www.persee.fr/doc/alma_0994-8090_1942_num_17_1_2286>
Verlinden Ch. (1977) : *L'esclavage dans l'Europe médiévale*, t. I et II, De Tempel, Bruges.
Victor S. (2019) : *Les Fils de Canaan. L'esclavage au Moyen Âge*, Vendémiaire, Paris.
Vincent B. (2010) : « L'esclavage en Méditerranée occidentale, XVIe-XVIIIe siècles », Cahiers des Anneaux de la Mémoire, 13, p. 47-71.
Vignaux H. (2009) : *L'Église et les Noirs dans l'audience du Nouveau Royaume de Grenade*, Montpellier, Presses universitaires de la Méditerranée, disponible en ligne : <http://books.openedition.org/pulm/496>.
Viti F. (1999) : « L'esclavage au Baoulé précolonial », L'Homme, t. 39, n° 152, pp. 53-88.
Wadström C. B. (1789) : *Observations sur la traite des esclaves et une description de certaines parties de la côte guinéenne*, Londres.
Wallon H. (1988) : *Histoire de l'esclavage dans l'antiquité*, Robert Laffont, Paris.
Weber B. (2014) : « Y a-t-il eu des projets de croisade pontificaux au XVe siècle ? In: Les Projets de croisade: Géostratégie et diplomatie européenne du XIVe au XVIIe siècle, PUM, http://books.openedition.org/pumi/16344
Wellard, J. (1964): *The Great Sahara*, Hutchinson, London
Williams E. (1968) : *Capitalisme et esclavage*, Présence Africaine, Paris

Yanoski J. (1860) : *De l'abolition de l'esclavage ancien au Moyen âge, et de sa transformation en servitude de la glèbe*, Imprimerie impériale, Paris.
Young G. (1948) : *Constantinople, des origines à nos jours*, Payot, Paris.
Zeltner J-C (1992) : *Tripoli carrefour de l'Europe et des pays du Tchad 1500-1795*, L'Harmattan, Paris.
Zurara G. E. de (1453) : *La chronique de Guinée (1453)*, traduction L. Bourdon, éditions Chamdeigne, 1994, Paris.
Zurbach J. (2017) : *Les hommes, la terre et la dette en Grèce c. 1400 - c. 500 a.C.*, vol. 1, Ausonius éditions, Pessac. Bordeaux.

ANNEXES

I) Le code d'Hammourabi (1730 AEC) : l'origine des lois sociales de Yahweh

Extrait : Lois de l'Eternel de Moïse et code d'Hammourabi

Lois de Yahvé, l'Eternel de Moïse Bible : L. Segond		Code d'Hammourabi Traduction : A. Finet	
Source	Lois et prescriptions	N°	Articles
Ex. 20	12 Honore ton père et ta mère, afin que tes jours se prolongent dans le pays que l'Éternel, ton Dieu, te donne.	195	Si un enfant a frappé son père, on lui coupera le poignet.
		157	Si un homme, après (la mort de) son père, s'est couché sur le sein de sa mère, on les brûlera tous les deux.
		158	Si un homme, après (la mort de) son père, a été (sur)pris sur le sein de son épouse principale qui a mis au monde des enfants, cet homme on l'exclura de la maison paternelle.

			169	S'il a commis contre son père une faute (suffisamment) lourde pour être exclu de l'héritage, pour une fois on lui pardonnera ; s'il a commis une lourde faute pour la deuxième fois, le père pourra exclure son fils de l'héritage
			192	Si l'enfant (adoptif) (...) a dit au père qui l'élève ou à la mère qui l'élève "tu n'es pas mon père, tu n'es pas ma mère", on lui coupera la langue.
Ex. 20	13 Tu ne tueras point.		153	Si l'épouse d'un homme, à cause d'un autre mâle, a fait tuer son mari, cette femme on l'empalera.
Ex. 20	14 Tu ne commettras point d'adultère.		129	Si l'épouse d'un homme a été (sur)prise alors qu'elle couchait avec un autre mâle, on les liera et on les jettera à l'eau. Si le propriétaire de l'épouse fait grâce à son épouse, alors le roi grâciera (aussi) son serviteur

		130	Si un homme a maîtrisé l'épouse d'un homme qui n'a pas connu de mâle et qui demeure dans la maison de son père, et (s') il s'est couché sur son sein, et (si) on l'a (sur)pris, cet homme sera tué ; quant à cette femme elle sera tenue quitte.
		155	Si un homme a choisi une fiancée pour son fils et (si) son fils a eu commerce avec elle, (si) lui-même, par la suite, s'est couché sur son sein et (si) on l'a (sur)pris, cet homme on le ligotera (et) on jettera à l'eau.
Ex. 20	15 Tu ne déroberas point	6	Si quelqu'un a volé le bien d'un dieu ou du palais, cet homme sera tué. En outre celui qui a reçu dans ses mains le bien volé sera tué.
		21	Si quelqu'un a percé (le mur d') une maison, en

			face de ce trou, on le tuera et on l'exposera.
		22	Si quelqu'un s'est livré au brigandage et (s') il a été pris, cet homme sera tué.
		7	Si, de la main de quelque homme libre ou d'un esclave de particulier, quelqu'un a acheté ou reçu en garde de l'argent, de l'or, un esclave, une esclave, un bœuf, un mouton, un âne, ou quoi que ce soit, (s'il l'a acheté ou reçu en garde) sans témoins ni contrat, cet homme est voleur : il sera tué.
		9	Si quelqu'un dont un objet a été égaré a saisi son objet égaré dans les mains d'un homme ; (si) l'homme dans les mains de qui la chose égarée a été saisie a dit "c'est un vendeur qui me l'a vendue, je l'ai achetée devant témoins" ; (si,) d'autre part, le propriétaire de la

			chose égarée a dit "je veux amener des témoins connaissant ma chose égarée" ; (si) l'acheteur a amené le vendeur qui lui a vendu et les témoins devant lesquels il a acheté ; (si,) d'autre part, le propriétaire de la chose égarée a amené des témoins connaissant sa chose égarée ; (alors) les juges examineront leurs dires et les témoins devant lesquels l'achat a été acheté ainsi que les témoins connaissant la chose égarée diront, devant le dieu, ce qu'ils savent. (Dans ce cas,) le vendeur est voleur : il sera tué. Le propriétaire de la chose égarée reprendra sa chose égarée. L'acheteur reprendra, dans la maison du vendeur, l'argent qu'il avait pesé.
		10	Si l'acheteur n'a pas amené le vendeur qui lui a vendu ni les témoins

			devant lesquels il a acheté, tandis que le propriétaire de la chose égarée a amené les témoins connaissant sa chose égarée, le (prétendu) acheteur est voleur : il sera tué. Le propriétaire de la chose égarée reprendra sa chose égarée
		11	Si le propriétaire de la chose égarée n'a pas amené des témoins connaissant sa chose égarée, il est fauteur de trouble : ce n'est qu'une calomnie qu'il a lancée, il sera tué.
		12	Si le vendeur (qui est le voleur) est allé au destin, l'acheteur prendra, dans la maison du vendeur, jusqu'à 5 fois (la valeur de) ce qui a été réclamé dans ce procès.
		13	Si les témoins de cet homme ne sont pas proches, les juges lui assigneront un délai au 6e mois. Et, si au 6e mois, il

			n'a pas produit ses témoins, cet homme est fauteur de trouble : il supportera dans sa totalité la peine de ce procès.
		25	Si le feu a pris dans la maison d'un homme et (si) quelqu'un qui était venu pour l'éteindre a levé les yeux sur un bien du maître de maison et (s') il a pris un meuble du maître de maison, cet homme sera jeté dans ce feu.
Ex. 20	16 Tu ne porteras point de faux témoignage contre ton prochain.	1	Si quelqu'un a accusé un homme en lui imputant un meurtre , mais (s') il n'a pu l'(en) convaincre, son accusateur sera tué.
		3	Si quelqu'un a paru dans un procès pour (porter) un faux témoignage et (s') il n'a pas pu prouver la parole qu'il a dite, si ce procès est un procès capital, cet homme sera tué.
Ex.21	2 Si tu achètes un esclave hébreu, il servira		Si un homme a été contraint par une obligation

	six années ; mais la septième, il sortira libre, sans rien payer.	117	et (s') il a dû vendre son épouse, son fils ou sa fille, ou bien (s') ils ont été livrés en sujétion, pendant 3 ans ils travailleront dans la maison de leur acheteur ou de leur assujettissant; la quatrième année leur libération interviendra.
Ex.21	3 S'il est entré seul, il sortira seul ; s'il avait une femme, sa femme sortira avec lui.		
Ex.21	4 Si c'est son maître qui lui a donné une femme, et qu'il en ait eu des fils ou des filles, la femme et ses enfants seront à son maître, et il sortira seul.	176	En outre, si un esclave du palais ou un esclave de muskenum a pris (en mariage) une fille d'homme libre, et (si), lorsqu'il l'a prise, elle est entrée dans la maison de l'esclave du palais ou un esclave de muskenum avec une dot de la maison de son père, et (si), depuis qu'ils se sont unis, ils ont fondé une maison (et) acquis des biens meubles, (si) dans la suite, l'esclave du palais ou l'esclave de muskenum est allé au destin, la fille de l'homme libre (re)prendra sa dot ; d'autre part, chaque chose que son mari et elle ont acquise

			depuis qu'ils se sont unis, on partagera en deux, et, une moitié c'est le propriétaire de l'esclave qui (la) prendra, l'autre moitié c'est la fille de l'homme libre qui (la) prendra pour ses enfants.
Ex.21	5 Si l'esclave dit: J'aime mon maître, ma femme et mes enfants, je ne veux pas sortir libre, - 6 alors son maître le conduira devant Dieu, et le fera approcher de la porte ou du poteau, et son maître lui percera l'oreille avec un poinçon, et l'esclave sera pour toujours à son service.	282	Si un esclave a dit à son propriétaire "tu n'es pas mon propriétaire", son propriétaire prouvera qu'il s'agit bien de son esclave et lui coupera l'oreille.
Ex.21	10 S'il prend une autre femme, il ne retranchera rien pour la première à la nourriture, au vêtement, et au droit conjugal.	148	Si un homme a pris une épouse et (si) une fièvre maligne l'a saisie, (s') il s'est proposé d'en prendre une autre (en mariage), il pourra la prendre ; (mais) son épouse qu'une fièvre maligne a saisie, il ne
Ex.21	11 Et s'il ne fait pas pour elle ces trois choses, elle		

	pourra sortir sans rien payer, sans donner de l'argent.		pourra pas la répudier. Elle demeurera dans la maison qu'ils ont fondée et, aussi longtemps qu'elle vivra, il devra l'entretenir
Ex.21	12 Celui qui frappera un homme mortellement sera puni de mort.	229	Si un maçon a construit une maison pour quelqu'un, mais (s') il n'a pas renforcé son ouvrage et (si) la maison qu'il a construite s'est effondrée et (s') il a fait mourir le propriétaire de la maison, ce maçon sera tué.
Ex.21	15 Celui qui frappera son père ou sa mère sera puni de mort.	195	Si un enfant a frappé son père, on lui coupera le poignet.
Ex.21	16 Celui qui dérobera un homme, et qui l'aura vendu ou retenu entre ses mains, sera puni de mort.	14	Si quelqu'un a volé l'enfant mineur d'un homme libre, il sera tué.
		17	Si quelqu'un a saisi dans la campagne ou bien un esclave ou bien une esclave fugitifs et (s') il l'a reconduit à son propriétaire, le propriétaire de l'esclave

				lui donnera 2 siqil d'argent.
		19		Si cet esclave, il l'a retenu dans sa maison (et si) ensuite l'esclave a été (sur)pris entre ses mains, cet homme sera tué.
		15		Si quelqu'un a fait sortir de la grande porte (de la ville) ou bien un esclave du palais, ou bien un esclave de muskenum ou bien une esclave de muskenum, il sera tué.
Ex.21	18 Si des hommes se querellent, et que l'un d'eux frappe l'autre avec une pierre ou avec le poing, sans causer sa mort, mais en l'obligeant à garder le lit, 19 celui qui aura frappé ne sera point puni, dans le cas où l'autre viendrait à se lever et à se promener dehors avec son bâton. Seulement, il le dédommagera de son	206		Si un homme libre a frappé un homme libre dans une rixe et (s') il lui a infligé une blessure, cet homme libre jurera "je l'ai frappé sans le vouloir" ; alors il désintéressera le médecin.
		207		S'il est mort à la suite du coup qu'il a reçu, il jurera (de même) et, s'il [la victime] s'agit de quelque homme libre, il [l'auteur

	interruption de travail, et il le fera soigner jusqu'à sa guérison.		du coup] pèsera une demi-mana d'argent. *(NB : 1 mana = 60 sicles ou siqil; alors 1/2 mana vaut 30 sicles ou siqil).*
Ex.21	20 Si un homme frappe du bâton son esclave, homme ou femme, et que l'esclave meure sous sa main, le maître sera puni.	213	Si c'est une esclave de particulier qu'il a frappé et à qui il a fait expulser le fruit de son sein, il pèsera deux siqil d'argent.
		214	Si cette esclave est morte, il pèsera un tiers de mana d'argent.
Ex.21	21 Mais s'il survit un jour ou deux, le maître ne sera point puni; car c'est son argent.	116	Si une garantie, dans la maison de son preneur, est morte à la suite de coups ou de mauvais traitements, le propriétaire de la garantie (en) convaincra son marchand ; s'il s'agit d'un enfant de l'homme (endetté), on tuera son enfant ; s'il s'agit d'un esclave de l'homme (endetté), il pèsera un tiers de mana d'argent. En

			outre, il perdra tout ce qu'il a livré, quoi que ce soit.
Ex.21	22 Si des hommes se querellent, et qu'ils heurtent une femme enceinte, et la fasse accoucher, sans autre accident, ils seront punis d'une amende imposée par le mari de la femme, et qu'ils paieront devant les juges.	209	Si quelqu'un a frappé quelque femme libre et (s') il lui a fait expulser le fruit de son sein, il pèsera 10 siqil d'argent pour le fruit de son sein.
Ex.21	23 Mais s'il y a un accident, tu donneras vie pour vie,	210	Si cette femme est morte, on tuera sa fille.
Ex.21	24 œil pour œil, dent pour dent, main pour main, pied pour pied,	196	Si quelqu'un a crevé l'œil d'un homme libre, on lui crèvera l'œil.
		197	Si un homme libre a cassé la dent d'un homme libre, son égal, on lui cassera la dent.

Ex.21	25 brûlure pour brûlure, blessure pour blessure, meurtrissure pour meurtrissure.	200	S'il a brisé l'os d'un homme libre, on lui brisera l'os.
Ex.21	26 Si un homme frappe l'œil de son esclave, homme ou femme, et qu'il lui fasse perdre l'œil, il le mettra en liberté, pour prix de son œil.	199	S'il a crevé l'œil de l'esclave d'un particulier, ou brisé l'os de l'esclave d'un particulier, il pèsera la moitié de son prix.
Ex.21	27 Et s'il fait tomber une dent à son esclave, homme ou femme, il le mettra en liberté, pour prix de sa dent.		
Ex.21	28 Si un bœuf frappe de ses cornes un homme ou une femme, et que la mort en soit la suite, le bœuf sera lapidé, sa chair ne sera point mangée, et le maître du bœuf ne sera point puni.	250	Si un bœuf, en passant dans la rue, a encorné quelqu'un et l'a fait mourir, cette affaire n'entraîne pas réparation.

	29 Mais si le bœuf était auparavant sujet à frapper, et qu'on en ait averti le maître, qui ne l'a point surveillé, le bœuf sera lapidé, dans le cas où il tuerait un homme ou une femme, et son maître sera puni de mort. 30 Si on impose au maître un prix pour le rachat de sa vie, il paiera tout ce qui lui sera imposé. 31 Lorsque le bœuf frappera un fils ou une fille, cette loi recevra son application ;	251	Si le bœuf d'un homme a l'habitude de donner de la corne et (si) son quartier lui a [fait] savoir qu'il avait l'habitude de donner de la corne, (si) pourtant il n'a pas couvert sa corne ni surveillé de près son bœuf, et (si) ce bœuf a encorné quelqu'homme libre et (l') a fait mourir, il remettra une demi-mana d'argent.
Ex.21	32 mais si le bœuf frappe un esclave, homme ou femme, on donnera trente sicles d'argent au maître de l'esclave, et le bœuf sera lapidé.	252	S'il s'agit d'un esclave de particulier, il remettra 1/3 de mana d'argent. (NB : 1 mana = 60 sicles ou siqil; alors 1/3 mana vaut 20 sicles ou siqil).

Ex.21	33 Si un homme met à découvert une citerne, ou si un homme en creuse une et ne la couvre pas, et qu'il y tombe un bœuf ou un âne, 34 le possesseur de la citerne paiera au maître la valeur de l'animal en argent, et aura pour lui l'animal mort.	267	Si un pasteur a été négligent et (s') il a laissé survenir la gale dans le parc à bétail, le pasteur (assumera) la faute de la gale qu'il a laissée survenir dans le parc à bétail ; il reconstituera le gros et le petit bétail et il (les) remettra à leur propriétaire.
		245	Si quelqu'un a pris en location un bœuf et (s') il l'a fait mourir par négligence ou sous les coups, il rendra au propriétaire du bœuf un bœuf équivalent.
Ex.21	35 Si le bœuf d'un homme frappe de ses cornes le bœuf d'un autre homme, et que la mort en soit la suite, ils vendront le bœuf vivant et en partageront le prix; ils partageront aussi le bœuf mort.	250	Si un bœuf, en passant dans la rue, a encorné quelqu'un et l'a fait mourir, cette affaire n'entraîne pas réparation.
		53	Si quelqu'un a [été] paresseux pour renforcer la [digue de] son [terrain] et

			(s') il n'a pas renforcé sa digue, (si) dans [sa] digue une brèche s'est ouverte et (si), de ce fait, il a laissé les eaux emporter la terre à limon, l'homme dans la digue duquel une brèche s'est ouverte compensera l'orge qu'il a fait perdre.
		54	S'il est incapable de compenser l'orge, on le vendra lui-même ainsi que ses biens, et les occupants de la terre à limon, dont les eaux ont emporté l'orge, partageront.
Ex.21	36 Mais s'il est connu que le bœuf était auparavant sujet à frapper, et que son maître ne l'ait point surveillé, ce maître rendra bœuf pour bœuf, et aura pour lui le bœuf mort.	251	Si le bœuf d'un homme a l'habitude de donner de la corne et (si) son quartier lui a [fait] savoir qu'il avait l'habitude de donner de la corne, (si) pourtant il n'a pas couvert sa corne ni surveillé de près son bœuf, et (si) ce bœuf a encorné quelqu'homme libre et (l') a fait mourir, il remettra une demi-mana d'argent.

Ex. 22	1 Si un homme dérobe un bœuf ou un agneau, et qu'il l'égorge ou le vende, il restituera cinq bœufs pour le bœuf et quatre agneaux pour l'agneau.	265	Si un pasteur à qui a été remis du gros ou du petit bétail pour le faire paître a voulu tromper en changeant la marque (des bêtes) et (les) a vendues, on le convaincra et il rendra à leur propriétaire jusqu'à 10 fois ce qu'il a volé en gros ou en petit bétail.
Ex. 22	2 Si le voleur est surpris dérobant avec effraction, et qu'il soit frappé et meure, on ne sera point coupable de meurtre envers lui;	21	Si quelqu'un a percé (le mur d') une maison, en face de ce trou, on le tuera et on l'exposera.
Ex. 22	3 mais si le soleil est levé, on sera coupable de meurtre envers lui. Il fera restitution ; s'il n'a rien, il sera vendu pour son vol;	8	Si quelqu'un a volé un bœuf, un mouton, un âne, un cochon ou une barque, si (c'est) d'un dieu (ou) si (c'est) du palais, il le livrera jusqu'à 30 fois ; si c'est d'un muskenum il le compensera jusqu'à 10 fois. Si le voleur n'a pas de quoi livrer, il sera tué.
	4 si ce qu'il a dérobé, bœuf, âne, ou agneau, se trouve encore vivant entre ses mains, il fera une restitution au double.		

Ex. 22	5 Si un homme fait du dégât dans un champ ou dans une vigne, et qu'il laisse son bétail paître dans le champ d'autrui, il donnera en dédommagement le meilleur produit de son champ et de sa vigne.	57	Si un berger ne s'est pas entendu avec l'occupant d'un terrain pour (y) faire paître l'herbe au petit bétail et (s') il a fait paître le petit bétail (sur) le terrain sans l'accord de l'occupant du terrain, l'occupant du terrain moissonnera son terrain ; le berger qui a fait paître le petit bétail (sur) le terrain sans l'accord de l'occupant du terrain livrera en surplus à l'occupant du terrain 20 kur d'orge par bur.
		58	Si, après que le petit bétail est remonté des terres à limon (et que) les enclos de rassemblement ont été tressés à la grand-porte, un berger a laissé aller du petit bétail (sur) un terrain, et a fait paître le petit bétail (sur) le terrain, le berger conservera le terrain qu'il a fait paître, et, à la moisson, il mesurera

			pour l'occupant du terrain 60 kur d'orge par bur.
	6 Si un feu éclate et rencontre des épines, et que du blé en gerbes ou sur pied, ou bien le champ, soit consumé, celui qui a causé l'incendie sera tenu à un dédommagement.	53	Si quelqu'un a [été] paresseux pour renforcer la [digue de] son [terrain] et (s') il n'a pas renforcé sa digue, (si) dans [sa] digue une brèche s'est [ouverte et] (si), de ce fait, il a laissé les eaux emporter le terre à limon, l'homme dans la digue duquel une brèche s'est ouverte compensera l'orge qu'il a fait perdre.
		54	S'il est incapable de compenser l'orge, on le vendra lui-même ainsi que ses biens, et les occupants de la terre à limon, dont les eaux ont emporté l'orge, partageront.
		56	Si un homme a libéré les eaux, (s') il a laissé les eaux emporter les travaux du terrain de son voisin, il mesurera 10 kur d'orge par bur .

Ex. 22	7 Si un homme donne à un autre de l'argent ou des objets à garder, et qu'on les vole dans la maison de ce dernier, le voleur fera une restitution au double, dans le cas où il serait trouvé. 8 Si le voleur ne se trouve pas, le maître de la maison se présentera devant Dieu, pour déclarer qu'il n'a pas mis la main sur le bien de son prochain.	125	Si quelqu'un a remis en dépôt quelque chose lui appartenant et (si), là où il (l') a remise, soit par suite d'une effraction, soit par suite d'un effondrement, sa chose à lui a disparu en même temps que quelque chose du propriétaire de la maison, le propriétaire de la maison, puisqu'il a été négligent, reconstituera la chose qu'on lui avait donnée en dépôt et qu'il a laissé perdre, et il (la) rendra au propriétaire du bien. Quant au propriétaire de la maison, il cherchera sans trêve sa chose disparue et il la (re)prendra à son voleur.
		103	Si, en cours de route, un ennemi l'a dévalisé de quelque chose qu'il transportait, le commis prononcera le serment par le dieu et sera tenu quitte.
Ex. 22	9 Dans toute affaire frauduleuse concernant un	126	Si quelqu'un, alors que quelque chose lui

	bœuf, un âne, un agneau, un vêtement, ou un objet perdu, au sujet duquel on dira : C'est cela! -la cause des deux parties ira jusqu'à Dieu; celui que Dieu condamnera fera à son prochain une restitution au double.		appartenant n'a pas disparu, a déclaré "une chose à moi a disparu" (et s') il a mis en cause son quartier, son quartier lui déclarera officiellement, en présence du dieu, que sa chose n'a pas disparu, et il remettra en double à son quartier, la chose qu'il réclamait.
		107	Si un marchand a fait crédit à un commis et (si) le commis a rendu à son marchand chaque chose que le marchand lui avait remise, (si) le marchand lui conteste quelque chose que le commis lui a remis, ce commis convaincra le marchand en présence du dieu et des témoins, et le marchand, parce qu'il a contesté (les dires de) son commis, remettra au commis jusqu'à 6 fois chaque chose qu'il a reçue.
Ex. 22	10 Si un homme donne à un autre un âne, un	245	Si quelqu'un a pris en location un bœuf et (s') il l'a

	bœuf, un agneau, ou un animal quelconque à garder, et que l'animal meure, se casse un membre, ou soit enlevé, sans que personne l'ait vu, 11 le serment au nom de l'Éternel interviendra entre les deux parties, et celui qui a gardé l'animal déclarera qu'il n'a pas mis la main sur le bien de son prochain; le maître de l'animal acceptera ce serment, et l'autre ne sera point tenu à une restitution		fait mourir par négligence ou sous les coups, il rendra au propriétaire du bœuf un bœuf équivalent.
		246	Si quelqu'un a pris en location un bœuf et (s') il lui a cassé une patte ou (s') il lui a coupé le tendon de la nuque, il rendra au propriétaire du bœuf un bœuf équivalent.
		263	S'il a laissé périr [le bœuf] ou [le mouton] qui lui avait été remis, il rend[ra] à [son] propriétaire un bœuf équivalent (ou) un mouton équivalent.
		249	Si quelqu'un a pris en location un bœuf et (si) un dieu l'a frappé et (s') il est mort, l'homme qui avait pris le bœuf en location prononcera le serment par le dieu et il sera tenu quitte.
		20	Si l'esclave a disparu d'entre les mains de celui qui l'a saisi, cet homme,

			pour le propriétaire de l'esclave, prononcera le serment par le dieu et il sera tenu quitte.
Ex. 22	12 Mais si l'animal a été dérobé chez lui, il sera tenu vis-à-vis de son maître à une restitution.	120	Si quelqu'un a entreposé son orge en stock dans la maison d'un homme et (s') il est survenu une perte dans le silo, soit que le propriétaire de la maison ait ouvert la resserre et pris de l'orge, soit qu'il ait contesté la quantité totale d'orge qui avait été entreposée dans sa maison, le propriétaire de l'orge fera devant dieu la déclaration officielle de son orge. Alors le propriétaire de la maison livrera au propriétaire de l'orge le double de l'orge qu'il avait reçue.
		124	Si quelqu'un a remis en dépôt à un homme de l'argent, de l'or ou quoi que ce soit devant témoins, et (si cet homme) lui a contesté (le dépôt), on le convaincra et il remettra le

			double de chaque chose qu'il aura contesté
Ex. 22	16 Si un homme séduit une vierge qui n'est point fiancée, et qu'il couche avec elle, il paiera sa dot et la prendra pour femme. 17 Si le père refuse de la lui accorder, il paiera en argent la valeur de la dot des vierges.	156	Si un homme a choisi une fiancée pour son fils et (si) son fils n'a pas eu commerce avec elle, mais (si) lui-même, par la suite, s'est couché sur son sein, il lui pèsera une demi-mana d'argent et, en outre, il lui reconstituera chaque chose qu'elle a apportée de la maison de son père ; puis, le mari qui lui plaira pourra la prendre (en mariage).
Ex. 22	18 Tu ne laisseras point vivre la magicienne.	2	Si quelqu'un a imputé à un homme des manœuvres de sorcellerie, mais (s') il n'a pu l' (en) convaincre, celui à qui les manœuvres de sorcellerie ont été imputées ira au Fleuve ; il plongera dans le Fleuve. Si le Fleuve l'a maîtrisé, son accusateur emportera sa maison. Si, cet homme, le Fleuve l'a purifié et (s') il (en) est sorti sain et sauf,

			celui qui lui avait imputé des manœuvres de sorcellerie sera tué ; celui qui a plongé dans le Fleuve emportera la maison de son accusateur.
Ex. 22	22 Tu n'affligeras point la veuve, ni l'orphelin.	177	Si une veuve dont les enfants sont petits s'est proposée d'entrer dans la maison d'un autre, elle ne pourra pas (y) entrer sans l'autorisation des juges. Quand elle sera autorisée à entrer dans la maison d'un autre, les juges dresseront l'inventaire de la maison de son premier mari, puis la maison de son premier mari ils (la) confieront à son second mari et à cette femme et ils leur feront délivrer une tablette. Ils auront la garde de la maison et ils élèveront les petits (enfants) ; ils ne pourront pas vendre les meubles. L'acheteur qui achète les meubles des enfants d'une veuve sera dépossédé de

			son argent ; le bien retournera à son propriétaire.
Ex.22	25 Si tu prêtes de l'argent à mon peuple, au pauvre qui est avec toi, tu ne seras point à son égard comme un créancier, tu n'exigeras de lui point d'intérêt.	89	Si un marchand a livré de l'orge en prêt, par kur il prendra [100] qa d'orge comme intérêt. S'il a livré de l'argent en prêt, par siqil d'argent il prendra 1/6e de siqil et 6 Se comme intérêt.
		95	Si [un marchand] a livré en prêt [de l'orge ou de l'argent] sans [témoins ni contrat], il perdra chaque chose [qu'il a] livrée.
		96	Si quelqu'un a reçu de l'orge ou de l'argent d'un marchand et (s') il n'a pas d'orge ou d'argent pour rembourser, (s')il a du bien, chaque chose qui existe entre ses mains il pourra (la) livrer à son marchand, devant témoins chaque fois qu'il (en) apporte ; le marchand ne

			peut pas s'y opposer, il doit accepter.
		90, 91.	Si un homme qui [a] une dette n'a pas d'argent pour rembourser, mais (s') il a de l'orge, [le marchand] prendra pour son intérêt [tout ce qu'il faut d'orge] suivant les ordonnances du roi. Si le marchand a poussé son intérêt [au-delà] de [100 qa] pour 1 kur d'orge, [ou] au-delà d'1/6 siqil et 6 Se pour [1 siqil d'argent et] (s')il (l')a pris, il perdra chaque chose qu'il a livrée.
		93	Si un marchand a livré en prêt de l'orge ou de l'argent et s'il a reçu l'intérêt de l'orge ou de l'argent [mais] (s') il n'a pas défalqué tout ce qu'[il a reçu] d'orge [ou d'argent] et n'a pas rédigé une nouvelle tablette, ou bien (s') il a ajouté l'intérêt au capital, ce marchand rendra au

			double tout l'orge qu'il a pris.
Ex. 22	26 Si tu prends en gage le vêtement de ton prochain, tu le lui rendras avant le coucher du soleil ; 27 car c'est sa seule couverture, c'est le vêtement dont il s'enveloppe le corps : dans quoi coucherait-il ? S'il crie à moi, je l'entendrai, car je suis miséricordieux.	66	Si quelqu'un a reçu de l'argent d'un marchand et (si) son marchand l'a pressé de rembourser et (s') il n'y a chez lui rien à livrer ; (s') il a livré son verger au marchand après fécondation et (s') il lui a dit "emporte tout ce qu'il faut de dattes qui seront produites dans le verger pour compenser ton argent" ce marchand ne marquera pas son accord. Les dattes qui seront produites dans le verger, c'est l'exploitant du verger seul qui les prendra, puis, conformément à sa tablette, il désintéressera le marchand de l'argent et de son intérêt. Les dattes excédentaires qui auront été produites dans le verger, l'exploitant du verger les prendra.

Ex. 23	1 Tu ne répandras point de faux bruit. Tu ne te joindras point au méchant pour faire un faux témoignage. 2 Tu ne suivras point la multitude pour faire le mal ; et tu ne déposeras point dans un procès en te mettant du côté du grand nombre, pour violer la justice.	3	Si quelqu'un a paru dans un procès pour (porter) un faux témoignage 6 et (s') il n'a pas pu prouver la parole qu'il a dite, si ce procès est un procès capital, cet homme sera tué.
Ex. 23	4 Si tu rencontres le bœuf de ton ennemi ou son âne égaré, tu le lui ramèneras. 5 Si tu vois l'âne de ton ennemi succombant sous sa charge, et que tu hésites à le décharger, tu l'aideras à le décharger.	16	Si quelqu'un a abrité dans sa maison ou bien un esclave, ou bien une esclave fugitifs, appartenant au palais ou bien à un muskenum, et s'il ne l'a pas fait sortir à l'appel du crieur, ce maître de maison sera tué.
		17	Si quelqu'un a saisi dans la campagne ou bien un esclave ou bien une esclave fugitifs et (s') il l'a reconduit à son propriétaire, le propriétaire de l'esclave

			lui donnera 2 siqil d'argent.
		19	Si cet esclave, il l'a retenu dans sa maison (et si) ensuite l'esclave a été (sur)pris entre ses mains, cet homme sera tué
Ex. 23	6 Tu ne porteras point atteinte au droit du pauvre dans son procès.	5	Si un juge a jugé une cause, rendu la sentence, fait délivrer la pièce scellée, mais (si), dans la suite, il a changé son jugement, ce juge on le convaincra d'avoir changé le jugement qu'il avait rendu et il livrera jusqu'à 12 fois l'amende qui avait résulté de ce jugement. En outre, publiquement, on le fera se lever de son siège de justice et il n'(y) retournera plus ; il ne pourra plus siéger avec les juges dans un procès.
Ex. 23	7 Tu ne prononceras point de sentence inique, et tu ne feras point mourir l'innocent et le juste ; car je n'absoudrai point le coupable. 8 Tu ne recevras point de présent ; car les présents aveuglent ceux qui ont les yeux ouverts et corrompent les paroles des justes.		
Ex. 23	9 Tu n'opprimeras point l'étranger ; vous savez ce qu'éprouve l'étranger, car vous avez été		

	étrangers dans le pays d'Égypte.		
Ex. 23	10 Pendant six années, tu ensemenceras la terre, et tu en recueilleras le produit.		
Ex. 23	11 Mais la septième, tu lui donneras du relâche et tu la laisseras en repos ; les pauvres de ton peuple en jouiront, et les bêtes des champs mangeront ce qui restera. Tu feras de même pour ta vigne et pour tes oliviers.		
Ex. 23	12 Pendant six jours, tu feras ton ouvrage. Mais le septième jour, tu te reposeras, afin que ton bœuf et ton âne aient du repos, afin que le fils de ton esclave et l'étranger aient du relâche.		

II) Le Vitalisme de la vallée du Nil antique : origine du décalogue de Yahweh

Extrait : Lois de l'Eternel de Moïse et Lois du Créateur dans la vallée du Nil antique

Lois de Yahweh, l'Eternel de Moïse : le décalogue Bible : L. Segond		Lois du Démiurge vitaliste négro-africain de Kemet (Egypte antique) Livre de la sortie à la lumière du jour (LSLJ) dit Livre des morts Enseignements de la religion vitaliste dans la vallée du Nil antique (Kemet et Koush) ayant précédé de plusieurs milliers d'années la naissance de Moïse et l'émergence de Yahweh	
Source	Lois et prescriptions	Textes	Lois et prescriptions
Ex. 21	2 Je suis l'Éternel, ton Dieu, qui t'ai fait sortir du pays d'Égypte, de la maison de servitude.	Chap. VI LSLJ	Le Dieu Ra proclame : « *Mon nom est un mystère ; Ma demeure est sacrée éternellement. Je suis puissant !* »
		Chap. XV LSLJ	L'hymne à la gloire de Ra proclame : « *L'ordre et l'Equilibre des Mondes émanent de Toi (...) Toi, Divinité Unique, tu régnais déjà au ciel. A une*

(I)	3 Tu n'auras pas d'autres dieux devant ma face.		époque où la terre et ses montagnes n'existaient pas... Toi, le Créateur de tout ce qui existe ! »
		Chap. XVII LSLJ	Le Dieu Ra proclame : *« Je suis le Dieu Ra. (...) Je suis la Grande Divinité. Qui se procrée elle-même (...) Car je suis l'Hier et je connais le Demain. »* *« Je suis le Gardien du Livre du Destin. Où s'inscrit tout ce qui fut. Et tout ce qui sera. »*
		Hymne à Aton	Le Dieu Aton est apostrophé : *« Seigneur de l'éternité ! »* *« Dieu unique sans égal, Tu crées l'univers selon ton cœur conscience, Alors que tu étais seul. »* *« Seigneur de l'univers entier, qui te lèves pour lui ».* *« Tout pays étranger, si loin soit-il, tu le fais vivre aussi : »*

			Pour son Prophète, « *son fils, sorti de sa personne* », à savoir, Hor Akhenaton : « *il n'y a pas d'autres dieux que Lui* ». Aton est « l'*Eternel* »
Ex. 20 (II)	4 Tu ne te feras point d'image taillée, ni de représentation quelconque des choses qui sont en haut dans les cieux, qui sont en bas sur la terre, et qui sont dans les eaux plus bas que la terre. 5 Tu ne te prosterneras point devant elles, et tu ne les serviras point ; car moi, l'Éternel, ton Dieu, je suis un Dieu jaloux, qui punis l'iniquité	Texte du roi Merikare (3ème millénaire AEC)	L'enseignement du roi Hor Merikare, proclame que Dieu ne peut être connu et on ne peut adorer que son image.
		Réforme religieuse du roi Akhenaton (règne : 1355 à 1338 AEC)	Sous le roi Hor Amenhotep IV, était institué en Kemet vers 1349 AEC, le monothéisme exclusif : un Dieu unique, Aton, appelé « l'Eternel ». Plus aucun autre dieu n'est reconnu et ne pouvait être adoré. Vers 1346 AEC, le prophète, Hor Amenhotep IV, qui s'était fait rebaptiser Akhenaton entre temps, ordonnait la destruction presque partout en Kemet des

	des pères sur les enfants jusqu'à la troisième et la quatrième génération de ceux qui me haïssent, 6 et qui fais miséricorde jusqu'en mille générations à ceux qui m'aiment et qui gardent mes commandements.		images de culte des anciens dieux excepté Ra qui n'était autre qu'Aton. Les noms des autres dieux étaient de surcroît martelés et détruits de cette façon. Aton, encore nommé « Ra-Horakhty » était devenu le dieu universel, l'Unique « *qui n'a pas son pareil* ». Ce fut la première révolution religieuse monothéiste exclusive de l'histoire humaine.
Ex. 20 (III)	7 Tu ne prendras point le nom de l'Éternel, ton Dieu, en vain ; car l'Éternel ne laissera point impuni celui qui prendra son nom en vain.	Chap. 42 LSLJ	Le dieu Ra affirme : « *Je suis celui dont le nom est inconnu* ». Le nom, dans la vallée du Nil antique et en Kemet en particulier, renfermait la totalité de l'être et était le secret le plus profond d'un être humain. Chaque être possède un nom intine dont la prononciation déclenche un choc au plus profond de lui, à même de réveiller sa puissance

			mais aussi de l'anéantir en le privant de toute capacité et faculté. C'est pourquoi les dieux ont plusieurs noms masquant le nom secret. La prononciation du nom secret est interdite. Le dieu Amon : son nom signifie caché. Tout fidèle vit dans la crainte du nom de son dieu.
		Chap. 75 LSLJ	Ici le Défunt affirme aux 42 dieux du tribunal qui devait juger ses actes terrestres, connaître le nom de chacun d'eux. Il est de ce fait plus puissant qu'eux, ce qui les empêche de le juger défavorablement.
		Chap. 125 LSLJ	*Confession négative II du défunt au tribunal des dieux : n° 32* *Ô toi, Esprit, qui parais à Unth et qui es plein de ruses ! <u>Je n'ai jamais manqué de respect aux dieux.</u>*

Ex. 20 (IV)	8 Souviens-toi du jour du repos, pour le sanctifier. 9 Tu travailleras six jours, et tu feras tout ton ouvrage. 10 Mais le septième jour est le jour du repos de l'Éternel, ton Dieu : tu ne feras aucun ouvrage, ni toi, ni ton fils, ni ta fille, ni ton serviteur, ni ta servante, ni ton bétail, ni l'étranger qui est dans tes portes. 11 Car en six jours l'Éternel a fait les cieux, la terre et la mer, et tout ce qui y est contenu, et il s'est reposé le		Dans la vallée du Nil antique et en Kemet, les dieux avaient chacun une journée au cours de laquelle les adeptes s'abstenaient de tout travail et se reposaient.

	septième jour : c'est pourquoi l'Éternel a béni le jour du repos et l'a sanctifié.		
Ex. 20 (V)	12 Honore ton père et ta mère, afin que tes jours se prolongent dans le pays que l'Éternel, ton Dieu, te donne.		Le respect des parents était la base de l'éducation sociale dans la vallée du Nil antique, où les Hébreux avaient vécu plusieurs siècles.
		Chap. 125 LSLJ	Confession négative I du défunt au tribunal des dieux : *« Je n'ai pas usé de violence contre ma parenté »*.

Ex. 20 (V)	12 Honore ton père et ta mère, afin que tes jours se prolongent dans le pays que l'Éternel, ton Dieu, te donne.	Chap. 128 LSLJ	Hymne à la gloire d'Osiris

« Voici qu'Horus exalte son père Osiris dans tous les coins de l'Univers ».

« Salut, ô Osiris ! Regarde ! Je viens vers toi ! Je suis ton fils Horus qui rétablis ta Toute-Puissance divine ! (…) Lève-toi donc, Osiris ! J'ai triomphé de tes ennemis ! Je t'ai vengé ! (…) Je suis Horus qui te glorifie en ton nom d'esprit sanctifié (…) Salut, Ô Osiris ! Voici que j'arrive devant toi ! Tes ennemis, amenés de partout, je les remets entre tes mains. Voici que tu reçois ton sceptre et ton Piédestal dont tes pieds foulent les marches ». |
| Ex. 20 (VI) | 13 Tu ne tueras point. | Chap. 125 LSLJ | Confession négative II du défunt au tribunal des dieux : n°1

Ô toi, Esprit, qui te manifestes à Re-stau. Et dont les membres pourrissent et |

			puent, *Je n'ai pas tué mes semblables.*
Ex. 20 (VII)	14 Tu ne commettras point d'adultère.	Chap. 125 LSLJ	Confession négative II du défunt au tribunal des dieux : n°19 *« Ô toi, Esprit Ouamenti qui parais dans les caves de torture, Je n'ai jamais commis d'adultère. »*
Ex. 20 (VIII)	15 Tu ne déroberas point.	Chap. 125 LSLJ	Confession négative II du défunt au tribunal des dieux : n°4 *« Ô toi, Esprit, qui te manifestes aux sources du Nil Et qui te nourris sur les Ombres des Morts, Je n'ai pas volé. »*
Ex. 20 (IX) Ex. 20 (IX)	16 Tu ne porteras point de faux témoignage contre ton prochain.	Chap. 125 LSLJ	Proclamations du défunt devant les Dieux du Monde inférieur *« Je n'ai pas porté de faux témoignage. Que nul mal ne me soit fait ! »*
	16 Tu ne porteras point de faux témoignage	Chap. 125 LSLJ	*Confession négative II du défunt au tribunal des dieux : n° 11*

	contre ton prochain.			« *Ô toi, Esprit, qui te manifestes dans l'Amenti, Divinité des deux sources du Nil ! Je n'ai pas diffamé.* »
Ex. 20 (X)	17 Tu ne convoiteras point la maison de ton prochain ; tu ne convoiteras point la femme de ton prochain, ni son serviteur, ni sa servante, ni son bœuf, ni son	Chap. 125 LSLJ		Confession négative II du défunt au tribunal des dieux : n°1 « *Ô toi, Esprit qui marches à grandes enjambées et qui surgit à Héliopolis [Iounou], écoute-moi ! Je n'ai pas commis d'actes perverses.*
		Chap. 125 LSLJ		Confession négative II du défunt au tribunal des dieux : n°15 « *Ô toi, Seigneur de l'Ordre Universel, Qui te manifestes dans la Salle de Vérité-Justice, Apprends ! Je n'ai jamais accaparé les champs de culture.* »
		Chap. 125 LSLJ		Confession négative I du défunt au tribunal des dieux. « *Je n'ai pas essayé d'augmenter mes domaines. En usant de moyens illicites. Ni*

	âne, ni aucune chose qui appartienne à ton prochain.		*d'usurper les champs d'autrui. »*
		Chap. 125 LSLJ	Confession négative II du défunt au tribunal des dieux : n°16 *« Ô toi, Esprit, qui te manifestes à Bubastis [Per Bastet] Et qui marches à reculons, Apprends ! Je n'ai pas écouté aux portes. »*
		Chap. 125 LSLJ	Confession négative II du défunt au tribunal des dieux : n°24 *« Ô toi, Esprit, qui te manifestes dans la Région du Lac Hékat Sous la forme d'un enfant ! Je ne fus jamais sourd aux paroles de la Justice. »*

III – Esclavages, traites et abolitions : chronologie et faits marquants

IIIème millénaire AEC : émergence de l'esclavage et de la traite des Blancs au Proche-Orient, au sud de la Mésopotamie et principalement au Sumer, à Ur etc. De là, il gagna toute l'Arabie, puis le reste du monde.

IIème millénaire AEC : l'esclavage s'était largement étendu. Il était déjà une institution sociale notable en Babylonie, héritière du royaume de Sumer où il naquit.

1730 AEC : le roi de Babylonie (ou Pays de Sumer et d'Akkad), Hammurabi, rédigeait un traité juridique nommé « Code d'Hammourabi », lequel comportait de nombreux articles traitant de l'institution esclavagiste dans son pays. L'esclave, marqué d'un signe distinctif matériel était un bien meuble, patrimonial et aliénable.

Entre 1650 -1100 AEC, l'esclavage mésopotamien gagnait la Grèce notamment Mycènes et les cités environnantes pour connaître un développement prodigieux à partir de l'époque dite archaïque (X - VIIIème siècles AEC). L'âge d'or de l'esclave marchandise en Grèce débutait toutefois au VIème siècle AEC avec la première grande traite des Blancs de l'histoire. Les esclaves étaient indo-européens et européens : Cappadociens, Paphlagoniens, Thraces, Scythes etc. De la Grèce, l'esclavage et la traite étaient exportés vers de nombreux territoires : Europe, Chypre, Asie Mineure, région de la Méditerranée, de la mer Noire, Inde etc.

Vers 1300 AEC : à la naissance du Judaïsme, le dieu judéo-chrétien, Dieu d'Abraham, d'Isaac et de Jacob, Dieu des Hébreux, Yahweh, instituait l'esclavage à Canaan. Il l'avait inscrit dans la Loi qu'il transmettait à Moïse sur le mont Sinaï. Mais les textes sacrés judéo-chrétiens (ancien testament) portant de nombreuses empreintes des institutions de Mésopotamie semblent indiquer une rédaction tardive, au Ier millénaire : en effet en 722 AEC, le roi assyrien Sargon II, vainqueur du royaume d'Israël, déporta l'élite israélite en Assyrie à Ninive ; en 598, 587 et 581 AEC, le roi Nabuchodonosor II de néo-Babylonie, vainqueur du royaume de Juda déporta dirigeants, élite, population, israélites en Babylonie. Après un temps plus ou moins long de séjour en Mésopotamie, une partie de ces déportés fut autorisée à rentrer à Canaan. C'était d'ailleurs de la Mésopotamie qu'était parti pour s'installer à Canaan, Abraham l'ancêtre des Hébreux : la migration retour des cananéens fut un canal majeur de transmission des institutions mésopotamiennes et en particulier de l'esclavage.

753 AEC- 476 : à Rome, des temps archaïques (753-509 AEC) à l'ère républicaine (509-27 AEC) puis impériale (27 AEC-476 EC), la société fut esclavagiste et orchestra, à l'instar de la Grèce, l'une des plus gigantesques traites des Blancs de l'histoire. Cette traite des Blancs connut son apogée à l'ère républicaine (509-27 AEC). Les esclaves provenaient d'Asie Mineure, de Syrie, de Gaule, de Germanie, de Carthage, d'Europe centrale, d'Europe du Sud, d'Orient etc. Plusieurs millions de captifs furent traités.

Ier siècle : et vraisemblablement avant, des sectes abrahamiques préchrétiennes avaient aboli l'esclavage en leur sein, notamment la secte des Thérapeutes vivant autour du lac Moeris en Egypte, la secte judéenne des Esséniens.

Ier siècle : la religion chrétienne naissante était esclavagiste : héritage de la loi de Yahweh, de l'esclavage de Canaan, de Rome, d'Orient.

IVème siècle : L'évêque cappadocien Grégoire de Nysse s'opposait à la mise en esclavage de l'être humain mais n'appela pas l'Eglise chrétienne à abolir l'institution.

Vème siècle : à compter de cette époque et même avant, en Europe, se pratiquait un esclavage et une traite ayant duré tout le Moyen Âge. Les victimes étaient en quasi-totalité des Blancs : Francs, Alamans, Frisons, Bretons, Angles, Saxons, Burgondes, Lombards, Bavarois, Goths (Wisigoths, Ostrogoths, Goths de Scandinavie), Suédois, Danois, Slaves, Caucasiens, Grecs, Maures, Criméens, Turcs, Barbaresques, Byzantins etc. La traite médiévale européenne des Blancs s'était poursuivie aux temps modernes avec la traite des Slaves qui n'avait pris fin qu'au XVIIIème siècle. A partir de la mi-XVème siècle, la traite médiévale européenne s'était déportée en Afrique pour devenir la traite négrière transatlantique qui en fut l'une des phases terminales.

Vème siècle et tout le Moyen Âge : en Europe, l'Église chrétienne était l'un des plus grands propriétaires d'esclaves.

590-604 : pontificat du pape Grégoire durant lequel l'Eglise chrétienne possédait des milliers d'esclaves travaillant sur ses terres en Sicile et ailleurs dans les monastères.

VIIème siècle : émergence de l'esclavage et de la traite en Afrique noire. Ils y furent introduits et implantés par les Arabo-musulmans via l'islamisation. C'étaient les débuts de la traite négrière arabo-musulmane et progressivement émergeait aussi une traite interne subsaharienne.

626-627 : le concile chrétien de Clichy, tenu sous le contrôle étroit du roi des Francs Clotaire II dit Le Jeune, prohibait la vente de chrétiens à des Juifs ou païens. L'Eglise chrétienne revenait progressivement au système d'esclavage institué par Yahweh, dans lequel la mise en esclavage est réservée aux non-coreligionnaires. La mise en esclavage des chrétiens par des chrétiens sera graduellement interdite et disparaitra progressivement à mesure que s'étendra la christianisation de l'Europe. Au total, en Europe (occidentale principalement), l'esclavage des Chrétiens, déclinait sérieusement entre les Xème et XIIème siècles. Dans l'empire chrétien d'Orient également, la tendance était la même. A partir de début Xème siècle, les esclaves étaient de plus en plus des non-chrétiens

XIIIème siècle : Dans le Mande, en Afrique de l'Ouest, durant son règne (1200-1235) le roi vitalise Sosso, Soumaoro Kante, menait une longue campagne antiesclavagiste visant à abolir l'esclavage que pratiquaient alors les Arabo-musulmans et les rois islamisés du Mali.

1235 : au Mande, Soundjata Keïta, empereur du Mali islamisé abolit l'esclavage lors de la proclamation de la Charte du Mande. Cette abolition n'eut guère d'effet, ignorée par les musulmans qui continuaient à pratiquer l'esclavage et la traite.

1235 : bataille de Kirina opposant d'un côté les forces musulmanes conduites par Soundiata Keita et de l'autre, les forces vitalistes antiesclavagistes emmenées par Soumaoro Kante. Défaite de Soumaoro et des antiesclavagistes. Mais la popularité de leur projet contraignait Keita à prononcer l'abolition de l'esclavage lors de son intronisation via la charte de Mande.

1335 : le Royaume de Suède, incluant alors la Finlande contemporaine, abolit l'esclavage.

1435 : le pape Eugène IV, par sa bulle *Sicut Dudum* du 13 janvier, interdisait aux chrétiens le rapt et la mise en esclavage des Guanche, autochtones païens d'origine berbère des Îles Canaries.

1441 : premiers rapts directs opérés sur la côte ouest-africaine par les Portugais chevaliers de l'Ordre du Christ, Ordre alors sous la direction du prince portugais l'infant Henri Le Navigateur. Ces rapts se produisaient à Rio de Ouro, au sud du cap Bojador, territoire de l'ancien empire du Ghana (Ier - XIIIème siècles) sur la côte maure et précisément au Cap Blanc. Les victimes étaient des Berbères-Maures.

1444 : le 8 août, était ouvert au Portugal, à Lagos, le premier marché de vente des captifs faits en Afrique sur le sol européen. Etaient vendus ce jour-là les premiers captifs Berbères-Maures faits en Afrique directement par les Portugais chevaliers de l'Ordre du Christ. La traite en provenance d'Afrique et alimentant d'abord l'Europe du Sud était lancée pour devenir plus tard la traite négrière transatlantique.

1444 : les expéditions portugaises atteignaient pour la première fois le cœur du littoral subsaharien sur la côte du Sénégal où furent capturés en pleine mer des pêcheurs musulmans Djolof. La traite négrière proprement dite était lancée.

1452 : le pape Nicholas V, par sa bulle *Dum Diversas* du 18 juin, autorisait le roi Alphonse V du Portugal à mettre en esclavage musulmans et païens indéfiniment et donc les Noirs « *païens* ».

1455 : par sa bulle *Romanus Pontifex* du 8 janvier, le pape Nicholas V réitérait au roi Alphonse V du Portugal son droit le plus absolu à s'emparer des terres dans les régions d'Afrique et à y réduire en esclavage indéfiniment Musulmans et Païens. Dans cette bulle, Nicholas V louait en outre le roi du Portugal pour les rapts des Nègres et leur traite vers l'Europe que pratiquait alors son pays en Guinée (espace subsaharien). Le pape Nicholas V était donc bien celui qui avait autorisé la capture et la traite des Noirs hors d'Afrique en tant qu'esclaves.

1494 : par le traité de Tordesillas du 7 juin, le pape Alexandre VI partagea le « Nouveau Monde » entre le Portugal et l'Espagne, le Portugal héritant de l'Afrique et du Brésil et l'Espagne du reste des Amériques.

XVI-XVIIIème siècle : la marine pontificale utilisait en moyenne 2 000 esclaves sur ses galères par siècle.

1537 : abolition de l'esclavage des Indiens prononcée par le pape Paul III via sa bulle *Veritas Ipsa* du 02 juin.

1542 : par les « *Lois nouvelles* » (Leyes nuevas) l'empereur Charles Quint d'Espagne interdisait la mise en esclavage des Indiens d'Amérique ; la suppression progressive de l'encomienda était aussi prévue dans ces lois.

1583 : le Portugais Paulo Dias de Novais et ses troupes conquéraient jusqu'à la moitié du royaume d'Angola dont ils devenaient progressivement et entièrement les maîtres, y organisant directement les razzias jusqu'au XIXème siècle.

1665 : bataille de Mbwila du 29 octobre opposant d'un côté les troupes négrières portugaises et de l'autre, les troupes antiesclavagistes du royaume du Kongo emmenées en personne par le roi kongolais Antonio Ier Nvita Nkanga. Défait, celui-ci fut décapité par les Portugais qui enterrèrent sa tête dans une église de Luanda et saccagèrent son royaume : la voie était désormais grandement ouverte pour la prospérité de la traite négrière transatlantique au royaume du Kongo.

1688 : en Pennsylvanie naissante, les Quakers de Germantown, lors de leur réunion mensuelle du 18 février adoptaient et signaient une pétition nommée *Protestation de Germantown*, laquelle s'opposait à l'esclavage et à la traite des Noirs.

XVIIIème siècle : apogée de la traite négrière transatlantique.

1758 : l'Assemblée annuelle des Quakers de Philadelphie condamnait la traite négrière et l'esclavage et interdisait sa pratique aux membres de leur communauté sous peine d'exclusion.

1776 : les Quakers des USA annonçaient l'exclusion de leur communauté des membres qui continuaient à détenir des esclaves.

1777 : dans le Vermont, l'abolition de l'esclavage était inscrite dans la constitution.

1778 : les Quakers de Philadelphie mettaient en application la décision d'exclure de leur communauté les membres détenant des esclaves. Aux USA, étaient adoptées des lois donnant la liberté aux esclaves qui acceptaient de s'engager dans l'armée.

1780 : aux USA, en Pennsylvanie, était votée la loi d'abolition progressive de l'esclavage.

1783 : aux USA, au Massachusetts, l'esclavage était aboli.

1791 : 21-22 août : cérémonie vodou du Bois Caïman et lancement de la rébellion des esclaves de Saint-Domingue, laquelle allait finir par emporter l'esclavage dans l'île.

1791 : en France, à gauche, seul Robespierre votait pour l'abolition immédiate de l'esclavage et de la traite négrière et se prononçait contre la constitutionnalisation de l'esclavage.

1792 : interdiction de la traite négrière par le Danemark après une période de dix ans.

1793 : abolition de l'esclavage à Saint-Domingue les 29 août et 21 septembre.

1794 : le 16 pluviôse an II (4 février), la Convention abolit l'esclavage dans les colonies françaises par décret. Préalablement en vigueur à Saint-Domingue, le décret était appliqué en Guadeloupe et en Guyane. La Martinique, alors sous occupation anglaise n'était pas concernée tandis qu'à l'Île Bourbon (La Réunion) les colons esclavagistes s'y opposaient.

XIXème siècle : apogée de la traite négrière arabo-musulmane avec la colonisation de l'Est-Africain par les Arabes d'Oman.

XIXème siècle : apogée de la traite interne subsaharienne nourrie par des captifs invendus en quantité croissante en raison de l'interdiction de la traite transatlantique devenue illégale à compter de 1815.

1802 : loi du 30 floréal an X (20 mai) par laquelle Napoléon Bonaparte rétablissait l'esclavage dans les colonies françaises conformément à la législation antérieure à 1789.

1802 : en mai, Louis Delgrès lançait l'insurrection des esclaves contre le rétablissement de l'esclavage en Guadeloupe.

1802 : le 7 juin, invité à négocier une amnistie, Toussaint Louverture tomba dans un guet-apens et fut capturé par les esclavagistes français puis déporté en France à Fort de Joux dans le Jura.

1803 : soumis à un régime carcéral des plus durs, maltraité, humilié, Toussaint Louverture mourut le 7 avril, d'apoplexie et de pleuro-péripneumonie.

1803 : en novembre, défaite à Saint-Domingue des troupes coloniales négrières françaises dépêchées sur les lieux par Napoléon Bonaparte face à la rébellion des esclaves.

1804 : le 1er janvier, fut proclamée l'indépendance d'Haïti avec abolition définitive de l'esclavage. Haïti était donc le premier pays des temps modernes à procéder à une telle abolition.

1807 : interdiction de la traite des noirs par la Grande-Bretagne.

1808 : interdiction de la traite négrière par les Etats-Unis le 1er janvier.

1814 : interdiction de la traite négrière par les Pays-Bas.

1815 : le 8 février, au Congrès de Vienne, les puissances européennes (Grande-Bretagne, France, Autriche, Russie, Prusse, Suède, Portugal) s'engageaient à interdire la traite négrière.

1815 : le 29 mars, pendant les Cent Jours, Napoléon 1er prit un décret interdisant la traite négrière.

1816 : par décret, Simon Bolivar abolit l'esclavage en Bolivie. Mais ce dernier fut rétabli par le gouvernement d'Andrés de Santa Cruz (1829-1839). L'abolition définitive ne survint qu'avec la constitution du 26 octobre 1851.

1822 : abolition de l'esclavage à Santo Domingo.

1823 : abolition de l'esclavage au Chili. Fondation à Londres de la Société pour l'Abolition de l'esclavage.

1825 : Reconnaissance de l'indépendance d'Haïti par la France après que le pays s'est engagé à payer à la France une indemnité de 150 millions de francs or. Cette somme sera plus tard négociée et ramenée à 90 millions de francs or.

1829 : abolition de l'esclavage au Mexique.

1833 à 1838 : l'esclavage était aboli dans les colonies britanniques des West Indies, en Guyane britannique, à l'Ile Maurice.

1838 : l'esclavage était aboli dans les territoires sous contrôle Britannique en Inde.

1840 : au mois de juin s'était tenue à Londres la Convention antiesclavagiste mondiale.

1842 : abolition de l'esclavage au Paraguay.

1846 : abolition de l'esclavage en Tunisie.

1846-1848 : abolition de l'esclavage dans les colonies des îles Vierges danoises, Saint-Thomas, Saint-Jean, Sainte-Croix.

1848 : le 27 avril, en France : le Gouvernement provisoire signait le décret d'abolition de l'esclavage dans les colonies françaises. L'abolition de l'esclavage était prononcée en Martinique le 23 mai, en Guadeloupe le 27 mai, en Guyane française le 10 juin, à La Réunion le 20 décembre.

1851 : abolition de l'esclavage en Colombie.

1853 : abolition de l'esclavage en Argentine.

1854 : abolition de l'esclavage au Venezuela.

1855 : abolition de l'esclavage au Pérou le 3 décembre.

1861 : la Russie abolit l'esclavage dit servage.

1863 : abolition de l'esclavage dans les colonies néerlandaises des Caraïbes, au Suriname.

1865 : en décembre aux Etats-Unis, le Treizième Amendement à la Constitution des Etats-Unis reconnaît l'abolition de l'esclavage dans tous les Etats de l'Union. Était toutefois maintenu l'esclavage pour punition d'un crime dont toute personne serait reconnue coupable.

1866 : en Espagne : décret interdisant la traite négrière.

1869 : le 2 octobre l'esclavage était aboli au Paraguay.

1869 : le Portugal abolit l'esclavage dans ses colonies.

1873 : abolition de l'esclavage à Puerto Rico le 22 mars.

1878 : l'abolition de l'esclavage devenait effective au Portugal.

1886 : un décret royal abolit l'esclavage à Cuba.

1888 : abolition de l'esclavage au Brésil par la loi dite Loi d'Or.

1890 : par l'encyclique *Catholicae Ecclesiae* du 20 novembre, le pape Léon XIII appelait à l'arrêt de la traite des Noirs et de la mise en esclavage des Noirs. C'était le véritable acte pontifical de condamnation de la traite négrière : celui que l'on attribue couramment au pape Grégoire XVI dans ses « *Lettres apostoliques pour détourner du commerce des Nègres* » en date du 3 décembre 1839 n'était in fine qu'une simulation. Mais l'on remarquera que l'acte posé par Léon XIII n'intervenait que longtemps après l'abolition de la traite des Noirs et de l'esclavage par les autorités politiques. C'était la stratégie chrétienne « tuer un serpent mort ». Autre limite du texte papal : le principe même de l'esclavage persiste dans la doctrine religieuse chrétienne, la Bible contenant toujours l'institution de l'esclavage par Yahweh.

1891 : une loi de cette année interdit la traite des noirs dans l'empire Ottoman

1894 : abolition de l'esclavage en Corée.

1895 : abolition de l'esclavage en Thaïlande.

1896 : l'administration coloniale française abolit l'esclavage à Madagascar.

1897 : la Grande Bretagne établit un protectorat sur le sultanat de Zanzibar puis y abolit l'esclavage.

1900 : La Conférence Panafricaine réunie à Londres dénonçait à l'attention de la Reine Victoria l'esclavage institué en Rhodésie.

1905 : au Mali, l'administration coloniale française abolit l'esclavage et la traite internes.

1907 : au Kenya, l'administration coloniale britannique abolit l'esclavage et la traite internes.

1909 : l'esclavage était aboli en Chine, mais sans grands effets réels.

1922 : abolition de l'esclavage au Maroc.

1923 : abolition de l'esclavage en Afghanistan.

1924 : la constitution turque supprime l'esclavage.

1924 : abolition de l'esclavage par les Britanniques en Irak.

1926 : abolition de l'esclavage au Népal.

1928 : abolition officielle de l'esclavage en Iran.

1935 : abolition de l'esclavage en Éthiopie par le colon italien.

1936 : l'administration coloniale britannique interdit l'esclavage dans le nord du Nigéria.

1937 : abolition de l'esclavage à Bahreïn.

1942 : en Éthiopie, l'empereur Haïlé Sélassié abolit officiellement l'esclavage et la servitude.

1949 : abolition de l'esclavage au Koweït.

1952 : abolition de l'esclavage au Qatar.

1960 : abolition de l'esclavage au Niger, mais la pratique se poursuivait et la criminalisation n'intervint qu'en 2003.

1962 : abolition officielle de l'esclavage en Arabie saoudite.

1962 : abolition officielle de l'esclavage au Yémen.

1963 : abolition de l'esclavage en Arabie Saoudite.

1970 : abolition de l'esclavage au sultanat d'Oman.

1981 : abolition de l'esclavage en Mauritanie. Mais le pays ne criminalisait pas l'esclavage qui continuait à s'y pratiquer en vertu de la loi islamique l'autorisant jusqu'en 2007.

1992 : abolition de l'esclavage au Pakistan mais la pratique se poursuivait.

2001 : le 10 mai fut votée la loi française reconnaissant la traite négrière transatlantique comme crime contre l'humanité. De même au mois de septembre, la Conférence mondiale des Nations Unies contre le racisme, la discrimination raciale, la xénophobie et l'intolérance, réunie à Durban en Afrique du Sud reconnut l'esclavage et la traite négrière transatlantique comme crime contre l'humanité.

X

Kinvi D-A LOGOSSAH